西ドイツ外交とエーゴン・バール

[Egon Bahr]

アンドレアス・フォークトマイヤー
[Andreas Vogtmeier]
岡田浩平 訳

三元社

西ドイツ外交とエーゴン・バール　目次

翻訳に当たって

1．本書はAndreas Vogtmeier：Egon Bahr und die deutsche Frage, Dietz Verlag, Bonn, 1996の全訳である。訳書名を『西ドイツ外交とエーゴン・バール』とした。西ドイツ外交の歴史のなかでもっとも画期的で興味を惹くのは「東方外交」であろう。ブラント、シュミット、コールと歴代内閣のなかで一貫して継承された外交路線であり、ドイツ統一の実現を可能にしたものであった。この外交政策の基本の企画立案から実行にいたるまで主役となっていたのがエーゴン・バールである。この点は西ドイツの人たちを初め、米ソ、西欧、東欧の外交家たちがひろく認めるところである。

2．原書にはページ毎欄外にたくさんの註がある。しかも本文を読む上でたいへん貴重で参考になるものが多い。そうした原註をできるだけ訳出することにした。原註は〔 〕で割註の形にして、当該箇所近くにいれてある。長文の原書駐が目立って多いのがこの書の特徴であり、したがって小さい活字の部分が多くなって、読むのに苦痛を強いることになってしまった。その点ご容赦ねがいたい。

3．本文を理解しやすくするため、人物名や事項について訳者の手で調べがつくかぎり、註を入れた箇所が結構ある。訳者註は（ ）で割註にしてある。

4．原著書には、初めて利用できるようになった資料や参考文献がたくさん挙げられている。しかし人名索引の欄がない。訳書には「人名索引」と「事項索引」をつくって添えることにした（たんに事項だけでなく、印象的な発言や記述も努めて拾い挙げている）。

5．原書には巻末に、この書成立の経緯がごくごく簡単に記されている。「この書の原型は、一九九五年の秋に（ベルリン）自由大学の政治学科の博士論文として受け入れられた」ものが基になっていること。著者フォークトマイヤーが願いでた、バールの寄贈文庫の利用やバール本人に対するたびたびの問い合わせに快く応じてくれたこと。それに「フリードリヒ＝エーベルト財団」が支援協力してくれたこと、それらに対して謝意が述べられている。

✽第1章✽

まえがき

第1節　現在の関心、対象と問題設定

一九八九年秋の出来事と一九九〇年のドイツ統一の再生は、ある一つの議論、遅くとも一九八二年には決着がついたと思われていた議論を活性化させることになった。東方政策に賛成あるいは反対の議論は、CDU／CSU／FDP連立政府が社会民主党／自由民主党（SPD／FDP）連立政府の東方政策をひろく引き継ぐことで、政治的には答えがでていたように思われたものだった。だがその議論が、政治の次元でも、学問研究の次元でも、新たな弾みをえるようになったのである。七〇年代の初めに激しく闘わされた東方条約政策に関する議論が、思わぬ活気をみせるようになっているのだ。コール首相のような、キリスト教同盟の指導的な人たちでさえ、当時締結された東方諸条約の価値については決して否認しようとはしていないのにである（CDUは「キリスト教民主同盟」、CSUは「キリスト教社会同盟」、FDPは「自由民主党」の略称）。

一九八九年一一月二八日の「一〇項目プログラム」〔「ドイツとヨーロッパの分断克服のための一〇項目プログラム」連邦議会におけるコール首相の演説〕のなかでヘルムート・コールは、東側の変化に関する東方諸条約の貢献を讃えて連邦議会でこう述べていた。「ソビエトや他のワルシャワ条約機構諸国に対する西ドイツ政府の幅ひろい構想の条約政策は、東西関係の発展に本質的な貢献を果たしたし、その発展に重要な弾みを与えた」、と。またコール首相は、エーゴン・バールという人物を視野に入れて、一九九二年こう言い添えている。「一九六九年から一九七四年までの首相府次官としてのエーゴン・バールの働きは、モスクワ条約、ワルシャワ条約、および〝基本条約〟ときわめて密接に結びついている。これらの条約は橋渡しとなったし、——西側との強固な結びつきとあいまって——一九九〇年には、ドイツ統一の外枠的な局面の合意を経た処理ルールの設定にとって、非常に重要となる信頼の基礎づくりの出発点となった」、と。

ところが、八〇年代の西ドイツの東方政策・ドイツ政策を推進していたようにみえた広範な意見の一致にもかかわらず、ごく最近東方政策の目標と結果についての議論が激しい形で行なわれている。東方政策はふたたび、政敵に対するときおり論争的な攻撃のフィールドになることがますます多くなっている。たとえば、CDUの政治家フォルカー・リューイは、社会民主党のエーゴン・バールのことを「ドイツ分断の建築家」だといい、「接近による変化」というかれの構想は「迎合による変化」に堕してしまった、と非難している。

統一以来、東方政策の効果や影響に関してますますヒートアップする議論が交わされている。一部の検討者たちは、「西側の現実政策」は「東側の変革を遅延させてしまった」というのに対して、別な人たちはまさに正反対の評価をしていて、「緊張緩和政策があったからこそ初めて民衆の蜂起を可能にしたのだ」、という。当時の緊張緩和の政治家たちがみずからの東方政策・ドイツ政策を擁護し、「緊張緩和の雰囲気のなかでのみ〝現実に存在する社会主義〟（「real existierende Sozialismus」（現実に存在する社会主義）とは、東ドイツのイデオローグのトップ、クルト・ハーガーが言いだした言葉。一九七二年の「基本条約」ののち、西ドイツからの社会民主主義的思考の浸透を恐れたハーガーたちは、東西ドイツ間のイデオロギー的な違いをことさら強調しようとする。その折東ドイツに「現に存在する社会主義」という言葉を使って、西ドイツの「社会民主主義」とは絶対に相容れないものであることを強調しようとしたのである）の国々における反体制派の慎重にして徐々なる展開が可能になったのだ」、と強調する。これに対して、かつてのドイツ民主共和国（DDR）の人権運動の一部の人たちは、「西側の現実政策」は反体制派をないがしろにしていたし、「体制におもねる悪い見本」であったと批判する。一九八九年のＤＤＲ崩壊の際の西ドイツ社会民主党の狼狽ぶりや一九九〇年の選挙におけるＤＤＲ内部／ドイツ全体における社会民主党の二重の敗北は、「社会民主党と国家・国民（Nation）」との関係に関する問題に思いもよらぬアクチュアリティーを与えることになった。一九八九／九〇年の変革局面におけるＳＰＤの一部の政治的な指針喪失の状況は、多くの人たちにあらためて東方政策の効果に関する問題を提供することになったのである。

たとえばブリギッテ・ゼーバッハー＝ブラント（ヴィリー・ブラントの三番目の夫人）は、東方政策の二面性を嘆いて、こう言っている。「〝接近による変化〟という言葉が体制への接近と誤解されてしまった。それはドイツの東方政策が決してうまく運ぶことのないプログラムであった」、と。

東方政策の効果という問題は、当然また東方政策の意図の問題を他方でアクチュアルなものにさせるのである。政治的な構想の成功または不成功を有意義に議論しようとする者は、目標と意図とを問題にしなければならない。

わたしの研究は、「キー・パーソン」エーゴン・バールの意図を調べようとするものであり、わたしの研究の認識関心は、西ドイツの東方政策・ドイツ政策に、他のドイツの政治家にはみられないほど、つよい影響を与え、その名は一九六九年以降の社民＝自由連立政権の「新東方政策」と密接に結びついている人エーゴン・バールが、どんなモチヴェーションとどんな目標をもってその構想を展開し、実行に移そうとしたかという問題にある。その際バールのヴィリー・ブラントとの個人的な結びつきが――ブラントにとってバールは政治面でのアドバイザーであるだけでなく、緊密な友人でもあった――重要な役割を果たしていた。

わたしの研究がとくにエーゴン・バールという人物を取り上げて研究する理由は何かというと、このＳＰＤの政治家は、いろいろな理由から研究対象としてとくべつ興味深いように思えるからである。まず一つには、エーゴン・バールは、社民＝自由連立政権の新たな東方政策の「頭脳であり心臓」であった。くわえて構想的な立案と実際的な実行の結びつきの点でほとんどイディアール・ティープス的な（理想型の）者であった。エーゴン・バールは、「新東方政策」のもっとも個性ある主役の一人であるだけでなく、その実行以前からもっとも論議の的にされる主唱者であった。「エーゴン・バールは決してスポットライトを浴びようとはせず、舞台裏にいるのを好んだ。それにもかかわらずライトはしばしばかれをとらえ、論争のなかにひっぱりこんだ」。このようにジャーナリストのルドルフ・シュティーゲは、エーゴン・バールの世論との関係を適切にも言い表している。じっさいバールは、つねに舞台の後方で活躍するのを好んでいた。かれのスタイルは、決して派手な登場などではなくて、書きもの机での構想的な仕事であった。「接近による変化」(一九六三年)にしろ「共通の安全保障」(一九八二年)にしろ、つねにかれの構想は大きなセンセーションと論争的な議論を引き起こした。それでも批判は、決して人物だけに向けられたものでなかった。人物への批判は、政策への批判の象徴でありまた兆候でもあった。バールの動機はかねてよりアンビヴァレントなもので、矛盾にみちたものであった。ミヒャエル・シュトゥルマーが一九八八年、「賢い人たちはくりかえしエーゴン・バールの政治的な水路でものをみようとしたが、それでかつてうまくいったという思いをした人は多くはなかったし、バールの党内においてすら多くはなかった」、と言ったことがあるが、この発言には同意せざるをえない。このわたしの研究は、この問題にも少しは解明をもたらそうとするものである。

以上あげたような理由により、エーゴン・バールという人物と取り組むことには特別な意義があるだろう。挑発的刺激となっているのは、とりわけこの社会民主党の緊張緩和の政治家に関する矛盾にみちた評価である。多くの人がバールを矛盾の男とみていて、かれが自分の政策の説明のために、はっきり口にした決まり文句も、かれ自身と同じように非常に矛盾しているし、少なくともそうした印象を与えている、という。この研究はそうした矛盾点をあげ、可能だと思えるところで、解明を提供し、こうした矛盾を解いてみたいと思う。

研究ではエーゴン・バールの東方政策・ドイツ政策構想を分析する際、かれの政治理解に関する人生歴の影響、またかれの構想に関する具体的な実践観念に対する人生歴の影響にも光を当てていくことにしよう。

こうした問題設定から結果するのは、とりわけ次のような問題群である。「ドイツ統一」はエーゴン・バールの政治思考のなかでどんな意義をもっていたのだろうか。かれの構想の内部で「ドイツ統一」という目標にどんな意義が与えられていたのだろうか。バールの東方政策上・ドイツ政策上の発言は全体構想と解釈できるのだろうか。どんな発展ライン、どんな継続ラインが分析できるのだろうか。バールは自分の構想上の考えをどのように具体的な政策に移そうとしていたのだろうか。バールの構想のなかで中心となる概念はなんであったのだろうか。

この研究の基礎となっている認識関心は、エーゴン・バールという人物と政策を研究することであり、社会民主党の東方政策・ドイツ政策の展開に対する貢献度をさぐることである。研究ではバールの構想を描き、そのモチヴェーションを分析し、現実化の試みを素描することにしたい。

その場合注目しておきたいのは、このSPDの政治家が、どんな類にしろ、とにかく政治構想というものをそもそももっていた数少ない西ドイツの政治家の一人であったという点である。なるほどバールの考え方は、つねに日常の政治的なアクセントをもち、実践的な動機をもっていたが、それでもバールは、長期的な構想をもっていたがゆえに、西ドイツの外交政策に理念的にも影響を与えることのできた数少ない政治家の一人であった。

自分の政治理解のそうした基礎をバールは一九七二年にこう説明している。「長期的な展望と戦略をもたねばならない。策略だけで終わってしまう人はだれでも、オプティミズムに近いものに堕してしまう。……そうしたオプティミズムをわたしは嫌う。内なるハシゴが必要なのである。世界観と実践的な行動との間に相互関係が存在しなければならない。イデオロギーはたいてい否定的なものに変質してしまう。ジャコバン主義、スターリニズム、ナチズムなどがそうであった。イデオロギーは、国家相互の関係にとっても規定的なものとはなりえない。そんなわけでわたしが依拠しようとするのは、ビスマルクの使い古された、〝政治とは可能性の芸術である〟という言葉である」。

バールの内なるハシゴを解明するのも、この著書の目標の一つである。

第2節　研究の現況と方法

「〝ドイツ問題〟は当初よりドイツ連邦共和国（西ドイツ）の政策の中心にあった」。この事実によって、「ドイツ問題」や「ドイツ統一」という問題領域に関する文献が終戦以降五〇年間においてほとんど見通すことのできないほどの量に膨れ上がってしまった。似たような展開は、西ドイツの緊張緩和政策に関する文献にもみられる。とりわけ不完全な資料状況という原因により、また他方では多くの公的な記録文書が利用できないという理由により、研究の欠如があいかわらずかなりみられるのである。しかしそれにもかかわらず、社会民主党＝自由民主党連立の東方政策・ドイツ政策は、この間に西ドイツの戦後期の現代史研究のなかでもっとも多く取り扱われるテーマ分野となっている。そこから生じた事態によって、西ドイツの東方政策・ドイツ政策に関する文献がとてつもなく膨大なものになっているので、ここでそれらの文献を包括的に取り扱うことはできない。ここでは二、三のわずかな文献だけをあげるにとどめておくことにしよう。

東方条約政策の分析も、特殊な個々の問題に関する詳細な研究も、まったく同じような状況にある。もっとも、研究は過去二〇年間ほとんどもっぱら東方政策の誕生と実行に関する時系列的＝歴史的研究か、あるいはその決定過程に関する構造分析にかぎられていて、これまで、西ドイツの東方政策の体系的な調査研究には空白がある。もっとも広範な試みをくわだてたのは、一九九三年のイギリスの歴史家ティモシー・ガートン・アッシュであった［ティモシー・ガートン・アッシュ『ヨーロッパの名において。ドイツと分断された大陸』、ミュンヘン／ウィーン、一九九三年］。それに対して社民＝自由連立の東方政策の鳥瞰的な全体叙述は、この間にたくさん出されているので、ここでは二、三のもっとも重要なものをあげるにとどめておこう。ブラント／シェール時代の定評ある広範な文献は、アルヌルフ・バーリングの『権力交替』であって、社民＝自由連立の東方政策・ドイツ政策の研究になくてはならぬ貢献をしている。しかしこの文献には、指摘せねばならない弱点があって、学問的な註の部分もなければ、資料や記録文書の指示も不十分であり、それゆえ引用するにも限界がある［アルヌルフ・バーリング『権力交替。ブラント／シェール時代』、シュトゥットガルト、一九八二年］。

アメリカのウィリアム・グリフィスは、社民＝自由連立の緊張緩和政策をビスマルク以来のドイツの東方政策と結びつけて、その継続性ないしは非継続性という形で叙述する野心的な試みをくわだてた［ウィリアム・グリフィス『西ドイツの東方政策』、シュトゥットガルト、一九八一年］。

西ドイツの外交政策に関する基本的な研究となったのは、ヘルガ・ハフテンドルンの『安全保障と緊張緩和』という著書である［ヘルガ・ハフテンドルン『安全保障と緊張緩和。西ドイツの外交政策一九五五―一九八二』、バーデン・バーデン、一九八六年］。この仕事は、社民＝自由連立の東方政策ならびにその政策の誕生に関して重要な個々の証明可能な事実を提供している。くわえて彼女の研究は、西ドイツの緊張緩和政策をその上位にある国際的なコンテクストのなかに組み込んでいる。それに対して、マンフレート・ゲルテマーカーの『非神聖同盟』は、西ドイツの東方政策の基礎と効果の点に関して成果は少ないが、それでも、国際的な緊張緩和政策や、東西抗争の全般的な展開に関しては良い眺望を与えてくれる［マンフレート・ゲルテマーカー『非神聖同盟。緊張緩和政策の歴史　一九四三―一九七九』、ミュンヘン、一九七九年］。非常に博識な研究は、ペーター・ベンダーの『新東方政策』［ミュンヘン、一九八六年］である。ベンダーの詳細な研究は、たくさんの「インサイダー情報」に基づいているが、かれは、とりわけエーゴン・バールとの親密な友情をもとに、社民＝自由連立の東方政策のもっとも内部に通じた識者の一人であり、六〇年代の初めから半ばにかけて、いくつかの著書により、みずから積極的に、西ドイツ外交政策の新方針を擁護してきた人であった［ペーター・ベンダー『攻勢的な緊張緩和。ドイツにとっての可能性』、ケルン／ベルリン、一九六四年。『DDR承認のための一〇の理由』、フランクフルトa．M．／ハンブルク、一九六八年］。著書のなかではっきりと緊張緩和路線支持の立場をとっているベンダーは、東方政策の誕生、実行、帰結を分析している。

先にあげた包括的な研究のほかに、東方政策の個別的な問題に関する研究がたくさんある。東方政策に関するSPD内の論争、ならびに社民＝自由連立の東方政策に対するCDU／CSUの姿勢に関する研究も存在する。研究のなかで、たくさんの側面に個別的に光が当てられている。たとえばギュンター・シュミートの『ボンにおける決定』では、SPD／FDP政府の登場から一九七〇年八月一二日の「モスクワ条約」の締結にいたるまでの、東方政策・ドイツ政策の決定過程が詳細に記述されている［ギュンター・シュミート『ボンにおける決定。東方政策・ドイツ政策の成立　一九六九／一九七〇』、ケルン、一九七九年］。シュミートの研究においては、西ドイツの外交政策上・ドイツ政策上の決定システムおよび決定過程について重要な帰結が引きだされている。またとくに外交政策の決定過程と取り組んだ研究はたくさんある。名前をあげておきたいのはとりわけ、ラインホルト・ロートとレルワ・ルイ・ミラーの研究である［ラインホルト・ロート『外交政策上のイノベーションと支配の政治的安全保障。社民＝自由連立一九六九年から一九七三年の例にみる外交政策の決定過程の構造とシステム機能の分析』、マイゼンハイム、一九七六年。レルワ・ルイ・ミラー『外交政策決定過程の理論と実際――ブラント／シェール政府時代における一九七〇年八月一二日のモスクワ条約締結までのドイツ・ソビエト関係を例にした調査』、ボン、一九八〇年］。しかしこれらの研究の東方政策に対する人物的な影響ファクターの取り扱いは、むしろ付随的副次的なものであった。個々の主役たちの構想の包括的な叙述は、ほとんど完全に欠けている。

ヘルガ・ハフテンドルンは、シュミット／ゲンシャー政府における西ドイツの外交政策のリードに当たった政治的主役たちに関する研究が不十分なことを嘆いているが、この彼女の不満には、同意せざるをえないだろう。またブラント／シェール政府に関しても研究状況はそれよりいくぶんましだとしか言えない。なるほどとくにヴィリー・ブラントに関してはたくさんの伝記的書物が存在する。しかし残念ながらじゅうぶん徹底的で、学問的に正確で資料を踏まえた書物は一つとしてないのである。圧倒的に多いのはジャーナリスティックな書物で、それには、たとえばペーター・コッホの『政治的な伝記』があるが、この伝記で記されているのは、研究の対象というよりもむしろ、研究の著者その人である。それゆえブラントに関する叙述でもっとも示唆に富んでいるのは、あいかわらずカロラ・シュテルンの小規模な書物である［カロラ・シュテルン『ヴィリー・ブラント、自己証言と写真記録集』、ハンブルク近郊のラインベック、一九七五年］。社民＝自由連立の東方政策のほかの主役たちに関するじゅうぶん利用に耐えられる人物研究になると、もっと数が少ない。ヴァルター・シェールに関してもヘルムート・シュミットに関しても学問的な基礎づけをもつ伝記は、ほとんど存在しない。唯一ヘルベルト・ヴェーナーについて最近良い研究がでたが、それでも著者のハルトムート・ゾエルは、『若きヴェーナー』［ハルトムート・ゾエル『若きヴェーナー。革命神話と実践的知性の間で』、シュトゥットガルト、一九九一年〕しか描いていない。社会民主党の東方政策・ドイツ政策に対するヴェーナーの影響に関して重要な示唆を与えてくれるのは、論集『ヘルベルト・ヴェーナー。伝記のための論集』〔ゲルハルト・ヤーン編、ケルン、一九七六年〕であろう。

エーゴン・バールに関する伝記的な研究で本の形をとっているのは、これまで二つしかない。ラングマール・シュタッファの中傷的な「アンチ・バール・パンフレット」のほかに、カールステン・シュレーダーの詳細なポートレートがある。しかしこの本はむしろこのＳＰＤ政治家の政策を無批判的に報告し、部分的には人物と政策との関連のより深い分析を意識的に放棄している〔カールステン・シュレーダー『エーゴン・バール』、ラーシュタット、一九八八年〕。一九九二年シュテファン・ハインラインは、バールの「共通の安全保障」構想について立派な研究を出している〔シュテファン・ハインライン『共通の安全保障。エーゴン・バールの安全保障構想と社会民主党の緊張緩和の考え方の継続性』、ミュンスター、一九九三年〕。もっとも著者は、研究の重心を八〇年代に置き、ほとんど社会民主党の安全保障政策構想の分析にかぎっている。

バールの性格スケッチで利用できるものは、東方政策に関するたくさんの研究のなかにみられる。ギュンター・シュミートは、「東方政策の建築家」に一章全体を割いて、そこで非常に具象的に個人的な影響ファクターと、社民＝自由連立の東方政策に対する「非制度化された決定上の規定要因」を取りだしている。レルワ・ルイ・ミラーは「外交政策の決定過程の理論と実際」に関する研究のなかで「エーゴン・バールの思考パターン」を描いているが、その際とくに五〇年代におけるバール構想の根源を調査している。しかし、バールのそののちの見解に関連させて継続性と断絶との原因をじゅうぶん引きだすことをしていない。オットー・ボルストが書いたバールの短いポートレートも有益な読み物となっている。

バールのかいつまんだ性格描写と政治的構想の短い描写は、東方政策に関するたいていの研究にみられる。しかし幅ひろい資料基盤に基づく、かれの構想の包括的な叙述となると、これまでに存在していない。

この欠けている部分をわたしの研究は、少なくとも一部にせよ、埋めようとするものである。ここでは古典的な意味での伝記を描こうとするのではない。むしろ中心にしたいのは、バールのドイツ構想を、選びだした一次資料に基づいて分析し、社会民主党の東方政策・ドイツ政策という大枠のなかで、かれの具体的な政治行動と関連させてみていくことである。

この研究を博士論文としてまとめることにしたが、とくに政治学の専門分野では、歴史的・学問的伝記は、影の薄い存在である。ペーター・ジーベンモルゲンが、「ドイツの時代歴史叙述において政治的伝記のジャンルは、ひどく未発達である」と批判しているのは、当たっている。「個々の政治家に関する個別研究書で、その政治家たちの政治的考えや活動を包括的な意味で提示する、あるいは少なくとも重要な部分だけでもとらえるようなものは、あいかわらずほとんどない」［ペーター・ジーベンモルゲン『潮の満干の交替。緊張緩和政策の始まり』、ボン、一九九〇年、四一七頁］。主役とかかわらせた分析は、いつでも非学問的だという疑念と闘わねばならないのである。政治学の分野でこのように押される烙印については、近年盛んになっている伝記的文献の好況があって、存在しなくなったかのように錯覚してはならない。逆なのである。個々の学問的伝記の読者層における大きな成功などは、むしろ専門家たちの間で好悪二分した感じで受けとられているのである［近年の成功した伝記の例をあげると、ハンス＝ペーター・シュヴァルツ『アデナウアー。上昇　一八七六―一九五二』、シュトゥットガルト、一九八六年。同じく『アデナウアー。シュテーツマン一九五二―一九六七』、シュトゥットガルト、一九九一年。エルンスト・エンゲルベルク『ビスマルク。ヨーロッパ中央の帝国』、ミュンヘン、一九九三年。ブリギッテ・ゼーバッハー＝ブラント『ベーベル。帝国の告知者兼人夫』、ボン、一九八八年］。

じっさい歴史的・政治学的な研究にとって政治の主役とかかわるような切り口を選ぶことにいったい意義があるのか、社会＝経済的・構造的な関連の重要性が一般に認められる時代にあって、それに意義があるのかという疑問が出されてしまう。どんな伝記的な切り口も、そんなことをすると個人化する歴史像を主張し深化させるだけで、したがって結局のところハインリヒ・トライチェケ（一八三四―一八九六）の「歴史をつくるのは男たち」という時代後れで宿命的な名言にしたがっているのだ、という非難と対決しなければならないのである。

こうした問題性を意識し、人物とかかわる切り口にはどんなものでも内包する危険を知ったうえで、わたしのこの研究は、政治的主役――この場合エーゴン・バール――を考察の中心に据えるという方法を切り口として選んでいる。「意図の分析」は、個人から、政治行動をする主体から、出発するしかない。ここにある研究は、資料批判的な切り口を使って、中心的な一次資料を手がかりに――そうした資料は一部この研究のために初めて利用できるようになったものもある――西ドイツの東方政策・ドイツ政策の企画立案ならびに実際運用方法の明確化に大きな影響を与えた一人の主役の政治的構想をたどり、分析しようとするものである。しかしこの研究で試みようとするのは、たんにバールの政治的構想をかれの講演や論文をもとに再構成するだけでなく、その構想をかれの役職時代の具体的な政策内容やその実現可能性の範囲と関連させて、ことをみていくことにある。

それゆえ政治的主役の意図の分析は、とくべつ興味深く重要である。こうした分析で政治分析の中心問題に触れられるからである。この点を強調してフランスの政治学者アルフレッド・グロッサーもこう言っている。「つねに現実の二つの次元を考慮しなければならない。一つは多かれ少なかれ物的な事実で、それを解きほぐし描写しなければならない。もう一つは、政治活動の主役たちがそうした事実についてどう考えていたかである。――この考えそのものは、かれの構想のなかでは第一にあげた事実よりはるかに重要な事柄である。……だから我われは主役たちの信念をできるかぎり取り入れて組み込まなければならない。つまり統治担当者たちの信念、指導者層の信念、世論というほとんど規定しがたい勢力の信念である。政治家は自分の口にするすべてを信じているわけではないが、それでもかれら自身を現実とは関わりのないまったくのシニカルな人とみたとしたら、現実の歪曲となってしまうだろう。かれらは物事をみる目を個人的・個性的なあるいは集団的な経験に基づいて自分のものにしているのである」。

主役――研究調査の「主体」――をあまりに歴史的経過の中心に置きすぎて、すべての出来事をそうした個人に関連づけるという、個人にかかわらせるという切り口のもつ危険は明白なものであり、これをやわらげるには、研究が完全に意識してごくかぎられた研究課題をたて、意図分析の意味で問うのは本質的に主役の意図と目標だけにして、政策全体を一個人に還元するようにはしないことである。

このことがわたしの研究にとって具体的に意味するのは、この論文で試みようとするのは決して、社民＝自由連立の東方政策・ドイツ政策を、ひとえにエーゴン・バールの仕事として述べることではない。むしろ研究の出発点は次のような自明の事実にある。つまり東方政策は――一般に政治と同様――多くの個々の影響ファクターのコンビネーションからなっていて、それは一政党とかましてや個々の個人に還元できるものではない、という事実である。

このような限定的な物言いにもかかわらず、個人にかかわらせた切り口は、もっぱら構造歴史学（表面的にみえる「出来事の歴史」に意識的に抵抗して、深層の次元、持続的で徐々にしか変化しない現象を探ろうとする歴史学の一形態）の切り口にとっても補足的・補正的で重要な方法であることに変わりはない。レオポルド・ランケ（一七九五―一八八六）はこの点について『ヴァレンシュタイン』の歴史序文のなかで次のように言っている。「人間の影響は、全般的な事情が与える可能性に基づいている。人それぞれほとんどその時代の産物でしかないし、かれの外側に存在する一般的傾向の表れでしかない。しかし他面では、個々の人物は一方ではまた倫理的な世界に属しているし、その秩序は自分固有のものである。個々の人物は独自の力をもった独立した生である。個々の人物は自分の時代を代表するのであり、生来の内的な推進力により規定するような形でその時代にかかわっていく」、と。

第3節　基礎的となる資料とその格付け

まえがきを締めくくるに当たり、ここではこの研究で利用する資料についてかんたんに触れておこう。この研究のためには、ボンの「フリードリヒ＝エーベルト財団の社会的な民主主義資料館」にあるエーゴン・バールの寄贈図書に初めて目を通し、学問的に評価し利用することができたし、そこから次のような幸運な状況がえられた。それは、バールの構想をもっぱらおおやけの演説や論文を手がかりにたどるのでなく、内輪のメモ、企画書、内密のたぐいの会議議事録や書簡、個人的な手記なども利用できたことであった。

主に一次資料に基礎を置く資料批判的な研究はどんなものでも、論理必然的にその都度の利用価値をまず問わねばならない。この研究にとっても妥当するのは、「資料は自己目的ではなく、歴史的な認識のための手段にすぎない」という方法論的原則である。したがって資料の組み入れ方や価値づけは、その都度の、無限に変容する認識目的に左右されるものである。

主役の者にかかわる意図の分析は、当然ながら大部分研究対象者の自己表現に頼っている。唯一の資料としてのおおやけの発言は、ある政治家の構想に関して有効な示唆としてはかぎられたものしか与えてくれない。そうした発言は大部分戦術的な枠組みに左右されているものだからである。それだから講演、インタビュー、新聞記事、あるいはメモなどのおおやけの見解表明はつねに、事柄の前後関係・脈絡や読者・聴衆への呼びかけなどの点で調査するのを手始めにして分析される。「どんな解釈も、分析する資料類がレトリック的な儚ない一時的なものなのか――こういうものにも意義があるかもしれない――あるいは主導動機としてあきらかな論拠の様相のものなのかに、注意を払う必要があるだろう。……資料批判的に厳しい解釈方法を基礎にするなら、専門用語上の展開ラインについても言おうとする意味内容をつかみとることができるだろうし、政治的レトリックのなかに含まれている構想要素もみいだすことができるだろう」［ペーター・ジーベンモルゲン『潮の満干の交替』、四二二頁］。

バールの東方政策・ドイツ政策構想の基本前提をかれのおおやけの発言から取りだすには、内部の決定過程や計画立案に解明のヒントを与える記録文書の利用が中心的に重要である。この研究のために利用できたのはとりわけ、ベルリン市政府の報道局長の時代、外務省の政策企画局局長としての活動、ボンの首相府の次官や連邦大臣時代のエーゴン・バールの文書メモ、講演草稿や計画立案書などであった。こうした記録の資料研究によって――資料の利用価値はもちろん同じくその誕生の脈絡に左右されるものである――エーゴン・バールのおおやけに主張された言説の検証が可能となり、かれの政治的構想を支える主柱を描くことができるようになるのである。

✽第2章✽

矛盾にみちた青少年時代——一九四五年までの人生歴スケッチ

エーゴン・バールのドイツ構想を理解するには、この男の生い立ちとその見解の源がどこにあったかを知る必要があるだろう。エーゴン・バールが「ドイツ問題」に対して——心情的にも——どのような態度をとったかを知るには、かれが——とくに青少年時代において——ドイツについてどのような経験をしていたかを調べるのが重要である。

それゆえ以下に一九四五年以前の人生歴を、かんたんにスケッチすることにしよう。その際中心となるのは、短い履歴のようなものをまとめることでもなければ、エーゴン・バールの人生歴の「心理学的もどき」解釈を試みることでもない。

人生歴のうえでの経験が政治的な考えや具体的構想にどれくらい影響しているかは、通常なかなか評価しにくいものである。それでも、そうした経験が決定的役割を演じていることは明らかである。バールの青少年時代の、心理的にもあとあとまで影響をおよぼしている周囲の諸条件や鍵となる体験がかれの政治構想に大きく影響していることは疑いない。しかしながら個々のケース（特別なケース）の特殊な評価をするのは難しい。というのも、人生歴の基本要素のたんなる知識に基づく分析には、ひどく推測の域の色濃い性格がつきまとわざるをえないからである。それゆえ履歴上のデータの価値づけや重要さの判断に当たっては、最高度の慎重さと用心深さが必要である。それは、当人がまだなんの政治的な活動、あるいはその他なんらかのおおやけの登場もしていない時代のデータである場合、記録や文書類が存在しないので、描写がおもに自己発言に頼らざるをえないとき、とりわけ注意が必要なのである。しかしこうした重要な異論がありえるにしても、それでもエーゴン・バールの経歴上の背景をよりよく理解するには、履歴のデータをいくつか素描する必要があるように思われる。

エーゴン・バールは一九二二年三月一八日、チューリンゲンのトゥレフルトに生まれた。かれの両親は、ドイツ東部の出身で、母はポーゼン、父はシュレージエンであった。トゥレフルトは、ヴェラ河畔、アイゼナッハとランゲンザルツァの間にある小さな町で、かつてのDDRの地域、一九四五年以降ドイツを分断することになる国境から数キロしか離れていなかった。チューリンゲンがエーゴン・バールの故郷であったのは、生まれて六年の間でしかなかった。それだから、一九九〇年一月バールが次のように言ったのは、おそらく心に染みた経験というより、むしろいくぶん物悲しい思い出であったろう。「わたしはチューリンゲンの出、ドイツの緑の心臓部出身であることを決して忘れたことはありません。出身地を問われる入国の際の書き込み用紙が数多くありましてね。そのときわたしはいつもチューリンゲンと書いたものです」。

故郷だとバールが思っていたのはむしろ、ライプチツィヒの北東のエルベ河畔にある中くらいの都市トルガウであった。「生い立ったところ、あるいは故郷のこととなると、要するに子どもとして自意識をもつにいたったところのことである。これはわたしの場合、六歳で立ち去ったチューリンゲンではなく、むしろトルガウである」。このザクセン地方でバールは学校に通い、かれの最初の政治的な影響を受けることになった。その点について一九八二年にかれはこう書いている。「大きくなったのはトルガウで、それは特別にプロイセン的伝統を育み、プロテスタント的なつよい伝統が漂う町であった。……すなわち、わたしの決定的な年月、一九二八年から一九三八年——つまり六歳から一六歳まで、自覚的な人間になる期間を過ごしたのは、プロテスタント的・プロイセン的・古典的人間主義的な環境の土地であった」。

なるほどバールは、ナチズムに対してはそっけない態度をとっていたが、ナチス支配のいくつかの側面には当初完全に肯定的な受けとめ方をしていた。バールはこう書いている。父は——トルガウで教師をしていて党派的にはどこにも偏しない人で——一九三三年ナチの権力掌握の際にはすぐさま、「これは戦争になる」、と言っていた。しかし自分(エーゴン)は、この見方の点では父に対して「若者特有の反抗的姿勢」になっていた、と。さらにエーゴンは、「当時わたしが体験した、ラインラント占領、国民皆兵の義務の導入などを、誇りあるもののように受けとめていた」、と書いている。

同時に一家は、ナチス独裁体制の別な側面も感じるようになる。母方の祖母はユダヤ系であった。三〇年代の終わりには、この一族のうち親類の何人かが強制収容所に引き立てられていった。一九三八年には父がユダヤ系出身の母との結婚ゆえに強制的に退職させられる。そうして一家は経済的な基盤を奪われ、トルガウから、親類の住むベルリンに移らざるをえなかった。大学で音楽の勉強をしようとしていたエーゴンは、ユダヤ系の祖母ゆえに大学での勉強が許されなかった。かれは、「なんの感激もなく」ラインメタル＝ボルジッヒ（一八三七年アウグスト・ボルジッヒによってベルリンに設立された機械製作工場で、一九三三年にはラインメタルと合併する。主に機関車や製作機械の生産にあたった企業）で工場の事務職員になるための職業訓練を受けた。このような一家が受けた個人的体験が——父の強制退職、祖母の差別的待遇、大学への進学拒否——エーゴン・バールのナチズムへの姿勢を変えることになった。

振りかえってバールは、少なくともナチス支配の最初の数年の間に自分が体験した矛盾を自分で分析している。一方には母の出自や父の反ナチズム的姿勢から政治的考えに刻まれた両親の家での経験と考え方。他方ではヒトラー時代の当初の歳月を戦争にいたるまで成功と感じていた青少年の経験の世界。こうした矛盾をバールは一九八二年に次のように描写している。「こうした環境の影響によりわたしの若い時代にはもろもろの矛盾と、家族との葛藤にわたしは陥っていた」。「わたしが一家で経験したものと、わたしが信じていたものとの間のそうした矛盾から徐々にようやくわたしは抜けだしたのであった」。こうした青少年時代の矛盾した姿についてバールは、一九八四年に次のようにも述べている。「家族に対する愛情と、みるからに上昇機運にある国に対する誇りとを両立させるのは難しいことだった」。

戦争が始まってもそうした矛盾に決着がつかず、むしろ矛盾はなお大きくなるばかりであった。「戦争が始まると、わたしは、父の言うことはやはり正しかったし、わたしよりも先を考えていたな、と思った。……しかしその折ポーランドが二週間で占領されると、わたしは熱狂し深く感動した。ポーランドで何が起こっているかなど全然知らなかったし、六週間でのフランスの占領など、信じられないことだった。それからノルウェー、ギリシャ、これはなるほどいくぶん困難を増していたが、とにかくそれでも占領できた。ドイツの国防軍の戦績に対するわたしの誇りは、そこに掲げられたハーケンクロイツよりも大きかった。振りかえると、とにかくこのようにわたしは言わねばならない。わたしは当時、一九歳でそうした感じをもっていたのだから」。

一九四一年のロシア遠征になってようやくかれは、この戦争が勝利することはできないことを、認識するようになった。それから四二年にエーゴン・バール自身も兵士として召集される。かれは飛行訓練のためにベルギーやフランスに行かされる。バールの戦争体験は、かれののちの政治の考え方に影響することになった。だがこの時代が次のような点で決定的な関わりをもったかどうか答えを出すのは難しい。つまりエーゴン・バールののちの時代の政治生活であれほど精力的に安全保障政策と取り組んだことに関する点である。たしかなのは、戦争と軍隊に対するバールの考えに、かれ自身の国防軍体験が影響していることである。

エーゴン・バールは平和主義者でもなければ、厳格な意味での「反軍国主義者」でもない。しかし断固とした反戦主義者ではあった。バールを特徴づける戦争拒否の姿勢は抽象的なものではなく、第二次大戦中における兵士としての個人的な体験によって深く心に刻まれた反戦の姿勢と平和への憧憬である。この態度は、なにかある種の平和主義的姿勢——バールには、共感はするが純朴だと思われた姿勢——とはなんの関連もないものだった。一九八二年バールはこう強調している。「平和主義というのはわたしからみると、どんな人でも同意し、また信じもする姿勢であるし、SPDの歴史においてもつねにある役割を演じてきた姿勢であった。しかし平和主義は、国家にとっては問題にならないものである」〔エーゴン・バール『ドイツはどうなる？　質疑と応答』、ハンブルク、一九八二年、一八頁〕。

バールが兵士時代にえたもっとも重要な経験は、戦争が人間をどんなに大きく変えてしまうかというものだった。バールの伝えるところによると、戦争中に敵だと思う者に対して抱いた憎しみの感情には、あとになってしばしばショックを感じたほどであった、という。

兵士時代にあってもナチズム・イデオロギーの倒錯観念がエーゴン・バールのあとを追いかけてくる。一九四三年の末ベルリンの「管区血統検査局」があらためてバールのユダヤ系の祖母に目を留めた。そうした家系環境の出身者は、ナチスの目からみると「兵役不適格」なものだった。この家系の発見は、必然的に国防軍からの除隊とならざるをえなかった。

この一件でのかれの上司たちの態度に関するバールの思い出は、それでもまったく肯定的なものであって、バールはこう書いている。「その点では空軍学校の将校たちに対して大いなる尊敬と感謝の念をもって思いだしている。将校たちは、いくぶん嫌らしいナチであった一人を除いては、素敵な人たちであった。……この将校たちは、惑わされることなく、人間的にもじつにしっかりと振る舞っていた。国防軍にはいろうとした廉により軍法会議にかけられる危険が生じたことがあった。この件は、とくに空軍学校の将校たちの好意的な判定により、審理が打ち切られてしまった。前にも言ったように、一人の将校だけは例外で、かれはもはやわたしを見向きもせず、知らんふりで挨拶もしなくなってしまった」。

エーゴン・バールは一九四四年の夏、昇進を拒否されつつ、国防軍を除隊させられ、ベルリンのティーゲル地区のラインメタル＝ボルジッヒ会社での勤務を命じられた。カールステン・シュレーダーはこう書いている。「国防軍からの不名誉な解雇がのちになって、バールに大きな影響を与えた体験としばしば解釈されるようになり、自分の国民感情を傷つけられたことが、かれののちの思考や行動に大きく影響することになった」、と。この点に関してヴィリー・ブラントの次のような意見が引用されている。「エーゴンはこの経緯に耐えるのがつらかった。戦争の出来事は、くりかえしかれのなかでムカムカするものだった」。バール自身は、そうした出来事を決して鍵となる体験とは思っていなかった。「いいえ、たしかにそんなことではありませんでした。しかしわたしは、ドイツが非常に厄介な祖国だということをぜんぜん否定するつもりはありません」。

エーゴン・バールがかつて修業した会社のボルジッヒで就労義務を負わされている間に、母との離婚を頑強に拒否していた父は、一九四四年のなかばヒムラーの「Aktion Mitte」（ナチスの行なったユダヤ人迫害のなかで、「Aktion A」はユダヤ人の逮捕、「Aktion B」はユダヤ人のもつ金目のものの収奪を狙ったものだった。「Aktion Mitte」とは、おそらく労働力としてのユダヤ人の強制動員を含む行動のことであったろう）により、「トート組織」の労働キャンプに送り込まれ、当座は単純作業の工場労働者に、のちには弾薬運搬作業員にされた（「トート組織」とは、ナチ党の政治家フリッツ・トート（一八九一―一九四二）が設立したもので、かれはアウトバーンや西部要塞の建設の指揮をとり、一九四〇年以降武装と弾薬を担当する大臣を務めた）。父親の姿勢により、エーゴン・バールのもとで父親へのつよい心情的な結びつきが生まれる。エーゴンはとりわけ父の不屈の一貫した態度を讃えている。「わたしは父に対してまったく特別な、深い傾倒の気持ちをもっていた。父は――一度言っておきたいと思いますが――母の件で面倒な状況になっていたのに、わたしが知るかぎりあるいは見たかぎり、当然の成り行きにそってしがちなこと、安楽なこと、つまり母と別れようとする気持ちなどに一瞬たりとも傾いたことがなかった。離婚した方が父にとってどんなに楽なことであったろう。わたしの母は、正統派ではなく、同化の道をたどったユダヤ系家族の出であった。周囲の人たちは、父に離婚をつよく勧めた。妻と別れれば職にも留まれたであろう。しかし父は妻と別れる代わりに、職と別れたのだった。のちに、一九四四年ヒムラーの〝Aktion Mitte〟により父が逮捕されたとき、人びとは、かれも妻と別れていれば地元に留まれたろうに、と言っていた。しかしその場合、母は強制収容所行きとなったであろう。父の方は当然のことのように母をかばう態度を貫いていた。これが、父についての決定的な印象となっている二つのファクターである」［ディトマル・クラーマー『エーゴン・バールに聞く』、ボルンハイム、一九七五年、一一頁以降］。

エーゴン・バール自身は戦争の終結をベルリンで体験する。生まれて以来の二三年間は、政治家エーゴン・バールの形成にもつよい影響を与えた。しかし自分が一九四五年後、東ドイツになった地域の出身だということ、この点をバール自身、自分ののちの東方政策構想にとって大事な意義をもっていたと説明している。「ベルリンがわたしの居場所だった。この都市はいつも東に目をやっていた。一九四五年後もそうである。そのときはもはや自由意志に基づくものではなかったが、出来事は目をそらすことを許さなかった。この都市とそこの住民は、嬉しくはないが、思考と感情を支配する光景にまさに釘づけになっていた。西ドイツはあまりにも長い間もっぱら視野に入れていたのは西側であった。ボンの主役者たちはラインラント出身の人たちや南ドイツの人たちだった。一九六九年この点でも役者の交替が行なわれた。今やそこに登場したのは、リューベック出身の男（ヴィリー・ブラント）、ダンチッヒ出の人（ホルスト・エームケ）、トルガウ／ベルリン出身の人（エーゴン・バール）、ハレの出の人（ディートリヒ・ゲンシャー）、ドレスデン出身の二人（ヘルベルト・ヴェーナーとヴォルフガング・ミシュニク）といった面々であった。こうした人びとの出身の根は、東側に触れずにいることを許さなかった」［ユルゲン・エンゲルト「バールの内なるハシゴ」、『ドイッチェ・ツァイトゥンク／キリスト教徒と世界』第一一号、七二年三月一七日、五頁］。

❋第3章❋

エーゴン・バール——冷戦の戦士？ 戦争の終結から壁の建設まで

第1節 戦後時代——バールの「ゼロ時」？

バールは終戦をベルリンで迎えた。工場事務系職員としての修業も終わっていたし、ボルジッヒの生産活動も、ベルリン全体と同じように、瓦礫のなかにあった。それゆえそこにもバールにとって働く余地はなかった。くわえて当時二三歳の男にとってとにかくはっきりしていたのは、ナチス独裁の終焉のあと職業的にも新たな出発をあえてしたいということだった。「わたしは決心していた。いろんな困難に耐えて、二度とこんな事態を出来させないよう、自分にできることをなんでもやろう。単純に自分のためだけの私的な人生にはしたくない、と。その点はまったくはっきりしていた」。自分のドイツ語文章の巧みさを思いだして、エーゴン・バールは戦後、ジャーナリストとして働くことにした。まず一九四五年五月から『ベルリン新聞』の地方報道員となるが、それは「ソ連の人たち」の手で創刊され管理されていた新聞であり、それにふさわしく編集上のちょっかいもはいるものだった。四五年の七月の末、反ファシズムの波が一段落し、モスクワ帰りの亡命者たちが新聞を引き継ぐようになって、バールは『ベルリン新聞』での協力をやめ、アメリカ軍の認可をうけた『一般新聞』に移った。この『一般新聞』に――これはのちに『ノイエ・ツァイトゥング』となる――四八年の末まで留まって、それから『ターゲス・シュピーゲル』紙に移り、この新聞の委託により、四九年の秋には通信員としてボンに派遣されることになった。

終戦直後の時代は、バールの政治的な意識形成にとって重要な時期であった。このジャーナリストは、一九四五年当時を過去との完全な断絶と感じていた。「一九四五年はゼロ時の恩寵であり、まったくの新たな出発であり、我われは何かを新しく立ち上げることもできた。我われには古いもの、過去のものも存在していることがわかっていたが、しかし何かまったく新しいものを我われは行なうのだ。……我われはそのときはまだ、古い体制が当時一九四五年のベルリンで思ったほど徹底して没落していたのではない、という意識などぜんぜんもつこともなかった。ゼロ時には、たとえ当時ドイツの主権らしきものは何もなかったにせよ、公的な体制がそもそも新たに誕生する――社会として、そこに存在する何ものかとして誕生する。そしてそれにより、ゼロ時とともに義務も生じるのだ。これは我われにとってまっとうな断絶であった。歴史がゼロ時にまで達してしまい、また新しく始まるのだった」［エーゴン・バール『ドイツはどうなる?』、五四頁］。

かなりあとになってようやくバールは、歴史の継続性に気づくようになるのである。当時社会の広範な部分にわたって――そしてバールのもとでも――ひろくみられた根本的な新たな始まりという考え、ドイツ国家の敗北の規模、ナチズム支配の間にドイツが犯した犯罪の規模からして、そう思う無理からぬ気持ち、そうした新規の始まりという理念は、しかしながら戦後のドイツではなんでも可能なのだという誤れるテーゼに一部発していたのである。それでもそのドイツでは事実上――過去の罪のこともあって――主権は制限されていて、政治的な形成可能性はほとんど与えられていなかった。

振りかえりながらバールは、そうした誤った見通しを告白して、こう書いている。「アデナウアーの次のような見解が本当は正しいことが、自分にわかるまでには長い時間がかかった。かれは、ゼロ時など存在しない、そもそもんな人間も、どんな世代も、自分の歴史、いろんな負い目をもった自分の歴史から逃げだすことはできない。後継者たちもこうした歴史の負い目の新旧両面を引きずっていくしかないのだ。たとえ第三帝国について個人的な罪もなく、またその時代にまだ生まれていないにしてもである、という見解の正しさなのだった」。

戦争終了の一九四五年時のバールの姿勢は、アンビヴァレントなものだった。なるほど二三歳のバールは、ロシア人占領者たちを解放者とは思わなかったが、それでも戦後の時期には自分を「解放された者と感じて」いた。解放されたとの感情は、もちろんバールの近親者たちがナチ支配の間に苦痛を味わいながら重ねた経験に根ざしたものであったが、この感情はナチズム独裁や一九三三年から四五年の間のかれ個人の役割に関する、バールののちのちの見方にも影響を与えた。バールは一九八二年、この時代を振りかえってこう書いている。「わたしは個人的な罪の意識はもたなかった。……市民的な意味でもなんらかの法的な意味でもなんの犯罪も犯していなかった。わたしは何人かの人を助けてあげたし、ナチ国家の誕生に関する罪の意識からは完全に自由だと感じていた。……わたしがもっていたのは、むしろはっきり規定しがたい感情であり、それはのちにテオドール・ホイス大統領（一八八四―一九六三）が適切な表現をしてくれたもの、つまり集団の恥、というものだった」［バール『ドイツはどうなる？』、五六頁］。

こうした基本的姿勢は、国家・国民（Nation）に対するバールの考えや、かれの国民意識にも影響を与えた。一九四五年五月の無条件降伏のあと、当時の多くの人びとが向き合ったのは、「ドイツの破局」の根源の少なくとも一部はドイツ国民国家という存在のなかにもあるのではないか、そして国民としてのドイツ人にそもそも未来はあるだろうか、という問いであった。ヨルク・ガッベは敗戦直後期の「ナショナルな思考」の精神的な出発状況を次のように書いている。「一九四五年ドイツ国民の理念は、最近数十年間の伝統的な主柱を失ってしまっていた。国民の国家的な枠組みは粉々に壊れ、一八六六／一八七一年時以前の状態、一部ナポレオン占領時代を思い起こさせるような組織レベルにまでふたたびバラバラになってしまっていた。しかし統一国家成立のときとは違って、この状態は外に向かって内部統合を守るための契機でもなかったし、そこには侵略者に対する侵略された側のなんの道義もなかったし、その他の統合の適切な客体もなかった。この一二年の間にドイツ国民は、あらゆる自己正当化を利用し、それを必要以上に使って倫理的に破壊してしまった。ドイツ国民は一九四五年の破局のあとでは終焉にたっているようにみえた」［ヨルク・ガッベ『政党と国民。西ドイツの成立当初における政党の政治的な基本方向にとっての国民意識の役割について』、マイゼンハイム、一九七六年、二一三頁］。

バールにとってこの問題は——本人のいうところによれば——ガッベの見方とは違っていた。バールの国民意識の見解は、一九四五年後でも比較的疑念に囚われないものだった。ナチズムと「第三帝国」の時代にドイツ人の想像を絶する犯罪によりドイツの愛国主義のようなものは永久に不可能になってしまった、いや考えられないものになってしまったという人たちがいた。しかしバールはあきらかにこうした人たちの考えには与しなかった。そうした見解に対してバールは、回顧しながらこう述べている。「わたしは決して愛国者であるのをやめなかった。愛国感情はわたしの場合まったく壊れずにあった。ヒトラーのことをわたしは、愛国者とは思わず、愛国主義を抹殺したか抹殺しようとした犯罪者、あるいはいずれにせよ愛国主義の信用を失墜させた犯人と思っていた。それだからわたしには、思考の点でも心情の点でも、自分を変える、あるいは克服するようなものは何もなかった」。

しかし国家・国民（ネーション）それ自身は、終戦直後の時期にはほとんどテーマにならなかった。というのも、人びとの意識は日常の問題で一杯になっていて、政治的な理念のための余裕などなかったからである。生活のこうした非政治化のことは、バールも回想のなかで確認している。国民大部分の絶対的な優先事項は、生き延びるという慎ましい願いであり、それゆえそれ以外のことに対する余力などありえなかった。「直近の過去に対する普通の反応は、とにかくそっとしておいてくれ、我われはとにかく当分しばらくの間政治には飽き飽きしているというものだった」。それはバールにも理解できる態度であったが、かれはそれに与していたわけでなく、当時すでに批判していた。かれの目からみて戦後期における脱政治化や「精神的カオス」がいかに大きかったかを、バールは一九四八年五月一〇日、ハンス・ホフマンに宛てた手紙で印象的にこう書いている。「（戦後）三年という期間はあまりに短すぎて、精神的な方向をまだ認識できるようにはなっていません。そのうえその初めにあったのは精神的な虚脱状態でして、完璧な虚脱状態になっていたのは青少年だけでなく、とても数が減じてしまった中間世代もそれに激しく揺さぶられています。その世代は、二〇年代には時代の先端にあると思われ、今日では当時にすがろうとするだけで、自分たちがどんな精神的カオスのなかにあるかを認めたがらないのです。中年の世代は――この場合若いか古いかの概念は精神的な意味でして、年齢には関係ないことととってください――思い出にふけるかあるいは、パラドックスに響くかもしれませんが、じつに具体的で肉体的な楽しみにかかわる漠然とした未来の夢にふけっているのです。だから精神的な状況は、瓦礫のなかでまだ利用価値のありそうなものを探して並べるようなものです。たぶんもっとも肯定的といえるのは、そもそも考えることでしょう。さまざまな人びとが意見を闘わせ、とるべき道や表現形態を探す立派な語らいもふたたびみられるようになりました。パンの配給や脂肪の欠乏などの彼方にあるような物事に目を向ける努力もでてきています。とりわけ青少年たちのもとでは大きな不信の念が認められます。不信感は、批判の始まりですからね。青少年たちの比較的役にたつ部分の反応がニヒリスティックなものでなく不信感になっているのを、わたしは喜ぶべきことだと思っています。これは期待してよい最良の反応です。いずれにしてもそれは、一昨日は立派な皇帝主義者、昨日はヴァイマル共和国的になり、それから大ドイツ主義者になって、現在では根っからの民主主義者、いわば完璧なデモクラートになっている多くの大人たちより、ましなことでしょう。青少年たちは、こうした反応で気骨のあるところをみせていますし、それゆえまたより辛い生活にもなっています。こうした安易にことをすまさない姿勢は、数の減じた中年世代についてもいうことができますが、それが示唆しているのは、あなたが〝永遠のドイツ〟と言われる部分が精神的ルネサンスの途上にあることです。その道のりの長さを見通すことはまだできません。上向きになってはいますが、その道の頂きや目標はまだ雲のなかに隠れています」［エーゴン・バールのハンス・ホフマン宛ての手紙、四八年五月一〇日付け］。

第2節　ヤーコプ・カイザーとクルト・シューマッハー――模範的な愛国者、愛国的な模範？

五〇年代においてエーゴン・バールが「ドイツ問題」に関してどんな態度をとっていたかを調べるには、かれが当時のドイツ政策の論議に依拠していたのかどうか、していたとすればどんな意見の持ち主に依拠していたのかを調べてみるのが興味深い。東方政策・ドイツ政策の模範といえるようなものが存在していたのだろうか。

「戦後期のドイツでわたしに印象を与えた第一の人間は、ヤーコプ・カイザーであった」。ソビエト占領地区におけるCDU（キリスト教民主同盟）の創設者の一人であったカイザー（一八八八―一九六一）に対して、一九七五年に口にした傾倒の言葉をエーゴン・バールはなんども強調している。バールは終戦直後の時期にベルリンでカイザーと知り合うが、この人物のことは、ドイツ統一に対する態度に基づいて評価する。この人は、戦後最初のドイツの外務大臣になれる政治家だと、バールは思った。そしてカイザーについての評価をまとめて七七年にバールはこう言っている。「これは、一九四五／四六／四七年時のドイツに向けて、東西間の橋渡しの役割を与えようとした男であり、ドイツの統一を自分にとってドイツ政策の最高度の優先事項としている点で、愛国主義的な男であった。この点がわたしの心惹かれるところであった」〔「リアス放送」とのインタビューにおいて、七七年一月一九日〕。

カイザーは、ベルリンに住んでいて、一九四五年一二月から四七年の一二月までソビエト占領地区のCDUの党首であり、四九年にアデナウアー最初の内閣の全ドイツ問題相になった人である。そのかれの構想ではドイツに対して橋渡しの役が与えられていた。役割はかれの見方によると、第二次世界大戦の二つの勝利大国アメリカとソビエトの間にあるドイツの地理的状況から生じるものであった。「ドイツの再建を願う者は、ただドイツが東西の間に位置しているという事実から出発できるのみです。運命的だが、また役割にも恵まれたこうした状況の帰結は、西側ブロックかそれとも東側ブロックかとの二者択一ではなく、各国民間の相互理解と和解、独自の精神に基づく自己再建、そのどちらも視野に入れることです」〔ヤーコプ・カイザー『ドイツへの道 一九四七』〕。

バールは、自分がこうした「架橋理論」の支持者であったことを強調している。この点について一九八八年バールは、ヤーコプ・カイザーの演説と論文を集めた著書の書評のなかで、こう述べている。「その場合カイザーのコンセプトはわたしにとって二重の意味で納得のいくものだった。瓦礫を前にして必要な答えを与えることのできるのは、資本主義でも共産主義でもない。カイザーのキリスト教社会主義、つまりのちのキリスト教同盟のアーレン綱領（一九四七年ライン＝ヴェストファーレン州のキリスト教同盟によってアーレンで決められた綱領。鉄鋼業や鉱山業の社会的所有化、独占企業の解体、力のある中小企業の強化、企画に富んだイニシアティブの支援、大企業における被雇用者の決定参加、合法的にえた資産の承認、一定規模での経済の計画性と運営などを認めていた）に取り入れられたものが、イデオロギー的な架橋の一片であり、かれの政治的な考えでもあった。わたしにはドイツの大きな任務は、ヨーロッパ各国と格闘しながら西側理念と東側理念との総合をみいだすことのように思われた。我われは東西の間の架け橋にならなければならなかった」〔エーゴン・バール「ある挫折した愛国主義者の記録」（「ヤーコプ・カイザーの演説と論文について」）、FAZ、八八年一一月二日〕。

バールにとって「この矜持にみち、いくぶん不器用な感じで、そしてフランケン地方のきつい調子の言葉の持ち主は、ドイツの希望の一つであり」、コンラート・アデナウアー（一八七六—一九六七）やクルト・シューマッハー（一八九五—一九五二）よりも評価できる存在であった。その原因はとりわけ——バールのカイザーに対する尊敬の念の根拠によると——この人は、「国民の統一を第一の目標とすることしか考えられない男であった」。若いジャーナリスト、エーゴン・バールに印象を与えたのは、アデナウアーのとる西側への統合という優先事項よりも、カイザーの優先するこの統一という事項の方であった。

カイザー自身の頓挫、かれの架橋理論の頓挫は、バールにとって個人的な帰結をもたらした。「偉大な愛国者ヤーコプ・カイザーは」、バールからみると、「正しいことを言っていたのに、結局は正しいことを言っていたとは認められなかった」男であった。バールによると、その頓挫の原因は、第一に東側にあった。「この構想全体が壊れてしまったのは、ロシア人たちがそれを許さなかったからである。……かれらは分断を望んだのである」。「わたしが一九四九年、アデナウアーの最初の組閣の直前ボンでカイザーに再会したとき、かれはかれ自身の影のようにわたしには思えた」［エーゴン・バール「統一が決して第一の目標でなかった」『シュピーゲル』第一八号、七二年四月二四日、一五八頁］。カイザーが頓挫し、ボンにおいてほとんど成果をあげられずにいても、バールのかれに対する尊敬の念は少しも変わらなかった。しかしそうした事態によりバールは徐々にSPDに接近していくのである。「この時代、つまり一九四九年から五一年にかけての時期、ヤーコプ・カイザーに対する個人的な傾倒――理論的にはわたしをアーレン綱領のCDUに導いたかもしれない傾倒――が弱まっていき、クルト・シューマッハー率いるSPDへの傾斜の方が強くなっていった」。社会民主党（SPD）へのそうした接近の理由をあとになってバールはこう言っている。「一九四九年以降ボンでわたしがはっきり目にしたものは――これは非常に主観的なものだが、わたしが感じ目にして体験したことをはっきり言いますと――本当にドイツのことを心にかけようとしていたのは、社会民主党の人たち、とりわけクルト・シューマッハーやその他の人たちであったこと、そしてコンラート・アデナウアーにとって最優先事項は、国の統一ではなく残された部分の安全確保であったこと。もしかしてこれは歴史的にほかに可能性がなかったことかもしれないが、アデナウアーとキリスト教同盟のほかの人たちが、統一を第一の問題であるかのように振る舞っていながら、じつのところは残りの部分（西ドイツ）の安全確保を最優先する政策を行なっていた事実、こういう姿勢のキリスト教同盟にわたしは反発した。そしてクルト・シューマッハーという男の方に引き寄せられていった」［「リアス放送」でのインタビュー、七七年一月一九日］。

一九四五年後の最初のSPD党首シューマッハーは、若いジャーナリスト、エーゴン・バールに終戦直後に会ってつよい印象を与えた二番目の人物となった。シューマッハーは、いろんな点でカイザーとは対照的な人だった。ライナー・ツィーテルマンが「シューマッハーとカイザーは全然理解し合えなかったし、じつに違った構想を追求していた」、と書いているのは的をえている［ライナー・ツィーテルマン『アデナウアーの敵対者たち、統一のために闘った人たち』、エアランゲン／ボン／ウィーン、一九九一年、一二頁］。

たとえばシューマッハーは、カイザーの「架橋理論」を断固拒否する。この両者に共通したものといえば、二人にとってドイツ統一が「心からの関心事」であったことである。そしてこうした共通性、ドイツ統一のためのその誠実な努力こそ、エーゴン・バールに深い感銘を与えたものだった。そしてバールにとってシューマッハーは、「模範的なドイツ人、情熱的な愛国者であった。誠実で勇敢で清廉潔白で、正義とデモクラシーのための闘いにおいて献身的であった」。クルト・シューマッハーは、敵味方いずれにとっても、情熱と人物の純粋さが与える印象により気になる男だとバールは思っていた。

　ナチス支配の大部分の期間を強制収容所で過ごしたシューマッハーは、戦後自分の主導で再建したＳＰＤを「独立不偏の」党と理解しようとしていた。「この〝独立不偏〟とは、シューマッハーの理解では、党が連合国とも共産主義者とも手を結ばないことであった。共産主義に対する深い不信の念と、その主義を相手に闘う心構えが、社会民主党に関するかれの考えを規定していた」［アブラハム・アシュケナージ『改革政党と外交。ＳＰＤのベルリン／ボンの外交政策』、ケルン／オプラーデン、一九六八年、一五頁］。

　シューマッハーは反共産主義を口にし、その姿勢で生きた人であったが、反共産主義には、当初戦後ＳＰＤの大部分の人たちは与しなかった。そうした主義は、一九四六年ソビエト占領地区でＫＰＤ（ドイツ共産党）とＳＰＤとの強制的統一の経験を経て初めて、ドイツ社会民主党のひろく一致した自己確認パターンとなっていった。つまりシューマッハーの遺産は、第一にその仮借ない反共産主義にあり、社会民主党と共産主義者たちとの間の実践上の協力はおろか、どんなイデオロギー上の接近も拒否するものであった。そうした反共産主義的な傾向は、四〇年代後期や五〇年代初期のエーゴン・バールのたくさんの記事やラジオ解説にもみられる。バールのそうした反共産主義はおそらく、西ドイツの反全体主義的な基本的コンセンサスに根ざしたものであろうが、その徹底性は、同時代人の多くの人よりはるかに強いものであった。

　たとえばバールは、一九四九年五月四日付けの『ターゲス・シュピーゲル』紙に書いた記事のなかでこう言っている。「ロシア人たちのプロパガンダ・テーゼがどのようなものであろうとも、それとは無関係にソビエト外相が、物資の供給よりも、罪深きドイツからの賠償取り立てを口にするのは確実であり、この確実性により東側に対する明確な立場を打ちだすことがきわめて重要な問題となるだろう。西ドイツの政治家たちがドイツの利害は、外相会議より前に西側の意味からする明確な立場を、自分自身（西ドイツの政治家）に求められているのを見抜けたら良いだろう。それは、なにより政治的な意見のゴタ混ぜサラダを捨て去って、どんな共産主義的な論拠、どんな偽装した共産主義組織からも——たとえば〝ナチ体制の被迫害者同盟〟などからも——誤解の余地なく距離をとることなのである」。

バールはその当時の報道記事のなかで、たえず共産主義的なプロパガンダに対する断固たる闘いをはっきり口にしていた。その点でかれは、一九五二年七月一六日の「リアス放送」（Rias は「Rundfunk im amerikanischen Sektor (von Berlin)」の略称で、アメリカの管轄地区の放送局であったが、割合自由で客観的な報道が行なわれていた）の解説のなかでＫＰＤ（ドイツ共産党）の禁止もありうることをはっきり触れていた。「もしデモクラシーが、その敵対者たちによって笑い物にされるのを甘受するなら、そんなデモクラシーには、大した価値もないのだ。まさにそれゆえにカールスルーエ（連邦憲法裁判所）がデモクラシーを守る禁止措置をとるなら、そこの裁判官たちが血の通っていない条文に拘泥する人たちでなく、過去から学んだ司法の人たちである証しとなるだろう。憲法裁判所にはＫＰＤに対する訴訟も出されている。この審理は、今日少なくとも、裁判所が西ドイツにおける共産党プロパガンダの類似の禁止に関してはっきりした決定が出せるよう、できるだけ速やかに進める必要があるだろう」。こうした姿勢をバールがもっと明確に示していたのは、すでに一九五〇年五月六日付けの『ターゲス・シュピーゲル』紙に「共産主義者たちに居場所はない」という見出しで書いた記事である。「共産主義者たちに議会でデモクラシーの信望を損なうようなアホな自由を認めるのは、長期的にはできないことだろう。ある政党が、連邦議会で平然と次のようなことがいえる、つまり自分たちは連邦議会や、この議会が保証している諸権利を東側占領地区の状況のように置き換えたいと欲しているなどといえるのは不可解なことである。憲法の規定では、ある政党の禁止に関しては連邦憲法裁判所——まだ発足していないが——が決定することになっているが、連邦議会で結論を引きだすことは、連邦議会の議員各派にとってもできることである」。記事や解説でバールは、くりかえし西ドイツ社会への共産主義の浸透と対決している。たとえばバールは、五〇年六月一〇日、報道通信社ＡＤＮの局長Ｗ・Ｋ・ゲルストを「ソビエトの工作員」だといい、ボンのプレス局にあるADNの事務所を「共産主義の重要な諜報活動センター」だと言っていた（ADNは、Allgemeiner Deutscher Nachrichtendienstの略称。一九四六年東ベルリンに設立された通信社で、のち東ドイツの国営通信社となる）。バールの共産主義に対する闘いは、シューマッハーが行なったのと同じように、保守派の連邦政府よりも、あるいは少なくともその点で政府が自負しているよりも激しかった。こうした事実を示しているものに、五三年一月二二日の「リアス放送」の解説がある。「連邦首相のように、スターリニズムに対するたぶん長期にわたる必死の精神的な闘いが不可避と思っている人、そして体制には軍事的・政治的な側面だけでなく、しばしばファナティックな信仰の側面もあることを見抜いている人なら、これまでないがしろにされてきたか、せいぜい不十分にしか実践してこなかった帰結を引きだすことが必要であろう。カールスホルストとパンコフ（東独の政府や官庁の在るところ）が西ドイツにおいて展開している冷戦の際のかなりと思える途方もなく実質的な力の入れ方に対して、これまで不十分な対応しかなされてこなかった。……その際この対決は西ドイツにおける共産主義者たちの攪乱工作に対して守勢にまわる形でしか行なわれてこなかった。それだから多くの人たちにとって、我われがどんな闘いのなかにいるのか、その結末が多くの人たちの個人的な運命にとっても重要なのだということを、はっきりわかってもらう必要があるだろう」［エーゴン・バール「全ドイツ的な視点」、五三年一月二二日のリアス放送における解説］。

上述したバールの激しい反共産主義の姿勢にとって決定的な要因の一つとなったのは、とりわけ一九四六年四月のソビエト占領地区におけるSPDとKPDとの「強制的合体」の経験であったろう（敗戦直後期に、労働者の党のSPDとKPDの統一をという動きがあったが、実現しなかった。そんなところに一九四五年の一一月ハンガリーとオーストリアで総選挙があって、共産党が予想に反して惨敗する。たとえばオーストリアでは、社民党の四五％に対して共産党は五％の得票でしかなかった。この事態に直面して、ソビエト占領地区のウルブリヒトとピーク主導のKPDとグローテヴォール率いるSPDが（とくにSPDに対してはソビエトのつよい圧力があって）四六年二月急遽同意し、四月には合同の大会を開いてドイツ社会主義統一党（Sozialistische Einheitspartei Deutschland、SED）を結成することになった）。こうしてバールは、当時はまだSPDの党員ではなかったが、強制的統合の経験に基づいた多くの社会民主党員たちの態度に与したのである。その経験はペーター・ジーベンモルゲンが「パンコフ恐怖症（Pankow-Phobie）」と呼んだものである。「SPDにとって、ソビエト占領地区におけるSPDとKPDの強制的合併の時代に〝パンコフ恐怖症〟が生じて、それは同志ウルブリヒトやグローテヴォール相手の全ドイツ的な会話ですら最高度の政治的な誤謬だと言わせるほどであった。〝ドイツ人が一つのテーブルに〟というスローガンで何を意味するかは、一九四六年ベルリンで体験したのである」。その点に関連してエーゴン・バールは五二年九月一二日「リアス放送」の解説でこう述べた。「〝ドイツ人が一つのテーブルに〟というスローガンは、人民警察が占領地区境界線にそって封鎖帯を設け住民を家屋敷から追いだしたときに、その魅力の残余も失ってしまった。今我われに示されている、熱意のあまりこもらないスローガンの二番煎じ――五人の人民議会議員がボンに対して――今までクレムリンが賛成もしなかったこと――我われのもっとももつよい関心事、つまり自由選挙、その選挙に賛成できるといっているが――そんな口ぶりで少なくともソビエト占領地区の人たちを信用させることはできないだろう」。その四日後の九月一六日、総括めいた結論を出して「西ドイツはドイツ統一への機会を決して逃すつもりはないが、パンコフとの対話は、そのチャンスとはならない」、と語っていた。

既述の反共産主義とならんでシューマッハーの構想には、さらに特徴的で、バールが賛嘆するもう一つの側面、つまりシューマッハーの主権についての理解があった。「シューマッハーの国際政治、とくに将来のヨーロッパに関する考え方は、完全に独立したドイツという願望に発していた。かれは、占領国家の政策を、連合国がそれぞれの占領地区に与える独立性の度合いを物差しにして評価していた」〔アブラハム・アシュケナージ『改革政党と外交』、一五頁〕。

その際のシューマッハーの、ソビエトに対する非依存性は、かれの上述の反共産主義によりおのずと理解されるだろう。「共産主義はシューマッハーからみるとソビエト帝国主義であり、ドイツ共産党は反民主主義的であり、ドイツのコミュニストたちは外国のスポークスマンであった」。

こうした点だけでも、すでに西側に傾斜する原因のもとになっていた。それは次の事実にも表れている。すなわち、のちに「マグネット理論」といわれるようになった考えを初めておおやけの議論にもち込んだのは――よく主張されるのとは違って――アデナウアーではなく、シューマッハーであったという事実にも表れている。一九四七年五月三一日、シューマッハーは、「ビツィオーネ」地区（一九四七〜四九年に経済的な統合をみた米英占領地区のこと）の経済評議会の設立に関する協議の折こう発言している。「三つの西側占領地区が、東側占領地区に勝っているとはっきりいえるような社会的・経済的な事実をつくらねばならない。ビツィオーネの経済政策の集中化を基礎に達成できる西側占領地区の繁栄は、西側を経済的なマグネットにすることができる。現実政策的にドイツの視点からみて、そうした西側の経済的なマグネット化以外にドイツ統一の達成を可能にする道はない。その経済的マグネットがその吸引力を東に対して非常に強烈に発して、長期的には権力機構のたんなる掌握だけでは確実な手段とならないようにしてしまうのである。それはたしかに難儀にみちたおそらく長い道のりであろう」［党執行部、各州首相、大臣、州議会議長、州議会各派議員団長の会議におけるクルト・シューマッハーの演説、四七年三月三一日］。この考えをバールは、『ターゲス・シュピーゲル』の記事に取り入れていた。四九年五月一六日の草稿にこう記している。「ベルリンがショーウィンドーになって、西ドイツの豊かさが東にもみえるようにしなければならない」、と。

こうした「マグネット理論」にもかかわらず、シューマッハーは西側連合国に対しても「社会民主党の政策の独立性志向」を強調する。この点は、西側諸国に対して妥協がすぎるとアデナウアーを批判するシューマッハーをして、アデナウアーは「連合国の連邦首相だ」と、言わせるほどであった。

ＳＰＤの役割に関するシューマッハーの理解はこうであった。「ソビエトの衛星国家となるか、西側の家臣となるかの選択肢しかないというのは間違っている。我われ社会民主党は、全ドイツ国民の必要性と生活利害に基づいてのみ政策を決めていく」。シューマッハーの政治理解のなかで重要なのは、全ドイツに関して将来を縛るような結果を招いたり、ドイツ統一という目標を最優先にしないような一切のやり方を避けることであった。この点に、アデナウアーとその西側統合政策とのはっきりとした違いがみられた――それはシューマッハーが特徴的なことに、戦争終了直後にすでに明確にしていた違いであった。一九四五年八月二八日、シューマッハーが、新たに誕生したＳＰＤの各支部組織に宛てた見解表明の文書のなかでは、とりわけこう言われていた。「それゆえ社会民主党は、あらゆる分立志向のもっとも厳しくもっとも非妥協的な敵対者である。……それに対して社会民主党は、あらゆる政治行動において国としてのまとまりと、将来の中央国家権力の創出を視野に入れた課題を担っている。ケルンの市長アデナウアーの提案、つまり三つの大きな占領地区をドイツ国内でそれぞれの国にしようという提案が実現したとしたら、その種の解決は、国にとって最高度に危険となるであろう」［クルト・シューマッハー「他の政治要因との関係におけるSPDの政治的基本路線、一九四五」］。

一九四五年から五二年の時期の、連邦政府に対する社会民主党の多くの「ナイン（Nein）」は、おもに西側連合国のもっと攻勢にたった軍事的義務を求める願いや、ドイツの軍事上・政治上の完全な同等の権利へのシューマッハーの願いに発するものであったし、将来のドイツ再統一の点に関して可能最大限の行動の自由の余地を確保しようとする、かれの断固たる姿勢に発していた。こうした姿勢をかれは、イデオロギー的・戦術的な理由からもぜったいに必要だと思っていたし、保守派に対する敵意にみちた不信の念からも、また頑固な野党精神によって政府を打倒しようとするかれの戦術からも必要だと思われていた。

シューマッハーのこうした姿勢は、バールに「大きな感銘を与えた」。バールは、SPDの党首が西側三カ国（アメリカ、イギリス、フランス）に対してでも自主独立の要求をするのは政治的に正しいと思っていた。歴史的に回顧しながらバールは、シューマッハーの政策について、「かれが欲したのは、東側に対するドイツの自主独立を視野に入れた統一であったが、他方またアメリカやフランス、イギリスに対しての自主独立も考えたうえでのドイツ統一であった」、と評している。「シューマッハーはいわば四方八方に向けての闘いを行なった。激しい情熱、ときには度を超した形で、もしかしたら自分の持ち時間は限られているという自覚のもとに、そうした闘いをしたのである。……シューマッハーは、自分でみずからを解放したという思いにたっての一片の誇りをもつ存在であった」［著者（フォークトマイヤー）のバールへのインタビュー、九二年二月一四日］。シューマッハー生誕六五周年の折、ヴィリー・ブラントの論文のために六〇年一〇月一一日に書いた草稿のなかで、バールは「一九四五年後のSPDの書かれざる綱領」とのちに呼ばれることになった文章を引用している。「我われドイツ社会民主党は、イギリス的でも、ロシア的でも、アメリカ的でも、フランス的でもない。我われはドイツの働く人民の、だからドイツ国民の代弁者である。我われはあらゆる国際的なファクターのもとに和解と平和の意味で協同しようと努めているが、そうしたファクターの一つの食い物になろうとは思わない」［バールによる草稿「自由人としての責任ある態度」。クルト・シューマッハー生誕記念のためのヴィリー・ブラントの寄稿論文。六〇年一〇月一一日］。

こうした主権確保の努力は、エーゴン・バールのドイツ政策構想の多くの箇所にもみられる。バールは、シューマッハーに特別つよくみられた平等の権利獲得の志向こそ自分をＳＰＤに誘ってくれたものであった、と言っている。バールは、ツェーレンドルフ（ベルリン市内の一地区）のＳＰＤ分会代表者第一回会議で行なった、もっとも古い演説のなかで、シューマッハーのこうした側面に触れているし、またこうも述べている。「クルト・シューマッハーは戦後一瞬たりとも劣等感とか、敗北者の怨念に悩んだことはなかった。かれはいつも――そして正しくも――自分を解放されたものと感じ、それに相応しい言葉を口にし、それにそった政策を追求していた。かれのいうドイツの集団的罪の否定は、ドイツの同等の権利へのかれの要求が外国ではまだナショナリスティックな恥知らずのものと受けとられていた時代におけるものだった」［エーゴン・バール「理性の勝利！」、五七年三月二三日、ＳＰＤツェーレンドルフ分会一九五七／五八第一回地域支部代表者会議における報告］。

この節を締めくくるにあたり、エーゴン・バールのドイツ政策構想の基本となる二つの要素をあげることができるだろう。

(1)　西側への組み入れ優先に対して、統一を優先する。

(2)　一切の異国支配もしくは異国による決定を拒否する形での自己決定の様相、しかもそれはソビエトに対してだけのものでなく、西側連合三カ国に対しても断固主張する。

第一の点はヤーコプ・カイザーとの関連で、第二の点はクルト・シューマッハーとの関連で意味深いことであった。

第3節　一九五二年の「スターリン・ノート」——チャンスを逃した?

五〇年代におけるエーゴン・バールのドイツ政策構想の理解のためには、その当時バールの目には「ドイツ問題」解決のための選択肢がはいっていたかどうかを問うのが重要である。ドイツ政策上のあるかもしれない選択肢の問題をリスクにみち複雑なものにしていたのはほかでもない、一九五二年三月の「スターリン・ノート」であった［一九五二年三月一〇日付け、フランス、イギリス、アメリカ政府に宛てたソビエト政府の覚書（および平和条約草案）］。研究の分野でも、政治の世界でも、再統一のための、もしかしたら逃してしまったのかもしれないチャンスに関する議論がさかんに起こることになった。——もっとも議論が頂点を迎えるのは、この覚書のあとかなり経ってからのことであって、五二年当時のアクチュアルな政治論議では、まだそれほど多くの人の関心を引くようにはなっていなかった。

一九五二年三月の「スターリン・ノート」がじっさいに再統一のためのチャンスであったのか、それとも西ドイツがヨーロッパ防衛共同体に組み込まれるのを邪魔だてしようとする、ソビエトの駆け引きにすぎなかったのか、についてここで論議するつもりはない。この問題は、ロシアの公文書資料がスターリンの意図について、もしかして解明の手がかりでも与えてくれないかぎり、たぶん最終的な答えを出すことは不可能であろう。ここでの問題のためには、とにかくソビエトによる統一の提案といわれたものに対する西側の反応の方がより重要なのである。「スターリン・ノート」をめぐる議論、そしてその覚書とともに統一へのチャンスを逃したのか、それともそもそもチャンスなど存在しなかったのかの議論は、再統一や再軍備をめぐる論議の分かれ目といえるものであった。もっともこの分岐点は、当時の西ドイツの世論ではそれほど認識されていなかった。決定的なのはだから、「スターリン・ノート」が本当に統一へのチャンスだったのか、というなかなか答えのでない問題ではなく、政治的な有力者たちがこの覚書にどんな反応をしたかである。一九五二年三月一〇日、同じ文面の覚書が外務副大臣のアンドレイ・グロムイコ（一九〇九—一九八九）により、アメリカ、イギリス、フランスの大使に手交された。しかし疑いもなく覚書の重要な宛て先は——最重要の宛て先ではなかったにしても——ドイツであった。その点を表していたのは、その本文が翌日の『プラウダ』紙に掲載されて、西側列強の政府と同時に世界の世論、とりわけドイツ人たちにも呼びかけられた、という事実にあった。

覚書に対するアデナウアーの反応は、即座に完全な拒否というものだった。かれはスターリンの提案を、今決着を迎えようとしているヨーロッパ防衛共同体の会談に対する妨害工作だとみてとった。「わたしが思うに、長い交渉に引っ張りこんで、そうした話し合いの間ヨーロッパ防衛共同体に関する交渉を行き詰まらせようとしているのだ。もしヨーロッパ防衛共同体に関する交渉が行き詰まるなら、それはたいへん由々しきことである。というのもその交渉がふたたび行なわれるようになるかどうか、わからないからである」［アデナウアーが一九五二年三月二三日、UP通信の副会長と行なったインタビュー］。

西ドイツ最初の首相（アデナウアー）にとってスターリン提案で大事だったのは、妨害作戦かどうかは肝心な問題でなかった。アデナウアーにとっては、かれの外交政策の基本問題、西側統合の優先が大事だったのである。アルヌルフ・バーリングは、正しくも次のように強調している。「アデナウアーは、この覚書の来るのが時期尚早と思えた人たちではなかった。今であれ後であれ、またドイツと連合国との交渉締結の前であれ後であれ、アデナウアーが目にしていたもので西ヨーロッパとの提携よりほかにベターなものはなかった。アデナウアーの言によると、ソビエトの覚書はドイツのナショリナストたちに働きかけようとする試みであったとなる。そうだとすると、かれはなによりドイツ国家・国民を考えているような人ではなかった。ヨーロッパ防衛共同体は目標であって、目標のための手段ではなかった。ドイツの再統一は、西ドイツの西ヨーロッパへの統合の代替物となることはできなかった」［アルヌルフ・バーリング『初めにあったのはアデナウアー。宰相デモクラシーの誕生』、ミュンヘン、一九八二年、二四八頁］。凸レンズを通してみるように一九五二年の「スターリン・ノート」は、アデナウアーのこうした態度をはっきり浮きたたせ、かれの国内の政治的反対者たちとの基本的意見の違いをはっきりさせた。アンドレアス・ヒルグルーバーはアデナウアーの姿勢を正確に総括して、次のように書いている。「アデナウアーにとってドイツ問題の国家・国民的な解決策を拒否するのは、ドイツ外交政策の不可逆的な方向づけなのであった。西側への結びつきを、再統一より優先することがなによりもはっきりとさせたのは、一九五二年五月二六日に署名されたドイツ条約であった（西ドイツと西側三カ国（アメリカ、イギリス、フランス）との間で結ばれた条約で、西ドイツのヨーロッパ防衛共同体への参加と引き換えに、占領状態の終結がリンクされていた）。この条約の第七条では西側三カ国と西ドイツとの共通の目標が謳われている。〝再統一されるドイツは、西ドイツのように自由で民主主義的な憲法をもち、ヨーロッパ共同体に組み込まれたものであること〟、と」［アンドレアス・ヒルグルーバー『ドイツ史 一九四五―一九八二。世界政治におけるドイツ問題』、フランクフルト、一九七四年、五三頁］。

コンラート・アデナウアーにとって重要であったのは、積極的な再統一政策ではなくて、西側への統合の優先であった。かれの政策のこうした基本路線は、一九五二年以前に確定していたものであったから、「スターリン・ノート」をめぐる議論は、アデナウアーにとって時の決定的な問題でもなかった。「アデナウアーは建設的な再統一政策など全然行なうこともなく、一方的に西側への統合をめざした、しかも当初から。五二年の春に決定的となったものはアデナウアーにとっては何もなかった」［ルードルフ・ヘルプスト『西側オプション。マーシャル・プランから独仏条約まで』、ミュンヘン、一九八九年、一二五頁］。

アデナウアーの国内の政治批判者たちの何人かにとって事情は違っていた。かれの西側路線のもっとも徹底した反対者であり、あるかもしれないドイツのチャンスを勧めたのは、パウル・ゼーテ（一九〇一―一九六七）であった。五〇年代のもっとも有名なジャーナリストであり、『フランクフルター・アルゲマイネ・ツァイトゥング』（FAZ）の発行人の一人でもあったゼーテについて、一九六二年にギュンター・ガウス（一九二九年生まれ）がポートレートを書いてこう言っている。「パウル・ゼーテが新たなドイツの不幸をみてとり、アウトサイダーとなり、我われの社会の呼応する人のいない予言者となった日は、一九五二年三月一〇日なのである」。ゼーテは一九五二年三月一二日、「スターリンの予期せぬ転換」という表題のFAZ紙の解説記事のなかで、「スターリン・ノート」をただちに検証すべきだと断固主張した。かれは――エーゴン・バールが個人的に集めた資料集にもあるように――記事のなかでこう書いている。「この覚書は、慎重に検証するだけのことはあるじゅうぶん重要なものである。……あっさり拒否することなど、我われのだれもが納得しないであろう。ソビエトに対する不信感はいつも大いに当然のことだろう。しかしそこに賭けられているものをみると、西側列強の外交もこの機会をこれまでの数年間よりも精力的に利用して、きちんとした交渉のなかで、ロシアの提案にそもそもどれだけの価値があるかを検証すべきであろう。ロシアの提案はまたしてもたんなる外交戦術上の闘いにすぎないということもありうる。しかし真相をじっさいきちんとはっきり確かめるのは、西側列強のある種の外交的積極性なくしては、ほとんどできないことである。西側の政治的想像力や交渉技術が今や高度に求められているときである。この点は西ドイツに対してもいえることは、もちろんである」［パウル・ゼーテ「スターリンの予期せぬ転換」、FAZ、五二年三月一二日］。

なんらかの行動をすべきである、もしくは、ソビエト占領地区の一八〇〇万住民のために行動しなければならない、という態度は、一九五二年の「スターリン・ノート」のチャンスの回顧のなかで、エーゴン・バールも与するものであった。バールは、ソビエトの提案、すなわち自前の軍隊をもっての軍事的中立を条件にして全ドイツの統一をという提案を、かれの表現によると「きわめて興味深く、非常に心惹かれるものだ」と思った。そしてバールは、一九九二年時の知識をもってしても、スターリンの提案がまじめに考えられたものだったことを度外視してはいないのである。

一九五二年中にバールの態度ははるかに懐疑的になっていく。なるほどバールは――ゼーテと似たように――ソビエトを交渉によって試すべきだとの立場にはあったが、大きな期待は、当時のかれの解説記事から読みとることはできない。

一九五二年三月一五日の「リアス放送」のグループ討論の折、バールは自分が司会した、連邦議会の「全ドイツ問題委員会」のメンバーたちとの議論をまとめて、ドイツの政策としては「二重路線」をとる必要がある、と言っていた。「我われはこのソビエトの覚書の、誠実さあるいは不誠実さに対して経験から大きな疑念をもっている。こうした懐疑の念にもかかわらず、交渉の基礎、議論の基礎として、提案をあっさり拒否しないで、むしろその誠実性や主張の確実性を検証してみる、つまり防衛共同体とそのための必要な交渉の路線、およびソビエトの覚書が示唆しているようにみえる可能性、との二重の路線を進めていくのである」［全ドイツ問題連邦議会委員会のメンバー、ヴェーナー（SPD）、ティルマンス（CDU）、ライフ（FDP）相手の「リアス・ラジオ放送」でのバールの発言。五二年三月一五日、リアス放送『今週のボン』において］。

もっともバールは、統一のためのまともなチャンスなど信じていなかった。五〇年代にいたるまでのバールのラジオにおける解説からは、ドイツ分断の責任はひとえにソビエトに帰していたことがわかる。――それは一九五二年六月五日に次のように締めくくった見解でもあった。「ドイツの真ん中に敷かれた死のベルト地帯、国境線の血なまぐさい強要は、ソビエトが決めたものとの見解をもたざるをえない。ソビエトの覚書交換のすべては、世界とドイツ人との目に対してアリバイづくりをするための、大きな狙いをもつ策動であることがあらわになった」、と。

エーゴン・バールにとってはっきりしていたのは、ソビエトが分断を欲していることであった。「ドイツ条約」の調印前日の「リアス」の特別放送でバールはこの点を次のように言っている。「ここ何年間かの経験により、ドイツ統一が実現しなかったのは、ひとえにソビエトに善意が欠けていたから、という見解が正しいことになっている。そうした善意の真の意志がいつみられるようになるにせよ、統一への西側の意志には疑問の余地はないだろう」［翌日、五二年五月二四日の「ドイツ条約」の調印を前にしての「リアス」の特別放送におけるバールの発言。放送のタイトルは「降伏からドイツ条約にいたるまで」］。

一九五二年三月の「スターリン・ノート」ではもしかしたら統一のためのチャンスを逃したのではないかというバールの態度は、したがって本質的にはあとからみての解釈であり、それには二重の原因があった。一つには、ソビエト指導部の当時の利害状況についてバール自身が求めたより正確な情報［バールは九二年二月一四日の本著者との対話のなかで、ヴァレンティン・ファーリンとウラジミール・セミョノフを引き合いに出して、この両者とも一致して、一九五二年三月のスターリン提案は真剣なものであったことを確認していた、と認めている］であり、もう一つは、西側への統合が（ドイツの）再統一へとつながらなかったことへのあとから感じた深い幻滅であった。七五年にバールは次のように断じている。「五〇年代の初期にしでかした誤りは、西側統合を優先させてしまって、ソビエトの提案をまともに検証も真意の汲み取り作業もせず、提案を文字通り受けとる試みもしなかったことであった。それをしたにしても同じ結果になったかもしれない。しかし、それほど確実にそうとはいえなかった面もある」。

第4節　一九五三年六月一七日――統一をめざした暴動？

一九五三年六月一七日は、ドイツ社会主義統一党（ＳＥＤ）支配と戦後この国に無理やり押しつけられた強制体制に反抗して民衆暴動の形で立ち上がろうとした、ＤＤＲ国民の最初にして、長いスパンでみても唯一の試みであった。この五三年六月一七日の前史、経過と結末は、エーゴン・バールの経験世界にとっても重要な意味をもっていた。それゆえ以下において調べようとするのは、六月暴動をバールがどうみてとったのか、この出来事からかれのドイツ政策構想にどんな教訓を引きだしたのかである。

六月一七日の前史は、根本においては一九五三年三月五日のスターリンの死である。ソビエトの独裁者が死亡した日の「リアス放送」におけるエーゴン・バールの解説では、ジャーナリストとしての懐疑の念が、スターリン下のソビエトだけでなく、共産主義体制それ自体にも向けられていた。「抑圧されていたいろんな地域の国民が――それはツォーネ（東ドイツ地区）だけでない――今や息をこらして、自分たちの運命の急激な転換に新たな期待をもっていることにどんなに人間的な理解をもてたにしても、見逃してならないのはスターリンも、たとえ最強の者であったにせよ、それでも体制の代表者にすぎなかったことである」。

自由化や生活状況の急激な改善に対する期待こそ、ＤＤＲの人びとを動かしたものであった。東ベルリンのＳＥＤのトップたちは、いろんな問題に直面しているのを感じとる。スターリンの死と、その後モスクワにおいて始まった権力闘争によって不安になり、苛ついた反応をみせていた。さしあたりＤＤＲ国家の独占的支配党の指導部は、スターリン主義的な硬直した路線を堅持する。一九五三年の五月一三／一四日に開いたＳＥＤ中央委員会の第一三回総会では、労働ノルマを一〇%ほど高めて、路線の強化すら行なった。その結果は労働者たちの間のストライキであり、不穏な動きであった。

そうした内政上の圧力とならんでクレリムンからの圧力もくわわった。モスクワの新指導部（マレンコフ、モロトフ、ベリヤ）はSEDに対してより民衆受けのする政策を要求し、SEDの内部ではベリヤに支持されたヴィルヘルム・ツァイサー（一八九三―一九五八）とルードルフ・ヘルンシュタット（一九〇三―一九六六）がヴァルター・ウルブリヒト（一八九三―一九七三）の退陣と、より柔軟性のある党路線を迫った。

SED指導部は一九五三年六月九日「新しい路線」の宣言をもって反応する。コミュニケのなかで党指導部は、「SEDとドイツ民主共和国の政府の側に過去において一連の過ちがあったこと」、を率直に認めていた。物価の引き上げが撤回され、多くの緩和措置が視野に入れられていた。しかし方針転換のそうした試みは遅すぎた、とりわけノルマの引き上げの問題はそのままであった。

一九五三年六月一六日、東ベルリンのスターリン通りでまず建築労働者たちが仕事を放棄する。そのあと燎原の火のようにストライキが広まっていった。とりわけDDRの産業の中心地において社会主義的大企業の労働者たちが、ストライキやデモ、その他の抗議行動にくわわった。「そのかぎりで、当時すでに労働者と農民の国家と称していた国家におけるSED体制の正当性の基盤が根本から揺らいでいたのだった」［クリストフ・ブーフハイム「DDRにおける一九五三年六月一七日労働者蜂起の経済的背景」、現代史四季報、一九九〇年三月号、四一五頁］。

ノルマ引き上げ撤回の要求から、さらにすぐさま政府の退陣や自由選挙、占領地区境界線の即時撤廃の要求も出された。

エーゴン・バールは六月一七日の出来事をベルリンにおいて「リアス放送」の編集主幹として体験する。バールにとって労働者たちの蜂起は、「ドイツ統一」のための蜂起であった。「ベルリンがツォーネ向けに語る」という放送のなかでエーゴン・バールは、六月一六／一七日の出来事についてこうコメントしている。「おそらく西側のだれ一人として可能とは思わなかったことであるが、労働者たちとあらゆる国民階層の人たちが自発的にデモをくわだてたのである。デモをしたのは、ノルマや高い生活費に反対のためだけでなく、何かあるもののため、他のドイツ部分との統一のため、自由のためにしたのである。……人びとは誇りをもっていいだろう。自分たちの勇気への誇り、自分たちの一致団結への誇り、とりわけ自分たちがなし遂げたことへの誇りである。というのもそれは一つの成功であったから。その成功は東ベルリンの住民のためだけのものでなく、ツォーネの住民のための誇りだけでなく、一体的なドイツにとっての成功であった」。そうした成功の本質はとりわけ、暴動によって「嫌悪すべき政体の脆さがはっきり示されたことにあった」。「住民は自分たちの力を政体相手に計ってみたのである。……かれらはＳＥＤにその成立以来最大の敗北をくわえたのである。……デモンストレーションはＳＥＤにとってこれ以上ないダメージであったし、ソビエト占領当局の目にもＳＥＤの評判の下落であって、その当局は、政体の無能と機能麻痺とを非常事態の宣言を通して全世界に宣言せざるをえなかったのである。政体の力は弱小化してしまった。ソビエトにとってのツォーネの価値も小さくなってしまった。これは、ドイツ統一を早めるであろう道であり、これらの日々は統一を早めるであろう。その点に疑いはない。すべてのドイツ人は、この点を東ベルリンの市民たちに、なおソビエトに占領されているツォーネの住民たちに感謝しなければならない」［エーゴン・バール「自由の信奉者たち」、一九五三年六月一七日、「リアス放送」の解説］。こうした見方はなにより「政体」と「占領当局」の姿勢の違いの強調にあった。ソビエトの新しい指導部は、スターリンの死と六月一七日との間の時期に、ドイツ問題では若干路線の修正をくわだてていた。クレムリンの考えでは、再統一の展望が、西側世論にポイントを与えるより、ＤＤＲに内政上のマイナスをもたらすとは思っていなかった。この新しい路線は、おそらくソビエトのドイツ政策の実質的な変更よりもむしろプロパガンダ的な誓約の活性化であったろう。それによりＳＥＤも一九五三年六月九日に発した「新路線」のなかで、ドイツ統一という「大きな目標」をふたたびよりつよく主張するようになった。

　バールは、六月一七日によってＳＥＤ政体とソビエト占領当局との意見の違いが大きくなるチャンスとみていた。「統一のための蜂起」はバールにとって、民衆蜂起のなかで政体を倒すとか統一をいわば力ずくで勝ち取れるとか、というものではなかった。「統一のための成果」とはかれの目からみると、DDR政体とソビエト占領者たちとの間の対立が公然となり、SEDの権力保持者たちが評判を落とし、ソビエトにこの政体が維持できるかどうかという疑問が生じることであった。バールはこうした点を六月一七日夜の「リアス放送」の解説のなかで次のように述べている。「未組織のまま占領軍の意志に逆らって政体を倒すことなどできないし、未組織のまま権力を掌握することもできない。しかし権力者たちの信用を落として、長期にわたって権力など保持できないようにすることは可能であるし、そういう事態が現に起こったのである。ほとんど奇跡といっていいだろう」。こうした評価が、SEDの無能をあらわにさせたという成果を、占領権力に対する反対行動で無駄にするな、という呼びかけとなっていく。「今や大事なのは冷静さを保つことである。……今や大事なのは成果を保ち、政体に次のような可能性を与えないこと、つまり占領状態に対する反乱だ、占領当局に対する反乱だと声高に言いながら、ふたたび政体の責任者が占領者の側につくような絶望的な試みをしないようにすることである。というのも、デモストレーションが反対したのは戦争によってもたらされた権力ではなかった。このデモは、自由な決断によって政体から逃れたいとする欲求の表れなのであった。どんな行動も、もしそれが新たなアイデンティティー、いわば政体と占領当局との間の新たな運命共同体を招来することになるなら、誤りであろう。我われは世界的政治状況に対するさまざまな関連をつくりださねばならない」［エーゴン・バール「自由の信奉者たち」、五三年六月一六～二三日、リアス放送政治部主幹の活動報告より、一六頁］。しかしまさにこの事態こそ、すでに六月一七日の晩に起こってしまった。ソビエトの戦車が暴動を残虐にねじ伏せてしまったのである。六月一七日の結果、不安定な地位にあったヴァルター・ウルブリヒトの権力基盤が強化され、ふたたびソビエトの支援を当てにできるようになり、党内の自分の反対者たちを締めだしてしまったのである。

　エーゴン・バールのドイツ政策構想にとって、一九五三年六月一六／一七日の出来事から初めて、のちの機会に実証される帰結が生まれてきたのである。七三年になってからのあるインタビューのなかでバールは、こう言っている。五三年六月一七日が「示したのは、ソビエトのような世界強国にとって、ある地域が明白な影響圏外に抜けだそうとするのは許せないことであった。この点は、一九五六年のハンガリー、一九六一年の壁の建設、そして一九六八年のチェコスロヴァキアでも実証された。逆にはっきりしたのは、そうした事例の場合、西側はそれなりの理由から、外部から介入するのを諦めていたことだった」。六月一七日からえたバールの教訓は、「ツォーネ」を内部から、ましてや外部から力でもってソビエトの影響圏外に引き離すのは不可能だということであった。西側の手の打ちようのない状態をバールは、五三年六月一七日のニュース解説で、わが身で思い知った経験を踏まえながら、こう述べている。「放送をお聴きの皆さん。東ベルリンの人たち相手に話をするのは、心が痛むことでした。かれらは直接の支援を懇願するようにしていたのです。そうした直接支援はできないと断る、断わらねばならないというのも、このうえなく困難なことでした。というのももし直接支援をしたら、この出来事の意味のすべて、これらすべてが、非組織的に、東ベルリンの人たちの意志から発したという出来事の偉大さ全体が、損なわれてしまうだろうからなのです。助けてあげたいけれど、直接助けてはならないというのは、悲劇です」［バール「自由の信奉者たち」一六頁］。

バールが編集主幹をしていた「リアス放送」は、反抗に立ち上がった人たちへの直接的な支援を諦めねばならなかった（「リアス放送」はアメリカ占領地区のラジオ放送であるが、比較的客観的な放送内容だとして評価を受け、DDR地区でもよく聴かれていたといわれる）。それでもこの放送は、東側当局によってのちになって、その支援と称するものが非難されたけれども。バールの冷静さを促すニュース解説は、アメリカの放送局の姿勢にそうものであった。アメリカ人のリアス放送総局長ゴードン・ユーイングは、のちにあるインタビューのなかで、責任ある部署の側では放送局を使って戦争を引き起こしかねないことをじゅうぶん意識していた、と語っている。この放送局の反応は、西側列強の全般的に慎重な反応にそうものであった。戦争のリスクはいっさい避けようとして、文書による抗議だけにかぎったのである。反抗に立ち上がった人たちの多くは、がっかりしてしまった。なぜなら密かに西側連合国の介入を期待していたからである。歴史家のアンドレアス・ヒルグルーバーは、西側の反応についてこう評している。「この決定的瞬間に示されたのは、アメリカ政府が〝巻き返し戦術〟という自分たちの構想を、端緒としてだけでも、具体的な軌道に乗せようと決断できなかったことである」。一九五三年六月の出来事からドイツの東の人びとがえた教訓について、カール・ヴィルヘルム・フリッケが適切にもこう書いている。かれの見解によれば、「一九五三年六月一七日の蜂起とその悲劇的な結末は、労働者階級やSED国家の住民全体に、〝国民総動員〟が始まったとき、自分たちだけ独りにされたことを意識させたのである。国際的な力関係と権力の複合状況がドイツにおける政治的現状（Status quo）の変更を阻み、外部からの一切の支援を不可能にしたという経験は、それ以降の時代において、DDRにおける体制順応の過程、政体との折り合いのプロセスをのちのちまで促すような影響をもたらし、それはとくに一九六一年八月一三日以降についてもいえることだった。ベルリンの壁の建設となったこの日は、東側にとってだけでなく西側にとっても、一九五三年六月一七日の労働者蜂起の弾圧から引きだされた歴史的帰結となったのである」［イルゼ・シュピットマン／カール・フリッケ編『一九五三年六月一七日。DDRの労働者蜂起』、ケルン、一九八二年、二〇頁］。

六月一七日の出来事とその悲劇的結末［死者の数は二五～三〇〇人、逮捕者の数は一二〇〇人とみられている］は、エーゴン・バールの姿勢や新たな東方政策／ドイツ政策の考えが徐々に形成される過程にとっても、大きな重要性をもっていた。一九五三年六月一七日は、一種の転換点となった。力ずくによる変更は実現不可能である、とわかったのである。「一九五三年六月一七日の結末、政体維持をめざしたソビエトの軍事介入は、だれの目にも、DDRの社会状況の変更が実行できるのは、ソビエト連邦との交渉においてのみであって、ソビエトの意向に逆らっては不可能なことを明らかにしたのである」。エーゴン・バールは六月一七日以前から交渉を主張していたが、前提条件として、問題の和解調整への真剣な意志の証しを求めていた。しかしそのことで「力の政策」が侵害されるものであってはならない、ともいう。たとえば五三年四月二日には、スターリン亡きあとの新たなソビエト指導部の慎重な緊張緩和努力についてこう言っていた。「我われは今日、ソビエトが緊張緩和を欲していることは知っているが、かれらが世界的にひろく和解調整を欲しているかどうかは目下のところわからない。〝ベルリン〟と〝ツォーネ〟が真の和解調整の意志を実証するポイントである。そういう場合にクレムリンがパンコフをかんたんにはねつけることもできるだろうことを疑う人はいない。西側にあっても、ツォーネあるいはベルリンにあっても、分断を存在の基盤とする幹部政治家を除いては、だれ一人善意をもった真剣な提案を拒否する者はいないだろう。しかし過度の期待を抱くのも、またほぼ八年間にわたるソビエト政策の恐怖が生んだ不信感や警戒心を解いてしまうのも、誤りであろう」［五三年四月二日の「リアス放送」におけるバールの解説］。そして五三年四月八日のニュース解説では補うようにバールがこう言っている。「たんなる緊張緩和を求めるソビエトの欲求は、現状（Status quo）の維持、ドイツ分断の維持を意味するものであろう。我われにはこれまで問題の妥協調整に対する願望のなんの兆候もえられていないのだから、力の政策がここ三週間の出来事によってなんらかの変更を必要としているのかどうかなど、一瞬たりとも考慮するのは間違いであろう」。

　六月暴動の鎮圧によって、バールのもとでも徐々に思考の転換が始まったことは疑いない。この点がはっきりするのは、一九五六年末／五七年初めの「ハンガリー動乱」とその鎮圧に対するバールの反応である。一九五七年一月のニュース解説でバールは、ハンガリーの出来事に対する自分の態度を明らかにして、こう言っていた。「聴取者のみなさん、ハンガリーのカーダール政府の振る舞いが非人間的で、腹立たしいもので、人間関係のどんな尺度、善悪の素朴な原則にも反するものであるのを、あなた方に今さら説明の必要もないでしょう。……しかしソビエトの影響圏内で権力を握っているグループのそうした振る舞いは、目新しいことではない。クレムリンのまともな評価をするのに、ハンガリーのような例が今頃必要になった人びとにとっては悲劇であろう。我われはその点でなんの幻想をもってはいないし、そうした振る舞いの拒否の点では、自分たちの生活を合目的と有用性の原則だけにそって設えようとするだけでないすべての人たちにとって、意見は明白に一致しているのです」。しかしこうした分析からバールが一九五七年時に引きだした結論は、ハンガリーの経験からすればソビエトとの交渉は話にならないというのではなく、その逆の総括であった。つまり交渉が必要である、なぜなら「感情」に、「まともな怒り」に、「正当な憤激」に見合った帰結、つまり戦争というのは分別ある選択肢では決してないからである。バールの引きだした結論は、「それだから交渉はしない、こうした一切の出来事にもかかわらず交渉はしないというのではなく、まさにそれだからこそ交渉する」、というのだった。「目下強いられている生活とは違った生活がしたいと欲しているハンガリーやツォーネにいる我われの同胞やほかの国の人たちのすべてを支援しようという我われの義務や意欲を実現する可能性というものが、交渉を通してそういう人たちに状況の改善をもたらすことよりほかに、どんなものが本当にありうるだろうか。……憤激だけではなんの役にもたたない。憤激は交渉に当たって我われを強化するようにすればいい。とにかく交渉はしなければならない」、というのだった。

第5節　SPDへの入党――「理性の勝利」？

三四歳になって、年齢的には比較的遅めにバールはSPDに入党する。一九五六年一一月、「次の連邦議会選挙で負けることをちゃんと意識しながら」、リアス放送の解説主任は、公式に党員となった。しかしSPDに向かうバールの道は、もっと以前から始まっていた。バールは、生まれつきの社会民主主義者ではなく、経験をつんでからの社会民主主義者だと、明かしている。終戦直後にあっては党派的にはっきり方向が定まっておらず、――とりわけヤーコプ・カイザーの人物と政策への傾倒もあって、CDUに向かう道だってあったろう、という。カイザーの挫折や、若きジャーナリストとしてバールがボンで戦後政治家たちと密接な接触でえたもろもろの経験があって初めて、かれの党派政治的な自己理解が形成されていったのである。そうした経験についてバールはこう書いている。「わたしがボンに赴任した折には――今になっていうなら――非政治的な、むしろ心情的な傾向でもって、政治的なものより教養的な思慮に根ざした社会的参加を求めていた。ボンでわたしが学んだことを通して初めて、社会民主主義者になったのである」。五〇年代の初め自分はSPDの党員になろうとしていたが、当時シューマッハーから――のちのブラントもまったく同じであったが――やめろといわれたのである、と〔エーゴン・バール『ドイツはどうなる？』、六五頁以降。そこでバールが書いている。「わたしはすぐにも党にはいってわたしの現実参加を政治的にもはっきりさせようと望んでいた。しかしシューマッハーには、君の仕事は党の外でつづけた方が良いのではないか、と止められたのだ」〕。

かれがＳＰＤにはいろうとしたのは――バール自身の言によれば――とりわけ「ドイツ問題」に対するＳＰＤの姿勢とかかわっていたし、またアデナウアーの政策に関する深い幻滅とかかわっていた。この点をバールは振りかえりながらこう評している。「その際決定的な役割を果したのは、ボンでえられた深い確信、つまりアデナウアーは再統一を欲していないのだという確信であった。かれが再統一を望んでいないのは、再統一などとにかく実現不可能と思っているからではないかというのは別な問題であって、アデナウアーの方は、真剣にそうした試みをしようとすらしていなかったのである。ドイツの残余部分の安全保障というのがアデナウアーにとっては統一より重要なのであった。この点により、そもそもわたしの道がＳＰＤに向かうようになったのである」〔バール『ドイツはどうなる？』、六六頁〕。バールは、五〇年代の初めアデナウアーの「力の政治」を言葉豊富に支持していたがゆえに、それだけかれの幻滅も深いものであった。なるほどバールは――本人のいうところによれば――すでに早い段階で、再統一が「偉大な単純化の人、実践政治家アデナウアーの最優先事項ではない」との疑念はもっていた。しかし「リアス放送」のニュース解説者は五〇年代の初めの時点では、速やかな統一をもたらすのは力の政策だけであって、交渉ではない、という意見を断固擁護していたのである。したがってバールは、当時はまだ――次の一〇年間にそうした政策形成の一翼を担うことになる――緊張緩和の支持者でもなかった。その逆であって、一九九〇年の夏、あるテレビ・インタビューのなかで回顧しながらこう評している。「当然ながらわたしは冷戦主義者でありました。――なんのかんのいっても我われはある脅しのもとで暮らしていたのですから」。もっとも「力の政治」のバールの理解の裏には、再統一についてソビエト相手に実質成果をもたらすような会談を行なうには、西ドイツは自分を強くしなければならない、という考えがあった。この点をかれは、一九五四年一〇月八日の「リアス放送」のニュース解説でこう言っている。「たぶんソビエト相手に交渉するときには、野党がいつも欲しているように、取り引き値段を意のままに動かせる状態であった方がうまくいくだろう」。

さて正式にＳＰＤにはいる節目や決定的な理由となったのは、バールのもとで五〇年代のなかば以降強まった認識であった。つまりそれは、西ドイツが外交上の主権を回復し、NATOに加盟し、再軍備を実行したあと、つまり「力の政治」とそれと同時に西側への統合が西ドイツ政府の理解のなかで再統一という目的のための手段というより、それが自己目的になったという認識であった。一九五七年SPDの地域支部代表者会議で初めて行なった演説でバールは、そうした批判の根拠をこう言っている。「結局のところ政府が自分の陣営の批判も沈黙させ、懸念をもつ人たちの同意もうまく手に入れた論拠のことを、諸君はまだ覚えているだろうか？　NATO条約の採択前に使われた論拠のことで、つまり何かについて交渉するには、まず何かをもっていなければならないという論拠のことです。当時条約の履行は文字通り再統一の手段だともいわれたが、もっともそれは再統一のためでなく、条約のためであったのです。というのもじっさい今日この論拠はもはや聞こえてこないのです。……この論拠は別な論拠に置き換えられてしまっています。次なる論拠は、紙の上の強さは無に等しく、現実の強さがすべてである、という。それが力の政治であって、政府は、モスクワとやりとりするかしないかに応じて、この力の政治をくりかえしたり、否認したりしているのです。……今日、我われがじゅうぶん強いなら、ロシア人と話し合うのも有益だと話題にされることもない。つまり今ではそうした強さが決して達成できないだろうことがはっきりしているのです。そんな強さはもはや追求しようともされていない。……政府は力の政治という自分たち本来の道に忠実ではなかったのです。かれらは、力の政治を通じて再統一を達成するという、自分たちが約束した道を全然歩んでいないのです」。

バールのSPD入党の第二の理由は、連邦政府の積極的な再統一政策が、かれの目からすると、少しも窺えないことへの幻滅とならんで、かれの目に映った社会民主党の弱さであった。この点についてバールは回顧しながらこう言っている。「一九五六年時わたしは、党がわたしの目からするとなんとひどい過ちをしているのだろうと思った。一九五七年には我われがなんとひどい敗北を迎えようとしているかをみてとったものである」。バールの批判は、基本的な野党路線に向けられた。SPDは――バールの目からすると――「何がなんでも野党に向かって」突っ走っているのだった。とりわけバールがのちになって批判しているのは次のような事実であった。つまりSPDは、自分たちに可能ならすでに行なわれた決定でも、とくにアメリカとの軍事同盟でも、解消するかのような印象を避けられずにいる、もしくは世論では避けられずにいた事実であった。

バールはエルンスト・ロイター（一八八九―一九五三。一九四八年から五一年まで西ベルリン市長）の意見に与していた。このロイターは、すでに一九五〇年に大きな政党間の協同の外交政策を要求していて、連邦SPDの外交路線に対する批判姿勢を五〇年代のなかば以降ヴィリー・ブラントが受け継ぐことになった人だった。それゆえにバールは、住居と仕事場のあるボンの党SPDにではなく、意識的にベルリンSPDにはいったのだ、と言っている。（外交の）共通性への要求はすでに早くからバールのニュース解説にみられたし、五〇年代全体を通して一貫していた。すでに一九四九年五月九日の『ターゲス・シュピーゲル』紙の記事草稿でバールは、SPDの原理主義的野党精神ともいえる潜在的姿勢を批判していた。目前にしている「基本法」（憲法）の論議に対するクルト・シューマッハーの見解に関連して、バールはこう書いている。「美味しいところは自分のために取って、消化の悪そうな部分は他人にまかせる、やり方である。ボンの仕事は、ロンドンのお薦めに基づくものだから、ドイツ国民全体の用件ではないといいながら、党の利害が要求するときにはいつでも、撤退の扉を開いておく。西側占領国の介入が遅れたのでオスト・ツォーネの状況に連帯責任があるという見解を表明しながら、義務責任を自分から遠ざけてしまう。このようにして、それにくわえて〝我われは共産主義との闘いにおいて欠かせない存在だ〟という意識のもとに政治化し、集めねばならない資力の浪費を楽しんでいる」。

SPDは原理的野党、という一部みずから選んだ感じのあるゲットーから抜けだす必要があるというバールの見解は、それゆえ五〇年代末になってからえられたものではない。回顧しつつこのSPD政治家は、党が内面的にも外見的にも、連邦政府のつくった事実を完全に受け入れ、自分たちの政策の基礎とするのに、あまりに時間がかかりすぎたことを確認している。一九五七年バールは、「国政的な理由からしても、社会民主党が孤立の象牙の塔に自分を追いやることなく、すべての党によって一目置かれ・担われる外交政策がとれるよう真剣に試みることができるようになれたら、最高度に望ましいことだろう」、と言っていた。そうした孤立脱却のためには、バールの考えによると、SPD

は基本的には労働者階級の穏健な政党という、とにかく今ではわずかばかりしか残っていない外見の残滓を捨てねばならない、というのだった。SPDの戦術的な展開用のバールの考えは、以下のようになっていた。「周知のように左方向でうるべきものはまったく何もないのだから、中道に向かっての、ひろく国民政党に向かっての——イギリス労働党に似た——社会民主党のさらなる展開が唯一可能な論理的な帰結である。別な言葉でいえば、SPDはすでにとり始めたプロセスを自覚的にいっそう強める形で進めなければならない。……SPDのチャンスは、今後四年間で曖昧の余地を残さず、自分たちは実験テストをするのでなく、獲得したものを維持し拡大し、社会的不公平を取り除くだろうことをはっきりさせることにある。SPDのチャンスは、過激化とは逆の方向にあるのだ」〔五七年九月一七日、「ラジオ・フランクフルト」用のバールの解説より〕。

結局のところ一九五六年一一月、バールにSPDに入党することを促した基本的動機は二つあった。第一の点は、ドイツ統一を最優先とするかれの外交政策理解であった。この点をかれは五四年こう言っている。「西ドイツのどんな外交的結びつきも、ドイツ政治のすべての核心問題、つまり再統一にとっての意義という視点のもとで点検されねばならない」。そうした目標はSPDの主張の方がよりましなように、かれには思われた。この点に二番目の動機は関連したもので、バールは、アデナウアーがドイツ統一の問題では「本質的に欺いている」と認識するようになったことにあった。しかし連邦首相は——バールの評価によると——不誠実だが力があるのに対して、首相の国内の政治的反対者たちはたしかに誠実ではあるが、弱体であった。バールはSPDのそうした弱点を見抜いたと思い、その弱点を取り除くために「自分で何かをしよう」と欲したのである。

一九五七年の三月、党に加入して五カ月足らずのとき、バールはSPDツェーレンドルフ地域支部代表者会議で、おおやけの最初の党内演説を行なった。「理性の勝利！」という題の長めの報告演説で、三五歳になったばかりの「新米同志」は党にはいった理由を述べている。演説はバールの原則的立場の包括的・綱領的な叙述となった。演説のなかですでにかれのドイツ政策の基本の輪郭が示されており、その構想のおかげでバールは数年後にSPD内で急速な出世をとげることになるのだった。演説は、かれがドイツ政策上の立場をどう理解しているか、本質的な概念である国家・国民（ネーション）／ヨーロッパ／安全保障に関するものであった。しかしそれを超えてバールは、自分の「社会主義理解」および基礎となる人間像をも議論の対象にしている。「イデオロギーとしての共産主義は時代遅れとなっている。共産主義は人間像が今では念頭にないか、あるいは信じてもいない」、とかれは強調する。人間が政治の中心になければならない、という。「闘争の中心は人間であって、社会主義は自己目的では決してない。この点は、どこまでも弁証法的唯物主義との本質的な違いの一つでありつづけるだろう。それで言われているのは、社会主義は一つの固定した状態ではなくて、公平な社会秩序の展開のための一つのモデルである。……重要なのは人間であって、ドグマではない。社会主義は、愚鈍な集団主義や空虚な大衆化でもなくて、人間の人格個性の精神的経済的な自由化であって、人間の人格個性の政治的倫理的な自由をえようとめざすものである。理性の勝利のために闘ってきたし今も闘っている、こうした精神的政治的な世界こそ、わたしを党へと導いたものであった」。

バールは――たとえばのちの自分のパトロン、ヴィリー・ブラントなどとは違って――労働運動のなかに生まれ落ちたのではなかった。市民的な生活環境に生まれたかれには、党内で普通の「同志（Genosse）」という呼びかけ言葉も、当初違和感があった。「同志という呼びかけには、なにか次のような響きが混じっている。まるで自分の一部を手放すだけでなく、世界の他の部分から離れて、閉鎖的な社会を意味する共同体にはいっていくような感じがあった」。それでもバールは一方で、同志という呼びかけには「政治的な家庭」がもつ雰囲気のあることも強調していた。

しかし党におけるバールの処女演説で重心が置かれていたのは、社会政策や国内政治の領域ではなくて、外交政策であった。この点はかれ自身で決めた目標にそったものだった。「わたしが党にはいったのは、社会を変えるためでなく、党の外交政策を変えるためであった」。

一九五七年時の演説でバールは、自分のドイツ構想の基本をはっきり定めていた。ＳＰＤの目標は、ドイツの人びとを「国家・国民（ネーション）に対する関係の不自然な硬直した姿勢から抜けだせるよう」な貢献でなければならない。無理からぬともいえる、そうした硬直した姿勢を克服しなければならないのは、国家・国民が一度ならず、ほとんどがエゴイズムから権力を経済的にか軍事的にか拡大しようとした人たちに〝イチジクの葉〟としてダシに使われたからである。「〝国家・国民〟の名において他の民族やおのれの民族に対してきわめて大きな犯罪が行なわれてきたのである」。しかしながら「ナショナリズム」や「帝国主義」にとって「ネーション」概念の道具としての利用があったからといって、「ネーション」の否定になってはならない、という。この点についてバールはこういう言い方をしている。「やけどをした子どもが火を嫌がるからといって、将来暖かい食事を拒否することはできないだろう。ドイツが分断されているかぎり、我われはネーションではない。こうした分断でまだ良いのは、ドイツ人たちが西ドイツでもいわゆるDDRにおいても、それぞれの国の姿を祖国として感じることに慣れていないことである。ネーションの断念放棄は、再統一の断念となるだろう。それはわが国民の自己抹殺となるだろうし、我われの目からすると、民主主義への裏切りとなるであろう。というのも、民主主義が再統一に対して機能しないなら、我われ国民のなかで民主主義の出る幕がなくなるからである」。具体的なドイツ政策に対してバールは、ネーションに対するおのれの姿勢からこう結論を引きだしている。「ナショナルであるということは、再統一にいたるまで、再統一に最優先の席を、我われの言葉だけでなく、我われの行為においても与えてやることにほかならない。……統一的な国家・国民をつくるという放棄しえない自然の権利のあること、そうした権利は努力しつつ闘い取って、その実現をはからねばならないことを自覚しながら、我われは再統一をめざして進み、このようにしてしばしば悪用されてきた〝ネーション〟という概念の毒素の除去をするつもりである。その際、ナショナリズム的な傲慢さへの修正主義的、愛国主義的、帝国主義的なぶりかえしをいう人がいたら、その人にはだれでも厳しく誤解の修正を求めねばならないだろう。我われは、他の国民よりましだとはいえないが、それでも、他の国民同様に、自由な自己決定のうちに一つになって生活するのを欲しているのである。我われは、ヨーロッパという魔法の言葉に酔いしれるようなことはもはやないであろう」［バール「理性の勝利!」］。

この演説におけるバールのヨーロッパ政策に関する言及は、かれの構想の基本要素のもう一つを明らかにしている。かれは、たんに西ヨーロッパに限定した統合を拒否していた。かれにとってのヨーロッパはつねにヨーロッパ全体であった。そしてそうした統合を拒否していたのは、原則的なものではなく、とりわけそうした統合のもたらすドイツ政策上の副作用を考慮して、拒否していたのである。バールが恐れていたのは、西ヨーロッパ統合が、「わが国民の中心問題――再統一の問題」の解決に当たってドイツ人たちを不利にするのではないか、という点であった。「ヨーロッパという言葉が、政府の政策の目的のために故意に歪められて使われてきたし、政府の政策は、西ドイツ国民の無理からぬところだが、悄然とした無関心を自分にいいように利用している。ヨーロッパという言葉がなんであるかは、ヨーロッパの多くの少数国民にとっては、ポーランドやハンガリーの若者たちが、一部は知らずして、一七八九年の革命の理想に燃えて、バリケードの上に立とうとする気になったときになって、明瞭になったものだった。スカンディナヴィア諸国抜き、イギリス抜きの協同市場というのは、一番うまくいって経済的実用性の問題であるが、最悪の場合にはそうした形の共同体は、規約の形式上、全ドイツが脱退も可能だとあるにもかかわらず、その場合にできている現実に基づき離脱不可能・解消不可能であり、こうしてドイツの再統一にとっては、障害となるだろう。我われが知っているように、NATOも個々のメンバーの国民的自決権があって国家を超えて統合されてはいないが、そのNATOの場合より、統一にとってよりつよい障害となるだろう。我われは、だれも他より劣る権利という法的状態にならないかぎりで、ヨーロッパにおける経済的・政治的な実用性のある組織に大いに賛成である。しかしSPDのヨーロッパ政策は、いつでも、わが国の西側国境の事実上の撤廃にかまけてツォーネ国境の除去のことも忘れないよう、配慮しなければならないのである」。

バールのドイツ構想を理解するための三つ目にして最後の中心概念は、ネーションとヨーロッパと並んで、安全保障とNATOメンバー、あるいは集団安全保障のことであった。安全保障という概念はすでに一九五七年の演説のなかで包括的に述べられたものであり、NATOメンバーというのは、安全保障と密接な結びつきをもつ問題であり、集団安全保障システムという問題であった。バールはＮＡＴＯを西ドイツの安全保障の道具として理解しており、同じような安全保障という、よりましな機構がＮＡＴＯに取って代わるまで、存続しなければならないもの、と思っていた。そうしたよりましな機構というのは、バールにとって集団の安全保障であった。そうした体制の提案をかれは五四年に初めて行なっており、ベルリンでの外相会議の折、あるスウェーデンのジャーナリストに手渡していた。そのときバールは次のような素朴な期待をもっていた。つまり、二つの分断国家がそれぞれＮＡＴＯとワルシャワ条約機構にしっかり組み込まれて、我われの自決権が見通しの利かない遠い先まで縛られてしまう前に、オーストリアの例でみられたような（オーストリアも敗戦国として、戦後主権を回復するのに苦労する。西ドイツがＮＡＴＯに加盟するなか、他方でワルシャワ条約機構が結成される冷戦の最絶頂期に、「中立国」となる条件でソビエトの譲歩をえて、「国家条約」（平和条約）を結ぶことができた）類似の手がかりがドイツのためにもみいだせやしないか、という素朴な期待であった。ＳＰＤツェーレンドルフの地域支部代表者会議における演説で、バールは自分の構想の基本をこう述べている。「ＮＡＴＯは、我われの安全保障、正確にいうなら西ドイツの安全保障の機構にすぎない。……我われの安全保障は、次のようなソビエトの確信にある。つまりベルリン地区あるいは西ドイツ地域への不当な干渉や攻撃は、アメリカの介入、すなわち第三次世界戦争を引き起こすだろうとの確信である。我われの安全保障は、ＮＡＴＯという条約的な形をとったアメリカの保証にあるのだ。ＳＰＤの提案した集団的安全保障の体制は、アメリカに代わる保証の別な条約的な形態にすぎない。別な機構であるが――それでも安全保障としては同じである」。

　こうした安全保障問題もまた、バールの場合「ドイツの統一」という視点のもとでみられ、意義づけられていた。集団安全保障体制というのは、ＮＡＴＯとワルシャワ条約機構という敵対関係にあるものより優先されなければならない。この体制ならドイツ再統一のチャンスを提供するからである、という。安全保障というのは、バールの分析ではもっぱらアメリカの保証にあるので、そうした保証の機構制度の体制にあるのではなかった。しかし機構制度の事実と形態がアメリカによる安全保障の保証への信憑性と存続持続の物差しにどこまでなるかについて、バールは一九五七年の綱領的な演説では答えていなかった。

✽第4章✽

ベルリンの壁構築がバールの東方政策・ドイツ政策構想にもった意義

ドイツの戦後史において一九六一年のベルリンの壁の建設は、あきらかに決定的な深い節目となっている。この章では、一九六一年八月一三日がエーゴン・バールの東方政策・ドイツ政策構想にとってどんな意味をもっていたかを究明することにしよう。

ヴィリー・ブラントは振りかえりながら、壁の建設が自分の政治的思考や行動のなかで一つの転換点であったと認めて、こう言っている。「八月一三日は、驚きと不安、混乱の日となった。この節目の日によりわたしは否応なく、次の数年間のドイツ政策・ヨーロッパ政策を左右することになる、もろもろの要素を熟慮することになった」［ヴィリー・ブラント『出会いと洞察』、ハンブルク、一九七六年、九頁］。

エーゴン・バールも壁の建設がもたらした節目についてこう言っている。「一九六一年に崩壊したのは力の政策だけでなかった。内政的な幻想も、当座気がつかないうちに、消滅していったのである。ドイツの戦後史のもっとも大きな希望が幻滅に終わったことがはっきりした。それは、SPDの与するものではなかったが、キリスト教同盟二党

（ＣＤＵ／ＣＳＵ）の期待する希望であって、西側組み入れと再軍備が必然的に再統一を招くだろうというものであった」。バールにとって「こうした状況から熟考を強いられたのは、そもそもドイツにおいて、またドイツを今後どのようにしたらいいか、ということであった」［バール『ドイツはどうなる？』、二一八頁］。

しかしながら一九六一年の壁の建設は、政治的な単独の出来事というものではなく、五八年以来生じていて、ソビエトの党書記長兼首相ニキータ・フルシチョフ（一八九四―一九七一）による、いわゆるベルリン最後通牒という結末にいたったベルリン危機の悲劇的な頂点でもあった。フルシチョフは、五八年一一月一〇日の演説でドイツ問題とベルリン状況をあらためて世界政治の前面に押し立てたのである。演説でフルシチョフは、西側連合国にひきつづきベルリンに留まる権利を認めないと言い放った。一一月二七日かれは、西側列強三カ国に最後通牒を手交し、ベルリンを「非軍事化した自由都市」という法的地位の「独立した政治単位」に変えるよう要求した。半年以内にベルリンに関する交渉はそうした解決にいたらねばならない。もしそうならない場合には、ソビエト連邦はＤＤＲ政府と協定を結び、ＤＤＲ政府が自分のものとする主権的権利を行使することとする、という。この最後通牒をソビエト連邦は五九年一月一〇日、さらに厳しくして、両ドイツ国家と平和条約を結ぶ構想を打ちだし、二月一七日には、合意がない場合にはＤＤＲとの単独平和条約を締結すると脅した［五九年二月一七日、ソビエト首相フルシチョフのトゥーラにおける演説］。

単独平和条約という考えは、（ベルリン市長）ヴィリー・ブラントとかれのベルリンのアドバイザーたちからきっぱり拒否された。一九六〇年五月一二日のベルリン市長の市政府声明の草稿ではこの点についてこう言われていた。「パンコフ（東独政府）とのいわゆる単独講和は、ドイツ国民全体に対する挑戦となるだろう。そんな条約は、それだけでなく、国際法の基本原則はたんなる空虚な暗誦文とは違うと思う人びとすべてを逆撫でするようなものだろう。ツォーネ政府には、平和条約を締結するなど、ソビエト相手の平和条約であっても、締結する正当な資格はない。この政府の認定のよりどころは、唯一もっぱら外国の権力の銃剣にあるのだ。こうしたパートナー同士の平和条約は、偽装的な平和条約であって、ソビエトが自分相手に結ぶ条約以外のなにものでもないだろう。東ドイツ政体の正当性の欠如の証しとして、日々逃げだしてくる人びとの群れほど、たしかなものはないだろう。こうした醜態の忘却など、我われは許さないであろう。この政体が国家だと称して、しきりに承認を求めて、それでいて何万という人びとが故郷を去るよう仕向けている。不当不正の組織物といえるこうした政体の告発を我われは止めることはないし、止めるつもりもない」〔一九六〇年五月一二日、ベルリン市長ヴィリー・ブラントの市政府声明の草稿〕。

エーゴン・バールが一九六一年六月一七日のブラント演説用に練った草稿には、次のようなくだりがあった。「我われにドイツ分断への同意を求めるのは、我われがみずから不名誉な姿になるのを期待するようなものである。そんなことに手をかす者は、我われの仲間ではなく、ソビエトに奉仕する下僕陣営の人である。我われは分断という事態を受けとめねばならないし、これからも耐えていかねばならない。しかし二つの平和条約に署名するなどは、ドイツ分断にドイツが賛成することになるだろうし、それは自己決定権への我われの要求放棄を意味するだろう。自己決定権と分断の条約とは相容れないものなのである」。

シェーネベルクの（西ベルリン）市庁舎では、「第二のベルリン危機」の間中、西側列強に最後通牒の拒否とベルリンのための保障のたえざる更新を迫る、もろもろの努力が行なわれていた。

この点は、ニューヨーク市長ロバート・ワーグナーに宛てた書簡——エーゴン・バールがブラントのためにまとめたもの——の草稿でもはっきりする。フルシチョフが一九六一年二月一七日、西ドイツ政府に宛てた覚書のなかであらためて突きつけた最後通牒を拒否することが、西側の利害とも一致するものだ、としてこう述べている。「ソビエトが単独平和条約に賛同しろなんて無茶な要求をしているのは、たんにドイツ国民全体に対する挑戦だけではありません。そんな条約は分断の無理強いであって、我われには同意できないものです。またそれはとりわけ、西側世界に決定的な敗北を舐めさせようとし、アメリカのいうことや約束された保証への信頼を揺るがそうとする、ソビエトの試みであります。またそれは、西側を自分たちの理想に対する裏切りや、自己決定権要求の放棄へとそそのかすものなのであります」。

単独平和条約の提案に対するバールの反応からわかるのは、かれが壁の建設以前の時期には、まだドイツ統一に関する協議や決定を行なう歴史的会議の可能性を信じていたことである。この点を示している手紙は、一九六一年七月一九日、地区境界の遮断一カ月たらず前に、ペーター・ペッヒェルに宛てて書いたものである。「そうした単独平和条約を認めようとする者は、ドイツの分断を承認することになるだろう。……単独平和条約を受け入れるか、認めようとする者は、ドイツの同盟義務の基礎を長い間には揺るがすことになるだろう。ドイツのデモクラシーの運命は、民主主義者たちが新たな〝フューラー〟（独裁者）の露払い人になるかどうかにかかっている。単独平和条約と折り合い、受け入れたりしたら、独裁者の露払い人になってしまうだろう。そうした窮地から抜けだす唯一の可能性は、大規模な平和会議であり、そこでドイツ全体にとっての平和条約交渉を自己決定権という基盤にたって行なうことである。西側はどうにか行動の原則をふたたび手にしなければならないし、ソビエトに対しては、単独平和条約をもとにしての妥協の可能性などありえないことを断固きっぱりとはっきりさせてやる必要があるだろう。ドイツにおいて単独講和で我慢する人がいるとしたら、民族としてのバックボーンを倫理的にへし折られることになるだろう。我われは、一六〇〇万人の人びとを諦めるのに同意するような境界線を受け入れることはできない。それこそ、言葉の真の意味での裏切りであり、モラルと正義という原理に対する裏切りであって、この原理なくしては、我われは長期にわたってはやっていけないであろう」。

もっともこの当時ベルリンの状況は、すでに劇的に緊張感を増していた。一九六〇年以降、SEDのいっそう厳しくなった政治路線と、農業における強制的集団化によって、西ベルリンや西ドイツ地区への国外脱出者の数がたえず増えていた。六一年の夏には国外脱出者の流れが「雪崩のように膨れ上がった」。ヴィリー・ブラントが六二年三月にSPD執行部のメンバーに提出した、「一九六一年八月一三日の前史と影響に関する覚書」によると、六一年の六月が二万人、七月が三万人の国外脱出者となっていた。壁建設の前夜ブラントは、SPDドイツ会議の折のニュルンベルクにおける演説で、ベルリンがどんな劇的な状況にあるかをこう述べていた。「今晩、八月一二日、この月の一万七〇〇〇番目の国外脱出者がベルリンにやってくるだろう。初めて我われは二四時間のうちに二五〇〇人の避難民を受け入れねばならないことになるだろう。この人たちはなぜやってくるのだろうか？　どんな不安がこうした流れを押し上げているのだろうか？　この問いに対する答えはこうである。ソビエトがわが国民に対して攻撃を準備しているからである――その攻撃の真剣みがわかっているのはごく少数の人たちだけではあるが。ツォーネにいる人たちは、鉄のカーテンの編み目がふさがれてしまうだろうという不安をもっているからである。かれらが、巨大な牢獄のなかに閉じ込められてしまうだろう、と怖がっているからである。かれらが、自分たちは忘れさられ、居ない者として諦められ、無関心とチャンス逃しの犠牲にされるのではないか、と激しい不安にかられているからである」。

その数時間後に、現実はその不安通りになった。八月一三日の払暁、人民警察は地区境界を閉鎖し、西ベルリン周囲で壁の建設作業が数日間つづいた。

壁による状態のこの固定化は、のちにいわゆる「新東方政策」の立役者になった人たち――ブラントやバール――にとって二つの点で重要な意味があった。一つには、壁の建設により――ヘルガ・ハフテンドルンがいうように――「〝現状は未だ確定せず〟の政策が基本的に問題視」されるようになったことだった。「西ドイツにとって壁の構築は、現状未確定の状況維持を支えにしていた長期的な視野における、再統一構想の頓挫を意味するものだった」〔ヘルガ・ハフテンドルン『安全保障と緊張緩和』、バーデン・バーデン、一九八六年、一三五、一四一頁〕。ソビエトはあらためて、自分の影響圏の一部放棄の意志のないことを、はっきりさせたのである。ベルリン最後通牒でもってフルシチョフは権力圏の拡大を考えているような感じを三年間にわたってにおわせていたが、壁の建設は同時にそうした政策の挫折でもあり、そして現状維持の政策への復帰でもあった。この政策をソビエトの首相は、一九五九年二月一七日、トゥーラ（西シベリアのトゥングスカ河畔の都市）における演説で力説して、西側に向かってこう述べていた。「……我われの立場はおわかりだろう。政治的な類や物質的な類の獲物など望んでいない。第二次大戦の結果として生起したこと、世界中が認めることを確定しようではないか」。現状を今や力ずくで確定、もしくは固定化するというのは、西ドイツの政策にとって、当分の間そうした強いられた分断という現実から出発せねばならないことを意味していた。この認識こそ、二年後にエーゴン・バールに「接近による変化」という手がかりを与えることになったものである。「一九六一年八月一三日、ベルリンで東側地区が遮断され、三日後に壁の建設が始まったとき……シェーネベルク市庁舎の我われは、何が現実であるかを学ばねばならなかった」。「そこから展開したものが、接近による変化の端緒であったし、その出発点には、わたしたちは壁を取り除くことはできないし、この壁をつくった連中と話し合わなければ、壁を通過しやすくすることもできない。力は問題外であった」[バール『ドイツはどうなる？』、二一八頁]。

今や、固定化した現状という現実から出発しなければならないという認識とならんで、第二の経験は、壁の建設に対する西側列強の断固とした反応がなかったことへの幻滅であった。ブラントもバールも、そもそも壁の建設に反応するのに数日かかった西側連合国の態度に失望した、いや驚愕さえした。この点に関して一九八六年になってバールはこう書いている。「我われが苦々しく思ったのは、連合国に次のようなことをしてもらうだけでも苦労したことだった。若干のパトロール隊、地区境界に数台のジープを差し向けて住民に自分たちは孤立無援でないのをみてもらうようにするのすら苦労したことだった。ちなみに西側列強は、まだ現場にいたのだが、現実は、指揮官レベルでの弱々しい抗議を発するだけでも二日間を要したし、そして世界の主要政府がモスクワに抗議するまでに三日かかったのだった。くわえてご想像願いたいのは、八月一三日に遮断措置が始まっても対応する動きが何一つなかったこと、そこでソビエトは、一六日からの壁の建設開始を承認しても、西側がなんら深刻なことは起こさないだろう、と想定できたありさまのことである」[八六年六月一九日、ドイツ第二テレビのドキュメント『壁』のなかでのバールの発言]。

こうした状況からバールがドイツ政策構想のために引きだした教訓は、ドイツは自分たちの利害の貫徹のためにはみずから積極的になる必要がある、ということだった。この点を一九九〇年のあるインタビューのなかでバールは以下のように述べている。「わたしにとってベルリンの壁の構築でえられた認識は、我われが自分で自分のために努力しないかぎり、我われドイツ人を助けてくれる人はだれもいない、というものだった。新東方政策のそもそもの誕生時期は、我われが人びとのために壁を通りやすくしようと思ったときが始まりだった」。

シェーネベルク市庁舎では、連合国の態度、とくにアメリカの態度にひどく幻滅させられた。人びとは少なくとも西側からもっと断固とした抗議の姿勢を期待していたのである。地区閉鎖後の翌日ブラントは、ラジオ演説で厳しくそして非常に感情的になってこう述べている。「昨日まではドイツの首都の一体性はまだ幅ひろく維持されていた。昨日までは移動のかなり自由な行き来がこの都市の四カ国による法的地位にそった形で可能であった。何千また何千という人びとが毎日地区境界を越えて、町の別な地区で仕事についていた。昨日以来状況は根本的に変わってしまった。町の東側地区がこの特殊な都市地区から引き離されてしまった。四カ国の現状が決定的な形で破られてしまったのだ。地区境界が一種の国境のようになっただけでない。その境界には有刺鉄線、コンクリート製の杭、有刺鉄線を巻きつけた移動用の柵などがあって、強制収容所のような特徴を帯びている。……この責任は東ベルリンやクレムリンの権力者たちが負うべきものである」［六一年八月一四日のブラントのラジオ演説から］。一九六一年八月一六日にはブラントはベルリンにおける政治集会の席上、西側連合国に向けてこう付け加えていた。「声高な抗議の結果が紙ペラだけの抗議であってはならない。……ベルリンは言葉以上のものを期待しているし、ベルリンは政治的な行動を待っているのだ」。

ベルリンの政治的・心理的に緊張した状況、それにまた連合国がなんの行動にもでない姿勢、西ドイツ連邦当局の無力さに直面しての絶望が、ベルリン市長に異常な手段をとらせるようにさせた。私信の形で直接アメリカ大統領に訴えることになったのである。一九六一年八月一六日、ブラントがジョン・F・ケネディー（一九一七―一九六三）に宛てて書いている。「なんら行動にでないことと、まったく守勢的な態度は、西側列強に対する信頼の危機を招きかねません。わたしがこの状況にあって適切だと思うのは、西側列強が四カ国の責任の再現を要求し、同時に西ベルリンの三カ国の法的地位を宣言することです。……また次のことをはっきりいうことが必要です。つまりドイツ問題は西側列強にとって決して片づいたものでないし、ドイツ問題はドイツ国民の自己決定の権利とすべての関係国の安全保障の利害にそうような形での平和のルールに基づく取り扱いをつよく求めるものであるとの明言です。ソビエトのやり口、非合法であり、非合法とひろく言われており、今日東ベルリンやソビエト地区においてみられる多くの悲劇を前にして、そのやり口を甘受することになったら、我われすべてにとって、究極の決断というリスクもせざるをえなくなるでしょう」〔ベルリン市長ヴィリー・ブラントのアメリカ大統領ジョン・F・ケネディーに宛てた書簡、六一年八月一六日付け〕。

具体的にブラントは、西側がベルリン問題を独自のイニシアティブにより国連に提起することを求め、ベルリン駐留のアメリカ軍の示威的な増強を促した。後者の方はそのあと実現して、ケネディーは追加の戦闘部隊を西ベルリンに派遣する。それ以外の点でケネディーの回答は――副大統領のリンドン・ジョンソン（一九〇八―一九七三）の手で八月一九日に手交された――ベルリン市長にとってはむしろ幻滅する内容だった。二、三の慰めと勇気づけの言葉があったにもかかわらず、ケネディーの姿勢に事態の受けとめ方の基本的な違いがあるのは明瞭だった。アメリカ大統領は、壁の構築が西側の頓挫ではなく、ソビエトの敗北だとみなしていた。「それは、フルシチョフが屈伏したことを意味している。かれがなおベルリン全体を占領しようという意図をもっているとしたら、そんな壁などつくらなかったろう」。ブラントに宛てた手紙のなかに流れるケネディーのこうした見解は、かれが次のように強調する際の調子と同じものであった。「この問題は深刻ですけれども、あなた方もお察しの通り、目下のこうした状況において重要な意味をもち実質的な変更を強いることができる手立ては、我われの手元には何もありません。この粗暴な境界封鎖は、失敗と政治的脆弱性とをはっきりあらわにするものですし、それはあきらかにソビエトの基本的な決定を示しています。だからこの決定を覆すことができるとしたら戦争だけなのです。あなた方も我われも、また我われの同盟国のいずれも、現時点で戦争へ向かうべきだと考えたことなどありません」〔ジョン・F・ケネディーのヴィリー・ブラント宛ての手紙、六一年八月一八日付け〕。

ケネディーの拒絶的な返事の内容と形式は、ベルリン市長のもとでつよい苛立ちを引き起し、ブラントやそのアドバイザーたちのもとで、ベルリン問題やドイツ問題における考えをすっかり転換させるきっかけとなった。ブラントは『回想録』のなかで振りかえりながら、「カーテンを開けてみたら、舞台は空っぽだった、というのはこの手紙ではなかったろうか」、とレトリック的な質問を発している〔ヴィリー・ブラント『回想録』、ベルリン／フランクフルト、一九八九年、一一頁〕。だから壁の構築は、この点でブラントにとっても、またかれのドイツ政策のもっとも緊密なアドバイザー、エーゴン・バールにとっても転換点であった。アメリカはベルリンのためには、三つの基本原則を超えては積極的に関与する用意のないことを表明していただけでなく、八月一三日の反応の皆無によって、じっさいにもそれをはっきり示したのであった［パリにおける四カ国の作業グループの会議の間、およびそれにつづく外相会議の席上、一九六一年七月末／八月初め西側列強によって、ベルリンできわめて高度なリスクを冒しながらも西側三国が守ろうとするものとして、次のような三つの基本的要素がいわれていた。すなわち①西ベルリンにおける連合国軍の駐留の維持、②西ベルリンへの自由な行き来の維持、③西ベルリンが生活できる状態の維持、である］。

エーゴン・バールにとってこうした状況から生じた必要性は、「我われ自身でおのれを助けるには、どうしたらいいかについての熟考であった。というのも支援は――ボンの中央政府からも――期待できないからである」［エーゴン・バール『ドイツのための安全保障とドイツに対する安全保障』、ミュンヘン／ウィーン、一九九一年、一二頁］。

しかしながら、そうした思考の転換は、短い期間に瞬間的にできるものでなく、一九六一年八月一三日以来かなりの時間を経て結果することになった。しかしそこからドイツ政策構想が生まれるまでになお少なくとも一年、およびさらに二つのポイントとなる体験を必要とした。一つはペーター・フェヒターの死であり――一九六二年八月一七日、壁からの脱出の際に狙撃され、バールの言葉によると「いうなれば、五〇分間衆人環視のなかで死んでいった」ことであり――、もう一つは、キューバ危機が一九六二年の一〇月その頂点に達したことだった。

ヘルガ・ハフテンドルンは、彼女が「二重危機」というこうした状況のもっとも重要な帰結の一つをあげてこう言っている。「ベルリン危機およびキューバ危機は、ソビエトが国際的な力関係を自分たちに有利に変えようとする試みにより引き起こされたものだった。この二つの危機は双方に、現状の力ずくでのどんな変更も自分の破滅という危険をはらむものであることを息詰まるような形でみせつけたのである」［ヘルガ・ハフテンドルン『安全保障と緊張緩和』、一四〇頁］。

こうした認識はエーゴン・バールにとっても大きな意義をもっていた。市の報道局長（バール）がえた結論は、当分の間、壁とともに暮らしていかねばならないこと、またベルリン内・周辺における新たな危機という危険を絶って、西側半分都市の状況の安定化達成を可能にするには、現状を基礎にして、ソビエトやDDRも含めての中東欧諸国との国家間関係を正常化した場合のみしかない、というのだった。この姿勢は、バールが一九六二年五月一九日にまとめたある文書からも読みとれる。「社会民主党は、ソビエトとの間にモードス・ヴィヴェンディ協定（異質な者同士の共存がはかれるような生存方法）

を用意しようとするアメリカの努力を支持する。その種の協定は、都市の自由な往来、友好諸国軍の駐留、生活する能力を保証するものでなければならない。この生活能力には、ベルリンと西ドイツ間の現在ある結びつきの維持も含まれる。協定が将来のルールづくりをしたうえでの対応可能性を損なうものであってはならない」［六二年五月一九日、ベルリンに関するエーゴン・バールの構想］。

壁にもかかわらず、いや壁ゆえにこそ、今やバールにとって自分の緊張緩和政策を展開する必要性が生じたのだった。しかしそれはかれにとって、ドイツ統一という目標から——分断のセメントによる固定化により時間の地平線は必然的に先に延びてしまったにせよ——はずれることを意味しなかった。バールは一九六三年二月八日、ベルリン市長声明の草案のなかで書いている。「第二次大戦後自己決定の権利という理念がかさねてきた勝利の進軍は、ヨーロッパで、ドイツの国境のところで、止まってしまうことはないだろう。長い目でみればドイツ国民にもこの権利は与えられることになるだろう。我われが再統一を問題にするとき、ほかならぬこの権利が大事なのである。この要求は二重の意味で平和的な要求である。この要求の実現は平和的な道をたどってなされねばならない、その実現はヨーロッパにおける緊張をやわらげるものとなるだろうし、したがって平和に貢献するだろう。ドイツ問題のこうした解決を我われは諦めることはできない。もし我われの隣人の運命、壁の背後にいる我われの同胞一七〇〇万人の運命が我われにとってどうでもよいというなら、わが国の歴史の教訓からきちんと学んでいないことになるだろう。ドイツ問題の解決が速やかに達成できるものでないことは、わたしにもわかっている。そのうえ解決は、東西関係の一般的な展開、およびとくにヨーロッパの安全保障問題と緊密にかかわり合っている。しかしわたしは、固く信じている、解決の日は来るだろうことを」［六三年二月八日、ベルリン市長ヴィリー・ブラントのドイツ再統一に関する声明のエーゴン・バールの手になる草案］。

✽第5章✽
「接近による変化」

第1節　一九六三年のトゥッツィング演説

壁の構築から引きだした教訓をひろく世論に披露する最初の機会がバールに訪れたのは一九六三年の夏であった。すでに六一年以来シェーネベルクの（西ベルリン）市庁舎では、ドイツ政策の新たな方向をめぐっていろいろ練られていた。エーゴン・バールも、この計画立案に関与して決定的な役割を果たしている。バールは、一九六〇年ヴィリー・ブラントの依頼と招待に応じて市政府の新たな報道局長としてベルリンにやってきていたのだった。

当然のことながらベルリン市長のために演説の草稿やメモをつくるのが、ベルリンの報道・情報局長の任務であった。この任務がまもなく拡大して緊密なアドバイザーの役割までも含むようになっていく。すでに五〇年代から知己の間柄であったブラントとバールが認め合っていたのは、二人が同じ波長で考え、語り、行動するということだった。

バールはすでに五〇年代からブラントを議会における社会民主党の希望の星だと思っていた。ブラントの方では、ベルリン選出の連邦議会議員として、当然「リアス放送」の解説室長バールの論評を知っていたし、それでかれを高く評価していた。しかしベルリンにおける緊密な協力によって初めて、二人の間に一緒に練った政策に大事な力強さを与えるような友情が生まれた。この点はバールのドイツ政策の理解にとって重要である。というのも、バールはそのときから――少なくとも一五年間にわたって――政治的にはほとんどブラントを通して外部に働きかけることになったからである。外交政策上の構想を発案していたのも本質的にはバールであって、そのあとその構想をブラントが政治的に世論向けに大きな影響力をもたせて主張するのであった。

ブラントは『回想録』のなかでバールの役割を次のように評価している。「エーゴン・バールは、ベルリン、そしてベルリンからボンに移ってからのわたしの協力者のうち、唯一とはいわないが、構想的にはもっとも有能な協力者であった。……かれは国際的な責任感というセンスをもったドイツ愛国者として、幅ひろい道を歩んでいた人であるし、わたしたちはその歩みのなかでお互いを見失うことは決してなかった。ヨーロッパ全体の協力が生まれ、ヨーロッパ全体の安全保障が形成されるときや場所ではいつでも、バールの構想的な貢献がはっきりみてとれるのだった。わたしが一九六〇年以降一九八〇年を越える過程で試み、行なってきたことのうちの多くは、かれとのそうした協力なしには不可能であったろう。友情というものが政治的な仕事のもろもろの重荷に耐えてこれほど長い年月つづいたのは、珍しいことである」［ヴィリー・ブラント『回想録』、七三頁以降］。ブラントは、自分の「ブレーン・トラスト」のとりわけ「稀にみる鋭い洞察力」、「強靭な粘り強さ」、「際立った忠誠心」を評価していた。

ブラントに対するバールの態度には、とても情緒的なところ［この心情的な親近性のもっとも強烈で、世論にもみえる形で現れたのは、ブラントが一九七四年ＳＰＤ連邦議員団の前で首相職から辞任すると発表したとき、バールがライブのテレビカメラの前で流した涙であった］、および「絶対的不変の」忠誠といったところがあった。そうはいっても内輪で批判する権利は保持しての忠誠心である。ヘルマン・シュライバーが次のように強調しているのは当たっている。すなわち上司ヴィリー・ブラントに対するエーゴン・バールの特別な関係の源は、政治的なものより、むしろブラントの人間としての資質に対する畏敬の念にあった、というのである。

すでに一九六一年四月の手紙でバールは、ブラントを高く評価する点についてこう書いている。「かれは、そのかぎりで情熱をもったリアリストである。矛盾しているように聞こえるが、これが当たっている。かれはまったくくつろいだ気分でいる自由、自分に押しつけられたと思う重荷を投げ捨てるという自由をまったく稀な形でもっている。かれはまた大きな責任意識をもっている人間で、厳しい決断をする前にしばらく熟慮をかさね、一度決断するともはや揺らぐことのない人である。……かれの性格のもっとも傑出した特徴は、わたしからみると、慎み深さであり、人間的な率直さである。その率直さは、目を伏せることなくもろもろの弱さを悟らせようとするときなどに、人を引きつけるものである」。バールはブラントの「可能なものを嗅ぎつける力、まとめ上げ、調整し、本質的なものを見抜く技、人間的な品位」〔七〇年八月三日のパノラマ放送において、ブラントについて語るバール〕を評価していた。一九八七年ブラントがSPD党首の職を辞したとき、バールは長年の上司にして友人であったこの人について書いている。「もちろん光がなければ影はないという自然法則をだれも無視することはできない。若いときに踏みつけにされるとはどういうことかを経験した者は、のちになってみずから踏みつけにしようとは思わないだろう。他人からそうせがまれたにしても、踏みつけようとはしなかった。かれの力の源は、確信する力にあり、さらにまた粘り強さにあった」〔エーゴン・バール「踏みつけようとしない男ブラント」、『アーベント・ツァイトゥング』紙、八七年六月一三日〕。

ブラントとバールの間の友情にみちた協力関係は、したがってかれらの東方政策やドイツ政策を理解する基礎である。「ブラントの自己貫徹能力によりバールの知性的・創造的資質は、ますます広範な展開の余地を与えられた。感謝と絶対的な忠誠は、そうした展開の結果であった」〔ラインハルト・アペル「ドイツのための幻想なき諸ビジョン。エーゴン・バール、首相の友人にしてブラントの年男」、『南ドイツ新聞』一九七一年大晦日／七二年新年号〕。リヒャルト・フォン・ワイツゼッカー（一九二〇年生まれ）は一九九二年、ブラント／バールという「まったく異なる個性」のかなり稀有な共同作用についてこう語っている。「どちらも、たぶん相手の助力があって初めて、それぞれの固有の天賦の才の効果的な展開をみせたのであろう」〔ワイツゼッカー、一九九二年グンター・ホフマン、ヴェルナー・ペルガーとの対談のなかで〕。

ヴィリー・ブラントの緊密なアドバイザーとしてベルリン市の報道局長バールは、ベルリンSPDの人たちの間で六〇年代の初め、揶揄と畏敬とをない交ぜにして、「聖家族」（幼子イエスと、その両親ヨゼフ、マリアの家族のこと）といわれていた「四人組」のもちろん一人であった。このもっとも緊密なトップグループにはブラント、バールのほかに副市長のハインリヒ・アルベルツ（一九一五―一九九三）、市の連邦関係担当相で、ブラントの「選挙戦マネージャー」のクラウス・シュッツ（一九二六年生まれ）がいた。この人たちに、時折ディートリヒ・シュパンゲンベルク（一九二二―一九九〇）――この人物は一九六三年市政府の官房長のポストにつく――がくわわって、一九六一年以降壁の構築によりドイツ政策に生ずる帰結について議論し、計画の立案に当たっていた。

こうしたアドバイザー・グループは、政治的・実践的理由からもブラントにとって重要であった。というのもブラントは、たとえばアルベルツやバールをしばしば――もっともかれらの同意のもとに――いわゆる「観測気球」として飛ばすよう利用したからである。たとえば一九六二年の夏、当時のベルリン市政府の内務相ハインリヒ・アルベルツがちょっとした騒ぎを引き起こしたことがあった。かれは、その折――今交渉中のDDR市民にとっての（壁を行き来するための）通行証の処理規定の場合――この規定によってDDR指導部にそうした処理規定など不可能にしかねない国外逃亡の動きをどうやって阻止したらいいか考えるよう、おおやけの場で求めたのである。この思い切った発言への反応はすさまじいものだった。アルベルツは（亡命希望者の）庇護権の制限を支持しているのだ、と非難された。ブラントは、市政府内務相をかばうように振る舞って、一九六二年九月六日のベルリン市議会における演説でこう言った。庇護権の概念はドイツ内の状況には適用不可能である、と（庇護権とは、故国において政治上または宗教上の理由で迫害に晒された人物が、受け入れと保護とを与えるよう滞在国に求める権利のこと）。

バールのトゥッツィング演説「接近による変化（Wandel durch Annäherung）」もまた、似たような政治的「観測気球」であった。ブラントとバールは、福音派アカデミーの政治クラブ生誕一〇周年を記念してトゥッツィングに講演のため招待された。ここシュタルンベルガー湖畔西岸の小さな町（ミュンヘン南方四〇キロ位のところ）の牧歌的な雰囲気のなかに、毎年政治家、ジャーナリストや学者たちが集まって、少人数でアクチュアルなテーマについて議論する慣わしになっていた。バールが言っている。ベルリンでは「ブラント用の重要な本来の演説」の作業に長時間かかわることをしているが、ここでの演説は、ハインリヒ・ハイネ（一七九七―一八五六）の『冬物語』にあやかって「ドイツを思うと……（Denk ich an Deutschland...）」といったタイトルにしてもいいようなものだった。もっとも、一九六三年四月一八日、バールがブラントのためにしたためたメモ書きからは、トゥッツィングでも、定評ある「観測気球＝モデル」を視野に入れていたことがわかる。バールのメモにはこうあった。「とくに論議を呼びそうな事柄はあなたの口からでない方が有益かもしれません。わたしのテーマはあなたの講演の補足となるようにまとめることにしましょう」。ブラントの演説はじっさいむしろ一般的な内容のものだった。ベルリン市長ブラントは、一九六三年の西独初の首相交代（アデナウアーからエアハルトへ）のあった西ドイツの外交・内政状況を包括的に総括した内容にしていた。もちろんブラントも演説の後半部分では、エーゴン・バールが――いくぶん強調気味に――まとめた基本構想全体にも触れている。たとえばブラントのトゥッツィング演説にはこういう箇所があった。「じつのところ大事なのは、わが国民の平和的な再統一のためには、東西間の対峙戦線の硬直化を突き破ろうとする倦むことなき試み以外に展望はない、そうした単純な認識なのである。……そのような構想は、別な側（東ドイツ）の変化にも資するかもしれない。ドイツ問題の解決があるとしたらソビエトと一緒になってであって、ソビエトに逆らってではない」。バールとまったく同じように、ブラントは講演のなかでケネディーの「平和の戦略」に触れ、自分の内政的な批判者たちの機先を制するために、外交において大事なのは、「根本的な変更」でなく、「修正と新たなアクセント」であることを強調していた。もっとも、SPDにおいてもひろく世論においても、ブラントの演説には大きな注目は向けられず、部下の報道局長の演説とはまったく対照的であった。

ところで、そのあと大きなセンセーションをひき起こしたバールの「議論に資するための講演」では、何が問題になっていたのだろうか。このトゥッツィング演説でかれは、「接近による変化」という構想を初めておおやけに口にした。詳述のなかでバールも、ケネディーが宣言したばかりの「平和の戦略」を引き合いに出している。アメリカ大統領が一九六三年六月一〇日、ワシントンの「アメリカン・ユニバーシティー」で行なった平和講演のなかに、こう述べているくだりがあった。アメリカは「パクス・アメリカーナ」（アメリカの支配による平和）をめざそうとはしないし、核の時代にあって全面戦争などナンセンスである。それだから、ソビエトに対する態度や冷戦それ自体に対する態度も再検討しようと思っている。さらに「アメリカとその同盟国、ソビエトとその同盟国、両者とも、真の公正な平和と軍拡競争のストップに関しては共通の深い関心をもっている。こうした目標をめざす協定は、ソビエトの関心であり、わが国の関心でもある。ひどく敵対する国々においてさえ、自分たちの利益にかなえばそうした条約上の義務は受け入れられ守られるものと、当てにしてよいだろう」。さらにケネディーは、「我われは粘り強く平和を求めねばならない。共産主義のブロック内で建設的な変化が、今日ではまだ到達不可能と思えるほどの射程の解決策の出来もありうることを期待しながら。我われは真の平和に同意することが、共産主義者たち自身の利害にも結局はかなうよう、我われの政策を進めなければならない」［アメリカ大統領ケネディーの、ワシントンのアメリカン・ユニバーシティーにおける演説。『ドイツ政策のドキュメント集』、第九巻第四冊、三八五頁］。

こうしたケネディーの考えをバールは、トゥッツィング演説でも取り上げ、その考えをドイツの状況にも当てはめようとする。ちなみにワシントンにおけるケネディーの平和演説とトゥッツィングにおけるバール演説の間には、ベルリン、ブラント、バールにとって一つの重要な出来事があった。つまり一九六三年六月末にあって語り種にもなっているケネディーのベルリン訪問である。

バールはトゥッツィングで、のちに東方政策の本質といわれるようになるパラドックスを初めて口にした。つまり「現状をさしあたり変更しないことによって現状を克服する」、というのである。バールにとってはっきりしていたのは、「向こうの政体の直接的な打倒を狙うどんな政策にも展望がない」ことだった。かれのトゥッツィング演説の主要テーゼの一つは、ドイツ問題は東西抗争の一部であり、したがって超大国との関わりのなかでしか解決しえない、という認識・確認であった。エーゴン・バールは、「ドイツ問題」の解決の鍵はモスクワにあるとみていた。「再統一の諸前提は、ソビエトを相手にせずにはつくりだせない。諸前提がえられるのは、東ベルリンでもなければ、ソビエトに逆らってでもないし、ソビエトを抜きにしてでもない」。「再統一は、外交的な問題である」。「接近による変化」——その裏にはバールにとって「小さな一歩の政策」という哲学も潜んでいた。「平和の戦略をドイツに当てはめたときにえられる最初の帰結は、オール・オワ・ナッシングの政策との決別である。……今日明白なのは、再統一が、ある歴史的な決定によって、歴史的な日の歴史的な会議で実現するような一回的な事業ではなくて、多くの手だてと多くの段階を踏むプロセスである、ということだ」。壁の構築と、とくにまたペーター・フェヒターの死はベルリン市政府のスポークスマンに対して、状況の緩和は「向こう側の政体」を相手にしてのみしかありえない、という結論をもたらした。「こうした結論は、ものすごく不愉快であるし、我われの感情に逆らうものであるが、しかしこの結論が論理的なのである。この帰結が意味するのは、変化や変更は、目下あちらを支配する厭わしい政体に発する場合にのみ達成可能となる」、ということだった。バールは、トゥッツィング演説で多くの事例をあげて、自分の見解では西側連合国も西ドイツも、「ＤＤＲ」という国を、正式な承認はしないが、すでに現実として考慮に入れることを、指摘しようとした。そしてバールが引きだした帰結はこうであった。「法律上の承認のない、この強制的政体の正当性の裏づけのない状態のもと、我われのもとでも非常に多くのことが定着しているので、こうした状態を場合によれば我われにプラスになるような意味で利用することもできるのではないか」、というのだった。

　バールは演説のなかで、通商を通してドイツの別な部分にいる人たちの生活状況を改善できるかもしれないし、それで政治的な状況の改善達成もできることを述べている。「物質的な改善は〝ツォーネ〟において緊張緩和の効果をもつに違いない。……そうなると我われの同胞たちの不満をいくぶん低下させることになるのではないかと懸念する人がいるかもしれないが、しかしそうした状態こそ、望むところである。というのもそれこそ、次のような点にとってのさらなる前提であるからだ。つまり再統一へのプロセスにおいて、コントロール不能な展開になりかねず、したがって必然的に暗転につながる要因がなくなるであろうから」。

　ＳＰＤの政治家（バール）は、トゥッツィング演説で、安定性を脅かす展開にならないよう警告した。「私にはホメオパシー的な治療薬（少量の劇物を与えて徐々に体質を変える効果を狙う治療法のこと）の服用で、人びとの状況改善をはかるという細い道しかみえてこないのである。その服用量なら、革命的な劇的変化の危険、ソビエトの利害に触れて必然的にソ連の介入を招くような危険が生じないといった程度のものである」。

バールが自分の分析から引きだした最終結論はこうであった。壁の建設がじつのところ不安の表れ、共産主義的な自己保存本能の印であるとするなら、考慮しなければならないのは、「そうしたまったく当然の不安を政体から徐々に取り除いてやる可能性があるかどうか、境界や壁を緩めても、リスクが耐えられるものなら、そうした緩和ができるほど不安を取り除いてやれる可能性があるかどうかというのである。これは、公式めいた表現をするなら〝接近による変化〟という政策である。わたしには次の点に関して強い確信がある。つまり、我われはじゅうぶんな自信をもってそうした政策を――くわえて平和の戦略という西側の構想にも完全にそうものだが――幻想なしに追求してよい。というのもそうでもしないと、我われは奇跡を待つしかないし、奇跡を待つなんて政策とはいえないからだ」〔エーゴン・バール『ドイツのための安全保障とドイツに対する安全保障』、一六頁以降〕。

「接近による変化」というこの構想は、当時の政治の場において大きなセンセーションを巻き起こした。バールは東西双方において批判された。当時のDDRの外務大臣オットー・ヴィンツァー（一九〇二―一九七五）は、そのやり方を「フェルトのスリッパを履いた侵略攻勢（Aggression auf Filzlatschen）」（やる気のない人間流の侵略攻勢）だとみてとったし、ベルリン副市長のフランツ・アムレーン（CDU）（一九一二―一九八一）は、こう言った。バールの演説には、ベルリン政策の新たな方向の要素がもはや看過しえないほどの軟弱化傾向をもって含まれており、その軟弱化傾向には、はなから断固として反対しなければならない、と。ジャーナリストのマティアス・ヴァルデンは、バールに対する保守派の反対の立場をこう口にした。コミュニズムに対する戦いには、勝利か敗北しかありえない。「慣れることのできないものに対して慣れる」のを助長してはならない、と。

一方SPD内においても、この構想は激しい論議となった。たとえばヘルベルト・ヴェーナー（一九〇六―一九九〇）は、このテーゼを「Ba(h)er Unsinn」（「まったくのナンセンス」と「バールのナンセンス」とをかけて言った言葉）であり、「たわごと」だと言った。SPD内にも次のような点に懸念をもつ人がたくさんいた。懸念は――一九六〇年になってようやくヴェーナーの連邦議会における語り種となっている演説でもってアデナウアーの外交政策の基本に同調した――SPDが、バール構想によって、そうした立場からふたたび離れ、国内政治のうえで攻撃に晒されることになるのではないか、というものであった。CDUはじっさいまさにこの点を突いてきて、かれらの機関紙でこう言っていた。「ヘルベルト・ヴェーナーが明言した新たな路線が今なお有効なのか、それとも今では、一九六〇年以前のSPDの古い外交路線が支配的な意見とふたたびなっているのか、と問うのは当然であろう」［ヴェーナーの演説は、「共通の政策への賛同」といって、一九六〇年六月三〇日、パリの首脳会談の頓挫後に西ドイツ議会で行なわれたもの］。

それゆえSPDは、バールから距離をとろうといろんなことを行なった。ベルリンの社会民主党は、市政府報道局長（バール）の論議を呼んでいる発言を党内における独自の意見形成に寄与するものの一つだといい、かれの発言は、SPDを代表したものでもないしほかの党員のだれかを代表したものでもなく、たんにかれ個人の見解を表明したものにすぎない、と言っていた。SPDの新聞『ベルリンの声』ではよそよそしくこう言われていた。「一市民エーゴン・バールの考えを歓迎してもかまわないし、それを拒否してもかまわない――ただ一つだけできないのは、考えるのを禁ずることである！　考えてもよいという権利は市民エーゴン・バールでももっているし、ベルリン市の報道・情報局長としてのかれの資格においてももっている。かれは誤謬する権利すらもっているのだ」［カール－ハインツ・ローテ「いつから考えることが禁じられている?」、『ベルリンの声』第三〇号、六三年七月二七日］。

こうした批判状況にあってエーゴン・バールとヴィリー・ブラントとの間の見事な「役割分担」が効果を発揮する。この点をバールは、一九九一年出版の著書『ドイツのための安全保障とドイツに対する安全保障』のなかでこう述べている。「もしヴィリー・ブラントが、わたしを守ってくれなかったら、自党内の有力者たちからの批判に抗して守ってくれなかったら、この本のなかのこのあとの論文は生まれなかったであろうに」。――エーゴン・バールの政治的な経歴は、ただちに終わりを迎えていただろう、というのである。つまり、バールの演説に関する反応も、ブラント／バールの二人三脚の振る舞いも、当時の実践的な対処方法について、またヴィリー・ブラントの性格についていくつかのことを物語っている。

一つには「観測気球」という戦術である。緊密な協力者たちが自分の考えを講演やインタビューでおおやけにする。そして必要となると、ヴィリー・ブラントがかれらをかばうように登場する。もっとも、ブラントの慎重でためらいがちの性分もあって、いくつかの点で自分との違いを出すこともあった。たとえばブラントはバールの講演についてこう言っていた。「エーゴン・バールのトゥッツィングでの議論提供の講演は、いくぶんかのセンセーションを巻き起こした。わたしには、敵対者たちの言いがかりをまともに相手にするつもりはない。講演の内容全体を読んで、ことを理性的に判断してくれないと困る。論議のためにこうした考えが出されることは、わたしも了解していた。考えはまともな枠に納めたうえで、ヒステリーや自負心欠如によって、抑え込まれることのないようにしてほしいものだ」。しかしベルリン市議会においてはブラントも、自分も事前に話し合っていた講演を「私的な性格の議論に寄与しようとする」のものだといい、それには、「補足的・秩序づけ的・追加的に」いうべきことがいくつかあると言っている。そして休暇先からの私信でブラントは、報道局長に親切にこう忠告していた。「前略。エーゴン君、おい、悪戯坊主、さっぱり何も言ってこないじゃないか。トゥッツィング論争については、我われももっと話さねばならないね。君の講演を広報誌によって知ってもらおうとするのか、そんなこともまた無意味と思っているのか、わたしにはわからんよ。我われは薄のろたちを相手にしなければならないが、そんなのは、我われが願った大々的な論議のポイントでないという点では、我われは意見が一致しているものと思っている」〔ブラントのバール宛ての手紙、六三年八月一日付け〕。

しかし、「接近による変化」は、議論の要点になったし、よく口にされる概念となり、バールのドイツ政策・東方政策のほとんど信条となり、社会民主党の緊張緩和政策全体の信条となった。当初各政党や新聞報道関係において賛成意見はほとんどなかった。それにもかかわらず、そうした信条となったのである。数少ない肯定的な反応の一つは、自由民主党員のカール＝ヘルマン・フラッハ（一九二九—一九七三）のもので、かれは『フランクフルター・ルントシァウ』紙において「ドイツの無能の証拠」という題で、バール演説に対する否定的な反応を嘆いていた。「我われがドイツ問題で数十年にもわたって後ろ向きの行進をしたあと、精神的不毛の時代のなかで一人の男が講演をして、前向きの小さな一歩のための手がかりを提示してみせた。……政治的な辺境からの一声だけでも、そうした思い切った考えから距離をとろうと大騒ぎするのにじゅうぶんである。わが西ドイツは、緊張緩和を悪魔のように恐れねばならない冷戦の産物でしかないのだろうか」［カール＝ヘルマン・フラッハ「ドイツの貧困の証し」、『フランクフルター・ルントシャウ』紙、六三年七月二七日］。

　しかし自党の仲間たちの間でも留保はいろいろあったにもかかわらずバールの構想は、SPD内で認められるようになっていった。ところでこの構想の成功と、この概念にほぼ三〇年間も付きまとった矛盾にみちた魅力の原因はどこにあったのだろうか。その一つとして真っ先にあげるべきは、概念そのもののアンビヴァレントで多面的な性格である。だれが、また何が近づいて、だれが、また何が変わるというのだろうか。講演そのものでバールがはっきり言っていたのは、DDR――この表現は使われていなかったが――が変わる、いやそもそも変わりうるためには、国家同士は近づく必要がある、ということだった。「ツォーネはソビエトの同意のもとに変わるに違いない。我われがそこまでことを運んだら、再統一に向けて大きな一歩を進めたことになるだろう」。この点（再統一への一歩）こそ、DDRの反発を呼んだものだった。バール自身が言っている。「わたしは〝フェルトのスリッパを履いた侵略攻勢〟という拒否反応に驚いた。それで、わたしは気づいた。達成しようと思うものを、当然のごとくおおやけの場面ではっきり口にしてはいけないのだな、と。そこでそれ以降おおやけの場面ではそうしないことにした」。それゆえその後は「接近による変化」とは、以下のように、つまり国家間の関係が変化するためには、国家同士近づく必要がある、と解釈されるようになった。したがって「接近による変化」というのは端緒としては、アンビヴァレントで、パラドックスな性格のもの、いやのちの東方政策の弁証法といったものであった。

　「接近による変化」という言い方が三〇年も持続するようになった二つ目の要因は、この考えが一九六三年、それまでのタブーを破ってテーマを概念ではっきり捉えられるように据えたことにあった。社会のなかでタブーがもっている意義、タブーを破る際に要する慎重さをバールは一九六五年一一月五日のメモでじつに的確に言っているように、わたしには思える。「タブーに触れることができるのはただ、その点に体制順応的でない勇気ある挑戦をみるだけでなく、また社会がタブーによって真実のあまりにもギラギラした光から守られていることをじゅうぶん配慮するような人だけである。目標のなかに情熱があり、目標への道には、冷静さが必要である」。

総括的にいうと、「接近による変化」というのはその当初は、再統一構想として考えられた。バールはのちにこう言っている。「接近による変化というのは、当時のわたしには、おそらく時間的には一定の期間の中間段階を経て国の統一にいたる唯一の可能性のように思えた」、と。「接近による変化」は、一つのモデルであった。もしくは西ドイツの東方政策ののちの新方針のモデルとなった。そして「接近による変化」が、ケネディーの「平和の戦略」内でのアメリカの緊張緩和努力に対する西ドイツの答えを意味することになったのである。

第2節　東方政策新方針の実際的な現実化

しかしながら「接近による変化」は、たんなる理論的な構想以上のものであった。すでにバールのトゥッツィング講演の数カ月後には、その思考モデルの最初の実際的な利用が試みられる。すなわち「ベルリン通行証協定」といわれるものとなって利用されたのである。

トゥッツィングにおけるバールの論述で目新しい点は、「ドイツにおける二つの国の存在の法的なあり方は二の次」だとして、分断されたドイツにおける人びとの状況の改善に焦点を絞ったことにあった。

具体的にベルリン市議会にとって重要であったのは、

(1)　西ベルリン市民が東ベルリンやＤＤＲを訪問する可能性の改善。

(2) ＤＤＲを訪問しやすくするために、両ドイツ国家の間で相互決済できる旅行小切手の口座を設けること。
(3) 情報と刊行物の交換をはかること。
(4) 鉄道の接続の改善。
(5) ドイツ間の商取り引きの拡大。

などであった。

壁の建設以来シェーネベルクの（西ベルリン）市庁舎で浸透した認識は、分断された都市の人びとの具体的な日常の事柄について決めるには、東ベルリンの権力保持者たちと話し合う必要がある、というものだった。一九六一年八月一三日以前には、まだ半分は支障もなく残っていた生活、つまり東から西への自由な通行路があったものだから、東側と交渉する必要はないという立場でいられた。それに対して、分断の壁による固定化のあとでは――少なくとも壁を少しでも通過しやすいものにしようと思うなら――そうした姿勢は維持しがたくなっていた。バールはＤＤＲの権力者たちとの直接交渉の必要性を次のように述べている。「当時我われはとくと考えたものだ。どこで通行証をもらったらいい？　西ドイツ政府でもだめだし、アメリカ軍もだめ、ロシア軍でもだめだ――わたしは当時アデナウアーの考えを当て擦って、残念ながら中国ですらだめだ、と言ったものだ。東ベルリンの市当局の赤い市庁舎でもだめで、ＤＤＲの政府からもらうしかない！　だから我われはＤＤＲ政府相手の交渉に備える気になる必要がある」［ペーター・コッホ『ヴィリー・ブラント。政治的な伝記』、ベルリン／フランクフルトａ．Ｍ．、一九八八年、二五二頁］。

もっとも、ベルリンでは東との接触という件のより柔軟な対応については、一九六三年一二月の最初の通行証協定よりかなり前から考慮されていて、その端緒はすでに実行に移されていた。たとえばディートリヒ・シュパンゲンベルク（当時ベルリン市当局の官房長）は、とりわけヘルマン・フォン・ベルク（一九三三年生まれ。シュトーフＤＤＲ首相の側近の一人で、ベルリン大学の経済学の教授をしていた）と接触していた。二人はベルリン大学で一緒に学生時代を過ごした間柄で、必要とあればその関係を非公式の交流に利用することもできた。

もっと大事だと思われたのは、ソビエト当局との接触である。すでに一九五九年ブラントとフルシチョフとの会談が計画されていたが、頓挫する。一九六三年一月ふたたびチャンスがやってくる。SED党大会の折ベルリンに滞在中のフルシチョフは、思いがけない形で、ブラントを東ベルリンに招待する。あるかもしれない会談の実現とその手順について秘密交渉を進めていたのが、ブラントの報道局長エーゴン・バールであった。ソビエト当局とベルリン市当局との非公式の接触はすでに一九六〇年や六一年にたしかにあったろう（もしかするともっと早くからあったのかもしれない）。エーゴン・バールの接触の相手は、その当時ではさまざまなソビエトの報道関係者（そのなかにはタス通信員のイワーノフがいた）もしくはソビエト大使館参事のスラーヴィンであり、この後者とバールは六一年の六月一四日と一二月二二日に会っている。一二月に会ったとき定期的な会談が視野に入れられていた。バールがブラントへのメモのなかで書いている。「スラーヴィン本人が一月のなかば数カ月の予定でモスクワに行くことになっています。かれはおそらく一月の初めにもう一度わたしに会いたいと言ってくるか、あるいはわたしにもう一人の人物を引き合わせようとするでしょう。わたしが興味をもっている件のためにね。いちど何か重要なことを伝えたがっているのかもしれません」。

一九六二年の四月、バールはヴィクトル・ベレツキーと知り合う。バールのメモによると、「ヴィクトル・ニコライヴィッチ・ベレツキー氏はベルリンのソビエト大使館の次席書記官であり――事前の知らせもなく現れて――市当局と市議会に関する件の担当官だと名乗った」、という（このベレツキーなる人物については、最新の研究書でも、このバールのメモ記述以外、何も突きとめられていない）。

一九六三年一月、定期的な会談の接触がソビエト側から提起された。外国人ジャーナリストたちの集まりでフォイヤーツァンゲンボール（赤ワイン、ラム酒、果実酒などから造った暖かい飲み物、特殊な飲み方をする）を飲みながらベレツキーとの間に、バールのメモによると、次のようなことがあった。「ベレツキーは、実際問題の解明および意見交換のための非公式の接触、政治の次元とはしない接触の可能性はないだろうか、と聞いた。……二つの質問に対してわたしは、あいまいな返事しかしなかった。なんの約束もしなかった」。

そうした定期的な会談の形の接触のとり方について、ブラントは肯定的な決断をしていたので、一九六三年二月以降そうした非公式の接触が継続してもたれることになった。もっとも接触はその最初の効用テストですでに合格していた。西ベルリンのさまざまなレストランで行なわれたいくつかの秘密会談で、バールとソビエト側の相手役ベレッキーは、ブラント／フルシチョフ会談の計画を細部にいたるまで練りあげた。それなのに会談は、最後の瞬間になってまたしても頓挫する。今回も西ドイツＣＤＵの抵抗にあって潰される。ＳＰＤの連立パートナーたちは、副市長のフランツ・アムレーンの口から臨時市議会の席上、もしブラント市長がフルシチョフとの会談に臨むなら、都市州政府は潰れることになろう、と言わせたのである。

ブラントは、最後の瞬間になって会談を断ったが、しかし数週間後に自分の方から（ＣＤＵとの）連立を解消して、ソビエト書記長との頓挫した会談をひっさげて選挙戦に臨んだ。ブラントはアムレーンとベルリンＣＤＵの対応を「ゆすり」だと非難した。ベルリンＳＰＤは、一九六三年の二月一七日の市議会選挙にたんに勝っただけでない。このテーマによって投票の六一・五％を獲得する輝かしい勝利を収めたのである。

こうした出来事から、エーゴン・バールとかれのドイツ問題構想にとって、どうやら基本的らしい二つの認識が生まれてくる。一つは、積極的な東方政策の試み、もしくはこの場合東側との対話で前進を遂げようとする試みが、選挙民から正当に評価されたことであり、この点がベルリン市政府とその報道局長を勇気づけて、東方政策の新方針という考えをより積極的に主張するようにさせたこと。もう一つはソビエト当局との非公式な接触の有効性を知ったことである。六〇年代全体を通してバールがソビエト側の情報提供者ベレッキーとの間でもちつづけた秘密の接触は――それは当時、万が一世論にもれたら大騒ぎになったであろう――ブラント周囲の人たちに、自分たちの東方政策に対するありうる反応をいわば一種の「隠れた予備走行」でテストするというチャンスを提供してくれたのだった〔そうした接触が一九六八年『バイエルン・クリール』紙によって表沙汰になったとき、ボンの大連立の危機を招いた〕。

「通行証協定」でもって「接近による変化」構想の実現をはかるというのは、壁の構築から引きだしたバールの実践的帰結であった。「壁を力ずくで取りのけることはできないので、人びとのために少なくとも壁を通過しやすいものにしなければならない」。これが「大きな言葉」の政策に代わる「小さな一歩」の政策であった。ブラントは、この点を『回想録』のなかで次のように言っている。「わたしの意見は過去も現在もこうである。――どんな原理のものであれ――人びとの生活をより容易にしようとしない政策など、どうでもよい。選択が避けられない場合には、人びとの幸せを優先しなければならない。というのも、分断された地区の人びとにとって良いものは、国民全体にとっても良いからである」［ヴィリー・ブラント『回想録』、六四頁］。

もっともこうした政策により、ベルリン市長周囲のSPDのうち緊張緩和に賛成派の部分は、二重の危険と依存関係のなかにあった。というのも、「接近による変化」のこうした実際的な現実化は、一方で西ドイツ政府と西側連合国の同意、他方でDDRとソビエトの歩み寄りがあって初めて達成できるものだったからである。こうして通行証をめぐる交渉の間にすでに、すべての側に受け入れられるという狭い道、のちに東方政策の成果をあげる前提となる細い道をたどっていたのである。ドイツ政策の件でベルリンから積極的に打ってでようとする場合、キリスト教同盟の率いる連邦政府の面目を潰そうとしているのでは、との印象はとにかく避けねばならなかった。それゆえベルリンでは、決してドイツ政策の「新方針」とは言わないように極力努めて、政策の継続性の要素を強調していたし、バールは、この点で控えた態度をとるよう促していた。たとえばかれは、ドイツ政策成功の基本的条件について一九六四年一月二二日、連邦議会副議長でFDP（自由民主党）のトーマス・ディーラー（一八九七―一九六七）――バールが誠実で率直な、統一のための戦士と思っていた人――に宛てた書簡で、演説の情熱がほとばしりすぎて、目標を飛び越え、不必要な攻撃を誘発する面を出してしまうことがある、と批判している。「わたしは昨年の夏以来、どんなにかんたんに異端者扱いされるかの経験をつんでまいりました。わたしが思うに、ぜったい必要なら、それでも何かいうのをだれにも止めさせてはなりません。しかしその発言でことを不必要により困難にするようなことが時々あります。わたしは通行証協定によって正しい道を一歩進めたと確信しています。しかし主だった人たちが、それが〝新政策〟だといわれると、一緒に先に進もうとしないこともまた恐れています。肝心なのは今まで通りに先に進むことです。貴殿の気質と情熱は、知られていないわけではありません。貴殿がいわれた言葉はどれも正しいと私は思っています。しかしモルトケ将軍（一八〇〇―一八九一）の言葉を借りていうなら、〝口にすることはすべて真実でなければならないにしても、真実であることをすべて口にする必要はありません（Alles, was man sagt, muß wahr sein, man muß aber nicht alles sagen, was wahr ist）〟」［バールのトーマス・ディーラー宛ての手紙、六四年一月二二日付け］。

それゆえベルリン政策・ドイツ政策のどんな実践的展開も、連邦政府の政策、政府が適用しようとしている「ハルシュタイン・ドクトリン」と整合性をもつように努めねばならなかった（五五年一二月、西ドイツの外交官たちの会合のなかで整理・決定されたもので、DDRと関わりをもとうとする第三国に対して、関係の程度（国の承認とか、大使・領事の交換、たんなる通商関係など）に応じて西ドイツがさまざまなペナルティーを課そうとするもの。各国駐在のドイツ大使館に同文通達の形で発したときの外務次官ヴァルター・ハルシュタイン（一九〇一―一九八二）の名をとって、これを「ハルシュタイン・ドクトリン」という）。しかし、こうした危うい綱渡り的なやり方の他面には、もっと大きな問題があった。西側のどんな小さな一歩も、当然ながら東側の小さな一歩を条件としたのであり、歩み寄りは、相互性の基盤にたってのみえられるものであった。「DDR」という名称だけでも、すでにベルリン市行政府を大きな問題の前にたたせるものだった。というのも、「DDR」というと、承認したと受けとられかねないから、そう口にしてはいけなかったし、かといって当時西ドイツでよく使われていたように「ツォーネ」というと東側では、差別的呼称だとしてDDRには受け入れがたいものだったろう。エーゴン・バールは、この問題についてこう言っている。「白状しますと、わたしはこの件をどう扱ってよいか、わからなかった。しかし連日の報道関係者の集まりで、このありえない事柄になんらかの呼び方をするよう迫られたのである。しばらく考えたあと〝別な側・あちら側〟という言い方を思いついた。これなら批判の余地はなかったし、それでいて何を指しているかはっきりしていた。つまり〝別な側〟という言い方が使われるようになって、たちまち定着し、効果をあげるようになった」［カールステン・シュレーダー『エーゴン・バール』、ラーシュタット、一九八八年、一二〇頁］。

この事例は、どんなに危うい綱渡りをしなければならないかを、はっきり示している。DDRにとって大事なのは、自分たちの国家としての存在のできるだけ広範な承認であった。西ドイツ側にとって大事なのは逆で、そうした承認をできるだけ多く阻止することであり、しかも人的状況の改善交渉をぶち壊すことなく、承認の阻止をすることであった。

通行証をめぐる最初の交渉は、一九六三年の一二月に行なわれた。その種の会談をする用意がDDRにあることは、非公式のルートを通してベルリン市長に伝えられていた。市政府側では市議会議員のホルスト・コルバー（一九二七―一九八一）、DDR側では国務次官のエーリヒ・ベント（一九〇二―一九六五）により交渉が行なわれた。ブラントが交渉代表コルバーの困難な任務について書いている。「交渉人は、取り扱いのルール設定が国家間の協定の性格をもたないよう最大限の注意を払わねばならなかった。もしそうなったら、第一に連邦との結びつきに関する我われの利害が損なわれることになったろうし、二つ目にはぜったい必要な連邦政府のゴーサインがでなかったろう」。

つまり、市政府の交渉委員が、西側連合国と西ドイツ政府の合意のもとに行なったDDR当局とのそうした接触の問題点は、シェーネベルク市庁舎（西ベルリン市政府）の人たちには当初からわかっていた。そこで最初の通行証協定は、危険となりそうな点（ベルリンの連邦からの孤立、独立した政治単位としての自己認識、DDRの正式な承認）をできるだけ避けようとした。署名の面倒な書式や取り決めのあっさりとした形式があきらかに示していたのは、交渉人たちが協議に当たって外交官としての仕事をするのでなく、普通の行政官が普通の業務の仕方にそって東ベルリンへ通行可能な技術的方法の形式をみいだそうと努めたことだった。エーゴン・バールの報道・情報局は、一九六三年一二月一七日、通行証の取り扱い規定の締結に当たって公式の発表を行ない、こう伝えている。「連邦政府とベルリン市当局は、クリスマスの時期に西ベルリン市民の東ベルリンへの親族訪問が可能となるように、この間ベルリンで行なわれていた会談の結果がえられたことを伝えるものである。連邦政府とベルリン市当局はこの結果を歓迎するし、次の点で合意している。つまり、この取り決めによってベルリンの法的地位に変更はなく、この取り決めでもってツォーネ政体に対する非承認という従来の政策にも同じくなんの変更もない点である。残念ながらこの取り扱い規定は期間に制限のあるものだが、この取り決めは――この点に関してはベルリンの法的地位について責任あるすべての関係当局も同意している——もっぱら人道的な要請に資するものである」。

それにもかかわらず、そうした声明や類似の声明は、DDRがこうした取り決めから承認の片々を引きだすのを阻むことはできなかった。DDRのある種の承認はやむをえないという認識、とにかくこうした運びとなるプロセスから、人的状況の改善の形で少なくとも政治的な利益をうるのが大事だとする認識、そうした認識をエーゴン・バールは、すでに一九六二年の夏ブラントへの私信でこう表現していた。「わたしが思うに、ここ数カ月の間、ツォーネの事実上の承認がなおいくらか価値があるようになりました。そんな歳月もすぐに過ぎ去るでしょうがね」。

一九六三年一二月の通行証協定は、いわばバール構想の最初の現実化であった。とはいっても——ブラントが確認しているように——乏しい成果でしかなかった。「訪問の許可はクリスマスから新年の祝日にしかえられず、西ベルリン市民が町の別な部分にいる親類を訪ねることしか許されず、ベルリンの東側地区だけであって、ベルリン周辺の近隣地区には当てはまらないのだ」［ヴィリー・ブラント『回想録』、八一頁］。

それにもかかわらず、この最初の通行証協定の結果はセンセーションであった。DDRはおよそ三万件の訪問申請を見込んでいたが、その祝日期間全体で一二〇万人の訪問者があり、七九万人の西ベルリン人がこの新たに生じた訪問可能性を利用したし、複数回利用した人もたくさんいた。

エーゴン・バールは一九七三年になってからのインタビューで、当時かれを感動させた感情をこう述べている。「わたしがしばらくぶりに初めて、ちょうど一九六三／六四年のクリスマスと新年の折、車で東ベルリンに行き、そこで多くの西ベルリンの車をみたときの、感謝と満足の深い気持ちのことは今でも覚えています。事柄に手を付けられたのです。政治的に何かをしたのですし、それが目にみえる形でできたのです。それは一つの成功体験でした」［ディトマール・クラーマー『エーゴン・バールに聞く』、ボルンハイム、一九七五年、四〇頁］。

この「成功体験」からエーゴン・バールのドイツ構想にとっていくつかの重要な認識が結果した。もっとも重要な認識は、DDRと交渉することに意味があり、生産的な結果をもたらす可能性があるということだった。合意には、ハインリヒ・アルベルツが「救済打開の付帯条項」と呼んだものを経てどうにかたどりつくことができた。つまり「通行証協定」の議定書では、この外交の「意見の異なることに対する同意」という打開の道として、次のようにいわれていた。「双方は、共通の場所の表記、当局や役職の表記については一致点をみいだせなかった」、と。

バールの「接近による変化」構想のこうした最初の運用実践の経験を通して、ベルリンでは、積極的な東方政策や緊張緩和政策が必要だという認識が引きだされた。しかし同時にその後の年月の通行証交渉の経過を通して、ベルリンからドイツ政策に影響を与える可能性には限界がある、という結論にもなった。一九六五年一〇月二〇日の、ある私信でブラントはこう総括している。「ベルリンが実践的な政策でもっている可能性を、わたしは過去二年間大きな忍耐と粘り強さを傾注しながら試してきましたが、その可能性はわずかなものでした。その可能性はせいぜい（小さいという）形容詞のごく本当の意味での小さな歩みにしかならないものです。しかしこれは、一緒に考えるよう強いる議論にとって、同じような制約となるものではありません」［ブラントが牧師のマンフレート・カルネツキー博士に宛てた手紙、六五年一〇月二〇日付け］。

エーゴン・バールにとって、かれの構想の実現演習は、また「ドイツの一体性」というテーマに関するかれの考えの前進でもあった。つまり、

(1) 小さな一歩の政策はつづける必要がある。そうした政策は、実際的な取り扱い規定が「ツォーネ国家」の政治的な、あるいは法律的な承認なしにできることを実証した。

(2) この政策によりベルリンは、ドイツの一体性を求める闘いにより強い立場にたって参加できる。

(a) 小さな一歩はそのまま再統一につながるものではない。

(b) 小さな一歩は、人間的なつながりを強めて、それで再統一の前提の一つを強化する。

(c) こうして小さな一歩は、全体的戦略の演習の一部として、再統一のためになる。［六五年一一月一二日、「小さな一歩という政策について」としてバールがしたためたベルリン市長ヴィリー・ブラントのためのメモ］。

第3節 緊張緩和と再統一

「接近による変化」が、ベルリンの報道・情報局長時代のエーゴン・バールのドイツ政策講演の唯一のものではなかった。たとえばかれは一九六四年の六月一日、ハンブルク大学で「緊張緩和と再統一」という綱領的なタイトルの講演を行なっている。

バールはこのミニ講演のなかで、(米ソ間の) 核の手詰まり状態とそれと結びついた戦争の危険ということから、積極的な緊張緩和政策という帰結を引きださねばならないと説いている。力を絶対視する政策は少なくとも部分的には破綻してしまっている、という。西側への組み込みと再武装がある種自動的に再統一をもたらすだろうという期待は、実を結ばなかった。残されているのは、西側が威嚇と安全保障という目的達成のために、その力を維持しつづけなければならない、という事実である。ドイツ政策も併せ含めた「力の政策」の別な目標も頓挫してしまったのだ。「(力の) 優越によってより大きな政治的要求を貫徹しようという第二の目標は、もはやありえない。このことは同時に、ツォーネの併合という形で再統一をいう一切の考えの終わりでもある。併合というそうした行為が優越した力の結果としていつかじっさいに起こるかどうかについての論争は、無意味である。今後当分そうした構想は、問題にならないであろう」。このようにバールは、「大きな幻想のあと」壁の構築そのものによって「マグネット理論」が最終的に頓挫した、という帰結を引きだした。その点は明らかだった。ハンブルク演説でバールはこう述べている。「ドイツ問題の解決という希望がまだ考えられるとすれば、緊張緩和の展開によってのみである」、と。

バールはこのハンブルク講演でも、前のトゥッツィング演説と同様、アメリカの政策を自分の見解の重要な証人として、引き合いに出している。バールはなんどもアメリカ大統領のケネディーとジョンソンの名を出して、自分の立場の根拠づけをしようとする。アメリカの立場とのこうした関連づけは、バールのドイツ政策構想にとって意味深長なものであったし、それは、ケネディーに対する率直な称賛とならんで、次のような認識に発していたのも確かであったろう。つまり、ドイツの東方政策の成果は、西側連合国の後ろ楯、とりわけアメリカの支援を確実にしている場合にのみ達成できるものだ、という認識である。しかしバールがアメリカを引き合いに出すもっとも重要な点は、安全保障問題にあった。目立っていたのは、この時期バールがくりかえしアメリカによる安全保障の意義を、どんなにか強調していたことである。

こうしたきっぱりとした態度の源は、ソビエトに対する深い不信の念と、戦争終結以来バールがベルリンでソビエトの威嚇によって積み重ねた経験にあった。かれは「ロシアの危険」の評価について一九六二年九月一九日、パウル・ティリヒ（一八八六―一九六五）宛ての書簡でこう書いている。「ソビエトは大きなリスクなしに、獲得可能なものをどれほどたくさん手に入れたことか、とわたしは思っています。……それが当たっているなら、完全にこういう意味になります。もし西側が核による世界の自己殲滅など馬鹿げているからと拒否するなら、おそらくどんな場合でも最高度のエスカレーションになるだろう核による報復攻撃もあってはなりません。……核兵器を使用しないつもりという西側の声明があったとしたら、それはソビエトにとって美味しい話となるでしょう。使うといいながら、核兵器は使用しないという密かな意図は、使うといった断言を信じなくてよいものにするでしょう。つまりわたしのえた結論はこうです。自己殲滅も厭わないという気構えだけが、自己殲滅を阻むことができるのです。このテーゼのヨーロッパへの適用こそたぶん、今日ソビエトの前進をくい止められる唯一のものでしょう。エスカレーションの第一段階に踏み込むという気構えだけが、通常兵器の劣勢を補うものなのです。なんのためにせよ、世界を破壊するのは無責任でナンセンスだという立場にたつ場合、もっと頑丈な神経をもって破壊するといって脅す者が世界を手にすることになるでしょう。私たちはこうした問題に完全な理性をもってしては対応できないのではないか、とわたしは危惧しております。壁の向こう側にとどまるくらいなら、死んだ方がましだと、心に決めているような人は、理性的な振る舞いではありません。我われに壁を追い払う力がもはやないのなら、我われは負けたのだし、負けることになるでしょう」。

このような状況判断により、バールはドイツ・アメリカ関係をとくべつ重視するようになったのである。この関連でアメリカによる安全保障は、再統一という目標より優先さえされていた。ギーゼラ・シュパンゲンベルク——アメリカ広報活動事務所「ロイ・ブルーメンタール」の職員で、ベルリン市政府官房長（ディートリヒ・シュパンゲンベルク）の夫人——宛てに一九六三年二月五日、バールはこう書いている。「ドゴールとブリュッセル（ヨーロッパ経済共同体）の決定により国際的な情景がすっかり変わるかもしれません。次のような情報があります。フランスがモスクワを相手に、アメリカ軍のヨーロッパからの撤収という条件下でドイツの再統一をはかる協定を取り結ぼうと努めるだろう、という情報です。かつての不干渉主義という観念のこうした新バージョンによりドイツで、どんなに厳しい試練が出来し、まったく逆の戦線が生じるだろうことは、わたしが今さら述べる必要もないでしょう。わたしのみるところそうなると、西ドイツの姿勢がたいへん重要になってくる状況、いやそれよりアメリカの姿勢がもっと重要になる状況が生まれるでしょう。アメリカの政策がそうした展開になっても、キューバ危機の前のベルリン危機の際に表明された立場にとどまるにしてもです。やむをえない場合、我われだけでやることになりましょう。そうすれば、こうした誘惑的な妄想に太刀打ちできるような勢力がドイツでじゅうぶん強力になるでしょう。もしアメリカが拗ねた反応になって、君たちがアメリカを欲しないなら、君たちだけでどう処理するかみていることにしようとなったら、ドゴールとアデナウアーが勝利を喜ぶことになるでしょう。しかしそれもロシア軍がやってくるまでの間でしかありません。中部ヨーロッパにおけるアメリカの積極的関与を、諦めることはできません」。

こうした見解と、エーゴン・バールがその六日後ドイツ・フランス友好条約（エリゼー条約といわれるもので、西ドイツとフランスとの緊密な連携をめざしたもの。六三年一月に締結）についてコメントしたメモとを重ね合わせてみると、バールの評価のアンビヴァレントな点が、また一部矛盾した点がはっきりする。バールは一九六三年二月一一日、ブラント宛ての、この条約に関するメモでこう言っている。「ドイツ・フランス間の友好を深めるものはすべて良いことですし、ドイツ・アメリカの関係を深めるものは、もっとよいことです。我われはこの順序についてはっきりわかっていなければなりません。我われが望むように、そんな選択の前にたたされることがないにしても。ドゴールと連邦首相との共同声明に表されている精神的な基盤の文言のなかでは、一方でフランス国民が条約のパートナーであることははっきりしていますが、他方でドイツ国民の一部だけしか、つまり自由な部分（西ドイツ）だけが条約パートナーであるかどうか、はっきりしていません。その条約パートナーにとっては、フランスへのさかんな傾倒にもかかわらず最高最上の目的は、ドイツ国民全体のための自己決定権であるのは、明確なものであるはずなのにです。この点で、明確な声明が必要でしょう。あとでフランスの友人たちから、我われは本質的な考えを隠していた、初めの瞬間からこの条約には悪意があったと非難されたくなかったとしたらね」。

つまりバールは一方で、ドゴールの東方政策上の努力によって――ドイツの自由を危険に晒すような――再統一がアメリカをヨーロッパ大陸から追いだす形で行なわれかねない危険を強調し、他方では統一の再生に関するドイツの利害が独仏条約のなかでじゅうぶん配慮されていない、と批判している。――これは矛盾であり、その根源は、バールの「アメリカの安全保障」に関する利害と、「ドイツ統一の達成」に対する利害とが現実であきらかにぶつかり合っていることにあった。バールは果たせるかな、ハンブルクでのドイツ政策講演で、この矛盾を解消しようとして、時間的次元をずらし、段階をふんでドイツ問題を解決する手がかりを述べている。

第一の段階となるのは軍事的な緊張緩和である。「平和は統一より重要である。平和に対する利害と安全保障に関する利害関心は二つの超大国とも同じように大きいはずであるから、たんに軍事的なたぐいの緊張緩和の段階にドイツ問題が組み入れられるチャンスはない、と思う」。軍事的緊張緩和の次には、バールの構想では第二の段階として政治的な緊張緩和が来なければならず、この緊張緩和が「対立をやわらげ、諸問題を利害の調整によって解決する」課題を担うことになる。「政治的緊張緩和」が求めるのは、さしあたり、国境について、また鉄のカーテンの向こう側に存在する政体について触れることでなく、問題の解決のためにもろもろの利害の一致点をひろくたぐりよせるよう試みることである。「歴史的なプロセス」のなかで東西関係の変更をめざす必要がある。「再統一の達成は、超人的な技やトリックによってかなうものでなく、ソビエトや東欧諸国に向かって平和的な調整やドイツ国民との友好の点でのかれら自身の利害を信じられるよう、長く粘り強い道のりを経てのみ可能となるのである」。再統一をドイツ人が達成できるのは、ロシア人に逆らってでも、西側に逆らってでもなく、ひたすら全ヨーロッパ的な政治的緊張緩和の枠内においてである。バールは一九六四年ハンブルクで、すでに「接近による変化」というトゥッツィング演説で触れた点を、もっとはっきり強調していた。このプロセスには「ツォーネ」も組み入れる必要がある、と。バールは講演でこう述べている。「東欧諸国に対する政策は、次の点に照準を合わせるようにする。つまり、これらの諸国内である程度の自由化プロセスを促し、かれら独自の利害を支援して、こうしてソビエト占領地区ドイツを孤立化させるか、あるいは似たような路線をとるように強いることである。こうした姿勢は、すべての帰結にわたってではないにしても、ドイツで原則的には受け入れられている。問題は、類似の政策がツォーネに対しても可能であるか、望ましいかである」。この問いにハンブルク講演でバールは、可能だと答えている。二つのドイツ国家の接近は、緊張緩和を促進するだろうし、かといって「ツォーネの人たち」の自由への意欲を決して弱めることにはならない、というのだ。「答えは、満ち足りたお腹は、どんなに満ち足りようとも、自由への意欲を窒息させかねないなどと信ずるほど、我われは小心者になってはいけないのです。こんなことはどんな経験にも反するし、わたしにとっては想定しがたいことです」。バールはこう言って結んだ。「逆にわたしはこう信じているのです。ツォーネへの漸次的な結びつきと変化というお話した道は、再統一までの時間を切り抜ける道であるだけでなく、再統一のためになり準備となる道なのです」、と。

講演は当時のバールのドイツ政策構想の基本線のいくつかをはっきりみえるようにしたものだった。再統一はもはや歴史的行為でなく、歴史的プロセスととらえるものである。併合という解決は頓挫している。統一への道は、軍事的・政治的な緊張緩和、ならびに「ツォーネ」への漸次的な接近をたどらねばならない、という。こうした緊張緩和プロセスの際のＤＤＲの孤立化というのは、分断の固定化に抵抗するという目標の追求と矛盾しているかもしれない、という。そこでバールのハンブルク講演は、かれのトゥッツィングの論述を一歩進めて、東方政策およびドイツ政策の選択肢に関して当時西ドイツの世論で広まった議論にさらなるインパクトを与えることになった。

すでに一九六二年三月、FDP連邦事務局の外交政策・ドイツ政策担当者であるヴォルフガング・ショルヴェーア（一九二二年生まれ）は、「自由民主党のドイツ政策に関する見解」という表題の文書のなかで、再統一は遠い目標だといい、かずかずの中間段階を経てしか達成できないものだと言っていた。それゆえ、直近の目標は、ドイツの二つの部分の再接近だけとなるだろう。時間のかかる、そしてまた骨の折れるこのプロセスは、一方では西側の譲歩、他方ではDDRにおける政治的事情の正常化が前提となる。他の東側ブロック諸国における、程度の差こそあれ、非スターリニズム化の進行のプロセスが、今ではまた「ツォーネ」にも波及し自由化をもたらすに違いない、というのである。

似たような考えをジャーナリストのペーター・ベンダーが一九六四年に出した著書『攻勢的な緊張緩和』のなかで述べている。バールのトゥッツィング講演と同じようにベンダーもこの著書で現状（Status quo）から出発する。この現状は近い将来において克服できるものではないし、現状維持は、「双方の力のバランスを保ちながら、東西間の交渉を唯一有望なものにし、緊張緩和措置をひとえに可能するような前提である」。もっともドイツにおける現状には、DDRの内部的な弱点もはいっている。その意味するところは、東ドイツ国家の自由主義化という意味で現状を変えようとするなら、ボン政府の側において「東ドイツとの関係」の緊張緩和をはかる努力が必要である、というのであった。ベンダーの著書は、挑発的な結論を引きだしていて、「東ドイツにおけるある程度の自由――それがあるとして――の鍵はボンにある」〔ペーター・ベンダー『攻勢的な緊張緩和。ドイツにとっての可能性』、ケルン／ベルリン、一九六四年、一一一頁、一〇七頁〕。ベンダーとバールの間には、見解の内容だけでなく、個人的な関係においても結びつきがみられた。二人はベルリンにおける一緒の学校時代以来きわめて親密な友人同士であり、それは、バールのドイツ構想に部分的には影響をおよぼしている友情であった。

そんなわけでバールは、トゥッツィング講演「接近による変化」のために、たとえばベンダーの考えを取り入れていた。もっともバールは、この友人の挑発的なテーゼをその衝撃性ゆえにあらゆる点にわたって同意することはできなかったし、その意志もなかったのではある。ベンダー宛てにかれは、一九六三年六月二九日、トゥッツィング報告の二週間ほど前に手紙でこう言っている。「ペーター君、君の原稿を興味とかなりの驚嘆をもって読んだよ。いたるところに熱気ありだね。だれかほかの人が口にしたとしたら、大見出しになって、蜂の巣をつついたような騒ぎになるだろうね。政界の者がいうとしたら、自殺の心構えが前提となる代物だね。我われはここでそこまでは進めない、とわたしは思う。それに対する反応はどうかね？　トゥッツィングのために一部利用するのを君は許してくれるかい。この点、友情のためだけでなく、知的所有権の意味でも聞いておきたいのだ」。

ベンダーは、同じタイトルの本（『攻勢的な緊張緩和』）のなかで、西ドイツは「攻勢的な緊張緩和」をせざるをえない、「でも自由な社会の照射力を全力で強化する努力はゆるがせにしてはならない」、という見解を主張していた。この目的のためには、このジャーナリストはＤＤＲの承認も――それは合目的性の問題であって、倫理の問題ではないといって――排除していなかった。バールは、初めの方の見解は全面的に賛成であったが、承認の問題となると、そこまで進めるつもりはなかった。一九六四年六月一日のハンブルク講演でもかれは、「今でも以前と同様、ツォーネ政府の承認はいろんな理由から問題にならない、とわたしは考えている」、と述べている。それでもバールは当時すでに、限定をくわえるようにこう付言していた。「法的な承認ではないが、ドイツのソビエト占領地区には国家的な組織が存在するという、ありのままの事実の承認を前提とするような」かずかずの「妥協」や「独自の出来事」があるだろう、と。

ドイツ政策構想にあいかわらず適用されていたのは、「我われのとるどんな手段も、分断の固定化にいたる恐れはないかどうかの、綿密な検証を行なうという基本原則」だった。もっとも一九六四年のバールのハンブルク講演からも、かれのめざす「ドイツ統一」という目標の時間的地平線がはっきり先に延ばされているのは、読みとれた。この事態はすでに壁の建設とともに始まり、一九六四年のソビエトとＤＤＲとの友好条約（一九六四年六月フルシチョフとウルブリヒトとの間で調印されたもので、ドイツ問題で新味はなかったが、東欧衛星国家のなかでＤＤＲの存在価値を高めることにはなった）によってさらに強まったものである。後年バールは、この友好条約が転換点のようなものであった、としばしば強調している。「正直申しますと、わたしは一九六〇年やそのあとの年月には事態がなお変わることもありうるだろうという印象をもっていました。……当時関心のあった我われはみんな考えたものです。今や他国の政策の対象としてではなく、自分の利害と目標をもって一つのプロセスを進める、そのプロセスの果てにドイツの自己決定の権利があるような政策のことを考えたのです。これが六〇年代の後半にいたるまでいわば思考の作業仮説だったのです。これが一九六四年のソビエトとDDRとの友好条約後には本質的に困難になりました。というのもこの瞬間いわばこの条約の効力により初めてソビエトが今後二〇年間DDRの存在の保証義務を負うことになったからです」［ディトマル・クラーマー『エーゴン・バールに聞く』、三五頁］。もっともこののちになってからの否定的な評価は一九六四年時のバールの場合まだこれほどのものではなかった。むしろバールは、この友好条約に「再統一に関して留保」があるのを強調していた。（東）独ソ友好条約の第一〇条にはこうあった。「民主主義的で平和愛好的な統一ドイツ国家が創設されるか、あるいはドイツ平和条約が締結された場合に、この条約は二〇年間の期限が経過する以前でも、条約締結者のいずれかの希望により再検討することができる」、と。

バールはこの「統一留保」の点につきブラントへのメモで書いている。「ちなみにこのモスクワ条約には、フルシチョフとウルブリヒト自身が、この条約が二〇年間もつかどうか疑っているのがはっきりしている箇所がある。そこには、この条約をドイツ問題でのより大きな展開に従属させる条項が挟み込まれている。わたしは、この第一〇条が条約全体のもっとも重要な条項となるのを期待している」［六四年六月一三日、ソビエト・DDR友好条約についてベルリン市長ヴィリー・ブラントのためのバールのメモ］。

❖第6章❖
未公刊書の草稿　一九六五／六六年

第1節　ドイツ、さて何をしたらいい？――構想の基本想定

一九六五年九月一九日の連邦議会選挙においてもヴィリー・ブラントには――六一年以来二度目の挑戦であったが――連邦首相の地位は与えられなかった。なるほどSPDは得票を三・一パーセントほど増やして三九・三パーセントを獲得したが、あいかわらず野党であった。しかも、CDU／CSUは、人気のあるルートヴィヒ・エアハルト首相（一八九七―一九七七）を擁して六一年の結果を上まわって四七・六％をとり、絶対過半数にもう少しのところであった。

こうした状況のなかでエーゴン・バールは、「包括的な構想を一度提示しても」、もはや具合が悪いということにはなるまい、「ひょっとすると全体的な役にたつかもしれない」、という見解をもつようになった。一九六五年末から六六年初めにかけて、ベルリン市庁舎のブラントの広報担当官（バール）は、『さて、何をしたらいい？』という表題

の本を書く。この問いは、東方政策およびドイツ政策にかかわるものであった。一八〇ページほどの草稿でバールは、ドイツ外交の現状を総括して、「ドイツ統一再現のための構想」を展開する。その際かれは、一九六三年（「接近による変化」）や六四年（「緊張緩和と再統一」）に行なった綱領的な講演を越えてさらに、初めて国家・国民的な再統一という意味でいう、ドイツ問題解決のための具体的な段階行程計画を出している。

この草稿は当時以下に述べるような理由で、公刊されることはなかったが、これはバールのドイツ構想のなかでは、それまででもっとも包括的で具体的な叙述であった。以前になかったほどはっきりと細部にわたって――そして具体的な点でもこれほどのものはのちにもなかった――バールは、自分のドイツ政策上の考えの基本や自分の政策的な戦略の目標を吐露している。

バールは、ドイツ問題の解決のためには「ポジティヴな政治的空想力」が必要であることを強調する。たしかに「ドイツ統一をどうやってつくりだすかの精緻な計画をつくりあげるとか、そうしたプランを完璧に、だれがやっても失敗はしないだろうと信じることが、重要なのではない。構想の長期的な目標ははっきりしていなければならない」、という。その都度の政治的事情の帰結に方途は合わせる必要があるにしてもである。ドイツ統一という目標をしっかり堅持しつつ、その方途にこうした柔軟性をもたせる、これがエーゴン・バールのドイツ政策思考の基本線の一つであった。こうした戦略擁護のために一九六五年かれは、オットー・フォン・ビスマルク（一八一五―一八九八）が自分の模範だと言っている。バールが「可能性の巨匠」だとよぶこの宰相ビスマルクは一八九〇年六月一三日、ハインリヒ・フリートユング（ウィーンの歴史家、ジャーナリスト）との対話のなかで自分の政治の基本を次のように述べているが、これは一九六五年のドイツにおいて政治の責任を担う人（バール）にとってもあいかわらず有効なものであった。「政治においては計画を長期にわたって固守したり、その計画にそってがむしゃらに突き進むこともできない。追求しようとする方向はただ大まかに頭に描いておく。もっともそうした方向はブレることなく視野にもちつづけねばならない。……ドイツ人がしばしばやらかす間違いは、オール・オワ・ナッシングでことに臨もうとし、一旦決めた方法にかたくなに固執することである。それに反してわたしは、どのような道であれ、わたしがドイツの統一にたったの三歩近づいただけでも、いつも喜びとしたものである」〔エーゴン・バール「ビスマルク——可能性の巨匠」、六五年三月二〇日付けの草稿より〕。

こうした「ビスマルク流の指針」にバールは、自分で著書を著すことにより報いようとしたのだった。かれの考量の目標は、「政治的な戦略の展開」であり、「その戦略によって西ドイツに、政治的な行動の能力を与え、可能なもの・責任あるものを行なって、暗礁を克服するように」することであった。

バールのこうした政治的な戦略を以下に述べるつもりであるが、その際まずかれが草稿の前半の一〇〇ページで述べている構想の基本想定を分析して、そのあとでバールの思案の具体的結果——かれの段階プラン——を調べることにしよう。

バールが著書のなかで出発点にしている立場は、すでにそれ以前の年月の講演と同じように、再統一は一回的な歴史的行為では片づかない重要な課題となってしまった、というものだった。「ドイツ問題の解決は、歴史的なプロセスを要するものになってしまった。これ以外の考えは、幻想である」。ドイツ問題の展開には、東西紛争の展開が覆いかぶさるようになってしまって、再統一は「ツォーネ」の西ドイツへの併合で行なう、というこれまで支配的であった考えが、通用しないものになってしまった。ＤＤＲは基盤を固めつつあるし、国の内的な安定度も増している、という。バールはソビエトの影響圏内諸国がそれぞれ違いを増大させていることを突きとめ、その違いは「東側ブロック」という言い方をほとんど許さないほどになっている、という。ソビエトに対する東欧諸国の、またＤＤＲの、依存性離脱の度合いが増している、という。このことは、ドイツ問題解決の重要な要素であるし、同じことは、バールが突きとめた脱イデオロギー化の増大にもいえることだ、という。「好戦的なイデオロギーの役割は、小さくなってしまった。……その考えが放棄されたわけではないが、生活面での意義を失ってしまった」。バールの結論はこうである。「以前東側ブロックとよんでいた地域で始まったゆるやかな変化のプロセスを促進することが、抗争を変化させる実際的なチャンスなのである」。

バールは著書のなかで、西ドイツの政策が抱えている利害の矛盾のことに触れている。というのも、脱依存度のプロセスを促進しようとする政策は、DDR抜きにしてはありえない。バールの強調するところでは、「孤立化の政策は、東ヨーロッパに関しては、不可能なことをせよというのと同じである。なぜならDDRがソビエトの支配権に属する国々のなかで自立的なファクターになったがゆえに、ソビエトに支えられてDDRは、西ドイツともっとましな関係をもとうとする東ヨーロッパの国々のあらゆる機会をブロックするような影響力をもっているのだ」。他方でバールはDDRを引き入れたときの問題点をちゃんと目にしていた。というのも自立性の増大はドイツの分断を深める危険を内包している。自立性の増大は、分断に対するDDRトップたちの独自の利害を増大するおそれを招きかねないからである。しかしこうしたリスクは、バールのみるところ、まだ小さい方であって、DDRの緊張緩和政策上のブロックを招きかねないリスクの方が大きいのであった。この点に関してバールの分析では二つの原因が考えられる。もっともその二つの理由は、かれの著書では体系的にはまとめられておらず、いくつかの箇所にわたって、むしろことのついでにといった感じで言及されているにすぎない。第一の原因は、バールの総括した事実、自立性が増すにもかかわらずDDRにはソビエトに対する存在上の依存性がありつづける点である。バールはこの点を次のように述べている。「ソビエト軍の撤退は、十中八九東ドイツ政体の崩壊を招くであろう。ドイツ統一の課題は、ソビエトの軍隊を駐屯するドイツの領域から撤収させるという課題であると規定してもよい」、と。

この点と密接に結びついた第二の理由としては、なぜDDRは自立性が増しても、分断状態から長期にわたって利益を引きだせないかというと、それは「国民の問題はDDRでも抑えこむことはできない」、という事実にある。「DDRが引きちぎられたドイツ民族の小さい方の部分であるという意識は東独の人びとから駆逐することはできないし、なくすこともできない」というのが「DDRの背負いきれない負担」なのである。この点が、DDRにおける展開と他の東欧諸国における展開との根本的な違いであり、「この目にもはっきりした違いは、一政体には国民意識などの涵養など永久にできない、その不可能などどうにも変えられないようにみえる。分断された民族の小さい方の部分は、国民の理念が問題となるとき、大きな部分の方との落差に吸引されるだけとなるだろう。それゆえＤＤＲにとって国民観念というのは、ある種の衝撃力を含むものなのである。この政体が歴史と、とりわけプロイセン的伝統と結びつきをもとうなど、いつ試みてみても、それはほんの短期間の思わせぶりな姿勢であるか、または意識的にまともに手が出せないリスクとなってしまうのである」。

もっともバールは六〇年代すでに、時間の経過とともに国家の統一という思いにたった信念の力も薄れて行きかねないし、年を経るごとにドイツの分断という傷口皮膜の引き剥がしがいっそう難しくなる危険をはっきり見抜いていた。それゆえに今大事なのは、「遅きに失する」危険に対抗するために、独自の行動を開始することであった。

再統一という目標追求のそうした政策には、国際的・国民的にたくさんの諸前提がある、とバールはいう。「国民的な前提としてはまず第一に、ドイツ人たちがじぶんたちの国家的統一を欲していること。……それにはともに一つなんだという目覚めた感情のあること。……この種の感情を若い人たちに与えて持続していくことが重要な課題であり、この課題はそれだけに、共属感情が失われることのない財産だと従来ひろくいわれていた立場より、もっと緊急を要するものなのである」。統一へのこうした意志を東西両地域において維持することが肝要である。エーゴン・バールのドイツ構想にとって、この点が意味するのは、政治により分断されたドイツ双方の人びとの間に接触をつくりだす必要であった。「国民という意識を生き長らえさせるには、新たな人間の結びつきや関係をつくりだすことがもっとも差し迫った課題の一つである」。

西ドイツとＤＤＲとの関係にとってそこから生じるのは、「ドイツ統一の準備という目標をもって接近する」という政策の必要性である。こうした接近の政策目標にはドイツ内通商も役立つことができるだろう。しかしながらバールは、ＤＤＲに対する「接近による変化」は、自分の全体的な戦略のごく小さな一歩にすぎないと思っていた。この小さな一歩が、緊張緩和政策に対するブロックを阻止することになり、ドイツ人たちの別れ分かれの生活がつづくのを阻止するためにも、放棄できないものであるが、それだけではドイツ問題の解決にはならないのだ、という。

バールのドイツ構想は、あいかわらずドイツ統一の鍵はモスクワにあるというのだった。ソビエトはこれまで、「ツォーネの無条件の引き渡しという受け入れ難い要求以外に、興味をそそるような選択肢の前に真剣な意味でたたされたことがなかった」、という。その種の選択肢としてバールは、ヨーロッパの安全保障体制を考えていた。ベルリン市政府の報道局長（バール）は、『さて、何をしたらいい？』という著書のなかで、ソビエトは――ほかのすべての国と同じように――安全保障に関して当然の関心をもっている、その利害関心はドイツ問題の解決可能性をさぐる場合に配慮すべきものである。したがってソビエトは――バールの分析では――ＤＤＲを決して「プレゼントの形で」引き渡すことはなく、「ドイツという堡塁の地がソビエトの安全保障にとって必要がなくなる瞬間が到来して」初めてドイツの統一に同意することになるだろう。それゆえドイツの外交政策は――バールの目からすると――脅威と思う非合理的知覚感情を計算に入れる必要があるし、ソビエトの別な関心利害が実現するような状況をめざす、すなわち「ヨーロッパの真ん中に安全に護られている、領土的要求をしない統一された七〇〇〇万人の国民がいる、今日より安全な平和への関心」が実現する状況をめざす必要がある。これが、「平和愛好の保証によって不安を取り除き、国家の統一という我われの目的に近づく道」なのだ、という。バールはそうした政策に対して考えられる批判を著書のなかで取り上げて、次のように言っている。「こうしたやり方の危険は、緊張緩和の政策の代わりに、政策なき緊張緩和をしてしまうこと、つまり見返りをえずにソビエトの欲するものをみたしてしまうことである」。そうした批判を避けるためにバールは著書の冒頭のところで、かれののちの詳述のいわば基礎として次のような前提をたてていた。「初めに自明のことを述べることにするが、こうしたやり方をとる西ドイツの実践的政策はおのれの利害においても西側の利害においても軍事的な攻撃に対して安全が保障されていなければならないし、（武力での）抑止力を弱めてはならない、またあらゆる類の恐喝に対しても安全でなければならない。しかしこうした前提のもとに、ドイツの分断を克服するに当たってドイツが貢献できる政策を構想しなければならないのである」。

こうした二つの基本的もくろみを追求するために、バールは自分の未公刊の草稿でフリッツ・エルラー（一九一三―一九六七）

が使った表現「ドイツのための安全保障とドイツに対する安全保障（Sicherheit für und vor Deutschland）」を引き合いに出して、ヨーロッパの安全保障システムという、バールが五〇年代のなかば以来すでに追求していた考えを展開している。そうした「ヨーロッパの安全保障」こそ、「ドイツ問題解決の鍵」なのだ、という。

西側も東側も、「統一したドイツが――地理的な意味合いだけでなく――どんな国境線のなかで動こうとするのかを知ることなしに、ドイツを統一させることはない」、とバールはいう。それだから是非とも欠かせないのは、ドイツが、「列強四カ国とドイツの隣国などの安全保障に関する当然の関心を満足させるだけの相応の保証を与える気構えをもつことだ」、という。一つになったドイツに対する東西の主要な関心は、ドイツが安全保障のバランスを乱さないことである。そこから帰結するのは一〇〇パーセント、一つになったドイツが「ワルシャワ条約機構にも、NATOにも属さない」ことであろう。しかしながら同時にドイツも再統一となったら安全保障を必要とする。こうした一見相反するように思える利害に応えられるのは――バールの分析では――ヨーロッパ的な安全保障というシステムしかない、というのである。

著書のなかでバールは、この点に関して具体的なモデルを提示している。だが、それは、もっぱらドイツだけにかかわるものなので、かれののちのモデルとは違っている。それは、バールがのちの構想ではつねに複数のヨーロッパの国々を含めた集団安全保障という包括的なシステムを考えていたのに対して、むしろ二国間の条約や安全の保証のことであった。バールの「ドイツのための安全保障とドイツに対する安全保障」モデルの具体的な計画はつぎのようなものであった。

(1)　一つになったドイツとの条約のなかで条約の当事者たちはすべて、平和条約においてドイツにとって確定した国境を保証する、そしてこの国境に対して攻撃が行なわれた場合にドイツを、当事者たちの利用可能なあらゆる手段をもって守るよう支援する。こうした同盟の義務は相互的にも果たすものとする。

(2) 列強四カ国または平和条約に調印した、ドイツ・ライヒのかつての敵国は——その国が統一ドイツと国境を接しているかぎりで——、ドイツがほかの国に攻撃をしかけた場合、それらの国相互に支援し合うよう義務づける条約を結ぶことにする。

「ドイツの再統一に含まれる」そのような「ヨーロッパ安全保障システム」は、バールの見解によると、「ソビエトの安全保障の利害にそうものとなるだろう。なぜなら、それはNATOがドイツというパートナーを失うことを意味し、したがって、ソビエトがいうところの西ドイツという報復主義に燃える攻撃先兵がなくなるからであった」。バールの詳述は、すでに一九五七年SPDツェーレンドルフの地域支部代表者会議の席で述べた、安全保障の考え方に通ずるものであった。NATOは安全保障の一つの道具でしかない。安全保障の基盤はアメリカによる安全保障の請け合いにある。この点が『さて、何をしたらいい?』というバールの著書ではこう言われていた。「NATOは、ほかのもので置き換え可能となるだろう。……中部ヨーロッパにおける攻撃は、ある地域に局限できるものでなく、アメリカの戦略的な武器全体の動員というリスクを含むものだというソビエトの当然の懸念こそ、じつのところ安全保障の決定的な要因なのである。こうした安全保障は、提案される条約体系のもとでも変わることなく維持されるだろう」。

バールが著書の第二章でドイツ統一達成のための具体的な段階計画を描くに当たって基礎にしているのは、それゆえヨーロッパの安全保障システムという構想なのである。しかしかれはこのシステムを中立性と誤解しないで欲しいと言っている。バールがいう。「この種の異議は的はずれであろう。というのも中立化とは、武器による対決の場合にかかわらないことを意味しているからである」。バールはそうした安全保障体制のなかでも東西の対決が終焉するとは思っていない。なるほど(ドイツの)再統一によってヨーロッパの中央部における緊張のカマドは鎮静化するだろうが、しかしそのことは、このSPD政治家(バール)にとって、まだ東西対決の終焉を意味していなかった。この点は、著書の一部をなす、かれの脅威分析からも窺えるものであった。ドイツの安全保障の関心はその種の条約体系の締結のあとでも東側に向けられよう、とバールはいう。それゆえに、「現在の安全保障体系に代わって登場するどんな安全保障体系も、効果的なバランスを西側に不利にするようなものであってはならない」、という。

ヨーロッパの安全保障システムのほかにバールは、「ヨーロッパという要素」という章のタイトルのもとに（ドイツの）統一を達成しようとする機構的大枠のさらなる基本条件を取り扱っている。バールははっきりと西ヨーロッパの政治的統合に反対している。しかもその理由は、そうした展開はドイツの再統一のチャンスを減ずるか、あるいはすっかり阻害してしまうだろうから、というのであった。バールが強調している。「ドイツの統一はヨーロッパの統一と矛盾しない」という言い方は、ヨーロッパのもとに西ヨーロッパだけでなく、全ヨーロッパをいう場合にのみ、妥当性があるものでしかない。西ヨーロッパの政治的な統合というのは、「ヨーロッパ六カ国／七カ国と東ヨーロッパ諸国との間の橋渡し」となることはなく、むしろ逆の作用をして、東西の緊張緩和を困難にし、したがってドイツ再統一の潜在的可能性を難しくする。この点についてバールは次のように述べている。「統合がめざす目標は、二度と解消できないような国家の共同体をつくることである。経済的な統合のあとに最後を飾るものとして政治的な共同体がつづくべきだとの目標を肯定する人こそ、メンバー諸国が、引きかえす道がないほどそれほど多様に相互に絡み合う国家同盟をめざすものだ。こうした展開がさらに一五年もつづいた状態を想像すると、おそらく解消不可能のような状態にいたるであろう。……そうなったらドイツ再統一などは、またもや〝併合〟（アンシュルス）ぐらいにしか考えられないのははっきりしているし、あるいは他の東欧諸国のそうした共同体の併合の付随産物といったものであるだろう。こんな状態を想像し、この種の可能性を政治的考察のなかに引き入れるには、かなりの空想力がないとできない話である。そんなことは、奇跡を待つか、ドイツ問題の先送りの一変種といったものだろう。おそらく統合か再統一かという問題を今日たてるのでなく、明日になってたてようとするに違いない。もっと正確にいうなら、統合を進めることは、統一への道の障害となり、道をかなり困難にするものである」。

つまりバールは、ヨーロッパの統合政策を国家・国民的な動機をもとに拒否している。（ドイツ）再統一はかれの構想のなかでは西ヨーロッパの政治的統合より優先されていたのである。もっともはっきりしているのは、バールがヨーロッパの統合という理念を原則的に拒否しているわけではない点である。かれの批判はなにをおいてもその順序に向けられている。バールにとって、その順序は、まず再統一があって、それから政治的共同体である。西ヨーロッパの政治的統合をかれが拒否するからといって、「決してナショナリズムへの回帰を支持しているのではない。統合という目標、より大きな経済的空間の形成が正しいというのは変わらない。ただし、この目標に大きな力を傾注するのは、ドイツ問題の解決がみられたあと、少なくとも間接的な国民的統一が達成されたあとに、したい」というのであった。

バールの政治的な戦略では、「こうした分析によるドイツ問題の解決への利害から」結果しているのは、「ヨーロッパ経済共同体」(EWG)における有効な経済協力の継続とさらなる発展を肯定する立場と、政治的な統合プランを拒否する姿勢であった。

第2節　統一のための段階モデル

バールの以前や以後の書物とくらべて、この未公刊の草稿の特徴となっているのは、この東方政治家がドイツ統一実現のための具体的なモデル、詳細にわたるモデルを提示したこと、そしてそれが初めてのことというだけでなく、原理的にもこれきりであったという特別な事実にある。国民的な前提や国際的な前提については以前になんどか書いていた。しかしそれを具体的にどう実現するかについては、はっきりしていなかった。『さて、何をしたらいい?』という著書のなかで初めてバールは、ドイツ統一の考えられるプロセスの流れを提示している。かれの構想の基本前提は、統一への道が可能なのは、両ドイツ国家の一時的な併存を介してのみということであった。したがってかれのプランは、「まず再統一、それから緊張緩和」という考えを逆にしたものであって、「まず緊張緩和、それから再統一」であった。

しかしその場合バールが強調するのは、思考モデルの性格が、決して変更のありえないものではない点である。自分の段階プランでもって示そうとしたのは再統一への「王道」ではなくて、世界政治の状況分析やドイツ政策の前提条件の分析からえられた一つの考え可能な道であった。その際バールは、自分の計画の「ユートピア的な性格」のことをしっかり意識していた。自分の構想の導入部分でバールは、アルベール・カミュ（一九一三―一九六〇）の言葉を引きながら、こう言い訳している。「偉大な行為や偉大な考えはすべて、その当初はなにか滑稽なところをもっている」。そして他面ではヘルムート・シュミット（一九一八年生まれ）から受けるだろう非難、つまり「今日再統一のためのぜったい確実な解決策を口にする奴は、いかさま師か、愚か者であろう」、を甘受しようとしている。

バールのモデルは八つの段階からなっており、それが著書のなかで詳しく述べられ、正確な時間的行程まで具体化されている。詳述の初めに、この八つの段階がまとめて述べられているが、それは以下のようになっていた。

「第一段階」――最初のカテゴリーの枠内で西ドイツとＤＤＲとの間で交渉。

「第二段階」――四カ国が両ドイツを組み入れながら交渉する。目標は交渉計画をたて、交渉のテーマを決めることにあり、そのなかには西ドイツとＤＤＲとの間で討議し協定が結べるようなテーマも含める。

「第三段階」――(A)として、右の結果を踏まえて、四カ国と関心のあるヨーロッパ諸国が、西ドイツとＤＤＲも含めて、ヨーロッパの安全保障システムやドイツとの平和条約について平行して交渉を行なう。(B)同時に、西ドイツとＤＤＲの代表たちが第二のカテゴリーの諸問題について交渉する。この交渉の目標は、複数政党の認可に同意し、選挙法を定め、両ドイツ部分の接近を招くに必要な協定を結んで、その協定を両政府とも遵守する義務を負う。さらにこの交渉のなかで、平和条約のためのドイツ側の見解をまとめ、決める可能性も含める。くわえて、両ドイツ政府の権限を秩序だてて縮小していくプロセス、および全ドイツ政府にそうした権限の委譲を、ルールをつくって行なう協定が結ばれねばならない。

「第四段階」――条約案件全体に署名をしてもらう。(A)それにはドイツ全体のすべての政党の参加が許されていること。(B)同時に、全ドイツにわたる選挙の期日がじゅうぶんな時間的距離をおいて決められていること。(C)それと同時に両ドイツ政府は相互の承認のもとにあらゆる合意した措置の実現に責任をもつこと。(D)それとともに、ヨーロッパの安全保障協定が――まだ存在していない全ドイツ議会は別として――批准のために各国議会に提出されること。(E)それとともに平和条約の草案が完成し、のちに署名のために全ドイツ政府に対して、批准のために全ドイツ議会に対して、提出される。

「第五段階」――ドイツ全体にわたる選挙が実施され。国民議会が参集し、憲法の作成にあたる。

「第六段階」――国民議会が安全保障条約を批准し、ドイツ憲法を定め、政府を形成し、政府が平和条約に署名する。

「第七段階」――ヨーロッパ安全保障システムが発効する。同時に四カ国の軍隊は段階的な撤退を始め、ドイツ政府は、同時に取り決められた協定にそって、徐々に両部分政府の権限を引き受ける。

「第八段階」――平和条約が発効し、全ドイツの軍隊の創設が決議される。四カ国の残存部隊は、撤退する。

このモデルの第一段階は、「小さな一歩の政策」であった。「第一のカテゴリー」の両ドイツ国家間にある緊張痙攣状態をほぐそうとするこの政策は――バールが述べているように――「ドイツの両部分に住んでいる人たちの現在の状況を改善すること」に役立てるものであった。この段階において、「分断状態における生活を改善し」、「なお存在する結びつきの感情を強め、新たなつながりをつける」ような協定をDDRと結ぶことにして、国民の一体性のための諸前提をつくりだすか、確保するようにする。バールのモデルのこの最初の段階は、したがって、「接近による変化」

の政策であり、バール自身この政策を「全体構想の背景とともに、再統一の前段階」と理解してほしいと思っていたのである。「こうしたもろもろの合意は人びとのためにもなり、再統一のためにもなり、その本来の性質からいって、DDRの承認抜きで取り決められるものである。これらの合意はまた、再統一の段階プランに関して一致がなくとも取り決められるものである。政治心理的な理由以外には、こうしたことがただちに始められない理由はそもそも何一つない」。

こうした第一段階から先の、すべての行程をバールは「第二のカテゴリー」としている。その次元では「分断を克服する取り決め合意がなされねばならない」。モデルの二から八までの段階の協定についてどんな様式が考えられていたかは、かれのドイツ構想の基本的立場についてのいくつかが物語っている。ヨーロッパの安全保障システムや四カ国の利害（ここではとくにソビエトの利害）の配慮の中心的重要性、そしてDDRをはずしてやることはできないことは、すでに前章において述べておいた。

バールのドイツ政策の考えにとって中心的意義をもつもう一つの点は、安定持続性の考えであった。「新たな形態への変化は安定持続性を必要とする」という文章は、バールのドイツ政策についての意見表明を赤い糸のように貫いている。たとえばバールはこうした「安定持続性の考え」を自分の未公刊の著書の草稿でも取り上げて、次のように強調している。「統一のプロセス全体は完全なコントロールのもとになければならないし、しかも関係者すべてのコントロールのもとにである。責任のない人やお人好しの人たちに、全体をいくぶん加速させることができるとか、無思慮な行動や、ましてや暴力に訴えることもやれるという期待などもたせる状況を現出させてはならない。再統一は暴力行為をもって達成できるものではないし、またトリックをもって達成できるものでもない。そんな場合になったらソビエトは、自分たちの武力を動員して状況をもとにもどそうとするだろう」。この点がバールにとって、「ドイツ統一の再生」のためには、平和と自由が必要であるだけでなく、秩序が保たれる必要性を条件づけるものであった。

バールの段階モデルが当時実行可能性の点でどれだけリアリスティックにみえたか、そしてかれの構想のどの詳細部分が実現の演習に適していたか、もしくは不適切であったか、その点はここでは調べないことにしておこう。バール自身の発言によりはっきりしているのは、著者自身自分のドイツ政策上のメモを西ドイツのアクチュアルな外交政策の行動の手引きなどと思っていたのでなく、ビジョン的な展望をもった構想として、あるいは――かれの表現によれば――「積極的な政治的ユートピア」としてのコンセプトなのであった。当時の段階で運用可能であったのは、たんに第一の段階、つまり「接近の政策」だけであった。それ以降のすべての段階にとっては、一致した利害、もしくは同じ方向の利害という基盤が必要であった。その種の利害などバールの分析でもまだ存在していなかった、もしくはこれから作動するものにしなければならなかった。その際バールの視線はとくにソビエトに向けられていた。再統一の達成という西ドイツ政治の目標は、ソビエトの利害状況を変えることでなければならない。この点をバールは、未公刊の著書の草稿で次のように述べている。「再統一への道をめぐるあらゆる熟慮は根本的に、ソビエトの違った利害状況をつくりだし、その利害をみたしてやることを中心にしたものでなければならない。たとえば安全保障という利害は、ドイツ全体に共産主義を広めようとするかれらの願望より大きいものだし重要なものである。後者の願望など、西ドイツにDDRを併合し、そうしてNATOの境界を(ポーランドとDDRとの国境の)オーデル=ナイセ河まで移そうとする逆の願望とまったく同様、非現実的な願望である。……ところで裏づけのある安全保障や、ヨーロッパにおける平和、緊張緩和と平和共存の政策などの保証に関するソビエトの利害が、かれらの以前の膨張主義的イデオロギーより大きいというなら――そうした傾向を思わせる多くのことがある――ソビエトはその代償として、かれらの占領下にあるドイツ部分を共産主義の支配圏から離脱させることをするようにならざるをえないだろう」[『バール さて、何をしたらいい?』、一二六頁]。

バールの段階プランの出発点は、平和条約やドイツの統一国家をめぐる従来の考えが悪循環に陥っているという立場にあった。平和条約の締結には、全ドイツ的な正当性のある代表が必要であり、そうした代表は自由な選挙でしか構成されない。しかし自由な選挙の前提には、占領国家による介入の放棄がなければならず、その放棄はおそらく、平和条約の形式と内容が見通せるようになった場合にだけ、ありうるものだ。バールは自著のなかでフリードリヒ・クラインの言葉を引用している。この人はそうした悪循環のことを一九五五年すでに次のように書いていた。「ドイツ問題の論議は占領軍当局そのものによって敷かれた出口のない輪のなかの堂々めぐりになっていて、しかもドイツ対話の相手たちもその輪の囚われ人なのである」。そうした悪循環からのバールの出口はいわゆる「2＋4＝交渉」（西ドイツ・DDR／米ソ英仏）なのであった。「そうした輪からの突破脱出のために、もっとも通行可能な道は、列強四カ国が他の関心あるヨーロッパ諸国の参加のもとで、両ドイツ国家と一緒になって平和条約をつくらせることであろう」［バール『さて、何をしたらいい?』、一二二頁以降］。

ところでエーゴン・バールのドイツ政策上の考えのなかで段階プランはどのような価値をもって位置づけられていたのだろうか。問題点はとりわけこのプランの――やむをえぬ話だが――ユートピア的な性格にあった。くわえて詳細な段階プランはたちまち具体的な政治上の「Schnittmuster」（布地などの裁断に使う紙型）という印象を呼び、バールがなんどもこれはたんに一つの計画案にすぎないと強調したにもかかわらず、モデルとしての性格が忘れ去られてしまった。バールは――おそらくこうした理由もあって――ドイツ統一のためのその種の具体的なプランを二度と提示しようとしなかった。まさにそれゆえにかれのドイツ構想の理解のためには、かれの基本的想定が意味深いのである。

第3節　バール草稿への批判について

エーゴン・バールが一九六六年の春にまとめた著書の草稿は、先にも述べたように、未公刊のままだった。この点の原因としてヴィリー・ブラントの拒否があった。バールは一八〇ページの草稿を、三月の末に最終的な手入れをし者が原稿をこんな形で公刊することは無理」、とのコメントつきで返されてきた。ブラントは、「原稿は……SPD執行部にとって――当座内輪での――提言書といった内容にしてはどうか」と言ってきた。ただちに公刊するのは、とりわけドルトムントで六月初めに開催のSPD党大会を理由に断っている。一九六三年の「トゥッツィング演説」が党内でも招いた興奮の反応がまだありありと記憶にあった。SPD党首のもっとも緊密な同僚がなかでも軍事条約の解消、西ヨーロッパの政治統合の継続中止、DDRの承認に――「ドイツ統一」というはっきりした目標をもってはいるにしても――賛成といった内容の本は多くのもっと厳しい反応を引き起こさずにはいないだろう。しかしブラントがみせたのは戦術的な懸念だけでなく、内容的な懸念でもあった。「接近の政策」という言い方はブラントには気になる点があったし、個々の章はもっと手をくわえる必要があるように思われた。そこでブラントは、ヨーロッパ安全保障体制や統一ドイツの安全保障の防御措置については専門家（たとえばヘルムート・シュミット）とじゅうぶん論議すべきだと、提案していた。また、少人数の作業グループでこの草稿を批判的な目で検討し、それから――場合によったら秋に――「大幅に手を加えた原稿」の出版ができるかもしれない、と勧めていた。バールの上司は段階モデルについても懸念を表明してこう言っていた。「じっさい政策の点からみて、わたしには実現不可能のように思われる段階プランがこの内容の形でいいのかどうかは、発表の性格の決定にかかっている」、と。

しかしバール草稿へのブラントの異議はこの著述の形式と内容についてだけでなかった。SPD党首の懸念は基本的にこうしたやり方で、自分の緊密なアドバイザーが「顔を出すこと」に向けられていた。というのも、たしかにバールが草稿で述べているように、「ベルリンの市長、ヴィリー・ブラントはこの著書とは関わりがなく、たんに側近同僚たちに、各自自分の考えをもち発言することを認めただけであった」。それでも世論では、市の報道局長（バール）と市長（ブラント）との態度が同じだとの否定しがたい推測がでるだろうことは、はっきりしていた。ブラントは自分のアドバイザー、バールが表舞台でスポットライトを浴びながら活動しない方がベターだと思っていた。バールについてのちにしばしば言われるようになった「Graue Eminenz」（陰の実力者・黒幕）という役回りは、もっぱらみずから言いだしたものでなく、ブラントが自分のアドバイザーにふさわしいと思って振り分けた機能分担にそったものだった。

こうしたもろもろの理由があって、バールの著書『さて、何をしたらいい？』は公刊されないことになった。バールはのちに、「出版の取りやめは本当のところボンで大連立の話が持ち上がってきたことに原因があった」、と書いている。この（大連立の）件が一九六六年の春にじじつ見込みがあるようになっていたかどうかは、疑問に思われる。ブラントにより勧められた「大幅に手をくわえた版」が秋までにできなかったことも、公刊しなかった理由の一つに絡んでいた。

バールの『さて、何をしたらいい？』の公刊はなかったが、それでも草稿に対する反応はいくつかあった。バールは草稿を関心のある人何人かに送っていたのである。手紙の形で著者に宛てられた、草稿に関心をもった人の反応から、バールのドイツ政策上の考えに関する潜在的な異議を取りだすことができるだろう。バールの草稿を手にした者の一人に出版人クラウス・ピーパーがいた。この人は、一九六六年四月一五日付けの手紙でとくに、バールのナショナリスティックな目標設定をつよく批判していた。出版人が書いている。「自分の出版社がそうした著作の出版にふさわしい論壇とはかならずしも思えない」。以下のような点に理由があるという。「わたし自身残念ながら、あなたの著作が求めるほどの支援を出版人としてするわけにはいかない、それはとりわけわたしが違和感を感ずる決定的な点があるせいである。それはドイツの一体性の問題が再統一の主要目標になっている点である。あなたの書かれたものを正しく理解したとすると、この論文のなかでは国家としてのドイツの一体性の再生が絶対的な価値をもつ目標となっているように思われる。わたし自身の、わたしに決定的となった政治上の人生経験は、そしてそれはわたしの見解ではわたしの世代（わたしは一九一一年の生まれですが）のすべての人の根本的経験に違いないでしょうが、それは、政治的＝社会的な自由の問題だけが個々人の具体的な生活にとって実質的な意義がある。それに対して国の境界線の問題は副次的なものでしかないのです。……たしかにユートピアは再三政治行動の重要な駆動力ではあります。しかし国民国家的なドイツ的なユートピアには、われわれみんなにとって〝悪い現実〟に転化する大きな危険を孕んでいるのではないでしょうか」。バールの論文に対するこうした反応のなかに流れている批判は、目新しいものではなく、すでに五〇年代に――積極的な再統一政策の支持者に向けて――はっきり言われていた批判であった。その非難は、バールが自由よりも統一を優先しているというものであった。統一と自由の間の分離がくわだてられ、そうして内面的な自由と外面的な自由との間の分離もくわだてられるという考えは、カール・ヤスパース（一八八三―一九六九）が一九六〇年『自由と再統一』という論文のなかで口にしていた。「政治的な自由は絶対的な要求、再統一は相対的な要求。再統一と自由とは対立するものではないが、相互に分離可能な目標である。一方は他方なしでも達成可能である」。ヤスパースが一九六〇年に初めて口にした、自由と統一との理論上の分離はさかんな論議を引き起こした。このテーゼのもっとも断固とした批判者の一人がパウル・ゼーテであった。ゼーテは同年にこう書いていた。「自由を統一の上位に置くというのは崇高な主張のように思える。しかしよく考えてみるとその主張には中身のないことがわかる。……現在の実践的政治家はいずれにせよ自由と統一とを分離したのでは何も始められない。統一の上位に自由を置けとわれわれに勧めるのは、いうなれば、北海海岸に旅する人に向かって海の空気と打ち寄せる波をたっぷり味わってこい、しかしもちろん海はみないでいいだろう、と願うようなものである。一方は他方なしにはありえない。自由と統一の分離はあまりにも抽象的な思考の孤独な高みのうえでの動きである。ロシア人たちは我われに両者を与えるか、それとも全然与えないかのどちらかである」。

　ゼーテのこうした態度は、エーゴン・バールが一九六六年に主張していたのとまさに同じである。その点は、六六年五月一四日付けでかれがクラウス・ピーパー宛てに書いた返事から窺える。バールはその書簡で、自分のドイツ構想の基礎の一つを述べている。つまり、DDRにおける自由の創出というのは統一の再現と同じ意味になるという立場である。ピーパー宛てのバールの返書にはこうあった。「もちろん国家・国民の統一は絶対的価値のある目標ではない。しかしわたしは次のようなことは幻想だと思っている。つまり今日ＤＤＲで暮らさざるをえない人たちが真の自由を手にするのが、同時に統一への願望をまどろむことなく生き生きと保つことなしにできるなんていうのは幻想です。統一なしの自由などとはわたしからみれば、とにかくなお非常に長い年月にわたって、政治の領域で〝die unbefleckten Empfängnis（無垢の受胎）〟という奇蹟でもふたたび起こってほしいという敬虔な願望のようなものであります。わたしにはまた、ＤＤＲにそのような展開を許すソビエトの利害というのもみいだすことができません。つまりソビエトの利害圏域下にある国々において、共産主義を撤収し、同時に西側同盟の外になる統一ドイツからソビエトがえられるであろう利益を放棄するそんなソビエトの利害関心などありません」。バールにとってはっきりしていたのは、「ＤＤＲにおける自由とともに生じるであろう流れをせき止められる堤防、それがどんな材料のものになるのか、そんな堤防をつくろうとする人がいるのだろうか」ということであった。

バールの著書の草稿に関するもう一つの反応は、友人のハーロルト・フルヴィッツ教授（一九二四年生まれ）からのものだった。ベルリン単科大学の教授で、バールの提案に総じて好意的な同意の目でみてくれていたが、とりわけ二つの個別局面を批判していた。「⑴安全保障の要素、⑵予見不可能のチャンスや困難を考えた場合の段階プランの考えの有用性、とくに貴君がかなり無視しておられるファクター、つまり歴史的な出来事への住民の自発的な参加の場合の段階プランの実際の有効性」。フルヴィッツの批判は二つの点をついていたが、その二点は、バールのドイツ構想全体に対して、のちにたえずくりかえされる原理的な懸念であった。安全保障要素に向けられた批判は、「ヨーロッパ安全保障体制」というものが、バールの考えるように、ヨーロッパ諸国間の権力政治バランスの政策の再現にそれほど多くの余裕を与えるものかどうかという問題とかかわっていた。それはバールが少なくとも自著『さて、何をしたらいい？』ではまったく答えていなかった問題であった。じっさいバールの一九六五／六六年時のモデルは、安全保障をつくりだそうとするのは、安全保障の条約的な保証によってであって、機構制度化したメカニズムによるものでなかったので、古典的なバランス政策との類似性を感じさせるものであった。なるほどバールはその著『ドイツのための安全保障とドイツに対する安全保障』のなかで、ヨーロッパの国家共同体（超大国アメリカとソビエトを含めた）をさまざまな形で結んだ体制を構成している。しかしその秩序には、機構制度的な保証も組織も欠けていた。くわえてかれのモデル「ドイツのための安全保障とドイツに対する安全保障」は再統一された全体ドイツにかぎられていたので、いくつかのヨーロッパ諸国を安全保障体制に組み込もうとする、かれののちのモデルよりも立ち遅れていた。

フルヴィッツがバールの草稿に加えた二番目の批判の基本点は、草稿ではバールの熟慮に民衆の存在を入れていないことにあった。この点をフルヴィッツは、バールに宛てた書簡でこう述べている。「再統一のプロセスで大事なのは分断されている民衆の利害を代表する、あるいはドイツ人たちが今でも一つの国家・国民だと思っている証拠を提供することです。民衆は再統一のプロセスで無視されることはないと、望まれていたにしてもです。……貴君がカタストローフを招きかねない民衆気分の雪崩現象のコントロール問題について大いに熟慮されたことは、わたしも知っております。かならずしも破局的な影響なしにはすまないが、それでもつねにコントロールできる成果ある外交の仕事と、成功した革命――革命のリスクは我われにとって明白であり巨大でありますが――の幸運なケースとの間には中間の道があります。コントロールの問題については貴君の言われる通りだと思います。しかし行動する民衆をプロセスからはずそうとされるなら、間違いでしょう。わたしが危惧しているのは、民衆の行動なしには、ドイツの統一はないことです。もし再統一が民衆の参加なしに達成されるのであれば、わたしは残念だし、憂慮すべきことだと思います。再統一というのは、民主主義的な国民・国家の最終的な創出であるべきだと思っています」。ここで明瞭になっているのは、バールの政策に数年後になってもっと厳しい形でしばしばくわえられることになる批判であった。つまり、バールには「秘密接触というロマンチックな方法を好む傾向」があるし、かれは、もっぱら「高度な外交というカテゴリーで考え、政治は内閣の関係事と思う」人たちの一人である、という批判であった。

こうした批判は部分的には当たっていた。それでもバールの考えの動機を顧慮せずにおくわけにはいかないだろう。「民衆の参加」の点でのこの東方政治家の危惧は、かれのいくつかの経験、とりわけ一九五三年六月一七日の経験に根ざしていた。無力感と手の出しようのない状態という深く心に刻まれた体験、一九六一年八月一三日にもう一度くりかえされた体験が、バールの「安定思考」を促していたし、ドイツ統一の達成に当たって民衆の先導点火の役割を否定的にみるか、もしくは危険を孕むとして拒否させることになった。バールのとった見解は、再統一のプロセスはどんな局面でもコントロール可能でなければならない、というのだった。そうしたバール構想の基本的姿勢が非常に明瞭になったのは、一九六六年三月一日「再統一のテーマ」でリューデガー・アルトマン相手に行なったテレビ討論であった。バールとアルトマンの対談のなかでこう言われている。

アルトマン：ドイツ問題は外交的には解決不可能でしょう。どうして解決できないのでしょう？　ここ中部ヨーロッパには効果的な内戦的状況があるのですが。この内戦的状況を我われ自身で戦い抜く必要があります。しかも我われの行使する巨大な圧力のもとで、平和的に戦い抜くことができます。……

バール：あなたが「雪崩が起きる」（予想しない大きな結果を招く）ということをおっしゃっているなら、あなたは間違っている、あるいは少なくとも誤解しておられる。それこそ起こってはならないことです。雪崩が起こるような危険のある瞬間では、我われすべてがばらばらでしょう。雪崩というのは、だれにも押しとどめられないものなのです。

アルトマン：それこそ、わたしの言いたいところです。

バール：はい、たしかに。でも再統一というのは一つの（プロセス）事項でして……

アルトマン：……ブレーキの利かない……

バール：……瞬間、どんな局面でもコンロール可能で、どんな局面でも掌握可能な場合にのみ、成立する歴史的プロセスです。そうでない場合はみんなそれに反対します。

❇第７章❇
大連立

一九六六年の末、ヴァイマル共和国以来のＳＰＤに、初めて政権参加の機会がめぐってきた。いろいろな原因があって、ＣＤＵ／ＣＳＵ／ＦＤＰ連立政府は消耗しきっていた。景気後退と大きな財政赤字、失業率の高まりと「ゴーリストたち」（ドゴールの政策に親近感をもつ人）と「大西洋派の人たち」（アメリカとの関係を重視する人）との間の外交政策の意見の違いなどが、政府の急激な磨耗プロセスを招いていた。首相のエアハルト（一八九七―一九七七）には指導力不足という非難の声が高まっていた。六六年一〇月二七日、連立政府は崩壊し、ＦＤＰが離れていく。新たな政府形成をめぐっての綱引きが始まった。ＳＰＤには突然、言い寄られるパートナーという、かれらには不慣れな役割がめぐってきた。選択肢は、連邦議会で過半数をわずか七票しか上回らないＳＰＤ／ＦＤＰの連立か、またはＣＤＵ／ＣＳＵとＳＰＤとの大連立かであった。

エーゴン・バールは、キリスト教同盟二党との連携に反対の一人だった。一九六六年一〇月二七日、ＦＤＰ出身閣僚の退陣の日のメモのなかでヴィリー・ブラントに向かってありうる選択肢をあげ、「ここ二カ月という直接見通せる間にＣＤＵ／ＳＰＤという組み合わせにいたるとすれば、この国の安定と民主主義のためにも、またＳＰＤのためにも、利益に資するものではない」、と言っていた。大連立という場合ＳＰＤは「消耗のプロセスに引き込まれる」危険がある、というのである。大連立の場合ＳＰＤの危険に関するバールの判断では、「ＳＰＤにとっての感染症の危険があまりに大きすぎる」のだった。もっともこのメモでＳＰＤ／ＦＤＰ政府の可能性について、バールがほんの少ししか楽観視していなかった面はある。「弱体の政府に代えて、議会的に弱体の別な政府をつくるというのは、少しも気が進まないのである」。バールの結論は、新たな選挙であった。

この方途が憲法上不可能というなら、そこでバールが優先するのは小連立――気が進むものではないが――であった。それを推す理由がかれの考えでは四つあった。

(1) ほかの解決だと現在の状況ではいくぶん不自然な猥雑な行為のように思える。

(2) ＦＤＰ相手なら新たな政策で容易に一致できるだろう。

(3) 我われとの連立に新たに取り込まれたＦＤＰには、もはや選択肢はない。我われにはいつかふたたび健全さを取りもどしたＣＤＵと組める可能性がなお残ることになるだろう。

(4) 我われには、残る二年半の間、我われの統治能力を実践する時間がもてるだろう。

バールは一九六六年一〇月、「我われが、怯むことなく、事実上の責任とならんで権力を引き受け行使すべき状況が到来した」とみてとった。状況は以前にはなかったほど好都合である。なぜなら現状ではＳＰＤが、「双方の側に対して動く余裕のある」唯一の政党であるからだ、という。もっとも――六六年一一月七日付けブラント宛ての手紙でバールが強調しているように――ＳＰＤの状況が、「今日多くの人に良いと思えるのは、短期間だけのものであり、戦術的な面でのことにすぎない」。もし危機が去って党がひきつづき野党の立場に居つづけるなら、状況は（次の）一九六九年の選挙展望の点でも、むしろ悪いものとなるだろう。それだから大事なのは、今やどんなことがあっても政権参加をめざすことであり、そのためにやむをえない場合大連立をも背負いこむ必要があるだろう、という。バールがブラントに向かって書いている。「わたしのなかでは感情的に非常に抵抗のある帰結ですけれども、FDPゆえにFDPを相手にするのがだめなら、大連立の可能性をもう一度真剣に考慮する必要があるでしょう。我われにとって魅力があり、CDUにとってもなお受け入れ可能な具体的な政策については合意が可能だと、わたしは思っています。……これはそもそも、わが国でじっさい受け入れてもらえる唯一のチャンスということであるかもしれません。そして一九六九年前にそうした連立から離脱すると脅せば、当初の取り決めをじっさい守らせることも、また政策の基本方針を決めるのは首相でなくて、閣僚内部の人たちということも、じゅうぶん引きだせることにもなりましょう。こうした考えにもリスクはあるし、またSPD／FDPという解決策にもリスクはあります。最大のリスクは、外野にとどまりつづけて、あとから逸してしまったチャンスの分析を外向け内向けにすることでしょう」。

可能で望ましい選択肢に関するバールのランク・リストはつまり次のようなものであった。⑴新たな選挙、⑵小連立、⑶大連立。どんなことがあってもSPDは野にとどまっていてはならない、というものだった。

実現しそうなのは――バールの目からみると――三つ目の解決策、大連立しかなかった。小連立は、連邦議会での過半数越しの数のあまりの少なさに、成立不可能であった。SPD内ではなにより議員団長のヘルベルト・ヴェーナーが――かれはすでに一九六二年、六四年と大連立を主張していた――CDU／CSUを相手として選ぶ決断を迫っていた。ヴィリー・ブラント周囲のベルリン・グループの人たちは、ヴェーナーの大連立優先に決して同意してはいなかった。一つには、ベルリンでは長い間CDUと組んで市政を行なっていて、それゆえ難点がわかっており、とくに東方政策・ドイツ政策でこのパートナーと新たな道をとろうとするときの難しさがわかっていた。もう一つは「ベルリン・グループ」の人たちの間には、連邦レベルでキリスト教同盟二党と連立をはかるのに心理的なわだかまりのようなものがあった。一九六一年、六五年の連邦議会選挙戦の折にCDU／CSU側からもちだされた、ヴィリー・ブラントの亡命時代に対する一部中傷誹謗的な攻撃のこと（ブラントが婚外子であり、本姓はフラームであったことや、北欧に亡命時代ノルウェーの国籍を取って活動していて、ノルウェーのパスポートを使ってベルリンなどにしばしば出入りしていたことが、アデナウアーなどによって、ブラントのマイナス材料として声高に意地悪く口にされた）も忘れられていなかった。

それにもかかわらず大連立の誕生となった。一九六六年一一月三〇日の夜から一二月の一日にかけてＳＰＤ連邦議員団は、両陣営の交渉代表団がたどりついた結論に、賛成一二六、反対五三、棄権八で同意したのである。一二月の一日、連邦議会は、それまでバーデン＝ヴィルテンベルク州の首相をしていたクルト・ゲオルグ・キージンガー（一九〇四―一九八八）を連邦首相に選んだ。同じの日のうちにキージンガーは閣僚を発表する。副首相兼外相にはＳＰＤ党首で従来のベルリン市長、ヴィリー・ブラントが就任した。

第1節　企画立案スタッフ――エーゴン・バール

ヴィリー・ブラントが一九六六年末に外務大臣になったとき、かれはもっとも緊密な協力者二人、クラウス・シュッツとエーゴン・バールを外務省にともなった。側近たちの手で、ブラントが外務省という機関にすみやかに足場を築く支援をしてもらおうとしたのである。とりわけ当初は、外交関係の「集団精神」や積み重なった伝統が、どれだけ速やかに新たな外務大臣を受け入れるかどうか、不安があったからである。二人の「アウトサイダー」の任務は、すでにベルリン市政で割り振られていた役割分担に似通っていた。多くの人たちは、クラウス・シュッツにはブラントのなかの現実主義的な分身を、エーゴン・バールにはその理想主義的な分身をみていた。

こうした役割の決め方に応じて、シュッツは次官の地位について、なにはさておき、外務省の組織と省の一部の構造替えにかかわり、一方バールは主に構想的な企画問題に取り組むことになった。

すでに述べたように、大連立は「ベルリン・グループ」にとって望ましい組み合わせではなかった。「ジュニア・パートナー」としての役割にふさわしい資格をみせるチャンスや政権担当能力を具体的にみせるチャンスがあるとともに、キリスト教同盟二党との協力によって「政治的な磨耗のプロセス」に感染する危険もあると思われていた。大連立への賛成・反対、こうした対応の正当性に関するSPD内の自分自身に関する疑念を象徴していたのは、ギュンター・グラス（一九二七年生まれ）とヴィリー・ブラントとの間の手紙のやりとりであった。

作家のギュンター・グラスは、一九六六年一一月三〇日（社民党の機関紙）『フォアヴェルツ』に公開の手紙を書いてこう警告していた。「もし大連立のポスト配分的一様性のなかでヴィリー・ブラントという人物像がもはや判別できなくなってしまったら、我われはこの先SPDを選択肢としてどうやって擁護していったらいいのだろう？　二〇年間なかった外交政策をあなたのそうした入閣によって覆い隠すことにもなりましょう。CDU／CSUの修復しようのない抗争がSPDに乗り移ることにもなるでしょう。〝別なドイツ〟についてのあなたの思いも、無気力な諦めに席をゆずってしまうでしょうし、SPDの大きな悲劇的歴史も数十年にわたって運命的なものになってしまうでしょう」（「別なドイツ・違うドイツ（das andereDeutschland）」というのは、ヒトラー時代にあっては、主に亡命ドイツ人たちが、ヒトラー支配のドイツとは違うドイツのあることを世界に訴えようとしたスローガンめいたものであり、戦後では保守のアデナウアー政体とは違うドイツをめざす姿勢を意味していた）。

同じ日の党機関紙に並んで掲載されたブラントの返事は、期待と懸念にみちた考えの混ざり合ったものをきわめてはっきり示していた。「大連立にはリスクもあります。政権担当への思いと意欲は我われの多くの仲間に違ったやり方を示しました。……SPDのとった措置がわが国の役にたち、あなたの懸念が現実とならないためには、我われには粘り強さと力と冷静さが必要なのは承知しております。今まで怠ってきたことや誤りに蓋をすることも、味気ない政治的ごった煮になることもありません。大連立は、政権の危機を招いたものとはっきり違ったものにならなければ、失敗となるでしょう。その点が、これまでの旧態依然たる歩みに対する、限定的ですが、今日可能な選択肢です。……我われにとってはこれが新たな始まりです。我われはドイツ史のなかに本質的な新たな要素の章を書き込むことになるでしょう。そのために我われは責任を担い、ドイツの知識人たちをも幻滅させせないものにしようと思います」［ギュンター・グラス宛てのブラントの書簡。『フォアヴェルツ』第四九号、六六年一一月三〇日］。

SPDはだから、大連立のなかで難しい政治的な開脚姿勢を試みなければならなかった。つまり一方では持続性と安定性を強調して、「社会民主党が政権につくとドイツは没落するだろう」というアデナウアーの選挙戦での主張をきっぱり覆そうとする。また、他方では新たなインパクトを与えねばならなかった。後者の点はバールの考えでは、とくに東方政策・ドイツ政策についていえることだった。一九六六年一二月二〇日、新任の外務大臣のためにまとめたメモでバールは――かれの目からする――次の三年間に内容的・組織的に実現すべきいくつかの帰結を述べている。このメモからわかるのは、この期間にめざすべき東方政策の新方向の必要性を、ブラントよりもつよく感じていることだった。この一二月のメモのなかにはこうある。「大連立の心理的な正当化、つまり聖なる牛を何匹か屠殺すること（アンタッチャブルなもののいくつかの打破）がまずなされねばなりません。この点は、我われがかなり前からはっきり自覚していた客観的な必要性は別にして、この国のリベラルなものとSPDや踏みだした連立とが和解する最善の方法でもあります」。この点についてのブラントの評価は違っていたのだろう。それはそのメモにつけたブラントの欄外の所見から推測できる。外務大臣は、バールの「聖なる牛を何匹か屠殺」という箇所にアンダーラインを引き、欄外に「**Nein: Orientierung, Gem. Nenner!**」（違う：方向性、共通点）と箇条書きしていた。

バールは新たなインパクトをつよく促した。この議会任期中に達成できるように思える目標はこうだった。「東ヨーロッパ諸国との外交関係の樹立。アラブ諸国との外交関係の復活。NATO改革のための西ドイツの政策展開。東ヨーロッパ諸国と共通経済プロジェクトに関して条約上の取り決めの開始」などである。さらに中華人民共和国との外交関係の樹立について可能性を検討しておきたい［この中国との関係について一二月のメモでバールはこう書いていた。「この件で、物質的に多くは望めないが、西ドイツが〝じゅうぶん大人になったこと〟を心理的にもっともつよく表すことになるだろう」］。次の数年間の戦術的な行動様式に関するバールの結論はこうだった。「大事なのはこの三年間の間に覆すことのできない事実をいくつかつくりだすことである。これは、実務的な政策にも人事政策についても当てはまるものである」。

人事政策ではブラントもバールも慎重にことを運ぶ必要性を感じていた。例の一二月のブラントに宛てたメモでバールが書いている。「政党色の強い鉄の箒（厳しい措置）を使うやり方は、従来のCDU／CSU政治の形をかえた継続でしかないでしょう。省内をまとめるには、従来の不公平な扱いには終止符をうって、仕事の能力を最大の物差しとする人事政策が必要です」。こうした業績重視原理の強調にもかかわらず、もちろん「外務省の組織替えも、ＳＰＤが省の官僚機構の不愉快な戸惑い感に対抗できるものにする」ように努めたのである。

バール自身は、外務省勤務の最初の数カ月間いわば空中に浮いているようだった。ベルリン市行政から派遣されて、かれのごく一般的に考えられる任務は、ブラントへのアドバイスであった。この点に関してテオ・ゾンマー（一九三〇年生まれ）が、一九六七年の『ツァイト』紙にこう書いている。「外務省の執行業務に煩わされることなく、エーゴン・バールはドイツの外交政策のその都度の重点について――企画スタッフと競合はせずに、その補足のために――自由に思考をめぐらすことになっている」。

しかしながらじっさいは、ブラントのアドバイザー（バール）にとってそれなりの企画ポストが空いていたわけでなかった。バールは一九六七年七月一四日に「特別の任務をもった大使」に任命されたのであるが、政策企画局を引き受ける可能性は、六七年の末になってようやく生じたものだった。そのとき政策企画局の局長をしていた前任者のギュンター・ディール（一九一六―一九九九）が、首相府の次官となり、キージンガーのもとで連邦報道局長になったからである。六七年一一月一五日にバールは外務省政策企画局の局長の職についた。さしあたり代理としてであったが、六八年一月一日からは――企画ポストが空いたので――正式に局長の身分になった。

政策立案グループ・トップのこうした人事変更は、ブラント外相の利害に大いに歩み寄ったものだった。キージンガー側近のディールは、社会民主党出身外相の緊張緩和路線を基本的に拒否していたわけではなかったが、従来の外交の基本線には固執していた。エーゴン・バールの政策企画スタッフ局長任命により、ブラントはこの局を今では、従来よりも強力に自分の外交政策の具体的な計画に引き入れられるようになった。

もっともＣＤＵ／ＣＳＵという連立パートナーの間では、バールの任命は論議をよんでいた。（ＣＳＵ党首）フランツ＝ヨーゼフ・シュトラウス（一九一五―一九八八）は一九六八年一二月三日付けで当時のＳＰＤ議員団長ヘルムート・シュミット宛ての手紙でこう書いている。「この人物（バール）がベルリンの行政長の職員から連立パートナーのなかの省の局長および特別大使を引き受けたことは、あまり歓迎されていないし、たんに大連立の妥協の産物と思われていることは、貴殿の耳にもたぶんはいっておられることでしょう」。

外務省の政策企画局勤務のこの時代は、バールのドイツ政策構想の具体化にとっても決定的な時期であった。この点をかれは一九七五年になってこう述べている。「我われは、今では国家機関といえる助け、とりわけ外交職の助け、つまり利用可能な、考えられるあらゆる情報の助けを借りて、我われが理論的に考えたことを、今また理論的に徹底的に検討しチェックできるようになった。わたしが政策企画局にきたとき確認したのは、東方というテーマにはまったく空っぽの引き出ししかないことだった。我われは今やじっさいにのちに東方政策といわれるようになったものを徹底的に検討し、抜かりなく、考えられるあらゆる情報の力を借りて熟考した」〔ディトマル・クラーマー『エーゴン・バールに聞く』、五〇頁〕。政策企画局は一九六三年一月一一日、当時の外務大臣ゲルハルト・シュレーダー（一九一〇―一九八九）の指令によって設立されたものだが、――実際的な仕事にはタッチせずに――もっぱら政策企画の任務に活用しようと考えられたものであった。

大臣もしくは次官の直属として、政策企画局は外務省の各部局とは独立に作業を行なう。しかしもろもろの委員会や作業グループ（省内の、または各省間の）には協力して力を貸すことになった。フレキシブルにとらえられていた活動任務のなかで、政策企画局がやるべきことは「第一に、企画時点でドイツ外交に課せられた、もしくは課せられる可能性のある諸問題のための解決策および選択肢をあげること／さらに、外務省内部および連邦政府内部で当初垂直的に練られた政治的、経済的、技術的、軍事的な諸点を、外交問題の諸要素の間に関連づけすること／予想できる展開可能性をとくべつ考慮しながら、実際的決定の準備のために寄与すること／外務省外にいる学問や研究の分野で関心のある人たちと連携をとりながら、そういう人たちの間にある、もしくは潜在的にある知識を外交政策上の決定の準備に活用すること」、であった。

政策企画局は、その分析や解決構想をつくるために政府機関で入手するあらゆる情報源を参考にすることができたが、その作業結果は外務大臣および外務次官のために記録文書に残された。エーゴン・バールが局長をしていた時期に政策企画局は、主に東方政策およびドイツ政策の問題、ならびにそれと関連した「ヨーロッパの安全保障」の問題に取り組んだ。バールの指揮のもとにさまざまな行動モデルが理論的にじゅうぶん試演され、外交的シナリオが練られ、解決の端緒が構想されたのである。

政策企画局の仕事に当たってバールに好都合であったのは、前任者のディールが首相府に移る際に、一人を除いて職員のすべてを一緒に連れていくか、配置換えをしてくれたものだから、事実上は白紙の状態であり、バールが政策企画局の人事をまったく新たに整えることができたことだった。バールは七人の企画局スタッフに仕事仲間をすえ、さまざまな外交の問題領域（NATO、東ヨーロッパ、発展途上国、ヨーロッパ共同体など）を内容的に整備し、その分野には一部は辺鄙な大使館から（ペル・フィッシャー〔一九二三—一九九九。チャド大使をしていた人〕）、一部はボンの外務省本部から（カール＝ヴェルナー・ザネ）、人を呼び寄せることができた。

その協力スタッフたちにバールは、「考えられないことを考える（das Undenkbare zu denken）」ことを求めた〔「考えられないことを考える」という文句は、バールの一種の知的行動原則となった。七〇年三月二四日の新聞『シュパンダウ・ブラット』にもバールの言葉「未来を考えようとする者は、また考えられないことを考えることができねばならない」が引用されている〕。「この協力者たちは、これまでの政策の基本的観念を忘れるようにという要求に喜んでしたがった。我われは、あたかも西ドイツの外交政策を新たに創出できるかのように、熟慮する自由を利用した。わが国の利害の目標はなんであるべきか、重要なパートナーたちの利害はどう規定できるか、こうしたあらゆる要素を配慮しつつ、所与の状況下でそうした目標を実現するには、どんな方途が提案できるだろうか」〔エーゴン・バール『ドイツのための安全保障とドイツに対する安全保障』、六〇頁〕。

社民＝自由連立政権が一九六九年以降実行しようとした東方政策・ドイツ政策は、こうしてすでに「政策企画局においていわば〝机上演習〟をかなり行なっていたようなものだった」。

第2節　企画立案研究

エーゴン・バールが一九六七年の末、政策企画局を引き受けたとき、「東方のテーマはまったく空っぽの引き出しかない」、というかれのあとからの発言は、現実にそくした確認でもなかった。空っぽだったのは――バールの意味でいう――じっさいに試行できるような東方政策・ドイツ政策の点をみるかぎりのことだった。じっさいには――すでにブラントの腹心が政策企画局の局長になる以前に――東方政策・ドイツ政策の基本問題にかかわる文書は存在していた。たとえばバールのこのポストの前任者ギュンター・ディールは、ブラント外相の指示に基づき、一九六七年の三月、ドイツ政策論議をまとめた文書を作成させていた。その文書では、六六年一二月一三日のキージンガー首相の政府声明を援用して、一連のドイツ政策上の提案が提示・説明されていた。キージンガーは連邦議会における就任演説で、とりわけこう述べていた。「我われが望むのは、硬直状態にあるものをほぐすことで、硬直化させることでなく、溝の克服であって、深めることではない。……そのためにドイツ連邦共和国の当局と他のドイツ部分の当局との間で接触が必要になっても、それは二つ目のドイツ国家の承認を決して意味するものではない。……我われは、分断されたドイツの人びとの幸せになりうるものを行ないたいし、必要なものを可能にしたいと思っている」。そこからディールの計画文書では、「ドイツ内関係の役所」の設立、「ドイツ評議会」の形成、「ソビエト占領地区との経済関係」が万一あるかどうか検討する、などを提案していた。くわえてソビエト占領地区に「ある程度の制限つきの実務的な関係」を認めるべきだ、と言っていた。「ドイツの一部、苦境にあるドイツの一部としての〝ＤＤＲ〟がいろんな技術的な国際組織や条約のメンバーになり一緒に活動するために支援してやり、その通商を促進してやる」ために、概念上でも実際上でも「単独で代表（Alleinvertretung）」と「単独で存在（Alleinpräsenz）」とを分けて考えるべきだ、としていた。

一九六七年三月ギュンター・ディール指導のもとでまとめたこの計画書では、つまりドイツ内接近の可能性を示唆していた。しかしその最終結論ではむしろためらい気味で、原則的には通用していた「ハルシュタイン・ドクトリン」を堅持している。「この政体には、ドイツ主権の担い手、つまりドイツ国民による正当性が欠けているので、わが国や第三国による承認は拒まざるをえない。ドイツ連邦政府は唯一、ドイツ国民全体を代表して発言する資格があり、義務がある。……非共産主義的な国々においてハルシュタイン・ドクトリンを放棄する必要性は少しもない」。

この文書のあり方は、大連立の東方政策をよく示しているものであった。本当に新しい方針をとることなど、連立パートナーの基本的立場があまりに違いすぎていたので、貫徹する意志も力もなかった。緊張緩和に部分的には賛成し、部分的には反対といった、あまり熱のはいらない政策を進めている。しかしそうした姿勢により、西ドイツがなにより西側パートナーに対して孤立する危険が高まるのであった。

アルヌルフ・バーリングが、「大連立は、わが国の東方政策の停滞・麻痺状態を克服する能力のないことをあらわにした」、と批判しているのは正しい［アルヌルフ・バーリング『権力交替。ブラント／シェール時代』、シュトゥットガルト、一九八三年、二〇〇頁］。政策企画局でもこうした気分を削がれるような不安定さにどれほど囚われていたかは、ギュンター・ディールの予備作業的な文書が示している。そこでは文字通りこう言われていた。「その種の積極的な政策の展開に必要なじゅうぶんな力があるかどうか疑問があるなら、じゅうぶんしっかりした立場の行動に限定した方がよいのではなかろうか」。

バールは、一九六七年末政策企画局を引き受けたとき、こうした「思考の停滞」を打破しようとする。抑制につながるタブーには囚われずに、政治的な選択肢をいろいろ考え、思考モデルをじゅうぶん机上演習してみようとした。こうした目的のためにバール指揮下の政策企画局は、広範な記録文書をいくつか作成する。そのうちのもっとも重要なものを次に分析してみたいと思う。

この政策企画局の研究は、「大連立が一九六九年まで持続するだろうという想定」にたっていた。こうした基本的想定にもかかわらず、この政策企画文書は外務省で極秘扱いにされた。バールの検討記録文書は、直接ブラント外相に提出されたが、それをブラントはキージンガー首相に転送しなかった。この検討文書の一つが漏洩により新聞でおおやけになったあとで、ブラントは首相まで上げなかった理由を、一九七三年一〇月三日の連邦議会の討論の席でこう述べた。「わたしは外務大臣時代の政策企画局のたくさんの内容について――キージンガーさん、もしわたしがそのすべてをあなたにお渡ししていたとしたら、たいへんな仕事になったことでしょう。それを全部読むなどできなかったことでしょう――この議会で触れるつもりはありません。この議会は政治的な決定の場であって、ケーススタディーのゼミナールではありませんので」。

その1　ヨーロッパの安全保障

外務省においてバールのもとで作成された最初のものにしてもっとも有名な政策企画研究は、「ヨーロッパの安全保障構想」というタイトルの文書であった。

一九六八年六月二七日のこの文書では、「ヨーロッパ安全保障を形づくる議論におけるドイツの利害状況」を確定する試みが行なわれている。この目的のために、安全保障問題解決のための「三つの基本形態」が分析されていた。

(1)　構想(A)は、既存の条約体制をもとにするが、軍縮措置によってできるだけ高度の緊張緩和をめざそうとするもの。

(2)　もう一つの構想(B)は、共通の機関によってもろもろの条約をしっかり組み合った状態にして、この機関がさしあたりとくべつ取り決めの軍縮措置の監視に当たり、最終的には機構として条約を通して上部機関（恒久的なヨーロッパ安全保障会議）となっていく。

(3)　第三の構想Ⓒは、二つの条約体制に替えて同等のヨーロッパ諸国の安全保障体制を置き、その存在は超大国によって保証されるが、この超大国はそのメンバーとはならない。

バールは構想Ⓒをもっとも望ましい選択肢と思っていた。というのもこの構想Ⓒだけが、「ヨーロッパ安全保障の基本的に新しい体制整備を介してドイツ統一とヨーロッパの平和秩序のための政治的な基盤をつくる」可能性が拓けるからであった。ただし、「わが国の国民的利害の理想的な確保のための具体的な道を提供してくれそうに」みえるこの構想は、「目下のさまざまな理由によって実現しそうにない」、と言われていた。

それにくらべてよりリアリティーがあるのは構想Ⓑだという。しかし既存の条約体制をくくるこのモデルは、「決して」西ドイツの利害にそうものではない。というのもこれは現状を固定化し、「ドイツ分断の克服の展望」など提供しないからだという。構想Ⓑはドイツに対する安全保障としては完璧なシステムであって、それゆえもっぱら他の国々の利害にそったものだという。それに対して第一の構想Ⓐが基本にしているのは、NATOとワルシャワ条約機構が原則対立する組織として存続しつづけ、この基礎にたって最高度の緊張緩和や軍縮措置がはかられるだろうから、より有益であるという。構想Ⓐは、「いずれにしても、長期的なスパンにおいて、全ヨーロッパにおいて同盟が欠かせない状況の存立を排除する」ものではない。「ドイツ問題も未解決のままでありつづける」。

こうした評価をバールは、政策企画記録文書に添えたブラント外相宛ての付随書簡のなかで行なっているが、こうした評価からも、「ヨーロッパの安全保障」の研究が「ドイツ統一」という目標を前提にしてなされていることが、はっきりわかる。バールは、構想としての選択肢が、ドイツ統一という目標にどれくらい利するか・害するかという尺度を視点にして検討し、評価していたのである。

「ヨーロッパの安全保障構想」の記録文書のまえがきで、西ドイツの目標として規定されていたのは、「ヨーロッパの平和秩序を通しての現状の克服」であった。付属文書を含めて三〇ページにもおよぶ政策企画研究の個々の部分を分析してみてはっきりするのは、バールがこの問題を基準にしてすべての子細を判断していることである。

研究の構想(A)が具体的に前提にしているのは、軍隊の縮小、武力不行使宣言の交換、核兵器の削減であった。これらすべての措置はなにより、両ドイツ国家の領土にかかわるものであり、その際軍隊の縮小というのは、とりわけまた駐留兵力の削減ということであった。この緊張緩和モデルにおける軍隊削減は二国間で協定を結ぶことになっていた。ソビエトがそうした協定に関心をもたないか、あるいは二国間交渉が頓挫した場合に対して、研究は一方的な軍隊削減の可能性も視野に入れていて、そうした場合に東側が西側の例にしたがうかどうかテストしようとしていた。政策立案研究では、構想(A)でめざす軍隊削減についてこう言われている。「多国間の交渉や管理はその際避けることにする。多国間の協定が必要とされるかぎり、同盟のしっかり組み合った状態やDDRの参加によりむしろ弊害をともなうものとなって、その弊害は非常にかぎられた利益と決して釣り合わないものとなるだろう」。構想(A)は、ドイツ問題を未決のままにしておくチャンスを与えてくれる。この「緊張緩和モデル」は、ヨーロッパにおける軍事的対決の規模を抑え込んでいく、しかも同時にブロックの固定化や現状の固定化をしないという課題に応えるものだという。構想(A)に関するバールの企画書にはこうあった。「この構想は、未来に関して選択肢を残していて、その選択肢に対して同時により好都合な前提をつくりだすものである。構想は根本では東側および西側における同盟のいっそうの緩みを見込んだものである。それに反してこの構想は、ヨーロッパの政治問題、とくにドイツ問題の最終的なルールづくりのうえでの処理をもたらすことはできない。そうした政策で選択肢モデル(C)の追求に努め、モデル(B)への展開を阻止するのがわが国の利害にそっている」。

このモデル(B)は、既存の同盟体制を機構的にくくる構想であった。そうした機構化はすでに、「相互の検証措置の合意ができればただちに」始まることになる。条約システムの機構的にしっかり組み合った状態は、ドイツの利害にとってマイナスである。というのも、それにより「ドイツ問題の解決や我われが望む方向での全ヨーロッパ的な安全保障体制が、不可能になるとはいわないまでも、困難になり滞ることになるだろうからである」。構想Ⓑについてバールの評価ではこう言われている。「西ドイツにとって同盟がしっかり組み合った状態は、DDRを同権のパートナー、つまり一つの国家のように扱わねばならないことを意味している。そんなことは、東側が東側でDDRのNATO諸国による国際法的な承認を前提にしない場合にしか、やれない話である。それにもかかわらず、DDRが恒常的に同じ権利をもって参加することは、NATOメンバーによるDDRの存在保証と同じことになる。それは世界中におけるDDRの評価上げをもたらすであろう。ドイツの分断が機構制度化されてしまう。もしかして緊張緩和の効果によりドイツ分断が耐えられるものにされてしまうかもしれない。……ドイツ問題の解決は、ヨーロッパ安全保障のルールづくりとの関連でのみできるものであるから、したがってこの構想Ⓑモデルは――たとえそれ自体展開可能性があると思われるにしても――ドイツ分断の克服のテコにはなりえない」。

しかし分断の克服がバールの分析の目標設定であったから、長期的スパンにたって構想Ⓒ、つまりヨーロッパ安全保障体制の創出の道をかれはとろうとした。モデルⒶやⒷは、もっともひろく既存のものから出発していて、比較的わずかな現状変更で達成できるのに対して、構想Ⓒはまったく新たな端緒を求めている。企画研究のなかでバールは、このモデルⒸをもとにしてNATOとワルシャワ条約機構に代わる、ヨーロッパ安全保障体制の基本的特徴を描いている。ただしその際かれは、自分の考察のモデル的な性格を強調していて、決して条約として成り立つような内容を含んではいないと言っている。モデルⒸはNATOとワルシャワ条約機構の解体を前提にしていて、これらに代わってヨーロッパ安全保障体制をつくり、その体制をアメリカとソビエトが保証するというのである。

この体制のメンバーには、両ドイツ国家のほかに、少なくともベネルクス諸国、ポーランド、チェコスロヴァキアがくわわる。イギリスとフランスがそうした体制に参加するか、あるいは保証国家となるかは、両国の核保有の現状からして、問題があるとみられていた。

政策企画書のなかでは詳細な点にいたるまで、そうした安全保障体制の考えられる基本ラインが描かれている。保証に当たる国は、条約該当地域に軍隊も武器も置いてはならないとされ、メンバー諸国は非核化されていることになっていた。「西側」と「東側」の戦力の間には均衡が保たれており、「メンバー諸国は、次のような義務を負う」ものとされる。

(1) 他のメンバー諸国の内政にはいかなる干渉もしない。
(2) 特別な軍事同盟を結ばない。
(3) 他の類の軍事的協定は、安全保障体制の当該機関の同意のもとにのみ結ぶ。
(4) 規則にのっとった合法的な紛争の処理。
(5) 条約に反する行動をとったメンバー諸国に対する制裁への参加。
(6) メンバー諸国、あるいは非メンバー諸国へのあらゆる攻撃に対してお互い支援し合うこと。

バールは、各構想を比較して、モデル(C)がドイツの利害に「はっきりともっともよく合っている」、しかもドイツ統一の再現のためのチャンスを提示するという意味でもふさわしい、と結論づけた。構想(C)についてのバールの評価はこうである。「安全保障システムは、まずなによりわが国の利害に合致する。このシステムはなるほど、ソビエトの要求（DDRやオーデル＝ナイセ国境線の承認、おそらくまたベルリンとわが国との結びつきを緩める）をみたすものとなるが、しかしそれらの要求をただドイツ再統一の諸前提をつくりだすために利用すればよい。ドイツの二つの部分において、接近をめざすような強力な勢力が効果を発揮するようになるだろう。DDRの承認という形式的な行為があっても、この政体の基本的な欠陥を埋め合わすことにならない。ソビエト軍の駐留もなく、ソビエトの干渉権もなくなったら、DDR政体は独りぼっちになって、無防備で周囲世界の影響に晒されることになるだろう。これが導く結論としては、DDRにとって安全保障体制を拒否する理由がみつけにくいこと、しかしその同意は、上位にあるソビエトの利害がDDRに同意を迫る場合にのみしか考えられない、ということである」。もっともバールの計画立案書は、「そうした構想が近い将来実現する展望はごくわずかしかない」事実を見誤ってはいなかった。――しかしそれだからといって、それなりの提案を作成し、それに向かって努力するのを排除するものではなかった。

バールの企画立案研究は、かれのドイツ構想の基本的前提条件のいくつかを非常にはっきり示している。目標はドイツ統一の実現であった。すべての外枠的措置は、そうした目標の達成にとって役立つかどうかの点で点検されねばならなかった。かれの構想(C)は、バールがDDRを本質的にはソビエトの地方代官とみなしていて、ソビエトの駐留軍の保証なしでは、長くは存在しえないものだとしていた。バールの構想は、ブロックの解体とヨーロッパ安全保障体制の創出を視野に入れていた。そうすることでかれは、すでに一九五四年にある安全保障構想のなかで述べていて、六六年の未公刊の著書（バール『さて、何をしたらいい？』）で触れていた、かつての考えをふたたび取り上げていたのである。

一九七三年に企画研究が写真週刊誌『クヴィック』により、「エーゴン・バールはどのようにドイツを中立化させようとしているか」という、真意を歪めたタイトルで公表される。するとそれは、西ドイツ世論にいくつかのセンセーションを巻き起こした。不当にも、とくに（当時）野党のCDU／CSUは、研究記録書を「ドイツ中立化のための秘密研究」と読みとった。そうした受けとめ方は、ヨーロッパ安全保障のためのバールのモデルが意図していたのが「支援の義務」であったのを誤解しているか、故意に見落としていた。つまりこのモデルは古典的な中立主義の考え方とは、まさに正反対のものだった。バールの構想の原理は、紛争の場合の中立ではなくて、潜在的な攻撃者に対抗するすべての者の支援であった。

一九七三年には雑誌『クヴィック』の公表以外に、アメリカの政治学者ウォールター・ハーン教授の論文も、エーゴン・バールの考える中立化プランについて議論を引き起こした［ウォールター・ハーン「西ドイツの東方政策。エーゴン・バールのグランドデザイン」、アメリカの専門誌『オルビス』七三年冬号］。バール自身は、中立化政策を追求しているという非難をいつもつよい調子で退けている。「中立は西ドイツにとって良くないし、ドイツ全般にとっても良くない。そんなことは不可能であるし、しかも中立はドイツがあまりに大きすぎるがゆえに、不可能なのである。中立はオーストリアにとっては可能であったが、わたしの考えはいつも、オーストリアの例（オーストリアも敗戦国として、戦後主権を回復するのに苦労する。西ドイツがNATOに加盟するなか、他方でワルシャワ条約機構が結成される冷戦の最絶頂期に、「中立国」となる条件でソビエトの譲歩をえて、「国家条約」（平和条約）を結ぶことができた）はドイツには転用できないだろう、ということだった。地理的な理由からいっても、また現実的な重みからいっても転用不可能である。これだけの規模の人口と生産力がヨーロッパの中心において中立であるなど不可能である。中立は政治的な真空地帯を生みだすだけであり、それを埋めようとしてもろもろの勢力が流れ込むことになるだろう。わたしはつねに中立化には反対であったし、今日でも反対である。それはヨーロッパの真ん中においてナンセンスだと思うからである」［ディトマル・クラーマー『エーゴン・バールに聞く』、一〇四頁］。バールは一九七三年、ヨーロッパ安全保障体制という自分の考えと、自分のせいにされる中立化プランとの違いを強調してこう言っている。「もちろん全ヨーロッパ的な安全保障体制も中立的であってはならない。中立とは周知のように軍事的な紛争の場合に参加しないことである。中立的な全ヨーロッパ安全保障体制を求めているような人を、私はだれ一人知らない」［エーゴン・バール「西ドイツは中立化の途上にある?」。ボンの政策の将来の路線についての議論。『ドイチェ・ツァイトゥンク／キリスト教徒と世界』第四五号、七三年一一月九日］。

その2　将来の西ドイツ政府の外交政策

外務省においてエーゴン・バールの指揮のもとに出された二つ目の政策企画研究は、西ドイツの外交政策の現状把握と、そこから引きだされる外交活動の提案であった。「将来の西ドイツ政府の外交政策に関する考察」という表題の文書は、一九六九年九月一八日に完成し、「のちにモスクワ、プラハ、東ベルリンとの二国間条約体制の形成となるもののまとめとなった」。一九六八年のヨーロッパ安全保障のための研究とまったく同じように、これらの提案も、大連立が六九年九月二八日に迫っている改選期を越えて存続しつづける、という基本的想定から出発していた。バールはこの企画研究のなかで「世界政治が今後四年間にみせるだろう展開・あるかもしれない展開の分析」から結果する――バールの考えでは――必要な「基本方針の決定」をあげていた。その際バールの基本的前提の一つは、「DDRが次の四年間に国際法的な承認の突破をなしとげるだろう」、という認識であった。そこから最終結論として、西ドイツ政府は今や、DDR相手の交渉にはいるよう試みねばならない、というのである。というのも――バールの企画書ではこう言われていた。「今となっては、我われがDDRの国際的な承認を阻むかぎり、交渉の放棄はDDRの価値を高めることになりかねない」。これは、バールがかなり前からとってきた立場であり、六〇年代の当初以来くりかえし力説してきた立場であった。たとえばすでに六七年五月三日付けのヘルムート・シュミット宛ての手紙で、かれはこう書いていた。「ツォーネは我われに競争を強いている。次の二年間の間にどちらがどちらを孤立させるかが決まるだろう。その際引き分けですら、東ベルリンにとっては成功を意味するだろう。なぜなら、我われが東ヨーロッパにもツォーネにも、なんの策をとろうとしないなら、DDRはその間にさらに地盤が強固になり、交渉取り引き値段も一段と高くなるだろう。現実にまた世界の意見に、我われを合わせることがより困難になるだろう。それゆえ肝心なのは、今なんらかの可能性があるなら、東ベルリンを真剣な会話へと仕向けることであろう」。

バールの懸念は、六〇年代の末以来すでに一部では現実になっていた。一九六九年秋には、第三世界のいくつかの国が、それはインドも含めて、外交関係断絶という西ドイツの脅しにもかかわらず、DDRを国際法的に承認しようとしていることが、確定的となっていた。東方政策の柔軟性のなさ（「ハルシュタイン・ドクトリン」）は、六〇年代の末には西ドイツ自身をますます孤立させるようになっていった。しかもそれはたんに東側や第三世界の国々に対してだけでなく、西側の同盟諸国に対してもであった。同盟諸国は、理由に大きな隔たりはあったが、「東側ブロック」に対して緊張緩和政策をとり始めていたのである。この点は、アメリカ大統領の当時の国家安全保障問題担当大統領補佐官ヘンリー・キッシンジャー（一九二三年生まれ）も認めていて、その『回想録』のなかでこう言っている。「非承認政策が、ますます孤立化する危険に陥れようとしているのは、東ドイツではなくて、西ドイツ自身なのであった」、と［ヘンリー・キッシンジャー『回想録一九六八―一九七三』、第一部、ミュンヘン、一九七九年、四四二頁〕。こうした事態からバールが引きだした帰結は、将来の西ドイツ政府にとって大事なのは「従来のドイツ政策の動きの自由の制約や自縄自縛となっているものを捨て去ることであった」。バールは一九六九年九月二一日、ブラント外相に提出の計画立案書に添えた手紙でこう書いている。「西ドイツ政府がDDRを非国家として扱うことにこだわるのは、西ドイツに守勢にたった闘いをつづけることを強いるでしょうが、その闘いにはたぶん成功の見込みはないでしょう。そうした扱いは西ドイツ政府の行動の自由を、責任をとれなくなるほどひどく制約しています。そして西ドイツをふたたびわが同盟諸国との関係に負担となるような阻害因子の役割へと、追いやるに違いないでしょう」。

政策企画局の研究では、「予想される世界政治の展開傾向」が分析され、そこから結果する「次の西ドイツ政府外交にとっての帰結」が示されていた。バールは、この目的のためにアメリカ、ソビエト、DDRの利害状況、政治状況を厳密に調べあげ、こうした点が、西ドイツの安全保障政策、東方政策、ドイツ政策、西ヨーロッパ政策にとってもつ意味を総括した。

同盟政策の点に関してバールは、「大西洋同盟とアメリカとの緊密な関係」は、「ひきつづきわが国の政策の基礎でなければならないと結論づけている。「わが国のもっとも重要なパートナーは以前と同様アメリカ合衆国でありつづけ、アメリカとのこの関係に究極のところわが国の安全保障の基盤がある」。それでも西ドイツ政府は、次のようなことをめざす政策をつづけなければならない。すなわち、同盟内での完全に同等な権利を有し、戦後期の最後の残滓を除去し、そして「西ドイツが国家としての完全な責任を引き受ける――ただし（西側）三カ国は分断という事実から生じた、ドイツ全体およびベルリンに対する責任をもつという制約はつくが――という必要性に応える政策である」、という。

二番目の超大国、ソビエト連邦は――バールの分析によると――押しとどめがたい解体過程にある。ソビエトのジレンマについてこう述べられている。「ソビエト政府の第一の心配は、今後もヨーロッパにおける自分の権力域の維持に向けられることになろう。その際ソビエト政府はひきつづきブロック内のもろもろの困難と闘わねばならないだろう。そのかぎりでソビエト政府はまた、経済効率と権力――ソビエト側で理解する権力――の保持とは両立しがたいというジレンマに直面する。ソビエトにとって逃れることのできないこうした悪循環により今後も手綱を緩めたり、引き締めたりが交互に現れるだろう。結局ソビエトにとって残る課題は、その支配への浸食作用をできるだけ遅らせることでしかない」のであった。

このような分析からバールの東方政策・ドイツ政策構想にとって重要な結論が導きだされる。西ドイツ外交の目的は、ソビエトのこうした相反する利害状況に対して弛緩傾向を強めるようなものでなければならない。そのためには、「西側との経済関係の拡大」に関するソビエトの利害、ならびに「アメリカとの二国間関係」対する願望を利用することもできよう。この点でのもっとも重要な手立ては、積極的なドイツ政策・東方政策である、という。バールはその政策企画研究のなかで――一九六八／六九年のチェコスロヴァキアでのソビエトの見せしめ（いわゆる「プラハの春」の弾圧）にもかかわらず――その後もみられる「東欧・南東ヨーロッパ諸民族の自立志向」を分析している。そうした自立志向を積極的な東方政策によって強めてやるのが大事である、という。政策研究ではこの点についてこう言われている。「ポーランド、チェコスロヴァキア、ハンガリー、ブルガリアとの外交関係樹立に障害となっているものの事実をにらんで、満足のいく解決策によってこれを除去できれば、東欧諸国における現実主義的で協力の用意のある勢力が力をえて積極的な東方政策に乗ってくることも期待できる。それによって東欧諸国にとってより独自の政策をとる、さらなる前提がつくられることになるだろう。長期的にみれば、ＤＤＲも実際的な共同作業や政治的な相互理解への一般的な流れに背を向けていることはできなくなるだろう」。

ただしバールの政策研究は、大連立がソビエトを迂回し、ＤＤＲをはずして、東欧諸国との関係改善をはかろうとした経験から教訓を引きだしていた。一九六三年シュレーダー外相が通商代表部の設立で始めたその種の政策をブラントもそのアドバイザーのバールもかなり前から成功の見込みの薄いものとみなしていた［六七年の初め西ドイツは、外交関係樹立に関してハンガリーとルーマニアで探りを入れると、ルーマニアはただちに反応した。六七年一月三一日大使の交換が合意された。しかしワルシャワ条約機構諸国とのそれ以上の外交関係樹立は、ソビエトの拒否にあって頓挫する」。

一九六九年九月にバールが政策企画書のなかで書いている。「東ヨーロッパとわが国との関係は、ソビエトの許容範囲でしか展開することができない。すでにこの理由からして同時にソビエトとの関係改善に努めねばならない」のである。こうして政策企画研究において、すでにのちの社民＝自由連立政権の「新東方政策」の計画順序が素描されていたのである。

初めにドイツ・ソビエト関係の改善がなければならない。企画書のなかではこうしたドイツ・ソビエトの接近は、それ自体価値ありと描かれていたのでなく、目的のための手段と理解されていた。基準となる目標は、とりわけDDRを「進展を阻むポジション」から遠ざけることであった。ヴァルター・ウルブリヒト率いるDDR指導部は、大連立の時代ボンからの接近の試みをすべてブロックしていた。西ドイツ政府のどんな「小さな一歩」にもハードルを高めて応えていた。「公式の承認をえずして、我われは進むことはできない」というウルブリヒトの声明に、たしかにボンから肯定的な反響など期待できるものでなかった。しかしそれでもSEDの書記長に、かれには危険と思える緊張緩和のプロセスのブロック口実は与えることになっていたのである。こうした姿勢にでるDDRの動機をエアハルト・エプラー（一九二六年生まれ）は一九六八年六月二〇日、ドイツ連邦議会における演説のなかで印象的にこう総括している。「DDRという国が毎日毎日、毎時間毎時間、この我われの国が報復主義、軍国主義、ファシズム、その他似たような主義の汚い溜め池だと言って、自分たちの正当化をはからねばならないというのは、この東側の国の体質的な問題なのである。別言すれば、わが共和国の悪評こそがDDRのレーゾン・デタとなっているのだ。それだから、DDR相手に話し合いにはいろうとするわが国の試みがすべて、ときにはヒステリックなものになるほどのよけいな論駁で応えられるのも、たぶんしごく当然の成り行きなのだろう。我われがDDRに接近をはかればはかるほど、事態はそれだけ悪くなる。DDRは少なくとも目下指導的立場にある人たちの頭のなかでは、自分たちの国をあいかわらず、わが共和国に対するアンチ的な産物、または対抗国家だと思っている。しかしこの西ドイツの我われは、わが国をDDRのアンチ国家とも反面教師的な国家だとも思っていない。その点が決定的な違いなのである。ＤＤＲはあいかわらず独特のイデオロギーに基づく自己理解にたっている。そして、イデオロギー的な結びつきが衰退し、民族的な結合力がふたたび強まっているヨーロッパにあって自分たちは脅威に晒されていると感じているのだ。ＤＤＲは自分たちの存在をあいかわらず鉄のカーテンのおかげだと思っているし、その鉄のカーテンがヨーロッパで徐々にすっかり錆びつくような瞬間になっていて、自分たちが脅威に晒されていると思っているのだ」［六八年六月二〇日、西ドイツ連邦議会第一八〇回会議におけるエアハルト・エプラーの演説］。

一九六九年秋のバールの企画研究書は、どうしたらＤＤＲにそうしたブロックする立場を放棄させられるか、という問題に取り組んでいた。研究はいくつかの可能性を分析して、次のように言っている。

第一には、西ドイツとソビエトの接近によるもの。バールが研究のなかで言っている。「ＤＤＲはひきつづきソビエトのもっとも忠実な同盟者とみられたく思うだろう。ＤＤＲは内政的にはもっとも脆いパートナーであるから、ソビエトにとっては、ＤＤＲへの配慮で他の利益追求分をどれくらい削ったらいいのかという問題が大きくなるだろう。ＤＤＲをブロック（阻止）政策の放棄へと動かすもう一つのチャンスは、ヨーロッパ安全保障会議という考えを取り上げることである。バールが述べている。「その種の会議の考えをテコとして利用して、ＤＤＲを両ドイツ国家の接近に同意するよう強いるべきである」、と。「このために我われは、東欧諸国の、そして場合によったらソビエトの、〝ヨーロッパ安全保障会議（Europäische Sicherheitskonferenz、ＥＳＫ）〟への関心を動員すべきである」。くわえて西ドイツの利害状況も、長期的には維持不可能な政治的立場や動きを放棄できるかどうかの点で検証したうえで、望む方向に導くべきである。もっともその際問題になるのは、「ほかにもっとましな政治的成果がもはや期待できない」立場だけである。バールの企画研究には、ＤＤＲとの大枠条約の提案も含まれていた。そうした提案をＤＤＲに受け入れさせるためには、「ヨーロッパにおける武力行使の放棄、オーデル＝ナイセ国境線の承認、核不拡散条約の調印などと結び合わす必要がある」、という。かれは研究のなかで、こう言っている。「こうすることによって我われはＤＤＲをブロック（阻止）陣地から追いだすことができるだろう。その陣地とは、ＤＤＲが、ヨーロッパにおける国境の承認、西ドイツが核兵器に一切かかわることの断念、西ドイツとＤＤＲとの間の関係正常化などの要求を掲げて東ヨーロッパ諸国と連帯しながら、わが国の東方政策に対してブロックを画するところなのである」。

「将来の西ドイツ政府の外交政策に関する考察」という政策研究と以前の「ヨーロッパの安全保障」という研究を内容的に関連させてみると、一九六九年秋の文書の方があきらかに、より包括的な全体構想の具体的な東方政策プログラムとなっている。外交政策のための研究が次の連邦議会任期の政策のための具体的な行動の手引きとなっていた。六八年のバールの「Ａ・Ｂ・Ｃモデル」によれば、外交政策は、構想(A)、つまり「緊張緩和モデル」に当てはまる。

バールの段階モデルのなかでは、二国間条約の次元が第一のレベルになっていて、「ドイツ統一」の問題については、この段階で基本的な変更は構想されていない。中間目標として、「ドイツ問題」は未決のままにしておく。「従来の西側が考える再統一の方向に向けての進展は」――この局面では――「期待されていないのである」。そこからバールは一九六九年、将来の西ドイツ政府のドイツ政策のためにこう結論づけている。「五〇年代の政策もこれまでの緊張緩和政策も、ドイツ分断の克服にはいたらなかった。むしろ分断がより固定化したくらいである。我われはなおかなり長期にわたる分断状態を計算に入れておかねばならない。再統一という目標を放棄することなく、こうした状況に対応する必要性が増している。それゆえ西ドイツ政府は、ドイツ人たちにこれ以上の分断状態を阻止するような展望を与え、ベルリンの地位を保障する構想を追求する必要があるだろう」。

その３　ＤＤＲとの大枠条約

「将来の西ドイツ政府の外交政策」に関する研究と一緒にバール率いる政策企画局は一九六九年九月一八日、「ＤＤＲとの大枠条約」案を提出する。この研究は、西ドイツの外交政策の包括的な分析と内容的に関連しており、次のような大枠条約提案の根拠づけを含んでいた。つまりそうした条約を西ドイツの東方政策・ドイツ政策に組み込み、DDRおよび西ドイツの利害状況を詳細に調査し、ならびにDDRとの大枠条約の締結から生じるであろうもろもろの帰結を述べることであった。それに文書として「ドイツ連邦共和国とドイツ民主共和国の間の正常な関係の創出と維持に関する条約」のための具体的な構想が添えられていた。

大枠条約の提案は、DDRも西ドイツがめざしている緊張緩和の努力を忌避していてはならない、という分析の論理的な帰結であった［似たような提案はすでに一九六七／六八年の「FDPの全体条約草案」が出していた。この草案は、ハンス・ディーター・イーネ（一九二四年生まれ。『シュピーゲル』誌のベルリン支局長）の構想になるもので、「バールの研究」の付録として添えられていた。イーネは自分の条約草案について書いている。「東ベルリンの国際法的承認の要求と、ボンの人的状況の改善要求とは、これまでお互い話がかみ合わない形になっていたが、今や妥協をはかるべきであろう。東ベルリンは武力不行使と承認を手にし——もっともそれは再統一までの過渡的なものであり、それでドイツ問題についてなにか先取り的決定が行なわれるものではない。ボンが手にするのは、自由な——あるいは少なくともなかば自由な——旅行の行き来と政治犯の釈放である。二つともセットになったものである」］。エーゴン・バールはこの点を一九六七年九月四日のテレビ討論のなかで、以前の西ドイツ政府の東方政策・ドイツ政策との大きな違いの一つだと言っていた。「西ドイツ政府は今日ではもはや、ドイツのもう一つの部分を孤立させようなどというのでなく、かれらを緊張緩和の展開のなかに引き入れようとしているのだ」、と。

こうした前提からバールのドイツ政策構想に、いくつかの必然的な帰結が生まれてくる。まず実際的な帰結である。それは、DDRとの関係で具体的な進展が達成できるのは、西側にとっての第一の関心が「プロパガンダ的な効果だ」というような疑念が生じない場合のみである、というのだった。一九六七年五月三日、ヘルムート・シュミットに宛てた書簡でバールは、自分の東方政策・ドイツ政策のこうした戦術的基本条件についてこう言っている。「DDRのように、内部的に弱体で、プレステージの獲得や承認にグロテスクなまでに執心するような国家構造の場合、実際上の成果がえられるとしたらほとんど、政体のプロパガンダ的な敗北に結びつかないような、文言形式をたてるようにしたらいい、と思います」。

もし——バールのように——DDRを引き入れないでやる緊張緩和政策には成果の展望がないという認識にいたるなら、それは論理的には、両ドイツ国家間の基本的な意見の違い、つまり「ドイツ問題」は議論の次元からはずしてかかる必要のあることを意味していた。大枠条約に関する企画研究のなかでバールは、こう言っている。西ドイツ政府は、「まず再統一、それから緊張緩和と軍縮、という以前の優先順位を逆にした帰結を引きだしている。当政府の出発点は次のようなもの、すなわち、とりあえず緊張緩和政策の導入をはかって、その過程でヨーロッパ平和秩序の枠内においてドイツ問題の解決が可能となるだろう」、というものでなければならないのだった。「緊張緩和政策」という部分において――それにはドイツ問題の後回しも含まれる――とりわけ大事なのは、「DDRを相手に、二つのドイツ部分の併存が耐えられるものになるよう、あらゆる実際的な問題について交渉する」ことだという。基本的立場に意識的に触れずにまったく緊張緩和だけをめざす政策は、もっともDDRによって巧みにブロックされてしまった。すなわち、「ルーマニアと（西ドイツ）の外交関係樹立後、DDRはソビエトとポーランドの支持のもと、西ドイツはさらに東ヨーロッパ諸国との関係正常化をする前に、二つのドイツ国家の存在を受け入れ、現存国境を承認し、核兵器への関わりを断念しなければならない、という要求を貫徹できたのである」［ヘルガ・ハフテンドルン『安全保障と緊張緩和。西ドイツの外交政策　一九五五―一九八二』、バーデン・バーデン、一九八六年、三〇八頁。「一九六七年二月の初め突然招集された、ワルシャワ条約機構の外相会議において西ドイツに対する一般原則――逆の「ハルシュタイン・ドクトリン」、いわゆる「ウルブリヒト・ドクトリン」――が設定された」］。

この意味するところは――バールの分析においても――西ドイツの以前のドイツ政策の優先順序を鏡に映したようなもので、DDRの姿勢は、「第一にDDRの国際的な承認、次いで緊張緩和なのであった」。そこでバールがいうには、西ドイツの外交政策の直近の目標は、「DDRをそのなんであれブロックする地位から引きずり下ろすこと」でなければならなかった。それゆえ大枠条約の提案に成功の見込みがあるのは、提案にヨーロッパ的な規模での武力放棄、国境の承認、非核拡散条約への西ドイツの署名が結びついている場合のみである、という。「DDRを相手にした包括的な条約による関係規定のための、東西双方でも信頼がえられる提案」というのは、「条約パートナー同士の同権から出発」しなければならない。西ドイツの単独代表権主張はドイツ・ドイツ間の大枠条約の締結になれば、もはや維持することはできない、という。条約はDDRに完全な国際法上の能力を与えることになるだろうが、それでも、大枠条約は――バールの企画研究ではそう言われている――両ドイツ国家間の特別な関係を強調すべきであろう。ドイツ・ドイツ間協定に関するバールの基本前提は次のようであった。「そうした大枠条約は、両ドイツ国家がお互いにとって外国ではない、という立場から出発しなければならない。その条約は、国民の一体性を配慮するような一連の実質的な内容をもつものでなければならない」、という。「西ドイツ政府は……わが方による国際法上の承認問題が条約のなかではっきり言及されることのないように、努めるべきである」。

企画立案書は、DDRと西ドイツの利害状況を分析して、双方が場合によったら結ぶ協定において実現しようと欲している基本的事項を書きだし、DDRにとっての重点項目を次のように七つ挙げている。

(1) BRD（西ドイツ）との「正常な」接触や関係の創出。
(2) 核兵器の断念。
(3) 武力放棄の取り決め。
(4) ドイツの両部分の間の国境として、協定による国境線の承認。
(5) 東部国境としてのオーデル＝ナイセ国境線の承認。
(6) ミュンヘン協定を当初に遡っての無効承認。
(7) 西ベルリンは独立した政治単位であることの承認。

最初の四点の取り扱いルールの設定にあたって、バールの企画研究はなんの問題も感じとっていなかった。（それに対して）オーデル＝ナイセ国境線の承認を大枠条約のなかではっきりいうのは避けるべきである。というのも、この問題の最終的なルール設定は、ドイツ・ポーランド関係の改善に利用する可能性を残しておくべきだからである。同様のことは「ミュンヘン協定」の問題についても当てはまる。この問題は、チェコスロヴァキアとの交渉に残しておくべきである。ぜったいに受け入れられないのは、七番目のベルリンに関する要求である。西ベルリンの（ドイツ）

連邦との結びつきは、ベルリン全体に対する四カ国協定と同様、保持されなければならない。もっともベルリンを条約の対象として組み入れることは、西ドイツの利害にかなっている。西ドイツの具体的な利害状況にとって受け入れ可能な交渉結果についてエーゴン・バールは次のように四つの基本項目をあげている。

(1) ベルリンに関する取り扱い規定の決定。
(2) 機構制度的なくくり。
(3) 交通往来のルール設定。
(4) 情報の交換。

大枠条約の構成要素で譲ることのできないものは、西ベルリンへの民間人の行き来、およびベルリンの法的地位に関する合意である、という。その際この都市に関する連合国の責任は縮小されてはならないし、西ベルリンが西ドイツの経済・司法・財政体制に組み込まれていること、ならびに西ベルリンが外国に向かっては西ドイツ政府によって代表されていることは、条約に明記されねばならない、という。二番目の点――機構制度的なくくり――で大事なのは、両ドイツ部分の間のめざす特別な関係を共通の機構制度に反映させることだ、といっていた。

人びとの往来のルール設定という目標は、東西間の接触可能性を改善して、ドイツの両部分がこれ以上別々に暮らすのを阻止することだ、という。めざす情報交換の主要目標は、印刷物のできるだけ自由な交換であり、ラジオ放送受信やテレビ放映視聴の制限のない許可だという。

そうした大枠条約が西ドイツ側にとってもっているもろもろのリスクは、バールにははっきりわかっていた。バールは分析のなかですでに、のちに「新東方政策」をめぐって吹きだすことになる矛盾した批判に踏み込んでいた。つまり東方政策はドイツ分断の確認になるのか、それともドイツ分断を克服する第一歩になるのか、である。バールはこの基本問題を大枠条約に関する研究のなかで、次のように言っている。「大枠条約締結後の両ドイツ国家間の関係は、一方では最初のドイツ間の関係の規定を取り決めることによって、そして他方では基本的にはベルリンを含めた両ドイツ部分の関係を、ドイツ問題の最終解決まで関係規定を決めることによって定められる」、と。これでもって条約の大まかなラインは描かれた。つまり条約は、それによって最終的な分断過程を導入する危険を含み、他方ではドイツ分断克服の第一歩になれるかも、との期待を含んでいた。表向き大枠条約はこの両者のどちらかであってはならず、たんにドイツの両部分の間の協定で、「その相互の関係および第三者との両国の関係を規定し、再統一まで法律的に修正の必要のない」ものでなければならなかった。「ドイツ問題の解決」は、緊張緩和という関心の背後に置かれるが、しかし同時に大枠条約は、「ドイツの両部分の共通行動によるドイツ問題の解決」をひきつづき将来の目標として前提とすべきものであった。したがって、バールのドイツ構想において、大枠条約の提案は決してドイツ統一という目標からの離反ではなくて、時間をかけて分断を克服する第一歩なのであった。

こうした目標のために、そして分断の固定化というじゅうぶん意識されたリスクを避けるために、一九六九年九月のバールの企画研究は、具体的な行動のとり方をいくつか予定していた。一つには次のようになるのは是非阻止しなければならなかった。つまり、「ドイツ条約において再統一への政治的義務をはっきりと引き受けている西側連合諸国が、まったく重荷をおろしたといわないまでも、かなりほっと楽な気持ちになりかねない」のは、阻止しなければならないのであった。それだから大枠条約の折に連合国の義務はあらためてはっきりさせておかねばならないのである。「そうすれば、ドイツの分断を受け入れようという気持ちになっている大西洋同盟内のパートナーたちが、大枠条約をドイツ問題の最終的な解決だと思うような危険にも、対抗できるかもしれない」、という。

というのも、バールの理解するドイツ・ドイツ間大枠条約は、そうした役割をまさにもたないものになるはずだったからである。それゆえかれは研究のなかでなんども、条約には「ドイツ国民の統一に関するはっきりとした確認」を含む必要があると、強調していた。

大枠条約は、バールがすでに一九六三年トゥッツィングにおいて口にしたかれのドイツ政策構想の基本を条約の形にしようとするものだった。つまり、現状（Status quo）を克服するために現状を認める、である。めざすのは、最終的なルール設定ではなくて、「異質なものが共存していけるような生存方式（Modus vivendi）」である。原則的な相違は存続しつづけるが、モードス・ヴィヴェンディ方式によってそれぞれの利害に応じて決められるものとする。大枠条約に関する研究のなかでは、この件は次のように言われていた。「ソビエトのヨーロッパ政策の主要目標は、現状（Status quo）の法的な確認にある。我われの政策の主要目標は、現状の克服にある。これは利害の真の対立である。この対立は、大枠条約によっても解決することはできず、その条約の根底に相違点として残る。めざすのは、利害の調整ではなくて、自己の利害を貫徹するための手段である。長期的にみれば、大枠条約の締結は西ドイツにとって、次のような期待と結びついている。つまり両ドイツ国家相互の関係を正式に明確にしたのちに、条約の実質的な要素および条約に含まれるドイツ・ドイツ間のもろもろの接点が政治的な重みを増し、我われの意味での分断の克服のために効果をもつようになるだろう、との期待である」。

✽第8章✽

東方諸条約の政策

第1節　社民＝自由連立——東方政策のための同盟

一九六九年の「政権交替」は疑いもなくドイツの戦後史のもっとも重要な転機の一つであった［「政権交替」という言葉を初めて口にしたのはグスターフ・ハイネマン（一八九九—一九七六）で、大統領に選ばれた数日後の『シュトゥットガルト新聞』とのインタビューにおいてであった。「今やちょっとした政権交替が行なわれたのである。しかも議会主義的デモクラシーのルールに則ってである。人びとが期待しているし、わたしもそれなりの理由から信じているのは、その種のデモクラシーは、そのルールに基づいてじっさいにひとたび政権交替が誕生して初めてその真価テストに合格したことになるのである。この点大統領の選挙は、幅ひろい戦線とはなってはいなくて、連邦議会選挙において初めて結果をみることであろうが、それでもとにかく注目すべき一歩ではある」］。六九年一〇月二一日、初めてヴィリー・ブラントという社会民主党の政治家がドイツ連邦共和国の首相に選ばれたのであり、SPD＝FDP連立によって、キリスト教同盟は二〇年経って初めて、野党に追いやられたのであった。

一九六九年九月二八日の連邦議会選挙のあと、そもそも社民＝自由連立にいたったのは、選挙の結果だけで説明のつくものではなかった。というのも足し算しただけでは、CDU／CSUに対するSPDとFDPの多数越えは、一九六五年時とほぼ同様で、わずかなものだった［六五年九月一九日の選挙では、CDU／CSUが二四五議席、SPD二〇二議席、FDP四九議席であったのに対して、六九年九月二八日の選挙では、CDU／CSUが二四二議席、SPD二二四議席、FDP三〇議席であった］。

連邦議会において一二議席しか多くない多数派が、連立を組むにいたった原因は、とりわけヴィリー・ブラントにあった。SPDの党首ならびにその緊密なアドバイザーのバールは、すでに一九六六年社民＝自由連立の方を優先させていた。六六年一二月の段階ではまだそうした望む状況にはたちいたってはいなかったけれど、SPD党首周辺のベルリン・グループの人たちは、六九年の連邦議会選挙後には「小さな連立」を、という目標を視野に入れていた。エーゴン・バールは、ヴァルター・シェール（一九一九年生まれ）宛てのヴィリー・ブラントの手紙を起草するに当たってこう書いていた。「前略。シェール様。FDPとSPDとの連立政府にならなかったことは、たしかにあなたにとっても、不本意なことでしょう。しかし、この二つの政党ならびに一連の政党指導者たちは、お互い近い関係になってまいりました。我われがこの点を堅持していけることを大いに期待しております。ことの展開にはそれ独自の要点がありますが、それが我われの結びつきを妨げることにはならないでしょう」［六六年一二月六日付け、シェール宛てのブラントの手紙用に、バールが書いた文面草稿］。

一九六九年の多数派は、六五年時とくらべて本質的に変わっていなかった。変わったのは、内政・外交の諸条件であり、そして政党政治的な状況であった。ブラントは六六年以来「大連立」の外務大臣としてボンにいて、その結果連立構成に早期に手を打つのに、六五／六六年時より、はるかに容易になっていた。「大連立」の構成の場合に党の路線を決めたのはとりわけヘルベルト・ヴェーナーであったが、そのときとは違って、六九年秋の場合、SPD党首で連邦首相候補（ブラント）がみずから路線を指示していた。ブラントは、投票日の夜には早くも精力的に決然として社会民主党と自由民主党の連携をはっきりめざして動いて、もっとも親しい友人たちすらも驚かした。一〇月三日、バールが自分の「ボス」に驚きと嬉しさを交えてこう書いている。「ちなみにお祝いを申し上げる理由があると思っています。ここ五日間のうちに時折わたしは、ほぼ一〇年間行動をともにしてきたにもかかわらず、今まで望んできたがみられなかったもう一人のヴィリー・ブラントを知ったかのような思いをしています。しかもそれがいい面でのことなのです」。

SPD／FDP連携のためのブラントのはっきりした断固たる路線の原因は、なにより外交政策の領域にあった。「ブラントは、大連立の外務大臣として、キージンガーの采配する首相府により制約を受けていると感じていたし、CDU／CSUを、腹心の部下エーゴン・バール率いる外務省政策企画局立案の新たなドイツ政策・東方政策構想にとっては障害だとみなしていた」。

それだから、ブラントとバールがめざす東方政策・ドイツ政策の目標は、社民＝自由連立路線を明確に採用するに当たって重要な役割を果たしていた。バールはすでにかなり前から東方政策における実質的な前進は、CDU／CSUという連立パートナー相手では達成不可能であるという見解にたっていた。キリスト教同盟二党は、アデナウアーのドイツ政策の二つの基本原則、「西ドイツの単独代表権の主張と、DDRを国家としては断固非承認という政策」に抵触するようなことはしようとしなかった。しかしバールはすでに一九六六年以前に、緊張緩和のプロセスにDDRを引き込むことなしには、東方政策の前進はありえないという認識に達していた。くわえて、その連邦議会任期の終わり頃SPDとCDU／CSUの連立パートナーの間にますます亀裂がはいるようになっていた。この点をバールはこう言っている。「チェコスロヴァキア進攻（プラハの春の弾圧）のあと、現実的にことを進めようとするCDUの姿勢は、ほとんど消えてゼロになり、一九六九年の議会選挙が近づくにつれて、ゼロ以下の程度にまでなってしまった」。

SPDとCDU／CSUの間の東方政策路線の違いに対して、他方では自由民主党と社会民主党との間の、東方政策・ドイツ政策の領域での意見の一致が広がっていった。FDPのスポークスマンであるヴォルフガング・ショルヴェーア、あるいはFDPの連邦財務担当のハンス・ヴォルフガング・ルービン（一九一二―一九八六）のような自由民主党の人たちは、バールの東方政策構想に広範に合致するような立場をことあるごとにとっていた。さらに、FDPの党内事情の展開も、東方政策・ドイツ政策の新しい方針を必然的にとらせるよう仕向けた。一九六八年一月三〇日、フライブルクにおけるFDPの第一八回党大会でヴァルター・シェールが党首としてエーリヒ・メンデ（一九一六―一九九八）に取って代わった。この党首交替は、新たな党規約の決定と、なにより新東方政策・ドイツ政策の根拠づけとなるもので、FDPの新たな党指導部を東方政策・ドイツ政策の「革新」に向かわせるものであった。

つまり、一九六九年のSPD＝FDP連立は、完全に「東方政策同盟」であった。同盟は、なにより東方政策の領域における広範な意見の一致に基づいて成立したのであり、構想的にすでにじゅうぶん考えぬかれた東方政策を政府の政策として実践しようとして、成立したものだった。アルヌルフ・バーリングは、「政権交替」について次のように評しているが、それは的をえている。「ソビエトおよびDDRを含む東欧諸国との関係のルール設定は、社民＝自由同盟の出発点における真の、唯一の基礎とまでは言わないが、本来の基盤であった」。

それに応じる形で「新東方政策」は、一九六九年一〇月二八日のブラント政府声明の中心的テーマでもあった。社会民主党出身の連邦首相は、さしあたり大連立の政策との継続性を強調し、「新東方政策」はいわばアデナウアーの西側政策を論理的にさらに発展させたものだと言っていたが、ブラントの演説には東方条約政策のための決定的な推進インパクトが含まれていた。「この政府の立場はこうである。すなわち第二次世界大戦およびヒトラー政体による国民的裏切りによってドイツ国民に生じた諸問題に応えることができるのは、最終的にはヨーロッパの平和秩序においてのみである、という立場である。しかしドイツ人も、他の国民と同じように、自決権を保持しているのを、だれも我われに諦めるよう説き進めることはできない。今我われの前にある任期の間の実践的な政策課題は、ドイツの二つの部分間の関係を現在の引きつった状態から解き放つことによって、国民の一体性を守ることであり……ドイツ連邦共和国とDDRの建国二〇年を経て我われは、ドイツ国民が別々に暮らしつづけることを阻止すること、つまり関係のルールに基づいた併存を経て共存にいたることである。……西ドイツ政府は一九六六年に採用した政策を継続し、DDRの閣僚評議会にあらためて、双方ともに差別的な言動なしに、政府間レベルで協議し、条約的に一致した協力にいたることを提案するものである。西ドイツ政府によるDDRの国際法的な承認は、問題外である。ドイツに二つの国家が存在するのは確かにしても、しかしそれらはお互い外国ではない。両者の関係は、特殊なものでしかありえない」。

ブラントの政府声明は――外交に関する部分にはバールの影響が大きくかかわっていた――社民＝自由連立の東方条約政策の真の出発を画するものであった。とりわけ声明のなかの副文章で使われていた「ドイツにある二つの国家」という表現が、のちの交渉にとっての鍵となっていく。エーゴン・バールはこの箇所に懸念をもっていた。理由はこの表現を内容的に拒否したからでなく、「ドイツにおける二つの国家」という譲歩は交渉の初めではなく、終わりにあるべきと考えていたからだった［バール『ドイツはどうなる?』、二二二頁。そこでバールはこう書いていた。「その時点で我われは、DDRの国家としての存在を認める文章を政府声明のなかに入れるべきかどうかで争っていた。わたしは入れることに反対だった。のちになってブラントとシェールの方が正しかったことを知った。というのもこの表現こそ、東側においてつよい印象を与えたものだった。なぜならその表現は我われの信憑性をアナウンスしていたし、ロシア人たちが初めて、この人たちと話をして連中がそもそも何を思い描いているかを確かめることに意味があるという、考えになったからである」］。しかしブラントの方が正しいということになった。「二つのドイツ国家」という文言は、大連立の東方政策から「新東方政策」への決定的な刷新の飛躍を意味していた。この表現でブラントは次の点を悟らせようとしたのだった。つまり、西ドイツの新政府には、DDRを対等の交渉相手として受け入れ、DDRの国家としての存在を今後問題にしない用意がある。しかしそうは言っても国際法的な承認にまで踏み込むことはしない。すなわちこの文言は、のちの東方条約交渉へのいわば「入場券」であった。

ヴィリー・ブラントは、政府声明の外交に関する部分で、バールが外務省でつくっていた企画書を取り上げたのだったが、もちろんそれを具体的にいうことはしなかった。西ドイツ政府の目標は、企画立案局で理論的に考察された構想を今やできるだけ速やかに実践的政策に移すことであった。その際視野にはいっていたのは、ソビエト、ポーランド、DDR、チェコスロヴァキアとの交渉であり、「全体一括案」として初めにベルリンの取り扱い規定の決定をめざすことであった。バールは、次期連邦首相が確定的になったブラントのために書いた一九六九年一〇月一日の構想文書のなかで、めざす政策は「ソビエト、DDR、ポーランドとのほぼ同時的な交渉になるだろう」といい、その際バールにとってはっきりしていたのは、ソビエトとの話し合いを優先させねばならないことであった。「その場合、東ヨーロッパとの我われの関係はソビエトの許容の度合いに応じた形でしか展開できないであろう。すでにこうした理由から、ソビエトとの関係改善が同時に進められねばならないのである」［ヴィリー・ブラントのためのバールによる企画書。メモの縮刷版「将来の連邦政府の外交政策」およびそこから結果する実践的帰結、六九年一〇月一日］。

こうしてソビエトとの対話は、新たな西ドイツ政府の東方政策推進企画の真っ先に置かれることになった。これは、バールのドイツ構想の基本認識にも合っていた。というのもかれは、一九六三年トゥッツィングでなんと言っていただろうか。「再統一の諸前提は、ソビエトを相手にせずにはつくりだせない。諸前提がえられるのは、東ベルリンでもなければ、ソビエトに逆らってでもないし、ソビエトを抜きにしてでもない」。

第2節　モスクワ条約

ブラント／シェール内閣にとってはっきりしていたのは、東方に対する外交努力の初めに当たってモスクワとの交渉をしなければならないことであった。交渉しようとするのは、武力不行使についてであった（この種のテーマが今さら問題になるのはなぜか。ソビエト側からすると、西ドイツが武力によって国境の現状の変更をくわだてないこと。西ドイツからすると、ソビエトが国連憲章にある旧敵国条項によって今でも武力行使の権利をもっていることにあった。後者は「プラハの春」への武力介入（一九六八年八月）という生々しい記憶もあって、交渉の必要性の大きな要因となっていた）。

これは、今誕生したばかりの社民＝自由連立政権が創案したものでなかった。一九六六年三月二五日のエアハルト政府の「平和覚書」（六六年三月二六日、ドイツ平和政策に関する西ドイツ政府の覚書）に端を発して「大連立」の時代にすでに西ドイツとソビエト連邦との間で数多くの覚書の交換となっていた。こうした「外交的な先行的走り」の助けにより、六九年の政権交替のちきわめて速やかに具体的な交渉にはいることになった。七二年六月バールは、ギュンター・ガウスとのインタビューのなかで、「武力不行使」というテーマが「じゅうぶん掘り下げられていた」事実の意義を強調している。「我われは二年もの間いくつかの覚書を交換し合い、じっさい各分野のどんな深層までもわかっている。そこには目新しいものはない、と言っていい」。

強調しておかねばならないのは、ボンにおける政権交替が、一九六九年東方政策の大きな促進にいたった一つの原因でしかないことである。他の原因としては、とりわけ世界政治の状況があった。ハンス・ゲオルク・レーマンが、「転機をもたらしたのはボンではなく、モスクワであった」と強調しているのは正しい。六九年の間に、西ドイツとの真剣な交渉に関するソビエトの興味をかなり高めるような展開が生じていた。六九年の三月に国境の河ウスリー江で起こった中ソの武力衝突、チェコスロヴァキアにおける出来事からクレムリンが引きだした教訓、経済的な発展に関する幻滅、これら三つの原因がソビエトに、ヨーロッパにおける自分たちの状況をあらためて徹底して考えるよう仕向けたのだった。ソビエトの政策目標は、ヨーロッパにおける現状の固定化であり、西側との経済的・技術的な提携の強化であった。これにそう形でエーゴン・バールは、ソビエトの利害状況を判断していた。七〇年八月一八日付けで、アメリカ国務省ヨーロッパ部局長マーチン・ヒレンブランド（一九一五年生まれ）とバールの会談記録にはこうあった。「そのあとヒレンブランドが、西ドイツとの協定に関するロシアの関心について尋ねた。バール次官は、ここでさしあたり協力の時代に自分の足跡を残そうとするブレジネフの意欲のことをあげた。さらに、ソビエトの国民総生産が、たとえばアメリカ、日本、西ヨーロッパと比較してだんだん落ちていることをあげた。ロシア人にとって長い目でみる経済協力は、長期的な視点にたった政治的なルール設定にしたがってのみ可能なものなので、後者の方が必要となるだろう。最後に、赤い中国に対する必要以上の恐怖心ゆえに、中部ヨーロッパにおける平和にかなりつよい関心のあることも述べた。こうした理由や、もしかしてさらなる理由が一連の動機となっている、と」。

ところで利害状況が変わっていたのは、東側だけでなかった。西側においても、東方政策・ドイツ政策においてボンのもっと積極的な役割が迫られていた。ニクソン大統領（一九一三―一九九四）のもと新構成のアメリカ政府（一九六九年一月二〇日就任）は、かれらなりに緊張緩和政策をめざしていた。アメリカの国家安全保障問題担当補佐官ヘンリー・キッシンジャーは、その『回想録』のなかでＣＤＵ／ＣＳＵがとる「非承認政策」を批判している。「今なお政権を握るキリスト教同盟二党は……かたくなに五〇年代の政治原則にしがみついている。かれらの一度とった方針を固守しようとする狂気に近い情熱は、新たな展望を開こうとしているアメリカ政府の苛立ちを招いている。……わたしはアデナウアーとその賢明な政策、つまり自分の国に信頼性と安定とを取りもどそうと、他の必要な熟慮を二の次にしてきた賢い政策を率直に称賛してきた。しかし六〇年代になると、アデナウアーの再統一政策は西ドイツをしだいにその同盟諸国や中立諸国と摩擦を起こすようにさせてしまった。ボンがこの路線をつづけていたとしたら、場合によっては東側との危機のなかでじっさい独りぼっちになっている自分を目にしたことだろう。ドイツに降りかかった負い目と不安とをみずから引き受けたことこそ、ブラントの歴史的な功績であった」[キッシンジャー『回想録一九六八―一九七九』、第一部、一〇九、四四二頁]。

社民＝自由連立政府の外相シェールは一九六九年一〇月三〇日、ソビエト大使に、すでに同年九月一二日に届いたソビエトの提案、つまりそのときのキージンガー／ブラント政府に宛てたソビエトの武力不行使に関する話し合い提案を受ける用意があると伝えていた。だが、これは、与党内の意見形成プロセスの産物だけではなく、世界政治上の諸条件と挑戦の変化に対する反応でもあった。

しかし（わたしの）この研究のなかでは、モスクワ条約にいたるまでの歴史を詳しく分析することはしないし、交渉過程を細かな点にいたるまで述べることもしないでおこう。以下の節における分析は、東方政策の目標と結果ならびにエーゴン・バールがこの政治的な新方針の際に果たした役割にかぎられる。調査対象となる問題群としては、モスクワとの難しい会談にどうしてエーゴン・バールが選ばれたのか？　交渉の目標設定と経過にとってバールのドイツ構想はどんな役割を果たしたのだろうか？　バールにとって非常に重要な「ドイツ統一」というテーマは会談のなかでどう取り扱われたのだろうか？　そのテーマはのちに条約のなかでどう処理されたのだろうか？、などである。

その1　交渉人エーゴン・バール――「理論家が外交の表舞台へ」

武力不行使に関する最初のドイツ・ソビエト会談は、一九六九年一一月八日、そして一二月二三日、モスクワで行なわれた。ドイツ側で会談を率いたのは駐モスクワ大使のヘルムート・アラルト（一九〇七―一九八七）であり、ソビエトを代表したのは外相のアンドレイ・グロムイコ（一九〇九―一九八九）であった。

交渉の相互の立場を明確化しようとするこの予備会談は、困難をきわめた。グロムイコが自分の基本的立場と最大限要求を述べたのに対して、西ドイツ大使は、それなりに反応する資格も全権も与えられていなかった。アラルトは、辞任後にバールの交渉の仕方を激しく非難し、モスクワ条約には「急ぎすぎたやり方の痕跡」があると言っているが、かれは「新東方政策」の戦略にはあまり通じていなかった。回想録のなかでこの外交官はこう批判している。「条約交渉の際に一般的に通例になっているのは、お互い同士が一度最大限の希望をテーブルに出して相手側の反応をまずみる。それだから、我われ相手になにかスローガンで賭けをするチャンスなどない、その点を早めに相手側にわからせてやるのが、正しいようにわたしは思っていた。〝我われのものは我われのもの。君たちのものは交渉で決める〟。結局のところ我われには外交上時間的な圧力などなかった。二五年間答えがでずにいたものを、数週間で決める必要は決してなかったし、決めてはいけなかった」［ヘルムート・アラルト『モスクワ日記。観察、メモ、体験』、デュッセルドルフ／ウィーン、一九七四年、二六二頁］。

しかしまさにこの時間上の次元こそ、とりわけエーゴン・バールが違った見方をしていたもので、しかも外交政策上・内政上の動機に基づいて別な見方をしていたのだった。外交上「東方政策の本来の戦略」にとって懸念材料になっていたのは、とりわけＤＤＲであった。ウルブリヒトはその数年前から西ドイツが東欧諸国に外交的に接近するのを、ＤＤＲ無視の形で進めてはならない、との論拠で阻んでいた。そのかれが一九六九年一二月一七日、西ドイツとＤＤＲ関係のルール設定のための条約草案を（西ドイツの）ハイネマン大統領（一八九九―一九七六）に送り、そのなかで国際法的な承認の確定を要求していた。ウルブリヒトの条約草案の主要目標は、さらなる接近を妨害し対話を阻止することにあるのは、明らかだった。草案では、ドイツ・ドイツ間のどんな特別な関係の否定も含まれていたし、したがってＤＤＲの憲法（前文と第八条第二項）で宣言されていた分断の克服、漸次的な接近と「民主主義と社会主義を基礎にした」最終的統一の追求は今後しないということも含まれていた。この最後の点は、一九六七年九月のＤＤＲ首相ヴィリー・シュトーフ（一九一四―一九九九）の条約構想ではなお基礎になっていたものであったのだが。

バールの分析によれば、ソビエトや他の東欧諸国（とくにポーランド）の目下の意欲を利用して、できるだけ速やかに具体的な条約交渉にはいり、ＤＤＲにかれらの阻止政策のさらなる継続の口実を与えないことが、大事なのであった。バールの状況判断の根拠は、西ドイツの「新東方政策」がじゅうぶんな準備をされ、保証のあるものだというのであった。外務省時代の広範な政策研究が活用できたし、そのときには東方政策を理論的にすみずみまで検討し、くわえて「大連立」の間の覚書の交換を通して長い「外交的な予備走行」も行なっていた［「大連立」の時期には、ドイツ・ソビエト間の覚書の交換のほかに、東方政策を軌道に乗せようとする公式・非公式の接触が数多くあった。なかでもブラントとバールはボン駐在のソビエト大使ツァラプキン（一九〇六―一九八四）と多くの会談をもっている。一九六八年六月には、ＤＤＲ駐在のソビエト大使アブラシモフ（一九一二―二〇〇九）とブラントが東ベルリンで秘密の情報交換のために会っている。一九六八年一〇月八日、六九年九月二二日には、国連の年次総会の折ブラントとソビエトのグロムイコ外相との会談が行なわれ、それらの会談にはエーゴン・バールも同席していた］。そのうえいっそう積極的な緊張緩和政策に対する西側同盟国の原則的な同意もえられていた。すでに政府声明の前にエーゴン・バールは一九六九年一〇月一三日、ワシントンでアメリカの国家安全保障問題担当補佐官キッシンジャーと会って、企図している東方政策の基本的特徴を説明している。こうした政策に対するキッシンジャーの同意をバールは、翌一四日のメモのなかで、「あなた方の成功は我われの成功となるだろう」という言葉で引用していた。

こうした事情のすべてによりバールは、今や「モスクワとの会談をただちに準備し、できることなら（七〇年）一月の最後の週にも始めることが大事である」、という結論に達していた。一九七〇年一月一四日、バールがブラント首相とシェール外相のためのメモで引きだした結論は、「時間のロスは、政府にとっては行動のロス、野党にとってはポイント稼ぎになる。野党は、時間的な遅滞によってより協力的になることはなく、馬鹿げたおしゃべりか的外れの論拠のための余地を多く稼ぐのである。わたしは、連邦政府が慌てずに、しかしスムーズでブレることなく新導入の政策をつづけるのが、大事な決断だと思っている」。

ソビエトとの交渉に当たれるのがアラルト大使でないのは、当初からはっきりしていた［アラルトは次のように書いている。「わたしはたしかに、自分のモスクワ使節の任で、もしかしたら正常化になにか貢献できるのではないかと期待していたが、しかしいろんなルーティーン的な業務のほかに、非常に複雑でひょっとすると長くかかる任務までもさらに引き受けるのは現地の大使の用件とはなりえない、という点で少しも疑問をもたなかった」。ヘルムート・アラルト『モスクワ日記』、二六五頁］。大使級にとっては交渉の次元が高すぎた。ソビエトは外相グロムイコを配して交渉に当たらせようとしていたのである［バールは、ソビエトがモスクワにおける会談を外務大臣によって行なわせようとしているのは、「かれらの真剣な姿勢の証し」であると評価していた］。そのうえアラルトには実際的な懸念があった。かれは、東方政策の新方針に対してあきらかによそよそしい態度をみせていたのである。ブラントは振りかえって、ドイツ大使がグロムイコと行なった三回の一二月会談について、「これらの会談は、この先どう進めたらいいのか、わからせてくれなかった」、と評している。「アラルトの交渉の仕方では、何も始まらない」、とシェールもブラント評を補足している。シェールもブラントもそれだからアラルトに不快感をもっていた。似たようなことをエーゴン・バールも言っている。一九七〇年一月一四日のメモでかれは、「この会談はアラルトではできない。かれを前座の会談に送り込むのは、マイナスでしかない、とわたしはみている」。

それだから、交渉の別なリーダーをみつけねばならなかった。選抜の目が「独り自分の道を行く」エーゴン・バールに向けられた必然性を、アルヌルフ・バーリングは適切にもこう書いている。「ボンで周囲をみまわしたとき、この役にふさわしいと思われるのは一人しかいなかった、エーゴン・バールである。……再統一という歴史的チャンスをなんとしても残しておこうとする考えと意志がバールの頭から離れることは決してなかった。そのかぎりでかれは、真に大事な時の人であった。当時ボンで、ロシア人となんとか巧く付き合おうとする人がいるとしたら、そのための納得のいきそうな、知性と積極的な身の入れようとを併せもち、理性的な計算と情動的な動機とのミックスをもってロシア人と付き合える人がいるとしたら、それはバールであった。いな、その瞬間にエーゴン・バール以上の人はほかにいなかった」［アルヌルフ・バーリング『権力交替』、二六五、二六七頁］。

最終的にバールをだれが、いつモスクワの交渉人に推薦したのか、という疑問は議論の分かれるところである。ギュンター・シュミートの主張では、モスクワの予備会談の主役をバールに依頼することは「基本的にすでに連立交渉の間に決まっており、ヴァルター・シェールによって受け入れられていた」、という。バール自身は、提案をしてきたのはシェールであったとして、「当時、一九六九年の末シェールが、わたしの七〇年一月のモスクワ予備会談行きを提案したのだ」と言っている。一方でアルヌルフ・バーリングは、人物の提案はブラントからでたもので、その案を当然で納得のいくものと思ったシェールが、その提案をたんに自分からのもののようにして、「外交政策上の決定過程に関する自分の物的・人的関与を立証しよう」とした、と言っている。

バールのモスクワ派遣という決定を連邦政府は、一九七〇年一月二七日に発表する。その一日後にはSPDの政治家（バール）は少人数の使節団を率いてモスクワに到着し、三〇日からグロムイコ外相と会談を始めることになった。

ブラントの腹心バールの派遣は、西ドイツの野党からきわめて激しい批判を浴びた。フランツ＝ヨーゼフ・シュトラウスなどは、バールは「ディレッタント的なアマチュア外交家」だとさえ言い放った。この批判は、挑発的であるとともに不当でもあった。というのももちろんバールは、外交交渉を行なう他のほとんどの政治家と同様、職業的な外交官ではなかった。しかし他方ではこのブラントの腹心は、外交の舞台でもいくつかの経験をつんでいた。たとえばかれは、一九六七年七月二〇日から八月三日まで特別大使としてプラハで、チェコスロヴァキア政府と経済交渉を行ない、その結果として商品取り引きと支払取り引きに関する協定、そして通商代表部の設置に関する協定が結ばれている。くわえてバールは、ブラントのために、ソビエトの代表者たちと非公式の会談を数多く行なっている。そのなかには、六三年の最終的には頓挫してしまったブラント／フルシチョフ会談の準備のための、また六八年のブラントと駐東独ソビエト大使、ピョートル・アブラシモフ（一九一二―二〇〇九）との会談の実現のための会合があった。それだから外交的な経験不足という批判は、限定的にしか当てはまらないものだった。

もっときめ細かく、もっと真摯に受けとめねばならない批判は、CDU所属の連邦議会議員ヴェルナー・マルクス（一九二四―一九八五）の批判である。かれは、一九七二年モスクワ条約の批准のための討論のなかでこう述べている。「次のようなことは現代の外交において稀なケースである。つまり、それほど広範に影響をおよぼす複雑な政策を創案・考案した人物みずからが外交官としてその政策に関して交渉した事例のことである。政治的な中枢と交渉人との間に必要な距離がもはやなくなっている。エーゴン・バールはすべてを一身に担っているのだ」。しかし、計画構想と実現化展開とのあまり例のない結びつきこそ、バールの交渉目標の調査研究をとくべつ興味あるものにさせているものなのである。国家・国民的なものや国家・国民に照準を合わせていた——外務政務次官のカール・メルシュが確認しているような——バールの姿勢は、モスクワ会談においてどんな価値をもっていたのだろうか？　バールは、自分のドイツ構想の諸基準を政策実現過程でどう主張し、それらの基準は東方諸条約のなかに実証できるどのような結果となって取り込まれているのだろうか？

バールは東方条約政策の意図について、アレクセル・シュプリンガー（一九一二—一九八五）との交換書簡のなかで自分の考えを述べている。この人は、バールが再統一のことをもはや真剣に考えていないと非難した人物であった。一九六九年一二月三〇日、バールはこのベルリンの出版人にこう答えている。「ドイツから救えるものを救うには、もっと多くの勇気、多くのファンタジー、多くの活動が——中傷誹謗をされる覚悟も含めて——必要なのです。それは、ウルブリヒトをますます強力にしてしまった、もしかして見返りもなしに国際的におのれの欲するものを手にするまでになってしまうのを防げなかった立派ないくつかの原則に固執するより、もっと多くのことが求められているのです」〔バールの六九年一二月三〇日付け、（右寄りの出版人）シュプリンガー宛ての書簡。バールとシュプリンガーの間の手紙のやりとりは、雑誌『シュピーゲル』で公表された〕。

その2　モスクワにおける交渉——内容、目標、戦術

「ドイツ連邦共和国とソビエト連邦との条約は、両国間の関係を、外交関係の樹立という形を越えて、永続的に正常

化し改善するためのものである」。こう言ってエーゴン・バールは、一九七一年八月一一日――モスクワ条約調印の一年後――かれが一九七〇年の初め交渉のためにソビエトの首都に旅立ったときの第一の設定目標のことを述べている。バールはソビエト外相アンドレイ・グロムイコと三度会談を行なって交渉する。一九七〇年の一月三〇日から二月一七日、三月の三日から二一日、五月一二日から二二日で、グロムイコとの会談は全体で五〇時間以上におよんだ。

以下の研究で問題にするのは、交渉の具体的な個々の部分を追ったり、条約本文の詳細を分析することではない。以下の詳述の意義は、むしろバールのモスクワ交渉の内容、目標、結果を素描し、かれの交渉の仕方の戦術と意図を究明することである。

それ以前の歳月、東欧諸国との関係改善を、当初原則的にソビエトの同意なしに試みたあとで、今では――バール構想にそって――ワルシャワ条約機構のリーダーの国（ソビエト）との関係正常化を優先させることになった。そうした正常化の道具が、「武力不行使」についてのバールの交渉であった。ヴィリー・ブラントはすでに一九七〇年一月一四日、連邦議会におけるかれの初めての「国民状況に関する報告」のなかでこう述べていた。「我われの政策の核心は武力不行使である。この武力不行使がすべての東欧諸国との関係改善の基礎になるべきである。ドイツ国民全体として近い将来に平和条約を期待できないのだから、武力不行使条約が――少なくともこれなら期待できるだろう――東欧のさまざまな国々とのいくつかの今日解決可能な諸問題の処理規定の基礎になる」［モスクワ条約と「バール文書」の政治的・法律的基礎の的確な叙述と博識の評価は、外交官アントニオス・アイテルがベンノ・ツュンドルフのペンネームで発表している。アイテルは一九七〇年一月から七三年二月までバールの個人的な補佐官であったし、その身分でモスクワでの交渉にも参加していた。ベンノ・ツュンドルフ著『東方諸条約。モスクワ／ワルシャワ／プラハの条約、ベルリン協定およびDDRとの条約』、ミュンヘン、一九七九年、二七―六一頁］。

西ドイツ新政府の目標は――ヨーロッパの現実の状況から出発して――東側と「モードス・ヴィヴェンディ」（他との平和的共存を可能にするような協調的生存方式）をみいだすことであった。そうした政治的な目標設定を強調して一九七〇年七月一五日、外相シェールはこう言っている。「武力不行使条約は……今ある状況から出発する。それは状況を不変のものとして承認することでなく、価値判断を交えることなく、状況を叙述する。武力不行使条約は、ことの善し悪しや、正・不当をいうのでもない。……武力不行使条約は地理的な現状から出発してその現状国境の間における政治的なモードス・ヴィヴェンディを提供する。武力不行使は現実を受け入れ、じゅうぶん配慮する。武力不行使は現実を国際法的に承認したり、法的に確認したりはしない。こうした実情にはいるのは、ヨーロッパにおける現在の国境線、ヨーロッパ諸国の領土的・事実的な占有状態であり、二つの国家は、ひきつづき両国間に問題のあることを認識として共有する。もしそうした問題が存在しないなら――しかも重要で目下のところ解決不可能にみえる問題が存在しないというなら――武力不行使条約など余分であろう」。

似たようなことをエーゴン・バールはすでに一九七〇年六月五日、あるインタビューでこう言っていた。「武力不行使とはほかでもない……今日のヨーロッパの現状変更のための武力使用を放棄することである。法律的な最終決定もしないし、時期を決めることもなく、西ドイツが使えない権利の先取りもないモードス・ヴィヴェンディである」［エーゴン・バール「武力不行使条約交渉の余地」、七〇年六月五日、ドイツ・テレビ放送のインタビュー。『ドイツ政策に関するテキスト』、第五巻、二七一頁］。

ヨーロッパの「現に存在する状況」を基礎にして政治的なモードス・ヴィヴェンディを探ることは、したがってヨーロッパの現状（Status quo）の承認も意味するが、しかしそれがＤＤＲの国際法的承認と結びつくものでなかった。この点は、すでに一九六三年トゥッツィングにおいて述べたバールの政策の目標規定で先取りしていた東方政策・ドイツ政策の構想にそったものだった。「現状をさしあたり変更しないことによって現状を克服する」である。

具体的にバールは、東方条約政策のこのパラドキシカルにみえるものをすでに一九六八年一〇月一日、ブラントのための外交政策文書でこう書いていた。「ソビエトのヨーロッパ政策の主要目標は、現状（Status quo）の保証と法的な確認である。ドイツの政策がめざすのは現状の変更である。これは利害の深刻な対立である。ソビエトの立場の強みは――口で言われる例外は別にして――現状の変更に肩入れする国家グループがいないことである。わが国の同盟国も中立諸国も、あるいはヨーロッパ内の諸国も変更に力を入れようとはしない。はっきりと現状の変更を意図するような政策は、自動的にソビエト・ブロックの連帯強化につながるし、西ドイツの孤立化の危険をともなう。……現状の変更を望んでいるのは、我われであって、ソビエトではないのだから、ソビエトとわが国の関係において政治的な動きがないのは、あるいは関係の切断は、現状の強化につながるものだ。西ドイツは、もし現状をさらに固定化するための時間を与えたり、あるいは現状に対する抗議を強めて、ソビエトにその堡塁のかすがいをさらに強化する口実を与えることになったら、結局のところはモスクワの利害——またさらにウルブリヒトの利害にそうことになってしまうだろう。現状の克服という我われの要求は、我われの意図に反して——現状を固定化する選択肢を生みだしてしまう。そこからえられる結論は、現状を克服しようとする我われの利害の貫徹のためには、現状のいくつかの要素を受け入れるのがもっとも有効なのではないか、という熟慮である。この考えを支持するのは、歴史において現状の固定化は一度として現状の維持にはつながらなかった、という経験かもしれない」［六八年チェコ侵攻後の東方政策に関するバールの日記］。

こうしてモスクワにおけるバールの交渉戦術には、二つの設定目標があった。一つは、モスクワ条約によって西ドイツとソビエトの間の「特別な抗争」をやわらげることであった［「特別な抗争（Sonderkonflikt）」という言葉は政治学者のリヒャルト・レーヴェンタール（一九〇八—一九九一）に由来する。かれはこの概念とそこから結果する東方政策を次のように規定していた。「自由と東方における国境変更のうちにドイツの再統一をという要求は、西ドイツとソビエトおよびソビエト・ブロックとの特別抗争のもとであった。この抗争で西ドイツが西側列強の支持を期待できるのはかぎられたもので——時が経つにつれてわずかになっていく——あった。四半世紀の間の西ドイツの東方政策の変遷の歴史は、こうした違いの認識が増大する歴史であり、西ドイツが西側の経済・政治・軍事体制に組み込まれるにつれて、また緊張緩和の流れのなかで全般的な体制抗争の形態が制約されるにつれて、その結果として東側とのドイツの特別抗争の緩和の必要性の認識が増していく歴史である」。リヒャルト・レーヴェンタール『世界政治の考察。二〇年間のエッセイ集』、ゲッティンゲン、一九八三年、一五三頁以降］。第二次大戦終了後二五年を経て、ブラントの「和解政策」によってかつての戦争相手国との関係正常化にこぎつけようとするもので、その正常化は、「冷戦の日々のリスクの多い対決をやわらげ、西ドイツとDDRを含めた東・中央ヨーロッパ諸国との国益にかかわる協調を可能にしようとする」ものであった。

しかし、バールの交渉戦術のなかには、現状の受け入れとならんで、同時に現状の固定化を阻止し、漸次的な克服の諸条件をつくりだそうとする目標も当初からあった。すでに一月三〇日のグロムイコ外相との最初の会談でバールは、交渉相手に「平和的共存はイデオロギー的共存と同一視はできないこと」をはっきり言っていた。武力不行使に関する条約は、自由な自己決定の形でドイツの統一と自由を実現しようという憲法にそった努力と矛盾するものであってはならない、という。モスクワ条約で締めだそうとするのは、再統一のことではなく、再統一実現のための手段としての武力なのだ、という。

一九七〇年六月五日のテレビ・インタビューでバールは、自分の交渉の仕方のこうした前提を強調している。「わたしは次の点に大きな価値を置いているのをはっきり言っておかねばなりません。つまり西ドイツ政府が、憲法の命ずるところやおのれの信念にしたがって、今後もドイツ国民が国家統一への権利を実現できるような平和秩序を求めて努力するとしても、そのことがソビエト側によって武力不行使破りだとかその侵害だなどと解釈されてはならない、という点です」。こうした態度をバールは七二年六月四日のギュンター・ガウスとのインタビューにおいてもまたはっきり言っていた。「関係者の同意による領土の変更というのは、いつでも可能である。これは関係者たちの主権に属する決定である。そうした決定は、武力不行使協定によっても排除されはしない。西ドイツ国家やその国民と良好な関係をつくろうとするなら、武力不行使協定によって国家的な統一への扉は閉じられているなどという、そんな関係などありえない。これはそれ自体矛盾を含んでいる。そんな具合にはことは運ばない。運ぶとしたらどちらか一方でしかない。これが、グロムイコ氏がいうには、ドイツの自己決定のための展望が塞がれずにいるのを、ソビエトが目にしなければならない難しさ、それを味わわされる難点である」。

モスクワにおける交渉の折ドイツ側には、ソビエトとの関係のたんなる正常化よりいっそう大事なことがあったものだから、交渉人バールにとって、「その種の意見交換がとにかく大いに幅ひろいもの」でなければならない、というのははっきりしていた。意見交換は——バールによると——「関係・基本姿勢・意図などのカレイドスコープ（もろもろの相）のすべて」を含むものでなければならなかった。東方条約政策の運用実践をモスクワで始めたのも偶然ではなかったし、バールとグロムイコとの間の予備会談も西ドイツとソビエトとの二国間関係だけにかぎったものでなかった。東方政策の全体構想に成功のチャンスがあるのかどうか、モスクワにおいてはっきりさせる必要があった。バールは、そうした事実を自著『ドイツのための安全保障とドイツに対する安全保障』のなかで次のように書いている。「一九七〇年初めに始まって八月にモスクワ条約にいたった政治的な会談は、包括的なものである必要があった。つまり、武力不行使条約の構想全体と、その条約がポーランド、チェコスロヴァキア、とくにＤＤＲに対してもつ影響もはっきりさせねばならなかった。それでもってワルシャワ条約機構のリーダー国（ソビエト）の国益を満足させるが、またそれはこのリーダー国自身も拘束するものとなった。そうすることが必要であったのだ。というのも、ボンとの緊張緩和に関するモスクワの利害は、のちに本質的にはDDRがベルリンで支払いをすることになったからである。それに対する抵抗はウルブリヒトの指導力を危険に晒すことになった。……〝バール文書〟の一〇項目は、もっとも簡潔な形にした――一九七五年ヘルシンキにおけるヨーロッパ会議のゴーサインまでも含めた――東方政策全体を一まとめにしたものであった」。

一九七〇年春、バール／グロムイコ会談の交渉状況をまとめた、いわゆる「バール文書」には――のちにモスクワ条約に取り入れられた項目のほかに――それ以上の「意図の表明」が含まれていた。意図の表明に含まれていたのは、西ドイツがDDRとまったくの平等を基礎にして協定を結ぶ用意のあること（第六項目）、緊張緩和の流れのなかで両ドイツ国家の国連加入を促進するための方策をとること（第七項目）、ならびに西ドイツとチェコスロヴァキア間で「ミュンヘン協定」の無効に関する処理の努力をすること（第八項目）、などであった。くわえて西ドイツとソビエトは――「バール文書」の第一〇項目で――ヨーロッパにおける安全保障と協力を固める問題で会議を開く計画を歓迎するとしていた。第五項目として強調されていたのは、武力不行使協定の締結、それにそっての西ドイツと他の社会主義諸国（とくにあげられていたのは、DDR、ポーランド、チェコスロヴァキア）との条約が「統一的な全体」となるだろうという点について了解ができていることであった。

「バール文書」はしたがって、のちのモスクワ条約とまったく同じように――この条約の第三条ではっきりとオーデル＝ナイセ国境線および西ドイツとDDR間の国境の不可侵性をいい――、条約を結ぶ各国の二国相互の関係を超える内容を含んでいた。「モスクワ条約でもって、のちにつづいたワルシャワ、東ベルリン、プラハとの条約の重要な点の先取りが行なわれた」。それだから「バール文書」は、モスクワ条約とまったく同様、「ブレジネフ・ドクトリン」の限定つきの受け入れを暗に意味していた［ゲルハルト・ヴェッティッヒ『ソビエト、DDRとドイツ問題一九六五―一九七六』、シュトゥットガルト、一九七六年、一八八頁を参照。「西側で一般に〝ブレジネフ・ドクトリン〟と言われているこのテーゼによると、社会主義諸国はおのれの外交・内政の本質的な決定を共同体的な用件として取り扱わねばならず、それゆえそれぞれの主権をもっぱら共同体的に発動しなければならない。これは事実上、東ヨーロッパの同盟諸国が自分たちの問題の決定は多国間的にしかできない――すなわち優位にたつソビエトとの同調をもってしか決定できないという強制を意味していた。ブレジネフ・ドクトリンは、それだからソビエト支配の道具であった」。

DDRも含めて東ヨーロッパの社会主義諸国の主権の範囲がソビエトの利害に左右されているという不愉快な認識は、権力政治状況のバールによる分析にそっていた。バールの交渉戦術は、こうした現実を受け入れていただけでなく、その現実を西ドイツの国益のために利用しようとしていた。バールは友人のペーター・ベンダーに宛てた一九七〇年一月一四日付けの手紙で自分の設定目標をこう説明している。「我われは両国の間で、SEDを協調的にさせられるようなそもそもなんの手段ももち合わせていない。あるのはたった一つの可能性です。モスクワと一緒に、向こうの東ベルリンに対して理性的な意味で影響を与えるよう進めることです。これを行なおうと我われはしているのです。他のすべては幻想です」。

結びとしてバールのモスクワ交渉の内容、目的、結果について以下のようにまとめることができるだろう。

(1) バールの話し合いは、かれの東方政策全体構想の実践運用のための第一歩であった。

(2) 交渉は、西ドイツとソビエトとの間の正常化に役立てようとするものだった。

(3) 西ドイツにとってモスクワ条約は、東ヨーロッパへの扉となった。

(4) モスクワ条約は――それにつづく東方諸条約と同様――現状を承認するが、長期的にはこの現状を変更しようとの目標をもっていた。

(5) モスクワ条約は、「ドイツ統一」という目標の放棄ではなかった。「ドイツ・オプション」は残されたままであった。

その3　ドイツ統一に関する書簡――モスクワ交渉のテーマとしての「ドイツ問題」

モスクワで東方条約政策は最初のハードルを迎えた。この地でバール構想の実践運用が始まったのである。ところで、交渉の過程でバールにとって非常に重要な「ドイツ統一」のテーマはどんな位置を占めていたのだろうか。

この東方政治家は、予備会談に臨んだときの自明の事柄を、七〇年六月五日のテレビ・インタビューで次のように強調している。「我われが結ぼうとしているのは、自己決定権に関する条約でもなければ、また再統一に関する条約でもなくて、武力不行使に関する条約である。しかし、当然ながら完全にはっきりとさせておかねばならないのは……自己決定に対する我われの変わらぬ願望が、ソビエトによってそうした武力不行使の協定破りなどと思われてはならないことである」。

こうした姿勢をバールは、一九七〇年八月一七日にもう一度いっそう明確に規定してこう言っている。「西ドイツの目標は、基本法（憲法）にもしっかり謳われており我われの信念にもなっている通り、国家の統一と自由な自己決定であることに変わりはない。西側の諸国民との和解のあとに、東側諸国民との和解がつづくとしたら、それはドイツ国民に統一の目標が閉ざされていない場合のみである。そうでなかったとしたら、古い不信に代わって新たな不信が植えつけられることになってしまうだろう」。

モスクワ条約は――バールの言葉によると――決して再統一に関する条約ではなかったが、それでも「ドイツ統一」というテーマは初めからバール／グロムイコ会談の中心にあった。ドイツ・ソビエト会談でもっとも激しく議論され、したがって支配的なテーマとなったのは国境問題であり、DDR承認の問題、「(戦勝）四カ国のベルリン、全体としてのドイツに関する権利と責任の点での配慮、ならびに西ベルリンの西ドイツへの結びつきに関する配慮であった」。

議論がくりかえし中心的にかかわったのは、ドイツの自己決定に関する要請を条約本文のなかにどのように入れるか、という問題であった。バールが会談に臨んだ際のドイツ政策の姿勢は、はっきりしていた。バールはその姿勢をブラントの「国民の状況報告」のための草稿でこう確認していた。「戦後二五年経って国家・国民は、分断されたドイツの周囲にきずなを設けている。……歴史はドイツを分断したが、その歴史はドイツ国民が自己決定を実現できるかどうか、いつ、どのようにできるかを決めることになろう。自己決定の意志は、放棄できないものである」。自己決定の意志は、条約の調印・批准のあとになって、条約文の解釈をめぐって意見の相違がでて、めざす関係の正常化に当初から悖ることにならないようにするためにも、モスクワ条約になんらかの形で取り入れておかねばならないものだった。それゆえバールは、一九七〇年一月三〇日のソビエト外相との最初の会談ですでに、新ドイツ政府には再統一の意図を諦める気持ちはない、自己決定の目標はすべてのドイツ人にとって維持しつづけねばならないことを明らかにしていた。こうした姿勢をバールは、七〇年二月一三日のソビエトのコスイギン首相（一九〇四―一九八〇）との会談においても示していて、首相にソビエトとの和解のために、ドイツの最終的分断という犠牲を払うつもりのないことを明確にしていた。

これに反してソビエトは、交渉の当初西ドイツのこうした態度を受け入れるつもりはなかった。西ドイツ政府に対して、ほとんど再統一要求の放棄を求めるも同然であり、また西ドイツからＤＤＲの国際法的な承認を期待していた。のちにバールは、それが会談を頓挫させかねないポイントであったと、こう書いている。「ソビエトが求める、我われによるＤＤＲの国際法的承認こそ受け入れ不可能なものだった。それがキーポイントだった。……ことのこの核心が実現不可能、あるいはソビエトにとって受け入れ不可能だとしたら、私は成果なしに立ち去らねばならないし、帰途につかねばならなかったろう」。

そんなわけで、すでにバールの交渉には、「ドイツ統一」というテーマをどのようにして条約に取り込むか、という問題が当初からあった。グロムイコ外相は、一九七〇年二月一七日、ドイツの交渉人（バール）との第五回会談において、再統一のいかなる言及もソビエト側にはぜったいに受け入れられない、ときっぱり言っていた。会談のこの段階において、バールは「ドイツ統一に関する書簡」というアイデアを抱く。このアイデアとその国際法的に有効な文言の作成の根源については、のちに党派的な論議を呼ぶことになった。当時の野党のリーダー、ライナー・バルツェル（CDU）はのちに、「自分の感化作用の政策」が「ドイツ統一に関する書簡」を初めて可能にした、と主張した。しかし資料は、逆のことを証明している。すでに最初の会談ラウンドでバールは、このアイデアを交渉のテーブルに出している。三月一〇日——グロムイコとの八回目の会談において——バールはこの書簡交換のアイデアをくりかえし、その選択肢として初めて、西ドイツ政府がソビエト政府に宛てる書簡という考えをもちだしている。その際バールは、すでにつくっていた書簡草稿を取りだし、三月一〇日の会談のなかでソビエト外相の前で読み上げている。当時西ドイツ政府の報道局長を務めていたリューデガー・ヴェヒマル（一九二三年生まれ）は、バールが書簡発想の構想人であったことを証明してこう言っている。「最初の創案はバールの手になるもので、かれはその際、基本法の（旧）前文をもとにしていた」。バール自身は、「ドイツ統一に関する書簡」の最初の構想は、同僚のカール＝ヴェルナー・ザネと一緒に文言をつくったものだと、強調している。

「ドイツ統一に関する書簡」というアイデアは、当座会談でソビエト側の厳しい拒否にあった。一九七〇年三月一三日、グロムイコは、調印文書にさらに別な文書を付け加える気はない、と言った。したがってバールの交渉戦術の主要目標は、ソビエト側に、そうした書簡を反論せずに受け入れる必要性を納得させることであった。四月一七日、西ドイツ首相のためのメモでバールは、「書簡の受け入れ、少なくとも覚書文書の実現のために、ひきつづき努力をしなければならない」、と書いていた。

再統一についての留保の問題は、一九七〇年五月一二日から二二日までつづいた会談の第三ラウンドにいたるまで、バールとグロムイコ間で対立的な論議を呼んだ論点の一つであった。モスクワにおけるバールの探り合いの最終ラウンドの開始時点でもなお、ソビエト側はそうした交渉のポイントを受け入れようとはしなかった。そこでバールはくりかえし誤解を招かない文言文書なしに条約などありえないことを断言したのである。この「ドイツ統一に関する書簡」はじっさいまた、交渉を頓挫させかねないポイントの一つであった。七〇年五月二一日、バールはグロムイコ宛ての私信のなかで、意見交換の継続に疑問を呈して、非建設的な対話のくりかえしとなる会談の続行はやめにして、ボンに帰ることを真剣に考えている旨をソビエト外相に向かって伝えた。この「最後通牒的な警告」にソビエト側が反応する。ソビエト交渉団のメンバーでドイツ問題のエキスパートであった、ヴァレンテン・ファーリン（一九二六年生まれ）がその日のうちに方針転換のシグナルを送り、バールから「自己決定の権利に関する書簡の構想」素案を受け取った。

バールのこの書簡は、次のような内容であった。「ドイツ連邦共和国とソビエト社会主義連邦共和国との間の双方の武力不行使に関する本日の署名でもって、双方は緊張緩和とヨーロッパにおける平和への有効な貢献、二国の相互関係の発展への両者の願望の真剣さをはっきり示すものである。こうした目標のためにまた、ドイツ連邦共和国とソビエト社会主義連邦共和国は、ヨーロッパのすべての国々の領土的不可侵性の尊重、すべての国境の不可侵性を宣言するものである。この関連でドイツ連邦共和国政府は、次の点を確認するものである。本日署名の条約は、ドイツ連邦共和国の政治的な目標を損なうものではない、つまりあらゆる関係国の正当な利害を守りながら、自由な自己決定のうちに決められるものなら、ドイツ国民にその統一をふたたび与えるような、ヨーロッパの平和秩序の構築にともに尽くそうという政治的な目標を損なうものでないことを、確認するものである」。

一九七〇年五月二二日のバール／グロムイコ会談の締めくくりの席で、そうした「ドイツの自己決定に関する書簡」の受け取りが原則的に認められた。この点は、駐モスクワ・ドイツ大使アラルトの五月二七日、ボンの外務省に宛てた国際電報による報告からもわかる。「ドイツ・ソビエト会談の出だしの折の対立した立場と、一九七〇年五月二二日に達成された最終の立場を比較してみると、内容に一定の進歩のあるのがみてとれる。その点はとくに、第三項目で達成した文言と一緒に、再統一に関する書簡の受け入れというドイツ側の要求にソビエト側がはっきりと譲歩する気になったことに、明瞭に現れている」。アラルトはのちに回想録のなかで、バールの交渉の「軽騎兵に似たテンポ」（無鉄砲なテンポ）を批判しているが、そのアラルトがこの電報自体では、条約交渉の速やかな継続をせっついて、こう言っていた。「再統一に関する書簡の受領という我われにとって重要な問題および国境の承認なしに第三条項の文言に同意というのは、ひとえにソビエト外相の言葉に基づいている。鉄は熱いうちに、記憶は新鮮なうちに、外務大臣の言質をとっておくべきである」、と。

したがってはっきりしているのは、バールが交渉を始めたときに、自己決定の権利や統一の目標には触れずに、条約の予備折衝をしようという目的で臨んだのでなく、むしろその点をはっきり強調していたことである。この目的のためにバールは、交渉の冒頭ですでに「ドイツ統一に関する書簡」のことを提唱し（最初のものは一九七〇年二月一七日）、その書簡の受け入れは最後の予備会談（七〇年五月二二日）でソビエトにより基本的に承諾されたのである。シェール外相とグロムイコ外相とが一九七〇年七月二七日から八月七日までモスクワで行なった具体的な条約交渉において「ドイツ統一に関する書簡」の文言とその受け入れの方式が決められた。

その際バールの創案が出発点となった。一九七〇年八月四日、外務次官のパウル・フランク（一九一八年生まれ）は、ソビエト側はドイツ統一に関する書簡の提案された本文を受諾する気でおり、受け入れの方式についても意見の一致をみた、と報告している。

書簡の練り上げられた本文はこうなっていた。「ドイツ連邦共和国とソビエト社会主義連邦共和国との間の条約の本日の署名に関連して、ドイツ連邦共和国政府は、次の点を謹んで確認するものである。すなわち、この条約がドイツ連邦共和国の政治目標と矛盾するものでないこと、つまりドイツ国民が自由な自己決定のうちにみずからの統一を求められるような、ヨーロッパにおける平和的状態の招来に力をつくすという政治目標と矛盾するものでないことを確認するものである」。書簡受け入れの方式についてフランク次官はこう伝えている。「方式に関してはファーリンが詳細に説明して、わが国の大使にこの書簡を調印の際にソビエト外務省に送達させる。我われがその点に関して異論の余地なく確認しているのは、書簡の受諾と事務的な受領とが行なわれ、反発も拒絶も起きないことである」。

その通り、一九七〇年八月一二日、モスクワ条約の調印の日に、書簡の受け渡しがじっさい行なわれた。駐モスクワのドイツ大使館参事官イモ・シュタープライトがソビエト外務省で書簡を手渡し、受領確認の受け取り証を貰ったのである。

「ドイツ・オプション」は、「ドイツ統一に関する書簡」のほかに、なおさらにいくつかの点でモスクワ条約に取り入れられた。たとえば、言葉のうえでの繊細さ以上のものであったのは、モスクワ条約の第三条においてドイツ側の交渉により、条約の本文に採用されたものに、「国境の変更不可能性（Unveränderbarkeit der Grenzen）」というロシア側の提案文言でなく、「国境の不可侵性（Unverletzlichkeit der Grenzen）」という言葉にしたことであった。モスクワ条約の第二条と第三条との言葉上のリンクは、シェール外相の交渉で実現したものであるが、このリンクも平和的手段による再統一への要求に道を残しておくものであった。なぜならその結びつきによって国境の尊重と武力不行使との直接的な関連が生じたからである。エーゴン・バールは、武力不行使と国境問題とのこうしたリンクを最後の条約交渉における中心点とみなし、一九七〇年八月一日のブラントに宛てた私信で、自分の努力のなかでこの交渉ポイントを実現させた成果を報告して、こう書いている。「条約第二条と第三条との間の橋渡しが中心的な問題になっていました。その際の我われの状況は、五月のグロムイコの最終要求の場合と同じようなものです。わたしはファーリンと二人で会ったときにこの点を大まじめで中心的なものだといい、ソビエトの政治局がこの件を昨夜承諾したという結果をえました」。

オーデル＝ナイセ国境線をはっきり取り上げていることは、「ドイツ・オプション」の承認として評価できるものだった。というのも、西ドイツはポーランド人民共和国と直接国境を接していないのだから、ドイツ再統一の可能性がすくなくとも暗黙裡に考えにはいっていないとしたら、どうして西ドイツがこの国境線についてはっきり言及する理由などあったろう。「ドイツ・オプション」のもう一つの確保は、モスクワ条約の前文のなかに先取りされている、一九五五年九月一三日の外交関係樹立に関するドイツ・ソビエト協定への言及である。この協定には、コンラート・アデナウアーと当時のソビエト首相ニコライ・ブルガーニン（一八九五―一九七五）との書簡の交換がついており、そのなかで両者は、「ドイツの民主的な国家統一の再生」が目標だと言っていたのである。

したがって、この節を締めくくるに当たって、エーゴン・バールがそのモスクワ交渉において統一の再生という「ドイツ・オプション」を確保するような条約を交渉で決めようとしていたことは、確認できるであろう。ドイツ問題に将来の余地を残しておく、それでいてこの将来の余地状態が今後もドイツ外交のたえざる重荷にならないようにする、これが狙いであった。この目標を達したことは、バール構想に批判的な態度をとることの多かった同時代の人たちでも認めている。たとえば政治学者のイェンス・ハッカーは一九九二年に回顧しながらこう確認している。「エーゴン・バールの歴史的な功績は、SPD＝FDP政府が一九六九年の秋に取り入れた〝新東方政策〟の立案者として、一九七〇年ソビエトおよびポーランドと結んだ条約においてドイツ問題を政治的・法律的・歴史的に未決の状態で残したことであった」、と。

バールが自分の構想のなかでモスクワ交渉に与えた基本目標は、したがって達成され、「ドイツ問題」は未来に余地を残したままであった。

しかしバールの出発点は、こうした最小可能の思いを越えていた。たんに未来に余地を残しておくことだけが、「新東方政策」の目標ではなく、分断を長期的な視野にたって克服する手がかりをみいだすことであるのは、社民＝自由連立政府のはっきりとした意図であった。ヴィリー・ブラントは、この点を七〇年八月一二日――モスクワ条約の調印の夕刻――ドイツ国民向けのテレビ演説で次のようにはっきりと言っている。「明日で、壁が建設されて九年目になります。今日我われは――たしかな期待にわたしはみちているのですが――新たなスタートを切った、それで分断状態にさからう活動をする人びとがもはや有刺鉄線のところで死ぬ必要もなくなる、やがていつの日かわが民族の分断が克服されることにもなろう、と期待しております」。

この姿勢はバールも同じであった。バールはモスクワ条約とそれに付属の「ドイツ統一に関する書簡」を自分の東ヨーロッパ構想全体の最初の一歩と考えていた。その全体構想の基本的想定は、長い時間がかかるだろうが、ソビエトにドイツ国家統一の再達成という西ドイツの目標を了解させることはできるだろう、というテーゼに発していた。すでに計画立案書でバールは、西ドイツ政治の目標は、分断に合わせているソビエトの利害状況を一歩一歩変えていくことにあると、じっさいに言っていた。外務次官のゲオルク・フェルディナント・ドゥクヴィッツ（一九〇四―一九七三）に宛てた七〇年二月二〇日付けの書簡のなかで、ソビエト政治の変化の可能性に対する自分の信念を、バールはこう述べている。「ソビエトの長期的なスパンにおける意図についてはいろいろと思い描くことができるでしょう。しかしどんな想定に優先順序を与えるにしても、ソビエトの意図が不動のもので影響など受けつけない強固な要因のものであるかのように、受けとるようなことはすべきでないでしょう」。バールのドイツ構想にとって重要な――決定的なものではないにしても――この姿勢を、七二年三月三日、ハーロルト・フルヴィッツに宛てた手紙でも強調していて、かれはこう言っている。「自分にこの政策によってドイツ問題の長期的な展開にとっての出発点がえられるという確信がなかったら、こんな政策などどれもとらなかったでしょう。目下のところその政策を支持してくれるのは、アメリカだけですが、わたしは長期的にはロシア人をも歴史の理性に導くことはできる、と思っています」。

したがってバールの構想の重要な基本想定は、かれがソビエトの利害状況を影響可能であり、長期的には変化もありうると思っていたことであった。この東方政策家は、ソビエトをドイツ統一の点で「長期的には歴史的理性」にもっていくことができるという立場にたっていただけではない。そもそもドイツの統一を――それなりの利害状況にあって――現実に積極的に支援してくれるほどじゅうぶん強力であるのはこの二つの超大国だけしかない、と思っていたのである。こうした姿勢をバールはヨアヒム・シュヴェーリエン宛ての手紙でこう書いている。「わたしから言えるのはただ、まったくロシアの伝統にたつソビエトほど、歴史のセンスが、歴史の長い息遣いや歴史の力が発達している国は、四カ国のうちのどの国にも、フランスにさえない、ということです。こう言ったからといってそれはなにも、ＤＤＲの維持に関するモスクワの利害関心が減じるとか、逆にモスクワがたぶんワルシャワ条約機構陣営のほかの国よりもＤＤＲをより多く頼りにしているという意識が減じられるということを意味しはしません。しかしヨーロッパの中央にある古く大きな民族が分断されているのは不自然であるというセンス、別言すれば、この問題に関しては結論がでていないという思いは、わたしからみると、ロシアの方が他の上述の国家のどの国よりも大きいように思えます。分断の継続を願っているような国のあることは別にしても、アメリカとロシアだけが、ドイツの分断が克服されることになっても、自動的に恐れる必要のないほどじゅうぶんに大きく強い国なのです」。

第3節　ベルリンに関する四カ国協定

「ドイツ統一」というテーマの研究で重要なのは、ドイツ分断の現実をきちんと見据えることである。ドイツ分断のもっとも目にみえる形での結晶ポイントはベルリンにみられた。分割された都市は、東西紛争のあらゆる厳しさをきわめてストレートに感じさせていた。「陸の孤島ともいうべき都市」では、期待と幻滅とが隣り合わせになっていた。ベルリン危機と壁の建設、通行証協定と四カ国交渉——ベルリンは東方政策・ドイツ政策のあらゆる変遷プロセスを直接体験していた。

ドイツ分断のなおざりにできない現実は、分断都市ベルリンをみればとくに明瞭になる。つまり全体としてのドイツおよびベルリンに関する連合国の権利の留保と責任がついてまわっていた。こうした連合国の留保は、西ドイツの東方政策でも配慮しなければならないものだった。

ヴィリー・ブラントは一九七〇年六月一七日、連邦議会において、「全体としてのドイツおよびベルリンに関する四カ国の最高権限は、依然として不変のままである」、と説明している。この覆すことのできない法的立場は、西ドイツの二国間の東方政策においてもそれなりに配慮しなければならなかった。この点はとくに、モスクワ条約の署名に関連して、西ドイツと西側三カ国との間での覚書の交換の形で行なわれたのだった。七〇年八月七日付けの西側連合国宛てのドイツの覚書にはこうあった。「まだ平和条約的な取り扱い規定がみられないので、双方は、意図する条約が、フランス共和国、大ブリティンおよび北アイルランド王国連邦、ソビエト社会主義連邦共和国、アメリカ合衆国の、権利と責任に抵触するものではないという立場にたっている」、と。

バールのドイツ構想にとってこうした留保がどんな意味をもつかを、かれはみずからこう言っていた。「全体としてのドイツに関して四カ国がもつ広範な権利というこうした状況にはとりわけ一つの帰結がある。西ドイツもDDRも、全体としてのドイツに関して何かを決める主権をもっていないのである。二つの極端な例でいうと、東西ドイツとも、統一を決める、あるいは再統一する主権をもっていないし、また分断を決定する主権ももっていないのである」。もっとも明瞭なのはベルリンにおけるそうした連合国の留保であって、これはバールが歓迎するところで、「それがなかったら、西ベルリンの安全は担保できないからであった」。

しかしながら、バールのドイツ政策構想にとってこうした事実から結果したのは、全体構造のなかでベルリンの取り扱い規定が「もっとも困難な問題そのもの」になることだった。ベルリンは――「もろもろの感情、人間的な悲劇にみちていて」、「法律的政治的に錯綜していて」――したがってバールの構想では特別な役割を担っていた。バールによれば、「死活にかかわるドイツの利害を、四カ国のテーブルに座ることなくもちだすというのが、もっとも複雑な課題であった」。

以下においては、バールの東方政策・ドイツ政策構想のなかでベルリンはどんな位置を占め、四カ国協定には――「潜在的な危機のカマドの具体的な冷却化」を超えて――どんな意義が与えられるのか、調べることにしよう。

その1　バール構想におけるベルリンの意義

バールの東方政策・ドイツ政策は、このSPD政治家の政治理念的世界におけるベルリンの意義の理解なしには、把握できない。

バールはベルリンを「自分の町」だと思っていた。ベルリン、それはバールにとって少年時代から故郷の一部であった。すでに一九四八年かれはオイゲン・ブレーム（一九〇九—不明、ジャーナリスト。早くから革命的平和主義者として活躍。プラハ、ロンドンに亡命して反ヒトラー／反スターリニズムの活動をする。戦後ロンドンBBCの職員として働いていた）に宛てた手紙のなかで書いている。「僕は本来ベルリンっ子ではありません。というのも母はポーゼンの出、父はシュレージエン出身で、僕はチューリンゲンで生まれ、トルガウで育ったからです。今や僕は一〇年来ベルリンで暮らしています。もっとも僕が最初にベルリンを訪れたのはそのずっと前です。ベルリン訪問を赤ん坊のおくるみにくるまれてすましたのです。この街は不思議な同化能力をもっているので、自分をベルリン人だと自称してもいいなら、僕はまったく嬉しいくらいです」。

ベルリン、この都市はバールにとって感情を揺さぶられる基点であった。子ども時代や家族への思い出の地、そしてまた政治的な故郷であった。一九七五年バールがこう強調している。「テンペルホーフ空港に降り立つと、いつも私は故郷に帰った気分になる。これがベルリンです。……以前の三〇年代のベルリンに対する真に生き生きとした思いや記憶がわたしにはあります」。

ベルリンでバールは、かれの人間形成に資するようなもろもろの経験をしている。ナチズムの時代、それからとりわけ戦後のベルリン危機は、バールの政治意識の形成に大きな影響を与えた。ジャーナリストとしてバールは、一九四八／四九年のベルリン封鎖を体験し、そののち「リアス放送」の編集主幹として一九五三年六月一七日（ベルリン暴動）を体験している。バールの政治的構想にとっての壁建設の意義についてはすでに触れている。東方政策の骨格は、ベルリンで構想された、つまり分断のセメント化がもっとも痛ましく感じられるところで構想されたので、主役者たちのこの都市ベルリンへの心情的な結びつきの理解なくしては、把握できないものなのである。ディートヘルム・プローヴェがヴィリー・ブラントという人物について分析しているが、そのことがバールに関しても、同じように当てはまる。「しかし結局のところ、ブラントの東方政策の特別な性格は、ブラント自身と――かれの緊密なアドバイザー陣のなかのもっとも重要なメンバーたちも含めて――戦後の西ベルリンの異常な政治的現実との共生により決められているのである」。「ベルリンにおいては国際的な政治がいつも程度の差こそあれ、あきらかに、個々の市民だれもの生活にかなり決定的な役割を演じていた。都市の経済・社会生活、文化的発展すらも、まったく本質的に国際的な力関係の影響を被っていた。……これらすべてによって〝外交の優位〟のようなものが、西ベルリン人たちの政治的実践のあきらかな、結局は避けて通れない公理のようなものになっており、疑いもなくブラントやその側近たちの思考方法を決定的に形づくっていた」〔ディートヘルム・プローヴェ「ブラントの東方政策の端緒一九六一―一九六三。冷戦の終末期に関する研究」、ベンツ／グラムル編『二〇世紀におけるドイツ外交の様相。論文集。ハンス・ロートフェルスの思い出に』、シュトゥットガルト、一九七七年、二八五頁以下〕。

当時のベルリン市長ブラントは、一九六一年五月、壁の建設の数カ月前、分断ドイツにおけるベルリンの意義について草稿をまとめていた。ブラントの詳しい論述は、アドバイザーのバールの考えとまったく一致していたが、その詳述にはとりわけ次のようなくだりがある。「ベルリンは、ドイツ人にとって、国の西側に住もうが、東側に住もうが同じように……たんなる〝待ちの状態にある首都〟あるいは〝世界史の待合室〟以上のものである。……ドイツ人が祖国を思うとき、その思いはベルリンをめぐるものとなる。この都市はドイツ人の政治的な中心点であり、かれらの精神的な中心である。ドイツ人にとって、この都市に背を向けることは、自分自身の放棄になることだと承知している。それゆえベルリンはドイツ人にとって、各自の政治的故郷がどこにあろうとも、ドイツ分断のシンボルだけでなく、ドイツの国家的統一の再生への譲り渡すことのできない要請のシンボルでもあるのだ。西ドイツ政府の暫定的な所在地としてのボンは、地理的にもドイツの縁に位置しているように、このライン左岸の都市は、ドイツ人の歴史意識の周辺域にある。……ベルリン、そこにはドイツ全体の代表であるとの自負がある。ベルリン、それはドイツ全体をという希望である」〔ヴィリー・ブラント「ドイツ人にとってベルリンはどんな位置にあるか」、一九六一年五月。この見解に応じて、バールとブラントは壁がなくなり再統一したら、ベルリンが首都と政府所在地になることを断固支持していた〕。

ベルリン、それはエーゴン・バールにとっては、東西抗争が明確な形をとるところであった。すでに一九六一年、当時ベルリン市政府の報道局長をしていたかれは、「ベルリンの機能は、冷戦の温度、あるいは平和共存の状態、目下の状態をどう呼ぶにしろ、そうした状態が即座に、正確に読みとれるバロメーターである」、と指摘していた〔バール「分断されえないドイツ」、一九六一年六月三日、ウィーンにおけるケネディー／フルシチョフ会談の折の「自由ベルリン放送」のための講演。すでに六〇年八月バールは、ベルリン副市長のフランツ・アーレムに宛てて書いていた。「ベルリンは、その都度のソビエトの立場を読みとることのできるテスト石です」、と〕。一九七〇年一月、モスクワでの予備会談が始まる数日前、バールはこう言っている。「もしベルリンがなかったとしたら、そうした存在をつくりださねばならない、この都市の状況は、ほかのどこにもないほど、東西関係の現状のテスト紙なのだから」。ベルリンに対する心情的なつよい結びつきや、バールがこの都市でえた、一面で苦痛にみち一面で勇気づけられるようなもろもろの経験により、ベルリンの政治状況の改善、とりわけそこの住民の人的状況改善をしようとする目標に、東方政策を実現するに当たってきわめて高い位置づけが与えられた。目標は「満足のいくベルリン管理の規定」をみいだすことであった。「ベルリンは決していつでも圧力をくわえられる場所であってはならない」のだった。

こうした目標設定に一貫してバールの努力もそったもので、グロムイコとの交渉中「ベルリン」というテーマを会談にもち込もうとする。たしかに、四カ国の権利に基づいて「ベルリン」というテーマがドイツ・ソビエト条約の対象になりえないことははっきりしていたが、それでもドイツ側は、少なくともベルリンに関するソビエトの態度を探りだしたかったし、条約調印の際には四カ国の責任の確認を取りつけたかったのである。一九七〇年二月みずから「ベルリン」というテーマをもちだして、西ドイツ政府の立場に探りを入れようとしたグロムイコは、バールとの会談の間「ベルリン」という問題領域を交渉の対象にするのを厳しい調子で拒否していた。七〇年五月一四日、バールは、ブラント首相宛ての書簡のなかで、ベルリンに関するグロムイコの「異常に不興にみちた」反応を指摘している。ソビエト外相は、西ベルリンが独ソ条約の対象にはならないという確認にこだわった。ベルリンに関する話し合いは、四カ国交渉に委ねられることになって、七〇年三月二六日、西ベルリンのかつての連合国管理理事会の建物で始められたが、どのくらいかかるかはだれにもわからなかった。グロムイコはバールに向かって、ベルリンというテーマが他の問題の解決を押しとどめたり、阻んだりしてはならないという考えを口にした。もし西ドイツがありとあらゆる「Widerhaken」（逆さ鉤、かんたんには取り除けないような障害）をもちだしても、受け入れないだろう、と。

それに対してバールは、ソビエト側の交渉相手に対して、西ドイツ政府にとってベルリンは全体関連群の一部であることをはっきりさせた。社民＝自由連立政府にとって、「満足のいくベルリンの取り扱い規定の決着」なしにはどんな正常化もないことは、既定の方針であった。一九七〇年七月二三日に閣議でこうした「ベルリン・ユンクトム（抱き合わせ）」が外務大臣に対する交渉委託事項として、次のようにまとめられた。「ドイツ連邦政府は、ヨーロッパにおける緊張緩和の前進と、ベルリン内やその周囲の状況の満足のいく取り扱い規定の点における前進とは、分かちがたく結びついたものだとの見解にたっている。それゆえ武力不行使条約も、相応の協定が成立した場合に初めて、発効することになるだろう」、と。

こうした決議にそってバールは二日後のインタビューでこう強調していた。「ドイツ連邦政府の目標は、中部ヨーロッパにおける緊張緩和に貢献することにある。この目標にそって、必然的な論理として、ベルリンが日々圧力に晒されるような状況から抜けだせるようにしなければならない。中部ヨーロッパの緊張緩和という目標に賛成の人は、ベルリン内やその周囲の状況改善にも賛成しなければならない。これには内的な関連があり、ドイツ連邦政府はその点にどうしてもこだわらざるをえないのである」。

シェール外相はそれゆえモスクワでの会談に当たって、ベルリン管理規定とボンにおける条約批准との間の関連を「くりかえし」指摘し、「きわめてはっきりと、ベルリンの解決なしにはドイツ側における条約の発効もありえない」ことを強調した。

すなわち、意識しておかねばならないのは、ベルリンはバールの構想にとって多様な意義をもっていたことである。ベルリンは心情的な基点であり、経験の地平、政治的な故郷であった。ベルリンにおいて東方政策は本質的に構想された。ベルリンはそれだから、こうした東方政策の源であり、対象であり、目標の一つであった。この点はその後、東方条約政策の実現に当たって、とりわけいわゆる「ベルリン・ユンクトム」となって明瞭になった。バール構想や、交渉に当たったバール自身が、「四カ国交渉」や一九七一年九月三日、ベルリンで調印された「四カ国協定」にどんな影響を与えたかを、次に検討しようと思う。

ベルリンがバールの東方政策・ドイツ政策構想や具体的な条約交渉にもっていた大きな意義のことを政治学者のリヒャルト・レーヴェンタールはこう書いている。「それからバールは、モスクワ交渉を始めるに当たってベルリンのために達成しようとするもの――ベルリンに出入りする道の保証だけでなく、ベルリンの西ドイツへの結びつきの承認、とくに西ベルリンの人たちに対する西ドイツの身分証明書、および西ベルリン人たちも含めて交渉する西ドイツ政府の権利の承認など――の明確な構想をもって臨んだ。バールはモスクワで当初から、のちにシェール外相によって西ドイツ政府の指示として公式に宣言されたもの、つまり満足のいくベルリン問題解決なくして、どんな条約もありえないだろうという点を、はっきりさせていた」。レーヴェンタールは、バールの「交渉構想の展開と堅持に当たってのかなりの冷静さ、明確さ、強靭さを認め、そして西ベルリンの住民たちに対する高い個人的な責任感情」［ギュンター・シュミート『ボンにおける決定』、五八頁］も認めている。

こうした事実は、ヴァルター・ヴォーダックも評価しているところで、この人は一九六四年から七〇年九月までモスクワ駐在のオーストリア大使をしていて、バールの使節としての活躍を間近からみていた人であった。「わたしは、バールのグロムイコとのマラソン交渉の過程をごく間近から追っていた者として、個人的にバール次官は、まさに歯をくいしばるに近い粘りと献身さでもって自国の利害をモスクワで主張していた、その姿を知っていたといえるのです。これはとりわけベルリンという複雑な問題についていえることです」［ギュンター・シュミート『ボンにおける決定』、二二六頁］。

その2　四カ国協定――緊張緩和構想の結節点？

一九七一年九月三日、ベルリンで「四カ国の最終議定書」が調印され、「四カ国協定」に代表者たちが署名した。一九四九年の「ジェサップ／マリク協定」以降初めて、この分断都市に関して四カ国の文書による協定が成立したのであった（「ジェサップ／マリク協定」とはアメリカ代表のジェサップ（一八九七―一九八六）、ソ連代表のマリク（一九〇六―一九八〇）との間で交わされたベルリンに関する取り決め。米ソ双方がベルリンへの行き来に関して四八年三月以来設けていた通行制限の撤廃を了承し合い、同時にパリでドイツとベルリンに関するあらゆる問題協議の会議を開くとの了解を取り交わす。これで一九四八／四九年のベルリン封鎖で始まった危機が公式に幕を閉じることになった）。

以下で重要なのは、条約本文の細かな分析をしたり、あるいは交渉の前史もしくは具体的な交渉経過を述べることではない。むしろ述べたいのは、ベルリンに関する交渉がバール構想のなかでどのような位置を占めていたかである。ベルリンに関する四カ国協定は、バールの東方政策・ドイツ政策の全体構想の実現に当たって鍵となる役割をもっていた。それは、西ドイツの緊張緩和の努力とその西側同盟諸国の緊張緩和努力とを結びつける「東方政策の蝶番」であった。同時にベルリン協定は、西ドイツの東方条約政策にとって「中心的な意義を――文字通り――もつことになった。この協定により、モスクワ条約やワルシャワ条約が発効することになったし、東ベルリンやプラハとの条約交渉が行なわれるようになったのである」。

西ドイツ政府は、一九七〇年六月に声明を出して、「ベルリンの――四カ国協定による――安全保障なしには、ソビエトとの条約も発効しないだろう」とした。バールは七〇年七月二四日、アメリカの国家安全保障問題担当補佐官キッシンジャーに手紙を書いて、「我われは、満足のいくベルリンの取り扱い方法が決まらないかぎり、西ドイツ政府は批准手続きにはいらないことを、誤解の余地なくはっきりさせておきたいのです」、と言っていた。バールは、その種の方針が決まらないかぎり、今までにえられたものは「トルソー」（未完のもの）でしかないという見解であり、ベルリンの取り扱い方なしでは、「この種の政策は頓挫するであろう」と言っていた。しかしバールも、ブラントとまったく同じように、「はっきり法律的にリンクさせるのは」避けて、「事実に則した切り離せない政治的な関連」のことを口にしていた。バールとブラントが恐れていたのは、既述のように、ソビエトによる「逆の抱き合わせ」であったが、その後じっさいにまさにそうした事態になった。もし西ドイツ政府がモスクワ条約の批准を「満足のいくベルリン問題の取り扱い規定」とリンクさせるなら、それならソビエトも四カ国最終議定書の調印をモスクワ条約の批准と抱き合わせにする、というのである。しかしモスクワ条約の批准は、社民＝自由連立の連邦議会における多数がぎりぎりのものであり、そして次第にくずれかけていたものだから、一〇〇パーセントの確実視はできないように思われていたので、そうした抱き合わせによって一時ベルリン問題の処理規定も頓挫しそうになった［七二年五月一七日、連邦議会でモスクワ条約およびワルシャワ条約が、ＣＤＵ／ＣＳＵの多数の棄権のもとで批准されてようやく、七二年六月三日、ベルリンに関する四カ国協定は、ドイツ・ドイツ間の補足取り決めも含めて発効することになった］。

バールの構想は、「ベルリンの緊張緩和なくして「ヨーロッパの緊張緩和はありえない」という原則を追求し、その逆の抱き合わせは拒否していた。――バールのみるところでは――「満足のいくベルリン問題の取り扱い規定」は、たとえ西ドイツ政府の二国間東方政策が野党の抵抗によって頓挫したとしても、必要なことであった。

ところでそもそも――西ドイツ政府にとって――「満足のいくベルリン問題の取り扱い規定」とはどんなものであったろうか。ブラントの考えによると、「四カ国協定は五つの領域、つまり西ベルリンとその住民に次のような点で改善をもたらすものであるべきだった。西ドイツ地域とベルリンとの間の行き来、東ベルリンやＤＤＲへの訪問、外部に向けて利害が（西ドイツ政府の手で）代表されソビエトにおいて領事館的世話を受けること、西ドイツ連邦の国際的な活動への（ベルリンの）参加、連邦への結びつき、これら五つの点にわたっての改善」であった。

当時のベルリン市長クラウス・シュッツは、これを三つの「大文字のZ」、という言葉にした。つまり「Zuordnung」（西ドイツへの帰属関係、具体的には西ベルリンに連邦政府の機関を置く権利、連邦機関に西ベルリンの代表を送る権利など）、「Zugang」（通行、西ベルリンと西ドイツとの間の相互通行の保証）、「Zutritt」（立ち入り、東ベルリンを初め東ドイツ全域にはいる権利を西ベルリン市民に保証すること）。こうした目標にこたえる形で、付属文書つきの四カ国協定と、ならびにそれにかかわる、西ドイツとＤＤＲ間の補足の取り決めが成立した。四カ国協定は決して新たなべルリンの法的地位を基礎づけたものではなく、「法律見解に違いがあるにもかかわらず」、妨げられないベルリンへの行き来を保証し、訪問のチャンスを拡大し、西ドイツの外交代表によって外国における西ベルリンの利害を代表させることであった。もっとも重要な結果の一つが、付属文書Ⅱでいわれている事柄で、「ベルリンの西側部分と西ドイツとの間の結びつきは維持し発展される」ものとするという文言であった。こうして——ペーター・ベンダーが言っているように——「ベルリンという孤島がその大陸に大きく近づいた」のであった。それだから四カ国協定の具体的な結果はなるほど、基本的な法的立場の新しい規定などではなかったが、しかし——ブラントが期待したように——「ヨーロッパの分断、わが祖国の分断の帰結をやわらげ、願わくはそれを克服するような」道で重要な一歩となったのである。一九七一年九月三日のテレビ演説で連邦首相は、四カ国協定の意義についてこう述べた。「本来の意義は、今後ベルリン危機が生じないことにある、とわたしは思っている」。

しかしベルリンに関する四カ国協定は、人的状況の改善の点での実りある成果（トランジット交通、訪問の規定など）のほかに、東方政策の全体構造にとっても幅ひろい意義をもっていた。この協定は——キッシンジャーもいうように——「さまざまな外交的な欲求の結節にとっての典型的なケース」であり、さまざまな緊張緩和構想の交差点であった。西ドイツの東方政策、アメリカのデタント、ソビエトの緊張緩和政策の間の部分的には食い違う利害が一九七一年九月三日、ベルリンにおいて個々に一致したのであった。成果がえられたのは、関係者すべての利害が、内容的に一致したからではなくて、みんなが肯定的な成果について——動機に違いはあったにせよ——同じようにつよい関心をもっていたからであった。

西ドイツの政策の成果といえるのは——バールが回顧しながら言っているように——そうした「利害関心を動員し、部分的に一致させた」ことにあった。それは、社民=自由連立政権発足の際には、西側でも東側でも緊急のものとは思われていなかった利害関心であった。

新しく選ばれたアメリカのニクソン大統領は、一九六九年の二月ベルリン訪問の折、分断都市ベルリンに関する四カ国会談を提唱した。それにもかかわらず確認しておかねばならないのは、「ベルリン問題」がニクソン政権の職務引き継ぎの時点では、新政府の外交日程表のなかで決して優先されていなかったことである。逆であって、キッシンジャーは『回想録』でこう書いている。「いずれの西側列強も、そしてたぶんソビエトすらも……一九六九年初めの時点では公式にベルリン交渉をしようなどとは意図していなかった」、と。それでも「たくさんスタートに失敗してから、そうした交渉にいたったのには、さまざまな原因があった。アメリカは四カ国交渉を、社民＝自由連立政権の手で行なわれる東方政策の活発な動きをコントロールする、そして場合によっては手綱を締められるような〝繊細な道具〟だと思っていた」。キッシンジャーは、西ドイツの東方政策を当初は大きな不信をもってみていた［キッシンジャーの、西ドイツの東方政策に関する懸念は、かれがみてとった「潜在的なドイツ・ナショナリズム」にかかわっていた。キッシンジャー『回想録一九六八―一九七三』、一七四頁。そうした懸念はキッシンジャーによるバールの特徴づけからも読みとれる。「バールは並外れた知性あふれる男で、一見出口のなさそうにみえる状況を克服する方式をみいだすおのれの能力につよい自信をもっている。かれは、西ドイツと東側との関係を改善しようと固く心に決めている。そうした努力にとって、ソビエトや東ドイツの有力な人物たちとの良好な関係が、役立つだろうとバールは信じている。かれのうぬぼれはその種の接触関係を自慢するようにさせるだろうし、その点が会談のパートナーたちによって時々利用されることも疑いない。かれの敵たちは――それはたくさんいる――バールが親ソビエト的だと非難している。多くの人たちが、かれの狡猾さと言われるものに不信の目を向けている。かれはたしかに左翼に属する人であるが、わたしはかれをなによりドイツ・ナショナリスト、ドイツの中心的な位置状況をじゅうぶん利用して、東西双方相手に粘り強く利益を勝ちとろうとするナショナリストだと思っている。かれはつねに次のように思ってきた人たちの一人である。つまりドイツの国民的使命は、東側との友好的な関係を維持するか、少なくとも敵対関係を生じさせない場合にのみ応えられるものだと思っている人たちである。見受けるところバールは、西ドイツの以前の政府で知己をえていたような政治家とは違って、西側共同体の根っからの支持者ではなかった。バールはじっさいアメリカとの心情的な結びつきは一切もたない人で、かれにとってアメリカは、適切な方法で適切な時期に西ドイツのためになるように秤に乗せる重りでしかなかった」。キッシンジャー『回想録一九六八―一九七三』、四四三頁］。しかしキッシンジャーは、ベルリン交渉のなかに介入と影響のチャンス、つまり直接東方政策の決定過程に介入し、西ドイツの東方政策のテンポと方向に影響をおよぼす可能性をみていたのだった。かれは『回想録』のなかで、そうした意図を次のように述べている。「東方政策は交渉の網のなかに取り込まれた。その網は一方で西ドイツの交渉の立場を強化するし、また限界をも設定するものである。ドイツ人は同盟国の同意なしにはこの限界を越えることはできなかった」［キッシンジャー『回想録一九六八―一九七三』、四四四頁］。

ここで、エーゴン・バールの東方政策・ドイツ政策構想の中心点にかかわることになる。「新東方政策」の目標の一つは、西ドイツの外交上の行動の余地の拡大にあった。ヴィリー・ブラントはそうした目標設定を回想録『出会いと洞察』のなかでこう言っている。「我われの東方政策の本質的な部分は、我われが自分自身の用件に今までとは違った形でもっと力づよく心をくだくようにする、そしてほかの国の人たちが我われのために協議することだけに頼らないようにすることだった。その一つは、我われが――わが国の同盟国と信頼にみちた接触をもちながら――東ヨーロッパの国々の政府に対しても、わが国独自の利害の主張・擁護者になることである。そうすることによって、西ヨーロッパの、大西洋そして国際的な共同体のなかで我われに与えられる重みも変化した。西ドイツは、より自立的になり、いわばより大人になったのである」［ヴィリー・ブラント『出会いと洞察。一九六〇―一九七五』、ハンブルク、一九七六年、一二二頁］。こうした違った類の自己理解についてバールは、すでに一九六九年一〇月一三日、ワシントンへの就任訪問の折、アメリカの会談相手キッシンジャーに注意を促して、こう説明している。新しい西ドイツ政府は、もしかしたらときにはいくぶん不愉快な気分にさせるかもしれない。ハイネマン大統領もブラント首相も、敗戦国ドイツの代表ではなくて、解放されたドイツの代表だからである、と。キッシンジャーに向かっての自分の発言に関するバールのメモにはこうあった。「新しい西ドイツ政府のおそらく本質的な任務は、ドイツ人たちが自分の物差しをみつけること、あるいはヴィリー・ブラントがかつて用いた表現によれば、尊大さのない誇りである」。

西ドイツ外交のこうした新しい自立性は、苛立ちをひき起こした。ヴィリー・ブラントの次のような確認は、たぶん問題の核心を言い当てているだろう。ヘンリー・キッシンジャーがみせる「我われの東方政策への関心は、ある種の懐疑の念があるにしても、強いものだった。わたしの印象では――この印象はのちになってもときおり感じることになったが――キッシンジャーにとっては東西問題の厄介な諸問題を全体的に自分の手中にしている方がもっとも好ましいことだったようである」［ヴィリー・ブラント『出会いと洞察』、三八〇頁］。この推察の正しさの証拠となるのは、一九七〇年キッシンジャーがボン外務省の次官パウル・フランクとの会談で残した発言かもしれない。「一つあなたに言っておきたいことがある。緊張緩和政策を進めるとしたら、それをするのは我われであって、あなた方ではないのです」［ペーター・ベンダー『新東方政策。壁の建設からモスクワ条約にいたるまで』、ミュンヘン、一九八六年、一八四頁］。ベルリンに関する四カ国交渉は、そうした機会をアメリカに与えるものだった。

四カ国交渉に関するアメリカの主要関心は、したがって、この方途で西ドイツの東方政策に対して影響とコンロールとを維持する可能性にあった。もう一つの動機は、ニクソン政権の緊張緩和政策の行程表のなかで優先されていた

「SALT交渉」（戦略兵器制限交渉）にあった。キッシンジャーはベルリン交渉を利用して、アメリカとソビエトの間で二国間の軍備管理交渉への「リンケージ」をつくりだそうとしていた。そうした結びつけ方についてキッシンジャーは言っていた。「私がSALT交渉をより速やかに前進させようとして、ベルリン交渉を遅らせていたのに対して、グロムイコは、SALTを遅らせて、ベルリンに関する話し合いを急ごうとしていた」［ペーター・ベンダー『新東方政策』、一八四頁以降］。

なるほど西側には、緊張緩和を危うくしかねない不穏なカマドのベルリン、ベルリンのたえず危機に陥りやすい状態を、長期にわたって安定させるという一般的な目標はあった。しかし西側三カ国には、ベルリン問題の処理方法に関する直接的で「活発な関心」はなかった。というのもかれらの「基本要項」は守られていたからである［この点については六一年五月オスロにおけるNATO会議において決議された三つのものがあり、それは、①西ベルリンにおける連合軍駐留の維持、②西ベルリンへの自由な通行の維持、③西ベルリンの生活能力の維持、であった］。

ソビエトの利害状況も似たようなものだった。ベルリンはソビエトにとって一九四八／四九年の封鎖以来、つねに西側に圧力をかける道具であった。こうした「圧力手段」を手放す直接的な関心は、存在しなかった。四カ国協定に関するソビエトの関心も、ベルリンに特化したものでなかった。ベルリン協定に賛成してもよいというソビエトの気持ちは、とりわけ「ヨーロッパ安全保障会議（Europäische Sicherheitskonferenz、ESK）」についてのソビエトの関心によって活性化されたものだった。この安全保障会議に関するソビエトの関心にエーゴン・バールは、「わが国の利害を貫徹するための手段」をみてとっていた。七〇年一月一四日、ブラント首相に宛てたメモのなかでバールが書いている。「西ドイツなしにはヨーロッパ安全保障会議はありえないだろう。これが我われの有効な手段である」［ヨーロッパ安全保障会議というアイデアは、すでに五〇年代にソビエトにより何回か主張されていたもので、東側では六六年三月ソビエト共産党第二三回党大会であらためてもちだされ、六六年七月六日のワルシャワ条約機構諸国のブカレスト宣言、六七年四月二六日の各国共産党のカールスバート宣言、ならびに六九年三月一七日の「すべてのヨーロッパ諸国に宛てた」ブダペスト・アピールなどによってくりかえし強調されていた］。バールはすでに以前の計画立案書のなかでこの関連を指摘してこう言っていた。「この会議の考えは、DDRに両ドイツ国家の接近を迫るチャンスをもたらす。そのためには、東ヨーロッパ諸国やソビエトのヨーロッパ安全保障会議に対する関心を動員しなければならない」。したがってバールの戦術の目標は、安全保障会議に対するソビエトの関心を利用して、東方条約交渉——とくにまたベルリン交渉においても——ソビエトの歩み寄りを引きだすことであった。しかしそのためには西側連合国の支援が必要であった。同盟国には、ヨーロッパ安全保障会議の前に「ドイツの両部分間の関係の透明化と緊張の緩和」が必要という西ドイツの姿勢が支持されねばならなかったし、そうした会議を支持する用意のあることを西側同盟国は、早々と言ってはならないというのだった［これは、ドイツの立場にそった形の、ESKに関する西側の立場についての提案で、ESK作業グループの創案になるものだった。六九年九月一日。この計画立案書では次の点が指摘されていた。東ヨーロッパ諸国やDDRとの正常化、ならびにベルリン内部・周辺の状況の取り扱い規定は、時間的に東西の会議の前に行なわれなければならないこと。というのも、もしそうでないなら、DDRはその種の会議によって、承認の点で非常に多くのものを手に入れることができるようになって、そのあと二国間の東方政策をブロックすることも可能になってしまうからである。すなわちバールによれば、「西側諸国、中立国、また東欧諸国の一致した見解がえられたのち、ソビエトの提案の重要な目標は、交渉への同等の権利の参加によってヨーロッパにおけるDDRの評価を上げ、すでに手続き的なことだけで実質的な利益を獲得することである。……西側において我われは、大西洋同盟諸国やそれ以外の国のすべての国において理解がえられると当てにすることはできない。しかし三列強の支持がえられるかぎり、我われは大した困難もなく我われの立場を貫くことはできる」］。こうした見解をバールは、六九年一〇月一三日、キッシンジャーとの会談でも説明している。その会談に関するバールのメモにはこうあった。「ESK。我われの姿勢、とくに次のような願望を説明した。ドイツの両部分間の関係をその前に正常化しておきたいこと、こうした立場が条件として文章化できない場合には、むしろドイツ両国は、準備会議も含めて会議に参加しない方がいい、という願いであった」。

バールがめざした、二国間の東方政策、ベルリンに関する四カ国協定、それにヨーロッパ安全保障会議との、こうしたリンケージは、七〇年末の北大西洋同盟の閣僚会議のコミュニケにも盛られた。「閣僚たちが確認するのは、メンバー諸国政府によってとられたイニシアティブはすでに一定の成果をあげており、それは東西関係の重要な分野でのある種の進歩を意味している。それでも閣僚たちが期待するのは、二国間の予備会談や目下進行中の交渉において実質的により大きな進展が達成されて、その結果、ヨーロッパにおける安全保障と協力という実質的な問題に取り組めるような、包括的な多国間の接触が真剣に考慮される、そんなふうになることである。各国の閣僚たちは、ベルリンについての話し合いが満足のいく結論をみいだせればすぐにも、またその目下進行中の会談が順調な経過をたどるかぎり、自分たちの政府があらゆる関心ある政府と多国間の接触をし、ヨーロッパにおける安全保障と協力に関する会議、あるいは一連の会議の招集がいつできるようになるか、と探る用意の姿勢を強めるものである」［七〇年一二月三／四日ブリュッセルで開かれた北大西洋条約理事会の閣僚会議のコミュニケより］。

この節をまとめるに当たって確認できるのは、バールの全体構想のなかで「四カ国協定」に中心的役割が与えられていたことである。四カ国協定はさまざまな緊張緩和構想の結節点であり、この協定は、ポーランドやソビエトとの条約の批准にとっての条件、DDRやチェコスロヴァキアとの条約交渉にとっての条件であった。四カ国協定は同時に、西ドイツ政府のそれまでの二国間東方条約政策が初めて多国化したものであった。くわえて協定とその成立は、東方政策の基本的前提にとって特徴的なものだった。バールは一九七一年にこの点を次のように言っている。「東方政策は世界政策とともに始まった。……すなわち同盟、事実上の西ドイツの安全保障は、AとOである（アメリカと東方政策である）」。

「四カ国協定」は、西ドイツの東方政策と世界政策とのそれまでのもっともはっきりしたリンケージであった。そしてその協定は同時に「二国間東方政策と連合国のドイツ政策およびベルリン政策との密接な絡み合わせ」であった。回顧しながらバールはこの点を強調して、こう述べている。「四カ国協定はドイツを抜きにしては不可能だし、ドイツには四カ国を抜きにしてはできないことだった」［補足的に言っておかねばならないのは、四カ国協定がバールの全体構想のなかで大きな意義をもっていただけでなく、バールの方もかれなりに協定の交渉で重要な役割を演じていたことである。キッシンジャーとの、既述の「裏ルート」が四カ国会談のためにも利用された。アメリカ大使のケニス・ラッシュ（一九一〇―一九九四）、ソビエトの交渉担当官のヴァレンテン・ファーリンとエーゴン・バールは、秘密会談において協定の草案や交渉戦術を準備していた。キッシンジャーはバール／ラッシュ／ファーリン会談の意義についてこう述べている。「それ以降もっとも重要な交渉は、この論議・検討の枠内で行なわれ、進行が難しくなった場合に駐米ソビエト大使アナトーリエ・ドブルイニン（一九一九―二〇一〇）とわたしによってふたたび動きだすようにしてやった」（キッシンジャー、『回想録一九六八―一九七三』、八八一頁）。バールは一九九二年二月一七日、本著者（フォークトマイヤー）との個人的な会話のなかで、この三人の「秘密会談」についてこう述べた。「この会談はうまく機能して、我われは三人で四カ国協定の交渉をしたと言っても、じっさい少しもオーバーではなかった。……つまるところ、四カ国協定は旧管理理事会の建物でなく、ここボンで交渉されたと言うことができる」。バールは――キッシンジャーによると――四カ国交渉の最終的な成果にとって決定的な弾みをつけた。それは七一年四月二四／二五日、ヴァーモントでの会議の折、キッシンジャーに対して重要なアドバイスをしたことだった。「バールはわたしに独創的な提案をした。双方は、それぞれの立場を法律的に正当化するのはやめて、その代わりに双方の実際的な責任と義務を示すようにすべきである、と」］。

この見解にそって、バールは――四カ国の取り決めを補足する――トランジット協定に与えられる意義の結論を出している。「DDRとのトランジット協定（一九七一年一二月）（東ドイツのなかに位置する、いわば陸の孤島西ベルリンと西ドイツとの間の交通に関する取り決め）は戦後初めてベルリンに出入りするドイツ人市民の行き来にとっての法律的基礎をつくりだし、この都市をたえずゆすられる圧力の不安定さから引き離し、また戦後初めてドイツに関するかつての戦勝四カ国の取り決めが、二つのドイツ国家の参加なしには不可能であることを具体的に示した。2＋4の図式が成功裏に実証されたのである」［バール『ドイツのための安全保障とドイツに対する安全保障』、四〇頁］。

第4節　基本条約

一九七二年一二月二一日、エーゴン・バールとミハエル・コールの両次官は東ベルリンで、「ドイツ連邦共和国とドイツ民主共和国との間の関係の基礎に関する条約」に署名する。双方の交渉人たちは、七〇年一一月二七日に最初の出会いをして以降全体で七五回も会談して交渉を行なった［七〇年一一月二七日は、長期にわたるドイツ・ドイツ間の交渉次元の設定にとって出発点となった日である。話し合われたのはとりあえず全般的な交通問題であった。七一年一二月一七日、バールとコールはトランジット協定に署名する。この協定は四カ国協定に対するドイツ側の補足を意味するものだった。その後ようやく、公式に西ドイツとDDRの間の基本的関係に関する交渉が始められ、これが最終的には基本条約へとたどりついた。そうは言っても、ドイツ・ドイツ間の対話は全体の問題群として把握し分析するのが、なんといっても意味がある］。その際、意見交換の初めに当たって大事だったのは、両国間で建設的な会談のできる雰囲気をつくりだすことであった。両国はそれまで――「敵対意識を除いては」――相互の交流のなんの経験もつんでいなかったのである。バールがこう裏づけている。「コール相手に、事務的なこと以上の話し合いができるようになるまでには、非常に、非常に長い時間を要した」、と。そして「基本条約」を締結したあとでも、DDRの交渉人（コール）は「あいかわらずたいへん緊張していた」、とバールがこぼしている。

それだからDDRとの交渉は、二国間東方条約政策のうち、内容的にいちばん論争にみちたものであっただけでない、雰囲気的にももっとも困難なものであった。それにもかかわらず、このDDRとの会談こそ、「新東方政策の核心」であった。というのも、両ドイツ間のこわばった緊張をやわらげることなしに、東方政策・ドイツ政策全体構想は実現不可能であったからである。ソビエト連邦やポーランドとの条約、そしてDDRとの条約、ならびに四カ国協定は――すでに述べたように――全体構想であって、そのうちどれ一つ欠けても、全体の建物にひびがはいることになったであろうからであった。

それゆえにボンの首相府では一九六九年の最初の政府声明の直後からすでに、DDRとの交渉担当をだれにすべきか、考えめぐらされていた。六九年一一月六日のブラント首相のためのメモのなかでバールは人物の選択肢をあげており――バールの分析によると――その選択は、首相府長官のホルスト・エームケ（一九二七年生まれ）、ドイツ内関係相のエーゴン・フランケ（一九一三―一九九五）、そしてバール自身の三人に絞ったらどうか、と言っていた。バールが強調していたのは、DDRとの交渉では首相府が権限をもち、コーディネートに当たるべきである、ということだった。バールはメモのなかで推挙するそれぞれの人物のプラス面／マイナス面をあげている。エームケ（首相府長官）に対しては、とにかくあまりに高次元の交渉レベルとなってしまうし、複雑な資料ゆえに何週間にもわたってほとんどもっぱらこの交渉のために縛られるマイナス面があった。自分自身についてバールは、交渉の重荷、政府の重荷になりかねない自分のイメージのことをあげて、まずいと言っていた。もっともバールは、自分に対する攻撃、および西ドイツの東方政策に対する攻撃はそもそも自分が交渉に当たらない場合でも、ほとんど阻止できないだろう、と断っている。くわえてバールは、自分のことについてこう言っていた。「いつの日か、遅いより早い方がいいが、このマイナス・イメージも実際の肯定的な活動を通して変えられるだろう。その機会として、この困難な交渉、たぶん危機なしには進まない交渉が適しているだろう」。

バールは、一九六九年一一月六日のメモのなかで、西ドイツ政府が提案でもってイニシアティブをとり、東ベルリンの交渉人物の提案によって、決定の面で先を越されるのは避けるべきだと言っていた。まさにこのことをウルブリヒトは、六九年一二月ハイネマン大統領に自分の条約草案を送りつけることによって試みたのである。国家元首ウルブリヒトは、「ドイツ民主共和国とドイツ連邦共和国との間の同権の関係樹立」を提案し、首相のシュトーフのほかにDDR外相のオットー・ヴィンツァー（一九〇二―一九七五）の名前を交渉人としてあげていた。この提案はもちろん西ドイツにとって受け入れがたいものであった。二つのドイツ国家はお互い外国ではない、という立場をとりつづけていたからである。この提案に対して西ドイツ政府は、DDRにとって同じように受け入れがたい人物提案で答えねばならなかった。ボンは、「交渉人としてドイツ内関係相のエーゴン・フランケを指名した。――これは、DDRにとってほとんど受け入れられない交渉相手であった。というのもDDRは、特殊なドイツ内関係の存在をたえず問題視し、その代わりにノーマルな外交関係を要求していたからである」。この主張の突っ張り合いは、あいかわらず――とくにDDR側では――プロパガンダ的な成果を狙うこと、またその後の東方政策上の会談で相手の先を行こうとする狙いがいかに前面にでているかを、象徴するものであった。この場合、七〇年の夏ドイツ・ソビエト条約の締結という成果があってのちようやく変化が現れ、次官級レベルで対等の話し合いをする気構えになったのである。

この研究の以下の節では、バールの構想のなかで基本条約に関するそうした交渉がどんな価値をもっていたか、そして条約のなかで「ドイツ統一」というテーマがどう取り扱われたかを調べることにしよう。

その1　基本条約――アブノーマルな正常化?

西ドイツとDDRの間の「基本条約」は、疑いもなく二国間東方政策の頂点であった。エーゴン・バールは外務省の計画立案局長の時代にすでに、ドイツ・ドイツ間の大枠条約を自分が構想する東方政策の「中核」だと言っていた。アルヌルフ・バーリングが次のように評しているのは正しい。「基本条約は、社民=自由連立政府の東方政策のクライマックス、いや勝利凱旋のようなものである」。

ドイツ・ドイツ間の接近は、いろんな点で社民=自由連立的な東方条約政策のもっとも問題にみちた部分であった。二つのドイツ国家の間には二重の意味で「特別な関係」が存在していた。一つにはとくべつ近い間柄だということである。共通の歴史、共通の言葉、共通の文化の根、双方の国家から長い間共通に肯定されてきたドイツ国民という心情が、こうしたとくべつ近い間柄のファクターであった。もっとも隔たりもある近さであった。冷戦がこの「敵対し合う兄弟」の間ほど冷たかったのは他のどこにもなかった。「ドイツの戦後史は」――ペーター・ベンダーがいうように――実際上もまたとりわけ「民主主義的＝資本主義的体制と独裁的＝社会主義的社会体制の間の違いと対立の歴史であった」。イデオロギー的な対決は二つのドイツ国家の間でとくに厳しく行なわれた。ソビエトやポーランドとの和解政策が、とりわけ第二次世界大戦中の恐ろしい出来事により、心情的要素をもっていたのに対して、西ドイツとDDRの間にはもっと生々しい傷が存在していた。壁と発射命令とが、日常的な現実であった。

　こうした分断の現実と、もろもろの結果をやわらげ、分断を最終的には克服しようという目標により――一九七三年のバールの結論のように――「国民的な利害において、接近が可能かどうかを問題にする」必要に迫られていた。「冷戦の恐るべき状態を克服するため、また二つの国家、とりわけそこに暮らす人びとが互いにますます離れていく状況に転機をもたらすために」、接近が可能かどうか、それが問題になったのである。

　ブラント首相は、社民＝自由連立のそうした目標をすでに一九六九年一〇月二八日の最初の政府声明で述べていて、ドイツの分断部分の関係を現在のぎごちなく緊張し合った状態から解き放つことによって、国民の一体性を守ることが大事であると指摘した。

　すでにこの政府声明で西ドイツの新政府は、DDRと対等の資格で会談しようとしているのをほのめかしていた。政府声明の日に西ドイツの在外代表のすべてに発せられた外務省の同文通達ではこう言われている。「DDRとの条約による取り決めは、わが民族の分断を克服するのに役立とうとするものである」［この同文通達には、のちに「シェール・ドクトリン」と言われるようになった見解が含まれていた。国際法的な承認の問題については、こう言われている。「西ドイツ政府はひきつづき、ドイツの二つの部分が互いにとって外国にならないよう、あらゆることをするつもりである。それだからDDRの対外関係に関するわが国の姿勢も、ドイツ内の特別な関係によって決まり、その関係は東ベルリンとの交渉で規定されねばならない。二国間や多国間の領域でDDRの国際的な承認がドイツの両部分相互の関係の事前の取り扱い規定を配慮することなく行なわれたとしたら、それはドイツ内の取り扱い規定に関する東ベルリンの気構えを減ずることになるだろう。……我われはDDRの対外関係の問題をドイツ内のモードス・ヴィヴェンディ促進の手段として役立つよう試みる。……我われはDDRを国際法的に承認する国について、〝自動的な制裁をかす非友好的な行為〟という図式で取り扱うのではなく、西ドイツのその都度の利害状況にそって取り扱うものとする」］。

　しかしながらこうしたドイツ・ドイツ間交渉よりも優先されたのは――既述のように――ソビエトとの話し合いであった。それでもバールの構想にしたがって、西ドイツ政府とソビエト、ポーランド、DDRとのできるだけ同時並行的な話し合いが予定されていたのであるが、そうはいっても優先されたのは、ドイツ・ソビエト交渉であった。

ドイツ・ドイツ間の対話で最初の動きとなったのが、一九七〇年の春に行なわれたブラントとDDRの首相シュトーフとの会談であった。とくに七〇年三月一九日にエアフルトで実現した最初の出会いは、基本条約と「ドイツの一体性」というテーマに関する対話のうえで、いくつかの重要性をもっていた。エアフルトでも、また二カ月後のカッセルでも――七〇年五月二一日――お互いの隔たりが減ることはなく、本質的には一致しがたい原則的な立場のやりとりであった（東西両ドイツの首相、ヴィリー・シュトーフとヴィリー・ブラントが初めて顔を合わせた。一九七〇年三月にはエアフルト、五月にはカッセルで会談をもったのである）。それにもかかわらず、とくにエアフルトでの出会いからは、かなりの政治的・心理的効果が生まれてきた――しかも二重の観点において。

一つには会談は、一九四九年以来――少なくとも公式の次元では――なかったものを示した。つまりドイツ人とドイツ人が相互に話し合ったことである。五〇年代の「ドイツ人が一つのテーブルに」というプロパガンダ的なスローガンが、世界世論の目の前で現実となったのである。これは、「ハルシュタイン・ドクトリン」の象徴的なサスペンデットのようなものであった。

しかしエアフルト会談がもっとつよい影響をもたらしたのは、「ドイツの一体性」というテーマに関してであった。「ヴィリー・ブラント、窓のところに来て」（ドイツの東西分断後初めて迎える西ドイツの首相ヴィリー・ブラントが滞在するホテルの前に大勢押しかけた東ドイツ市民が、熱狂してブラントの名を呼んだ。「ヴィリー、ヴィリー、窓のところに来て！」と叫んでかれの顔を見ようとした。このとき東独の首相も「ヴィリー・シュトーフ」と、同じ「ヴィリー」だったのは皮肉だった）、という多くのDDR市民の自然発生的な呼び声は、とりわけ東ドイツの住民がドイツ・ドイツ間の対話に関して抱いていた大きな期待を象徴していたし、またヴィリー・ブラントがエアフルトから帰国後一九七〇年三月二〇日、ドイツ連邦議会で次のように述べた期待の象徴でもあった。「わたくしのエアフルトへの旅は、ほかの一切を度外視すれば、たしかにつよい人間的体験でありました。これはとくにDDRで暮らす同じドイツの人たちとの出会いについていえることです。そこに示されていたのは――わたしがもはや言葉を費やさなくとも、皆さんはご理解いただけるでしょうが――わたしが昨日エアフルトであらためてドイツ国民は一つという、持続していて生き生きとした現実のことを口にしたのは、フィクションではなくて、リアリティーだったということです」。

しかしエアフルトにおける「ヴィリー・ブラント」という呼び声が象徴していたのは、DDR住民の期待だけでない。その呼び声が証明していたのは、東ドイツの指導者たちの緊張緩和に対するあきらかにリアルな不安であり、存在基盤を隔絶分離に求める国の支配者たちの実存的な不安であった。ペーター・ベンダーは、エアフルト会談が暗に含んでいたものを「ドイツの一体性」を視野に入れながら適切にもこう述べている。「エアフルトがみせたものは、ブラントとウルブリヒト双方とも、一方がドイツ国民を口にし、他方がその言葉を恐れたのであるが、二人とも間違っていなかったことである」。

シュトーフ首相に向かってブラントは、一九七〇年三月一九日「ドイツの一体性」を視野に入れてこう言っている。「一九四五年後のドイツ政策はとりわけ――こちら側・向こう側でのいろんな復興の仕事があったにせよ――ドイツに勝利し占領した国々の政策の関数でありました。それ以来東西間の力の対決が、ドイツの状況に覆いかぶさりヨーロッパを分断しています。我われはこうした分断をかんたんに以前の状態にもどすことはできないが、この分断のもろもろの結果をやわらげることは我われにもできますし、また積極的に、ヨーロッパでそしてドイツで、我われを分断している溝を埋めるような展開を導く貢献はできるでしょう。その際わたしは、ドイツ国民という現実は持続しているし生き生きとしているという立場にたっています。わたしは過去のナショナリスティックな考えに囚われているものではありません。しかし、国民的な諸要素は、ヨーロッパ的な連携や国際的な提携のプロセスにあってもその役目を失うことはないだろうと、かなりの確信をもっています。共通に体験し共通に責任を負わねばならない、だれも振り払うことのできない歴史、家族・言語・文化のきずな、我われに帰属意識を感じさせるはかりしれないいろんな事柄が現実なのです。国民的な存在のこうした基礎を否定し、もしくはあなどろうとする政策は、わたしの信念では失敗する定めにあると思うのです」［七〇年三月一九日のエアフルト会談におけるブラント首相の基本的意見表明。『ドイツ政策に関するテキスト』、第四巻、三五二頁］。

基本条約の目標は、したがってまずなによりドイツ人たちが東西にひきつづき分かれて暮らすことをやめさせ、「人的状況の改善」によって古いきずなを強化し、新たな結びつきをつくりだすことであった。バールの全体構想のなかでの基本条約の目標は、すでに一九六九年大枠条約に関する企画研究で述べていたように、ＤＤＲを緊張緩和政策ブロックの姿勢から引き離してやることであった。ドイツ・ドイツ間条約は、「接近の基礎」とならねばならず、西ドイツとＤＤＲとの間の、そして東西間関係の転機の基礎とならねばならないものであった。

ここで問題にしようとするのは、ドイツ・ドイツ間の話し合いの具体的な交渉経過や条約本文の細部の分析ではなく、むしろひとえにバールの構想全体のなかでの基本条約の意義を調べることである。

「基本条約」は、バールが一九六六年自分の著書のなかで第一段階だといったものの終幕であった。基本条約は、二国間東方条約政策の終幕であり、したがってバールの「接近政策」の当面の頂点であった。きちんと取り決め、規定し合った併存状態から共存にいたる試み、それでいて国民の一体性というものを視野から見失うことなく、そうした試みをするというのは、六〇年代の初めにエーゴン・バールが展開した「接近による変化」という構想の実践的な政策としての実行であった。

交渉が行なわれたのは――すでにそれ以前のモスクワとワルシャワと同じように――武力不行使についてであった。しかし中心になったのは、さまざまな分野における実践的な取り決めである。すなわち、経済関係、科学・技術、取り引き、交通、郵便・通信機関、ジャーナリストたちの活動可能性、健康福祉、書籍・雑誌、ラジオ放送やテレビ放映の作品などの交換を含めた文化面での協同、環境保護、スポーツ交流、非営業的な支払いと清算の取り引き、資産の帰属と国家帰属の問題、家族再会、旅行、プレゼントのやりとり、そして国境問題であった。

「基本条約」やその他のドイツ・ドイツ間協定は、つまり西ドイツとＤＤＲとの間の関係の条約的な正常化をはかろうとするものだった。二つのドイツ国家樹立後二三年経って西ドイツはこうして、国際法的な承認はしないが、条約的にはっきりとした形でＤＤＲの「事実上の承認（De-facto-Anerkennung）」をするよう試みたのである。こうした「事実上の承認」の帰結は、「ハルシュタイン・ドクトリン」の今では条約面でも実行の最終的なサスペンデットであった。基本条約の結果は両ドイツ国家の国際的な行動能力の――なお、全体としてのドイツとベルリンに対する四カ国の権利による制約はあるが――拡大であった。西ドイツもＤＤＲも国連のメンバーになる。「ドイツの問題性」はヨーロッパの安全保障と協力のため会議の、開きかけた見通しに障害となるような影響をもたなくなっていた。

バールの全体構想のなかでは「こうしたアブノーマルな正常化」が、「ドイツの両部分の疎遠な関係のあとで徐々にふたたびルールを定めた共存にいたる基盤」となるべきものだった。その場合バールは、こうした一歩の限界についてはっきりわかっていた。自分が交渉に当たった基本条約についてバールは醒めた総括をしてこう言っている「これまで我われはなんの関係ももたなかった。今や悪いなりにも関係をもつことになるだろう。それが進歩となるだろう」［七四年四月一二日、「ベルリン一九七四年――協定と日常の間で」というＣＤＵの連邦議会議員マンフレート・アーベライン（一九三〇年生まれ）相手のテレビ討論のなかで、バールの発言］。

バールに由来する「アブノーマルな正常化」という概念は、次のようなパラドキシカルさを表すものだった。つまり、二つのドイツ国家の間の正常化をめざすものであるが、二つのドイツ国家が存在するかぎり、この両国家の関係に通常の意味での正常化はありえない、という矛盾背理である。バールは、「率直に言いまして、わたしには、分断と境界線の不条理さのもとにノーマルといえるような事態を想像することはできないのです。それゆえ我われはじっさいにも正常化過程、つまり正常な事態ではなくて、正常化プロセスのことを言っているのです」。

「基本条約」は外交上の行動範囲を広げようとするものであったし――バールの理解ではドイツ問題の観点でも行動範囲を広げようとするものだった。一九七三年一月二四日の手紙でバールは、基本条約に関する交渉の際の自分のドイツ政策上の目標を視野に入れながらこう言っている。「この条約にいたる交渉の際に西ドイツ政府は、完全にわが国の基本法の前文にある通りの意味で行動した。つまり、どんな連邦政府にもわが国民を一つの国家に再統一するよう努力する義務を課している前文です。この理由からわたしは、西ドイツ政府がＤＤＲと再統一について交渉するような展開になるのを排除していません。くりかえし言っておきますが、西ドイツ政府はドイツの再統一という観点にたってこの条約の交渉に当たり締結したのです。……我われはドイツの再統一という目標を堅持したいし、ドイツ国民の一体性を保持したいのです。この点は西ドイツ政府の明白な政策であり、今たどっている道に他の選択肢はないとわたしは思っています」［バールのライナー・ミュラー宛ての手紙、七三年一月二四日付け］。

西ドイツ側は、「ドイツ再統一の長期的にみた場合の可能性が締めだされているとはみたくなかったし、同時にただちに実行可能な人的状況の改善によって向こう側にいるドイツ人たちのために今日達成可能なものを実現しようとしていた」。

バールは、とりわけ行き来のしやすさの追求に、「ドイツの一体性」という目標を視野に入れながら、決定的な重要性を与えていた。「ある国民に帰属するという感情は、出会いと体験のなかで表出されるからである」。一九七二年一一月七日、基本条約交渉終了の翌日、「リアリスト的オプティミストのバール」は、招待ジャーナリストたちを前にした背景説明のやりとりのなかで、自分の長期的な戦略におけるこの会談とドイツ政策上への影響の帰結に関して、みずからの期待をこう説明している。「我われはこの国境線のおぞましさも、不条理さも、その非人間性も何一つ取り去ることはできないが、それでも国境を通過しやすいものにすることはできる」。もし六〇〇万の人びとが国境を行き来したら、ドイツの状況は変わるだろう。我われはこの国民の大部分にとっての大きな体験の前にたっているのである。初めてかなりの人たちが――それを利用するのは年配者よりも若者の方がたぶん多いだろう――新しい人間や風景をみることになるだろう。わが国民のこうした類の再会により何が起こるか、今日だれもいうことはできない。この点が、条約一般から生ずるもののうちで、国民的な問題にとってもっとも興味をそそるものである。……この国（DDR）はあいかわらず安定性を欠いているので、自分の手で人間性やノーマルな状態をつくりだすのはほんの少量ずつしかできない。しかしこの国に、最初の一歩、二歩目、三歩目、四歩目、五歩目を進めるよう仕向けることはできるはずである」。バールの長期的な構想にとってこれが意味していたのは、「状況は長い時間をかけて変えていく、そうして国境をより通過しやすいものにする、実際の事柄も変わり、やがていつの日かヨーロッパ的な可能性の枠内で、まったく新たにドイツ問題について我われが熟考することもできるようになるだろう」、ということであった［七二年一一月七日、首相府においてバール次官が三七名のジャーナリストを招いて開いた報道会談より］。

その2　ドイツ・ドイツ間交渉のテーマとしてのドイツの一体性

モスクワ条約と同じように、基本条約も再統一、ドイツの一体性、自己決定権についてはほとんど触れていなかった。それでもこれらのテーマは——モスクワにおけるバールの会談以上に——ドイツ・ドイツ間対話の中心にあった。——バールがいうには——「両国家がドイツであるという事実は、我われの困難、諸問題、複雑な絡み合い、疑問点など、他とくらべようのない性格を物語っている」。こうした国民的問題を通しての「特別な関係」は必然的にドイツ内交渉にも反映せざるをえなかった。ドイツ・ドイツ間会談において「ドイツの一体性」というテーマがどんな位置を占め、この問題がその後仕上げられた条約本体にどんな組み入れ方をされたのか、以下の節でみていくことにしよう。

エアフルトとカッセルの会談のあと、「Denkpause」(よく考えてみるための一時休憩) のために中断していた話し合いが、一九七〇年秋に再スタートする[Denkpauseの提案をしたのはDDRの首相シュトーフで一九七〇年五月のことだった。その理由についてはさまざまな動機があったらしい。一つには二度の会談においてなんの歩み寄りもみられなかったし、対話は具体的な成果をもたらさなかったこと。もっとも具体的な成果などこの時点の、これほど高度の交渉レベルではだれも期待していなかったことだった。もう一つには一九七〇年五月二二日——カッセル会談の翌日——モスクワにおけるバールの、グロムイコ外相との意見交換が当座の終わりを迎えた。このことが、今ではドイツ・ソビエト交渉の結果を待ってみようという気持ちにさせた。しかしながらドイツ内対話における「Denkpause」の主要動機は、つまるところモスクワの願いであったらしい。ソビエトはエアフルトとカッセルの会談を非常に懐疑的にみていたし、西ドイツとの自分たち自身の交渉を優先させようとしていた。かつてのDDRの外交官マンフレート・ウシュナーはソビエトの姿勢についてこう評している。「ブレジネフはエアフルトとカッセルの会談ゆえにSED指導部に批判的であった。かれは、会談をこれ以上するのはやめるよう、求めた」。この点は、一九七〇年七月二八日のブレジネフとホーネッカーとの話し合いの議事録からもはっきりする。その際ソビエト書記長は、とりわけこう述べている。「率直に言っておきたいのは、エアフルトとカッセルの会談から何も良いことは生まれなかった。ブラントはDDRに関して我われとは違った目標をもっている」、と]。一〇月末に意見交換の再開が公表された。一九七〇年一一月二七日、東ベルリンで最初の内密な会談が行なわれる。西ドイツ側はエーゴン・バール、DDR側はミハエル・コールが率いていた。両次官のこの会談において公式には当座原則問題でなく、交通全般にわたる実際的な問題が話し合われた[バールはそのとき首相府の次官であった]。

それでも、この意見交換のなかですでに「ドイツの一体性」というテーマが話題にのぼった。バールはとりわけ一九七一年二月一七日の会談で東ドイツの交渉相手に対して、ドイツ両国家間の総括的な条約締結後でも西ドイツは、ドイツの再統一という自分たちの政治目標のさらなる追求を諦めることはしない意志を、はっきりさせた。同じ会談でバールは、西ドイツ政府がひきつづきDDRの除去を狙った政策を追求しているというコールの非難は、的外れではないと言っていた。バールは――DDR憲法の第八条第二項を引き合いに出して――つまるところ西ドイツもDDRも同じように、両ドイツ国家の除去に狙いを定めた政策を追求していることを、確認していたのである［一九六八年四月六日のDDR憲法第八条第二項ではこういわれていた。「同等の権利に基づいた両ドイツ国家のノーマルな関係と協同を創出し擁護するのは、DDRの国民的関心事である。DDRとその市民は、それを越えてさらにドイツ国民に帝国主義によって強いられたドイツの分断の克服に努め、両ドイツ国家の徐々に進む接近から、民主主義と社会主義を基礎とするその統一に努めるものである」］。国民が一つになることがひきつづきドイツ政策の目標であるというバールのそうした見解に、ミハエル・コールは断固反対した。DDRの交渉人はすでに七一年二月一七日、きつい調子で、国民の統一など過去の話だ、と明言していた。

交通全般の条約およびトランジット交通をめぐる交渉の間、国家・国民の問題はたんに副次的な役割であったのに対して、両ドイツ国家間関係の条約的基礎に関する話し合いでは――一九七二年六月一五日、とりあえず秘密会の意見交換で始まった――国家・国民の問題が初めから中心になっていた。バールは、国民や政治的一体性の問題が両国家間の関係にとって核心的問題だといい、基本条約のなかでは、先行の協定の場合とは違って、核心に精力を集中するのが大事であり、基本条約では、はっきりと、両国家にいる人びとが共通の歴史、人間的・文化的その他のきずなによって特別な関係にある事実を考慮に入れなければならない、という。えようとしている原則的な取り決めは、民主主義的・平和愛好的・統一的なドイツ国家の創出のための、のちになって、もしかしてありうるかもしれない条約締結の決定への道を阻むようなものであってはならない、という。西ドイツ政府の目標は、無期限にわたる関係、それでいて最終的なものでない関係取り決めの条約を締結することであり、求められるのは――すでにモスクワ条約にもみられる通り――「モードス・ヴィヴェンディ」である、という。つまり条約は――バールの構想によると――次のような原則を考慮するものでなければならなかった。

(1) 条約は、最終的な決定をもたらすものではないこと。
(2) 条約は、分断容認の条約ではないこと。
(3) 条約は、平和条約の代わりになるものではないこと。
(4) 条約は、条約の当事者に対して、国民問題の解決という目標をひきつづき追求するのを禁ずるものであってはならないこと。

基本条約は西ドイツ側の視点からすると、「ドイツ問題に決着をつけるものでない」点を示す文言を含んでいなければならなかった。

この点についてはいくつかの理由があった。まず押さえておかねばならないのは、西ドイツ政府はとにかく、四カ国の権利および「基本法」(西ドイツ憲法)によって敷かれた枠のなかでしか動きがとれないことであった。DDRの国際法的な承認とか、ドイツ分断の最終的な受容などは、たとえ望んだにせよ、法律的に不可能であった。結ぶべき基本条約は、憲法に合うものでなければならない。一九七二年一二月二一日、西ドイツとDDRとの間で署名された条約が「基本法」(憲法)に違反していないことは、七三年七月三一日、西ドイツ憲法裁判所の第二部によって認められた。

一方でその判決理由は、西ドイツ政府がDDRとの交渉に当たって憲法上どんなに狭い枠内で動かなければならないかを示していた。判決主文ではとりわけこう言われていた。「再統一の要請に基づき、ドイツ連邦共和国のどんな国家機関も政治目標としての国家統一の再生を放棄してはならないし、すべての国家機関には、その政策においてこの目標の達成をめざして努力する義務が課せられている。――これは、再統一要求を内部でつねに鮮明に意識し、外部にむかっても粘り強く主張するよう求めているし、また再統一の企画を頓挫させるようなことはすべて慎むよう求めるものである。……この条約には二重の性格がある。条約はその様式からみれば国際法的な条約であり、その特殊な内容からすると、なにより二国間内だけの関係を取り扱う条約である」。

ところで、エーゴン・バールが基本条約の交渉の間「ドイツの一体性」というテーマを再三つよく意識して会談にもち込んだ原因は、「基本法」の命ずる課題にあったばかりでなく、その根源はバール構想の目標にもあった。しなければならないことと、したいこととは一致していた。ヘルガ・ハフテンドルンが次のように書いているのは当たっている。「社民＝自由連立政権の東方政策の建築家たちを〝国民の統一〟という方針に固執させるようにしていたのは、基本法の再統一という抽象的な課題命令――あるいは内政的な意見や多数派関係への配慮だけでなかった。国民の統一は短期的また中期的に達成すべき目標というより、むしろ息の長い政策にとっての指針であった」。

こうした長期的展望にそっていたのは、バールが交渉のなかでくりかえし、両国家は互いに決して外国ではなく、一つの国民に属しており再統一をめざす資質をもたされていることを強調したことであった。したがって、「ドイツの一体性」というテーマとそれに関連する「ＤＤＲの国際法的な承認」や「大使の交換」といった争点は、ドイツ・ドイツ間対話の基本的要素であり――しかも双方にとって違った印をもつ要素であった。エーゴン・バールが核心となる国民という点を基本条約にそれなりの形の表現で入れることをしきりに要求すればするほど、ＤＤＲ代表団の方では、それだけいっそう決然とした態度で一線を画そうと努めた。これは、西ドイツ側にとって想定内の事態であった。一九七三年バールはＤＤＲの利害状況を次のように言っている。「ＤＤＲはかなりの将来にわたって厄介なパートナーでありつづけるだろう。かれらの生来の利害関心は隔絶分離でありつづけるからである。ＤＤＲは分断の産物であり、小さな方の国民部分であるがゆえに、一緒の活動にあまり力を入れすぎたら、国民の問題の方が東西間の体制の違いの問題より、決定的な影響をおよぼすのではという幻想が生ずるのではないか、という懸念をもっていた」。

「ドイツ問題」の点でのこうした隔絶分離路線をＤＤＲの交渉戦術もとっていた。交渉人のミハエル・コールは一九七二年六月二二日、再統一はフィクションであり、幻想であると公言している。またＳＥＤ書記長のエーリヒ・ホーネッカー（一九一二―一九九四）は、七二年九月七日のエーゴン・バールとの会談で、ＤＤＲは国民の一体性と再統一という言葉がでてくる条約には署名しないだろう、と強調している。基本条約の交渉の間にたしかにみられたのは、すでに社民＝自由連立の東方政策の当初以来顕著になっていたことであり、ヘルガ・ハフテンドルンが次のように述べていることであった。「ボンにおいて交渉構想に一段と力が入れられるのと平行して、DDRは西ドイツに対するイデオロギー的な隔絶分離政策をつづけていた。……隔絶分離への要求は、西ドイツとの関係の緊密化に対する相関関数的なものであった」。「階級の敵」西ドイツとの交渉は、DDRにイデオロギー的な正当化の問題をもたらした。それだから、旅行のしやすさやドイツ内貿易の問題で接近がますます顕著になるにつれて、国民の一体性の点でとくに言葉による隔絶分離がますます過激になっていった。

そうした展開は、すでに一九七〇年一月ヴァルター・ウルブリヒトの次のような発言に表れていた。「ドイツ民主共和国は、社会主義的なドイツ国民国家であり、西ドイツ連邦共和国は、制約された国民主権しかもたない資本主義的なNATO国家である」。七〇年九月一三日、SED中央委員会の書記ヘルマン・アクセン（一九一六—一九九二）は、西ドイツとのDDRの隔絶分離を意識して、次のように言っている。「いわゆる〝ドイツ内〟関係だとか、あるいは〝国民の一体性〟と称するものといったナショナリズム的なデマゴギーも、全世界もどんな時代も、社会主義的なドイツ国家が西ドイツの独占資本主義的な体制とは違うものだとしている基本的真理を隠蔽することはできない」。

一九七〇年一二月一七日、ウルブリヒトは隔絶分離のテーゼをくりかえして、こう付け加えた。「労働者と農民の権力と社会主義の建設の発展の過程でDDRは、社会主義的なドイツ国民国家として形成された。ブルジョア的なドイツ国民は、封建主義から資本主義への移行の過程で発展し、一八七一年から一九四五年まで存続していたが、それはもはや存在しない。DDRは社会主義的なドイツ国民国家であり、その国において社会主義的な国民の形成過程が進んでいる。そのための取り消しえない事実がすでに誕生している。BRD（西ドイツ）は、NATOの帝国主義的な国家であり、古いブルジョア的なドイツ国民の残滓を、国家独占主義的な支配体制という条件のもとに具現しているのである」。

ＳＥＤ書記長の職務をウルブリヒトのあと引き継いだエーリヒ・ホーネッカーは、この隔絶分離路線をとくに激しい形で主張して、一九七二年一月六日、国家人民軍を前にこう宣言している。「社会主義的なドイツ民主共和国と帝国主義的なＢＲＤの間にはなんの一体性もなければ、一体性などありえない。これは、雨が地面に落ちたら二度と雲に舞いもどることはない事実と同じように確実で明白なことである。〝国民の一体性〟をだらだら説いてみても、その点はなんら変えられるものではない」［エーリヒ・ホーネッカーは一九七一年五月ウルブリヒトに取って代わった。西ドイツの東方政策に対するウルブリヒトの姿勢がかれの解任の理由であったのは――唯一の理由ではないにしても――確かである。すでに一九七〇年の七月ホーネッカーとブレジネフとの秘密会談で党首としてのウルブリヒトの間近の解任が話し合われている。ウルブリヒトは一九六九／七〇年の変わり目頃、自前の条約草案を急いで出して、ドイツ・ソビエト交渉に先んじようとした。しかし依怙地なところのあるＤＤＲの国家元首にそうさせた動機は、かつてのＤＤＲの外交官マンフレート・ウシュナーの主張するところとは違っている。この外交官の見方では、ウルブリヒトが「人生の終わり近くになって率直にドイツの社会民主党と協調できるし、しなければならない」との洞察をえたからだという。そうではなくてむしろ、おそらくかれにとって大事だったのは、新たな要求（国際法的な承認など）でもってその先の交渉のために先手をうつこと、そして「モスクワを自分の路線に引き寄せる」ことにあったろう。ヴィリー・ブラントなども、ウルブリヒトの緊張緩和に敵対的な姿勢が失脚に絡んでいるとしている。「そうこうしているうちに、ウルブリヒトは党首の地位を失った。かれは年老いており病気であったが、それでも分析によれば、西ドイツに対するかれのかたくなな姿勢が退陣の本質的な理由であった」］。

しかしこうしたＤＤＲの隔絶分離路線が、西ドイツ政府との対話を阻むことにはならなかった。逆であって、隔絶分離路線が対話を可能にしたのは、もしかすると、その路線が少なくともＤＤＲ執行部に、かれらからみると危険な緊張緩和的な接近に、対話を通してイデオロギー的なブレーキがかけられるのでは、という期待をもたせたからであったろう。ペーター・クリスティアン・ルーツは、国民の一体性という観点でＤＤＲの隔絶分離政策を調査して、次のような結論を引きだしている。「国民という階級コンセプトは、ＤＤＲの国民にとって西ドイツという敵の像を固定化することになり、ＤＤＲの党や国家にとって正当化を補う代替物をつくりだすことになった。というのも、歴史哲学的な前提のかなたで、納得させるような正当化がそれまで達成できていなかったからであり、またＳＥＤにとって説得力ある正当化の導出が近い将来できるかどうか、じっさい疑問だったからである。この点での疑問はかなり大きなものだった。というのも、正常化が進む政治的現実のなかであらわになったのは次のような事態、つまり東ベルリンが国内政治の支えとして〝資本主義的で帝国主義的な〟西ドイツという（東独にとって）〝役だつ敵のイメージ〟を強化するより、むしろ薄める事態であった」［ヴェルナー・ヴァイデンフェルト『ドイツ国民の一体性の問題』、一九八一年、九三頁］。

したがって国家・国民の問題は、「バール／コール会談」のなかでつねに論争の的であった。交渉パートナー同士の見解が真っ向から対立していたからである。合意などありえなかった。それだからすでにモスクワ条約の場合とまったく同様に、西ドイツの基本法（憲法）に定められた要請――ドイツ国民は、自由な自己決定のもとにドイツの統一と自由の実現を要求しつづけること――に矛盾することなく、「武力不行使」という実質的な内容をもつ条約を可能にした文言をみいだす必要があった。

DDRには――一九七二年九月七日、ホーネッカーがバールとの二人きりの内々の会談で誤解の余地なく明らかにしていたように――「ドイツの一体性」という問題を条約で言及する気はなかった。バールは六四年のDDRとソビエト間の友好条約の文言を引き合いに出してみせるが――この条約では有効期限がはっきりとドイツ問題に関する意見の一致という留保のもとに置かれていた――、その提案も東独交渉団の拒絶にあってしまう。とにかく、DDRを国民問題の点で独自の確実な取り決めに縛りつけようというバールの交渉戦術は、水泡に帰してしまった。ホーネッカーも、交渉人コールとまったく同じように、国民の一体性に関して条約で確認しておくのを拒否して、かれの方から基本条約にいたる「暫定的な取り決め規定（Vorschaltgesetz）」を提案する。その提案はエーゴン・バールによって、そうした法的規制にはたんに一面的な性格しかないという理由で拒絶されてしまった。西ドイツとDDRの交渉は、一九七二年の秋にはこの国民問題で行き詰まってしまったので、西ドイツ側はソビエトを介して交渉の進捗をはかろうとする。この点に関してバールは七二年一〇月四日、キッシンジャーに宛てた手紙でこう書いている。「国の統一という目標や、平和条約の欠如という基本問題があるなかで、DDRとの交渉は膠着状態になっていますので、我われはモスクワを介して交渉の進展を試みたいと思っています。……わたしは書記長に西ドイツ首相のメッセージを手渡すつもりです。そのなかでは、基本条約はわが国の憲法にそうものでなければならず、ドイツの特殊状況に配慮した文言にする必要性を指摘しています。世論向けには、二国間問題やヨーロッパの展開と関連する問題だということにします。世論向けに、基本条約との関わりをいうことはどんなものでも避けねばならないことは、はっきりしています」。

一九七二年一〇月一〇日、エーゴン・バールはソビエトのブレジネフ書記長から会談を求められた。同じ日にバールは、既述の「裏ルート」を通して常時接触のあったキッシンジャーに、自分の骨折りに自信がもてない結果を伝えていた。「ブレジネフとの会談で明らかになったのは、かれがＤＤＲと我われの条約の締結を促進したがっていることです。もっともかれは世論向けのお定まりの思惑を述べたあとで、我われは情報交換をするだけであって、実質的な決断は交渉そのもののなかでするよう、大いに強調していました。国民の問題やまだ実現しない平和条約への言及の問題については、わたしの論拠では納得しない旨をはっきり口にしていました。かれはその点についてもう一度熟考するだろうが、我われ双方にとって条約の経済的利点は非常に大きいので、この二点（国民の問題と平和条約）の解決がなくとも、条約を結ぶことは可能だとブレジネフは思っているのです。それではだめだとわたしは言いました」。

バールとソビエト書記長との二人だけの会談が、ドイツ・ドイツ間交渉の進展に影響を与えたかどうか、どのように影響したかは、証拠で示すことができない。事実は、バールがモスクワから帰ってのち、ドイツ・ドイツ会談は集中して行なわれるようになり、ＤＤＲの交渉団はより妥協的な姿勢をみせるようになり、その結果一一月の六日、交渉を終えることができた。一一月七日、西ドイツの閣議はえられた結果に同意し、その翌日「基本条約」は仮調印され、公表されることになった。一九七二年一一月一九日の連邦議会選挙のあと、一二月二一日に条約は東ベルリンで交渉団長エーゴン・バールとミハエル・コールによって署名された。

ところで、バールの見解ではドイツ・ドイツ間協定の核心となっていた国民問題は、基本条約のなかでどのように取り扱われたのだろうか。

バールの本来の目標、つまり条約に再統一に関する留保を——ＤＤＲとソビエトとの友好条約と似たような形で——はっきり取り入れるという目標は頓挫せざるをえなかった。ＤＤＲは、ドイツ国民が一つになって存続しつづけているのを積極的に認めるなど、いっさい拒否していた。それにもかかわらず西ドイツは——すでに述べたように——そうした留保を法律的にも政治的にも必要としていた。最終的には、すでにモスクワ条約で用いた方法で合意する。「基本条約」の調印に当たってエーゴン・バールは、西ドイツ政府の名において「ドイツ統一に関する書簡」をミハエル・コール宛てに書いた。そのなかではモスクワで渡した書簡に似た形で、こう言われていた。「この条約は、ドイツ連邦共和国の政治目標と矛盾するものではない。つまりヨーロッパに平和の状態がえられるよう働きかけ、その平和のなかで、ドイツ国民が自由な自己決定のもとに統一をふたたび取りもどすようにする目標と矛盾するものでない」。この書簡はDDR政府によって異論なく受け入れられ、条約全体に含まれるものとして受容された。

この手紙のほかに――付帯文書の形ではあるが――平和的な手段をもって統一を追求しつづけるという西ドイツの政治目標が、具体的な条約文のなかに取り入れられた。第三条において両国は「争いになっている問題はもっぱら平和的な手段をもって」解決するとの確約をし、「双方の領土的不可侵性に全幅の敬意を払う」義務を負い、双方の国境の不可侵性を保証し合った。こうして西ドイツはドイツ統一の再生のための努力を「武力不行使という重要な関心に従属させる」ことにしたが、それで統一努力を放棄するということではなかった。この点をバールは一九七三年二月一五日、連邦議会で次のように言っている。「国民の問題と国家統一の問題は、存続しつづけている。これらの問題を平和的にもちだすことは、条約の文言にも精神にも反するものではない。条約は平和と緊張緩和をより上位に置いたのである。この理由から――モスクワ条約にならって――例の書簡が書かれねばならなかったし、DDRによって受け入れられねばならなかったのである」。そしてバールはロンドンの『タイムズ』紙からの引用を引いてこうつづけた。「〝ドイツは、ボン政府が分断の承認を拒絶していた時代ほど、それほど深刻に分断されてはいない〟。……ドイツ問題は決して決着がつけられたわけではないのだ」、と。

こうして「基本条約」は、ドイツの再統一要求という表現上のアクチュアル化を、緊張緩和とヨーロッパの平和秩序の創出という目標に従属させるものであって、緊張緩和と平和秩序をつくりだしてから、そのなかで「ドイツ問題」を解決しようとするものであった。

「基本条約」の前文にも、特別な「ドイツのさまざまな問題」が表現されている。とりわけ前文でこうも言われている。「両ドイツ国家は、歴史的に与えられた事実に基づいて」、そしてまた「ドイツ連邦共和国とドイツ民主共和国との間には、国民問題も含めて、原則的な諸問題に関して見解の相違があるにもかかわらず」、この条約を結ぶものである、と。ここでとられたのは「Agree-to-disagree」(相互の意見の違いを認め合って、争わないことにする) という打開策であって、これはすでに以前、たとえば一九六三年の「ベルリン通行証協定」で用いられたものだった。合意できないことを認め合うなかで、相容れない基本的立場を堅持し、その立場をひきつづき主張する権利を維持するのである。くわえてDDRは、このくだりに署名することで、次の事実を受け入れたのである。すなわち、「国民問題」が存在すること、それは基本的な問題であること、条約を結ぶ国家間の関係は特別な特徴をもっていること、両者は互いにドイツであるとして理解し合うこと、という点であった。

つまりDDRは、「基本条約」において両ドイツ国家間の関係にある「国民的要素」をほぼ受け入れる形となったのである。しかしDDRはそれと平行して——すでに述べたように——隔絶分離路線をつづけた。「DDRのこうした隔絶分離政策の重要な表れは、憲法の変更にみられた。一九七四年一〇月七日に定められた新しい憲法では、〝ドイツ国民〟あるいは再統一を示唆するものはいっさい削除されてしまっている。一九六八年憲法とは違って、今では第一条でこう言われている。〝ドイツ民主共和国は労働者と農民の社会主義的な国家である〟。同時に今では、一九六八年憲法では〝ドイツ国民全体〟に対する責任が強調されていたのに、DDR人民の〝国民的な自己決定〟のことしか言及されていないのである」［ヴェルナー・ヴァイデンフェルト『ドイツ国民の一体性の問題』、ミュンヘン／ウィーン、一九八一年、九七頁］。

エーゴン・バールは、国民問題の点でのこうした隔絶分離戦術の無意味さをすでにDDRの交渉人コールとの会談のなかで言及していた。それは一九七〇年六月二八日のことで、国民は存続しつづける、決議などによって消し去れるものではない、とコールに向けて言っていた。DDR憲法からのドイツ国民という概念の削除に関してバールはのちにこうも言っている。「もしDDRが国民を避けて通れると信じているなら、あとで後悔なさらんように、と言っておきたい。かれらはすでにかなり前からそんなことを試みているが、ちっとも成功していない。……わたしの方は確信しているのです、DDRが独自の決議や有無をいわさず国民を抹消できるかのように振る舞う努力をしたところで、成果をあげることはないだろう、とね」。

結びに当たって「基本条約」について、またこの条約全体のなかでの「ドイツの一体性」というテーマについて確実に押さえておけることは、大事だったのが統一を行程表にのせることでもなければ、分断を確定することでもなく、「モードス・ヴィヴェンディ」をみいだすことであった。その方途は、現状（Status quo）あるいは条約の言葉でいえば、「歴史的な既存の事実」から出発して、「ドイツ問題」の解決への展望を見失うことなく、むしろその展望を開いておくことであった。

バールは、自分の構想のこうした第一段階を「ドイツ語でいうKoexistenz（精神的にも社会的・政治的にも異なった体制が平和的に併存していくこと）」だと言っている。「一方の人たちは、なんとしても統一は葬りさらねばならないのではと問い、ほかの人たちは、とくに外国の友人たちは、憂慮すらしながら、それが統一の始まりなのか、と問うている。だがそのどちらでもない。ドイツ語でいう〝Koexistenz〟なのである。接近による変化は、ヨーロッパ的なコンセプトなのである」［エーゴン・バール「接近による変化。一九六三年および一九七三年トゥッツィングにおけるエーゴン・バール」、『ドイツ・アルヒーフ。DDRとドイツ政策のための雑誌』第八号、一九七三年、八六七頁］。

「長い目でみて、DDRはドイツ全体が共産主義化するのを欲し、我われは、長い目でみて、ドイツ全体が民主化するのを欲している。DDRの目標は、西ドイツを消滅に追い込むことであり、西ドイツの目標は、DDRを消滅させることである。この基本目標の点ではなにも変わっていないと、わたしは思う。しかしそれが決定的なファクターではない。決定的なファクターは、この二つの国が基本的見解に違いがあるにもかかわらず、他の国々と同じように、自分たちも、モードス・ヴィヴェンディをみいだすこと、同時に存在すること、もしできることなら共存可能な道をみいだすこと、そして武力不行使の掟にしたがうことで、これらの点で了解し合った点にある」［七四年四月一二日、「ベルリン一九七四——協定と日常の狭間で」というテーマで行なわれた連邦議会議員マンフレート・アーベライン（CDU）とのテレビ討論におけるバールの発言］。

「基本条約」は、交通問題に関する制限つきの協定（トランジット協定／一般的な交通協定）のあと——「接近政策」の最初の条約的に決められた大きな一歩であって、変化を可能にしようとするものであり、また「ドイツ統一」について長い目でみて新しい展望をつくりだそうとするものであった。この条約は、「人的状況の改善」を――とくにまたDDRの市民に対しても――達成しようとする試みであり、少なくともごくかぎられた出会いのチャンスを通して東西のドイツ人たちがこの先も別々に暮らすのをやめにしようとするものであった。個人的な出会いの可能性の改善は――バールの期待するところでは――「国民的実質の維持にとって、過去二〇年間に熱弁をふるって現出したものよりも、より以上のことをなすだろうものであった」。

❇第9章❇ 東方政策の危機？

第1節　安全保障政策――オイフォリーと醒めた意識の間で――兵力削減の問題

ドイツ問題とヨーロッパの安全保障の問題群との密接なリンクは、ドイツの戦後政治の基本要素の一つであった。兵力削減の可能性の問題はその際つねに中心的役割を果たしていた。エーゴン・バールのドイツ政策上の全体構想にとっても兵力削減と軍備縮小とは、ヨーロッパの安全保障システムにいたる中間段階として欠かせないものであった。

一九六七年一二月一四日、ブリュッセルにおけるNATO理事会において同盟諸国の外相たちがしたためた「アルメル報告」によって、兵力削減が理論的可能性から現実的な可能性になったように思われた。ベルギーのピエール・アルメル外相（一九一一－二〇〇九）のイニシアティブで成立した「（NATO）同盟の将来の課題に関する報告」でもって少なくとも、政治的な緊張緩和とならんで軍事的な緊張緩和も国際的な議事日程にのぼったのである。NATOの文書ではっきりと、「軍事的な安全保障と緊張緩和政策とは決して矛盾するものでなく、相互に補完する関係にある」、と言われていた。「軍縮のため、バランスのとれた兵力削減の可能性も含めた実際上の軍備管理のための処置」が視野に入れられていた。この提案は一九六八年夏の「レイキャヴィークのシグナル」で具体化する［六八年六月二四／二五日、アイスランドの首都レイキャヴィークにおいて開かれた大西洋同盟閣僚会議のコミュニケ］。NATOの外相たちの声明では兵員数の一方的な削減には反対といわれていたが、その代わり双方の兵員削減に関する交渉が提案され、その削減は相互性に基づいたもので、その規模や時間的な経過についても均衡のとれたものにすべきである、といわれていた。

「アルメル報告」と「レイキャヴィークのシグナル」は、同盟政策と安全保障政策を東方政策と緊張緩和政策とリンクさせる最初の、おそらくもっとも重要な試みであった。外相ブラントは、軍事的な安全保障と緊張緩和政策との間の架橋というその種のくわだてに「ドイツ問題」をとくに強調しながら関与させて決定的な役割を果たしていた。ブラントとバールにとって、兵員削減は論理必然的にヨーロッパの安全保障システムの全体構想に組み入れられるものだった。エーゴン・バールにとって、兵力の削減は、それを超えてかれのドイツ政策の段階プランの欠くことのできない要素であり、理論的な熟考と実践的な交渉の対象であった。

すでに一九六八年一月、つまりレイキャヴィークにおけるNATO決議の半年前、バールはブラントの委託を受けて、東側に向けて軍縮政策的なシグナルを送っていた。六八年一月末にミュンヘンでバールは、レーオ・バウアー（一九一二―一九七二、ジャーナリスト。一九五〇年SEDと決別し、逮捕されてソビエトの労働キャンプ暮らし。釈放後西ドイツに逃れて週刊誌で活躍。このとき雑誌『シュテルン』の政治担当記者）と一緒に、イタリア共産党のトップクラスの代表たちと秘密に会っているが、その会談でバールたち社会民主党員にとって大事だったのは、自分たちの緊張緩和政策上の考えを伝えることであった［イタリア共産党の役員セグレとガルッツィとの会談の背後にあった意図についてバールはのちに次のように書いている。「我われは、大連立の当時、モスクワの政治的に重要な箇所にも、またDDRのそれとも、頼れるだけの接触をもっていなかった。だが、我われの意図をとりわけDDRがどんなに歪曲し中傷しながら活動しているかは、知っていた。ミュンヘンにおける会談が行なわれたのは、SEDの党代表団がイタリア共産党を訪問する直前か直後のことだった。我われにとって大事だったのは、イタリア共産党が、またこうしてたぶんソビエトが我われの考えや論拠を耳にしてくれて、DDRの言辞だけに頼らないことだった。見解の一連の開陳は、DDRを含めての講演者の交流から通行証、武力不行使にまでおよんでいた」。七六年二月一〇日付けのヨハヒム・シュヴェーリエンに宛てたバールの手紙より］。このメッセージの名宛て人はソビエトとDDRであって、イタリア共産党の役員は、「通訳」としての役割を担うものであった。この内密の情報が予定した名宛て人に届いたことは、六八年二月二〇日の、東ベルリン駐在のソビエト大使ピョートル・アブラシモフとエーリヒ・ホーネッカーとの会談に関する記録メモが——ＳＥＤの党中央公文書館にある——証明している。その会談でアブラシモフは、バールがイタリア共産党の代表者たちとの会談で西ヨーロッパに駐留するアメリカの軍隊と東ヨーロッパに駐留するソビエトの軍隊の削減などを提案したことを、ホーネッカーに伝えていた［その記録メモにはさらに、こうあった。「軍事ブロックの解体の可能性についてバールの意見によると、この問題の解決には三つの要素が含まれねばならない、という。①緊張緩和のために部分措置を実行して——両ブロックの解体は目下のところ不可能であるが——両ブロックの国々の間に信頼の状況をつくりだすこと。②集団安全保障のシステム創出に貢献するような解決策を探す必要があること。③こうしたプロセスの終結後にドイツ問題の解決をはかる。ＳＰＤは、ソビエトとアメリカがこの三つの段階すべてにわたって問題の解決にかかわることが必要だと思っている」、と］。

「兵力削減」というテーマが高度な価値をもっていることは、バール主導のもとにつくられた外務省の企画立案書からも窺える。一九六八年六月二七日の日付けのある「ヨーロッパ安全保障の構想」という文書のなかで、バールは、兵力削減に関して新たに生じた可能性をこう総括していた。「緊張緩和の西側の政策は、新たな局面に差しかかった。ヨーロッパに存在する軍隊の削減可能性が真剣に検討されている。この点に関して東側と交渉しようという考えが用心深くほのめかされている。ヨーロッパの平和秩序を介しての現状克服に目標を置いている西ドイツは、そうした議論に積極的にかかわることにつよい関心をもっている。第一義的に問題であったのは、軍事力の増加あるいは減少ではなかった。西ドイツは、大西洋同盟の枠内でじゅうぶんな安全保障をえていたので、状況の変化によるいっそう大きな軍事上の安全保障など期待していなかった。他方で視野に入れている措置のいずれも安全保障を危険に晒すものであってはならなかった。相互に同じような兵力削減となる場合に均衡が定義通り存続しつづけるのである。……じゅうぶんな軍事上の安全保障というこうした前提にたてば、兵力削減という考えは、むしろ第一に政治的な性質のものなのである」。

こうしたヨーロッパ安全保障のための企画立案書でもって、ＮＡＴＯの春の会議とその軍縮政策上の「レイキャヴィークのシグナル」がつくられた二日後、バールは、兵力削減の視点を自分のドイツ政策上の全体構想に組み込む前提について印象的な説明を行なっている。この社会民主党員（バール）にとって兵力の削減は、第一に軍事上の安全保障の問題ではなく、政治上の安全保障の問題なのである。軍備負担の削減という比較的副次的な視点のほかに、とりわけ重要なのは、政治的な対立関係をやわらげること、ヨーロッパの政治的な諸問題の解決を促すような状況をつくりだすことであった。バールは計画立案書のなかで、兵力の削減がほかの緊張緩和措置と比較して、また武力不行使宣言とくらべても、質的飛躍を意味するだろうことを指摘していた。バールはこう言っている。「というのも、兵力の削減というのは、おそらく同盟の実質にも、もっとありうるのは同盟の構造にも、影響をもたらすだろうからである。その取り扱いの仕方によって将来の路線が決められることになるだろう」。兵力削減の実質的な意義は、すでに早い段階でこの手段の帰結をその最後にいたるまでとくと考える必要を求めている。それゆえ決定的に大切なのは、めざしている状態の姿をしっかり目の前にしながら、個々の手段の価値あるいは無価値をその目標に照らして判断することであった。バールの結論はこうであった。「我われはこうした展開によって、ヨーロッパの平和秩序についての我われの考えを今ここで具体化するよう迫られているのである」。

バールは、未公刊の書『さて、何をしたらいい?』のなかで一九六五年、「ドイツ統一の課題」は、「ソビエトの軍隊をドイツの占領地帯から撤退させること」であると言っていた。この点にバールは、六八年になっても兵力削減に関する交渉の価値をみいだしていた。「兵力削減の合意で達成できる本質的な政治的目標は、DDRにおけるソビエト兵力の削減である。流れとしてソビエト軍部隊の撤収につながるようなその種の削減は、ドイツの両部分の接近にいたるようなDDRの内部的展開を可能にするだろう。それを超えてそうした削減は、東ヨーロッパにおけるソビエトの優位を引き下げることになるだろう」。

NATO同盟国（とりわけアメリカとイギリス）が兵力削減を主に財政的な視点からみていたのに対して、バールは駐留兵力の削減をドイツ政策上の視点にたって判断していた。とくにアメリカは、またほかのNATO諸国も、財政的な負担軽減に関心をもっていた。第一にかれらにとって重要であったのは駐留経費の削減であった。アメリカでは、ベトナムへの軍事干渉による負担も加わって、緊迫した貿易収支により負担調整の別な配分が問題となっていた。

この関心に応えようとしたのが、一九六七年五月二日に結ばれた西ドイツ、アメリカ、イギリスによる三者合意であって、この合意のなかでドイツ政府は、「Devisenausgleich」（ＮＡＴＯ諸国の軍隊がドイツに駐留する経費を西ドイツがそれらの国に対して支払うこと）の義務を負うことになっていた。

バールの戦術が想定していたのは、財政的負担軽減に関するアメリカの関心を、自分の緊張緩和構想の第二段階実現のために利用することだった。その際肝心なのは、早まった一方的な軍縮措置をとらないようにすることであった。一九六九年九月の「将来の西ドイツ政府の外交政策」のための計画立案書でバールが強調していたのは、自分が説き勧める「完全なる同権の政治」にとって好都合なのは、アメリカ政府が海外駐留の負担を同盟国にますます移そうとしたがっていることであった。バールはこの企画書のなかで次のような予測診断を述べている。「考えから排除してならないのは、アメリカにおいて駐留軍削減の傾向が一九七一年前にも（駐留費の肩代わりの取り決めが決まる前に）非常に強まって、兵力の最初の実質的削減にいたり、また駐留費肩代わり問題の将来の解決のための太っ腹な提案があっても、ヨーロッパにおけるアメリカの軍事プレゼンスのさらなる低下を阻止できなくなる事態である。兵力プレゼンスのそうした削減を一方的にはしないで、レイキャヴィークの決議の精神にのっとって東西におけるバランスのとれた兵力削減内容にすることが、大事である。こうした理由から我われは、駐留兵力の削減に関するわが方の提案を早めに明確に進めるべきである。……我われが提案すべきは、東西に駐留する兵力の実質的な削減、つまり五〇パーセント以上の包括的削減である。これによって、我われの関心、つまりＤＤＲにおけるソビエトの軍事的プレゼンスの目にみえる削減に関する我われの関心に応えることになるだろう。こうした形でヨーロッパからの撤退というアメリカの流れを政治的に利用するのである。この種の提案の政治的な効果は、提案される削減の規模によっていっそう大きくなるかもしれない。その場合ことによったら西側にとっての軍事的な利点というものさえありうるかもしれない。この種の提案に乗らないというのは、ソビエトにとって難しいことになるだろう。というのもこの提案は、ソビエトの数年前以来主張してきた軍縮提案にそったものだからである。この関連で（西ドイツ）連邦国防軍と（東ドイツ）国家人民軍の削減が焦眉の問題となるなら、我われはそれを基本的には避けて通れないだろう。しかしながら我われがあくまでこだわるべきは、そうした（東西ドイツ軍の）削減というのは、駐留軍の削減や武力不行使の協定などによってヨーロッパにいっそう有望な状況が出現してから、つまりヨーロッパ安全保障体制や平和秩序の輪郭がみえる有望な状況が出現してから、それからあとの段階でようやく削減をはかることである」。

一九六九年九月二八日、連邦議会選挙の一〇日前に、この企画立案書でバールが行なった提案は、すでにその数週間後には政策実践のためのテーマになっていた。六九年一〇月一三日、バールはワシントンに就任挨拶のためアメリカのキッシンジャー国家安全保障問題担当補佐官を訪ねた折、兵力縮小のテーマをもちだしている。ブラント腹心の部下は次のようにしてはどうかと提案した。つまり、アメリカ側でもひとつ五〇パーセント以上削減した場合の帰結をお考えになったらどうだろう。その方が場合によったら二〇～三〇パーセントの削減よりいっそう多くの安全保障をもたらすかもしれないからです、と。くわえてバールは次のような事実を指摘した。アメリカがソビエトに対して、現在のアメリカの（軍事）プレゼンスは、ソビエト側にそれに見合ったものが生じた場合にのみ、縮小されるだろうことをはっきりさせてやること、その点に、ボンでは大きな価値が置かれていることであった。ブラント用にしたためたバールの内密なメモによると、キッシンジャーは軍隊削減の考えに興味を示し、「我われの提案のどれも歓迎だし、先入観に囚われずに検討して、可能なら受け入れるだろう」との指摘もしてくれた、と。同時にキッシンジャーは、新西ドイツ政府の代表者（バール）との最初の会談で、自分の懸念もほのめかした。「事実上の緊張緩和、あるいは錯覚上の緊張緩和の場合に、オイフォリー状態（過度の一時的な高揚感）が起こる恐れがあり、それに各国政府がなんの用意もなしに向き合うようになりはしないか」、との懸念であった。バールのメモによれば、キッシンジャーはまさにそれゆえにバールの次のような考えを支持した、という。いっそう大事なのは、釣り合いのとれた削減という考えの追求である、ソビエトの考えられる（削減）拒絶は担当行政機関を強化することになるだろうから、なおさらである、という考えのことだった。

外務省の企画立案書のなかで兵力削減という問題に高い意義が与えられ、また西ドイツの新政府が一貫してこうしたテーマを外交上の協議の対象にしていたということは、バールの構想全体にとって兵力削減の問題がいかに重要性をもっていたかを、示唆するものであった。この問題での進展なしには、「ヨーロッパの安全保障体制」という目標設定も政治的な幻想に留まるしかなかった。それだからすでにバールの段階モデルの第一局面、つまり二国間の東方条約の局面で、東西各国に、それぞれの軍事力削減の用意があるかどうかの探りを入れることになるのだった。

七〇年代の初めまで、ソビエトが中部ヨーロッパにおいて兵力削減に本当に関心をもっているなどとの兆候は少しもなかった。なるほど五〇年代や六〇年代においてくりかえし東側から軍縮の提案はあったが、このイニシアティブのプロパガンダ的な性格があまりに露骨すぎていたので、その種の提案が実際上の交渉の対象にはなりえなかった。提案の目的は、ほとんどがたんに外交上のイメージを良くしようとするだけのものだった。くわえてイニシアティブの大半が、一方的な軍事強化の利点を狙い、ヨーロッパからのアメリカ軍の完全撤退を狙ったものであった。

西側からの軍縮政策上の「シグナル」に対するソビエト指導部の反応は——反応があったとしても——拒絶か、あるいは非現実的な最大限要求カタログのくりかえしであった。

それだけにソビエトのブレジネフ書記長が一九七一年五月ティフリスで行なった演説は、多くの関係者たちにとっていっそう意外であった。グルジアの首都（ティフリス）でブレジネフは初めて、ソビエトに兵力削減の可能性について交渉のうえテストする用意のあることをほのめかしたのである。

エーゴン・バールは、ソビエト指導部のこうした新しい動きの原因を東方政策が二国間でもたらした成果の一つだとしている。あるインタビューでバールはこう解説していた。「モスクワ条約が署名されたあとになって、兵力削減について話し合うというソビエトの心づもりが初めて積極的な形で表明されたのは、たしかに偶然ではなくて、ある種の論理的必然」であった、と。

西ドイツ政府にとって大事なのは、兵力削減問題の政治的努力に力を入れる、交渉の提案をする、しかしそうした話し合いをストレートには二国間の東方政策に結びつけることはしない、ということであった。

西ドイツとソビエト連邦の間で最高レベルで兵力削減の問題を論議する機会は、一九七一年九月ブラント首相がクリミアを訪問した折に訪れた。ブレジネフが、ブラントと、エーゴン・バールもくわわった小さな「代表団」を自分の保養地、黒海沿岸のオレアンダに招待したのである。九月一七／一八日の二回、数時間にわたる会談で中心になったのは、両国関係の進展、モスクワ条約の批准、ベルリンに関する四カ国協定、通商交易の問題、ならびにヨーロッパにおける安全保障と協力に関する会議の準備のことだった。

それでも中心的なテーマの一つに、中部ヨーロッパにおける兵力削減の問題もはいっていた。ブラントは九月一七日、このテーマを会談にもち込み、ドイツ側は、関係の正常化や商取り引きの増加よりより以上のものを望んでいるのをはっきりとさせた。西ドイツの目標は、政治的関係の改善、対決の緩和、その帰結としての軍事費の削減であった。この目的のためにブラントは、兵力と軍備の相互削減、バランスを損なわない相互削減に関する取り決めをしたらどうか、と提案している。「相互均衡兵力削減」（MBFR）というテーマは、ソビエトとアメリカとの交渉の対象だけにしてはならない、このテーマにはヨーロッパ各国も参加しなければならない、という。そのうえブラントは、「相互均衡兵力削減」と「ヨーロッパ安全保障協力会議」（KSZE）とをあまりに密接に結びつけることに反対する。というのもヨーロッパの安全保障協力会議への参加国範囲は、軍事同盟のメンバー国を超えるものとなるだろうし、そうなると兵力削減交渉を不必要に複雑にしてしまうからである。兵力削減というテーマに関する二日間の話し合いのもっとも重要な結果は、終わりに当たって公表されたコミュニケのなかで、「ヨーロッパにおける兵力と軍備の縮小を――参加国の不利益にならない形で――追求する」、とはっきり言われていたことだった。

こうした結論を同じ文面の書簡にしたためてブラントは、オレアンダから帰国ののち、英米仏の政府首脳に送っている。その書簡のなかでクリミアでの会談によってえた印象についてこう言っていた。ブレジネフは「ヨーロッパにおけるさらなる緊張緩和に関する自分の関心を強調することに重きを置いていた。この点は、兵力削減のような困難な問題を話し合おうとする、しかも具体的に参加国のいずれにも不利益をもたらさないような形で話し合いをというソビエトの気構えに表れている。ソビエト側はまだ完璧な構想をあきらかにもっていないらしい。どうやって実現するかの基準となる構想もないらしい。この点は我われ同盟にとって、ソビエトの考えに影響を与える好都合な状況となりうるだろう。わたしはその点に関して一〇月の初めにＮＡＴＯの枠内で催される会議に特別な意義を与えている。とにかくブレジネフ氏は、兵力削減はドイツの両国家の地域のものに限定するのでなく、各国の軍事力も含めるものであり、均衡のとれたものという、我われの見解に肯定的な意見を表明したのである」、と［ヴィリー・ブラントが、エドワード・ヒース、ジョルジ・ポンピドゥー、リチャード・ニクソンに宛てた同文の書簡、七一年九月一九日付け］。

双方による均衡のとれた兵力削減という提案が初めから「東方政策の不可欠の構成要素」であったという事実は、ブラントとバールがくりかえしかれらの緊張緩和政策の放棄しえない要素を精力的に主張したことを納得させてくれる。ラインハルト・ムーツは、「相互均衡兵力削減」（ＭＢＦＲ）交渉成立へのドイツの貢献について次のように述べているが、それは当たっていた。「ＭＢＦＲに加わった国々の、ウィーンで交渉開始にいたるまでの政策を比較してみると、会議のプロジェクトの背景にあって西ドイツ政府が推進力になっていたという結論になる。相互に均衡をとりながら地域部隊の縮小、軍備の削減について東西で取り決めをするという考えは、ドイツ起源のものであり、西ドイツ政府はこの考えを国際的な議論にもち込み、西側政府との積極的な協力と、東側政府との接触で探りを入れることで、軍事政策的に対立する陣営に対して提案の提示にいたる準備作業の形成に本質的な貢献をしたのである」。

エーゴン・バールが兵力削減の分野における進展にどれほど関心を抱いていたかは、アメリカ、ソビエト、ＤＤＲとの交渉相手とバールが行なった会談の議事録が示している。かれが軍縮政策の成果の必要性の指摘に利用しなかったような出会いは、一つとしてなかった。ソビエト外相グロムイコとの一九七二年一〇月九日の使節団の会談においても、西ドイツ側の関心は、ＭＢＦＲ（相互均衡兵力削減）のテーマが、ＫＳＺＥ（ヨーロッパ安全保障協力会議）というテーマがあるからといって、ないがしろにされてはならないとしている点にある、と強調している。「相互均衡兵力削減」は、具体的な緊張緩和であり、具体的な平和の保障である、という。たしかに、この分野で解決をみいだすまでには、いっそうの困難がともない、ひょっとしたらより長くかかるかもしれない。しかし、ヨーロッパにおける真の緊張緩和は、軍事的潜勢力の縮小なくしてはありえないのだ。グロムイコとの（小人数での）話し合いのなかでこの社会民主党員（バール）は訊いていた。ヨーロッパにかつて存在した最大といえる軍事潜勢力が存在するなかで、どのようにして緊張緩和ができるだろうか、と。政治的雰囲気の改善は、軍事の領域における実際的決断も可能にするだろうが、しかし、軍事の分野の決断がなかったら、長い目でみると、政治的雰囲気もふたたび悪化するであろう。それだから、「相互均衡兵力削減」というテーマもおろそかにしてはならない。このテーマは、「ヨーロッパ安全保障協力会議」に向けての多国間における緊張緩和の努力の真剣味の証しでもある、という［七二年一〇月九日におけるソビエト外相グロムイコとバール次官の会談］。

バールは、自分の軍縮政策の考えの実現可能性について一九七二年当時、非常に肯定的に判断していた。七二年一一月二二日、ヘルシンキにおいて「ヨーロッパ安全保障協力に関する会議」が開かれることになっており、中部ヨーロッパにおける「相互均衡兵力削減」に関する予備会談のスタートは、七三年一月三一日に予定されていた。七二年一一月一四日付けのブラント首相宛ての手紙のなかでバールは、「基本条約」の締結のあと自分自身で、より精力的に安全保障政策の問題に取り組み、その場合とりわけ兵力削減の問題にかかわる、と申しでていた。社民＝自由連立政権の今後の任期用のバールの楽観的な予測ではこう言われていた。「外交面で政府は、次の議会任期の終わりまでには、兵力削減の第一歩の実現にこぎつけられるでしょう。このテーマならわたしは、ヨーロッパ安全保障協力会議の方を手抜きにしても、喜んでかかわるでしょう。首相もご存じの通り、かつての政策立案局がこの任期期間に関してまでもすでに計画書をつくっていて、その計画書はちなみにここ三年の間に完全に実行可能であることを実証しています」。

バールは、兵力削減の問題をドイツ・ドイツ間交渉のテーマにもしようとする。SED中央委員会の書記パウル・ヴェルナー（一九一一―一九八六。当時国民防衛のための人民議会委員会の委員長の地位にあった人）や外務大臣のオットー・ヴィンツァーとの話し合いを、バールは一九七二年一二月二一日、東ベルリンで「基本条約」に署名のあともったのであるが、その際兵力削減の問題について西ドイツと東ドイツとの間で二国間の接触をもったらどうか、と言っていた。七三年の一月末に始まる予備会談では、アメリカ、ソビエトならびに両ドイツ国家の姿勢が大事となるだろう、といい、もしこの四カ国が一致するような結果がえられれば、それは会議の成功にとって決定的となるだろう。軍縮の問題でなにより大事なのは、軍縮の対象域を両ドイツにかぎらないことである、と。

しかしながらバールの考えは、DDRの会談パートナーたちのもとで、懐疑的な留保の姿勢にあう。ヴィンツァー外相は、西ドイツ政府が兵力削減というテーマをドイツ政策構想と結びつけようとするかぎり、この問題（兵力削減）でなんらの進展もないだろう、といい、ヴェルナーは、軍縮問題でバール氏があまりにも夢想に走りすぎている、と批判した。DDRの関心の前面にあるのは、「基本条約」の批准と安全保障会議である、という。「そのあとで兵力削減問題が机上にのぼってくるなら、そこで何をすべきか決めることになるだろう。とにかく現実は、DDRがワルシャワ条約機構の社会主義国家の一員であり、BRDはNATOの資本主義的な国家の一員なのである」。

DDRの代表者たちの拒絶的な姿勢は、バールにとっても意外ではなかったろうし、そうした姿勢に表れていたのは、バールが意識的に進めていた、ドイツ問題と安全保障問題とのリンクはこのドイツ・ドイツ間では生産的でないということであった。そうした事情をバールは、そののちの交渉では配慮に入れることにした。安全保障政策とドイツ政策は、バールの緊張緩和政策の全体構想のなかで、同列に置かれる要素であった。しかし、安全保障政策をドイツ政策の道具とするのは――そういう道具としてみてみると――むしろ障害となる作用をもっていた。

バールのたてる目標は、はっきり決まっていた。一九七三年四月一四日、キッシンジャー宛ての手紙でもういちど述べている。「アメリカもヨーロッパも、東ヨーロッパとの軍事的対決を減らそうという目標をもっています。この点での成功の程度にしたがって、従来より明瞭になるのは、かれらの政治的・経済的体制が、共産主義的支配の国々に対する関心の中心になることです。東西の経済的関係のシステマティックな、やみくもでない拡大をすれば、共産主義諸国の矛盾を大きくし、体制のさらなる変更に貢献するかもしれません」。

同じ手紙のなかでバールは、「相互均衡兵力削減」(MBSR)交渉の際の今後の手順に関して興味深い提案をしている。かれがキッシンジャーに提案したのは、以前すでに四カ国交渉で効果実証ずみのやり方であった。「相互均衡兵力削減がもつべき結果をまず政治的に取り決めておくことにして、相互均衡兵力削減での進展がはかれるか、とわたしは考えています。そのあとで専門家たちが、合意のえられた最終的な成果と現状との間で段階的な点での交渉をすることになるでしょう。これは、象徴的な最初の一歩となりうるかもしれません。経験によると、諸機関、とくに軍事的な機関というのは、ほかにもまして、目標を指示してやらないと、目標に自分を合わせることができないものです」。

兵力削減の可能性に関する成果の総じて楽観的な、バールの期待は、MBSRの予備会談の悲観的な評価に変わっていった。あるメモのなかでバールはブラント首相に対して、従来のやり方では経験から察するに「なんらの成果も期待できません」、と注意を促している。さしあたり大事なのは、政治的な基本原則を決めることである。というのも、「我われの知るところでは、ワシントン、モスクワそしてボンの政治的な決断に当たるトップの人たちがなんらの決定もしていないからです。この点は、ほかの国々にもいえると思っていいでしょう。つまり、哀れな役人どもは従来の指針のなかで動いていますし、その指針は今日でもそのまま通用していますが、もちろんなんらかの成果など望むべくもないでしょう。指示なしで専門家たちに委ねたら、成果をえようとしないかぎり、交渉はなんの成果も達成しない可能性があります。先にあげたワシントン、モスクワ、そしてボンも成果は望んでいます。それなら専門家に指示を与える必要があります。相互均衡兵力削減をどんな結果にすべきかについて政治的な決断が必要です。我われが控えめな結果として六〇パーセントの削減を考えるなら、これが、専門家に指示すべき目標でしょう。じゅうぶんな見通しにたって、現在の兵力の四〇パーセントの縮小を一〇年間で達成するのを、いかにして、どんな行程を踏んで、どんな期間に分けて行なうかを取り決める。参加する両側の安全保障を護りつつ、均衡をとりつつ、管理する。目標の指示があれば専門家たちは、動くことができるでしょう。そのうえそうした指示目標があれば、象徴的な一歩も可能になるし、その一歩でどの国にとっても、七五／七六年の変わり目に当座実現をはかる取り決めの障害にはならないでしょう。目標の指示に関する交渉に四年間を要し、各過程に一二年もかかる、つまり一〇年が一六年にもなるかもしれません。これを主張する、もしかしたらもっと速めることも可能かもしれません。とにかく事柄は、俎上にのぼったことにはなりましょう」〔七三年四月一五日、ヴィリー・ブラントに宛てたバールのメモ〕。

このメモは、バールの軍縮政策の考えが、どんなに具体的で長期間にわたるものであるかを示している。しかしここで問題になるのは、その際バールがリアルな前提から出発しているのかどうか、ということである。バールの、ワシントンでもまたモスクワでも結果に興味がもたれているという想定には、基本的な相対化（疑問点の整理）が必要である。列強がMBSR（相互均衡兵力削減）の結果についてもっている考えがボンの考えと（あるいはバールの考えと）合致するという期待には、疑問がありそうだった。利害の違いというのは、もちろんバールも知っていたが、利害の対立は調整可能だという期待をかれはもっていたらしい。――そうした利害の対立調整は四カ国交渉で成功したことがあったものだから、それに似たようになるだろう、と。

MBSRに関する見解がどんなにばらばらなものであるかということをバールは、とりわけワシントンにおける会談で体験する。一九七三年四月三〇日、ワシントンにおけるキッシンジャーとその側近の一人ヘルムート・ゾネンフェルト（一九二六年生まれ）相手の会談で利害状況の違いがはっきりする。バールがこの会談で、広範な兵力削減の考えと、従来の交渉方法を変えて、MBSRの望む結果を前もって決めておくよう提案したのに対して、アメリカ側の会談相手たちが示したのは別な目標であった。ゾネンフェルトは「相互均衡兵力削減」の誕生の経緯のことを指摘して、これはアメリカではたんに、上院議員マンスフィールド（一九〇三―二〇〇一）の推進するものに対抗する戦術的手段として理解されているものだ、という。六六年以来、アメリカ上院議員のマイク・マンスフィールドは、ヨーロッパ駐留のアメリカ軍の削減を狙う積極的提案を上院で何回となく提出していた。少しのちになるとキッシンジャーも、「相互均衡兵力削減」を本質的には一方的な兵力削減阻止のために利用しようとするアメリカ政府の戦術だ、と認めていた。『回想録』のなかでキッシンジャーが書いている。とくにこれとは「決めていない性格」の、カナダのいくつかの「相互均衡兵力削減」提案を支持して、ドイツの発意提案を退けることにしたのだ。アメリカ政府にとって大事だったのは総じて、「マンスフィールドの修正動議の採択の阻止」であったし、「わが国に不利にならないよう交渉を引き延ばす」ことであった、と［キッシンジャー『回想録一九六八―一九七三』、第一部、一九七九年、一〇〇六頁］。

他方ソビエトも兵力削減に実質的な関心をなんらみせなかった。キッシンジャーは、ソビエト側では「東欧諸国に対する影響力を失うのではないか」との不安をもっているのだろう、と推定していたが、この推測はたしかに当たっていた。

それだから、一九七三年一〇月三〇日にウィーンで「相互均衡兵力削減」（ＭＢＳＲ）に関する公式の交渉が始まるが、成果の見通しは小さかった。それでも、今ようやく兵力削減に関して話し合いが行なわれたということは、一歩前進であった。しかし、安全保障政策上のオイフォリーになるような点では、それ以降の数年が示すように、なんのきっかけもなかった。会談がきちんと始まる前に、醒めた雰囲気がすでに漂っていた。

こうした点は当然のことながら、エーゴン・バールのドイツ政策構想にも跳ねかえって影響をおよぼすことになった。バールの段階モデルの二番目の局面の実現が行き詰まることになったのである。安全保障政策のうえでは、一九六九年から七二年にかけて二国間でかなり盛り上がっていた緊張緩和構想が停滞し始めるようになった。

それでもエーゴン・バールにとっては、こうした展開になっても、自分の長期的な視野にたった計画全体になんの変更もなかった。兵力削減はバールにとって二国間条約締結後、次にめざすべき目標であったし、それゆえかれのその後の政治活動の主要目標となるのだった。バールはその後も注目すべき粘りをもって自分の構想を堅持する。たとえば一九八一年バールは、自分の段階モデル計画の妥当性がひきつづき認められるのを強調してこう言っている。「我われが知っているように、双方の条約の段階のあとに、武力不行使と協力に関する多国間の取り決め条約が結果しなければならなかった。ヘルシンキは、たんに論理的な次の段階にすぎなかった。我われが知っての通り、そのあと第三のもっとも重要な段階、つまり武力不行使の軍事力部門への適用がつづかなければならなかった。一九七一年ブラントとブレジネフとは、関係者に不利が生じないように軍備を制限することを取り決めていた。（西ドイツ）連立政府共通の緊張緩和政策の予定していた第三の局面は、なるほど兵力削減に関するウィーンでの交渉にいたったが、いくつかの理由から進展をみなかった。西側各国政府の注意力は、経済の諸問題にすっかり目を奪われてしまっていた。……こうした熟慮の結果ははっきりしている。つまりSPDとFDPとは、わが国民に対して自分たちの共通の要点を実現する責務があるし、第三の重要な段階は、ヨーロッパにおける相互理解と平和を達成するために、今や軍事的な領域で行なわれねばならないのだった」〔「平和を救う――平和を打ち立てる」。八一年五月二二日、「一九八一年度グスターフ＝ハイネマン＝イニシュアティブ」の折のエーゴン・バールの講演〕。

第2節　試練に晒される東方政策――蜜月期間の終わり？

バールの構想では、二国間の東方条約は東方政策の始まりであって、その政策の頂点でもなければ、ましてや終点でもなかった。これら諸条約は、関係改善を達成するための基盤となるべきものなのである。こうした見方をバールは、「基本条約」に調印して数日後にも強調している。「基礎はできたし、基本となる柱もできた。壁はあるし、屋根も今完成した。棟上げ式以上のものが祝われてよいだろう。このあとに来るものは内装である」〔エーゴン・バール「基本条約の諸相」、七二年一二月三〇日、北西ドイツ放送とのインタビュー〕。そのインタビューの折バールは、さっそく幻想や過度の期待をもたないよう警告している。正常化のプロセスというのは、きっと「恐ろしく困難なもの」になるだろう。二〇年以上にもわたっての「錆がつき極度に緊張した関係」のあとでは、今すべてがスムーズに機能することなど期待できないだろう、という。緊張緩和は今なお「か細い植木」でしかないのであった。

バールにとって大事であったのは、あまりにも度過ぎた楽観主義をいましめ、すぐにも幻滅に変転しかねない、東方政策上のオイフォリーを生じさせないことであった。というのもバールは、数カ年にわたる、一部たいへん骨の折れる交渉で、とくにDDRにとっては緊張緩和プロセスのどんな小さな歩みでもいかに困難なものであるか、ということを体験させられていたからである。したがって、おおやけにもあまりに過度な期待に警告しながら、内部ではさらなる迅速な進展をせっついたのである。バールは反動のあることを意識的に計算に入れていたけれども、今こそ東方政策に停滞があってはならないという考えにたっていた。この点がDDRとの関係で意味するのは、さらに「人的状況の改善」をめざすことであった。すでにミハエル・コールとの交渉においてそれゆえバールは、家族再会や政治犯身請けの問題をテーマにしていた。バールの考えでは、それまでに慣例になっていた「金による人間の取り引き」を法律に基づく出国の可能性によって置き換えることが、正常化の一部とならねばならなかった。バールの論拠では、「身請け金」の支払いという慣例の方法は、双方の側にとって不名誉な状況なのだ、という。

出国問題、家族の再会、および囚人の金による自由買い取りは、六〇年代の初め以来、いわゆる「弁護士レベル」で処理されてきた〔六一年の壁の建設後当座教会がこれらの問題に心をくだいた。その後まもなくこのとくべつ差し迫った問題の処理は、それでも政府任命の弁護士たちに委ねられた。この必要にして怪しげな「交換取り引き」担当の交渉代表者になったのは、（西側では）ユルゲン・シュタンゲと（東側）ヴォルフガング・フォーゲル（一九二五年生まれ）であった〕。一九七二年一二月二一日、パウル・フェルナー（一九一一―一九八六）とオットー・ヴィンツァー相手の会談の折バールは、「弁護士を介しての取り引きは、国家間で通例になっている程度にまで縮小しよう」と、提案している。バールの意見によれば、「基本条約」は双方のいずれかが特定の仕事を中止することを意味してはいない。この分野では今後も弁護士たちに活躍してもらうことになろうが、ほかのことは、政府間の手で処理したらどうだろうか、と。別言すれば、弁護士次元では、今後はスパイの交換だけの活動にして、家族の再会や国外にでるなどのほかの方式は、相応の省庁の権限に移すことにしたら、というものだった。

一九七二年の末バールは、こうした取り扱い処理がDDRの指導部でも実行してくれるものと信じていたし、そうした想定は、東側の会談相手の発言によっても裏づけがとれていた。コール次官は、基本条約の調印の折の書簡のなかで、まだ比較的まわりくどい言い方ではあったが、こう書いていた。DDR政府は「基本条約発効後の関係正常化の過程で、家族の別離によって生じた諸問題の解決のための措置」をとるつもりである、と。七二年一二月二一日の上述のバールとの会談の折東独のヴィンツァー外相は、もっとはっきりと、「弁護士ルートはやめにして、今後は領事課を設けて当たらせる手もある」（「領事課」とは、外国において自国の経済的な利害や自国民の保護にあたる役所。ただし大使館や公使館とは違って自国の政治的な面での利害にはかかわらない）、と言っていた。

しかしバールの「狙った新たな処理方法」は、実現しなかった。賛意を匂わせたものが撤回された理由は、今日にいたるもはっきりしない。DDR側がかぎられたものでも出国可能性の法的な確認をするのは、あまりにもリスクが大きすぎると思ったのか、それとも「人間取り引き」という収入源を涸れさせたくなかったのか、はっきりしない。あるいは、もしかして西側か東側に「弁護士レベル」での交渉の持続に利害をもっているような役員がいたのかどうか。というのも、かれらは弁護士レベルの交渉を自分たちのドイツ政策上の努力にとっての効果的な道具だと思っていたのかもしれないが、これもはっきりしない。事実は、一九七三年の初めに「弁護士レベル」は作動しなくなって、それに代わって機能する新たな処理方法も存在しなかった、ことである。こうした展開の結果の一つが、いわゆる「旅の用意はできていたのに出国できなかった（Kofferfälle）」という事例であった。一九七二年一二月末にすでに外国旅行が認められていたDDRの市民たちが、その認可をふたたび取り消されてしまったのである。

エーゴン・バールは、この「Kofferfälle」の事例を一九七三年二月二八日、ボンの首相府でミハエル・コールとの会談の席上、「基本条約」締結後のDDRの振る舞いを原則的に批判するきっかけにした。西ドイツ政府では、「DDRが条約によってなんでも達成したかのごとく振る舞っている」という印象を強めている、と。「とくべつ信頼できる筋」からの情報があって、その情報によると、「DDRはさらに基本条約の批准と国連加入とを待っているのに、その国連加盟では〝BRDは我われを軽くみて肘鉄を加えるかもしれない〟、とも言っている。ある人たちにとってある期間非常に役にたってなすべきことをすべてやった者が、もはや用ずみになると、今では不当に扱われて余計な存在のような思いをさせられているのだ」。旅行の行き来や家族再会の問題でのDDRの振る舞いの実際は、こうした印象を裏づけている、という。それゆえ生じている具体的な「問題は、DDRは約束を守ろうとするのかどうか、両国の指導者たちの間での最低限の信頼でやっていけるのかどうか」、であるという。七三年二月二八日のコール次官との会談でバールは再度、パウル・ヴェルナーとオットー・ヴィンツァーとの一二月会談のことを引き合いに出して、こう強調している。一二月のときには自分(バール)は「弁護士レベルで家族再会や囚人の引き渡し、その他のテーマの問題の解決に当たる件の廃止も大いに結構と言ったが、そのときこの弁護士レベルがほかに代わるものなしには廃止できないのを、あきらかに軽視していた」、という。「二月の一三日以降、そもそも話し合いのチャンスも接触の可能性もなくなってしまっているのが現状であるが、子どもたちの移住や恩赦を受けた囚人家族の出国の点など、なおたくさんの問題が残っていて、これからも処理しなければならないのである。自分(バール)自身で問題を引き受ける興味はないので、弁護士接触を再開するよう、緊急にお願いしておきたい」。

この要請は、コールによってきっぱり拒否された。バール氏自身が「弁護士レベル」の中止を要請されたのだから、かれのこのたびの発言は、「一八〇度の転換」であるというのである。DDR側はこの問題ではまったく動こうとしなかった。一九七三年三月二二日、首相府長官のホルスト・グラーベルト(一九二七年生まれ)——病気のバールに代わって交渉相手になった——との会談でDDR交渉人のコールは、あらためて「弁護士レベルの交渉は〝お陀仏〟になっている」、と明言する。七三年五月一六日や三〇日の会談でバールは、再度こう指摘する。目下の状態は「とても不十分」、もしくは「我慢ならない」し、双方にこれらの問題に権限をもつ人、話し合いの相手になれるような人をだれかたてる必要がある、と。DDR側の反応はいつも同じ言葉のくりかえしであり、その単調なくりかえしにはほとんど挑発的なところがあった。なぜならバール氏側からはっきりと弁護士レベルでの交渉の終わり要請を出したのだし、かれがみずからそうするのを欲したのだ、というのであった。

家族の再会の問題をめぐる上述のような紛糾は、バールが過度の大きな期待はするなと警告し、「幻想をもたれるな、ことはかんたんではない、ことは困難なものになろう」と強調したことが、事実どれだけ正しかったかを裏づけている。

　おおやけに示した抑えた姿勢や警告にみる慎重さにもかかわらず、バールは、一九七三年の前半年のうちに兆し始めたＤＤＲの姿勢、すなわち緊張緩和政策をブロックするような姿勢へのＤＤＲの反転の規模に対して、心の備えが完全にあったわけではない。なるほどバールは――既述のように――条約の調印でもって、東方政策上のハネムーンは終わった。今度くるのは、「日常における実証」であり、その日常は「ハネムーンほど素敵なものではない」とたえず強調していたが、それでも「灰色の日常」が当座そんなに薄暗いものになるなんて、東方政策の建築家にとって幻滅ですらあった。こうした見立ての正しさの裏づけとして、バールが基本条約の調印後の数カ月の間にみせた苛立ちをあげていいだろう。七三年一月二四日の西ドイツ連邦議会におけるバールの「処女演説」は、ほとんど政治的なセンセーションになってしまった。というのも選出されたばかりの代議士バールは（連邦）大臣としての立場で、ＤＤＲと交渉するのは基本条約の義務である、それに反して議員一人ひとりと話し合うのは、基本条約の義務ではない、と公言したからだった［このバールの発言はその日の会議の席で撤回修正された］。

　バールは、その年の前半にＤＤＲの立場硬化に幻滅しただけでなかった。かれは、三年間の骨の折れる交渉で、精神的にも肉体的にもすっかり憔悴しきっていた。一九七三年の三月には血行障害を患い、数週間にわたってテーゲルン湖畔のサナトリウムで治療に努めねばならなかった。そしてこれは、バールがボンにおいて――アルヌルフ・バーリングが書いているように――「まったく余人をもって代えがたく、なくてはならない」人になっていた時期のことだった。またこれは、東方政策で内政面でも試練にたたされている局面のときであった。東方諸条約は、チェコスロヴァキアとの条約を除いて、調印されていたが、しかし「基本条約」はまだ批准されていなかった。七三年五月の九日から一一日にかけて西ドイツ議会で基本条約に関する討議が行なわれる。五月の二八日にはバイエルン州政府が連邦憲法裁判所に、この基本条約や批准規則の合憲性について審査するよう提訴していた。

この局面で肝心であったのは、諸条約の価値を確認してもらって、なお遅々とした接近に不必要な負担をかけないことであった。一九七三年五月、週刊新聞『ツァイト』紙とのインタビューでバールは、自分のやり方の戦術をこう言っていた。「わたくしは、一つの条約の検証をその通用能力のぎりぎりまで広げて確かめようとするなど、政治的にも心理的にも基本的に間違っていると思う。わたしは条約の範囲内での諸権利のノーマルな利用はする、しかし負荷のかけすぎになるような拡大利用はしない、という立場である。後者のようなことをしたらふたたび対決となってしまうだろう」。

バールの支持する立場はこうだった。西ドイツはDDR側から有意義な形で期待してよいものは何であり、期待してならないものは何かをリアルに見据えなければならない。そしてその際なによりまず大事なのは、現実を理論的にだけでなく、実用面でも承認することである、という。このことはまた、「我われに気に入ろうが入るまいが、DDRは一つの国家であるだけでなく、それなりの秩序をもっている。この秩序を我われは拒否することもできようが、その秩序に配慮の念は払わなければならない」という点を、踏まえてかかることを意味しているのだった。

バールは、体制の対立が存続しつづけ、「基本条約」によっても解消しないだろうことを強調していた。「実り多い新たな共存の時代」も「イデオロギー的な対立を解消しはしない」。それゆえバールは、「収斂理論」（資本主義的な工業国家と社会主義的な工業国家とは、次のような事情によりだんだんと接近するというのが（政治学上の）収斂理論。つまり双方は、それぞれの違った政治体制とは関係なしに、同じような経済的な諸問題に対峙させられることによって、接近するという捉え方）の反対者でもある、国家間の違った利害は維持されつづけるからだと、という。バールのドイツ構想の基礎となっていたのは、次のようなことを認めることであった。すなわち、DDRに対する成果が望める緊張緩和の努力と、二つの別々なドイツ国家にとって存在する原則的問題（ドイツの統一問題や政体問題など）のテーマ化した取り組みとは、結びつけることはできない、という認識であった。この二つの領域で前進を遂げようとする者こそ、これらの問題の解決を条件にしてはならない、というのである。「体制問題」の点でこれらの前提が意味しているのは、もっと多くの自由をという要請が象徴的な性格のものでしかないことである。というのも――バールが一九七三年二月一五日の講演でいうように――「思想の自由や完全な移動の自由の導入はそうした国家の性格と折り合うことは不可能」だからである。「思想や人間の自由な交流というのはいずれにせよ、今日ではDDRに存在する体制の終焉と同語義となってしまうだろう」、という。こういう見解に与する者こそ、DDRが思想や人間の無制限の自由な交流を許さないことに驚いてはならないだろう。「つまりそうした自由な交流を今要求する人は、じつは体制の解体の要求を出していることになる。そうすることもできるだろう。しかしそれは実際的な政治のやることでは決してない。それにはもしかしたら影響をおよぼす作用があるかもしれない。しかしそれは実現不可能である」。すなわちバールは七三年当初、短期的にみた可能性の限界をはっきりと強調していた。接近と隔絶分離とは、この社会民主党員（バール）の構想のなかで相互にかかわり合う要素であった。「わたしはあいかわらず、憤激のあることを意外とは思っていない。両ドイツ国家が相互の関係において接近すればするほど、DDRの政体が幻想を生じさせまいとする欲求、すなわち隔絶分離というイデオロギー路線を非常に厳しくしようとする欲求が、それだけ強まらざるをえないのである」［エーゴン・バール「怒りはできるだけ抑えたものにしておこう」、雑誌『シュピーゲル』第二〇号でのインタビュー記事、七三年五月一四日］。

DDR指導部の隔絶分離欲求に対するこうした基本的理解があったにもかかわらず、それでも反転や停滞が東方政策の日常と化してはならなかった。そうでないと、緊張緩和政策についての国内政治上の賛同も、全体構想を実現の方向で推し進めるという期待も、同じように揺らぐようになってしまうからである。この関連でとくべつ興味をひくのは、——バールがおおやけに条約への過度の要求はしないように警告していたのに——一九七三年これら諸条約を真剣にテストしようとしていたのは、ほかならぬバールであった、ことである。その際緊張緩和政策のテストケースそのものとしてみられたのは、ベルリンである。

「四カ国協定の意義」は——一九七三年五月一七日のブラント首相のためのメモでバールが言っているように——「将来に怒りを残すことなく、ベルリン問題を解決することにあったろう。条約の字面や意図のすべてが守られたら、うまくいくだろう。しかしそのようにはならない」。

そこで西ドイツ政府は、一九七三年五月一八〜二二日間のブレジネフのボン訪問を利用して、まだ残っているベルリンについての争点を双方の声明によって最終的に片づけようとした。バールとソビエトのグロムイコ外相は、ブラントとブレジネフから、ベルリンのテーマを協議するよう委託を受ける。ブラントは「ベルリン関連なくしてコミュニケはない」と言っていた。五月二〇日、バールとグロムイコの間で、協同コミュニケのベルリンに関する文言について非常に緊迫した議論になった。

四カ国協定に関して「あとあとまで憂慮」を残したのは、とりわけ西ベルリンの西ドイツ連邦への結びつきの問題であった。この件に関する見解の相違は、モスクワとボンとが、(西) ベルリンをごく実際的な問題として取り扱う、「まるで西ベルリンはBRDの一部のように」扱うことを確認することで、エーゴン・バールは片づけようとしていた。そうした確認をグロムイコは、バールとの交渉で拒否する。「グロムイコの立場は違っていた。(西) ベルリンは四カ国協定で定められている通りに存続しつづけるし、そのように歩むものであり、進展もなければ逆戻りもない、なに一つ新たに取り入れられるものはないはずだ、というのである」［七三年五月二〇日ペテルスブルクにおけるバール／グロムイコ会談のメモ。当時ボン駐在ソビエト大使として会談に加わっていたファーリンはその回想録のなかで、グロムイコの硬化した態度の理由を忖度して、ソビエト外相は、西ベルリンを――我われのもとでよく言われていたように――あくまで「Lieblingshühnerauge」(相手に未解決の問題があることを思い出させ、交渉の場で怯ませるに好んで使う用件のこと) にしておこうと欲していたのかな、と問うている。ヴァレンテン・ファーリン『政治的回想録』、ミュンヘン、一九九三年、二五〇頁］。

独ソ両国の関係の前進のなかに西ベルリンも組み入れるのをはっきり確認することも、また西ベルリンの西ドイツ連邦への結びつきの問題をはっきり言葉にすることにも、バールは成功しなかった。それにもかかわらず、ドイツとソビエトの最終コミュニケの文言では、ベルリン問題での進展と意見の違いの解消への期待が言われていた。というのも四カ国協定の「完全な適用」が確認されていたからであった。共同声明での字面ではこう言われている。「ヴィリー・ブラントとレオニード・ブレジネフは、次のような見解で一致した。すなわちこの四カ国協定の厳守と完全適用こそ、中部ヨーロッパにおける持続的な緊張緩和にとって、また当該諸国間の、とくにドイツ連邦共和国とソビエト連邦共和国との間の、関係改善にとっての基本的前提である、という見解で一致した」。

総じて、ブレジネフの (西ドイツ) 訪問は、双方から成功と評価された。西ドイツ政府は、最終コミュニケにおける文言をめぐって執拗に粘ったにもかかわらず、自分たちの意図する最終的な明快な解決を達成できなかった。それでもバールは、緊張緩和政策のさらなる進展がベルリン問題でも貫徹可能だという期待が裏づけられているとみてとった。

そこで一九七三年の夏バールは、かねて計画中の、ベルリンに環境保護に関する連邦局をつくろうというアイデアを進める。七三年六月一九日、関係閣僚であるゲンシャー内務大臣（一九二七年生まれ）に宛てた手紙でバールは、「拝啓、内務大臣様、聞くところによると、新たに設ける環境局をどの都市につくるか目下考量中とか。それにはベルリンを提案したい、とわたしは思います。連邦政府が、（ベルリンとの）既存の結びつきを拡大する最初に生じた機会を利用するのは、とくべつ意義のあることでしょう。そのうえこれは、ベルリンがモデルをつくろうとくべつ努力している領域で起こることにもなります。結局のところこの一件は、ＤＤＲによってなにか挑発だとオーバーに言いふらされるには当たりませんしね」。

ところがここにバールの思い違いがあった。ＤＤＲはベルリンに環境局設置をという西ドイツ政府の計画を、西ベルリンへの往来を邪魔するきっかけにしたのである。バールとの会談でＤＤＲのコール次官は、「ＢＲＤの主権域の外にある（西）ベルリンに環境問題の局」を設置しようとする西ドイツ政府の意図に抗議した。コールは一九七三年九月一三日の会談でこう説明している。「（西）ベルリンはＢＲＤの構成部分ではないし、西ドイツによって統治されてもならない。四カ国協定の作成や結論でもソビエト、アメリカ、イギリス、フランスの立場はむしろ、（西）ベルリンにおける西ドイツのプレゼンスを縮小すべきとなっていた。その点に関する具体的な確認は、四ページにわたる協定に含まれている。ＤＤＲ政府は、ＢＲＤ政府が（西）ベルリンにそうした類の西ドイツの中心的な政府機関設立を断念するのを期待している。とりわけその種の露骨な行為は、ＤＤＲと（西）ベルリン間の環境保護に関して必要な取り決め締結の可能性を難しくするだけであろうから、なおさらである」、という。ＤＤＲの交渉担当者のこの言い種は、ＤＤＲが「四カ国協定を自分たちのために拡大解釈を試みるだろう」、といったバールの発言が正しかったことを物語っていた。

結局のところ西ドイツ政府はその構想を押し通してしまった。一九七五年環境局はベルリンに設立される。とはいっても、双方の関係を悪化させる長い間の激論のあと、ようやくにしての実現であった。

家族の出会いの取り扱い規定や「弁護士レベルでの交渉」の廃止をめぐる先に述べた諍い、ならびに環境局をめぐる激論は、DDRが一九七三年自分たちの力のかぎりをつくして、東方政策上のあらゆるオイフォリーを静めようしていたことを表していた。その際DDRにとって大事であったのは、一つには国内におけるあるかもしれない欲求願望の出現を早期に抑え込むことであり、もう一つとして逆にこうした「騒擾路線」は、バールの緊張緩和構想がもつ長期的な視点にたつパースペクティヴに狙いをしぼって反対することにあった。党の機関紙『ノイエス・ドイチラント』のある記事には、次のようにあった。「ブラント／シェール政府があいかわらず次のようなことをやろうとしているのは公然の秘密である。つまりDDRとBRDとの関係の基礎に関する条約を、目下交渉中の後続協定も含めて――ボンでよく言われているように――〝DDR／BRD間に現存する国境の平和的な克服〟に資するのにじゅうぶん利用しようしていることである。しかしその種の幻想にみちた政策に未来はない。第二次大戦と戦後の展開の結果のなかで実現した不可逆的な変更を前にして、また片方の社会主義国家DDRの存在と他方の資本主義国家BRDの存在を前にして、〝特別な関係〟についておしゃべりするのは、DDRとBRDとの間の通常の関係の創出にひたすら負担となるだけだ。こうした立場から出発するのがリアリスティックな政治のイロハなのである」、と。

緊張緩和政策にとってのもう一つの暗転は、一九七三年一一月五日のDDR政府の布告であり、それによると、(壁を通過する際に義務づけられた) 強制両替額が二倍になり、年金生活者――それまでは免除されていた――にも今やこの強制両替が課せられることになった。

エーゴン・バールは一一月一五日に行なったインタビューでこの新たな措置を厳しく非難する。しかしそれでも、こうしたいろんなDDRのブロック行動を自分の緊張緩和政策の全体構想にとっての暗転とみようとは思わなかった。

むしろかれは、一九七三年の末にこう予測していた。「我われがこうした展開をある日振りかえってみたとき、今日のもろもろの困難がＤＤＲによって引き起こされた否定的で哀れむべきエピソードであったと、確認することになるだろう」、と。いろんな困難にもかかわらずバールは、次の点を確信している様子であった。つまり「ＤＤＲも長い目でみれば、国際社会にはいっていくほど、緊張緩和路線に逆らうことはできない、あるいは緊張緩和を押しとどめることはできないだろう」ことを確信していたのである。「わたしの見解は当時もまた今にいたるも、こうである。我われはこれまで関係がまるでなかった。我われは良好な関係を築く前に、悪い関係の局面を通りぬけねばならないのだ」［エーゴン・バール「ドイツ政策のアクチュアルな問題」、七三年一一月九日「北ドイツ放送」でのインタビュー］。

一九七三年時の東方政策上の攪乱射撃の危険は、それゆえバールの見解によると、緊張緩和プロセスの停滞とか、ましてや逆行とかいうより、むしろ西ドイツ内部において増しつつある幻滅にあった。ジャーナリストのハンス・ケッパーが七四年五月に『フランクフルター・ルントシャウ』紙の記事で行なった分析は、それゆえ完全に当たっていた。「本質からいうと、東方政策の当面のもろもろの困難は、バールの目からするとそれほど悲劇的でもない。というのもこの東方政策は、じっさい数十年単位で練られたものだからである。しかしバールはボンで次の点を感じとった最初の人たちの一人だった。つまり、東方政策に関する国民のあらわな幻滅がヴィリー・ブラントにとって致命的となる恐れがあること。なぜなら一九七二年のかれの勝利の決定的な部分はまさにこの東方政策のおかげにあったから、という点のことだった。他方で奇妙なのは、バールが〝幻滅〟の点で積極的に加担する役割の一端を担っていることである。西ベルリンに連邦環境局を置くというアイデアは、バールから、他のだれでもなくバールその人からでたものであった」［ハンス・ケッパー「素晴らしい台本作家、だが下手な役者」、『フランクフルター・ルントシャウ』紙、七四年五月一七日、三頁］。

一九七三年の危険は、六九〜七二年の東方政策上の高揚感が消え去って、世論が幻滅して背を向けたことにあった。こうした点でのはっきりとした兆候は、首相府でみられた「不満」であり、その不満は「知識人や芸術家の間に鬱積」し、ギュンター・グラスの発した批判でその頂点をみることになる。この点を連邦政府は軽視してはならないのであった。

ギュンター・グラスは一九七三年九月に公開書簡を書いて――本人の考えでは――「必要な緊張緩和政策を、今日すでにまるでメッテルニッヒ（一七七三―一八五九）流の取り決めを予告させる誤った展開にならないように」しようとする。この作家が注意を促したのは、「緊張緩和政策の目下の平板化（単純で興味の薄い）傾向は一般に不満を呼び起こしている。数年来緊張緩和政策を支持してきた、とりわけ西ドイツ市民のもとで不満を引き起こしている。……我われが、緊張の緩和した共存の時代だととりあえず呼んでいい時代の初めにたっているというなら、いやさらに両体制が徐々に接近することでじっさいに変化しようというなら、大事なのは時期を失せず、両体制の国家権威主義的で経済優先の折り合いのなかに潜む危険、つまりこうした折り合いはいたるところ言論の自由を犠牲にして進むという危険のことを指摘しておくことであろう」［「ここにエチケットにも限界がある」。作家グラスが、七三年九月六日付けで、ウルリヒ・ザーム大使（一九一七年生まれ。外務省政治局の東西関係課長を経て、当時のモスクワ駐在大使）に宛てた書簡。『南ドイツ新聞』九月九日号に掲載された］。

この批判は、もっとも重要ないくつかの東方条約の締結後「最初の年」の雰囲気にとって警告を発するもの、典型的な兆候を示すものであった。なるほどクラウス・ハープレヒト（一九二七年生まれ）がブラント首相へのメモのなかで、わが国の知識人たちは社民＝自由連立政権で千年王国が始まったわけでもないことを、もう少し早くわかってくれてもよかったろうに、とこぼしていたが、このハープレヒトの嘆きには賛同する人がいるかもしれない。しかし、（グラスの）批判は、奇妙にアンビヴァレントな形で、連邦政府内の東方政策上の立役者たちの心情にも触れるものであった。

バールはたしかに一方では、諸条約が「スムーズにことが運ぶ保証書」でないことをつねに強調していた。他方でかれは七三年の末、東方政策のある種の勢い低下の重要証人のようでもあった。バールはあるインタビューで、自分は自作を書き終えた著作者のように感じている、と述べている。「本を一冊書き終えた人はだれでも、自分が空っぽで充電のための時間にはいっていると感じる、と思う。他方で私には次のような感情と確信がある。つまり何かが成立することに自分なりの貢献をした場合、そのあとには次のようにいう時点がくる。子どももみずから歩くことを学ばねばならない。そして子どもは独りで歩かねばならないし、ひとりで生きていかねばならない。これは、特別な配慮、注意、愛情、関与でもって歩きだした子どもの道についてまわることを意味してはいない」［バール「子どもは今やみずから歩くことを学ばねばならない」。連邦政府の東方政策に関する二〇の答え。『フォアヴェルツ』第四六号、七三年一一月一五日、七頁］。

またヴィリー・ブラントは、首相を退いて一〇年後にこう告白している。一九七三年の緊張緩和政策上のいくつかの暗転が、当時かれ（ブラント）を悩ましていた「鬱病気味の気分」の主たる原因であった、と［ヴィリー・ブラント「怒りをもって振りかえるわけではない」、雑誌『シュピーゲル』第二〇号でのインタビュー、八四年五月一四日、四六頁。このインタビューでは文字通りこうなっている。「記者：職務疲れの発作に襲われたと言っていいのでしょうか？……。ブラント：職務疲れではありません。しかし鬱病気味ではありました、たしかにそうなのです。記者：その原因はどこから？　ブラント：そうした気分の原因は第一に、わたしが七三年すでに、緊張緩和政策は七〇、七一、七二年時点で考えていたようには運ばないだろう、とみてとっていたことにありました。それは別な原因で、緊張緩和政策がワシントンとモスクワにおける展開によってたちまちまたひっくり返ってしまうとみていたことにあったのです」］。

この節を締めくくるに当たって、それゆえ問題は、一九七三年にDDR政府がとったと思われる、あるいは事実とった対立路線がバール構想の否定であったのかどうかという点である。バールの考えを詳しく分析してみると、これは決してそうでないのがはっきりする。むしろこの東方政策家からすると、七三年の展開によって自分の予測が実証されたのである。すでに自著『さて、何をしたらいい？』でバールは、「ソビエト覇権域での展開は……直線的や連続的には」進まないだろうことを強調していた。「冷却と暗転の時期は避けられないものである」。

条約締結後のDDR側の想定内の振る舞い戦術について、バールはすでにその立案研究で分析していて、ここで示すように、リアルに判断していた。「DDRとの大枠条約」という計画立案書のなかで一九六九年バールは、こう言っている。DDRは「一方では西ドイツに対してできるだけ多くの影響可能性をつくりだそうとするだろうし、その反面自分の主権域は、西ドイツの影響可能性に対して遮蔽しようとするだろう。しかし条約の諸規定に基づいて我われが、ドイツ・ドイツ間の対話を積極的に進めるにつれて、そんな遮蔽はDDRにとってますます困難となるだろう」。隔絶分離は周知のように、DDRの存在の基盤であった。しかしバールはすでに一九六七年こう言っていた。東ベルリンは「緊張緩和の邪魔ばかりする者」の役割を押し通せないだろう。というのも「ドイツの別な部分（東ドイツ）は長期にわたって、緊張緩和をブロックするにはあまりにも弱すぎるからである」。

こうした判断は、諸条約の締結後の時期にも――既述の妨害戦術にもかかわらず――その実証がえられていた。とところでその際バールの東方政策上の構想にとって基本となる二つの中心的な判断はひきつづき有効であった、といえる。第一の認識は、両ドイツ国家間の関係が改善するのは、東西間の雰囲気が全体として緊張緩和を志向する場合にのみ可能であるという洞察である。バールはこの点を一九七三年の夏、次のように言っている。「緊張が増す場合、両ドイツ国家間に緊張緩和の小島などつくりだせやしない。この理由からも、我われに関心があるのは緊張の緩和だけであって、緊張そのものではない」。バールのもう一つの前提は、ドイツ・ドイツ間の関係は、西ドイツとソビエトとの関係に高度に依存している、という想定であった。七三年首相ブラントに宛てたメモのなかでバールは、かれの緊張緩和政策上の戦術の理解にとってとても大事なこの点を強調していた。「DDRは、ボンとモスクワの間でなお難しい点があるようなところでは、我われと一緒に動くことはないだろう」。

第3節　モスクワを介して目標に――緊張緩和政策の袋小路？

ドイツ統一の鍵は、モスクワにある。この文言は、五〇年代以降エーゴン・バールのドイツ構想の基本路線であった。こうした基本前提の論理にそっていたのは、モスクワを皮切りにした東方条約政策全体の構築構想だけでなかった。そうではなくて、交渉の前、交渉の間、交渉のあとのバールの戦術的なやり方もそうした論理にそうものだった。バールの想定によると、DDRを相手にしたときの進展の程度は、ソビエトがどれだけそれを望み、促進するかにかかっている。一九六五年バールは、DDRはソビエトの軍隊の存在なくしてはまったく存在しえないだろう、と指摘していた。七〇年にはもう一度、こう強調している。「当座必要なのは〝本店〟のモスクワと折り合いをつけることであり、そこから〝支店〟の東ベルリンに影響がおよぶことになるだろう」［バールのペーター・ベンダー宛ての手紙、七〇年一月一四日付け。「我われは二国間で、SEDを協力の姿勢へと導くどんな手段もそもそもそもっていない。あるのはただ一つの可能性、つまりモスクワを相手にことを進めて、そこから理性的な意味で東ベルリンに影響をおよぼしてもらう可能性だけである。我われはそうしようと思う。それ以外のすべては幻想である」

このやり方が成功を約束するものであることは、東方条約の交渉の間になんども実証されることになる。たとえば（東独との）「基本条約」の交渉も、一九七二年一〇月バールがモスクワにブレジネフを訪ねてのちにようやく最後の決定的なハードルを超えたのである。その際西ドイツの交渉担当者は、かれの戦術のこのカードをDDR側に対して隠そうなどとはあまりしなかった。逆である。バールが必要と思える場合には、ほとんどあからさまにモスクワの「兄貴分」のことを引き合いに出して「脅した」のである。一九七二年一〇月、上述のモスクワ訪問の前に（東独の交渉パートナー）ミハエル・コールに宛てた書簡のなかでは、たとえば次のように言われていた。「拝啓。コール殿。話し合いから結果していたのは、条約そのものが政治的諸条件や憲法上の所与のことも配慮しなければならない、ということでした。現在の状況ではそれが果たせていません。つまり我われはさらになお困難な交渉をしなければならないでしょう。その交渉は当然ながら今の段階ではあらかじめ見通すことが不可能です。この機会に貴殿にお伝えしておこうと思いますが、わたしは近々モスクワを短期間訪問して、わが国首相の親書をソビエトの書記長に渡すことになっています」。

つまりドイツ・ソビエト間の話し合いは、ドイツ・ドイツ間の交渉進捗のために利用されたのである。くわえてそうした会談では、DDR側に対する一部非常にあけすけな批判も行なわれていた。ブレジネフのボン訪問の準備に当たって西ドイツ首相のためにつくられた記録文書でバールは、ブレジネフとの会談の折に口にすべき「苦情のカタログ」をいろいろまとめていた。一九七三年五月一七日のメモには、とりわけ「DDRに対する深い不信の念、厳しい情報として、DDRが今では国連加入だけを望んでいて、それ以外どんな取り決めもブロックしようとしている」、とあった。DDRはその姿勢にそって以下のように振る舞っているというのだ。

(1)　コール氏がバール氏に、SED指導部の抗議、つまりバール氏が西ドイツ議会で不適切な演説をしたという抗議を伝えたのは、どういうことなのだろうか。そうした演説は正常化に役にたたないし、いうなればそうした演説によって、もはや以前に行なわれた取り決めに拘束される気持ちのないことを、通告するようなものだ、と言っているのは？

(2)　数カ月以来DDRは、常駐代表部の設置についての交渉を始めることを拒んでいるが、これはどういうことなのだろう？

(3)　弁護士による接触を中止し、別なレベルで家族の出会いについて話し合うことも拒否している。

(4)　行政執行機関としてはすでに、国境付近の人の往来をできるだけ小規模にしようとしている（バスや、不十分な鉄道を使った臨時の往来もない。あるのはただ稀な例外ケースで乗用車を使っただけのものである）。これは一部取り決められた交通規定の侵害である。

(5)　こうした点はいくらでもあげることができる。

わたしたちの間（西ドイツ・ソビエト）で事態を正常に戻せないなら、BRDとDDRとの間でもことはスムーズに運ばないだろう。

ブラントとバールのこうした運び方戦術は、もちろんDDR側に憂慮と不快感を引き起こした。すでに六〇年代に「ブラント／バール」の二人組とソビエト当局が緊密な接触をとっているのを（東独側は）不信感をもって、それゆえとくべつ注意深く追っていた。一九六八年ブラントとバールが東ベルリン駐在のソビエト大使ピョートル・アブラシモフを介して、ヴァルター・ウルブリヒトと極秘の接触をとろうとしたとき、DDRの国家主席はことのほか苛ついた反応を示した。かなり不作法な形でウルブリヒトは、ソビエト大使に向かって、「DDRにおけるソビエト大使の使命に関する自分の見解」を述べたて、「ブラントの戦術と手法は、わが国をモスクワの衛星国家の地位に置くことを狙ったものだ」、と苦情を言っていた。六八年八月のこの話し合いでウルブリヒトは、ブラントの接近路線について警戒を口にするが、それは初めてのことでなかった。すでにその二カ月前の六月、DDR国家主席は、アブラシモフに向かって、ブラントの追求しているのは完全に「攻撃的な構想」であり、「社会民主主義のリーダーたちの展望は、反革命的なものだ」と言える、と愚痴っていた。

ウルブリヒトの発言は、いわゆる「社会民主主義」やバール流の緊張緩和構想に対するDDR指導部の不安を窺わせるものだった。バールの「接近による変化」というモットーは、東ベルリンの戦術家たちにとっては、当初から「フエルトのスリッパを履いた侵略攻勢（Aggression auf Filzlatschen）」なのであった。その点では六〇年代の末になってもなんら変わるところはなかった。西ドイツの東方政策がどう評価されているかは、一九六八年一一月のある記録文書からわかってくる。「西ドイツのおおやけの人たちの間の意見はこうである。新東方政策の可能性はまだまだ尽きはてたものでなく、継続する必要がある。現状ではボンの条件によるドイツの再統一以外の選択肢は存在しないがゆえに、なおさらである。同時に西ドイツの支配層の間では、生じた状況に応じて、この政策の新たな戦術的実行バージョンが模索されている。……総じて引きだせる結論としては、BRDの支配層が、SPDの右派指導者も含めて、あいかわらず狙っているのは、社会主義諸国間の関係を徐々に弱体化させること、かれらの政策では結局のところナショナリズム的な視点が優位を占めるようになり、社会主義的な国々が次々と〝中立化〟の道をたどりソビエトから離れる、ことであった。その結果遅かれ早かれ、背後に中国を抱えるソビエト連邦が、BRDの条件のもとでのドイツ問題の解決に乗るのも良し、と思うようになるだろう状況が生ずることである」〔六八年一一月一一日、チェコスロヴァキアの出来事に関する西ドイツの反応について。ウルブリヒト記録文書〕。

DDRの誕生時のミスに属するものに、その建国以来二つの基本的危惧があった。自国民に対する不安と、ソビエトの「友人たち」による「温情の撤収」への不安であった。こうした二つの存在不安の象徴的な日付けは、一九五二／五三年という年次にみられた。「スターリン・ノート」と「一九五三年六月一七日」（ベルリン暴動）は、SEDトップにとってほとんどトラウマ化する体験であった。五二／五三年のそうした二重のトラウマ現象は、その後一九七〇年にくりかえされた。モスクワでのバールの数カ月にわたる交渉と、ブラントのエアフルト訪問は、決して忘れることのできない、かつての不安をありありと蘇らせた。

ソビエト指導部は、DDRの権力保持者たちのそうした懸念をもちろんよく知っていたし、一方ではそうした危惧の念を晴らすよう努めていたが、しかし他方では、緊張緩和政策に関して拒否的な役割をDDRに認めようとはしなかった。こうした二重の戦術がとくに明瞭になったのは、一九七〇年七月二八日、モスクワ条約の調印数日前に行なわれた、ブレジネフとホーネッカーの会談のときであった。ブレジネフはその折、リーダー国ソビエトへのDDRの依存性を強調してこう言っていた。「DDRは、我われなしには、ソビエト連邦なしには、わが国の強さや威力なしには、存在することはできない。我われなしにはDDRなんてありえない。DDRの存立は、我われの利害、社会主義的な国々すべての利害に応じたものである」。ブレジネフの二重の役割は、こうして一方ではDDR指導部の不安をやわらげようとするものであり、しかし他方では、(東独の)あけすけなゆすりを制御しようとするものであった。その際目についたのは、ソビエトの国家主席・党首が東ドイツの話し相手に対して、モスクワにはブラントの意図がすっかりわかっているのをいかにはっきりとわからせようとしているかであった。ブレジネフは同じその日に、西ドイツ政府がその東方政策を推し進める意図についてこう言っていた。「たしかに、ブラントは利益も期待している。かれは、君たちのところに浸透しようとしている。しかしそれは時とともにますます難しくなるだろう。……我われはブラントについても、西ドイツの社会民主党についても、間違った考えをしていない。幻想などありえない。……ブラントはDDRに関しては、我われとは別な目標をもっている」。

しかしながらブレジネフの、「BRDとDDRの間に接近のプロセスが生じてはならない」という発言は、DDRに対する東西緊張緩和のブロック行為の許しではなくて、むしろソビエトの視点からして、緊張緩和をそもそも可能にする必要な前提なのであった［条約政策の目標として明言されたのは、隔絶分離であって、接近ではなかった。ブレジネフは次のようにいう。「このモスクワ条約の締結は我われにとって一つの成果であり、ソビエト連邦、社会主義的な諸国にとっても成果であった。DDRもこの条約によって利益をうるであろう。この条約によってDDRはもっとはっきりとした、西ドイツからもっと多く隔絶分離された、社会主義的共同体の確固とした一員となるだろう。このことは、我われにとって、我われの用件にとってもっぱら利益なのである」、と］。

バールは、このソビエトの「二つに使い分ける振る舞い」を錯覚してはいなかった。むしろそれはかれの構想のなかで東方政策の弁証法に属するものであった。バールが東ベルリンに対するモスクワの圧力をどんなに効果的と思っていたかは、一九七二年のヘルムート・シュミットに宛てた手紙が示している。そのなかでバールは、DDRの「基本条約」交渉への賛同の心づもりを、この作戦の効果に帰していた。バールの評価はこうであった。「二年前ホーネッカーがBRDとの交渉そのものに、エアフルトやカッセル（での両ドイツ会談）にどんなにつよく反対していたかを思いだしますと、こうした展開がDDR内部でどんなことになっているかは想像できます。幹部連中における深い不安定感と、ロシアとBRDとによる圧力に晒されているという感情です」。

しかしながらバールは、ドイツ・ドイツ間関係についての自分の戦略の問題性についてじゅうぶんわかっていた。東ベルリンに対する圧力は、反対の圧力、少なくとも抵抗を引き起こさずにはいないものであった。それだからバールは、公然とこうも言っていた。「西ドイツ政府が注意しなければならないのは、あたかも我われがソビエトを介してDDRになにか圧力めいたものをおよぼそうとしている印象をみせないようにすることである。そうした印象を起こしていたら、それは間違っている」［エーゴン・バール「ヨーロッパにおける緊張緩和政策の一貫した持続」、七四年二月一二日の「西南ドイツ放送」でのインタビュー］。

しかしそうした印象は生まれてしまったし、また印象は当たっていた。この点がきわめてはっきりでてしまったのは、ブラントとブレジネフとの間の書簡であった。一九七三年一一月七日、首相ブラントは、ソビエト書記長宛ての手紙で苦情を言っていた。「ある点でわたしの幻滅感とある種の苦々しい思いを言わずにはいられません。つまりDDRの振る舞いがますます緊張緩和の政策をおとしめ、緊張緩和の反対者たちに勝利の満足感をえさせるのを支援しているかのようになっていることです。これが影響をおよぼすのはドイツ連邦共和国においてだけではありません。DDRが好き勝手と嫌がらせによって現実的に、かれらが以前合意の結果として認めたものの多くを水泡に帰しているような印象があります。（強制両替額を）二倍にしたことが――協議など言わずもがな、なんの連絡もなしに――そうした点なのです。全体にわたって、DDRが国連のメンバーになった（一九七三年九月）あと、多くのことを困難にしたり、あるいはブロックしたりしている印象をもたざるをえません。とにかく我われは目下のところ、あらゆるレベルで以前に与えた保証、国連への加入のあとでは万事容易になるだろうという保証とは、逆のものにでくわしています。兆し始めていた信頼の端緒が、これで壊される、とりわけ調子に冷戦時代を偲ばせるような公的なキャンペーンがあるのですから、なおさらです。わたしはこの点に関してもはや黙ってはいられません。しかし、緊張緩和政策が損なわれたり、あるいは瓦解するようなことに興味をもつ人が、もしかしたら世界の一部の人以上にいるのかもしれませんね」。

この手紙の趣旨は、エーゴン・バールの基本的気分にもそうものであった。この手紙の二週間後にバールは、ブレジネフ宛てのブラントの書簡草稿を書いて、そのなかで、DDRが「協定をますます守らなくなった」、と批判していた。それだから、DDRが「緊張緩和路線をどの程度までなら同意できる」か、問わねばならないと書いてあった。

七三／七四年の年の変わり目頃の書簡で、ブラントはソビエトの書記長にはっきりと、DDR指導部に働きかけて欲しい、と要求していた。「結局のところわたしがとくに気になる点があるのです。それは、一年前の基本条約締結以来のドイツ民主共和国とドイツ連邦共和国の間の関係の展開のことです。DDRは国連に加入してからドイツ連邦共和国との正常化にいたるどんな努力もする気がないようになっている。そんな印象が我われにはあるのです。わが国ではむしろ次のような感じがしているのです。つまりDDRは交わした約束すら守らないし、基本条約のさまざまな困難を経て達成した均衡条件も、その基本条約に属する諸要素も、疑問視させるようにしている、という印象です。その例として、訪問の際の強制両替額を二倍にしたことをあげておきましょう。こうした措置は、交通協定締結との関連でえられた旅行を容易にする関連情報の提供という文言にストレートに抵触するわけではありませんが、措置の実際的影響でドイツ連邦共和国や（西）ベルリンからの旅行者の数が半減することになってしまいました。しかもこの措置は、圧倒的に年金生活者たちの負担となっています。DDRのこうした措置や他の措置がわが国の世論に与えた印象がどれほどネガティヴなものであったか、ソビエト側ではご存じないかもしれません。書記長ご自身が、この問題に注意を向けて下さったら、わたしは有り難いのですが」［ブラントのブレジネフ宛ての手紙、七三年一二月三〇日付け。七四年一月四日の手紙でブラントは、結局は外交的な一切の控えめな態度を捨てて、あからさまにこう警告していた。

「ドイツ連邦政府の政策がなかったら、一九七三年にDDRがその歴史のなかで最大の成功の年を体験することもなかったでしょうに。DDRは、たくさんの言葉、言い逃れ、中傷、歪曲を駆使して、引き受けた義務を逃れようとしています。もしDDRがこうした路線をやめずに、既成事実の積み上げの政策をひきつづき追求しようとするなら、不可避なのは公然とした対決だけではないでしょう。我われが物笑いの種になるようなことはさせないつもりです」〕。

ブラントとバールは書面で批判をしただけでなかった。一九七四年二月には、バールが、公式に東方貿易の拡大について話し合うために、モスクワに飛んだ。しかし話し合いの重点は、DDR指導部の緊張緩和に敵対的な路線に対する西ドイツ政府側からの批判にあった。七四年二月二七日のブレジネフとの会談で、ドイツの交渉担当者は、「東方政策の停滞」ほど西ドイツ政府にとってダメージとなるものはないことを指摘する。かれが強調したのは、原則的には解決ずみの諸問題についての憤慨であり、この種の憤慨は、両独双方に大きな問題に対する視野を失うほどひどいものになったら、大きな破綻を呼びかねない、というのだった。しかし本当のところ大事なのは、緊張緩和はもはや逆戻りできないほどの状態に達している。しかし目下のところは、「日々の小さな憤激」のなかで息がつまりそうであり、また時折、「DDRはこんな事態を喜んでいるのではないかという印象になってしまう」、と。さらにバールは、「DDRが西ドイツ首相に対する個人攻撃を始めたこと」、も指摘する。「そして、もしそうした個人攻撃をやめなければ、我われはいつの日か、お返しをすることになるだろうし、そうなればふたたび冷戦の雰囲気にすぐさまなってしまうだろう」、と強調した〔エーゴン・バールのメモ。七四年二月二七日、ブレジネフとクレムリンの執務室で行なった会話について〕。

ブラントの書簡やバールの会談メモは、一九七三／七四年にかけて東方政策の構築家たちがいかに精力的に、モスクワという迂回路を通して、緊張緩和政策に対する東ベルリンの妨害行為を粉砕しようと、努めていたかを示している。しかしこの戦術は西ドイツ内部やSPD内部ですら、大いに議論のまとになった。この例でとくにはっきりでてきたのは、SPD／FDP連立政権内で緊張緩和政策推進に当たっての目標、意図、戦術について、一部ひどく意見が分かれていることだった。

モスクワを介する緊張緩和政策のもっとも厳しい批判者の一人は、ヘルベルト・ヴェーナー（一九〇六―一九九〇）であった。このSPD議員団長は、ヴィリー・ブラントとの個人的な関係の難しさでよく知られていた人物であった。かれは、バールの戦術をまったく評価しなかった。ヴェーナーはすでに一九六三年——おもに戦略的な動機に発するものではあったが——バールの演説「接近による変化」のもっとも厳しい党内批判者になっていた。全ドイツにおける社会民主党率いる労働運動を民主主義的な方法で再現する、これがヴェーナーの目標とする「ドイツ構想」であった。しかし、それは本質的な点でバール構想とは違っていた。ヴェーナーは、バールが国家・国民を強く強調するのをむしろ、妨げになると思っていたし、バールの「接近による変化」という主張をまったくの「馬鹿げた話」だと思っていた。「というのも、その種の戦術は結局のところDDRの自己放棄につながるものだし、それで全ドイツ的な会話のどんな可能性も無に帰してしまうから」というのであった。

カールハインツ・ファーターとアルフレート・フロイデンハマー共著の『ヴェーナー伝記』［ミュンヘン、一九七六年］のなかで言われているように、果たしてヴェーナーがバールを「社会主義的な意識に欠けるナショナリスト」とみなしていたのかどうか、その点じゅうぶんな証拠がえられていない。しかしながら、ヴェーナーがこのブラントの信頼厚き男に向かって、東側の交渉パートナー相手に国家・国民的な論拠をあまりつよく強調しないよう警告していたのは事実であった。ヴェーナーは七〇年一月三日付けの手紙でモスクワでの交渉人バールにこう注意を促している。「わたしがもういちど注意を喚起しておきたいのは、我われの方で〝一つの国民（eine Nation）〟ということにあまり重きを置かないことである。それはわたしが、折に触れての（国家・国民）言及を軽視するから、というのではなくて、共産主義の理論（神学）では国家・国民を〝階級利害〟という政治的概念より低くみるからである。それゆえ〝一つの国家・国民〟というのは、基礎にはならない。それは考察や論争の素材でしかない」。

国家・国民の強調とならんで、ヴェーナーはすでに一九六六年バールの「変化（Wandel）」という概念にも——バールの名をストレートにあげはしなかったが——批判の言葉を発していた。ギュンター・ガウスとのインタビューでヴェーナーはこう言っている。「我われは、二つのことを避けなければならない。一つは、共産主義体制のもとにある国の国内の発展可能性について、知ったかぶりをした行動をしないこと、もう一つは、我われ自身の頭のなかで変化というこの概念をなにか意味あるものにしないこと、それで実践面で何かが起こるわけでもないだろう。というのもそこに置かれるのは作り物の基準だろうからである」。

ブラントとヴェーナーの間の齟齬は、エーゴン・バールにも影響をおよぼした。個人的な嫉妬に発する言動やドイツ政策上の権限争いとならんで、その際構想上の違いも一役かっていた。ヴェーナーは遅くとも大連立政権の全ドイツ関係相時代以来、緊張緩和政策の重心をドイツ・ドイツ間関係に置いていた。その際かれの所管事項にはいっていたのが家族再会や捕虜の金銭による身請けの問題であった。この問題にヴェーナーはその後の時代も精力的に取り組んだ。これらの問題はヴェーナーの得意の行動領域となっていたが、ブラント／シェール政権登場ののちには、この分野だけが取り扱いに当たってヴェーナーがなお決定的な影響を発揮できるドイツ政策上の、唯一の手段になってしまった。

それだけに、一九七二年の末バールが「弁護士レベル」(での交渉) をやめにしようとしたことは、いっそう厳しくヴェーナーを直撃するものであった。とりわけＳＰＤの議員団長は「目にみえて脇役に押しやられ、政権の中央から遠ざけられ、首相と相談することもますます少なくなっている」のを感じていたから、なおさらであった。七三年春のドイツ・ドイツ間関係の停滞は、それゆえヴェーナーに、自分のドイツ政策上の影響力をふたたび強めるチャンスを与えてくれた。ヴェーナーはその機会を七三年五月、伝説めいたホーネッカー訪問で利用した。この訪問の背景やそれが引き起こした事態について以下で詳しく触れようとは思わない。それでも言及しておきたいのは、この訪問でもって、西ドイツ側で東方政策を推進する緊張緩和政策上の戦術がさまざまであることが明瞭に浮きでてきたことであった。東ベルリン訪問の直後ヴェーナーは、「ＤＤＲを何かの付属品のように扱ってはならない」、とはっきり言っていた。この発言には、バールとブラントの「モスクワ指向」に対するあからさまな批判の響きが込められていた。アメリカのジャーナリスト、ディービッド・ビンダーを前にしてヴェーナーはのちに、はっきりこう言ったといわれる。「ブラントとバールは国家・国民を欲している。そのかわり国民を願っても、捕虜の救済や家族の再会などに尽力するつもりはないらしい。かれらはＤＤＲの弱体化を欲しているのだ」、と。

この間に発表されたＤＤＲの記録文書および、ヴェーナーがのちにブラント用にまとめたメモから、ＳＰＤ議員団長の東ベルリン訪問の戦略が再構成できるだろう。

ヴェーナーは、ＳＥＤ書記長との会談の際、双方共通の共産主義者としての過去を巧みに利用して、個人的な信頼の基盤をつくりだした［七三年五月三一日のヴェーナー／ホーネッカー会談に関するＤＤＲ側の記録にはこうある。「とくにＤＤＲとＢＲＤとの関係についてのアクチュアルな問題に関する意見交換は、ヘルベルト・ヴェーナーによりしばしば過去に立ちかえる思い出話で中断された。すなわちヴェーナーがＫＰＤの中央委員会のメンバーであった時代および一九三四／三五年中央委員という身分で同志ホーネッカーと一緒に仕事をした時代の思い出話である」］。ＤＤＲ側の記録によるとその折ヴェーナーは、ブラントが西ドイツ連邦議会であらためて行なった、「ドイツ国民の自己決定権の実現のもとでのドイツ統一」に努めるという長期的な目標の擁護表明も批判した、という。そしてヴェーナーはこう明言したといわれる。「わたしはヴィリー・ブラントのこうした意見陳述に賛成できないし、そんな見解は間違っていると思う。しかし首相に対する自分の忠誠心からいって、ブラントの意見開陳は、幻想的な意図があるにしても、最良のものを追求していると言わざるをえないのだ」、と［さらにこの会談記録にはこうある。「ヴェーナーはこう述べたという。自分にとってはっきりしているのは、条約体制の確立でもってすべての問題の解決ルールづくりをしようとしたり、既存の現実を変えようとするどんな試みも、冒険主義的なものになるだろう」］。

ヴェーナーにとって、モスクワを介してＤＤＲを譲歩へと動かそうとするバールの考えは、緊張緩和政策上の袋小路のように思われたのは、明らかであった。

ホーネッカーとの会談におけるヴェーナーの手法が狙っていたのは――もしかしたらヴェーナー自身の（かつての）モスクワにおける苦い経験を踏まえながら――ホーネッカーに向けての、ＤＤＲの存在の不安に対する理解を伝えようとすることであった。同時にヴェーナーは、ブラントの「幻想的な意図」を批判することで、バールのドイツ構想から距離をとっていた。とくにこうした距離のとり方でヴェーナーは、ホーネッカーとも話の内容で一致するものがあった。というのも、ホーネッカーは――少なくとも、ブラント用のヴェーナーのメモにはそう書かれている――上述の会談でとりわけ、東方政策上のチーフ交渉人バールを批判していたからである。ホーネッカーは――ヴェーナーの手記によると――「バール氏のしばしば相手を傷つけるような振る舞い」について苦情を言っていた。バール氏は、

「その傲慢で、一部挑発的な登場のせいで」ヴェーナーが結局はのちに達成したものがえられなかった、すなわち「家族再会と捕虜の金銭による身請け」の取り扱いを決める「弁護士レベルの接触」の再設定が達成できなかったのだ、と［この点についてヴェーナーの手記にはこうある。五月三一日以降になって、バール氏のもとではそもそも機能しなくなっていたものが、ふたたび動きだした（家族の出会い）、そしてそのことを自分の帰国のあとすぐに指示した、と］。ホーネッカーは会談のなかで、バールの発言、「SEDはますます諍い路線を行くことになろう」という発言を批判して、「DDRがソビエトによって主張を割り引いたり、あるいはDDRによってソビエトの主張を割り引かせるなんて逆のことができると信じるのは、見当違いもいいところであろう」、と強調した。

ヴェーナーの日記や、かれの、一九七三年五月のホーネッカー訪問に関するDDRの記録には、バールのドイツ構想の評価に関するいくつかの重要な情報が含まれている。一つには、西ドイツ側の政権党のうちSPD陣営内でも、バールの交渉戦術の正しさについて意見の一致がなかったという点である。バールの、「ドイツ統一の鍵はモスクワにある」という中心的な前提には異論がないわけでなかった。とりわけヴェーナーは、別なドイツ構想を優先する、少なくとも別な戦略的なやり方を優先していたらしかった。ブラントとバールは、そうした違いに早期に気づいていて、一貫して批判的にみていた。この関連で重要なのは、ブラント／バールの二人は決してヴェーナーの五月のイニシアティブに不意をつかれたわけでない点である。この訪問は、決して「ヴェーナー単独の東ベルリン行き」――ブラント／バールは時々そうした印象を出そうとしているけれども――ではなかった。むしろヴェーナーのDDR訪問への関心は、首相府では以前から知られていた。すでに一九七二年の夏にはヴェーナー／ホーネッカー会談のプランが存在していた。しかしバールは、首相のためのメモのなかで、そうした「会談は選挙のあとまで延ばすこと」を勧めていた。というのもバールは、一方では選挙戦での否定的な思惑を恐れ、他方では――これの方が大事だったが――基本条約交渉の点でヴェーナーによって先決の事例をつくられるのを阻もうとしていたからである。そうした先決事例が恐れられたのは、交渉の相手（ホーネッカー）が、自分にそういうことができるのを示そうとして、ふたたび判断をくだそうとするだろうからである。「これは基本条約交渉にマイナスの影響をもたらしかねない。というのも」――

バールがいうには――「わたしは、第三者の発言の引用を目の前で聞かされるなんて、きっと気分のいい状況ではありませんでしょうしね。たとえ、その言葉が個人的な会談のなかで発せられたことがはっきりしていてもね」［バールのブラント宛ての手紙、七二年七月二八日付け］。

ブラントとバールのもとで留保がみられたのは、ヴェーナー／ホーネッカー会談のあとになってからではなく、はるか前からそれはすでにあった。そしてそうした留保は、バールの想定から、つまりヴェーナーは政治的な決断の点では「たぶんあまり些事に拘泥しない」だろうという想定から生じていたし、この想定はのちに真実であることがわかるのであった。それでも、一九七三年五月のヴェーナーの訪問は、単独行動ではなかった。ブラントもバールも事前に知らされていたからである。

もっとも、訪問のあとあらわになった内部の論争によって、政府陣営でも、ドイツ政策の戦術と構想の点で意見の深い亀裂のあることが実証されることになった。こうした見立ての興味深い証人は、ちなみにソビエト側にいた。『ソビエツカヤ・クルトゥーラ』（ソビエト文化）の外交部門編集長ヴァレリエ・レドネフ（一九二二―一九八七）は、CDUの連邦議会議員ノルベルト・ブリューム（一九三五年生まれ）から、ブレジネフはブラントと組んでホーネッカー／ヴェーナー組に対抗していると考えられるかと聞かれると、簡潔にきっぱりと「ヤー」と答えたという。しかしヴァレリエ・レドネフは、単純なジャーナリストではなく、ブラントとブレジネフ間の非公式の情報チャンネル――これは一九六九年一二月に設けられた――のためのバールの接触要員であった。

ブラントとバールの「モスクワ指向戦術」のさらに意外な証拠は、SEDの記録文書のなかにみられる。一九七八年四月一日、フランツ＝ヨーゼフ・シュトラウスと当時のボン駐在「DDR大使」、ミハエル・コールとの二人だけの会談の記録メモからわかるのは、バイエルン州の州首相（シュトラウス）がブラントとバールに対して非常に批判的な発言をしていることであり、「この二人は、この州首相の見解によると、精力的に反DDR陰謀をめぐらして」いると言っていた。

しかし、右に引用したメモ書き――ヴィリー・ブラント宛てのヴェーナーのメモおよび五月会談に関するＤＤＲの記録メモ――から言えるのは、ドイツ政策の構想や戦略に関する西ドイツ内の意見の違いだけではない。それらはまた、一九七三／七四年当時エーゴン・バールが、ＤＤＲからの批判の集中攻撃に晒されていたことを示している。ＳＥＤ指導部の間では、バールがすでに一九七〇年グロムイコ外相とのモスクワ交渉において、先々の諸条約――つまりＤＤＲとの条約も含めて――行程表も決めていたことが忘れられてはいなかった。バール、ファーリン（ソビエト外務省の第三ヨーロッパ部長）、ラッシュ（駐西独アメリカ大使）との間での、（戦勝）四カ国協定のための秘密の「三者協議」は、ＤＤＲのトップにとってしゃくの種であった［ヴァレンテン・ファーリン『政治的回顧録』、一八六頁以降。ファーリンはその箇所で、自分はＤＤＲ公安のたえざる監視のもとに置かれていたと述べ、そしてホーネッカーの利害状況を次のように特徴づけている。「エーリヒ・ホーネッカーの公式の発言を一瞥しただけでも、目につくのは、一つのリフレーン、隔絶分離、隔絶分離、隔絶分離である。その言外の意味は、容易に推し測ることができる。もし東方諸条約が発効したら、我われ（東独）はそれがかれらにとっていかに高いものにつくか大いにみせてやろう、という。……わたし（ファーリン）に使えるさまざまな手段でもって、ホーネッカーにそうした立場に対するわたしの疑念をわかってもらおうとしたのだった。しかしその結果は、〝隔絶分離〟というスローガンがいっそうしつこく叫ばれるようになっただけであった」］。バールは、「ボンとの緊張緩和に関するモスクワの関心は……のちに基本的にはベルリンでＤＤＲがツケを支払うことになるだろう」と判断していたが、この見立ては正しいことがわかった。バールが「基本条約」の交渉中にモスクワを介して東ベルリンにかけたプレッシャーのことは、忘れられていなかったし、同じようにバールがＤＤＲにとって非常に厄介な、「国家・国民（Nation）」というテーマのルール設定のうえでの取り扱いに条約で断固として拘ったことも忘れられていなかった。

ＤＤＲのように承認獲得に非常につよい関心をもっていた国は、上述などの点であとあとまで怨念にみちた反応をすることとなった。東ベルリンではモスクワへの依存性のことはじゅうぶんすぎるほど意識されていた。まさにそれゆえに、主権の制約のそうした証拠は、屈辱と感じていたのは明らかで、その屈辱のことは条約締結後に「復讐」で仕返ししようとしていたのである。

一九七二年後に「ＳＥＤの集中砲火のもと」にあったのがほかならぬエーゴン・バールだったというのは、ただそんなふうにみて理解できるのである。七四年四月九日の『ノイエス・ドイチラント』紙の記事にはこうあった。「近頃それを口にしているのは大臣のバール氏である。かれがしゃべっているのは、外交の領域における西ドイツの活動原則のことである。大臣氏がいうには、その原則はあいかわらず、東側からの脅威から自分たちを護ることである。西ドイツの活動原則のこうした言い方は、CDU／CSU支配の時代の情動やメンタリティーに似ている。ただし今ではこうした文言は、かなりの程度より現実離れとなっている。この点、ボンの東方政策のチーフ建築家とみられているバール氏はじゅうぶんわかっている。それだけにいっそう政治的に奇異に思われ、信頼を損ねるようになっているのは、バール氏の外交上の活動法則がはっきりとアンチ社会主義的なアクセントを帯びていることである。……要するに、外交の領域における西ドイツの活動原則を新たな言葉でいおうとする試みの際に、大臣バール氏は、アデナウアー時代の誤りや混乱から抜けだすにじゅうぶんな動きができていないのである。かれは、軍事政策と反革命的な野望との落とし穴で足を取られているのだ」。

一九六三年にバールは、壁は「弱さの証拠」、「不安と共産主義的政体の自己保存本能の徴表」だと分析したが、その分析はそれから一〇年経ってもなお当たっていた。バールの――「接近による変化」と言い表された――目標は、「このしごく当然といえる心配の種を政体から徐々に」取り除いてやることにあった。同時にバールの基本的な手がかり、つまり（ドイツ）再統一の前提はソビエトを相手にしてのみつくりだせる、という（解決の）糸口もひきつづき有効であった。バールの認識はこうだった。「東ベルリン相手に再統一が達成可能という前提を基本的考えにしている人は、幻想に取りつかれているのであり、そういう人は、立派な装備の二〇ないし二二個のソビエト軍師団の（東独）駐留のことを思いだして欲しい」。

「ツォーネ」（東独地区）はソビエトの同意をもってのみ変化させることができるというのは、「接近による変化」という演説にあった認識であった。政体に固有の不安定さの漸次的解消、およびDDR国家の事実上の承認はモスクワを介してのみ導きだすことができるのであったが、これはまた他方で新たな存在の不安、もしくは非常に古い存在の不安を引き起こすものであった。東方諸条約の締結後にこうして、ほとんどパラドキシカルな状況が生まれる。つまりバールが――少なくともいつのまにか――自分自身の戦略の「犠牲者」になってしまったのである。

第4節　シュミットの「現実主義的な緊張緩和政策」――バール構想からの決別？

一九七二年一一月二二日、エーゴン・バールは、最後の公式会談のためDDRの交渉人ミハエル・コールとボンの首相府で会う。全体で七五回の交渉ラウンドのあと、ドイツ・ドイツ間関係の重要な一章が終わりを迎えたのである。コールとバールとの間で一九七〇年の一一月二七日に最初の話し合いがもたれて以来、トランジット協定、交通協定そして基本条約などが交渉で決着がつけられたのだった。

交渉の指揮をとるのは、今では西ドイツ側では首相府の次官で、東ベルリンの常駐代表部の初代所長に内定していたギュンター・ガウス（一九二九―二〇〇四）であった。DDR側で会談相手となるのは、今後はDDRの外務副大臣のクルト・ニール（一九二七年生まれ）である。

交渉レベルのこうした変更は、ドイツ・ドイツ間関係の正常化の印であったが、それは同時にエーゴン・バールにとって人生の節目でもあった。DDRに対する関係の条約的なもろもろの基礎が据えられ、必要な後続取り決めの交渉による決着は、もはやバールその人の管轄権限下ではなくなっていた。

連邦大臣となったバールにとって、それだから、今後どんな「特別課題」に献身すべきか、熟慮する必要性が生じていた［一九七二年以来バールは、特別な課題のための連邦相になっている。この職は首相府に属するものだった］。そこですでに一九七三年一〇月、かれの活動の「適切な重点分野確定のための分析」がかれに委任されつくられた。分析は――「近い将来現存の部局のうちで余裕があり差し迫った懸案の熟考に対応できる部局がない」という想定にたって――将来の活動分野をもっと内政の領域に探すという提案を含んでいた。というのも、「これまで首相の外交上の信任厚い側近とみられていた大臣が、国内政治の領域を引き受けることで、首相の内政への重心移動が近く行なわれること、それをスタッフ的にも信頼性のあるものにするのである」。

「外国人労働者」の領域、あるいは「もろもろの国の組織」の分野への取り組みを勧めるこの研究は、今日の視点からみると、バールの興味関心や個性を知る場合、ほとんど場違いな話のように思える［重点が「外国人労働者」とする本質的な内容は、二五〇万人の外国人労働者とそのおよそ一〇〇万人の、西ドイツで暮らす家族のインテグレーション（融合）のための長期的な構想の作成と実行のことであった。また「国の組織」を重点とする場合の本質的な内容は、西ドイツ、その連邦を構成する州や地方自治体の組織単位や全国的な協同メカニズムの組織的な効率を、その構造的な構想以来増大したえず高まってきた問題圧力に適合させることであった］。そしてこの事実は、一九七三年の末――バール構想の第一段階が終わったあと――東方政策のトップ建築家の個人的将来が不確かなものであることを明らかにしているのだった。

バール自身は――かれの全体構想の論理にそって――一段と力を入れて兵力削減や軍縮といった安全保障政策上のテーマ領域にかかわりたかった。しかしこの点になると、国防省と外務省とがいがみ合う分野で、機構上の手がかりとなるようなものはなかった。

一九六九年以来ベルリンの連邦全権代表委員でもあったバールは、なるほど七三年の末には「国家通商諸国との協力」（国家が貿易の独占権をもっている国との協力）という活動領域の管轄担当でもあったが、もっともその目立った活躍領域はずっとドイツ・ソビエト関係でありつづけた。「東方政策およびドイツ政策のあらゆる問題における首相のアドバイザー」という資格をもつバールを介して、ブラントはソビエト書記長と非公式の接触を保っていた。それだから管轄担当のスタッフという問題は重要であった。その責任において、バールがその構想的端緒を実践に移すことがどこまで可能かの拠点が提供されるからである。

この問題がとくべつ興味深かったのは、一九七四年時の首相交代の件である。ヴィリー・ブラントは、自分の事務所のある専門職員がDDRの諜報員であることが発覚したあと、七四年五月連邦首相の職を辞した。「ギョーム事件」が首相退陣の原因、それともたんなるきっかけにすぎなかったのかどうかは、ここでは論議しないことにしておこう（ギュンター・ギョーム（一九二七―一九九五）が東独公安省の命をうけて一九五八年西ドイツに潜入する。一九七〇年SPD党員として首相府にはいり、七三〜七四年ブラント首相のアドバイザーの一人として活動するが、七四年三月スパイであることが発覚逮捕された）。

ここでの問題設定にとって意味があるのは、政権トップの人物上の持続性が絶たれることで、内容上の非連続性につながったかどうかの問題である。ヴィリー・ブラントからヘルムート・シュミット（一九一八年生まれ）への交代によって、西ドイツの東方政策やドイツ政策の変化につながったのだろうか？　首相交代はバールの緊張緩和構想との決別までも意味したのだろうか？

一九七四年五月一七日の政府声明でヘルムート・シュミットは、新しい政府の「モットー」は「継続性と集中力」だと言っていた。シュミット首相は、基本線を次のように述べている。「役職の交代は、わが国の社民＝自由連立の政策の正しさと必要性のひきつづき有効な点をなんら変えるものではない。こうした基本路線を我われは一貫して今後もつづけるであろう。世界的広がりで諸問題が増す時代にあって、我われはリアリズムと冷静さとのうちに本質的なもの、今必要とされているものに精力を集中していき、その他のものには触れずにいこう」。

外交政策や安全保障政策にかかわるポストは、「変更することなく」進めるつもりだ、という。新首相は次の点を強調した。大事なのは、「平和のために不可欠な力の均衡を保つこと」であり、「軍備のコントロールと軍縮の政策をつづけること」、そして大西洋同盟の強固な基盤にたってソビエト連邦やワルシャワ条約機構諸国との良好な関係を培うことである。西ドイツ新政府の目標は、「決議を超えて実際的な結果を獲得し、ヨーロッパにおける緊張緩和政策に追加的あるいはより以上の実質を与えることである」、という。

「不可欠な力の均衡」という指摘で、かつて国防相であったシュミット首相は、六〇年代に二冊の著書として公表した安全保障政策上の原則を引き合いに出したのである［ヘルムート・シュミット『防衛それとも報復。NATOの戦略的な問題に関するドイツの貢献』、シュトゥットガルト、一九六五年。『均衡の戦略。ドイツの平和政策と世界列強』、シュトゥットガルト、一九六九年］。

ハンブルク選出のSPD連邦議会議員シュミットは、五〇年代以来社会民主党の安全保障政策上のエキスパートの一人であった。すでに早い時期からシュミットは、連邦議会で指南役のフリッツ・エルラー（一九一三―一九六七）と一緒に国防政策の分野に積極的に取り組んでいた。

一九六九年に著されたシュミットの『均衡の戦略』は、その後多くの論者たちによって、ブラント／バールとシュミットとの緊張緩和構想の違いを裏づけるために引用されている。たとえばバルバラ・ヘープは、一九七四年の政権交代は、「構想上の力点の移動」をもたらしたといい、「ブラントが緊張緩和を政体変更の手段とみなしていたとすれば、シュミットの場合むしろ安全保障政策上の均衡戦略が前面にでている」という。

トーマス・エンダースでは、「大西洋派のシュミット」は、ブラントやバールとは「まったく」違う考えであることが強調されている。シュテファン・ハインラインは、首相府の交代劇は「社民＝自由連立の緊張緩和構想の転換を招いた」とまで結論づけている。

ヘルガ・ハフテンドルンは、ブラントからシュミットへの交代でもって、西ドイツの政治指導部は、「均衡の政策のために〝ヨーロッパの平和秩序〟という概念で言い表される目標の地平を撤収し始めた」、と確認している。平和はもはや既存の安全保障構造の変更の結果とみるのでなく、その逆でそうした安全保障構造の安定化のなかにみられるのである。こうした政策が前提とするのは、勇気やファンタジーはそれほどではなく、むしろ信頼性と予測可能性であった。こうした路線変更は、一つには、東西関係の発展の点で期待が小さくなったことを顧慮したものである。東西関係はひきつづき権力政策や社会政策上の対立に刻印されたものになるだろう。この点はヘルムート・シュミットのさまざまな政治上の思考世界の表現でもあったし、その思考の世界では均衡の構想が従来から中心的役割を演じていたものだった。

先に引用した分析にもかかわらず、バールとシュミットとの見解を詳しく調べてみると、違った力点の置き方の裏に原則的に違った緊張緩和構想があるのかどうか、疑問に思える。「緊張緩和の熱烈支持者」バールと「緊張緩和のリアリスト」シュミットとの、むしろステロ版的な像は、きめ細かな考察が必要であるだろう。

事実といえるのは、シュミットと、とりわけその閣僚の外務大臣ディートリヒ・ゲンシャー（一九二九年生まれ）が一九七四年以降、くりかえし「リアリスティックな緊張緩和政策」を強調していたこと、そしてそれによって、先任者たちの政策は「幻想的」だったとする欠点指摘の解釈に勢いを与えていたことだった。「賢くどんなに小さなことにも労を惜しまぬ戦術家」ゲンシャーは、たとえば七五年こう言っている。「我われは、緊張緩和プロセスの初めにすでに、そのプロセスの最後に結果として可能だと思い期待するものをなんでもかんたんに手中にできる政策があるなんて、幻想はもたないようにしよう」、と。

それでも、幻想をもたないようにという警告でシュミットとゲンシャーは、バールと決して対立していたわけではない。そのバールは一九七四年、政府の交代直後に、かれが以前主張していた見解をこうくりかえしている。「わたしは、そこで（緊張緩和／東方政策で）、首に抱きつきたくなるような関係がつくれるだろうなどという幻想は決してもったことがない」。

シュミットの均衡の戦術もバールの緊張緩和構想と決して原理的に対立するものでなかった。すでに一九六五年バールは、「現在のものに代わるようなどんな安全保障体制も、西側を犠牲にして効果的な均衡を変える」ようなことがあってはならない、と強調していた。バールは、シュミットの「均衡原理」も、また同じくシュミットの「同盟の維持と同盟への忠誠の原理」でも意見を同じくしていたのである。均衡原理は、バール構想や西ドイツ政府内の安全保障政策のコンセンサスの基本前提の一つでさえあった。バールは七一年ふたたび均衡の維持の必要性を強調し、その際アメリカの傑出した役割を力説している。「ヨーロッパにおける安全保障は、戦略的な均衡に基礎を置く、結局はつまりアメリカによる保証および潜在能力に対する信頼性に基礎がある。アメリカのこうした重要性に代われるものはほかにない。ヨーロッパの統一がなっても、そうしたことはできない」。

ヘルムート・シュミットの、「緊張緩和は安全保障を前提とする」というテーゼは、エーゴン・バールによって支持されていたし、同じくシュミットの次のような見解も支持されていた。つまり、東方政策は西側政策をもって始まるものだし、西ドイツの行動の余地は、西側の均衡戦術とのわが国の連携の明確さと効果に大きく依存するものだ、という見解である。バールは自分の構想を早々とケネディー大統領の「平和の戦略」のなかに組み込んでおり、一九七一年に次のように強調したのも初めてではなかった。「ドイツの外交政策は、対象がいずれの方向のものであれ、その政策が決定的な同盟パートナーであるアメリカの基本構想にそうものであればあるほど、それだけ影響力を発揮するものとなるだろう」、と。

ドイツ政策の諸問題の点でも、バールとシュミットとの構想の違いは決してそれほど大きなものでなかった。シュミットはその著『均衡の戦略』のなかで、バールがすでに一九六三年「接近による変化」のなかで分析したのと同じジレンマのことを述べている。すなわち、現状（Status quo）の維持に関する、と同時に現状の変化に関する、パラドキシカルに思える関心である。またシュミットは、バールが『さて、何をしたらいい？』や立案企画書のなかで行なっていたのと同じように、ドイツ問題の解決は、それによってヨーロッパの安全保障を危険に晒すことがない場合にのみ達成されるものだろう、と強調している。シュミットの結論は、「ドイツ問題の解決が考えられるようになっても、力のバランスが危険に晒されてはならない」、であった。

「ヨーロッパの安全保障体制」の目標の意義そのものについても、社会民主党の安全保障の政治家たち（シュミットとバールと）の間に原則的な意見の一致がみられた。シュミットは、「安全保障体制という概念が従来あいまいであった内容に対して自分の論文によって思考的に具体性を与える、それによってドイツの事柄のために役立てる」ことを強調している。そうした安全保障体制構想の短期的な、あるいは中期的な実現可能性についてはSPDの防衛問題のエキスパート（シュミット）はより懐疑的であった。「東西に追加的な安全保障をもたらすような（全）ヨーロッパ的な安全保障体制というのは、ソビエトが従来宣伝していたように、つまり、NATOとワルシャワ条約機構の解体によって、理論的には確立できるだろう。双方の軍事同盟は、軍備制限の義務、武力不行使や、支援の義務によって取って代わられ、そうした義務の厳守は両世界大国によって保証されることになる。そのために世界強国はかならずしも新たな体制のメンバーである必要はない。実際にはこうした解決は七〇年代にはほとんど期待できないであろう。この解決はすべての関係国にとって状況を大きく変えて、移行過程がかれらの利害の予期せぬ侵害を招きかねない、と不安がることにもなるだろう。むしろありえるのは——理論的に考えられうる中間形態はここではひとまず措くとして——両軍事条約機構を武力不行使、軍備制限、その監視など、双方で受け入れた義務によりしばりをつけて、維持しつづけることであろう。わが国独自の安全保障およびわが国のドイツ政策の利害にとってこうしたモデルは原則的にまったく受け入れ可能であるし、このやり方は、ヨーロッパにおける地域的軍備制限という従来の考え方にもそったものだろう。ドイツ問題は将来の展開に解決を残しておくことになるだろうし、双方の支援同盟がのちになったら必要がなくなるという点も未決のままにしておけるし、総じて、西ヨーロッパと東ヨーロッパの諸国との国際関係の発展に、双方の国々から慣れ親しんだ安全保障の感情を奪うことなく、自由な余地を提供することになるだろう」〔シュミット『均衡の戦略』、二四六頁以降〕。

六〇年代や七〇年代初期のバールとシュミットとの考えを比較してみると、長期的な目標設定に関して原則的な差異のないことがわかる。もっとも二人のSPD政治家のニュアンスのとり方、アクセントの置き方、とりわけ構想上の政治理解にはかなりの違いがみられた。シュミットもまたバールも——「アルメル報告」にそって——安全保障と緊張緩和は一体の切り離せないものだとみなしていて、シュミットはつねに安全保障の方に、バールはいつでも緊張緩和の方に力点を置いていた。二人は、ドイツ政策と安全保障問題との関連を熟知していた。それにもかかわらず、シュミットは六〇年代にあって自分をむしろ安全保障の政治家と思っていたし、バールは自分を東方政策／ドイツ政策の政治家とよりつよく感じていた。しかしながら基本的な違いは、こうした位置づけから導くことはできず、それはむしろ役割に基づいた重心の置き方にあった。

もっと違いが深刻だったのは、政治の理解および政治的なビジョンの重要性の評価に関する点であった。振りかえってみるとき、バールが一九六五／六六年その未公刊の書『さて、何をしたらいい？』のなかで、ヘルムート・シュミットの、あまり大げさなドイツ計画などもつなとの警告を引用していたのは、背信的のように思える〔バールは自著のなかでシュミットの次のような発言を引用している。「今日（ドイツ）再統一のぜったい確実な解決策を口にするような奴は、いかさま師か、愚か者であろう」〕。それに対してバールは、そうした「肯定的な政治的ユートピア」が必要との見解の持ち主であって、理由として、家を建てようと計画するものはだれでも、「まだ存在していないあるものが目に浮かぶ」能力が必要だと言っていた。

「危機管理の人」シュミットにとって緊張緩和政策のそうしたビジョン的な要素はむしろ胡散臭いものであった。「(優れた実行力をもつ)やり手」のシュミットは、自分自身をむしろ好んで、「大きなビジョン的な目標をもたない実践的政治の代表者」だと思っていた。社会改革論争のいくつかに対してシュミットは、しばしば冷笑しかもっていなかった。未来に向けてあまりに遠くまで考えるのは、政治の現在にとって危険だとかれはみなしていた。一九七四年三月八日のSPD党執行部会議において、シュミットは同志たちの「改革熱狂」を厳しく批判している。「一九九〇年になってようやく起こるようなことを中道の有権者相手に売りだそうなんて、ロベルト・ユンク（一九一三―一九九四。未来の研究者、核エネルギー志向のエネルギー政策の批判者）か、未来学者に任せておけばいいんだ。社会民主党は未来学を学ぶゼミナー施設ではなくて、四年ごとに、そしてその間にさらに地方自治体や州議会の選挙戦においてくりかえし信頼を必要とする政党なのだ。我われが見放したら他の党に投票しかねない中道の信頼にくわえて自分の本来の支持者の信頼も必要とする政党なのである。それだから、あまりに遠い先まで突っ走った、先走った走りをしてはならないのだ。たしかにつねに、中道の人たちが今日考えるものより先を行く必要はある。しかし――かれらの満足するくらい先んじたものを実現するような――かれらより一歩先んじるくらいの程度でよいのだ。この点は、このホールにもおられる偉大な綱領企画者たちに向けて言おうとするものなのだ」。ブラントはのちに『回想録』のなかで、シュミットがたえず行なった「〝改革高揚熱〟に対する警告は、それほど有用ではなかった」、と言っている。

シュミットのいわゆる「六八年運動」に対する深い懐疑心と公然たる拒否ほど――かれは六八年運動の少なくとも一部に関して「国内の安定」を危険にするものと思っていた――かれの「反ビジョン的な」基本姿勢を表しているものはない。ここで、シュミットとバールの社会政策上の考えに詳しく立ち入るつもりはないが、ただ言っておきたいことは、この社会政策の点でも状況の評価にある種の違いがあった事実である。バールが一九六八年三月八日付けの手紙でシュミット宛てに書いている。「学生たちはヴァイマル時代には右に位置していましたが、今日の立ち位置は左です。学生たちは、我われの当然の同盟者であるばかりでなく、これまで我われがかなり難儀してきたまさにその階層に将来別な意識をもたらす期待ともなりましょう。これは、国によりきっかけに違いはありますが、国際的な現象なのです。そこで言っておきたいのは、ドイツの若者たちの反応は、ほかの国々の若者たちと同じように、基本的には肯定的なものでしょう。ドイツに対する懸念、ましてや恐怖など、ドイツの若者の抗議の姿から――それらの像はほかの国々の人びとにとっても馴染みのものです――生ずるものでもありません。つまり、要するに全体から劇的要素をいくぶん取り除く必要が肝心です」。

一九七四年のブラントからシュミットへの首相交代は、第一に政治スタイルの転換でもあった。しかし政治スタイルの変化と関連して「構想的な実質の喪失」となったことも明らかなところだった。緊張緩和から安全保障へのアクセント移動というのが争われぬところであったが、そうした帰結は、一九六九年にヘルムート・シュミット自身警告していたものであった。すなわちシュミットは、『均衡の戦略』のなかで次のように言っていたのである。「わが国の安全保障の強調のしすぎは……すでに戦後政治のいくつかの局面でボンの歴代政府の外交政策やドイツ政策の、動きのとれない度すぎた状態を招いてしまった。今日我われの知るところでは、わが民族の統一をもたらすのは、NATOでも、時間でも、〝ヨーロッパ経済共同体〟でもない。これらは将来においても統一などもたらすことはないだろう。――我われ独自のイニシアティブなしにはドイツ問題はほとんど動くことはないのである」〔シュミット『均衡の戦略』、二二頁以降〕。

バールは一九六五年に「ドイツの本来の目標」は、現在の均衡に守られながら「新たな均衡をつくりだすこと」だと確認していた。しかしこの確認事項は、新たなドイツ政府の政治日程上の外交政策の主導ラインとしての役割をほとんど失ってしまった。そういう経過になった原因は、決して担当スタッフの交代だけにあるのではなかった。ペーター・ブラント（一九四八年生まれ。ヴィリーの息子）が次のように強調しているのは当たっている。つまり、東方政策の安定化局面が目立つようになって、ダイナミックな局面はすでに一九七三年以降はっきり後退してしまっている、と。こうした後退の原因は、とりわけ国際的な大枠条件の変化であった。すでに一九七三年の石油危機と、それに関連した世界経済の混乱激動によって、国際的な問題のランクづけのうえで変化がみられるようになった。そうした情勢から、シュミットは一九七四年五月一七日の政府声明のなかで、いくつかの帰結を引きだして、自分は世界経済の問題に精力的に取り組むつもりだ、と言っていた。

さてそれでは政府交代の帰結は、エーゴン・バールとそのドイツ政策構想にとってなんであったろうか。ブラントの退陣は、バールにとって個人的には、さしあたり政府からの自分の離脱であった。一九六〇年以来ヴィリー・ブラントの輝かしい経歴と緊密に結びついた栄達をしていたバールが、首相交代後に職務を離れた、もしくは離れねばならなかったというのは、あくまで論理上のことにすぎない。この人生の節目がバール自身にどんなに辛いものであったかは、かれのアメリカの友人ロイ・ブルーメンタールに宛てて七四年五月三一日付けで書かれた手紙が証明している。「ヘビー・スモーカーにとってタバコをやめるのはかんたんではないが、同じように、行動の一四年間ののちに観察者の立場に移行するのもかんたんではありません。わたしは自分がなしえたことに感謝することに決めました。そしてこのことは、私の人生で真実もっとも深い節目だったこともわかっています。ちなみにあらゆる経験からみて、世界が立ち止まることはありません。わたしは余裕を手にして、わたしに新たな出発ができるかどうかみてみようと思っています。なんのかんのいってもヴィリー（ブラント）の方がはるかに辛いことでしょう。私たちは一年のうちにもっと多くを知ることになるでしょう」。ベルリン時代の旧知の友人ハインリヒ・アルベルツに向かって、その二日前には、これが自分の政治的行路の最後には決してならないことを強調して、「徐々にわたしはこの驚愕の日々からふたたび抜けだして、余裕をえようと努め、旧知の事柄に新たな方法で献身する準備をしようと思っています」、と言っていた。バールの目からしても、スタッフの交代があったからといって、それがかれの東方政策上の全体構想との決別と決して結びつくものとはならなかった。一九七五年のインタビューのなかでバールは、ビスマルクの多くの外交術のシステムのことを示唆して、ある構想の有効性というのは、あとから創案者がいなくなっても機能するようなシステムになって初めて表れるものだ、との指摘をしている。

バールは、シュミット首相のもとの東方政策にスタッフとしてもかかわりつづけた。すでにブラントのもとでそうしていたように、シュミットのもとでも西ドイツ首相とソビエト書記長の間の非公式の情報チャンネルは、エーゴン・バールが仲立ちしていた。シュミット政府のなかに、こうして一種の「東方政策部門」が形成されていたが、それは一九七三／七四年の間に、多少とも意図しない形で誕生したものであった。エーゴン・バールがモスクワとの非公式の接触ルートの確保に当たり、ヘルベルト・ヴェーナーが東ベルリンとの接触の方を担っていた。

内容的には、一九七四年の政府交代は、バールの構想からの決別でもなければ、ましてや急激な断絶でもなく、基本的方向は維持されていた。シュミットは二国間の東方条約政策を支持し、そうした条約成立に対するバールの貢献をはっきりと評価していた。たとえば四カ国協定の署名の機会にシュミットは一九七一年九月三日、バールに宛ててこう書いていた。「前略。エーゴン君、今日の四カ国（協定）の署名は、重要な一歩となるものです。この一歩はもし君がいなかったら、かんたんには達成できなかったことでしょう。心から君と握手させてくれ。わたしは内心非常に満足している。我われみんなが、わが国の東方政策の構想的な計画について有効なことを確信したからである。……わたしは、わが政府のほかの成果には感激とまでは得心のいかないものがいくつかあるにしても、今日達成した成功は、これに貢献したことで内心誇りに思うようにさせるものです。君の貢献は何倍も大きい。——君にはもっとたくさんのことをお願いすることになるだろう。その際僕ヘルムート・シュミットも無限の信頼を君に寄せていることを知って、君も多分喜んでくれるだろう」。この手紙は、シュミットとバールの間にドイツ政策上の基本問題で意見の相違などなかったもう一つの証拠である。基本構想の第二段階についても幅ひろい了解があった。「中部ヨーロッパにおける軍備の制限と管理」をシュミットは以前から要求していたのである。

問題が生じてきたのは、七〇年代のうちに、「安全保障と緊張緩和」との双方切り離しがたい関連が、どちらを優先させるかの想定上の抗争、あるいは実際上の抗争にますますなったように思われて、長期的な現状（Status quo）の克服という本来ダイナミックな構想が、現状の維持という静的な構想になる恐れがでてきたときになってからであった。

ヘルガ・ハフテンドルンがこうした問題点を次のように指摘しているのは正しい。「この相対的に静的な構想の危険は、それが独自の政治的イニシアティブを放棄する口実に使われかねない点にあったし——西ドイツ外務省の何人かの代表たちにそうした傾向がみられた——、またドイツ問題の未来に答えのないことにあった。それゆえ次のようになったのも偶然ではなかった。つまりバールのような人たちが……均衡のあまり空想をかき立てることのない政治に満足できずに、はっきりとドイツ問題にとっての解決可能性を含むような、別な安全保障構想を考え始めたのだった」［ヘルガ・ハフテンドルン『安全保障と緊張緩和』、七三四頁］。

「力の均衡」という現存の体制は——バールの考えでは——緊張緩和政策の目標となるのではなく、かれにとっては、それは「ヨーロッパ安全保障体制」という形の新たな均衡をつくりだす前提なのであった。

✽第10章✽
付論　緊張緩和政策を通じての発展途上国政策

　政府から去ったあと、エーゴン・バールは、本人のいうところによれば、とりわけ「当座しばらくの間一息入れて、一定の距離をとろう」という気持ちを感じていた。休息のなかでかれは、いろんな出来事にみちていた歳月の経験を整理し、「自分の生活の一部ともなっていた役職、それがない状態とはどんなものか」知りたいと思った。軍縮問題の連邦議会委員会の委員長に予定されている身としてバールは、議会でまずとりわけ安全保障問題と取り組み、「旧知の問題に新たな方途で奉仕しよう」と思っていた。

　しかしながら、この多少とも不本意ながらもとった一息入れる局面も、予定したより短いものになってしまう。だれもが驚いたことにバールは、首相交代の二カ月後には政府にもどってしまった。しかも、経済協力省に、エアハルト・エプラー（一九二六年生まれ）の後任としてであった。エプラーは一九七四年七月の初め政府の発展途上国援助予算の減額措置に抗議して辞任していたのだった。すでにその七月八日にエーゴン・バールは、シュミットの提案に基づき、ブラントと相談のうえその職務を引き受けていた。

ブラント側近の内閣復帰には、戦略的な意味もあった。バールは、党と政府の間のいわば人による蝶番的役割を引き受けたのである。シュミット内閣のなかでの「ブラントの人」バールには、一歩進んで、党執行部と連邦首相との間のかんたんとはいえない関係の仲介者の役割も割り振られたのである。くわえてバールの任命は、継続性についてのシュミットの関心に関するはっきりとした印であった。さらにこの人物の入閣は、首相交代によって緊張緩和政策路線に断絶などありませんよ、というモスクワ向けの重要なシグナルでもあった。

ブラントは、親友の再入閣を重要で当をえたものと評価する。ブラントが一九七四年一二月二四日にバールに宛てて書いている。「これはべらぼうに厄介な一年であった。そして君も、わたしにとって重要なものはなんであったかを少しはわかってくれているまったく数少ないうちの一人であった。——わたし自身にはまだじゅうぶんにわかったわけではないがね。君が政府に留まってくれたのは良かった。この点は、ひどく間違った決定を避けるには、本当に重要な意義をもつだろうからね」。

エーゴン・バールにとって発展途上国援助省の担当引き受けは、「密かな愛への回帰」であった。かれはすでに五〇年代の末に発展途上国援助政策上の問題設定と取り組んでおり、一九五九年にはガーナのドイツ大使館の報道担当官として半年間働いたことがあった。アフリカはそのとき以来、緊張緩和政治家のひそかな情熱の対象であった。そしてこの事実は、バールが一九七四年にある程度の予備知識をもって新たな職務につけた点でも、決定的なことだった。

しかしながら、エーゴン・バールのドイツ政策的な構想と取り組んでいるこの研究では、以下に問題にしたいのは、バールの発展途上国政策や一九七四〜七六年の「経済協力大臣」としてのかれの職務執行の分析ではない。それに対して興味がありそうに思える問題は、発展途上国援助大臣としての時期をかんたんに考察することから、バールの政治スタイルや緊張緩和構想への一般的な逆の推論がえられないかどうかである。東方政策のモティーフをそのように抽象化するというのは、意味があることかもしれない。政治的対象から内容的に距離をとるというのはもしかしたら、バールの政治理解の本質をより正確に視野に入れるために、役立つことかもしれない。

バールの政治スタイルの独自性というのは、とりわけかれの前任者エプラーと比較すると明瞭になる。発展途上国援助政策の基本原則についてこの二人の社会民主党員の間に意見の違いはなかった。しかし物腰と論拠づけのスタイルとなると、「基本的な違い」があった。エプラーが主に倫理的な義務の次元で主張の根拠を述べ、工業先進国の良心に訴えたのに対して、その後任者はむしろ、発展途上国援助政策の合理的な必要性や「自国の利害関係」の正当な強調もしてみせた。バールの職務遂行にとって「特徴的」だったのは、「おもに〝利害関係の次元〟にたった主張の根拠づけと実践という決定の基本姿勢」であった。

たしかにバールは、自分の担当下にあっても、発展途上国援助政策が「原料の確保のため」のケチなものになってはならない、と強調していた。しかし同時に「利害の政策」をくりかえし話の中心に据えていた。というのも、「(1)どんな閣僚も、自分たちを選んでくれた国民の利害を守らねばならないし、(2)もちろん我われは、わが国の経済への原料の安定的供給を将来的にもわが国の発展計画の前提にしたいと考える。(3)新たな原料の源の開発というのは多くの国々にとって、モノトーン的な文化からの解放、経済的政治的な独立性の増大となりうる」、からであるという。

発展途上国援助政策は、バールの理解では「双方の側の利益のシステム」になるはずであった。連帯は「関係当事者の利害の調整」から生まれるものだ、という。そのうえバールは、「Entwicklungshilfe」（発展途上国援助）という用語の使用をやめてはどうかと提案した。援助（Hilfe）に代えて、「パートナーとしての関係（Partnerschaft）」、そして協力と同等の地位権限を話題にすべきだと言っていた。こうしてバールの用語法は、発展途上国援助政策のたんなる慈善事業的次元からの決別を意味していた。こうした規定替えは、たんに意味論的なものでなかったが、それにはいくつかの原因があった。一つには、この規定変更は、当然ながら一九七三年の石油価格高騰後、先進工業国家の発展途上国援助の可能性が小さくなるだろうとの想定に対する反応であった。二つ目は、自国の利害をよりつよく強調することが、国内の同意をより強力に積極化し、長期にわたって確保する手段であった。もう一つにバールの論拠づけスタイルは、公開性のあるものにする一コマでもあった。というのも、「発展途上国援助政策」はかねてよりつねに

「利害の政策」であり、そうして「原料確保の道具」でもあったからだった。

バールは、一九七五年に西ドイツ政府の発展途上国援助政策の利害を次のように規定している。「もし、工業国西ドイツが原料への利害ももっていることを否定したら、誠実とはいえないだろう。……つまり西ドイツの原料に対する関心と、ある国が自分のもつ原料資源の開発を通して経済的な独立性を高めようとする関心とが一致するなら、それは理想の組み合わせである。どちらにも相手に対してお礼をいう必要もないからである。そのとき大事なのは、相互の利益のための協定である。……しかし発展途上国援助政策は、西ドイツの原料需要をあわせてみたすための主柱ではない。……もちろん慈善的要素はあいかわらず強い。しかしわたしは、発展途上国援助を、他の国々が自力で歩けるよう支援することで、慈善性を克服する試みと解釈したいのである」。

つまり、エーゴン・バールにとって、発展途上国政策は、発展途上国援助がやむところで始まるのであった［バール「発展途上国諸国との協力政策」一九七五年六月一〇日の声明］。このSPDの政治家は、「自立性のかぎりなくない状態」を発展途上国政策の基礎にするのは、非現実的とみなしていた。むしろ、基盤として求めるべきは、「双方の利益を配慮」しなければならないような、利害均衡の態勢なのであった。その際バールは、発展途上国政策を経済的な利害にかぎりたくなかった。たとえばバールは、発展途上国政策は、「国際的な緊張をやわらげる手段にますますなる」であろうし、「グローバルな平和の確保の手段」になるだろう、と言っている。

バールの発展途上国政策上の原則的立場を取り上げてみると、バールの政治思考のなかで「利害」というカテゴリーが中心的位置になっているのがはっきりする。かれの一九五七年時の主導モティーフ、「理性の勝利！」にそう形で、バールはその場合合理的な論証スタイルに努める。自国の「国民的利害」の規定がつねにバールの政策の初めにあった。というのも――七五年時にこの社会民主党員がいうには、「わたしが宣誓をしたのは連邦共和国の憲法に対してであって、ヨーロッパの憲法でも、世界の憲法でもない。わたしの経験では、どんな国も自分自身の利害を追求するのである。問題はただ、わが国の利害をどのように規定するかである」。

この指針は、それ以前の緊張緩和政策に当てはまったのとまったく同じように、発展途上国政策にも妥当するものだった。しかし、バールの理解では、発展途上国政策は、緊張緩和政策といっそう直接的な関連をもつものであった。というのも、七〇年代ではしばしば南北抗争は、東西抗争によって覆い隠されていたからである。発展途上国政策が、東西対決や敵対し合う体制間対決内部における闘争手段であるのは、明白なことであった。エーゴン・バールもこうした範疇で考える、あるいは少なくともそうした根拠づけをしていたことは、一九七六年のヘルムート・シュミット宛ての手紙が証明している。手紙のなかで「経済協力相」（バール）は、援助をこれからはアフリカによりつよく集中するよう提案している。アフリカでは共産主義諸国との競争関係にたたされているからだという。七六年一〇月一九日付けでシュミットにバールは――アンゴラにおける出来事（七五年ポルトガルの植民地から独立したアンゴラでは、独立解放グループが三つに分かれて主導権争いをしていた。その内の一つ「アンゴラ自由人民運動」が、ソビエト／東ドイツの支援をうけて七六年、他の二つを退け、すべての権力を握ることになった）をも視野に入れながら――文字通りこう言っていた。「我われの支援をもっと強力にアフリカに集中すべきでしょう。アフリカで我われは東側と競争関係にあり、そしてアフリカがロシア人の手や、中国人の手に帰さないことに我われの利害があるのです。……その際、ケース・バイ・ケースで比較的わずかな手段で（トンガあるいは西サモアの場合をみてください）、そこへのソビエトの進出とバランスをとるのに、何かをするのに、外交上行動の自由裁量の余地は確保するのです」。

その際バールは、東西対決のために南北抗争をそのように手段化する危険と限界をじゅうぶん知っていた。西側は――バールの状況評価によると――第三世界の国々を対等のパートナーとして信用をおかねばならないし、自国（西側）の社会モデルを輸出しようとしているとの印象を与えてはならない。というのも――一九七五年二月一二日のブラント宛てのバールの手紙にあるように――「だれも、また如何なる国も、おのれの政体を他国に押しつけようとしてはならないのです。我われは、我われにとってデモクラシーがベストであることを確信しています。わたしの確信でも、デモクラシーが長期的にみても人類にとって最良の統治形態であると思います。なぜならこの統治体制は人間的な弱点にも配慮をみせるからです。しかしそれは歴史が決めることでしょう。デモクラシーは歴史的にみても、他の国に押しつけようとしているという嫌疑を免れていればいるほど、それだけ強力なものとなるでしょう。デモクラシーの強みは、他の異なる道に対する寛容さにもあるのですから」。

「経済協力相」の時代にあっても、緊張緩和政策は、エーゴン・バールにとって熟慮の中心分野であった。一九七四～七六年の間にいくつかの重要な記事や演説においてかれは、自分の基本構想の有効性が持続しているのを強調していた。

この歳月におけるバールの緊張緩和政策に関する発言の大意は、東方政策はその歴史的展開の端緒についたばかりである、という主張であった。達成された共存は、「幼稚園などのなんの問題もない牧歌的風景ではなくて、対決であり、困難な時代に獲得した自分の確信の主張やよりましな道をめぐる闘いである」。しかしイデオロギーのそうした不可避の抗争は、「諸国間の平和の維持に対する関心」によって凌駕されるだろう。それゆえ今後もさらに、政治的な緊張緩和に軍事的な緊張緩和がつづく必要があろう。バールは「発展途上国援助相」の職務にあっても兵力削減と軍縮の必要性をつよく求めていた。ヘルシンキにおける「ヨーロッパ安全保障協力会議」の最終議定書の署名のことを引き合いに出しながら、バールはこれを今や「兵力と軍備の削減に変えて」行かねばならない、と指摘する。「もし我われにそれができなかったら、そのときには、ヘルシンキでもろもろの義務を引き受けたすべての国が間違っていたことの印となろう。軍事的な領域が手つかずに置かれるなら、緊張緩和などありえない。その点に困難があるという事実は、不信の念があいかわらずいかに大きいかの証拠であろう。緊張緩和が旧来の不信の古い核心を、軍備や変わらぬ兵力数をもちつづけながら、ただ彩りよく印字して隠す綺麗な包装へと貶められてはならない。今日の力のプレゼンスに導いたもろもろの理由が減少すれば、その程度に応じて、兵力数も減らすことができるようにならねばならない。というのも、兵力数というのは、結局のところ自己目的ではなく、一方もまた他方も、それぞれの安全保障のために必要だと思い込んだ本質的な手段だからである」。

一九七六年三月にアメリカの新大統領のジェラルド・フォード（一九一三―二〇〇六）が、自分はキッシンジャーが提唱の「デタント」を今後はもはや必要としない、そして「力を通した平和」の政策に立ちかえるつもりだと声明を発したとき、バールは新聞『ツァイト』に長文の記事を書いて反応した。バールの反論は、次のようなテーゼへと展開していった。「緊張緩和はようやく始まったばかりだ」。世界は、「緊張緩和へと運命づけられている」。緊張緩和に代わる選択肢は理性的にはありえない。緊張緩和のプロセスにおけるもろもろの困難は、バールの目からすると、この政策の頓挫の証拠ではなく、むしろ緊張緩和の努力がこれまでまだじゅうぶんでなかった証拠である。論文のなかでバールは、緊張緩和政策上の「過渡期の局面」というかれの見方のことを言っていた。「緊張緩和というのは、緊張を終わらせるとか、片づけるとかを意味してはいない。緊張緩和というのは、緊張の縮減を意味している。利害の追求が、とりわけ武力での追求が致命的になるような一部の共通利害を厳密に規定する。別な次元における基本的な意見の相違や利害の対立は残りつづける。……我われは歴史的発展の過渡期に差しかかったのであって、その過渡期の特徴は、抗争と提携の同時存在であり、抗争の削減と限定的な連携の併存の状態である。こうした展開がどのくらいつづくかをいうことはできない。いずれにしてもなおもろもろの反転の危険は残るだろう。しかしヨーロッパの利害は、東西の協力のため、つまり緊張緩和の拡大のために、こうした局面を意識的に短縮することにある。その際、東西どちらともおのれの政体を変えようとはしないだろうし、変えることを意図する者もいないだろう。双方には、自分たちがグローバルにみてより良いものなのだ、という自負がある。そのかぎりで東西両方とも膨張主義的であり、そうありつづけるだろう。緊張緩和のこの時点では、イデオロギー的な対立がやむことはない。この局面では、武力不行使への支配的な利害のもとにイデオロギー的な対立を従属させていく。……異なった政体の対決を締めだすことはできない。というのも双方ともおのれの普遍妥当性の自負があるからこそである。緊張緩和というのは、こうした対決をルール設定のもとに規制することである。アンゴラの場合、そうしたルール設定による規制ができなかった。それだから（東西の）対決は止められなかった。……アンゴラでの危険が新たなエスカレーションに瀕していることは、明らかである。とりわけ、ソビエトの努力の狙いが、均衡ではなくて優越に向けられているかのようにみえるから、なおさらである。そこから引きだせる結論はこうである。新たな緊張の危険、いやそれどころか新たな抗争の危険は、なんの緊張緩和協定も存在しない地域でもっとも大きい。危険を小さくしようと思うなら、そうした地域のために協定を結ぶ必要がある。こうした論理の求めるところはこうである。つまり、我われにはもっと多くの緊張緩和の取り決めが必要であり、それもこれまでその種の取り決めのない地域で必要なのである。緊張緩和政策は頓挫したのでなく、そうした政策が地域的にも、地理的にもじゅうぶんでなかったのである」［エーゴン・バール「緊張緩和は始まったばかり」。一九七六年三月二六日、『ツァイト』第一四号、九―一〇頁］。

❇第11章❇

付論　連邦事務局長バール——知的な人選ミス？

一九七六年一〇月三日の連邦議会選挙で、社民＝自由連立は、ほんのわずかな差で継続を果たした。SPDは三パーセント以上失い、それで西ドイツ連邦議会での最大議員団の地位を失った。CDU／CSUは、四八・六パーセントを得て、一九五七年以来最良の選挙結果を達成した。それでもシュミット首相は、僅差の過半数でもって政権の地位をつづけることができた。

しかし社会民主党にとっては、警鐘を鳴らされたような選挙結果であった。社会民主党は、その都度の前回選挙結果と比較して、戦後初めて得票数減を甘受しなければならなかった。

こうした状況のなかでSPDは、新たな全国事務局長を探すことになった。というのも、以前の事務局長のホルガー・ベルナー（一九三一年生まれ）がヘッセン州の州首相に転じていったからである。人選は——またしても意外なことに——エーゴン・バールに白羽の矢がたち、一一月二二日かれがSPDの新たな全国事務局長に選ばれた。

「バールという人物提案」は、もともとホルガー・ベルナーの発案であったが、ブラントやシュミットの賛成もえられていた。ブラントはこう言っていた。自分は――とりわけヘルムート・シュミットの同意をえて――エーゴン・バールを全国事務局長にという提案を党執行部に出す結果になったのだ、と。

バールのノミネートが、党執行部のもとでも首相のもとでも、賛同をえられた原因は、ある意味では、バールが経済協力相時代に、ブラントとシュミットとの間の「通訳のようなデリケートな役割」を果たしていた振る舞いにあった。緊張緩和の政治家はそれゆえ、党と政府との間の緊張関係を緩和するのに理想的な人物配置とも思われたのであった。――それは叶えられることのない期待となってしまったが。

バール自身は、きわめておずおずと、この新たな職務を引き受ける用意があると表明する。自分は、この「じつに厄介な任務」を人を押し退けて手にしたものでなく、むしろ「目をつけられて引っ張りだされた」のだ、という。全国事務局長の職務は――バールがいうには――「理想の職業（Traumjob）」などではまったくない。というのも「何かがうまくいかなければ、わたしの責任だし、うまく行った場合には、それは別な人たちの功績であるからだ」。

党のポストの引き受けは、エーゴン・バールの政治的人生行路における持続性と非連続性とを意味していた。一面では、バールの出世が初めから緊密に結びついていた人物、つまりヴィリー・ブラントのかたわらへの復帰であったし、他面では二重の意味で断絶であった。というのも、バールはそれまでほとんどもっぱら外交政策の分野で活動していたし、くわえて政治的な「遅々とした出世（Ochsentour）」という形で党内の出世階段をのぼってきたわけでもなかった。それゆえ自分には、「伝統的にいわれるところの党の厩舎の臭いが欠けている」、とバールは確認していた。

それゆえＳＰＤ内には、バールの任命を「知的な人選ミス」と思う人たちが何人かいた。少なからずの人たちが、むしろ性格が閉鎖的と思われているバールがじっさい「政治的なコミュニケーション担当者」として向いているかどうか、疑問視していた。ホルスト・エームケ（一九二七年生まれ）などは、次のような皮肉な警告をして、こうした疑念をはっきり口にしたのである。バールが「党を秘密用件だといって、金庫にしまいこまないかどうか」、見張る必要がある、と。

しかしこうした懸念は、すぐさま根拠のないものであることがわかった。予想に反してエーゴン・バールは、何人か

――とくに閣僚内部の人たち――が適切と思う以上に、開かれた姿勢を打ちだしていた。というのも、この社会民主党員は、この好きでもない職務を、自分の緊張緩和構想を新たにプッシュするチャンスとも理解していた。指名後数日してヘンリー・キッシンジャーに宛てた、ある書簡でバールは、発展途上国政策担当相としての従来の職場を「辞めるのが早すぎた」ことを嘆いているが、それでも同時にこう予告している。「自分にとって大事なことのために、このポストもいいかもしれない」、と。

バールにとって大事なこととは、緊張緩和政策における前進であったが、それがバールからみると停滞しそうになっていたのである。それゆえ新たな全国事務局長は、一九七七年以降とりわけ安全保障政策上の議論にも加わるようになった。

一九七七年の一月バールは、自分の新たな職務の可能性をこう説明していた。「わたしは全国事務局長として――かつてトーマス・ディーラー（一八九七―一九六七。一九五四年から五七年にかけてＦＤＰの党首をする）も言っていたように――閣僚のくびきから離れて、この国のため、我われの政治のため、この党のため、全部ひっくるめて、自分が大事と思うものすべてに対して意見が言える立場にあるのだ」、と。こうした予告を自分の党内では威嚇と受けとった人も何人かいたろう。少なくともそうした事前発言は、自分の役割に関するバールの理解をよく示していた。バールは、政治の構想的な要素を強化しようとし、将来を見据えた党からのもろもろの提案によって、日常にかかりっきりの政府の政策に対して補完物を提供しようとする。こうした指針によりバールのビジョン重視の政治理解があらためて明確になり、そしてバールのこの点が、ヘルムート・シュミット流のむしろ現実主義的な政治スタイルとの違いを、従来よりもむしろ際立たせることになった。これまでたんに、気性の違いや政治理解の違いの問題と思われていたものが、今や党と政府との間の利害の抗争や目標の抗争になっていった。というのもバールがいうには、「政府を担う党と政府そのものとの間には自然と緊張状態があるから」であった。

バールがいうには、ＳＰＤは日常的な政府の業務のために、たんに過半数の数をつくりだすものという自己理解だけであってはならず、ＳＰＤは「将来のテーマ」に取り組み、党として歩みつづけ、政府が実行できる以上のものを要求として出さなければならない。バールの見解では、「党は正しい・必要だと認識した目標を言葉にし、その目標達成のために闘い抜かなければならない。党は戦術的、日常政策的に実現可能なものの次元で力を使い切ってしまっていてはいけない」のだった。バールはすでに早くから自分の党の体質を知っていて、それは除去すべきだと批判していた。ホルスト・エームケに向かってすでに六〇年代の末に気づいた点をこう言っている。「ＳＰＤは、他の党とはっきり違いを出そうとするが、それが目立たない党である」。こうした傾向にＳＰＤ全国事務局長は効果的対策を打ちだそうとしたのである。

ＳＰＤ内で構想的なきっかけの創出を強化することが、バールにとって党内政策的な死活問題のように思われた。というのも一九七八年かれはこうはっきり言っている。「ＳＰＤが政権についたのは、ＣＤＵがすっかり消耗してしまって、我われが六〇年代の初めに七〇年代用の構想をもっていたからである。今日のＳＰＤは、もし、八〇年代、ひょっとしたら九〇年代のための構想を打ちだす力を党として発揮できないとしたら、同じように政府責任のなかで自分をすり減らす危険に瀕しているのは明らかである。目下のところわたしはその点が欠陥だと思っている。……ＳＰＤは次の一、二年のうちに、党が政権にあっても八〇年代九〇年代のための意義ある構想を打ちだす力のあることを、示してみせなければならない。ＳＰＤにそれができないなら、わたしの見解では、歴史的にみて党は解体の時期にきているると思う。たとえ、ほかの政党だってもはやそんな提示すべきものなどもはやもっていないことを、指摘できたにしてもである」。

プラグマティズムに硬直化することへのバールの警告は、ヘルムート・シュミットの統治スタイルへの間接的な批判であった。バールがいうには、政治は将来のアイデアなしにはやっていけないものであった。「ファンタジーというのは、将来を見据えたときに今日認められるものの認識を糧としながら、政治にとって、たんなる行政以上のものであろうとするなら、なくてはならないものである。ファンタジーを思考に、そして話や書くものに変えていく。そのかぎりで、そこに結果する空想力はすでに一片のわざなのである。チャーチル（一八七四―一九六五）がかつて言ったことがある、この世において初めに空想力のなかったもので偉大なことがなし遂げられたことはない、と。わたしも何かを思い描けるような空想力をもたねばならない、そのあとでそれに向かって努力するのである」。

一九八一年自分の予定通り［バールは初めから明言していた、この職務にあるのは次の連邦議会選挙までだけだ、と］、全国事務局長の職を退いたあとで、そうした批判をもっとあからさまに口にしている。バールが嘆くには、ＳＰＤは政権党として「才能、空想力、アイデアを、政権の維持を超えてじゅうぶんに発揮できる力をもはやもち合わせていない」、と。この社会民主党員はこう咎めている。社民＝自由連立政権はわが国の未来のこの先の発展形成に関するよりも、権力の維持の方により関心が強い、という印象になっている、と。

バールのＳＰＤ全国事務局長時代に関するこの短い付論は、かれの政治理解のなかで構想的な腹案が高い位置を占めていることを強調した。本来の研究対象からのこうした「脱線」も、どうしても必要なのである。なぜなら、七〇年代の末から八〇年代の初めにかけての安全保障上の構想と論争を次の章で扱うが、その解明に、この種の脱線は必要な拠り所を提供してくれるからである。

✻第12章✻ 共通の安全保障——構想と論争

第1節　中性子爆弾——思考の倒錯？

「緊張緩和の時代はようやく始まったばかりである」。この言葉でバールは、一九七六年三月アメリカのジェラルド・フォード大統領が口にした、「デタント」という概念をアメリカ政府の使用語から消し去ろうとの予告に反応した。大統領の姿勢と、バールの反応は、すでに七〇年代のなかばに緊張緩和政策の価値と成果について大きな意見の違いのあることを示していた。

アメリカでは、主に内政的な理由による幻滅で、キッシンジャー流のイデオロギー抜きの外交政策が見捨てられたのに対して、西ドイツではドイツ政策の契機もあって、緊張緩和プロセスの継続に関心がもたれていた。アメリカ人の多くにとっては——ひきつづきみられるソビエト連邦の世界強国の自負を前にして——「デタント政策」は頓挫したものと思われていた。これに対して、エーゴン・バールは自分の緊張緩和政策の全体構想を揺らぐことなく堅持していた。一九七六年一〇月、連邦議会選挙を間近にして、次の四年間、緊張緩和政策にふたたびより精力的に取り組む必要があるし、「中部ヨーロッパでの均衡のとれた兵力削減の第一歩となる大きなテーマの実現にも取りかからねばならない」、とはっきり言っていた。

そしてこれは、決して外向けの主張の目標設定でなく、バールの喫緊の行動目標リストの一貫した項目の一つであり、それを閣僚としても内部で主張していた。一九七六年一〇月一九日、バールはシュミット宛ての手紙で、首相に「次の四年間のための政治的考量のいくつか」を伝えようとする。この書簡では次のような結論が述べられていた。「相互均衡兵力削減」（ＭＢＦＲ）問題（七三年から始められた兵力削減交渉で、主に中部ヨーロッパを対象にしたものであった。しかし実を結ぶことはなかった）を主要テーマにすれば一九八〇年のために、七二年時の基本条約が示したものと同じ効果を期待できるとし、兵力削減の問題は、ひきつづき、党派戦略的な動機からも、中心的役割を果たせるだろうと、という。バールは一九七九／八〇年までに軍縮の成果が達成できると踏んでいた。その成果達成によって社会民主党に、次の連邦議会選挙で党派政治的に有利な影響を期待していた。「このテーマは、東方政策の初期段階のような効果をもつでしょう。このテーマで人びとのファンタジーを刺激し、党をまとめ、連立の連帯感を強め、野党側を分裂させることにもなるでしょう」。兵力削減と軍備縮小の交渉、つまりバール構想の第二段階は、追加的な活性化をみせるようにならねばならない。連邦首相に向かってバールは、自分の旧来の提案をふたたびもちだしたのである。相互均衡兵力削減の話し合いにおいても、技術的戦略的に四カ国協定の折、成功裏に使用したのと同じ方法をとる、つまりアメリカ、ソビエト、西ドイツの間で密かな「三国接触」の方法をとる案であった。

超大国間の緊張が増しているのをみると、バールの提案には時代錯誤的な感じがあった。なるほどウィーンにおいて相互均衡兵力削減に関する交渉が三年以上にわたって行なわれていたが、しかしその時点で成果などだれも当てにしていなかった。「ＳＡＬＴⅡ」（第二次戦略兵器削減交渉）（Strategie Arms Limitation Talks の略称で、一九六九～七二年までつづけられたものを「第一次戦略兵器制限交渉、ＳＡＬＴⅠ」といい、ひきつづき一九七九年までつづけられたものを

（「第二次戦略兵器制限交渉、SALTⅡ」という。なおここで戦略兵器とは、米ソ相互の本土を直撃可能な射程をもつ核兵器のこと）に関する話し合いも、アンゴラでのソビエトのやり口によって、そしてまた一九七七年一月ジミー・カーター（一九二四年生まれ）がアメリカの新大統領に就任したことにより――この人の人権政策はソビエトからみると挑発的なものと受けとられて――悪影響を受けていた。

一九七七年の夏、緊張緩和のプロセスでさらなる打撃となったのは、『ワシントン・ポスト』紙の記者が、アメリカの「中性子爆弾」製造計画を暴露したことであった。「エネルギー研究開発局の予算に中性子大量殺人弾頭が埋められている」という記事のなかで、七七年六月六日、ジャーナリストのウォールター・ピンクスが、アメリカ政府の「新たな高性能の放射能の武器生産」の計画を報じていた。

西ドイツにおいては「中性子爆弾」に関する議論がまずエーゴン・バールによって口火を切られた。一九七七年七月二一日（社民党の機関紙）『フォアヴェルツ』に載せた記事のなかでSPDの全国事務局長は、「人類は気が狂おうとしているのだろうか？」と問うていた。この記事や、それをきっかけに西ドイツで始まった「中性子爆弾」に関する論争は、バールの緊張緩和構想にとって多くの理由から興味深いものである。「中性子爆弾」に対する非常に情動的な批判でもってバールは、積極的に安全保障政策の議論に参入する機会を手にした。その際びっくりさせたのはとりわけ、バールの論拠の倫理的な調子であった。この社会民主党員は「中性子爆弾」を「思考の倒錯」だと批判する。なぜならこの爆弾は、いざという場合には建物やほかの品物は傷めないで、ひたすら「人間」だけを殲滅するからである。中性子爆弾は、「一切の価値の尺度」をひっくり返してしまうし、この爆弾によると、「物質的なものの維持」が人間の生命より上位にくるのである。「物質主義の過度の勝利かそれとも生命か――我われはどちらを守ろうとしているのか？」。人間を「中心から周辺へ」と追いやってしまう武器を前にして「人類の問題」がでてきた、という。バールがいうには、そうした新たな核兵器は「質の飛躍」である。「中性子爆弾」には「感情と良心を反抗に駆りたてるような、人間思考の突然変異」が表れている。バールが別な箇所で書いている。たしかに基本的に「人間的な武器」などというのはありえないが、しかし中性子爆弾はすでに「はなから反人間的」である。核爆弾が人間と物とを同じように破壊するのか、それとも物質が人間より維持する価値ありとして、それを思考や行動の基本にするのとでは、まさに原理的な違いがある。そこでなにより問題になるのは「同盟問題の戦術などでなく」、価値の尺度の基本的な路線なのである。

戦術的な観点からも中性子爆弾の導入は拒否せねばならない。なぜなら経験が教えているように、武器の技術保持は結局のところ独占することはありえず、それゆえひたすらいっそう軍備増強のスパイラルの恐れが迫るだけであるからだ。バールは、そうした新たな武器の導入によって「核の敷居」が「より低くなる」のを恐れた。「すなわちこの武器は、安全保障の提供を増すのでなく、減ずるものであり、手段を神聖化する目的の達成すら覚束ないだろう」。とくにドイツの視点からすると中性子爆弾は拒否せねばならない。この爆弾の考えられる配備地帯は十中八九ドイツになるからである。中性子爆弾は安全保障政策上の分解の危険も孕んでいる。しかしそんな事態は、「ドイツのためにも、ヨーロッパのためにもならない」。というのも「状況が示している通り、アメリカとソビエトが願うならヨーロッパの安全保障の利害に完全に組み入れられている状態で、我われは最大の安全保障がえられるのだから。中性子爆弾は、この二つの超大国のヨーロッパの安全保障との完全な調和の可能性を小さくしかねないのである」。

中性子爆弾を拒否するバールの理由は、完全にかれの緊張緩和構想と首尾一貫していた。バールの戦略目標は、軍縮と兵力削減にいたることであって、新たな兵器の導入によって軍拡競争の新たな段階などに突入しないことであった。アメリカによる安全保障の保証が、バールの構想の中心的前提となっていた。しかし核の敷居を低くし、そうしてアメリカとヨーロッパの安全保障の利害の連結を損ねかねない恐れのある兵器は、むしろそうした保証を危険に晒すものと受けとられたのである。

こうした懸念をバールは、一九七七年九月二八日付けのユルゲン・シュムーデ（一九三六年生まれ。当時の教育・科学担当大臣）宛ての手紙にも書いている。「もう一つ憂慮すべきことがあって、それはこの兵器によって、数年来認められるようになった両超大国の傾向を、この場合アメリの傾向ですが、完全に強めてしまうことです。政治的と軍事的との隔たりを強める傾向、つまり現れて欲しくない対決と、わが国で起こっていることと、ありうるかもしれない聖域（配備から除かれる地域）の導入との間の決断に当たって、政治的・軍事的隔たりが拡大する傾向の強まりです。この兵器がまさにドイツの地で利用され、ドイツの地で威力を発揮するなどの過ちは許されない戦闘兵器であるだけに、他国の聖域をも引っ張りこむような核のエスカレーションにいたるリスクは最小限にとどめるべきです。わたしがベルリンで学んだように、安全保障というのは、同盟における運命連帯の可能最大限の安全保障のなかで成り立つものです。そのかぎりで、中性子爆弾は、脱連帯をもたらす、あるいは少なくともそうした危険な傾向をもっているのです」。

中性子爆弾に反対するバールの動機よりも、はるかにびっくりさせるのは、そうした反対の感情的な形態である。「むしろ冷静で慎重な熟慮の持ち主のＳＰＤ政治家」は、これまで、いつも非常に理性的な根拠づけのスタイルに努めてきた。中性子爆弾に関する「まさに爆発的な批判」は、それだから少なくとも形のうえでは今までとはまったく違うものだった。この違いの動機は、もっぱらとはいわないが、圧倒的に戦術的なものだった。ペーター・ブラントが次のように強調しているのは、正しい。つまり、「中性子爆弾反対のバールの計算された論争的な攻撃によって、六〇年代／七〇年代初期のＳＰＤ指導部が意識的に避けてきた、社会民主党内の平和と軍縮に関する論議の党内浸透が始まったのである」。

バールにとって中性子爆弾をめぐる議論は、じっさい緊張緩和政策の停滞気味の論議を世論に対しても効果的に活性化するチャンスであった。道徳的・倫理的なカテゴリーを利用しての論拠づけスタイルによって、普通なら国防政策や軍事戦略の問題ではむしろあまり関心のなかった世論の一部も、安全保障政策論争に関心をみせるようになった。こうして中性子爆弾をめぐる論争は、じっさいのところ「核兵器関連の諸問題に関してセンシブルな姿勢の強化」を招いたし、また七〇年代におけるＳＰＤのそもそもの安全保障政策上の意識覚醒と、「ほぼ七年間にわたってつづく党内の安全保障政策上の集中的な議論の始まりでもあった」。

バールにとってそれは、安全保障政策の議論に新たな推進力を与え、議論につよい影響を与えるチャンスであった。

こうした推進刺激の方法と方針については、その後エーゴン・バールとヘルムート・シュミットの間に一貫して緊張の高まりを招いた。全国事務局長が中性子爆弾を緊張緩和プロセスにとっての危険とみて、この兵器をめぐる論争を社会的に必要であり、党内政治的に有益な「価値論議」を行なうチャンスとみていたのに対して、連邦首相の方は、中性子爆弾をめぐる論争がなによりドイツ・アメリカ関係を損なう要素とみなしていて、控えめにするよう促した。一九七七年秋のブラーム湖畔の話し合いでシュミットは、「アンチ・アメリカ的な傾向を議論のなかにもち込んではならない」、と指摘した。シュミットは、この件全体がおもしろくなかった。論争は「ホワイト・ハウスと自分の関係をあきらかに面倒にするものだ」、という。

首相のクレームもあって、バールは一九七七年一一月のSPDの党大会前の時期、中性子爆弾に関するそれ以上の発言をめっきり控えるようになった。七七年九月バールは、ユルゲン・シュムーデに宛てて書いている。「全体としてわたしはショルシュ・レーバー（一九二〇年生まれ。当時国防相）と取り決めをしていて、党大会までは中性子爆弾のテーマでおおやけに議論を我われの方からしない方が、大会にとっても具合がいいだろう、とね。それだからわたしは控えめにしていますし、追ってどうにかできるようになったら、議論をしたいのです」。

党大会の席上バールは中性子爆弾に関して妥協の表現がみいだせるようにした。出席代議員たちは、ハンブルク大会で一つの提案を決議する。つまり、この兵器の配備を免れえないとも思わないし、はっきり排除するのでもなく、この問題は、軍備管理交渉の成果に間接的に委ねるようにする、と。提案では文字通りこう言われていた。「連邦政府に要求したいのは、安全保障政策と軍縮政策の枠内で、中性子爆弾の西ドイツ地域への配備が不可避とならないよう政治的戦術的な諸前提をつくりだすことである」、と。

この決議のなかには、すでにその後の中距離弾道弾の議論におけるSPDの姿勢が反映されていた。エーゴン・バールは七七年夏、中性子爆弾をめぐる西ドイツの議論を情動的な批判で始め、あらかじめ方向を与えるような役割をしていたのであったが、そのかれが秋には、「価値の議論は維持し、国防政策上の帰結の問題とは切り離してからねばならない」と主張するようになっていた。軍備管理の戦略家バールは、この兵器が、西側だけの所有の場合に、東西間の政治的な論議で生産的な役割を果たしうるのかどうか、じゅうぶん考えるよう主張する。具体的にこれはバールにとって次のようなことを意味していた。「中性子爆弾は、軍備管理の協定を達成し、新たな軍拡のスパイラルを避けるよう利用すべきである」。

エーゴン・バールの基本目標は、緊張緩和政策の継続といっそうの努力集中であった。それだから、中性子爆弾もそうした上位の目標の視点のもとでみられていた。一九七八年一月（西ドイツ）連邦安全保障委員会は秘密会議において、中性子爆弾に関する姿勢を具体化し、五つの点を含む決議をまとめた。この文書は、のちの「NATO二重決議」と著しく似通っていた。そのなかには、次のような決定もあった。「アメリカの生産決定の場合には、ER兵器（強化放射線兵器のこと。中性子爆弾から放出される瞬間殺傷力のある高エネルギー中性子およびガンマ線を発する兵器）を軍備制限交渉にもち込むチャンスとして利用する必要がある。……もし、アメリカ大統領の生産決定後二年以内に、西側が——軍備制限交渉においてそれなりの成果がえられないゆえに——配備が断念できない場合には、西ドイツ政府は、ドイツ領域へのER兵器の配備を認めるだろう、との意志を表明する」、と。

こうした「二重決議」に対する反応の意味でバールは一九七八年二月四日、新聞に記事を寄せ、そのなかで基本的に緊張緩和のプロセスにおける「中性子爆弾」の役割と取り組んだ。この寄稿論文のなかでSPD全国事務局長は議論の倫理的＝哲学的次元、軍事的、政治的次元を区別しようとした。第一の次元でバールは、七七年夏に唱えた論拠をふたたび取り上げ、「ますます技術が進歩する世界」で、人間は、「技術の主人公でありつづける」よういっそう注意を払う必要があると強調する。「軍事的次元」でバールは、均衡を保つために威嚇の意義を強調している。「核兵器を通例拒否する人でも、核兵器とそれが生みだした恐怖のバランスでもって、おそらく平和の保障の決定的なファクターとなっていることは、否定できないだろう。さんざん罵られている核兵器でもとにかく、そのリスクが計り知れないものであり耐えがたいほど高いものであるがゆえに、そして双方の側とも、相互に確実に抹殺し合う能力を備えているがゆえに、今日緊張緩和の政治と言われるものを導いたのである。今日だれも、強大な威力の核兵器とその破滅可能性がなかったとしたら、冷戦時代に生まれたあらゆる暗礁（危険点）をうまく回避しえたかどうか、はっきりとは言えないだろう。いざというとき使えない核兵器なら廃棄してもいいだろう、などとだれが言えるだろうか。たとえ相互の奈落への転落のリスクが小さくとも、核兵器の効き目がありつづけるがゆえに、見通しのなかでリスクはじゅうぶん大きく、大きすぎるのである。わたしは、それだから威力ある大きな兵器は、小兵器より、より多くの相対的安全をもたらす、との考えになっているのだ。小兵器のさらなる開発では安全の不安定さが増すだけだと、わたしは思うのである」。

「かぎりない連帯」が、バールからみると「同盟の保証」であった。そうした連帯が担保されるのは、それぞれの同盟パートナーたちが、自国の領土的不可侵性への攻撃リスクを負いながら同盟に対する責任を果たす場合だけである。しかし核の敷居がさらに低くなることは、一方的にリスクをヨーロッパの同盟諸国が負う形で高めることになるだろうし、そうなると「本当のところ連帯の空洞化をもたらすだろう」、という。

バールにとって、西ドイツとベルリンの安全保障のもとは、「同盟によって与えられる、世界戦略的な完全な支援をともなう保証の信憑性にほとんどすべてがかかっている」のだった。バランスのバーの両端にしっかりした重しを「置かねばならぬグローバルな均衡」を基盤にして、ヨーロッパにおいてばらばらに機能する均衡にいたってはならない、そんな事態はグローバルな均衡を弱めることになりかねないからである。しかし力のこうしたグローバルな均衡こそ——バールの目からすると——ヨーロッパにおける緊張緩和プロセスの前提の一つなのであった。中性子爆弾の導入によって核の敷居が低くなる危険が招来されるなら、それは核心において緊張緩和に反する影響をもたらすであろう。「緊張緩和の政策は東西間の戦略的グローバルな均衡に発するものであるし、一方あるいは他方を不利にすることなしに、軍備の管理と削減をしようというのである。緊張緩和は、長期的な政策が必要であって、つねに新たな取り決め合意によって信頼を醸成し、戦闘を招く展開を阻止し、ついには不可逆的なものにする政策である。それゆえ緊張緩和が要求するのは、軍備の制限と縮小であり、軍備強化の歩みでもなければ、新たな不安定をつくりだす新たなシステムの導入でもない。中性子爆弾は、理論的には存在するが、戦略的均衡を変えることはできない。しかし、緊張緩和政策の運命を決定する一つのファクターにはなりうる。結論ははっきりしている。中性子爆弾は緊張緩和政策の手段となるべきなのである」。

エーゴン・バールにとって大事なことは、「こうした兵器によりウィーンにおける交渉（相互均衡兵器削減交渉）を妨げるのでなく、促進する」ことだった。バールが、軍縮政策の交渉結果と中性子爆弾の配備決議とのリンクに対してむしろ懐疑的であったことは、疑問の余地がない。中性子爆弾に関する議論においても、中距離弾道弾問題でバールがとろうとした姿勢は目立っていた。この緊張緩和政策家は、新しい兵器の導入を、もしとくにこの新兵器が核の敷居を低くする恐れがあるなら、拒否していた。同時にバールは、西ドイツ政府の政策、つまりそうした兵器システムの導入、もしくはその配備を軍縮会談の交渉対象にするという政策を、おおやけに支持した。もっともその際、「二重決議」と安全保障政策上のリンクという形でひろくこだわる態度に対して自分の懐疑の念をはっきりさせずにはいなかった。結局のところバールの目からすると、中性子爆弾でもって軍拡スパイラルがいっそう展開するおそれ、それとともに緊張緩和プロセスが反転する脅威があった。そうなることは、西ドイツにとって、自分たちの「緊張緩和政策の鍵となる役割」からすると、利害に反することだった。というのも——バールのいうように——「ドイツ国民の運命を左右するのは、対決でなく、緊張緩和であるから」だった。

アメリカ大統領ジミー・カーターが一九七八年四月に、中性子爆弾の生産を少なくとも当面放棄するとの決定を発表したとき、バールの反応は、ヘルムート・シュミットとは違って——シュミットはワシントンの決定で自分がコケにされたと思った——完全に肯定的なものだった。その理由の一つは、この放棄声明により、「もしじっさいに配備される事態となったら、党（ＳＰＤ）が首相と公然と対立することになったであろう危険」を取り去ってくれたことにもあった。

第2節　NATO二重決議——忠誠と確信とのはざまで

中性子爆弾の議論に関するさまざまな姿勢や、その結果の点での異なった評価というのは、すでに七〇年代末にSPD内に安全保障政策上の意見に大きな違いのある証しであった。エーゴン・バールは、議論は「党の役にたち国の影響力を強める」という立場にたっていたのに対して、ヘルムート・シュミットは、生産決定の先延ばしというカーター大統領の孤独な決断に、ひどく気分を害していた。

バールは、アメリカの決定により自分の見方が強化されたと思っていた。かれによると、「安全保障の領域で、発明し生産可能なものすべてを生産することは、政治的経済的にナンセンス」であった。SPD全国事務局長は、CDU／CSUによって攻撃されることがあっても、この正しく認識した姿勢を今後も積極的に支持すると予告していた。「とっくに周知の立場を、野党に悪しざまに言われたからといって引っ込めるなど、自分は考えていないのであった」。

バールにとって議論は、肯定的な「重要な体験」であった。かれは、緊張緩和政策の停滞気味の議論をふたたび活性化させ、党内や、また社会全体の、安全保障政策に関するテーマへの関心を活発化し、同時に世論の注目を軍事的な緊張緩和の分野によりつよく向けさせる、という自分の目的を達したのである。くわえて、一方でSPDを軍拡に批判的な基本路線に据え、他方で一九七七年ハンブルクの党大会で、「連邦政府に政治的に必要な交渉余地をもたせること」に、バールは巧みな演出によって成功したのであった。

ヘルムート・シュミットにとって、中性子爆弾の議論は、まったく別な類の「重要な体験」であった。かれにとって「中性子兵器」をめぐる事件は、アメリカ外交の「非連続性」の証拠であり、「アメリカ大統領の指導力を疑問視させる」きっかけとなった。

非常に情動的に行なわれた中性子爆弾論争によって、一九七七／七八年すでにくすぶっていた安全保障政策上のある一つの意見の相違が、覆い隠されてしまった。その意見の相違は、ドイツ・アメリカ関係にも深刻な影響を与えることになるし、西ドイツの内政状況や、緊張緩和プロセスの進捗にも影響を与えることになった、つまり核搭載の中距離弾道弾をめぐる論争のことである。こうした論争が大きな意義をもつことになったのは、論議に威嚇戦術の中心的問題が絡んでいたからである。この問題に関するエーゴン・バールの姿勢の研究は、それゆえかれの緊張緩和構想の中心的様相について解明のヒントを与えるものとなろう。

中距離弾道弾の問題を国際的な議論にしたのは、ヘルムート・シュミットがロンドンの「国際戦略研究所」で一九七七年一〇月二八日に行なった演説である。講演のなかで西ドイツ首相は、超大国間の均衡の創出の必要性を指摘したが、それは核戦略のレベルだけのことではなかった。SALT（戦略兵器制限交渉）によってアメリカとソビエトの戦略核兵器の潜在力の威力が抑止されることになるだろう。それだから、「東西間の戦略核と通常兵器分野の不均衡のヨーロッパにおける重要性が増すことになるだろう」。シュミットは強調する。「世界強国を制約する戦略的な軍備制限は、ヨーロッパで軍事的に優位にあるソビエトに対して、西ヨーロッパの同盟諸国の安全保障の必要性を損なう」ことになるに違いない、と。それだから「ヨーロッパにみられる不均衡は、SALT交渉と平行して」解消しなければならない。シュミットは、「SALTとMBFR（相互均衡兵力削減）とのかみ合わせを明確に認識し、そこから必要な実践的結論を引きだす」よう求めた。

ヨーロッパにおける（軍事力）不均衡を解消し、通常兵器の均衡にいたる選択肢は基本的に二つある、という。「西側同盟側で大規模に軍備増強し、兵力と武器体制の数をつり上げる。それかまたはNATO側とワルシャワ条約機構側で兵力削減し、双方ともより低い総兵力になるようにする。このうち、わたしのとろうとするのは削減の方である」。のちになってしばしばNATO二重決議の誕生のときと言われることになったこの演説は、それだから原則的には軍備縮小の擁護であった。シュミットも演説をそう理解してもらおうと欲していた。かれが追求した目標は、「ソビエトの優位にたつ軍備に対して、西側の後追い軍備増強で応えようとしたのでなく……ヨーロッパの戦略核兵器も、またヨーロッパにおける通常兵力も、SALTⅡという両大国がめざす軍備制限のなかに取り入れることであった」。

シュミットにとって、ソビエトのSS＝20の配備によって損なわれた均衡の復元というのは、「我われの安全保障の前提であるばかりでなく、緊張緩和の実効ある継続の前提でも」あった（SS＝20とはソビエトが七〇年代後半に配備し始めた新型の中距離核ミサイルのこと。これは射程一〇〇〇から五〇〇〇キロの間のもので、西欧に対して使用される恐れがあった。これに対してアメリカは対抗措置として中距離核ミサイル、パーシングⅡなどを西欧に配備し始める。今度はそれがソビエトにとって脅威と感じられた）。

シュミットが自分の演説を、軍備管理プロセスに力を入れて進展させるイニシアティブと受けとってもらおうとしていたのに対して、アメリカでは西ドイツ首相が、講演のうち「有効な戦術としてじゅうぶんにしてまともな手段の用意」を同盟に求めたくだりが、とくに認識対象となってしまったのである。

シュミットのイニシアティブの内包するそうした危険をバールはいち早く見抜いていた。MBFR（相互均衡兵力削減）交渉に力を入れることは、バールの構想ラインに完全にそうものであったし、超大国の軍備管理の話し合いにヨーロッパの安全保障の利害をもっとつよく引き入れることも、同じくそうことであった。しかし「近代化するという威嚇には」当初からバールは否定的な態度であった。というのもそこにバールは、有効な手段よりも、むしろ軍備管理交渉を面倒にする要因をみていたからである。一九七七年一一月のハンブルクのSPD党大会が――シュミットのロンドン演説ののち一カ月と経っていなかった――まとめた決議は、まったく明瞭にエーゴン・バールの手になるものであったが、全国事務局長の姿勢を浮きたたせるものだった。党大会決議ではこう言われていた。「特別な憂慮をもってSPDは、そうした核兵器システムの展開に注目している。この核兵器システムはこれまでSALTとMBFRの交渉にも引き入れられていないのである。SPDがとくに要求するのは、軍備管理の協定をこの核兵器の領域までも含めることである。質的に新しい兵器システムの導入決定の前に、その新兵器の影響が軍備管理交渉の障害にならないよう注意を払うべきである。むしろこの分野でも、軍備管理協定にいたるよう、あらゆる努力がなされねばならない」。

グワドルップ島（カリブ海の小アンティル諸島の一つ）で一九七九年一月五／六日に開かれる、アメリカ、フランス、イギリス、西ドイツの政府首脳たちの会談準備のために、七八年末に行なわれたバール／シュミット間の手紙の交換は、全国事務局長と首相との出発点の違いの証拠といってよかった。

一九七八年一二月一五日にシュミットは、バールにいくつかの「戦術的な熟考」を促している。中距離弾道弾の分野で急速に進むソビエトの軍備は、脅威威嚇の意義をもつにいたった。ソビエトはますます「意のままに選んで脅す可能性」を、じじつ西ドイツに、とくに西ドイツに対してもつようになった。「そうした威嚇に対して西側にはそれに対応可能な対抗威嚇がないのである」。「以前有効であった、大陸間対抗システムに頼る対抗威嚇は、SALTⅡによって最終的になくなってしまった」。こうした問題に対する西側の回答をみつけるのは難しい。シュミットはバールに宛てた手紙で、アメリカの考えではヨーロッパに配備のいわゆるTNF（戦域核戦力）の近代化、増強、その射程距離の一部拡大という解決策が浮上している、と指摘している。これは——シュミットがいうには——西側同盟国との関係、またソビエトとの関係においてもいくつかの問題を投げかけよう。というのも大事なのは、他の同盟諸国から孤立した立場に陥らないことなのだから。「ここでも東西関係において、我われのMBFRにおける関係を支配していたのと同じ原則が当てはまる。つまり西ドイツはアメリカの一般的な航空母艦にされてはならないし、西側内で西ドイツ地域が低いランクの戦略的政治的に特別な位置づけにされてはならないのである」（核兵器に関して「戦略核」「戦術核」「戦域核」という用語が出てくるが、その区別は、核弾頭の威力の違いを表すものでなく、ミサイルの射程距離による区別呼称である。五〇〇〇キロ以上を超えて相手国を直接攻撃できる長距離のものを「戦略核兵器」と呼ぶ。それより短い距離のものを「戦術核兵器」という。その後七〇年代後半から八〇年代にかけて、ソビエトが中距離ミサイルSS＝20を配備し、それに対抗してNATOがパーシングⅡを配備しようとしたとき、ヨーロッパにおける限定核戦争が議論されるようになって「戦域核兵器」という言葉が使われるようになった）。

シュミットが恐れていたのは、バールが——先の中性子爆弾の折に行なったように——SPDを早々と軍備批判の路線に乗せかねないことであった。バールに宛てたシュミットの手紙は、「一九七七年夏と同じように——当時はいわゆる中性子爆弾の問題であったが——社会民主党によって、TNF（戦域核戦力）近代化反対のキャンペーンが、関係の指導的メンバーへのじゅうぶんな事前説明もなく、またそうした人たちの同意もなしに、スタートするのを避けよう」とするものだった。そうしたキャンペーンは、「アメリカとの間で予想もできない紛糾を引き起こしかねないし、今回はちょっとやそっとではすまされない抗争を招くかもしれない」、というのだ。TNF（戦域核）をめぐる公然たる対決は、くわえてSPDにとって内政的にマイナスとなるだろうし、社会民主党はソビエトの望みにそって動くという疑いをかきたてることにもなるだろう。シュミットは警告する。TNF近代化反対のキャンペーンは結果的にはソビエトの戦略的立場の強化につながりかねない、と。中距離弾道弾の領域におけるソビエトの優位は、「八〇年代の政治的抗争で……世界の多くの国に向かって中距離弾道弾システムをガチャつかせて脅すということも考えられる、これに対してジミー・カーターあるいはその後継大統領が信頼できる形で、そんなソビエトのやり口を大陸間弾道弾システムで脅すこともできやしない。そんな対抗措置にでれば、同時に両大国にとって（熱い）核兵器戦争のリスクを招きかねないからである」。

連邦首相の手紙に対するエーゴン・バールの返答から読みとれるのは、この問題における根本的な意見の違いと、その違いが緊張緩和構想にもつ広範な帰結であった。バールにとって軍備管理政策は、MBFR（相互均衡兵力削減）の枠内で絶対的に優先するものだった。中部ヨーロッパ配備の武力による具体的なソビエトの脅威を削減することは、MBFRにいたったものの出発点であった。そうした削減は今日にいたるまで実現していない。しかし今やウィーンの交渉において、「モスクワが重要な諸問題で原則的具体的な提案をする」までにいたっている。それだから、なによりも大事なのは、「一九七九年をMBFRに関する決断の年」にすることである。しかしながらこの可能性は、TNFを近代化するもしもの決定によってだめにされてしまうかもしれない。というのも――バールによると――中距離弾道弾の配備があると「政治的にも戦略的にもマイナスの影響をもたらすでしょう。つまり初めてわが国の大地からソビエトの領地が射程範囲にはいる可能性がでてきます。MBFR交渉も無意味なものになってしまうでしょう。MBFRの分野の長年にわたる交渉を経てソビエトにとって何一つ危険となるようなもののない兵器体制と、当然ソビエトの攻撃潜在力が即座に削減される結果で——そうでなかったら我われはそんな交渉はしないのですが——終わろうとしているとき、ところが同時にその同じ地域に、ソビエトにとっては従来のすべてのものよりいっそう危険となる兵器が配備されることになるのでは、だましのように思えるに違いないのです」［バールのシュミット宛ての手紙、七八年一二月二一日付け］。

中距離弾道弾に関する交渉（ＳＡＬＴⅢ）はさまざまな点でとくに複雑なものであり、それゆえ確実にＳＡＬＴⅡやＭＢＦＲ交渉より長引くことになるだろう、という。そこでバールは結論を引きだす。「我われは不確実でかなり危険なＳＡＬＴⅢのためにＭＢＦＲの見通しを危うくしてはならない。わたしのえた結論は、ＭＢＦＲは政治的に優先権がある、つまりＳＡＬＴⅢが厳しい交渉段階にはいる前に、その交渉は締結すべきものである、と思う」。

兵力削減は、バールの全体構想の第二の段階であった。この問題での交渉成果の見通しをバールは、新たな武器システムの導入によって危険に晒したくなかった。「均衡の維持という哲学のもとでは、新たな武器体系を生みだす前に、相手側と交渉にはいる」のが意味あるように思われる、というのだ。

引用した交換書簡から、シュミットとバールとの間の核心的意見の違いが読みとれるだろう。シュミットが、すでに六〇年代の初めに主張していた「フレキシブル・レスポンス」（柔軟性をもった反応戦略）（一九五四年時ごろのアメリカは核の圧倒的な優位を背景に、もしソビエトが西ヨーロッパ諸国を攻撃したら、大量の核兵器で報復するという「大量報復戦略」を唱えていた。しかしその後ソビエトも核攻撃能力を高めていることがわかると、通常の戦力攻撃に対して直ちに核兵器による報復という硬直した考え方が問題視されるようになった。そこでＮＡＴＯ側の通常戦力による反撃を含む「フレキシブル・レスポンス」が考えられるようになった）という戦略にそって、均衡がソビエトの中距離弾道弾によって本質的に危険に晒されているとみていたのに対して、エーゴン・バールの固執テーゼの核心は、ヨーロッパにおける均衡は、アメリカとソビエトとの間の戦略核の均衡によって保証される、というのであった。バールは、基本的に核による威嚇という考えを強調する。たとえば一九七八年九月二二日に「緊張緩和は、攻撃も潜在的にありうるという効果的な武力行使抑止（威嚇）の維持を前提にしている」、と力説している。バールの威嚇哲学はつねに、「フレキシブル・レスポンス」という通例のＮＡＴＯ戦略に対するよりも、「大規模報復」という戦略の方により多くの共感をもっていた。バールにとってドイツの安全保障は——かれが五〇年代以降注目すべき一貫性をもってつねにくりかえしていたように——アメリカによる保証に依存するのだった。

それゆえかれは、七八年一二月二一日付けのシュミット宛ての返事で――まさにSALTのあとで――大規模なアメリカの反応の非信憑性をあまりにつよく口にする場合の危険性について、はっきり注意を促している。「通常兵器使用の攻撃制限により、リスクがほぼゼロにまで落ちるということがもし確実になったら、心理的に、ベルリンを奪い取れという合図に近づいたことになりましょう。ベルリンの安全保障は周知のようにその地に駐留する軍隊の数によって保証されているわけではありませんから。アメリカの反応が完全に読みきれるものではないことこそ、利用可能な武器システムの恐怖を前にして、小さくなったリスクでも効力をもちつづけることになります。この点は当然西ドイツにとってもますますもって当てはまることです。大陸間の協定は、二つの超大国の領土が脅威から事実上はずされるような、政治心理的に切り離し効果を含むようなものであってはなりません」。

バールは――中距離弾道弾のときと同じように――核の敷居が低くなるのはいかなるものでも拒否する。というのもそうなれば、大西洋の彼岸と此岸の安全保障に関する共通の利害の解体につながる恐れが出来しかねないからであった。ヘルムート・シュミットに対してバールの主張する考えでは、西ドイツ政府は西側同盟とそれによる自国の安全保障との同一性をわが国の行動の最高の判断基準とすべきである、すなわちわが国が別な同盟にとっても利用可能な地帯になってしまう取り決めはいっさい拒否するというのだった。「戦域核戦力の近代化というのはその理由からしてドイツの利にならない」。というのも中距離弾道弾というのはドイツからみると、「軍事的にも政治的にも戦術的だからである」。バールの主張する見解では、戦術的バランスが保障されて、そうして核による威嚇を保証する通常兵器のバランスは「相互均衡兵力制限」の交渉成果によって生みだされねばならないのだった。戦域核戦力の近代化ではしかしこうした成果を無視する危険に晒すし、それゆえ、ドイツからみて好ましいバランスの創出には貢献しない、というのである。ヘルムート・シュミット宛ての手紙でバールは、その際アメリカの安全保障の専門家ポール・ヴァルンケを引き合いに出している。「ヴァルンケの主張にわたしも与します。重量(勢力)は総じて均等をとって分けておく。それは局面のずれに応じて変化はする。しかし総体としては、見通しの利く変化が深刻な不安定さをもたらさないような大きさであることなのです」。

　エーゴン・バールの手紙が示しているのは、かれは中距離核兵器論議の最初から——しかも公式のＮＡＴＯ二重決議のかなり前から、この種の兵器の近代化を拒否していたことだった。かれは、「軽率な新たな軍事手段によってソビエトとの緊張緩和政策が困難になり、ひょっとしたら危険に晒される」のを、恐れていたのだった。

　軍備拡張が避けられないというなら、少なくともドイツの地への配備は阻止しなければならなかった。バールの選択肢の提案は次のようであった。つまり、「もしアメリカが中距離核兵器の分野でバランス維持をとろうとするなら（従来ソビエトの中距離核兵器に対する脅威のエスカレーションこそ我われのフレキシブルな戦術の利点だと言われてきたけれども）、現存の海上配備体制の量と質とを拡大することで、行なったらいいだろう」。

　一九七九年一月の初め、西側四カ国の大統領と首相たちがアンティル諸島のグワドルップ島で会談して、バールの恐れていた先行的決定を行なった。シュミットにとってこれは、「のちの二重決議といわれるものの誕生の時」であった。アメリカのカーター大統領が、「ソビエトのＳＳ＝20に対抗してヨーロッパにアメリカの中距離ミサイルを配備しよう」、と提案した。フランスのジスカール＝デスタン大統領（一九二六年生まれ）がソビエトに対する交渉提供のため時間的な期限をつけるのを支持した。前もって設定した時点までに満足のいく交渉結果がえられないなら、自動的にミサイルを配備することになる、という。こうして二重決議の基本ラインが固まった。シュミットは、フランス大統領に賛成する。「西側に抵当物件（要求を貫徹する力の手段）なしでは」、成果の望める交渉などありえない。同時にそれでもドイツ首相にとっては明白であったのは、「そのような手段の採用はヨーロッパの自国において、また自分の党において一致した賛同はえられないだろう、ということであった」。そのように想定したシュミットは、間違っていなかったことになっていく。

　一九七八年一二月の返答書簡を補う形で、バールは七九年一月二七日、シュミット首相に宛てて手紙を書いて、あらためて「急ぎすぎの確定」をしないよう警告していた。「相互均衡戦力削減交渉の歴史が示しているのは、あまりに早期に最大限の立場を決めてしまうのがどんなに障害になるかです。たいていの人には最大限要求が維持できないのはわかっていますが、それでも、それを引き下げるのは困難なものです。時期を早まった決定というのは、我われにおそらく不必要な国内政治上の紛糾をもたらすだけでも、良くないものです。わたしには目下のところ、まず新たな兵器システムを導入し、それからその兵器について交渉すると決めてかかるのを避けることが大事かと思えます。技術的な展開あるいは生産の時期が政治を決める独裁者になってはいけません」。SALTⅢの交渉が正式に始まるのにきっと一年以上もかかるだろうという事実から、バールはあらためて相互均衡戦力削減の時間的・政治的な優先という結論を引きだした。SPDの全国事務局長の手紙は、次のような提案で終わっていた。「我われは非常に小人数で集まって、我われが社会民主党として何を望むかをはっきりわきまえることにしましょう」。

そうした会合がもたれたのは、一九七九年の五月一九日のことだった。会議には政府、党、議員団から指導的なSPDの政治家たちが参加したが、その会合で今後のやり方が確認された。その際、原理的には交渉の提案と「近代化の威嚇」の二重路線が受け入れられた。時期尚早的なことの決め方に反対するバールの意見は、すでに時期遅れになってしまったようだった。というのもシュミット首相がグワドルップ島での会談以来、この件に関しては西側同盟の責任者的立場にあったからだった。バールはその会合で次のように主張している。「西ドイツ政府は兵器の近代化に賛成するのを、その前に行なわれる数年にわたる交渉ラウンドの一つをみてからにしたらどうだろう」、と。

六月の初め全国事務局長はあらためて懸念を強調した。なるほどバールもシュミットの次のような評価に与していた。つまり「現存のソビエトの潜在能力に対抗するものをもたずに強制的対応を迫られる状況に陥ってはならないとわたしも思います。しかしこれを確証するのに、それほど広範な確認を必要としないものです」、という。バールはシュミット宛てのある書簡で、「取りやめる条件の表現が弱いし」、しかも「とりわけ配備に関する原理的な気構えがはっきり言われています」、と批判していた。一九七九年六月二日の手紙で、とろうとしている路線は緊張緩和政策の成果を危険にするものだとして、考えられる個人的帰結を述べている。かれは文字通りこう書いている。「我われがたたされている決断の次元では、いずれにせよわたしがこの件に一緒に加わることはないだろうという見解にならざるをえない、と思っています。……戦域核戦力の路線は、あなたがヴィリー（ブラント）の歴史的功績だと言われたものを帳消しにしてしまうだけでなく、またわたしの現在の役割に奉仕する力の——全国事務局長の純粋な機能を超えるものであるかぎり、阻害にもなるでしょう」。

どんな自動的な配備の仕方にもきつく反対し、内輪の人びとの間で口にしていた不満にもかかわらず、それでもバールはその後表立って首相の批判者として登場することはなかった。この点ではっきりするのは、全国事務局長はこの問題では確信と忠誠との板挟みになっていたことだった。エーゴン・バールにとって、こうしてますます狭くなる稜線上でバランスをとらねばならない局面が始まったのである。一方では、一九七九年秋の、あるインタビューのなかで次のように述べたものが当てはまることになる。「確信があってそれにすっかりみちているなら、その確信を主張する必要がある、たとえ誤解や不信の目でみられる危険があろうとも。わたしはそれには慣れました。……相手側その気構えがあるかどうか前もって探ることなしに、修正の利かない決議は決してしてはならない」。それでも、権力維持の戦術的な圧力と、党や首相個人に対する政治的な忠誠心が「二重決議」への表立った反対を口にさせなかった。バールはのちにこう明かしている。自分は「軍備拡充の決議をじっさい主として戦術的な観点のもとにみていた」、と。「我われは首相を維持していきたいのだし、アメリカを交渉のために必要としていたのだから、そうせざるをえなかった。……振りかえってみて、どうしてわたしはたとえば二重決議に党大会で同意したのだろう、不満を抱えながらどうしてと、よく自問することがある。わたしがそうしたのは、アメリカを交渉へともち込む唯一のチャンスをそこにみていたからだ。交渉なしには機能しないのでね。二つ目は首相も、防衛大臣もこの件では責任ある立場にたっていて、支持の拒否にあったら退陣を強いられることになっただろうからであった」。

こうした姿勢がエーゴン・バールの行動や演説を少なくとも三年間規制することになった。一九七九年のベルリン党大会から八二年のミュンヘン党大会までバールの振る舞いには一本の線が貫かれていた。緊張緩和の政治家バールは、「二重決議」に同意するが、それでもなにより軍備管理の部分に力点を置いていた。この分野でかれは――SPD全国事務局長の職務から自分で予定した通り離れて――ドイツ連邦議会の軍縮と軍備管理のための国会委員会の委員長として特別に貢献するようになる。シュミット宛ての手紙でバールは一九八〇年一〇月一一日に伝えている。「軍備制限の政治的な側面をわたしの活動の重点にしようと思います。この点が次の数年間の鍵となる問題だと思いますし――ちなみに党にとってもそうなると思っているからです」。

バールは、新たなポストに就いてからも二重決議に関心をもちつづけた。たとえば一九八一年二月にこう言っている。「わが国が引き受けた義務の信頼性を疑問視させてはならない。その点は西に向けても東に対してもいえる。……決議は二つの部分から成っており、だれも片方の部分だけを、別な部分を同時に取り上げることなしに、問題にすることはできない。別な言い方をすればこうである。今日決議の配備部分を覆そうとする者は、交渉の義務も揺さぶることになる、周知のように決議は配備の前に交渉することとしている。……今日二重決議に触れる者は、ソビエトをも、我われがめざす政治的な義務から逃れさせることになる。ベルリンの党大会で表明されたように、達成すべき不変の目標を欲するものは、そこにいたる唯一現実的な道、すなわち――二重決議の基盤にたってのみ可能な――交渉を支持しなければならない。……つまり我われは二重決議を今後も必要とし、我われがベルリンで決議したものを達成しようとするなら、交渉を迫る必要がある」。

NATO二重決議の持続的な有効性を唱えながら、バールはそれと同程度にこの決議は政治の目標ではなくて、たんに目標のための手段である、「できるだけそもそも中距離ミサイルの配備を阻止する交渉結果を達成しようとする」手段にすぎない、という確認をつねにしていた。その際バールがくりかえし明白にしていたのは、かれにとって配備の自動システムはありえないもので、配備の決定は交渉の結果に照らして行なわれる、という点であった。二重決議は緊張緩和の政治家からみると、超大国を交渉のテーブルに就かせる手段であった。自動的配備を疑問視することで、アメリカを真剣に結果を求める姿勢にさせるべきである。それだからバールは一九八一年に次のように強調している。

「二重決議は双方の部分とも有効である。勝手に一方を揺さぶる者は、他方もまた揺さぶることになる。……これは、一九八二年に党（SPD）が一九七九年の決議を確認するのか、変更するかそれとも覆すのか、と議論になった件のことである。……わたしには、二重決議の基盤にたって交渉する以外に道はなかった」。

八〇年代の初め、レーガン政権の発足や、超大国間のしだいに厳しくなる雰囲気に関連して、バールはアメリカの交渉戦術を従来以上に熱をこめて批判し始め、交渉成果へのアメリカの関心を疑問視するようになった。一九八一年五月二二日「グスターフ・ハイネマン賞」受賞の折のスピーチで「SPDの軍縮のエキスパート」バールは、次のように強調した。「SPDの目標が宣言にあるゼロ・オプションの達成」、というのに変わりはない。「暇をかけて急げ(Eile mit Weile）とは良い諺であるが、軍備で急いで（Eile）、交渉の方は時間をかけて（Weile）では、我われには受け入れられないであろう」。

バールはたしかに、パーシングⅡの威嚇が「ソビエトを初めて真剣な削減交渉の気構えにさせた」という論拠は認める。しかし相対化するようにこう補足していた。「アメリカがその機運をじゅうぶん利用するか、活かすかは疑問で、わたしもまだあえて答えられないのである」。

NATO二重決議に対するバールの支持は、つまり二つの戦術的な動機に規定されていた。その場合中心的な点は、政権維持の問題にあった。ヘルムート・シュミットの政治的運命と、社民＝自由連立政権の持続は二重決議の堅持と密接に結び合っていた。それゆえ政党政治的な利害が政府決議からの正式の離反を許さなかったのである。第二の、同様大いなる戦術的な動機は、二重決議なしには交渉は決してありえない、というバールの洞察であった。

こうした姿勢をバールは、一九八二年四月二〇日のミュンヘン党大会であらためて強調している。「中距離弾道弾の場合の我われの目標は、あいかわらず、ゼロ（配備）である。……そのためには交渉が必要であると我われは言ってきたが……目下のところ決議の必要はない。……西ドイツのように能力、重み、主権をもつ国が唯一やるべきなのは、わが国へのそうした兵器の配備に〝ヤー（Ja)〟もしくは〝ナイン（Nein)〟と言うべきことである。というのはすなわち、我われが必要とする立場には次のようなものが含まれている。〝我われは一九八三年どんなことがあっても配備する〟と言ったとしたら、アメリカはもはや真剣に交渉する必要はなくなる。〝我われは決して配備などしない〟と言ったとしたらソビエトはもはや真剣に交渉する必要がなくなるのだ。我われがアメリカのミサイルを阻止するだけでなく、ソビエトのミサイルも取り去るよう望んでいる点では、我われはみんな一致している。つまり我われが配備そのものに〝ナイン〟と言ったとしたら、交渉のチャンスをこわすことになってしまうのだ」。

一九八二年一〇月ボンの政権交替で社会民主党が政権を失うとともに、二重決議に賛成する戦術的中心のモティーフもなくなってしまった。ほとんど同時に、ジュネーブの中距離ミサイル交渉においてなんら軍縮解決もえられないだろうということがはっきりしてきた。それゆえバールが一九八二年一一月「軍備増強への我われの〝ナイン〟も時間の問題になった」と言ったのは、バールの思考論理に合っていた。

二重決議の軍備拡充のくだりからのバールの離反は、以前の見解と首尾一貫していたし、かれの緊張緩和政策上の基本信念にもそっていた。バールの姿勢がSPD内の圧倒的多数と一致していることは、一九八三年の決議によって実証されたのだった。

一九七九年NATO二重決議がSPDによって肯定されたのは、確信によってというより、むしろしぶしぶ受け入れられたのである。それにもかかわらずバールは、最後まで交渉というオプションを開けておこうとした。八三年の前半にもバールはシュミットに宛てて書いている。「わたしは我われの従来の路線の継続に賛成です。自動運行というのはありえません。我われが配備するという威嚇を放棄したら、ソビエトに対するプレッシャーも失って、現在の西ドイツ政府がアメリカに対してしでかしたのと同じ過ちを犯すことになるでしょう。我われの決定は、配備が始まる前の、晩秋になってから行なわれる予定です。……我われが興味をもっているのは結果であって、この秋まで延期することではありません。どうして未解決の政治的問題が九カ月もかかって決定できないのか、見抜けませんけれども、やはりもう少し時間が必要ということもあるでしょう。あなたは、決定する力をもっておられます。もっと時間が必要というなら一九八四年三月一日まで期限を切って行なう、モラトリアムにわたしは賛成するでしょう。双方へのプレッシャーを確保するためにも、この期間中に配備となってはいけません。配備の開始は、アメリカ側から交渉の圧力を取り除いてしまうし、配備の拒否はロシア側に対する圧力を消し去ってしまうのです」。

一九八三年の秋になってようやく、最終的に明らかになったのは、パーシングⅡの配備がもはやくい止められなくなったことであり、エーゴン・バールは軍備増強に反対の立場を公然と打ちだした。その際バールは、配備に対する「ナイン」を数年前に行なった党決議の論理的な結果だとする。「SPDが一九七九年に決議したのは、一九八三年の末の時点で、その間に進行中のジュネーブ交渉の状況について自分たちの評価を下すことだった」。SPDはこのテーマでは「驚くほど真っ直ぐな態度と、折れることのない一貫性」を発揮してきた。というのも、「ナインをいう可能性は、我われが配備のどんな自動性にも反対することにより、初めから含まれていた」からである。

バールにとって配備に「ナイン」というのは首尾一貫していたし、かれの緊張緩和構想の論理にも合っていた。しかし、NATO二重決議の論理には合っていなかった。むしろこうした点であらためて実証されたのは、(北大西洋)同盟決議には初めから異なった意図や異なった解釈が根底にあったことである。一九八三年一一月二一日のドイツ連邦議会における決定的な議論の折、バールは配備に対する自分の拒否的態度をこう根拠づけている。「結局のところわたしにとって決定的であったのは、我われがこうした決定でもってえられる安全保障はより多いものなのか、それともより少ないものなのかという問題であった。それゆえわたしは確信にみちて、配備にナインと言ったのである」。

NATO二重決議をめぐる論争は、バールにとってかなり前に肝に銘じていた教訓をいくつか彷彿とさせた。そうした教訓の一つは、ドイツ人とアメリカ人たちとの間には、「異なった見解と異なった利害が存在する」という認識であった。そうした違いの源は「ドイツ問題」という存在にもあった。緊張緩和政策の点での利害の違いも——そうバールはみる——生じるだろうが、理由は、「我われが分断国家であり、危険のより間近にいるのに対して、アメリカはひろく世界中にもろもろの責任をもっているからである」。

バールの目からすると緊張緩和政策は西ドイツにとって絶対優先のものでなければならなかった。かれにとって超大国間の雰囲気が厳しさを増すなかで大事であったのは、緊張緩和政策の苦労して達成した成果を守り、軍縮と兵力削減へのチャンス、バールの全体構想の実現に当たっての進展へのチャンスを維持することであった。

安全保障政策上NATO二重決議は、「思考の転換点」のようなものだった。バールの分析によるとドイツの利害は「安全保障のリスクの本質的認識を完全に保持してかかることにある」。新たな核の中距離ミサイルの導入によって核の敷居が低くなるのは、そうした評価にしたがえば、ドイツの利害にそうものでなく、それ以上に、通用している威嚇ドクトリン（「フレキシブル・レスポンス」）の戦術的欠陥をあらわにするものであった。しかしバールの理解では、「大規模報復」というNATO戦略への信頼のできる復帰などありえなかったものだから、新たな安全保障政策上の戦略を考えるしかなかった。そうした思考の結果が、「というのは今となってはただ共通のものしかない」という認識であった。「わたしが安全なのはもはやわたしの敵に対してではなく、今となっては敵とともにである。安全はもはや相対してではなく、一緒になってしかないのである」［「平和を救う——平和を打ち立てる」。八一年五月二二日、「一九八一年度グスターフ＝ハイネマン＝イニシュアティブ」の折のバールの講演］。

第3節　「共通の安全保障」——軍事的領域における緊張緩和政策の続行

エーゴン・バールにとって安全保障の問題は、かねてより「（ドイツ）再統一のもっとも重要な国際的前提」となるものであり、「ヨーロッパ安全保障の体制」は「ドイツ問題解決の鍵」であった。五〇年代から一貫して主張しているこうした姿勢をバールは八〇年代になっても放棄せず、その逆であった。八〇年代の初めに以前の考えを再活性化させ、「軍事的な領域における緊張緩和政策の持続」をめぐる自分の努力にバールは力を注いだ。かれは、「安全保障が核心である」、と言っている。

二国間の東方諸条約の締結後すでにこのＳＰＤ政治家は、緊張緩和政策をすべて軍事的な領域に注入しようとする。しかしながら、発展途上国援助の担当大臣とＳＰＤ全国事務局長としてのバールの職務は、上述の点にもっぱら力を注ぐことを許さなかったし、バールの安全保障政策上の構想を一貫して展開しつづける妨げとなった。ところで今やその種の障害が取り除かれた。一九八〇年以来緊張緩和の政治家は――その職務からも読みとれるように――自分の緊張緩和構想の第二段階の推進に全力で献身するようになる。一九八〇年九月バールは、「軍縮と安全保障のための独立委員会」に招かれる。委員会は、スウェーデンの社会民主主義者のウーロフ・パルメ（一九二七―一九八六）が議長のもと、「いかにして軍備制限と軍縮が実現できるか」の提案作成の委託を受けていた。八〇年一二月バールは、西ドイツ連邦議会の「軍縮と軍備管理のための委員会」の委員長に選ばれる。八一年からは、有名な「ストックホルム国際平和研究所」の執行部の一員となり、八四年には、「ハンブルク大学の平和と安全保障政策研究所」の所長になる。ＳＰＤ内においても安全保障政策の分野における権限がますますバールに与えられるようになっていく。たとえば八二年ミュンヘン党大会の手で設置された作業グループ「新戦略」の座長のポストがバールに委ねられた。七六年以来党の幹部会メンバーになっていたバールは、こうして、ＳＰＤ内の安全保障政策上の議論にますます影響力をもつようになっていく。その場合こうしたもろもろのポストは、たいていはかれの知的な影響の結果であって、かれの政治的な影響力の結果ではなかった。「伝統的な意味での党内政治など決してしなかった」バールの影響力の源はつねに、なにより構想を練る活力にあった。

一九八〇年代当初バールの安全保障政策上の考えの構想的再活性化にとってもっと重要な拠点となったのは、いわゆる「パルメ委員会」であった。一九八〇年の末ウーロフ・パルメは、バールに「核の時代における安全保障の判断基準」について練ってくれるよう依頼する。するとバールは「結論は〝共通の安全保障（Gemeinsame Sicherheit）〟」だと言った。しかしそれは、構想上の新機軸ではなくて、かれの構想実現の再出発であった。なぜなら、「共通の安全保障」というのは、根本においては、非常に古いアイデア――すなわち全ヨーロッパ安全保障体制というアイデア――で、それほど新しい概念ではなかったからである。「共通の安全保障」という構想は「接近による変化」にストレートにつながるものであることを、バールは一九八二年みずから強調している。「わたしは次の点をつよく確信していました。より大きなヨーロッパという考え、接近による変化という考えは、根本では、我われがふたたび立ちもどるであろう、長つづきする観念である」、と。「我われが今日共通の安全保障を口にするとき、その背後にあるのは結局のところ同じ考えであって、ただ次元がいっそう深まったものである」。

「共通の安全保障」という自分の考えの射程について、バールが自分でも驚いているとあとから言っているのは、それゆえむしろ信憑性に欠けるように思われる。一九七四年すでにかれは、オクスフォード大学で「ヨーロッパ安全保障の将来」というタイトルの講演の折、次のように要求していた。均衡という基盤にたって目標を追求する、つまりまだ見通しのたてにくい時代におけるヨーロッパの安全保障は、威嚇によるものに代わってますます協定に基づく目標を追求するようにしたい、と。バールの「共通の安全保障」という構想は、威嚇の哲学とブロック対決とを粘り強く克服するという上位の目標設定からの論理的な帰結であるにすぎなかった。その場合、一九八一年に初めて口にされた「共通の安全保障」というのは、一九六三年の「接近による変化」に似ていて、はっきり定式化された政治モデルというより、むしろ「思考パターン」であった。

一九八八年になってバールは、「今となっては安全保障は共通のものしかない」、とあえて初めて口にしたのは一九八一年五月だったと言っているが、この日付けはかならずしも正確ではない。すでにかれはその年の一月に「共通の安全保障」という言い方をしている、しかも意味深長なことにドイツ国民の将来に関する議論のなかで使っている。八一年一月三一日の「ＺＤＦテレビ」（ドイツ第二テレビ）放送のなかではっきりこう言っている。自分は今後も一つのドイツ民族は存続しつづけているという立場をとっていく。たとえこの立場を「毎日プラカードあるいは交渉の条件として目の前にぶら下げることまで意図しないにしても」。「しかし国民は、我われがＤＤＲと取り決めを結ぶ際のテコというのではない。そうではなく我われがＤＤＲと実際的な取り決めにいたろうと思うのは、国民に関してではなくて、ただ、共通の安全保障の問題、ヨーロッパの真ん中における共通の責任や存在の共通保証の問題に関してである」。

つまりバールは「共通の安全保障」という概念を――偶然にしろ意図的にしろ――初めてドイツ政策の脈絡のなかに取り入れたのであった。こうした点によりすでに非常に早い段階で、バールのイニシアティブの決定的な動機がみえていたのである。安全保障問題は、ドイツ・ドイツ間接近の中心的な分野と思われていて、その分野でドイツの「責任共同体」が示されねばならない。というのも――かれによれば――安全保障こそ「すべての鍵であるからなのである」。

一九八一年三月バールは、軍備増強や軍備の再増強をめぐる議論のなかで「力と均衡とをめぐるあらゆる努力の意味はそもそも何か」という問題が消えようとしているのを強調していた。引きだされた結論は、「それでも目標は〝安全保障〟としかいえようがないし、そこで共通の安全保障だけしかありえないことになる。自分の安全保障は、相手の安全保障でもある」。それだから、「ヨーロッパにおける共通の安全保障について交渉する時期にきているのだ」。

中距離弾道弾とＮＡＴＯ二重決議をめぐる安全保障上の激しい論争は、バールにとって、「東方政策と緊張緩和政策の端緒を安全保障の核心領域にまでもち込む」可能性をあらためて探るきっかけとなった。これが「ヨーロッパの安全保障政策面における状況を変える決定的なテコとなった」。

ところで「共通の安全保障」構想の中心的な観点はなんであったろうか。バールの思考スタイルの出発点となっていた基本理念は、「相互の全滅が確実視される時代」にあって、優越をめざす努力はすべて無意味で危険である。というのも「我われは世界史とテクノロジーのなかで、ある時点、つまり技術的優位などというのは一時的に可能であるにすぎず、しかも非常に短期間のかぎられた間のものでしかない、そんな時点にたちいたってしまったのであり、そしてまた、相手よりも優位にたって、相手に要求を一方的に押しつけるような路線で考えるのは狂気の沙汰といっていい時点に来てしまった。こうした基本的考えにたつからである。優位にたって一方的に要求を押し通すなどというのは、もはやありえないし、実行不可能である。そんなことに挑もうとする者は没落の危険を冒すことになる」。「核の時代にあって戦争は〝ultima ratio（最後の打開策、最後の道）〟ではもはやなく、歴史の〝ultima irratio（極端な不合理）〟になってしまった」。「人類の滅亡が考えられる事態」に直面して、「軍縮が歴史上初めて現実の必要性になった」のだという。肝要なのは、核兵器の存在から導かれる質的な思考の飛躍であり、政治的思考においてそれなりの大きな飛躍をなし遂げることによって、つまり「共通の安全保障という考えへの質的な飛躍によって、それをなし遂げることである」。「もはや予想される敵に対する安全保障などはありえず、あるのはただその敵と一緒になっての安全保障である」［バール『ドイツはどうなる?』、一二六頁］。

　こうして、ますます急テンポで進む軍拡スパイラルに対するバールの答えが、「共通の安全保障」であった。そうした軍拡競争には、「新たな武器システムを開発する科学と技術の能力が政治の能力より早いペースで高まり、後者を支配する」ような危険が潜んでいる。それゆえ共通の安全保障は第一段階では、「量的にも質的にも軍拡ストップを意味し、第二段階では、真の軍縮への展望を拓く。なぜなら共通の安全保障というのは、相手に対してそれぞれ安全保障をはかるよりもより経費が安く組織できるからである」。

「接近による変化」という端緒とまったく同じように、それでもバールは、「共通の安全保障」という考えも、「実質的な利害と現実に基づいて」現状（Status quo）という基盤のうえで展開する。この点が帰結として意味するのは、とりあえずリアルな状況を認めたうえで長期的にその状況の変化をめざさざるをえない、ことであった。現存している安全保障構造――つまり威嚇戦術と既存の同盟体制――の基盤を踏まえてのみ、ブロック対決を徐々に克服するプロセスが導きだせるというのである。威嚇哲学の有効性は、それに代わるじゅうぶん機能する別な戦略が登場しないかぎり、維持される。バールの前提はこうであった。「新たな構想がないかぎり古い構想が通用せざるをえない。新たな戦略がないかぎり、古い戦略が通用する。どんな大幅なものでも一方的な行動は、その当該の片方にいっそう多くの安全保障をもたらすことはありえない。共通の安全保障というのはまた、西ドイツの安全保障は同盟のなかでのみ、同盟と一緒でのみ護られる、アメリカと一緒であって、それなしでは維持しえないことなのである。共通の安全保障とは、〝自分は独り別の道を行く〟ことの逆なのである」。

バールのテーゼは、「なおしばらくの間、威嚇の戦略」とともにやっていかねばならないだろう、というのだった。「じっさい共通の安全保障が生まれる、あるいはそういうものとして受け入れられて初めて、この共通の安全保障が威嚇のドクトリンに取って代わることができるのである。今日まで唯一通用している威嚇のドクトリンは、わたしのみるところ、それに代わるよりましなもの、つまり共通の安全保障が生まれないかぎり、置き換え不可能なのである。我われが直視しなければならないのは――それは合理性の一つ、あるいはその種の理解への強制の一つ――この恐るべき状況というのは、自己の存在を賭けなければ、変更不可能であること。というのもそうすることで初めて、自己の存在を軽率に危険に晒すことを防ぐことができるからである。これが威嚇の真の核心である。目下のところわたしには、どんな同盟がより有効だとして受け入れられるのか、わからない」。一九八二年バールは、「共通の安全保障」の現実的な追求の際の中心的な前提としてみたす必要のある三つの点を次のように言っていた。

(1)　同盟の団結は、共通の安全保障にとっても中心的なものでありつづける。
(2)　信憑性のある威嚇を放棄することはできない。
(3)　力のほぼ均衡した状態が攻撃をしかける者にとってリスクを意味する。威嚇、それはつまり安全保障を達成するのにじゅうぶん大きいリスクである。

しかしこうした前提にたつと、既存の威嚇ドクトリンは中期的には克服する試みをしなければならない、というのだ。その際バールは、威嚇戦術の効果を完全に認めていた。「脅しの均衡、破壊は相互に確実というのが、機能したのであった」。しかしそれでも威嚇という考えは、「一時凌ぎの理論」にすぎない。なぜならそうした考えは、「さらなる軍備増強をストップさせるのに適していないからだ」。しかしこの種の必要性というのは、近代的な武器技術の発展から生じているのだ。その理由をバールは次のように論拠づける。「大規模報復の断念後にますます小さな核兵器が開発されて、見通しの利く戦場で目標に照準を合わせ限定した効果体制が有効というのは、理屈に合っていた。こうした兵器は、大きな戦略兵器の破壊力を小さくしただけでない。そうした兵器に対する恐怖も小さいものにしたのである。核兵器のミニチュア化には、威嚇のミニチュア化という危険が孕まれている。核の敷居が低くなるというのは……大きなカタストロフを恐れることなく、核の利用に期待をかける、そうした傾向を技術的に政治的に強めることにもなりうる」[エーゴン・バール「型にはまった思考から自由になろう」、一九八二年]。

バールの思考パターンは、パルメ委員会の枠内で具体化された。この「軍縮と安全保障のための独立委員会」は、「共通の安全保障の理念」を取り入れた。この点がとくに重要性をもったのは、この委員会が世界中からメンバーを集め、その人たちがほぼ二年間にわたって安全保障に関してさまざまな議論をし、最後に国連に対して共同の報告を決議したからであった。こうして「共通の安全保障」というバールの思考パターンは、個人的なアイデアから同盟にまで波及するおおやけのイニシアティブとなった。これは、そうした考えの政治的な効果にとって並外れた重要性をもつことになった。

「Common Security」(共通の安全保障)という報告が一九八二年六月、軍縮問題に関する国連の特別会議に提出され、同時におおやけにされたが、それには数多くの具体的な軍縮提案が含まれていた。その際上位の目標としてバールの「Gemeinsame Sicherheit」(共通の安全保障)という考えが取り入れられ、相互威嚇に対する選択肢だと言われていた。「パルメ報告」は、平和努力の長期にわたる目標として「全般的で完全な軍縮」をあげていた。そのために必要なのは「下方に向かう軍備スパイラル」だという。報告には、「核の脅威を減らす包括的なプログラム」や、あらゆる種類の戦略的核兵器システムを本質的に減らすための提案が含まれていたし、さらに「通常兵器の削減」も求められていた。パルメ委員会は、「核による戦闘兵器禁止地域の創出、中部ヨーロッパに始まる」ゾーンの創出を提案している。そのほか「ヨーロッパにおける非化学兵器地帯」という提案も行なった。その委員会は、「核兵器実験の禁止に関する包括的な条約によって質的な軍備競争を抑えるプログラム」を要求していたし、さらに化学兵器の分野における軍縮に関する条約、ならびに「宇宙空間における軍事活動の制限に関する取り決め」も求めていた。安全保障確保に当たっての国連の役割は、地域の安全保障と同様、平和地域の創出と非核兵器地帯の創出とによって強化されねばならない、という。「ヨーロッパ安全保障協力会議」の例にそって、世界の他の地域に対しても安全保障と協力に関する地域会議の招集が提案されていた。

こうしてパルメ報告には、「共通の安全保障」という観念に具体的な輪郭を与える一連の軍縮政策上の提案が含まれていた。もっとも広範な影響をもった提案でその後もっとも激しく論議された提案は、中部ヨーロッパにおける非核兵器地帯と非化学兵器地帯創出の要求であった。エーゴン・バールは、パルメ報告のドイツの課題に関する緒言のなかで、「そうした非核化される地帯の特別な政治的重要性」を強調している。こうした非核兵器地帯、とりあえず三〇キロメートル幅にかぎっての禁止地帯は、危険な潜在力を引き離し、そうして「核の敷居」を高くするのに適しているという。バールは、そうしたかぎられた非核兵器地帯の設置を、「地域限定の共通安全保障の一部を試す」格好の実践であると思っていた。「ヨーロッパにおける戦術的な非核兵器地帯というのは……リスクは非常にわずかなものと考えられるが、そうしたリスクをともなった実験、双方が相手向けでなく協同して、安全保障の組織をつくり始めるよう、政治を方向づける実験となるであろう」。

これに反して、「核兵器は、核をもたない国には配備しない」という、エーゴン・バールのその先をいく提案は、委員会の一致した支持をえられなかった。バールの論議を呼んだアイデアは、三つの項目からなっていた。「(1)すべての核兵器を、ヨーロッパでもたない国々から引き上げる。その意味は、この措置でヨーロッパが核のないところとなるわけではない。核兵器は所有する四つの国には存在しつづける。ここに、核保有国——紛争が起こった場合には動員可能なさまざまな射程の武器を保有している——によって脅威に晒されるか、あるいはそうした国の保護下にある、非核兵器地帯が誕生する。……(2)通常兵力の分野では、NATOとワルシャワ条約機構との間でほぼ均衡した状態をつくりだす。この点が意味するのは、ヨーロッパの非核兵器地帯では、通常兵力が均衡状態にあることが求められる、つまりそれに対抗するのに目下のところ核兵器が必要と思わせる優越状態のない通常兵力のバランスをとる気構えの存在である。それがないならヨーロッパにおける非核兵器地帯というのはリアルな話ではない。というのも、どちら側も相手側に対して有利な状態をもっていてはならないからである。(3)同盟とその義務や保証というのは、そのまま残りつづける。これは、安定と安全保障のためにも同盟が欠かせないこと、を意味している。……共通の安全保障というのは、同盟とそのリーダー的な国家があってのみ達成できるのであって、同盟に対抗したりあるいは同盟抜きにしては実現できない」。

この理念は、NATO二重決議の問題でのバールの立場にそったものであったし、かれの緊張緩和構想の論理、とりわけ国家主権の考え方に見合ったものであった。とりあえずバールは、この提案で、核の敷居を高くし、同時に通常兵器の面では軍縮を、という要求に結びつけた。しかし衝撃的なものは別の点にあった。この提案で二つの抽象的な概念をあらためて議論にもち込んだのである。その概念は以前からかれの構想の柱になっていたもの、つまり「主権」と「平等の権利」であった。

先制攻撃力（force de frappe）の構築に当たってのドゴールの姿勢をバールは思いだして、すでに数十年も前から抱いていた考えを取り上げる。この緊張緩和の政治家は核保有国と核をもたない国々との間の利害の原則的な違いを確認する。「初めになければならない認識は、核の国と非核の国との間に基本的な違いのあること。その違いはブロックを超えてあること、違いは、民主主義国家と非民主主義国家との間の基本的な違いとに匹敵するような基本的違いとしてあること。核保有国は、その大きさと、その責任の分割不可能な性格によって結ばれた特別なクラブであること。核保有国はどこも、自国の存在を左右する武器使用に関する決定を、どこか他の国と一緒にすることはないし、ましてや非核保有国と一緒にすることはない。協議というのは、非核国の幼児的国家にとってはメルヘンである。……核保有国が核をもたない国々の運命を決めていくが、核をもたない国が核保有国の運命を決めることはない。我われは我われ自身の存在すら決定できない。こんなのは長い目でみると耐えられない。この不平等はどんな同盟でも壊すことになるに違いない。……その帰結は、核をもたない国共通の政策の訴えをする、その際の目的として、核をもたない国の領土には核兵器を置かないことである」。

核をもたない国々の主権は、核兵器の自国領土への配備に関する決定で尽きてしまっていて、核軍縮の交渉にも、場合によっては起こりうる配備指令にも加わることがない。しかし核をもたないすべての国々の共通の利害関心は、意のままに利用される人質にならないことである。「核による階級差別」とバールが分析する状況から引きだす結論は、しかし、平和運動のさまざまな代表たちによって（またSPD内でも）いわれるようなNATOからの離脱の要求ではなく、大西洋同盟の戦術転換の主張であった。パーシング配備に対するSPDの反対ののち、バールははっきりとNATOのメンバーの地位を問題視することなどしないよう警告していた。「西ドイツのNATO帰属は、社会民主党員にとっても問題になりえない。……同盟を問題にしても、我われの安全保障問題のなんら解決にはならないのである。共通の安全保障というのは、また同盟と一緒になってのものである。今後議論しなければならないのは、同盟の問題ではなく、同盟が正しい政策を行なって正しい戦略を展開しているかどうか、という問題である」。

バールが要求した「共通の安全保障」という新たな戦略には、同盟体制が必要、少なくとも移行の局面には必要であった。というのもその新戦略は本質的に核の傘による保護の存続に根ざしていたからである。それゆえ、バールが次のようにいうのも、また論理的であった。つまり、「同盟なしには共通の安全保障構想はありえないし、……核の傘なしには通常の安全保障もないのである」。

しかしながら、バールの構想が長期的にめざしていたのは、今でもブロック対決を克服することであり、集団的な安全保障体制を創出することであった。したがって「共通の安全保障」という糸口は、そうした（集団的）安全保障体制の代替物ではなく、そうした目標を達成するための戦略であった。バールの構想は、現状（Status quo）の克服を狙っていたのである。「目標はいずれにしても、今日存在するようなブロックを永続化するものではありえない。現在我われがブロックを必要とするのは、安定させる要素としてである、これは確かなことだ。だがそれでブロックが永遠の価値を言い張れるわけでもない」。

バールは「共通の安全保障」に関するさまざまな目標次元を一九八六年に次のようにまとめた。「短期的・中期的に共通の安全保障が目指すものは、(1)威嚇の解消、(2)一方的な処置の決定も交えて、交渉と取り決めを通しての軍備の制限と軍縮、(3)構造的な不可侵能力の実現。そして長期的に目指すものは、(1)軍事条約やブロックの解消、(2)新たなヨーロッパ平和秩序の創出」、であった。

とくにエーゴン・バールの「核の主権」と「平等の権利」についての発言は、「共通の安全保障」構想を聞き知るに当たってパニックと一部激しい批判を呼び起こした。緊張緩和政策は「核保有国に対してヨーロッパ諸国に平等の権利をつくりだす手段」である、というバールの見解は、望ましい誤解と望ましからぬ誤解とを招くひろい余地を残した。この社会民主党員が、「すべてについて閉鎖的なのは、従属主義的だから」という挑発的なスローガンでもってドイツの利害の主権的擁護を主張したのは、正当な批判や不当な批判のきっかけとなった。一九六三年時の「接近による変化」の場合とまったく同じように、バールのテーゼは八〇年代の初めにも自分の党のなかでセンセーションを呼び起こした。かつての国防相ハンス・アペル(一九三二年うまれ)は、「エーゴン・バールの先のみえないお遊び」だと嘆いた[ハンス・アペル『下降線——一〇年間の政治日誌、一九七八—一九八八』、シュトゥットガルト、一九九〇年、二八一頁。元国防相のアペルは、八〇年代の初め安全保障政策ではバールの敵役のような存在であった。もっともSPD内では(アペルの)影響力は小さくなっていたが。かれは回想録のなかでバールの役割についてこう述べている。「我われの西側同盟のためという誓約の濃霧に紛れて、バールはその逆の政策を追求していた。かれの動機や究極の政治目標というのがわたしにははっきりしない。かれは、ヨーロッパの戦後の状態を変えて、わが国にとってヨーロッパ共同体や同盟の外に統一の道が可能になるよう欲する左翼ナショナリストなのであろうか。わたしからすると、生活を脅かし自由を危険に晒すビジョンである。それともバールは、次のような人たちの一人なのだろうか? つまり、一八七一年の建国以来わが国の歴史のなかで、西側に対するルサンチマンから、ロシア/ソビエト政策の間違った評価を招いて、くりかえし不幸を引き起こしてきた人たちの一人なのだろうか」。同上、三二六頁以降]。政治学者のカール・カイザーは、バールの「主権概念」は「西ドイツの同盟への結びつきを許すものでないし」、「安全保障政策上国民国家の理念への立ち返り」を意味するものだ、といい、バールの「破局も恐れぬ構想」は、「ドイツの外交政策や安全保障政策の根本的修正」につながるものだ、という。

似たような論拠にたつのがベルリン大学の政治学者ゲジーネ・シュヴァーンで、彼女の主張する見解によると、バールや他の社会民主党員（エプラー、ラフォンティーヌ）は、「西側に対する批判的な距離」で目立っており、超大国（ここではとくにアメリカ）に対する「民族主義的なルサンチマンを〝新たな愛国主義〟という〝それなりのスローガン〟のもとに煽っている」、という。こうした路線が招く事態はまさに、次のようなものである。つまり、「自由の旗印のもとに出発したドイツの社会民主党を事実上ソビエトのヘゲモニー政策のもっとも効果的な道具の一つにさせてしまうし、それと同時に――政治的にはそうした事態と矛盾しようとも――のちにはひょっとしたら、もはや制御しきれないような民族主義的な勢力の活性化を招き、将来そうした勢力がかんたんに右翼ショービニズムと手を握るような事態になりかねない」、という。ここに引用した批判者たちは、緊張緩和の政治家（バール）が「反核の衣をまとって民族主義的に振る舞っている」との非難では一致していた。

この最後の意見には、少なくとも一片の真理はある。じじつバールの「共通の安全保障」構想には、ドイツ政策上のひどく複雑な絡みが含まれていた。「ドイツというモティーフ」は、決定的なものとはいえないまでも、少なくともつよい影を落としている。「共通の安全保障」というバールの問題提起は、究極のところ自分の緊張緩和構想を再活性化しようという目標に根ざしていた。バールが以前と変わらず主張していたのは、「未来の展望を拓くのに、緊張緩和政策に取って代わる選択肢などありえない」という見解であった。こうした展望はバールにとって、ひきつづきヨーロッパの安全保障体制の創出であり、その体制のなかでドイツ統一が実現可能となるのだった。この緊張緩和の政治家は、国家・国民（ネーション）を視野の外に置いたら、グロテスクになるだろう、という。しかし同時にこうも強調する。毎日のように空虚なフレーズのなかで国家・国民を唱えても、なんの役にもたたないだろう。「わたしは、日々国家・国民について口にするのでなく、国家・国民の意を酌んで行動する場合に、これまでみてきたように、国家・国民の役にたつ、という見解である」。それだから、「共通の安全保障」という構想は、同時に長期的な展望の確証であり、「ドイツ問題」の一段格下げ（後回し策）なのであった。しかしその点に、以前の見解との断裂はみられなかった。すでに「モスクワ条約」やDDRとの「基本条約」をみると、武力不行使という原則のもとに、「ドイツ問題」をその下位に置くというのが条約上はっきり打ちだされている。一九八二年バールが次のように言ったのも同じことであった。「核という破壊手段の時代にあって国家・国民を第一にして唯一の関連項目とすることはもはや不可能である。政治的思考や行動の最高の関連項目は、平和でなければならない」。

こうした（ドイツ問題の）一段格下げには、原則的戦術的な原因があった。ドイツ問題の解決に当たって「力あるいは武力による威嚇で目標を達成しようとする」あらゆる考えは頓挫した、こうみるのが、超大国の核の拮抗状態も踏まえた、バールの以前からの基本認識の一つであった。

「平和はどこまでも最優先事項である」。この断定は、バールにとって八〇年代になってからのものではなかった。戦術的に「ドイツ問題」の格下げ（後回し）がでてきたのは、同じように古い認識、つまりDDRに西ドイツの国家・国民概念の受容を押しつけるのは、不条理であろう、という認識からであった。バールによると、「我われがDDRに前もって、かれらにも我われの国家・国民概念の受容を言わせようとしたら、なんの協定も結べないであろう」。「ドイツ問題」の格下げ（後回し）は、緊張緩和のプロセスにおけるドイツ・ドイツ間の関係進展にとってまさに前提なのであった。もっともそうはいってもこの点はなにも、国民あるいは国民の価値は、もはやなんの役割もしないと考えるのは間違っているか馬鹿げている、この点の確認になるとバールにとって少しも変わりはなかった。

バールの安全保障政策上でのイニシアティブがもつドイツ政策の側面は、それゆえ、「共通の安全保障はドイツ人のために二つの国家における協力の興味深い分野を拓くもの」だった。「共通の安全保障」という構想は、ドイツの状況に関して帰結を暗に含むものであった。「わたしが西ドイツとして安全保障を求めるのは、今となってはDDRと協力してしかありえない。というのもそうでなかったなら、それがドイツ問題の解決になったにしても、没落のなかでの統一となるだろう」。

こういう意味でバールの「共通の安全保障」構想は、じっさい以前から周知の立場の改装新版にすぎず、注目すべき持続性の表現にすぎなかった。八〇年代のドイツ政策として、バールの安全保障政策に関する熟慮から結果したのは次のような戦略である。「今日東西におけるドイツ人の将来を考えると、いかにして我われが共通の安全保障の道を進むかに我われの思考を集中させる必要がある。共通の安全保障の立場をとるには、我われが共通の安全保障につながる主柱を据えねばならならない。このようにして軍備の制限から削減すら可能になる。というのもわたしは、相手と共通の安全保障になるなら、もはや勝利するとか、相手に対して優位にたつとか、そんなことをわたしは望まないからである。そのような体制を前にして初めて、両ドイツ国家がヨーロッパにおける他の諸国同様に、併存できるか共存できるようになるときが考えられるだろう。というのもドイツ統一をふたたび考えられるようにするには、ヨーロッパの隣人たちがドイツ統一に抱く不安を取り除いてやる必要があるからだ」［バール『ドイツはどうなる?』、一二七頁以降］。

第4節　「ヨーロッパのヨーロッパ化」——緊張緩和は分割できるものか?

エーゴン・バールからすると次のような自分の戦略にとっての選択肢などほかになかった。「たしかに速やかとはいかないが、軍縮と経済的な絡みの道をたどってまず平和が保障され、ついでヨーロッパにおける二つの部分の共生が始まる——そしてドイツ人の自己決定権がその隣人たちにとっても、危険でないがゆえに耐えられるものとなる——状況を達成する」戦略にとって、ほかに選択肢はなかった。

こうした認識に基づく論理的帰結は、六〇年代以降一貫して主張されていた「孤立化した（他と切り離して単独に解決をめざす）ドイツ問題などもはやありえない」という想定であった。ドイツの分断の克服には、ヨーロッパの分断の克服が必要である。つまり「ドイツ問題」の「ヨーロッパ化」である。

全ヨーロッパ的な安全保障の構築のなかでのみ、バールにとってドイツ統一の再生は考えられるものだった。それゆえかれにとって大事であったのは、ヨーロッパの利害というとき、もっぱら西ヨーロッパ的なものだけに限定しないことであった。かれの特別な注目は、かねてより東ヨーロッパに向けられていた。一九六五／六六年に書かれた未公刊の書物のなかでバールは、こう言っている。「国民的アイデンティティーは、東ヨーロッパ諸民族の希望であり、ヨーロッパの不幸な分断を克服する達成手段である」［バール『さて、何をしたらいい？』、一五八頁以降］。すでに早い時点でバールは、イデオロギーが重要性を失ったこととブロック思考が弱体化するのを確認していた。とくに東欧諸国は、むしろ権力政治的な視点や国民的利害にそって決定を行なうだろう。イデオロギーは――これがバールの分析の核心であるが――今となってはただ、共産主義諸政党の支配や、ワルシャワ条約機構の結びつきを保障するかすがいにすぎない。そうしたイデオロギー的かすがいを弛緩させることが大事であり、それには西側が東ヨーロッパの個々の国々の民族的特殊性を認識して、それを意識的に支援してやることである。国民的アイデンティティーの強化に関する東欧人の関心は、すでに六〇年代時バールにとって、ヨーロッパの分断を克服するための道具の一つだった。「この点を利用すべきであるが、その際我われの小さくなった世界、小さくなったヨーロッパでは、二つの超大国の優勢もあって、ナショナリズムの肥大化の危険などもはやありえないだろう」。

八〇年代の初め、バールのこうした理念は、「ヨーロッパのヨーロッパ化（Europäisierung Europas）」というスローガンで具体的表現をみることになった。この概念は一九八一年にペーター・ベンダーによって唱えられたものである［ペーター・ベンダー『イデオロギー時代の終焉。ヨーロッパのヨーロッパ化』、ベルリン、一九八一年］。ベンダーは同様に六〇年代の初め以来それにそった考えを主張していた。それだから「ヨーロッパのヨーロッパ化」というのは、バールの「共通の安全保障」という考えと同じく、目新しい構想ではなかった。むしろこれも、古くから知られていた立場の改装新版であった。

一九八一年に著されたベンダーの著書ではすでにタイトルが分析とプログラムを結びつけていた。このジャーナリストは、「イデオロギー時代の終焉」と勘定書にしるし、「ヨーロッパのヨーロッパ化」を促していた。ベンダーは――

一九七三年から七五年にかけて「ARD」（ドイツ第一テレビ）のワルシャワ駐在特派員をしていた――ポーランド危機を例にして東側の脱イデオロギー化を述べ、自分の分析の結論としてヨーロッパ化の四段階プランを提示している。第一段階で肝心なのは、「緊張緩和の面で現在みられる状態の維持」である。そして、「ヨーロッパの人たちがそれぞれの同盟義務にもかかわらず、自分なりの独自の役割を演じられるようになれれば」、第二段階の達成となる。「ヨーロッパのヨーロッパ化」というのは、条約に縛られている国々が超大国に対して自立性を増すことで始まる、とベンダーはいう。

第三段階では東欧諸国が、モスクワに対する外交上・防衛上の忠誠を維持しながら、ソビエト・モデルから離れられるような、内政上の行動の自由を獲得することである。第四段階で――これでヨーロッパのヨーロッパ化は完成することになる――ついにブロックの解体にいたり、全ヨーロッパ的な安全保障構造の創出となる、という。しかし、この最後の行程にいたるまで軍事同盟は存続せざるをえない。というのも、「同盟の屋根の下でのみ、ヨーロッパの人たちのより大きな接近への展望が拓けるからである」。そうはいっても、ブロックの克服は目標でありつづける。というのもヨーロッパは、「そこに駐留するすべての異国の軍隊が本国に帰ったとき、初めて完全にふたたびヨーロッパとなるからである」。「半ばヨーロッパ的な超大国」のアメリカとソビエトはその場合、「〝ヨーロッパ的な平和秩序〟の保証国として機能することになる」［ペーター・ベンダー『イデオロギー時代の終焉』、二六八頁］。

エーゴン・バールは、ベンダーの考えに完全に与し、その後においてこの友人の見解をくりかえし引き合いに出した。ちなみにそこには、出来事の興味深いパラレルな関係があった。すでに六〇年代の初め、ベンダーは「攻勢的な緊張緩和（Offensive Entspannung）」という考えでもって、バールの「接近による変化」という政治的イニシアティブに知的な刺激を与えており、世論やメディア上でも支援した。八〇年代の初め、この二人のかつての学友たちはもう一度同じ方向で思考をめぐらす。「共通の安全保障」という考えは、原理的には「ヨーロッパのヨーロッパ化」の安全保障政策上の主柱であって、二つの理念は結局のところバールの緊張緩和構想の再定義にすぎなかった。

「ヨーロッパのヨーロッパ化」という思想は、次のような核となるテーゼから発している。すなわち「半ばヨーロッパ的な超大国」アメリカとソビエトは「ヨーロッパの周辺国家」として、基本的には大陸の中央にあるそれぞれのヨーロッパの同盟国とは違った利害をもっている、とのテーゼである。エーゴン・バールはその違いをとりわけ安全保障政策的に規定する。「もちろんすべての国民が戦争は避けようという同じ願いをもっている。しかし両超大国は、それでも戦争が避けられなかった場合、どうやって勝利するかを考慮せざるをえない。ヨーロッパのアルファとオメガ（ギリシャ語の最初と最後の文字で、ここでは「最重要事」のこと）は、戦争を避けること。ワシントンとモスクワでは、アルファは戦争の回避、オメガはやむをえないときには勝利しなければならないこととなる。……アメリカとソビエトにとって重要なのは、自分たちの間の地球規模での均衡である。両大国にとってヨーロッパは周辺であり、また前線といえる地域である。……我われにとってヨーロッパが中心域。ところがこれはほかの者にとっては、ヨーロッパという周辺劇場であるにすぎない。大国にとって大きな武器は、戦略的なものであり、小さな武器は、戦場のヨーロッパ用の武器である。ヨーロッパ人にとって、しかもすべてのヨーロッパ人にとって小さな武器は、戦略的な武器である。なぜならヨーロッパの次元では小さな武器もその破壊力の点ではじゅうぶん大きいからである。武器が小さくなり、警告時間が短くなるにつれて、最初に使用する武器のプレミアムへの思考が始まる。しかしそうした熟慮はもちろん両側にとっても通用する。……そしてこうしたリスクは、両超大国よりもヨーロッパ人にとっての方が大きい。この点は地理的状況からだけ生じているのではない」[エーゴン・バール「平和を救う―平和を打ち立てる」、一一〇頁、八一年五月二二日]。エーゴン・バールは、「小さな国々、核をもたない国々は、両大国とは違った利害をもつだろうことはじゅうぶんありうる」と思っていた。かれは、「我われは東側においても西側においても、二つの一枚岩的なブロックとかかわる必要はないのだ」という明瞭な見方を示していた。一九八二年の初めバールはこう強調している。「両超大国にとって、自分たちの小さな同盟国がますます独自の利害を打ちだすのを体験するのは、腹立たしいことであるに違いない。……大事なのは、東西のヨーロッパ諸国の自意識が高まって、共通の利害をもつようになることである。ヨーロッパの小さな国々において共通の安全保障という意識は、両超大国よりも、速やかに芽生えてくる。それでも、それぞれの同盟における忠誠は、かれらの安全保障のまさに前提であることに変わりはない」［『フォアヴェルツ』、八二年二月四日］。

しかしながら「ヨーロッパのヨーロッパ化」という要求の背後にあったのは、「等距離をとる考え」でも、いかなる類の「アンチ・アメリカニズム」でもなく、たんにさまざまな利害の認識と、さまざまな利害の肯定であった。超大国のグローバルな規模での利害は、しばしばヨーロッパ人のむしろ地方的な利害と対立する、という。この点がはっきりでたのは、七〇年代の終わり／八〇年代の初めの国際的な雰囲気が深刻化したときであった。（一九七九年ソビエトの）アフガニスタン侵攻への反応、一九八〇年におけるイランにおける（アメリカ大使館の）人質解放の試みの失敗のあと、「すべてのヨーロッパ諸国――それも東西も含めて――それぞれのリーダー国家に対して、現実を直視し冷静な行動をとって、緊張緩和の成果を危険に晒すことのないよう働きかける」点で――「共通の利害」がもてた、という。バールにとってこれは次のようなことを意味していた。「一九八〇年時ヨーロッパにおける状況は、保護者である国、つまりリーダーの国に対する懸念が顕著になっていた。この点はあいかわらずつづいているし、これはヨーロッパ的なアイデンティティーの一コマ、あるいは利害のパラレルな面の一つである。東ヨーロッパにおいてもパラレルな展開がみられたのである」、という。

緊張緩和プロセスの維持に対するこうした共通の利害をバールは、「リーダー国家からの政治的解放への一つの傾向」とみてとった。「こうしたヨーロッパの自己主張」は長期的には、そもそも緊張緩和の雰囲気のなかでのみ可能となる。「国際的な議論が軍事重視になって、ヨーロッパの重みが小さくなってしまった」。ヨーロッパの政治的な意義がより大きくなったのは、原則的に異論の余地ない緊張緩和政策の局面になってからだ、という。それだから、「ヨーロッパが緊張緩和政策に固執しようとするのも、不思議ではないのだ」。そこからエーゴン・バールにとってでてくる結論は、平和の安定をはかろうとするなら、外交関係の言葉遣いや根拠づけに当たって軍事的なカテゴリーを多用するのは抑えなければならない、というのだった。経験が教えるところでは、「緊張緩和が進めば進むほど、両超大国の関係がますます良くなり、またその超大国の間にある国にとって、自分たちの利害にそっての協力がそれだけ容易になる。対決が強まるほど、かれらの行動余地はますます狭くなるのである。安全保障が優先されるのは明白である。深刻な場合には、おのれの利害を追求する行動の余地もほぼゼロになってしまう。……我われのもとにも、同盟から脱退しろとの要求で応える人が何人かいる。我われは、願うならできるかもしれないが、東ヨーロッパは、そんなことを想定してみても、不可能だろう。願いはいつも〝複数のブロックの解体〟であって、ある一ブロックの解体ではない。政策と論理は同一の帰結にいたる。つまり、複数のブロックの克服は、複数のブロックのなかで、複数のブロックとともにしかできないものなのである。緊張緩和の継続も同盟のなかでしか、同盟とともにしかできない。成果の獲得も世界強国とともにであって、世界強国に逆らってはできない。旧世界（ヨーロッパ）はふたたび自意識をもとうとしているが、同時に、自分たちが第三の勢力であったり第三の勢力を形成したりはできないことを、認識している。こうした関連で緊張緩和が共有できるか、共有できないかをめぐって闘いが行なわれているのである」［エーゴン・バール「グローバルな視点のなかのヨーロッパ」一九八一年八月］。

「ヨーロッパのヨーロッパ化」をめぐる議論は、したがって本来緊張緩和政策の継続と結びついていた。それゆえペーター・ベンダーのモデルの第一段階では緊張緩和政策の現状維持となるのである。エーゴン・バールは、すでに一九七六年アンゴラをみながら世界の他の地域における紛争からえられる帰結は緊張緩和プロセスの中断であってはならず、緊張緩和を周辺地域に広げる努力である、と言っていた。こうした要求をバールは一九七九／八〇年ソビエトのアフガニスタン侵攻でもくりかえしている。なるほど「ソビエトのアフガニスタン侵攻によって緊張緩和政策がひどいダメージを受けたことは、否定できない」。しかしそれでも「正しいと認められた緊張緩和政策の堅持」の必要性の点ではなにも変わらないし、「冷戦への逆戻りは避けるという意思」の点でも変わりがない。西ドイツ連邦議会でバールはこう説いた。「この状況を前にして、今緊張緩和の共有あるいは非共有のような概念について、中世のスコラ派の学者のように針の先端に天使が何人座れるかといった問題で行なったのと、似たように争うのは、じっさいあまりにも小さいことである。じっさいはまったく明瞭なのだ。我われはヨーロッパで安定した地域を達成したのである。この安定性が放射状に伸び、不安定性のみられる他の地域へと拡大させることもできるだろう」。

バールの姿勢は、五〇年代に主張していた確信の修正したもの、あるいは少なくとも相対化したものであった。一九五二年六月二五日の「リアス放送」の解説でバールは、朝鮮戦争を視野に入れてこう言っていた。「世界の自由は分割不可能である。これこそ国連にとって、抵抗を行なう根拠である。この点ではさらにミュンヘンの政策の経験もある。全体主義的な政体は弱さをみせると、おとなしくなるのでなく、図に乗ってくるのである。朝鮮の放棄は、世界のどこか別な地域で、もしかしたらヨーロッパでも、もしかしてドイツでも、類似のリスクの少ない併合をくわだてようとの、図に乗る気を起こさせることになったであろう」（ここで「ミュンヘンの政策」とはもちろん一九三八年ヒトラーに対してとった宥和政策のこと）。

バールの見解の変化は、状況の変化に由来している。一九五二年には冷戦の頂点にあって、緊張緩和政策の失うといえるほどの在庫は一つもなかった。それが一九七九／八〇年の時点では達成したものの喪失を恐れ、それゆえ「我われの政策の結果の維持」に努めたのである。この点は、とくにドイツ政策に当てはまる、とバールはいう。というのも、「西ドイツの国民、ベルリンの住民およびＤＤＲに住む人たちの間には、大きな一体性があるからだ。かれらは皆、緊張緩和から利益を引きだし、緊張のもとでは苦しみを味わう。平和の一体性や安全保障の一体性とは、我われみんなにとって分割不可能なものなのである。このことは、ヨーロッパ全体にとって、東西にとってもあてはまる」［西ドイツ連邦議会第一九六回会議におけるバールの演説、八〇年一月一七日］。

「緊張は分割不可能」ということにだれも興味などもてないという断定的な確認から、バールは「緊張緩和はいつも部分的でもありうる」という結論を引きだした。「我われは――アフリカでは先鋭化した緊張状態があるのに――ヨーロッパでは緊張緩和の最大の成果をえている」。それでも同時にバールにはっきりしていたのは、「アメリカとソビエトとの関係が非常に厳しいものになるなら」、ヨーロッパは平静な場でありつづけることはできない、ということだった。

エーゴン・バールにとってソビエトのアフガニスタン侵攻は、八〇年代の初め急激に悪化する超大国関係の原因ではなくて、そうした展開のたんにもう一つの兆候であった。アフガニスタンは、「東西関係の根本的危機を先鋭化し、覆いつぶしてしまった」。「本当の危機」は「アメリカとモスクワとの関係に」あるのだ。バールは、こうした状況判断の根拠を、一九八〇年一月二六日のシュミット首相宛ての手紙のなかで書いている。手紙にはこんなくだりもある。「アメリカは、ソビエトからみて、アメリカ政策の根本的に新たな局面だとの印象になる政策をとる、これが正しいと思っています。そうした政策はもしかしたら軍備による対決と、そこから派生するソビエトにはネガティブな経済的帰結をともなう対決と言っていいかもしれません。ソビエトが恐れねばならないのは、こうしてアメリカが経済的・財政的・生産的優越を数年間にわたってフルに活用するようになることです。アメリカのそうした長期的な新政策の背景は、モスクワの目からみると、優越の政策に立ちもどることになるのではと思われます。……ソビエトにはそうした競争のなかで自分たちの劣勢をリアルに評価して、均衡を維持するには一緒にやっていくしかないと想定した場合、これはすくなくとも、次のような根本的検討をせざるをえなくなるはずです。つまり世界経済的な分業や密接な関わり合いを長期的な視野にたって設定するソビエト路線、つまりわずかな外国貿易で経済的な自給自足をという考えを捨てるかどうかを検討せざるをえなくなることです。モスクワが対決の局面を受けてたつような結論になったら、西側の貿易ファクターへのソビエトの依存度は小さくなってしまうはずで、これでは、我われの利害に合わなくなってしまうでしょう」。

バールが行なった提案は、まず中東アジアの危機を安定化させ、そのあとで主要な危機克服のイニシアティブを展開するというものであった。中東アジアの安定化というのは、バールにとって「(イラン米大使館における) 人質事件の決着とアフガニスタンにおけるソビエトの関与の限定が見通せるようになることであった」。

バールは、西ドイツ政府がフランス政府と一緒になって、「両超大国の対決路線にブレーキをかけるか、影響力発揮を試みる」よう提案した。かれの念頭にあったのは、両超大国の間の「仲介者」としてのボンの役割であり、「二つのノイローゼ気味の巨人？の間にあって通訳の役割をする西ドイツ」であった。ソビエトの書記長と西ドイツ首相との間の非公式の接触を担当していたバールが強調したのは、重要なのは独自の立場にたって次のような想定に対抗することだった。つまり「我われと西ヨーロッパの国々が——たぶんパリは例外として——とにかく今ではたんにアメリカの執行代理人だとみなされて、この人たちを相手にしても意味がない、と想定しかねないモスクワのやりがちな想定に対抗することである」。シュミット首相に向かってバールが強調している。「我われのワシントンやモスクワに対する影響力は小さくなっていますが、それでも一つの働きかけが、どんな類のものであれ、成果をえようとするなら、我われのかぎられたものにせよモスクワに対する影響力の維持はできるよう配慮しなければなりません。これにはボンからモスクワに対して次のような示唆をする必要があります。すなわち、我われ西ドイツはワシントンとモスクワとの間の展開にまだ影響力をもっているし、影響をおよぼすことに関心をもっている、と」。

ソビエトのアフガニスタン侵攻に対するボンの反応の詳細や、状況の緊張緩和をめぐる外交的な努力などに詳しく立ち入ることはしないが、それでも指摘しておきたいのは、ヘルムート・シュミットも同じように、バールの念頭にあった超大国間の「通訳の役割」を担うべく努めていたことである。

しかしながら一九八〇年の展開によって、西ドイツの影響力はすでにはっきりと小さなものになっていた。とくにドイツ・アメリカ関係のストレスや、ヘルムート・シュミットとジミー・カーターとの間のきわめて面倒な関係によって、アメリカの路線に対する西ドイツ政府の建設的な働きかけなどほとんど許されなくなっていた。そしてモスクワに対する影響可能性もわずかになっていた、ことに西ドイツがむしろ矛盾した路線をとっていたからである。一方で西ドイツ政府は、緊張緩和のプロセスを最終的に頓挫させまいと努めていた。他方では、ことに一九八〇年の選挙の年に当たって、アメリカへの同盟の忠誠に関して疑念を浮かびあがらせないよう強いられていた。これによって次のようなパラドキシカルな事態の説明がつく。つまり西ドイツが一方では——ほとんど他のヨーロッパ同盟国とは違って——モスクワ・オリンピック競技のボイコットを支持し、他方ではドイツの首相が——ドイツの競技選手の参加にはっきり反対していたのに――一九八〇年の夏にみずからソビエトの首都を訪問していたことであった［バールは、オリンピック・ボイコットにもカーター大統領が主導した穀物の輸出禁止にも反対した。「カーターは、ソビエトをアフガニスタン侵攻ゆえに罰しようとしている。……わたしはいずれにせよ罪なき人びとが苦しむ、そうした空疎な示威行動には過去においても現在でも反対である。……禁輸処置は、行動するふりをした無力感であり、倫理的な衣をまとってせっせと励む何もしない姿勢の状態である。……ソビエトをこのようにして罰する、あるいは孤立させようとする試みをやめたら、歓迎であろう。たとえ可能にしても大国を片隅に追いやるには、世界はあまりにも危険にすぎるのである」。バール「禁輸とボイコットはなんの役にもたたない」。『ヴェストファーリッシュ報知』、八一年四月二五日］。

一九八〇年一月二六日付けのヘルムート・シュミットに宛てたバールの手紙は印象的に、かつての「モスクワ交渉人」が八〇年代初めの全体状況をどのように判断していたかを示している。バールにとって大事だったのは、たとえごくかぎられたものにせよ、東方政策によってえられたモスクワに対する影響力を維持する、しかもとりわけドイツ政策上の動機からも維持することだった。そのためにも必要なのは、より自立した役割を演ずることだった。そしてソビエトの会話のパートナーたちに、新たな状況のなかでドイツ首相と、古いテーマに囚われずに意見交換することは、興味深くやりがいのあるとのシグナルを送ることだった。

それでも、同時にバールにとってまったくはっきりわかっていたのは、緊張が増すなかで影響可能性が小さくなっていくだろうことであった。「ヨーロッパのヨーロッパ化」という基本指向にも、東側陣営内での自立化傾向の推進という戦略にも、冷戦への暗転によりブレーキがかかるだろう。というのも危機のときには「隊列はしっかりと組んで」というスローガンがつよい形で通用するからである。バールの状況評価はヴィリー・ブラントによっても共有されたた。ブラントは一九八〇年二月一九日にブレジネフに宛ててこう書いている。「危機が深刻になるほど、それだけ中小の国々の影響力は弱くなります。世界が軍事的な強さこそもっとも重要なものだと思うことに慣れ始めると、政治は効力を失ってしまうだけでなく、国々を軍事的な要請に――強さは本来その国の経済や政治の利害に基づくものなのに――従属させてしまうのです。……危機というのは同盟体制内部のそれぞれの国の輪郭を消し去ってしまう、なぜなら同盟体制の輪郭の方が色濃くなるからです。我われが、いかに多くが賭けに晒され、失われていったかをすでに目にしたあとで、緊張緩和の政治に世界が立ちもどるなら、緊張緩和の支持者と反対者の間の旧来の輪郭もふたたび明瞭になるでしょう」。

すでに述べたように、エーゴン・バールは主要な危機は超大国相互の関係にあると思っていたし、そうした危機の主な責任はアメリカにあるとみていた。アメリカは主に内政上の契機から「軍備による対決」の戦術をとることにして、さらなる軍備管理取り決めによって軍拡競争にストップをかけようなどとはしなかった。バールの分析によると、「アメリカの力の再構築」という試みのもとは、核心にはアメリカの自意識が七〇年代に被った損傷にある、という。一九八一年時この社会民主党政治家の判断はこうだった。「わたしは、アメリカが特別な心理状況にある、と思っている。その状況に陥ったのは当然のことながら、ウォーターゲート事件（アメリカの大統領選挙の折、相手陣営の本部に盗聴器を仕掛けていたことが発覚して、大きな問題となった）の心理的なショックのあと、ヴェトナムにおいてアメリカの歴史上初めて戦争に負けたことによる深い心理的なショック、またこの強力な国が一四カ月経っても（テヘランで）五〇人の人質を解放することができないという体験のあとのことなのであった。これらすべてが鬱積して、ほとんど噴出するように若くつよい国民の意思を次のような方向に向かわせた。つまり今になって鬱憤を吐きだし、怒りをぶちまけ、自分を抑えきれずに、本来ある通りの強さを発揮したい気持ちにである。強さをもつだけでなく、それをじっさいみせつけたいのである。そこから帰結する政策は、口ではソビエトとの均衡をえたいだけだと言っているにしても、心理面では、優越するのを狙っている。これは危険なことである」。

こういう（アメリカの）姿勢をバールは、ソビエトやＤＤＲの会談相手に向かっても主張した。たとえば、一九八三年八月二五日、東ベルリンにおけるＤＤＲ外相オスカー・フィッシャーとの会談でもこう強調している。レーガン政権が追求しているのはあきらかに、ソビエトを軍備増強によって政治的・経済的に「屈伏させよう」とする構想である。バールはそうした構想を非現実的で、無意味で、とりわけまた危険だと思っていたが、しかし同時に、東側の対談相手との会談ではいつも、軍備競争においてはソビエトにも責任があることを強調していた。たとえばＤＤＲ外相のフィッシャーとの意見交換のなかでも、ソビエトが「SS＝20での過剰軍備や、諸提案の出し方の遅滞などによってそうした展開を招いてしまった」ことを指摘していた。

バールに対して「等距離の姿勢」との非難がしばしば出されたが、こうしてみるとその非難には、一片の正当性はあった。じじつバールは、両超大国には危険な軍備競争の責任があるとしていた。そしてますますかれは、アメリカ政府に主な責任を着せるようにすらなっていった。一九八二年バールはレトリック的な質問をたてていっている。「アメリカの軍事的な強みによって、ソビエトの没落が達成できると思えるだろうか?」、と。

こうした戦術をバールは拒否する、なぜならかれのみるところそうした戦術に成果がえられる展望はないし、核の時代にあっては人類生存の危険を意味するからであった。しかしかれの断定するアメリカの軍事的な優越志向は、とりわけバールの緊張緩和構想を危険にするものだった。というのも、バールの構想は軍縮と協力、経済関係の深まりに基礎を置くものだったからである。それに対して――バールの見るところ――軍拡と対決、ソビエトの経済的な自給自足思考への逆転の危険が迫っているのだった。

バールや他の緊張緩和支持者たちが、そうした政策の持続をなにゆえ擁護するか、その理由は東側においてもはっきりわかっていた。ホーネッカーは一九八一年八月三日、クリミアにおけるレオニード・ブレジネフとの会談の折、こう強調している。西ドイツは「七〇年代にソビエトや他の社会主義諸国との条約政策で達成した成果」を維持しようとしている。この点に西ドイツの人びとの関心があるのは、ホーネッカーによると、「かれらの報復主義的、ドイツ政策的な構想、政治的・イデオロギー的な影響可能性のゆえであり、経済的な理由から」であった。

こうした評価でホーネッカーはバールの熟慮の核心をついていた。じっさいボンでは、第一にドイツ政策的な動機から緊張緩和政策の持続に関心がもたれていた。DDRに、かれらなりに緊張緩和プロセスを中断するきっかけを与えてならないことは、明白なところであった。そのために必要とされたのが――バールの戦術的な振る舞い方にそった――モスクワへの影響力であった。一九八〇年一〇月九日、DDR指導部がふたたび強制両替額の引き上げを決めたとき、バールは、ボンにいる(東ドイツ)常駐代表のエーヴァルト・モルト(一九二七年生まれ)との会談のあと、自分の状況判断をメモに残している。一一月一五日のメモにはとくに次のようにあった。「DDRはポーランドによって生じたチャンスを利用して、訪問者の政治的な数字など気にすることなく、低い隔絶分離レベルに基づいて、すなわちかれらにとって政治的により安価な形で、緊張緩和路線の継続を言おうとしている。ソビエトがそうした路線をつづけるかぎり、DDRも全体路線に忠実であり、必要な行動の余地も手にできる。なぜなら全体路線を危険に晒すことがないからである。反応で考えられる可能性といえば、緊張緩和路線がDDRの振る舞いによって危険に晒されることになる政策の提示であろう。この問題で話し合いを求められるパートナーが、DDRではなくてソビエトしかいないことは明らかなところらしい。わが国の状況は、アメリカとその新政府に対して難しいものになっている。我われは緊張緩和政策を終わらせかねない圧力に晒されるだろう。この圧力は野党によって一段と強められ、DDRが世論向けに東方政策の破綻を顕示する行動にでるような状況の形で先鋭化されることになるだろう。つまりソビエトが知らねばならないのは、DDRにドイツ・ドイツ間のテコを介して――ワシントンのタカ派でも想像できない効果を手にさせることである。こういうことを許すかやめるかは、ソビエトの手にかかっている。わたしは目下のところDDR相手に会談を行なって、DDRの利害に理想的にそうよう姿勢の変更を求めるよう試みても無意味だと思っている。ことに弱みのある者の目下の状況からみて、DDRに対して請願者として登場するのは間違いだろうからである。その帰結としては、次の数週間の間にDDRに対して関係を細々とでもひきつづき維持し、接触と対話を関係の維持と意向をさぐる目的にしぼること。ここ八週間の間に実証されたのは、ここ一〇年の経験である。DDRの政治姿勢の効果的な変更が達成できるのは、モスクワを介しての圧力だけであるか、金銭によるかぎられたレベルの変更でしかありえないことである。後者の方はいずれにせよ当分考えられない。DDRに対しても、ソビエトに対しても、ほとんどどんな状況でも我われから金銭を巻き上げるレシピなどDDRにもち合わせのないことを、はっきり示してやるのが、我われの利害でもある」。

このメモは、西ドイツ側がどんな苦境にあるかを詳しく示していた。一方ではDDRに対して、達成ずみの人的状況の改善を損なう形で一方的に緊張緩和路線から離れる機会を与えてはならなかったし、他方で西ドイツは、対決路線をとると決めたアメリカ政府と――そうでなくとも狭い行動の余地をさらに狭めるのを欲しないなら――原則的な抗争に陥ってはならないのだった。それだから、エーゴン・バールが「緊張緩和はドイツの同権とドイツの未来の唯一有効な基盤である」と強調するのも、ドイツ政策上の視点から見て一貫したことなのであった。

「ヨーロッパのヨーロッパ化」という考えには、中心的要素として、「半ばヨーロッパ的な」リーダー国家とそのヨーロッパの同盟国との間には利害の差があるというテーゼが含まれていた。こういう意味で、この考えはじじつ等距離的なものを内在させていた。しかしそれは価値の次元においてみられるものでなかった。むしろバールがくりかえし強調するのは、「大西洋の両側には共通の価値がじゅうぶん存在しており、それが共通の利害の下支えになっている」、ことであった。この発言は、カール・カイザーのいうような、「自己ガード的な名文句」ではなくて、バールの思考の基本要素なのであった。それなのに「等距離の姿勢」という非難がたえず出されるのは、無理からぬところであった。というのも、そうした非難は、ほとんど必然的に緊張緩和政策の構図から発するものだったからである。じっさいバールの緊張緩和構想は、「東西抗争の減少」を含みにしていたし、同時に、「共産主義的な抑圧を故意に瑣末視する沈黙と、その抑圧を言葉で断罪する不毛さとの間で行なう危うい綱渡り」を意味していた。

しかしながら、こうした無理な開脚姿勢は、「本来生産的であった緊張緩和政策が、今ではぶれたうえでの硬直化」という徐々に生じた結果ではなく、バールの「接近による変化」構想の基本前提なのであった。それは初めから、イデオロギー的な対決の格下げなのであった。「イデオロギー的な対決や国家・国民よりも平和的共存を上位に置くというのは、これがケネディーによって平和の戦略として規定」されて以来、緊張緩和政策の結果であり帰結であった。エーゴン・バールにとっては、すでに壁の建設というのが、「共産主義が理念や現実としてデモクラシーとの直接的な競争に耐えられないことを白状したもの」であった。共産主義的政体の内部的な諸矛盾によって結局はその解体にいたるであろう、というのである。イデオロギーは東ヨーロッパの国々において今となってはただ「権力維持の機能」を果たしているにすぎない。共産主義的イデオロギーは硬直して、「さらなる進歩を妨げる」システムになってしまった。この点の結果として、バールからみると、「国家・国民や伝統の古い関心がふたたび強まる」ことになった。経済的な効率の欠陥とイデオロギー的な要請との間のギャップが東欧諸国をますます深刻な矛盾へと突き落とすことになるだろう。東側の利害状況を決めているのは、「近代化への衝動」であって、イデオロギーではない。しかしこの脱イデオロギー化を西側から助長できるのは、緊張緩和の雰囲気においてのみであって、対決調の思想の闘いではない。「イデオロギー的な戦争、あるいは冷戦は、せいぜい迂回路にすぎないが、時間はかかるし危険でもある」。「ポーランドにおける基本的な出来事」を視野に入れながら、バールは一九八二年一月にもう一度自分の構想の戦略的目標を次のように規定している。「現実を変えるのが緊張緩和政策の目標である。……進展や後退という歩みが予見できる。東西間でもっと関係や結びつきがあれば、我われの論拠や意見に東側での影響力をもたせられるだろう。そこで起こるのは、それに対して身を閉ざすための硬直化であろうが、招く結果は東ヨーロッパが経済的発展のスピードに耐えがたいほど遅れをとることであろう。そんな事態は耐えられないものだろうから、内部的な引き締めが必要と思われた局面のあとで、ふたたび窓を開くようになるだろう。……我われの体験によると、現代の工業社会の発展に由来する社会変化への圧力は東側の工業社会の前でも足踏みすることはないのである。西側工業社会はそれに対してひたすらより柔軟により速やかに反応する。我われは東欧において、歴史的、国民的、経済的な諸勢力のミックスとかかわり合うことになるだろうが、その勢力にコルセットは似合わない」[エーゴン・バール「ポーランドに自由を求めることはなんとかんたんなことだろう。ポーランドをめぐる議論では多くの政治的な目論見が現実のしがらみなしに行なわれるだろう」。『フォアヴェルツ』紙、八二年一月二二日、三頁]。

それだから、政体問題の格下げは、国家・国民問題が武力不行使という原則の下のランクになったのと同じように、バールの緊張緩和構想の本質的メルクマールであった。かれは、こうした政策の成果として、「イデオロギーはもはや対決の先頭にくるものではない」という事態が達成できたと思っていた。

こうしてイデオロギー的な対決の格下げは、共通の利害が有効になれる基盤であった。もっともバールは「イデオロギー的な時代の終焉」を決して、イデオロギー的な収斂とか、イデオロギー的な共存と理解しようとしたのではなかった。緊張緩和政策は、「イデオロギー的な収斂とか、融合不可能な原則的対立の価値を無視した混合」などにいたるものではない。内政的には共産主義者は、敵対者でありつづけるが、しかし外交面では「平和の欠くことのできないパートナーであり、かれらはイデオロギー的な敵対者として存在しつづけ、そうして歴史が決定していくのである」。バールはイデオロギー的な対決を否定するのを、内政的な理由、また外交的な理由からも拒否した。かれにとって大事だったのは、体制間の競争の終止ではなくて、競争の平和的な実施であった。内政上バールが「イデオロギー的な収斂」を拒否したのは、SPDがその存在意義を放棄したら、おのれ自身を失うだろうからであった。個々の人間は、尊厳と自由のなかでもてる能力を発揮できるようでなければならない。緊張緩和政策の点でバールは、「イデオロギー的な共存」というテーゼも非生産的だと思った。なぜなら、東側の交渉相手に対してとりあえず「イデオロギー的対決の除去」を要求するものはだれでも、心の底では信じている信条を放棄してくれ、つまり内面での結びつきの基本要素を捨て去ってくれとの、みたしえない要求をもっているからである。「たしかにイデオロギー的な問題が果たす役割はますます小さくなっているのは、はっきりしている。……しかしこれは独特の展開をもっていて、もしそこからイデオロギー的な複数主義にとってテーゼまがいの命令をつくりだしたら、危険となる展開なのである」。

❇第13章❇ 分断のなかにチャンスを求めて

第1節　第二次東方政策――社会民主党の影の外交？

八〇年代における社会民主党の緊張緩和政策の面での努力は、しばしば「第二次東方政策」といわれる。一九八〇年一月、カールステン・フォークト（一九四一年生まれ）が使った「東方政策の第二の局面」という言い方が政治的な議論に取り入れられたのである［カールステン・フォークト「軍備競争からの徐々なる脱却」。SPDのベルリン党大会ののち］。このSPDの政治家は、エーゴン・バールと同様、すでに七六年以来、緊張緩和政策の積極的・精力的な展開に力をこめて取り組んでいた。

バールは、「第二次東方政策」という概念を当座みずから使うことはしなかった。その背後にある意図にはまったく異存はなかったのではあるが。この点については次のようなことも関係していたらしい。つまりこの概念は、その後みられたように、大きな一般受けがあったにもかかわらず、根本では不適切で誤解を招きやすいものだった点である。というのもこうした言い方は、八〇年代におけるSPDの東方政策上・ドイツ政策上のイニシアティブが、あたかも新しい第二次東方政策であるかのような間違った印象を呼び起こしかねないからであった。むしろ、そこにみられたのは、核心では社会民主党の緊張緩和政策の継続であり、「接近による変化」というバール構想の一貫した継続であった。「緊張緩和政策の第二の局面」というしばしば使われる言い方ですら不正確である。事実にそって、社会民主党の緊張緩和努力の局面による区分けをしようとするなら、一九八二年後の時代は、むしろこの党の緊張緩和政策の「第三の局面」であった。野党時代および大連立の時代（一九六三〜六九年）における社会民主党の東方政策の構想化、そして政権担当時代（一九六九〜八二年）にそうした政策が少なくとも一部実行に移されたあと、今や野党の立場での政策の継承となるのである。

社会民主党の緊張緩和政策の「新たな指針提示」の必要性は、本質的には一九八二年の政権交替と、それにともなうSPDの政権喪失に発していた。それゆえ、「緊張緩和政策の第二の局面」を、バール構想のなかの第二段階の積極化、つまり軍事分野における緊張緩和の継続をめぐる努力と混同してはならない。たしかに八〇年代におけるSPDの東方政策にとって、この段階局面は重要な役割を果たしていたが、それでも局面概念がぴったり合致するものとして使うことはできない。「第二次東方政策」という内容的にはっきり限定のない概念の特別な点は、むしろ、政権という責任なしに党の次元で行なわれた政策を表している事実にあった。

一九八三年の八月二四日、ヘルマン・アクセン相手に行なった会談で、エーゴン・バールは、この東ドイツの会談相手に向かって、自分の党は「権力を失ったが、この事実を今日まで処理しきれていない」ことに触れている。じじつSPDが野党になるとともに、東方政策の進展や方向に関して問題が生じていた。すでに実現したものは野党の立場でどう維持できるのだろうか？　七〇年代の初めにはしばしば激しい論議の的になった東方政策を継続するよう、連邦政府に圧力をかけるには、どうしたらいいだろうか？　外交政策の一貫性をどう保証したらいいのか？　また当然ながら、社会民主党にとって生じていた問題は、七〇年代の社会民主党に成功の歴史をもたらし一九七二年の選挙でたしかな勝利を導いてくれた東方政策を、これからも党派政治的にどうやって利用したらいいのだろうか？　SPDにとって大事だったのは当然のことながら、努力して手に入れた東方政策・ドイツ政策上の権能（対応能力）の維持であった。なし遂げた成果の維持というのが、党の次元で東方政策を継続する政党政治上の動機の一つであった。くわえてもちろん、東側の会談パートナーたちとのさまざまな、一部秘密裏の、努力して確立した接触ルートの維持もしておきたかった。そのうえ多くの参加者もみられる平和運動の一部を党に結びつけるためにも、とくに安全保障政策・平和政策上の外交の対応能力をはっきりみせることが、SPDにとってとくべつ重要であった。

社会民主党の「もう一つの外交」の原因を問う場合、「第二次東方政策」にとってのこうした党派政治的な動機づけも、つねに配慮しなければならない。その場合、政党デモクラシーにおけるその種の動機は、名誉にかかわることでもないし新たな現象でもない。イギリスの歴史家ティモシー・ガートン・アッシュが次のように確認しているのはもちろん正しい。「東方政策の歴史のなかでたえず、個人的、党派政治的、選挙を睨んだ動機づけが、国民的、国際的な動機づけと絡み合っていたのである」。こうした東方政策にかぎったこととはいえない認識は、八〇年代だけに当てはまるものでもなく、社会民主党だけにいえることでもない。すでに六〇年代の東方政策の構想の練り方は、もちろん「政権獲得の戦略」にそうものであったし、そうした政策がCDU／CSUによって当時拒否されたのも、その原因が「故郷被追放者同盟」（第二次大戦敗北後、ポーランドに割譲された地帯やチェコのズデーテン地方などから、追放された者のうち西ドイツ地区に来た者たちの同盟のこと）の票を睨んでの「政権維持戦略」を追求していたのと同じである。ギュンター・シュミートやラインホルト・ロートが東方政策に関する研究で、「どんな外交上の決断も、直接あるいは間接に政治的な支配力の保証や権力獲得に奉仕するものである」、と結論づけているのも適切である。選挙戦術的な計算が、デモクラシー内におけるどんな政治的決断の場合でも切り離せないものになっている。分析するに当たってこの点を軽視するのは、単純すぎるし政治的に近視眼的であるだろう。そうはいってもこうした認識でもって、党派的な目標とつねに不可分に結びつく政治決断にとっての内的動機を分析する必要性から免られるわけではない。

SPDのいわゆる「第二次東方政策」にとっては、西ドイツの新政権が緊張緩和政策を継続しないのではないか、という不安が決定的な役割を演じていたのは、明白である。この点を裏づけるようにバールが一九九三年の三月にこう書いている。当時SPD内ではこう問われていたものだ。「野党の立場で緊張緩和構想を持続するのに何ができるか、連邦政府に圧力をかけて望ましい方針につかせるには、どうしたらいいか、DDRに圧力をかけて、対決へと後ずさりする誘惑に駆られないようにするにはどうしたらいいか。これは、軍備増強とレーガン大統領が冷戦の再活性化に傾斜していただけに、それだけうなずけることであった」。

しかしながら、東方政策やドイツ政策の路線変更に対する不安は、ほとんど根拠のないものだった。この分野での「方向転換」は起こらなかった。アルフレッド・グロッサーは、大半の歴史家や政治学者と同様、ドイツ外交の継続性の要素を強調して、こう言っている。「ハンス＝ディートリヒ・ゲンシャー（一九二九年生まれ）が一九八二年ヘルムート・コール（一九三〇年生まれ）のもとで外務大臣に留まって、すでにかれがヘルムート・シュミットのもとで担当していた省庁（外務省）をひきつづき率いることになったとき、方向転換を画したのはゲンシャーではなくて、CDUが、以前あれほど激しく噛みついていた東方政策を引き継ぐ形で方向転換したのである」。外務省における人事の継続性は、東方政策・ドイツ政策におけるひろくスムーズなバトンリレーに当たって軽視できない意義をもっていた。ゲンシャー外相には西ドイツの緊張緩和政策の保証人としての役割がますます求められるようになっていった。

また西ドイツの新首相も緊張緩和政策の継続性を支持するとはっきり表明した。すでに一九八二年一一月二九日、コール首相はエーリヒ・ホーネッカー宛ての手紙でこう書いていた。「拝啓、書記長様。新たな西ドイツ政府はドイツ民主共和国との関係をたいへん重要視しています。それですからわたしは、貴殿との個人的な結びつきをもつことに関心をもっています。両ドイツ国家間の基本条約ならびにその他の協定、取り決め、取り扱いのルール設定は、関係発展の基礎であり、大枠であります。西ドイツ政府は、ドイツ民主共和国との良好な関係に関心をもっています。この点は人びとのじゅうぶん理解できる関心であり、同時にヨーロッパの平和と安全保障に貢献するものでもあります。

……西ドイツの新政府は、関係における信頼性と計算可能性（どんな対応をするか、前もって想定できる状態にあること）を支持します。人びとの幸福と平和とに奉仕するため、あらゆる可能性をじゅうぶん利用するのがわたしの願いであります」。

ドイツ政策上に方向転換がないことのもっとも意義ある証拠は、一九八四年ＣＳＵ党首のフランツ＝ヨーゼフ・シュトラウスが仲介した、ＤＤＲへの一〇億マルクの融資であった。七〇年代に確立した、東側首脳たちとのバック・チャンネルも、保守・自由連立政権の手で引き継がれ、継続された。ソビエトの書記長と西ドイツ連邦政府との秘密の接触もその後もたとえば、首相の外交補佐官ホルスト・テルチィク（一九四〇年生まれ）が引き受けた。

ＳＰＤの「併存外交（Nebenaußenpolitik）」にとって大事だったのは、自分たちの手で進めてきたドイツ政策の展開からシャットアウトされないことであった。エーゴン・バールにとって、この政策は「野党の立場になってもなお政治施策として影響力を発揮できる」チャンスであった。くわえてバールは、「自分たちの成功した政策を変更する理由など少しもない。新しい政府が継続しようとするのだから」という立場にたっていた。

ところで政府の接触を公式・非公式の党の接触で補完するという考えは、一九八二年に政権を失ったときに初めて生まれたものではない。六〇年代以来社会民主党側には、ＳＥＤの国家・政権党と接触するという持続的な試みがあった。そうした努力は、バールの次のような大いにありそうに思える認識に発していた。つまり「このような政体ではことを左右するのは結局のところ党であって政府ではない」という認識であった。

それゆえ八〇年代にＳＰＤとＳＥＤとの間にえられた党間接触は、構想上、あるいは実践上の新たな始まりではなくて、六〇年代以来存在したものであり、バールの東方政策の論理にそったものであった。すでに一九六四年一二月、さらに六五年の六月、エーゴン・バールはヴィリー・ブラントの依頼を受けて、ＳＥＤトップとの非公式の対話接触を試みている。駐東独ソビエト大使ピョートル・アブラシモフを介して――かれとの間には一九六二／六三年以来秘密のチャンネルがあった――ＤＤＲ評議会議長でＳＥＤ政治局員のヴィリー・シュトーフとの対話のお膳立てをしようと努めた。しかしこのお膳立ては、ヴァルター・ウルブリヒトの反対にあって頓挫してしまう。ウルブリヒトは、ブラントやバールのイニシアティブに、ＤＤＲを徐々に掘り崩そうとの試みをみていたのだった。

ＳＰＤ内で関心がもたれていたのは、ＤＤＲとの非公式の接触だけでなかった。すでに一九六六年には、ＳＥＤとＳＰＤとの間に講演者交流の計画――多くの注目を集めていたが、結局は実現しなかった――もあった。ＳＥＤの三人の代表がハノーファーで、ＳＰＤの三人の代表がケムニッツ（ＤＤＲ時代には「カール・マルクス・シュタット」と改称されていた町）で講演することになっていた。社会民主党では、ヴィリー・ブラント、ヘルベルト・ヴェーナー、フリッツ・エルラーが話し手として用意されていた。エーゴン・バールは、ベルリン市の職員として準備に当たる。六六年四月二二日「ケムニッツ要件」というメモのなかで、ＳＰＤの関心状況をバールはこう書いている。「我われの関心には、ネガティブなものとポジティブなものがある。ネガティブな関心が求めているのは、親睦、譲歩、幻想などのあらゆる印象を阻止して内政的に攻撃される面をみせない、ましてや孤立状態に陥らないことである。こうした利害に応えるのはたやすいだろう。ポジティブな関心がめざしているのは、接触の糸を切らさないようにして、できることなら、双方の講演会そのものを超えた小さな実質的成果をめざすことである」。実質的な内容としてバールは、次のような筋書きを勧めていた。「(1)細かい点にわたる歴史的な回顧は避けることが大筋では必要、(2)我われが忘れることのできないこと、(3)一致できない立場、(4)我われは統一の道をどう思い描いているか、(5)我われの前にある選択肢として、課題の大きさや対立を前にして我われは諦めるべきなのか、それとも今日じっさいできるものをすべきなのか、この点について、分断とそこに現れている違いにもかかわらず、了解がえられるかどうか」。

しかしながら、ＳＥＤは話がついていた対話を、最後の瞬間になって断ってしまった。理由としてあげられたのは、いわゆる「手錠の法律（Handschellengesetz）」である。それは一九六六年六月二三日、西ドイツ議会が、ＳＥＤの代表者たちが西ドイツに（逮捕の）危険なく入国できるように決議した法律であったのだが（ＳＥＤの代表者たちが西ドイツに登場するには、かれらがとくにベルリンの壁際で死者を出した措置により逮捕や刑法上の訴追を覚悟しなければならなかった。そうした西ドイツにある障害を取り除こうとして西ドイツ議会が決議した法律、つまり西ドイツの裁判権の期限つき免除の法律であったが、東独のＳＥＤはわざとねじ曲げて「手錠の法律」だといったもの）。しかし突然の断りのじっさいの動機は、むしろケムニッツにＳＰＤの代表者たちが顔をみせた場合に、ＳＥＤ反対のデモや訪問者への共感の態度表明がでることへの懸念であった。この講演者交流の拒絶でDDRの権力者たちがあらためて示したのは、以前からある次のような認識、つまりかれらが対話の提案のもとに留まれるのは、それが言葉通り受けとられることはないと予期できるかぎりでのこと、というものであった。

党首ブラントは、SPDにとって実現しなかった講演者交流をそれでも成果であったと言った。一九六六年七月一四日、かれは、ラジオで「ここ数カ月の間に起こったことは、もはや無視することはできない。ドイツではふたたびドイツに関してたくさん話題にされるようになった。一つの国民でありつづけるという意思がつよくみえるようになった。いろいろな道や実際的な可能性がはっきりしてきた。この経験と体験はもう失われることはないだろうし、失われてはならないものだ」。

エーゴン・バールも肯定的な結論を出している。「そうはいうものの、今なにか意地悪なことをいう根拠があるとも思えない。実現しないだろうことは、前々からわかっていたとか、直接的な対決の道はたどれないものだとか。そんなふうに最初の試みのあとで言えるものではない。その逆である。つまり、こうした道が先へとつづく展望をもたらす場合にこそ、向こう側ではたぶん抵抗をみせなければならないのだろう。ためらい、中断、逆戻り、慎重な検討、ある種の不確実性、これらはみな、踏みだそうとした道が展望をみせている証拠である。いずれにせよ、我われの原則の主張に当たってみせた忍耐や粘りよりも、こうした場面で少ない忍耐や粘りしかつぎ込めないとしたら、間違っているだろう」。

「講演者交流」の歴史は、SPDがすでに六〇年代にSEDとの党間接触にひるむことなく、一致できない見解の相違があるにもかかわらず、二、三の実際的な問題の解決が可能かどうかを探ろうとしていたことをはっきりと証明している。その際社会民主党の目標は、「ツォーネにいる同胞たちにとるべき指針を考える支援」をすることであった。この点をバールはヴィリー・ブラント用に書いた構想のなかで次のように言っている。「我われにそうしたことができれば、かれらも、我われがSED指導部のテーゼに対抗して提示する論拠を認識し、じっくり考えてくれるだろう。……我われの考えでは、ただ架橋しがたい対立や一致させられない目標を口にするだけでは、不十分である。我われは、いろんな対立にもかかわらず、一連の実際的な問題の解決を分断されたドイツでもすべきである、と言いたい。人びとにとって日常の生活、その状況の改善にかかわる問題の解決である」。

その際ＳＰＤは六〇年代の半ばではなお、あまりに接近しすぎるとのどんな印象も避けるべく、細心の努力を払っていた。たとえばバールは一九六六年三月に、「両党の協力など問題になりえない」、といい、四月にはブラントに「ウルブリヒトと握手するなど、これみよがしに拒否すべきだ」、と表立ってアドバイスしていた。壁の建設五年後のこうした控えた態度は理解できるが、それも八〇年代の初めには表立って目立たなくなっていた。それでもバールの基本的姿勢は変わっていなかった。この社会民主党員は一九六六年時にはこう言っていた。「ＳＰＤは、イデオロギー的共存を招来させようと試みることだけでも、意味があるといった印象などもっていない。そんな共存などありえない。逆に、ドイツ問題の解決に近づこうと思うなら、大事なのは交流だけでなく、一致などありえないさまざまな論拠や見解をぶっつけ合うようにすることである」。こうした姿勢は、バールが八〇年代の初めに次のように口にした見解にまさに符合するものであった。「社会民主党員が共産主義者たちと意見が一致するのは、平和的な共存というのが、イデオロギー的な対決の終わりではなくて、それを二番目の位置にずらすこと、という点である。我われは、どこまでも一致しないという点で、意見が一致している」。

ドイツにおける共産主義者と社会民主主義者との関係は、たえずとくべつ問題をはらむものだった。労働運動の分裂や、ヴァイマル共和国時代におけるＳＰＤとＫＰＤ間の激しい闘いは、多くの党員たちの経験の背景をつよく彩っていたし、一九四六年ソビエト占領地区において強制的に統一させられた記憶もつよい影を落としていた（敗戦直後、ソビエト占領地区のウルブリヒト率いるＫＰＤとグローテヴォールのＳＰＤは、とくにＳＰＤに対するソビエトの強い圧力があって、四六年二月に同意して、四月に合同大会を開きＳＥＤを結成することになった）。エーゴン・バールは、四六年若いレポーターとしてベルリンでこの「強制的統一（Zwangsvereinigung）」を身近に体験したのであるが、かれもこの統一劇にはあとあとまで残る影響を受けた。かれはくりかえし、社会民主党員はあの出来事を忘れることはできないし、忘れてはならない、と警告している。こうした論拠にたって言われたのが、一九八六年SEDに対するSPDの違いを強調するバールの発言である。「共産主義者たちのイデオロギー的な違いの明確化に対応して、社会民主党員の違いの明瞭な一線がある。内部において、共産主義者との行動の統一の拒絶を、東方政策の実践的最盛期に実証するというのは、我われにとって偶然ではなくて、論理的で政治的に必要であり、歴史的に正しいのであった。一九七一年二月二六日、党の幹部会は、次のような決議もしていた。〝平和政策と自由の確保は、ドイツ社会民主党にとって分かちがたく結びついている。それゆえドイツ社会民主党は、共産主義統治の国々と外交的な意思疎通をはかろうとする努力に当たっても、決して原則的な対立の混合など許すことなく、社会民主主義と共産主義との、それぞれの目標と実現方法とを互いに区別していくであろう。民主主義的社会主義は、将来にあっても共産主義に対する政治的な選択肢でありつづけるだろう。SEDも、また東欧の他の共産主義政党も、みずからくりかえし、違った社会体制の国々の間の平和的共存は、自分たちにとってイデオロギー的な共存を意味しない、とはっきり言っている。この挑発的な主張に社会民主党は応じよう〞。七一年のこうした確認には、たとえSEDが目下社会民主主義に対して、かれらの創立二五周年大会時にまだ行なっていたような、敵対キャンペーンを組織していなくとも、なんの変わりもない。そうした確認は持続していて、〝DDRの共産主義体制は今日でも我われの自由な秩序に対する選択肢として受け入れられるものではない。社会民主党はあらためて、共産主義的な一切の誤った教義に対して、自由な秩序を妥協の余地なく擁護する任務に尽力することを誓うものである〞」［エーゴン・バール『強制的統一――一九四六年四月とSED創立の思い出』、二四頁］。

しかしこうした明確なイデオロギー上の隔絶路線にもかかわらず、バールは一九六五／六六年、その未公刊の書『さて、何をしたらいい？』のなかでこう強調していた。ドイツの再統一にとって多くの前提の一つは、「ドイツに、まずなにより第一にドイツ人である人、第二に共産主義者でも、自分が精神的に、イデオロギー的な信念よりも、国民的なアイデンティティーにつよく結びついているような人が、じゅうぶんな数だけいることである」。

こうした姿勢からわかってくるのは、結局のところ冷戦時代における「境界ぎりぎりのところを行く人」としてのバールの役割である。ここにみられるのは、近づこうとすること（Annäherung）としつこく関係をもとうとすること(Anbiederung)との間をいく危うい綱渡りの問題性である。関係の正常化(Normalisierung)と関係の公式化(Formalisierung)との間の線引きは、かねてより錯綜したものであった。この点をじゅうぶん意識しながら、バールは一九八五年に次のように言っている。「SPDとSEDとの関係の公式化など論外である。この場合SPDには、既存の決議に関してあらためて決断する必要はない。周知のように、それにより機能する接触活動が妨げられるわけではない。両党の見解の基本的な違いは存続しつづけるのである」。

こうした線引きがとくに複雑になったのは、ドイツ政策上の目標とならんで、党政策上の特色の打ちだし方が重要になった場合である。その際とくに問題が生じたのは、一九八二年以降SPDが野党の立場から正常化のそうした政策をしなければならなくなった事実にある。ホルスト・エームケ（一九二七生まれ）が自己批判的に回顧しながら、社会民主党の「併存外交」の中心的問題点を次のように述べたのも、まったく根拠のないことではなかったらしい。「我われは野党なのに、政権党のように振る舞うことによって、我われの政策は今度はなおさら余計に〝政権担当者による政策〟のような印象を与えることになった。それにより、ヨーロッパの分断の克服というものへの、我われの外交政策上・安全保障政策上の力点の置き方の一面性がいっそう強まってしまった」。じっさいいわゆる「第二次東方政策」は意識的に七〇年代初めの二国間東方条約政策をモデルにして構想されたもので、したがって疑いもなく「国家的性格のもの」という印象を呼び起こしていた。

条約政策の場合と同じように、八〇年代になっての緊張緩和の努力も対象をDDRにかぎったものでなかった。SEDやソビエト共産党との党間接触のほかに、ポーランド、ブルガリア、チェコスロヴァキアやハンガリーなどの国家を担う共産主義政党との接触もあった。一九八五年エーゴン・バールは、党のレベルでのこの種の対話接触は「条約交渉」ではない、と強調していたけれども、しかし核心ではまさにそれが問題となっていた。「条約まがいの交渉」によって緊張緩和政策的なインパクトを与えようとし、そうしてまた西ドイツ政府に交渉圧力を加えようとしていたのである。「自分たちの政府を引っ張りこまずに、ＤＤＲを望む方向へと」押しやることになった。こうした戦略と、さまざまな権限レベルに発する問題性とは、東側でも完全に目にはいっていた。ＳＥＤの代表者たちと、ソビエトの同盟者たちとの定期的な協議の折、ヴァレンテン・ファーリンがこう言っている。「ＳＰＤは野党であって、かれらの会談や交渉ではっきりと高度の拘束力のある結果がえられるわけではない。これに対して、ＳＥＤのどんな発言にも約束にも別な重みがある。というのもそれらの背後にＳＥＤの同盟者たちの姿勢を推量するのは当然だからである。それでもＳＥＤとＳＰＤとのそうした協力により、社会民主主義的な弱みから徳を引きだすこともできるだろう。というのも、かれらの支援をえてボン政府への圧力を高め、他の国の社会主義的な党や社会民主主義的な党を積極的にさせることによって、ね」、と。

政党間接触の中心にあったのは、最初から安全保障政策であって、こうした安全保障政策の優先は、軍事領域での緊張緩和政策の持続が必要だとするバール構想の論理にもそっていたし、また、この領域でならもっとも早く共通の利害が形成可能という経験に基づいていたものだった。

たとえば一九八一年一二月、シュミット首相とホーネッカー書記長がヴェルベリンゼーで会談の折すでに、ヨーロッパにおける平和確保に関する両ドイツ国家共通の責任というのがコミュニケでもはっきり言われていた。両ドイツ首脳の主張した、ドイツの地から二度と戦争を起こしてはならない、という確信は、一九八五年コール首相とホーネッカー書記長との「共同声明」の文言にも取り入れられた。こうしてこの種の意思表明の言葉は、八〇年代におけるドイツ・ドイツ間対話の一種のモットーになった。

エーゴン・バールはこうした対話に当初から積極的にくわわっていた。すでに一九八一年九月バールは、ＳＰＤ執行部の一員、ならびに西ドイツ連邦議会の軍縮と軍備管理のための委員会委員長という二つの資格で東ベルリンを訪問している。九月四日にかれはエーリヒ・ホーネッカーとヘルマン・アクセン（ＳＥＤ外交委員会委員長）との会談に臨んでいるが、それは、七二年九月七日「基本条約」交渉にかかわる会談でホーネッカー／バールが顔を合わせて以来、久しぶりの出会いであった。同時にそれは、バールが七四年から八〇年にかけてもっぱらドイツ／ソビエト間対話に腐心していたあとで、ふたたびドイツ・ドイツ間対話にいっそう積極的にかかわる、そうしたスタートのシグナルでもあった。その九月四日の場合は、ヘルマン・アクセンとエーゴン・バールとの最初の会談でもあった。この会談は、同時に「軍備制限と軍縮問題に関する両ドイツ国家の議会人の最初の会談」でもあり、この会談で、「折をみてこうした接触を適切な形で継続するとの合意がえられた」。

エーゴン・バールとヘルマン・アクセンとの間の安全保障上の対話継続の機会は、その後一九八四年以降ＳＰＤとＳＥＤとの共同の作業グループのなかでえられるようになった。

第2節　ＳＰＤ／ＳＥＤ対話――共通性を求めて

バールが六〇年代に構想した「接近政策」の近い将来のはっきりした目標は、「国境の行き来をしやすくすること」であった。かれの政策が目標としていたのは、「共属の感情の強化、新しい結びつきや関係をつくりだし、そうして一体性を促進する」ことであった。

壁の建設は阻止できなかったが、その壁を行き来しやすくするためには――そうバールは認識する――壁を設けた人たちと話し合わねばならないし、その際話しかけるパートナーは、さしあたりＤＤＲ政府であった。それでもかなり早い時点から、考えられうるあらゆる接触可能性を利用する必要があるだろう、との洞察で一貫していた。その際会談のレベルの問題がしばしば――政治の場合軽視することはできない――地位・身分の問題となった。たとえばヴィリー・ブラントは一九六八年ヴァルター・ウルブリヒトとの接触を試みようとした際、はっきりとＳＰＤ党首としての身分においてであった。というのも、外務大臣として接触の道を拓こうとすると、DDRによって承認と受けとられる恐れがあったからである。他面でSPDとSEDとの党間接触となると、とくべつ問題的なものだった。両党の間では、歴史とイデオロギーとの抗争にみちたすべての問題が頭をもたげるからである。

SPDは長い間党間の公式接触を避けていた。イデオロギー的な兄弟分という非難を恐れていたし、それと結びつくだろう困難、つまり内政上の隔絶とドイツ・ドイツ間接近との分け目ラインを、正確におおやけに攻撃を受けない形で引くという困難を、じゅうぶん認識していたからであった。

SEDの方でもまた、七〇年代の終わりではまだ、SPDとの公式な接触を避けていた。かれらにはあいかわらず、もう一つのドイツ国家とのイデオロギー的な隔絶のために「社会民主主義」という敵対する像が必要だからであった。こういう側面がはっきりと浮きでているのが、一九七九年一月二六日に行なわれたエーリヒ・ホーネッカーとソビエト中央委員会の書記ボリス・ポノマリョフ（一九〇五―一九九五）との会談である。SEDの書記長は、ソビエトの話し相手に向かって、社会民主党の政治家たち（わけてもブラントやバール）の公式な党間接触を求める願いに触れて、はっきりとこう言っていた。「我われはSPDと関係をもとうなど欲していない。SPDはDDRに対して敵対的な態度をとっている。……我われが関係をもっているのはSPD政府であって、シュミットは必要以上にしばしばわたしに電話をしてくる。しかし党間の関係の問題はまったく別なことである」。

したがってこの件に関する状況判断に変化が生じたのは、一九八二年の政権交替と政府間レベルの接触がありえなくなってからであった。八二年一一月二日、SED政治局では、SPD／SED接触をはかる決議が議事録に残される。「SPD党首ヴィリー・ブラントの、SPDとSEDとの間の党関係をつくりだそうという求めに応じる」、と。

東ベルリン駐在のかつての西ドイツ常駐代表で、ブラント側近のギュンター・ガウスは、SED書記長と接触をはかり、八二年一一月に手紙で成功を報告する。ヴィリー・ブラントとハンス＝ヨッヘン・フォーゲル（一九二六年生まれ）に宛てた書簡でガウスはこう伝えている。「SED書記長は、SPDとSEDとの間に、ある種の仕組みも決めた接触のあることを、のちに折をみて伝えるかどうかは、我われに任してくれました。さしあたり一致したのは、わたしと書記長との会談は秘密にしておくこと、この点は、さらに執行部メンバーに伝える場合にも注意すべきことでした。……初めにわたしは、お二人の挨拶と、ボンの政権交替のあとでも、SEDの権限あるパートナーたちと信頼にみちた会談のチャンスをもちたいとするSPDの関心を伝えました。ケースに応じて我われの方では党執行部のメンバーが対応することになるだろうこと。そうした機会にSED側では政治局が代表になるのを我われは期待していること、そうした意見交換の準備や、この種のレベル以下の会談にはわたしが当たること。……わたしに対する会談パートナーとして、ホーネッカーは中央委員会メンバーのオットー・ラインホルト（一九二五年生まれ）を任命しました」。

こうしたチャンネルの設置は、野党の身分での社会民主党のドイツ政策の継続可能性を意味するだけでなかった。党レベルでのこうした会談接触の取り決めによって、SPDの側において緊張緩和政策の重みに興味深い移動が生じていたのである。一九七三年五月の東ベルリン訪問以来、SPDの議員団長ヘルベルト・ヴェーナーを介して、SED書記長との接触のほぼ全体が行なわれていた。その場合七〇年代を通じて、ヴェーナーと常駐代表でブラント側近のガウスとの間にくりかえし緊張と権限争いが生じていた。八二年一一月SPD／SED両党間に当座秘密の接触ルートが創設され、担当がガウスへと移り、SPD議員団長がヴェーナーからフォーゲルに変わった。このことは、ブラントとバールが八〇年代になってふたたびドイツ政策に力を入れて取り組むことに貢献する一因となった。たとえばSPD執行部メンバーのバールは、八三年八月エーリヒ・ホーネッカー、ヘルマン・アクセン、オスカー・フィッシャー（一九二三年生まれ）との会談のため、東ベルリンに赴いている。

SPD／SED対話が公式の性格をもつようになったのは、一九八四年、（SPD）議員団長ハンス゠ヨッヘン・フォーゲルが、エーゴン・バールやカールステン・フォークトなどを含む小規模代表団をともなって東ベルリンを訪問し、ホーネッカーとの間に、SPD連邦議員団とSEDとの協同作業グループの設置を決めたときだった。この作業グループはボンと東ベルリンとで交互に会議をもって、ヨーロッパに非化学兵器地帯創出の可能性を探ろうとしていた。エーゴン・バールにとってこうした作業グループは、「共通の安全保障」というかれの構想の運用を可能にする最初のチャンスであった。

すでに詳述したように、バールにとって大事であったのは、軍事的領域における緊張緩和政策の継続であった。ヨーロッパの安全保障は、かれにとってまたドイツ問題の核心でもあった。八〇年代用のバールの戦略は、「分断のなかに共通性を探す」ことであった。バールにとって「自己決定への要請を放棄するなんの理由もなかった」。たとえ将来になってドイツ人の利害にとって大事なのは、「統一を夢みること」ではなくて「両ドイツ国家の間に共通性を探し、できるだけ広範にわたる併存をつくりだすことになったにしても、(自己決定への要請はするの)である」。

バールにとって、ドイツ・ドイツ間の共通性の探索がとくに必要であり、同時に成功の見通しもあるように思われたのは、軍縮と軍備管理の分野であった。SPDとSEDとの作業グループは、一九八四年七月から八五年六月の間に六回会議をもったが、その最初の安全保障上の研究作業の成果として、八五年六月一九日「ヨーロッパにおける非化学兵器地帯の創出に関する大枠協定」が発表された。この「大枠」というのは、形式や内容からいっても原則的には完璧に交渉されたうえでの条約であった。前文から管理規定、条約の期限に関する指摘にいたるまで、SPDとSEDの「大枠協定」は、西ドイツとDDRとの間の国際法的な協定用の条約草案であった。

内容的に「大枠協定」は、パルメ委員会の提案を引き継ぐものであり、その提案は一九八二年「中部ヨーロッパを皮切りに、非化学兵器地帯の創設」を求めたものである。パルメ報告は、化学兵器を「とくべつ忌避すべきもの」、くわえてとくべつ危険なものだと言っていた。「化学兵器の動員は、通常兵器と核使用の戦争との区別を抹消し、相互に絡み合って危険を高めることになる」からであった。SPDとSEDの作業グループは、パルメ委員会の成果――そこにDDRの代表は参加していなかったのに――を取り込んだ。バールの安全保障構想はその際共同の文書の文言にも反映されている。前文で、目標は「一歩一歩安定した共通の安全保障」をつくりあげることと規定されていた。こうした道における第一歩が非化学兵器地帯の設置であり、それには少なくとも、西ドイツ、DDR、チェコスロヴァキアを含むことになるのだった。こうした「中部ヨーロッパ地帯」のさらなる参加候補として、ベルギー、ルクセンブルク、ポーランドが考えられていた。原則的にこの非化学兵器地帯は、「さらなる国々の参加に門を開いていた」。

そうした非化学兵器地帯を形成する領土をもつ国々は、「その国土から化学兵器を排除する、もしくはもち込まない」義務を負うものとされた。これら諸国は、化学兵器の生産も取得もしてはならなかった。さらにその種の兵器をよその国の手で自国領土に配置したり、生産させたりしないようにする義務も負うとされた。協定を結んだ地域を通しての化学兵器の運搬も許されなかった。こうしたもろもろの規定は、この地域に駐屯する第三国の軍隊にも同じく適用されるものとされた。

エーゴン・バールの緊張緩和構想にとって、こうした「大枠協定」は大きな成功であった。なぜなら、一九七二年の「基本条約」のなかで双方によって次のような宣言があって以来、初めての具体的な軍縮政策上の進展――当初はたんなる意図の表明として求められていたもの――であったからである。つまり、その宣言では、西ドイツとDDRは、「効果的な国際的管理のもとでの全般的で完璧な軍縮という目標をもって、とくに核兵器や他の大量破壊兵器の分野での軍備制限と軍備縮小のための、国際的な安全保障に貢献の努力を支持するつもりである」、と言われていたものだった。

くわえて、中部ヨーロッパにおける非化学兵器地帯に関する原則的な合意は、安全保障政策の領域でのブロックを超えた協力という道の最初の進展であった。「大枠協定」に署名することで、国家政党SEDは、さらに両ドイツ国家の特別な責任に同意したのである。というのも、ヨーロッパ中部は「化学兵器の潜在的配備地域」なので、非化学兵器地帯の創出は、中部ヨーロッパにおける両軍事同盟の境界間近にあって、とくべつ焦眉の急であったからである。

ドイツの共通の責任を認めることや、軍縮と軍事管理の分野でブロックを超えて協力することは、エーゴン・バールのドイツ政策や安全保障政策構想の目標であったし、かれからみると「非化学兵器地帯」に関する「大枠協定」は政治的成果と評価できるものであった。

非化学兵器に関する対話の折のＳＰＤからみてポジティブな経験は、ＳＥＤとの安全保障政策上の対話の継続をするだけのことはあるなと思わせた。一九八五年九月一九日、東ベルリンでブラントとホーネッカーが会談した折、こうして共同の作業グループの設置が決まり、そのグループには、パルメ委員会の提案にそって、ヨーロッパに非核地帯の回廊形成を検討する任務が与えられた。

一九八五年一二月から八六年一〇月にかけて全体で六回の会議が開かれ、そうした会談の成果として、八六年一〇月二一日「非核地帯回廊のための原則と共同コミュニケ」が発表された。しかし、化学兵器に関する会議の場合とは違って、「条約のモデル」は作成されず、たんに、必要な政府間交渉にとってのガイドラインとなるべき基本原則がつくられただけであった。エーゴン・バールの指摘にはこうある。化学兵器に関する会談とは違って、核兵器の分野では一連の問題はすべて「党レベルの論議」の場とはかけ離れている。というのも化学兵器の場合と違って、「戦術的核兵器となると、双方において戦略的な方針や配置計画の一部となっているからである」。

「非核地帯回廊の原則」は意識的に「非化学兵器地帯に関する大枠協定」の文言に関連づけられた。それは他方で、目標として軍備や兵力のますます低くなる水準に基づいて安定した、共通の安全保障の漸進的な導入が規定されることになったからである。イニシアティブは、両ドイツ国家の共通の責任もしくは特別な責任の表現だと相互に言われた。こうした言い方は、分断のなかにドイツの共通性を探そうとするバールの目的にそうものだった。

バールはあらためて、ＳＰＤ／ＳＥＤ作業グループの提案解説のなかで、非核地帯回廊に関するドイツの特別な利害を強調して、次のように言っている。「東西の接点に位置するとくにドイツ人に」言われねばならないのは、「直接危険に晒される人たちには、たんに大国の結論を待つだけでなく、独自の提案をする権利と義務がある」、ということである。こうした意味で、基本原則は、「実際的な共通責任の一コマ」といえるのであった。

具体的に提案は、中部ヨーロッパに非核地帯回廊の創出を予定していて、「その一帯には核兵器はいっさい置かない」とされていた。そうした回廊は、「さしあたり西ドイツ、ＤＤＲ、チェコスロヴァキアの領土それぞれに一五〇キロメートルの広がり、つまり全体でほぼ三〇〇キロメートルの幅をもつこと」、とされていた。非核兵器回廊の創出に関する提案は、政府間交渉の結果であるべきだし、交渉には、それぞれの領土に核兵器を有している国々も引き入れねばならない、とされていた。そのうえさらに明確に強調されていたのは、その種の提案は、NATOやワルシャワ条約機構のメンバーであることから生ずる義務に抵触するものではない、という点であった。

バールの遠大な目標は、そうした提案で相互の兵力削減に関する条約を達成し、そうして自分の全体構想の第二段階を具体化することであった。というのも、非核地帯回廊の提案は——バールによると——「中距離弾道弾と通常兵器との間の必要な架橋となる」からであった。自分のその先の考えをバールは次のようにいっている。「我われの基本原則をもとに政府間の交渉によって条約が成立したら、第二次大戦後初めてヨーロッパ中部の一定の地域で軍隊と兵器の撤去が実現することになるだろう。しかも、一方の側でなく双方において。我われの対話の結果は、SEDのそうした気構えが窺えたことであり、そうした気構えは、かれらのDDRにおける主導的役割からいって、野党であるSPDの立場よりはるかに重要である。兵員と武器の撤退はソビエトの戦力にも適用される。というのも、DDRの我われの会談相手はこの件をモスクワと相談のうえで対応したように受けとれるからである」。非核地帯回廊の創設とともに、「対峙し合う戦力の核による、また通常兵器による攻撃能力も、削減される」ものとする。一九八五年一二月六日、東ベルリンにおいて行なわれたSPDとSEDとの合同作業グループの最初の会合の間にすでに、バールはDDRの会談相手たちに、通常兵器の削減なしに核の戦闘兵器を免れられる地帯は、不可能であることを指摘していた。

非核地帯回廊や非化学兵器地帯などの考えは、野党の立場で実現させることはほとんど不可能であったが、それでもSPDとSEDとの間の安全保障に関する会話は——バールからみると——緊張緩和政策上の重要な進展であった。というのはそうした会話は一方では、一九八五年のミハエル・ゴルバチョフの登場によって力を入れられることになった軍縮交渉に追加的なインパクトを与えたし、他方でそうした会話は、DDRが、「共通の安全保障」というバール構想の中心的ないくつかの要素を受け入れる、もしくは引き受ける用意のある、兆候でもあったからである。バールにとって、一九八五／八六年に公開された文書に反映されている共同作業グループの諸結果は、東側陣営内で兆し始めている変化の紛れもない兆候であった。ゴルバチョフの「新思考」とともにソビエト外交に初めて実質的な軍縮協定にいたるリアルなチャンスが生まれた。この関連でバールははっきりと西ドイツ政府を批判してこう言っている。西ドイツ政府は、「ヨーロッパにおける安全保障問題に関して視野にはいっていた協議の実現と、それに関して双方の同盟に対してイニシアティブをとる」のを逸してしまった、と。「西ドイツ政府はどんな変化が生じているかさえ、気づかなかった。つまりDDRは、我われと同じように、より多くの安全保障を獲得し、ミサイル攻撃を免れたいという関心をもっているのである」。

軍縮のチャンスが潜在するというバールの肯定的な評価から、軍備の制限と削減との分野でSPDとSEDとの間の会話を継続する必要性が生じていた。もちろんこの種の対話は、初めから政府間交渉を設定したり、圧力をかけたりすべきものでなかった。それゆえバールには次のこともはっきりわかっていた。つまり、軍縮のテーマが東西間の公式交渉によってふたたび取り組まれる事態になれば、「SPDとSEDとの間でこの問題の取り扱い原則について話し合う余地はなくなる」、という点である。SPD／SED対話が、政府間対話と平行する交渉であってはならず、むしろ西ドイツ政府が――SPDからすると――手をつけずに放っている分野を取り上げることであった。そうした分野の一つが「非攻撃能力の構造化（Strukturelle Nichtangriffsfähigkeit）」というテーマであった。

すでに非核地帯回廊の提案は、双方の攻撃能力削減という目標に役立てようとするものであった。一九八七年からSPDとSEDの作業グループの活動が依拠した考えも、そうした方向をめざしたものであった。この作業グループは、八七年五月一五日、東ベルリンでのハンス＝ヨッヘン・フォーゲルとエーリヒ・ホーネッカーの会談の折に合意された。グループの任務は、「ヨーロッパに信頼醸成の安全保障構造の一歩進めた可能性」をさぐることとされた。作業グループは六回の会議ののち八八年七月七日、中間の結論として、「中部ヨーロッパにおける信頼と安全保障地帯」

を提案として出した。この提案は、「ヨーロッパに非化学兵器地帯や非核地帯回廊をというそれまでの作業結果とは基本的に違っていた」。なぜならこの提案は、武器の削減にではなくて——ストックホルムにおける「ヨーロッパにおける信頼醸成と安全保障形成の措置および軍縮に関する会議（Konferenz über vertrauens-und sicherheitsbildende Maßnahmen und Abrüstung in Europa、KVAE）」交渉に倣って——「もっぱら信頼の醸成増大」に集中したものであったからだった。作業グループは、軍事演習の制限と報告義務に関する一連の具体的な提案を行なった。くわえて恒常的な「信頼醸成のセンター」の創設も提案されていた。センターの任務は、軍事的に重要な情報を交換することであり、「それで誤謬や誤解を締めだそうとする」ものだった。さらに提案されていたのは、「ヨーロッパ共通の宇宙衛星監視」と中部ヨーロッパ諸国間での直接的な二国間関係（「ホットライン」）のことであった。バールによると、こうした「同盟を超えた政治的イニシアティブの質的に新しい要素」は、管理（コントロール）の機構制度化、もしくはヨーロッパ化であった。というのも、「信頼は管理（コントロール）から生まれでるものである。長つづきするコントロールと長つづきする信頼とが、さまざまな国にあるのがヨーロッパ全体の機構となり、センターで融合し合うことになるのだった。ヨーロッパの家がどんなふうなものであるにしても、それには信頼のセンターが必要となるだろう」。

しかし、既述のように、「中部ヨーロッパにおける信頼と安全保障地帯」に関する提案は、「非攻撃能力の問題に関する包括的で深く突っ込んだ究明」に当たる作業グループの中間結果にすぎなかった。エーゴン・バールにとってこの中間結果は、「ヨーロッパ安全保障体制」にいたる中間の一歩でもあった。コントロールの機構制度化、および全ヨーロッパ的な「信頼醸成のセンター」の創出というのは、そうした意味で全ヨーロッパにおけるブロックを超えた共通の安全保障構造の確立の重要な出発点といえるものであった。じっさいまた、「中部ヨーロッパにおける信頼と安全保障地帯」に関するSPD／SED提案は、「共通の安全保障とすべての国々の協力のヨーロッパ・システムをつくる」という目標をはっきりあげていた。しかしその前提条件は、「軍事的な対決の解消」であるという。こうした道における重要な一歩として、「二つの軍事同盟の接点における攻撃能力の軍事的ポテンシャルの引き離し」が求められていた。

これらの提案はじじつ新たな質のものだった。ヨーロッパの安全保障構造という基本問題を提供していたからである。しかし兵力削減の問題は、ＤＤＲにとっていつでも特別センシブルなテーマであった。そのテーマは「別なドイツ国家（東独）」にとっては外的な安全保障の問題とからむだけでなく、内的な安定の問題ともかかわる、つまり最終的には国の存立と結びつくものであった。一九七二年バールに対してＤＤＲ側からはっきりと言われていたのは、ボンがこの問題をドイツ構想とリンクさせるかぎり、兵力削減の問題ではなんの進展も生じない、ということだった。それでもＳＥＤ指導部が八〇年代の後半になってＳＰＤとそうした踏み込んだ対話をするようになったことには、おそらく理由がいくつかあったろう。一つにはＤＤＲは――ワルシャワ条約機構の同盟政策との絡みで――ソビエトの新たな外交路線や、ゴルバチョフの軍縮のかずかずのイニシアティブをすべて拒むことはできなかった。またＳＥＤトップの人たちには、外交上の動きの可能性のシグナルを通して内政的な改革を避けられる、との期待があった。「新思考はＯＫ」、でも「グラスノスチ」（情報公開）や「ペレストロイカ」（改革）はどうかなしにしてくれ！という。これがあきらかにＤＤＲの権力者たちの戦術なのであった。くわえてＳＰＤは会話のなかでじゅうぶん意識的に、安全保障政策上やドイツ政策上の目標を盛り込むのを避けていたし、そうすることでＳＥＤのトップたちがつねに抱く存在の不安を流れとしては小さくしようとしていた。

それでも東ベルリンは、ＳＰＤとＳＥＤとの間での安全保障政策上の対話にともなう「危険」に幻想はもたなかった。この点が明確にわかるのは、ＤＤＲがＳＰＤの代表者たちとの会談前にその都度モスクワで行なった、いや行なわざるをえなかった、懸念する保証の後ろ楯の確保であった。ヘルマン・アクセンが――政治局員で、ＳＰＤとの対話の際のＳＥＤ代表団団長――一九八九年一月一七日付けでＤＤＲ国防相のハインツ・ケスラー（一九二〇年生まれ）に宛てに書いた手紙には、外的な安全保障と内的な安全保障との関連がストレートに言われていた。とりわけアクセンはこう言っていた。「国連におけるゴルバチョフ同志の提案にしたがって、ＤＤＲ地域の軍事的次元においてすでに新たな軍事構造導入のための実際的な措置がとられている。それゆえ我われは、わが国の問題をもう一度外務省との調整のうえで手をくわえ、それらの問題に、軍事的にはより少ない内容、政治・戦略的にはよりつよい内容を盛り込むようにした。その際我われが熟慮の主要対象にしたのは、SPDとの安全保障政策上の協力をひきつづき進めて、一方では、従来の三つのイニシアティブに基づいて、ワルシャワ条約機構とNATOとの最前線における軍事的な緊張解消への貢献をいっそう進めるようにすること。他方では、ソビエトまたはワルシャワ条約機構のさらに進んだ提案はすべて、これまで以上に、同盟パートナー諸国すべての国民の安全保障利害を最大限に配慮したものでなければならないこと。ほとんどが西方に位置する比較的小さな社会主義諸国の外的な安全保障、とともに内政的な安全保障が危険に晒されることのないようにしなければならないこと。この点をソビエトの同志たちにあまり正面きって説明することはしないが、それでも我われは、説明の仕方や問題の表現を通して、モスクワにおける今後の展開に関する我われの経験や視点を整えておきたい」、と。一九八九年一月二六／二七日に予定のモスクワでの協議の準備のなかで、アクセンはソビエトの会談相手のために、DDR指導部の特別な気がかりをこう言っていた。「SPD相手に軍事的な詳細に立ち入ったり、国家的な交渉の先取りになるようなことはしないが、それでも我われは、第二次大戦後四三年の間にヨーロッパの心臓部で生じた安全保障問題に触れる点にはいたっている。それには、真剣さと慎重さが求められる。ワルシャワ条約機構の諸決議の意味で我われの戦力の構造替えと削減をすることは、多くの点で大きな影響をもたらすであろう。我われは、SPDと会合をもつ場合、中部ヨーロッパの状態について、我われの兄弟党が一歩一歩達成しようと思う明瞭な像を頭の片隅にもっていなければならない。我われがたぶん一致しているのは、すでに近い将来、戦略的な展望と、戦術的な巧みさや、具体的な状況のじつに正確な認識を求めている点である。総括的にわたしが言いたいのはこうである。我われの軍縮政策のいっそうの成果に積極的に貢献したいと思っているし、間違うことなくSED／SPDの安全保障政策上の協力を利用して、ヨーロッパの心臓部における軍事的対決を取り除いていきたい。その際我われにとって今後もはっきりしているのは、ソビエトとの緊密な兄弟的同盟のなかで安定的に保証される、DDRの外的な安全保障こそ、わが国の内的な安定の基本前提であり、継続性と改革との弁証法的な統一のなかでDDRがさらに社会的に発展する基本前提なのである」［八九年一月二六／二七日、モスクワで開催される協議の準備」資料に関するヘルマン・アクセンのメモ。八九年一月一七日］。

すなわち、外的な安全保障と内的な安定との関わり合いが――はっきりと口にされてはいないにしても――安全保障政策問題に関するSPD／SED対話の一部なのであった。SEDにとってはこの関連づけは改革に対する不安であったし、SPDにとっては改革への期待であった。

この点は、非化学兵器地帯、非核地帯回廊、「中部ヨーロッパにおける信頼と安全保障地帯」に関する作業部会のなかではっきり言葉に表現されていなかった。それに対してこの点は、一九八四年の夏以降「イデオロギーと共通の安全保障」の問題に関して交渉していたSPD／SED作業部会の中心テーマとなっていた。この作業部会は、意識的に党指導部の次元のもとに設置された。SPD側では、党の「基本価値問題委員会」が担当し、SEDの方では、「党中央委員会の社会科学アカデミー」が指揮に当たっていた。交渉団長は、初期段階ではSPDの方は基本価値問題委員会のメンバーのトーマス・マイヤー、他方はアカデミー・メンバーのロルフ・ライシッヒであった。第二段階になると、SPD執行部委員のエアハルト・エプラー（一九二六年生まれ）と、SED中央委員会委員のオットー・ラインホルト（一九二五年生まれ）が、作業グループそれぞれ代表団の指揮をとっていた。

この作業グループの結果として一九八七年八月、ホーネッカーのボン訪問の直前に、「イデオロギーの争いと共通の安全保障」というタイトルの文書がおおやけにされた。安全保障政策作業グループの場合とは違って、バールはこのいわゆる「SPD／SED対話文書」の作成に直接関与していなかった。しかし文書のタイトルに「共通の安全保障」という概念を採用したことでもすでに、バールの基本信念の多くがこの作業にはいりこんでいるのがわかる。SPDとSEDは、「共通の安全保障による平和確保」をめざすという目標に同意し合った。人類は「今となっては一緒に生き延びるか、または一緒に滅び去るしかない」。核の時代という歴史的に例のない状況が求めているのは、新たな政治思考であり、「国際的な用件への新たな取り組み」である。「平和の確保が責任あるあらゆる政治の基本前提となった。……平和の確保は今日もはや相互の軍備ではなく、今となってはただ相互の協定に依拠するしかできなくなっている。それゆえすべての国にとって共通と同等の安全保障を組織する必要がある」。「共通の安全保障」をめぐるこうした努力目標は、「ヨーロッパにおける安定して持続的な平和秩序」であり、その平和秩序は、紛争を平和的に解決することを可能とし、「それぞれの民族の自己決定権」が承認され尊重されるようにするものである。しかしながら「共通の安全保障」の原理によって、「双方の社会体制間の対決」に終止符がうたれるものでなく、「平和的な競争」、つまり「あらゆる政治的・イデオロギー的な対立に関する非武力的な争い」を特徴とする、平和的な競争の形で行なわれるのである。こうした対立については文書のなかでも糊塗することなく、はっきりと述べられていた。というのも、「両体制間の関係の特徴は、共通の、並行的な、または接近し合う利害によるだけでなく、対立する利害にもあるのだから」。

「イデオロギーの争い」に関する文書では、じっさいまた共産主義者たちと社会民主主義者たちとの意見の違いの核心がはっきりあげられていた。SEDとSPDは、文書の第三章で、デモクラシー、人権、進歩や自由についてのかれらの一致しがたい理解の仕方をはっきりさせていた。明確に強調されていたのは、「こうした基本問題に関する争いは、今後もつづけられるであろう」、であった。また、どの点で一方と他方とで理論と実践が一致しないかの指摘もあった。このように対立する基本的立場に関する争いは、妥協の文言によっても、平和意志へのアピールによっても、終わらせることはできない、と。「体制間の議論にみちた対話」が求められていたし、意見の一致と論争との間の緊張が将来も維持されるし、大事なのは、政治的な争いの文化の発展である、という。そのために要請されるのは、どちらの側も「相手側の存在の権利」を否定してはならない、ということであった。「両体制は、相互に平和能力ありと思わねばならない」、という。くわえて「二つの社会体制」は、相互に発展能力と改革能力を認め合うべきであった。

この文書は、西ドイツの世論で大きなセンセーションをまき起こした。こうした対話政策の反対者たちは、SPDとSEDの平和会談の問題性を批判した。結果は「屈辱的な文書」だと言われ、社会民主党員たちは「利用しがいのある愚か者」なのを実証した、と言われた。

そうした興奮は、SPDにとって予期しないことでもなかった。一九八七年八月一九日、文書の公開後ちょうど一週間経って、エアハルト・エプラーがバールに宛てて書いている。「前略。エーゴン様、いよいよそのときのようですね。我われは、大騒ぎがまもなく始まることを計算しておかなくてはね。ではまた」。

批判されたのはとりわけ、SPDが共産主義者たちの存在権、平和能力と改革能力を認めたことであった。そしてじっさい、センセーショナルなものを含んでいたのも、まさにその文言の部分であった。というのも、そのくだりでSEDは、改革の必要を認めていた。つまり――バールが強調しているように――「〝グラスノスチ〟という総称のもとで、かれらが以前はっきり冷淡にしていた」判断基準に、同意するといったのである。文書の文言では次のようになっていた。「社会体制は、なんら静的なものではない。……それらはいつも新たな課題の前にたたされ、それら課題は変化やいっそうの発展、改革なしには処理できないものである。体制間競争は、そうした変化をいやがうえにも早めることになるだろう」。文書に署名することでSEDは、体制改革の必要性、つまり自分の体制の改革必要性を認めただけではない［八七年の春の段階ではまだ党の政治局のイデオロギー担当の責任者であったクルト・ハーガーは嘲弄的にDDRの改革の必要性を否定していた。雑誌『シュテルン』とのインタビューで、ゴルバチョフのペレストロイカに言及してかれはこう言っていた。「ついでに言いますと、あなたの隣人が住まいの壁紙を張り替えたからといって、あなたの住まいも同じように壁紙を新しいものにしなければ、と思いますかね？」］。かれらは次のようなくだりに署名したときに、情報の自由、言論の自由といった自分たちの本質には合わない価値の正当性を認めたのであった。「体制の競争に関するオープンな議論、体制の成功や不成功、特徴や不利な点に関する開かれた論議も、それぞれの体制内でできるようでなければならない。真の競争というのは、そうした議論が促進され、実際的な結果がえられるのを、前提にさえするものである。……東西における国民が情報を包括的に与えられていることが、平和の確保と体制間競争のプロセスではますます重要性をもつようになっている」。

しかしSEDがそれ以降の時期において自分たちの約束を守らなかった事実は、この情報公開や改革への賛意ほど、意外感を与えなかった。約束を守るどころかその逆であって、一九八八年SEDは――かれらの方でも内外からの改革圧力の増大に晒されて――誕生した市民運動に対して弾圧の力を強めたのである。SPD/SED対話との関連で注目に値するのは、そうした市民運動の一部が、(党の機関紙)『ノイエス・ドイチラント』紙で掲載の「SPD/SED論争文書」を公然と引き合いに出して、自分たちのプロテストの「正当性の根拠」として利用していたことだった。文書はこうして、部分的にはそのイニシアティブをとった人たちの想定していたのとは違った形とはいえ、じゅうぶんその目的を果たしたのである。一方で市民運動は、SEDのいうところを言葉通り受けとる論拠によって、文書を引き合いにすることができたし、他方で文書は、国家を担う党内に不安をかきたてたのである。「社会民主主義」というイデオロギー的な敵の像も、公式にご用ずみになっていたし、「ペレストロイカ」と同時に「グラスノスチ」もつよい拒絶をもってみられていたところなのに、改革の意志と能力が誓われていたのだった。振りかえってSPDの基本価値問題委員会は次のように言っている。「文書がSEDで引き起こした不安は、国家を担う党のドクマ的な自信をへし折るのに貢献したものであった」、と。

こうして文書は結局、一九六六年にすでにバールが、当時計画中のSPD/SED講演者交流に関して口にしていた目的を果たした。すなわち、「SED指導部のテーゼと対決することで(自分たちの)方針を定める助けとなる」という目的を果たしたのである。

その際イデオロギー的な親交という非難は、まったく的外れなものだった。むしろあらためて「融合しがたい対立」であり、そうした対立の上位にくるのは武力不行使だけだ、と強調したのはバールだけでなかった。バールは文字通りこう言っていた。「もし今後も歴史がつづくとしたら、どちらの社会体制がベターで、どの道がより良いか、異なった見解に決着がつくときがくるだろう。こうした対決にも決着がつくだろうが、それは平和的な手段をもってであって、軍事力の動員によるものではない。こうした対決に民主主義的社会主義者は、不安がる必要はない」。こうした信条吐露は、「SPD/SED論争文書」によって、次のようなことがはっきり強調されていただけに、いっそう的をえたものであった。つまり、「相互の批判と協調とを締めだしてならない」、そして「批判は、厳しいものであっても、

〝相手側の内部用件に対する干渉〟などとして拒絶してはならない」、との強調であった。

第3節　「再統一をいう自己欺瞞」？

エーゴン・バールの造語の仕方や概念の選び方は、かねてより世論や公表の意見をさまざまに分極化させてきたし、バールの友人たちや敵対者たちの多くを混乱させることも稀でなかった。

またヴィリー・ブラントが一九八四年ますます強まる「再統一のレトリック」を視野に入れながら、「自己欺瞞(Lebenslüge)」（生涯にわたって、あるいは長期間抱く自己欺瞞）という単語を初めて使ったときも、それは少なからぬ政治観察者たちによって、国の統一努力からの離脱と誤解されてしまった。ＳＰＤ党首は、八四年一一月一八日、ミュンヘン室内楽劇場において、「自国・ドイツについて語る」という一連の講演のなかで、「歴史のチャンスを探す」というタイトルでちょっとしたスピーチを行なった。講演の内容や言葉遣いは、ブラントが講演の準備を依頼したバールの演説草稿を大幅にもとにしていた。つまり、「自己欺瞞」というセンセーショナルな言葉遣いをブラントの原稿のなかに書き込んだのはバールであった。またブラントがミュンヘン講演のなかで語った、八〇年代の社会民主党のドイツ政策のライトモティーフも、バールに発するものだった。そのモティーフをブラントは、「我われは共通性を、分断にもかかわらず、そして分断のなかに探すべきであろう。それが、歴史が今我われに提供しているチャンスである」、と言っていた。

特別な興奮をすぐさま引き起こしたのは、「自己欺瞞」というくだりで、いろんなところで統一の断念と解釈されたのである。しかしじっさいのところ、断念めいたことは、ブラントの講演でもバールの演説草稿でもいわれていなかったし、ほのめかしさえされていなかったのである。両者が意識的に取り上げていたのは、「五〇年代の自己欺瞞」

のことだった。バールは草稿のなかで文字通りこう言っていた。「日曜日の講演では――二年来この方ふたたび――アデナウアー流の自己欺瞞がしばしば言われていて、残りの週六日間では西ドイツの西側的利害が追い求められている」。それだから、「自己欺瞞」という用語はむしろ――バールからみると――アデナウアーの頓挫したドイツ政策を受け継ごうとする、いわゆる「再統一論者」対する攻撃の言葉であった。こうしてバールの主な動機は、統一の断念ではなくて、「力の政策」もしくは口先だけの基本要請の道をたどって再統一が達成できるとの考えに対する攻撃なのであった。それに対してこの社会民主主義者にとっては、緊張緩和政策の継続を経ることと「分断のなかに共通性」を探す道しかなかったのである。

バールが東ドイツのパートナーたちとの数多くの交渉のなかでくりかえし実証した基本認識があって、それは、ドイツ問題の提示は、テーマを現実緊急の具体的なものにしないかぎり、我われの政治行動のチャンスを壊してしまう、という洞察であった。ドイツ問題と体制問題は、SEDのアキレス腱であった。この問題を取り上げる者は、DDR国家の存在を問題にすることになるのである。したがってそうしたテーマでは交渉の余地がないのであった。DDR指導部がとくに国民というテーマではどれほど苛立ち、長く怨念をもちつづけるかを、バールは「基本条約」交渉の折に肌で感じたほどであった。そうした苛立ちの点は八〇年代の初めでも少しも変わっていなかった。

東ベルリン駐在の西ドイツ常駐代表ギュンター・ガウスとの会談で、ホーネッカーはくりかえし、「国家・国民」というテーマに対する自分の見解を述べたてた。たとえば一九八〇年SED書記長は、西ドイツ側の会談相手に向かってきっぱりとこう言った。「ドイツという国はもはや存在しない。在るのはドイツという土地に二つの国、つまりDDRとBRDという国である」。ドイツ問題を取り上げることで、「危険な幻想がアクチュアルな政策へともっともらしく仕立てあげられてしまう」、と。「BRDとDDRとの一つの国への統一を夢想する者は、平和を弄ぶものである。……それだからBRDは〝再統一〟という考えをいい加減に捨て去る必要があるし、そんな考えをとりわけ現実の政策にすることがあってはならない」。八一年一月二九日、ガウスが離任の挨拶訪問をした折に、ホーネッカーはもう一度こう指摘した。「ドイツ・ライヒが一九三七年の国境のなかに存在するとのフィクション」は、あいかわらず「両国家の好調な発展にとって」最大の障害になっている。社会主義を「勝手な夢想願望によって抹殺することはできないのである」、と。

そうした変わらぬ態度から、バールはかなり早い時期に、次のような論理的結論を引きだしていた。ドイツ問題をつねに「喫緊の問題のようにして、（近視眼的に）日常政治のアクチュアルな問題にする振る舞いをつづけてはならない」という結論であった。しかしこれはバールにとって、すでになんども述べてきたように、ドイツ統一という目標からの離脱ではなくて、ひとえに目下のところ解決不可能な問題の――多少とも戦術的な――一行程とした扱いなのである。かれの構想の不可欠の構成要素は、ドイツ問題の結論を出さずにおくことと、一行程とした扱いであったが、そうした構想の長期的な目標をバールは揺らぐことなく堅持していた。たとえばバールは一九八一年クロード・シェソン（一九二〇―二〇一二。フランス社会党の政治家で、当時外務大臣）に依拠しながらこう明言していた。「わたしはドイツ人であるよりも、筋金いりのヨーロッパ人だと思っている。それでもわたしの信念では、ドイツ全体の将来は確保できるし、わたしの子孫たちが、ドイツ人でありつづけることも可能だと、思っている。……もちろんドイツ国民・国家がなくなることはない。……自己決定の理念が世界中で止め難い勝利行進をしている時代にあって、よりによってドイツ人たちがその願いや希望を控える、放棄する、あるいは忘却すべき理由も存在しない」。

そのような政策の一貫した追求は――バールからすると――「長い根気を必要とする、いずれにしても、それぞれの議会任期や選挙利害の期間に尽きてしまうことのない思考や行動を必要としている」のであった。

バールにとって「自分の国や国民と一体視する必要性に、一時休みをとらせる」ことはできなかった。現実の基盤にたち、現状、つまりドイツ分断の状況をみても、またそういう場合だからこそ、これは、バールの見解によると、「国家・国民というものを避けて通ろう」とする論拠にはならないのであった。「国家・国民が非常に困難な状況にあるがゆえに、わたしがそれを拒絶していると言われるようなら、それは国民意識とはいえないであろう」。

バールは意識して「歴史のチャンスを維持しておこう」としていた。「歴史は終わりとなることはないし、大きな民族が永久に分断されてあることも不可能」という自分の見解のなかで、「国家・国民の感情は歴史の浮き沈みのなかで維持されつづける」という自分の観察を通して、この見方が裏づけられていると思っていた。

エーゴン・バールにとってドイツ統一への要請を放棄する必要性も可能性もありえなかった。一九八七年この緊張緩和政治家はこう言っていた。「ドイツ人の自己決定に対する要請」は、「憲法すら」超えているほどの「ほとんど自然権」なのである。それゆえそうした「要請を放棄してはならないし、歴史は歩みつづける」、とバールは言っている。

こうした関連でこの社会民主党員は、基本法（憲法）の原文から統一命令を削除しようとするあらゆる試みに、それが自覚からのものでも、反対した。なんらかの操作によって、あるいは法規定の実際的変更でもって世界が変えられると思うのは、馬鹿げたことだとバールは思い、「歴史はなんのかんのいっても、下級裁判所ではない」のであった。ドイツの自由選択権に対するこうした基本的同意認識は同時に、八〇年代にしばしば議論となった問題、つまりドイツ問題はまだ未決着なのか、という問題に対するバールの答えであった。

バールにとってこうした問いは、まったくアカデミックな問題の立て方であり、腹立たしくて政治的に有害とは言えにくい問題の立て方なのであった。この問題提示に対してバールは——慣れた手法で——二つの相反する答えを与えているが、それでもそれら二つは内容的に矛盾するものでなく、同じ構想にそったものであった。ドイツ問題は未決着だとして、かれはこう言っている。「ドイツ問題は、ドイツ統一に関する（基本条約の付属）書簡で言われているよりも、より大きく未決状態とするわけにはいかない。より多くの未決部分はない。未決がより多くあるかのように振る舞うのが賢明かどうか、それは疑問だとわたしはあえて言っておこう」。同時にバールは一九八四年はっきりとこう警告している。「どうか、今日ドイツ問題が未決だとして語ることで生ずる幻想などもたれないようお願いする。……NATOとワルシャワ条約機構が存在するかぎり、ドイツ問題は未決とは言えないし、二つのドイツ国家が存在するかぎり、ドイツ問題は未決とは言えない。現在の諸条約が有効であるかぎり、ドイツ問題は未決着とは言えないのである」［八四年一〇月一九日「フリードリヒ＝ナウマン財団」主催の専門家討論の折のエーゴン・バールの発言］。

　八〇年代におけるバールのドイツ政策上の見解には、一つ共通するところがある。ドイツ問題をわざわざ喫緊の用件にすることなかれであった。というのも、その種の基準要請の政治は、ドイツ統一にとって、役立つよりも、むしろ害する方が多いからである。六〇年代以来すでに行動の原則は、「大きな言葉よりも小さな一歩」、であった。この点は八〇年代のバールのドイツ構想のなかでは、こういう意味になるのであった。「分断のなかで共通の問題の解決に当たる、すなわち分断をより耐えられるものにし、いつの日にか歴史のチャンスが利用できるという想定をもって、分断を建設的・積極的に利用する」こと。「分断のなかに共通なものをさぐりだし、効果あるものにすることを狙う」、そうした戦術は、ドイツ問題の言葉上のアクチュアル化とは一致しがたいものであった。というのも――バールの前提はこうであった。「わたしがDDRを問題に据え、いわばかれらの存在はもってせいぜい明後日までだと主張するかぎり、DDRをこれまで以上につよくソビエトの地方代官にするに違いないし、してしまうだろう」、と。

　しかしバールの構想の狙いはまさに、DDRの行動余地を広げ、さらなる接近を可能にしようとするものであった。それゆえ、次のように強調するのもかれの構想の論理にそうものだった。「我われの見通せる時期に可能なものすべてを行なう、その際もう一つのドイツ国家の主権を、基本条約にあるように、問題視しないで行なうものとする」、と。「国家・国民と一体性に関する不毛な論争より大事なことは」――この点における西ドイツとDDRとの間の立場の違いや（少なくとも目下のところ）一致不可能なことはじゅうぶん周知のことであり、基本条約にも明記されている――「両側の安全保障に関する共通利害がどれくらいあるかを試してみることであろう」。「（ドイツだけ取りだしての）孤立化した再統一」という考えは、バールにとって「まったく現実離れしたもの」であった。ドイツ統一というのは、「ヨーロッパの分断が克服されないかぎり」、考えられないものである。それゆえ「ドイツ問題をヨーロッパ化する」という見解は、バールの基本見解に属するものであった。しかしこういったからといって、「ドイツ人という民族はいつの日にか自分のチャンスをもつことができる」というバールの確信を少しも変えるものでなかった。バールはまた、「どういう状態のもとでそうしたチャンスが生ずる可能性ができるか」についても、はっきりした想定をもっていた。

自分の構想の有効性についてバールは、八〇年代になっても一貫して揺らぐことはなかった。目標は、全ヨーロッパ安全保障システムでありつづけた。そのかぎりで、ドイツ問題はバールにとって、相互に向き合う同盟体制の存在と、同一のものだった。「条約の上を行く協定が――そうした協定の成立をSPD／SED対話で促進しようとはかっているのであるが――拡大されて、いつの日にか双方の条約体制に代わることができるものになって初めて、二つのドイツ国家がじっさい国家的統一を求めるようになっても、我われの隣国にとってもはや耐え難いものではなくなる状況」が出現する、という。しかしそうした状態が達成されるまでは、平和と統一をリンクさせるようにしてはならない。というのは、そんなリンクは、「後者（統一）を達成することなく、前者（平和）を困難にすることになるだろう」。

ドイツ問題と安全保障問題とはバールの構想では、相互に分離しがたく結びついていたが、しかしそれでも公式にリンクされてはならないのだった。というのも、DDRを安全保障政策上の協力プロセスに引き入れるのが肝要であったからであるが、そのプロセスはけっきょくDDRの国の存在を問題視させることになった。それゆえペーター・ブラントが次のように強調しているのは正しい。バールの発想でブラントがおおやけにした「自己欺瞞」という言葉遣いには、二重の意味が考えにはいっていた。一つにはこの表現の使い手たちに、一方では「統一（Vereinigung）」への賛同を許したし、他方では「再（Wieder）」に違和感をもつようにさせたのである。基本法（憲法）が要請しているのは、「Wiedervereinigung」ではなくて、自由な自己決定のうちにおけるドイツの一体性と自由の実現である、という論拠は、東西にある不安、つまりドイツ人にとって大事なのは一九三七年の国境のなかでのライヒの再構築なのだという不安に、抑止的な反論を与えることになった。

これがかねてよりドイツ・ドイツ間対話のテーマであった。たとえば一九八五年九月一九日、東ベルリンにおけるホーネッカーとブラントの会談でもそうであった。SEDの書記長が「ビスマルクの刻印のあるドイツ・ライヒは第二次世界大戦の火炎のなかで没落してしまった」、それなのに「一九三七年の国境線での再統一を夢想するのは危険であろう」と言ったのに対して、SPD党首はこう指摘した。自分自身はかなり前から「〝Wieder〟というのは無に帰すだけだ」と強調してきたのだ、と。もっともブラントはこう付け足して言っていた。「将来が何をもたらすか、だれにもわかりっこない。次の世紀のヨーロッパがもっと一体となったら、もしかして両ドイツ国家がより緊密な結びつきがもてるようになるかどうかの問題がまた生じるかもしれない」、と。

これは、一九八四年ブラントの講演草稿のためにバールが書いたかれの主意と構想に完全にそうものであった。「我われは歴史の歯車を後戻りさせるなどできないことをはっきり意識しなければならない。我われが現状(Status quo)から歴史を考える、つまり未来を考える、もはやドイツについて後戻りして考えるのでなく、先を行く考えをする場合にのみ、我われにはチャンスがある」。

✽第14章✽

二つの平和条約——諦念それとも希望？

第1節　ゴルバチョフに対するバールの反応

一九八五年三月一一日、ミハエル・ゴルバチョフ（一九三一年生まれ）がソビエト共産党の新たな書記長に選ばれた。この選出は、ソビエト指導部トップにおける世代交替を意味していた。八二年のブレジネフ、八四年のアンドロポフ（一九一四—一九八四）、八五年のチェルネンコ（一九一一—一九八五）死去のあと、今や五四歳のゴルバチョフがソビエト連邦の最高の地位についたのであった。そのかれはすでに壮年期から長期的な視点にたった政策の展望を視野に入れていた。

しかし早々と明瞭になったのは、ゴルバチョフの就任にともなったのが、世代交替だけでなくソビエトの国内政策／外交政策ほとんどすべての領域におけるラジカルな変革の試みであったことである。クレムリンの新たな権力者は、ソビエト体制を経済改革によって競争能力のあるものにしようとする。それが必要なのは、ゴルバチョフの判断によると、国内における社会の開放と、国際的空模様にみられる緊張緩和と協力であった。「グラスノスチ」（情報公開）と「ペレストロイカ」（改革）が国内政策と経済政策がめざす変革の鍵となる概念であり、外交政策上のライトモティーフは「新思考」と「共通のヨーロッパの家」という理念であった。

一九八五年四月七日すでに、ソビエト共産党の新書記長は、「軍備競争を終わらせる必要性」を強調している。かれは「平和共存の政策」への復帰を求め、「その平和共存では、いずれの体制もどちらがベターであるかを武力でもってではなく、具体的な実例の力で示す」ことを求めていた。

ソビエト党首の基本的立場が次のようであったのは疑いない。自分のいう経済改革の考えは、ソビエトが自分たちの巨額の軍事費を削減し、これを市民生産にふりむけられるようになった場合にのみ、成功のチャンスがあるだろう、というのである。これは戦略的には、外交政策の軍事化脱却を求めるものだった。それだから、軍縮と軍備管理がゴルバチョフの外交予定表のトップにきたのも偶然でなかった。

ソビエト党首の就任直後、エーゴン・バールは、ゴルバチョフの外交上の考えを知る機会をえた。かれが一九八五年四月ブラントの訪問準備のためにモスクワに滞在していた折、ゴルバチョフと「クレムリンで差し向かいで座り、たいへん驚いたことには」、ゴルバチョフから「共通の安全保障」構想について説明を受けたのである。

その直後一九八五年五月二七日、ブラントがモスクワを訪問した折、SPD党首と、バールも参加したその代表団に向かって、ソビエト共産党書記長は、軍縮のカタログを提示する。それはほとんどあらゆる点で社会民主党の要求と重なるものであった。その際ゴルバチョフは、パルメ報告にあった「共通の安全保障」に直接関連づけて、「我われの大陸を、中距離ミサイルや戦略的性格の核兵器や化学兵器が完全に存在しない地域にすること」を求めた。ゴルバチョフは強調した。ソビエトは「ヨーロッパのさまざまなところに非核地帯を創出する理念、スウェーデンのパルメ首相の、ヨーロッパ非核地帯の創出に関する提案を支持し、またSPD推奨の、ヨーロッパ非化学兵器地帯の設立理念」も支持する、と。

こうして一九八五年には、バールが八一年パルメ委員会の作業でつくりだした思考パターンが軍事同盟を超えたものになったことが、どんなに大きな重要性をもつものであったかが示されるようになったのである。

パルメ委員会のソビエト側委員、ゲオルギー・アルバトフ（一九二三年生まれ）は、ゴルバチョフの書記長就任以前すでに、この作業グループの結果を報告していて、それで「共通の安全保障」という理念についてゴルバチョフの関心を呼び起こしていた。アルバトフは振りかえって、ブラントとバールの「新東方政策」のことを「（ソビエトの）新しい外交政策と新たな政治思考の理念史的政治的な根源の一つであった」といい、パルメ委員会における共同作業は、「新しい時代の政治的思考や理念のもっとも重要な源の一つ」であった、としている。じじつその後もゴルバチョフは、くりかえしこの「軍縮と安全保障のための独立委員会」の諸提案を引き合いに出して、提案の理念は「多くの点で包括的な安全保障のわが国の構想に似ている」と強調していた。一九八七年に出した『ペレストロイカ』という著書でゴルバチョフは「ヴィリー・ブラント、エーゴン・バール、フィリペ・ゴンザレス（一九四二年生まれ）、その他の指導的な社会民主主義者たち」との会談の意義をはっきり強調して、「国際的な安全保障と軍縮という危機的な問題に関する見解では似ている点があったし、あるいはまったく同一ですらあった」、と力説していた。

ゴルバチョフの考えがバールの「共通の安全保障」に関する理念といかにひろく合致したものであるかは、この著書にも出ている。「新たな政治思考」に関する章のなかでゴルバチョフが書いている。「新たな政治的展望の基本的原理は、非常に単純なものである。核戦争は、政治的・経済的・イデオロギー的、その他の目標を実現する手段とはなりえない。こうした結論は、本当に革命的である。というのもその結論は、戦争や平和についての伝統的な考え方を放棄することを意味するからである。……安全保障はもはや軍事的な手段ではつくりだせないし、核兵器や〝剣〟と〝楯〟との完成度を高めることによっても、生みだせない。軍事的な優越をつくろうとする試みも、完全にナンセンスである。……新たな政治展望が要求しているのは、よりいっそうの単純な原則を認めることである。すなわち安全保障は、分割不可能である。すべての人に同じ安全保障があるか、それとも全然ないかのどちらかである」。

これは原理的には、バールの基本原則、「あるのは共通の安全保障だけである。自分の安全保障は、相手の安全保障でもある」という原則の反復にほかならなかった。それゆえ八七年にバールが「パルメ委員会の報告に述べられている共通の安全保障という理念がソビエトの基礎になっている」、と確認しているのは正しかった。そうした認識と、バールの全体構想も当然触れ合わずにはいなかった。「接近による変化」は、ゴルバチョフの就任とともに「リアリスティックなヨーロッパの可能性」となったのである。エーゴン・バールにとってえられた帰結は、「今や――長らくの日干しのあとで――ビジョンが必要となる時代がふたたびやってきたのだ」。というのも「世界強国の一つが、自分とその隣人たちを悩ませてきた固い殻を打ち破ろうとするなら、強国自身やその隣人たちにとって新たな展望が拓けるからであった」。

すでに一九八五年の夏バールは、作家のレフ・コープレフ（一九一二―一九九七）宛ての手紙で自分の頭に浮かぶひろい展望のことをこうほのめかしていた。「わたしは、人間の改造は不可能だし、西側のデモクラシーというのは人間の弱みも取り入れていると確信しているものですから、それだからどちらの体制がやり通していけるかに疑問をもってはおりません。個人の自由とは最大の武器です。それですから、一般に共産主義といわれている人類の病を克服しようとするなら、恐れられている対決、あるいは口実になっている対決などのムチなしに、共産主義が展開できるようにしなければなりません。これをわたしは緊張緩和と言っています。そうすればじっさいもっとも徹底した形で、個々人に息がつけ、権利がえられる助けとなるでしょう。ロシアがどうなるかという魅力的な問題についてあえてわたしは見解をもっていません。そもそもその問題についてリアルな評価ができるのかどうか、だれにもわかりません。我われがその点についてあれこれ考えをめぐらすだけでも、素晴らしいと思います」。

つまりバールは、緊張緩和の努力と軍縮政策上の進展との支援に関連させて、ソビエトや他の東欧諸国の社会的変化に期待を寄せていた。くわえてバールは一九八五年五月、第二次世界大戦終了四〇周年に当たり、次のように述べて、自分のドイツ政策上の考えを示唆していた。「ドイツ人たちの自己決定への願いが報復主義だと言われるようなら、ソビエトとの良好な関係、ましてや友好的な関係など考えられない。制約なしの武力不行使が上位に置かれているかぎり、そうした願いは報復主義ではない。別言するなら、我われが欲しているのはすべて、話し合いで進めるものばかりである。こうした認識を思い起こしてもらうのが、まさに未来を見据えた、現在の基盤なのである」。

バール構想の正しい理解のために不可欠なのは、かれがゴルバチョフのもとでのソビエトの改革をどう評価していたか、ソビエトの「新思考」に対して西側にどんな反応をバールが求めていたか、バール自身こうした変化に構想上どんな提案でもって反応していたかを調べることである。

バールはソビエトの改革努力を「上からの革命」だとみなしていて、「ペレストロイカ」や「グラスノスチ」は、「体制そのものの基本構造の変更はせずに」、「体制の改革能力」を試す歴史的な試みである、という。ゴルバチョフは、どんな社会体制も改革能力をもたないなら没落していく、という事実から帰結を引きだしたが、その際「イデオロギー的な修正も」避けることはできないだろう、とバールはいう。かれは適切にも、ソビエトの党首は決して、共産主義体制を廃棄するためでなく、むしろその強化のために登場したのだという見解にたっていた。「グラスノスチやペレストロイカが西側デモクラシーの意味での共産主義の転向宣告のシグナルだと思ったら、それは大きな判断違いであろう。その反対なのである。つまり誤った展開や硬直した皮膜を打破し克服する、そして、魅惑と知的な力強さと——残虐さとまでは言わないが——断固たる決断との、レーニン主義的混合からなる本来の力の再生をえようとするものなのだ。ゴルバチョフは自分を破産管財人としてではなく、改革者だと思っている。かれを動かしているのは、疑念ではなく、信念なのである」［エーゴン・バール「ミハエル・ゴルバチョフはどれくらい危険か？」、『フォアヴェルツ』、八七年六月一三日］。

その際バールが熟考のうえ引きだした評価はこうであった。「信心深い共産主義者」ゴルバチョフは結果において宗教改革者マルティーン・ルター（一四八三—一五四六）と似たような運命に見舞われるかもしれない。「ゴルバチョフも達成できるのは結局のところ、自分のこれまでの教会——その法王に今やかれがなったのであるが——のたんなる改革とは違ったものかもしれない。もちろんかれの体制のなかでの民主化は、我われの意味でのデモクラシーではない。当然のことながらソビエトの意見表明における開放性や多様性は、我われにとって貴重で愛着のある複数主義ではない。新思考や個々人の責任や公開制などの炎がようやく点火されたにしても、今日なお暗い隅々のどの方向に光を当てようとするのか、だれか決めることができるだろうか」。

ゴルバチョフには、「硬化した皮膜と自己欺瞞の体制の持続が歴史的に体制そのものを問題にさせてしまう」ことがわかっていた。それだから、改革はソビエトにとって「一か八かの強制措置」だ、とバールはいう。一九八七年時のかれには、これは「結果を見通すことのできない」プロセスだと思われていた。徹底した改革の実現可能性は、体制の基本構造に触れないかぎり、非常に疑わしかった。「この巨大な国でエネルギーが萎えてしまい、推進力が消え去ってしまうのは、珍しいことではないだろう。おそらく（改革の）テンポは高める必要があるだろう。しかしカーブをあまりに速く切りすぎると、地面との接着力を失う。しかし地球の重力を脱して軌道に達しようとするものには、最低限の推進力は必要である。適切なテンポと、なお可能なものへの視野とが成功・不成功を決めることになるだろう。ゴルバチョフも改革者だれもが遭遇するこうした原則を免れることはできないだろう」［エーゴン・バール『ヨーロッパの平和のために。ゴルバチョフに対する一つの回答』、ベルリン、一九八八年］。

他の人たちはゴルバチョフの軍縮イニシアティブを当初はたんに巧妙なプロパガンダ的策略とみなしていた［コール首相は、八六年一〇月二七日のアメリカの雑誌『ニューズウィーク』とのインタビューで、ミハエル・ゴルバチョフとナチスの教育宣伝相であったヨーゼフ・ゲッベルス（一八九七―一九四五）との類比を大胆にもやってのけた。独ソ関係を八六／八七年とひどく損なうことになったそのインタビューでこう言っているくだりがあった。「かれ（ゴルバチョフ）は世論対策活動のなんたるかがわかっている近代的な共産主義の指導者である。ヒトラー時代の犯罪責任者の一人であったゲッベルスもまた、世論対策活動のエキスパートであった」］。しかしそうした人たちよりも早くバールは、ソビエト外交の「新思考」が緊張緩和プロセスにもつチャンスをみてとっていた。それでも同時に東方エキスパートのバールは、ほかの西側観察者たちより速やかに、「ペレストロイカ」や「グラスノスチ」が決してソビエト国民のなかに高揚した気分だけをもたらすものではないだろうとみていたし、ゴルバチョフの名声に自国民と外国とで差のあることをバールは早期に感じていた。一九八八年バールは、「時間的なズレ」に基づく「困難な要因」のことをこう書いている。「改革の結果というのは、人びとにとっては明日か明後日になってようやく体験できるものである。しかし努力、仕事の自覚、リスクを冒す気構えは、今日求められるものだ。……そうしたことは、それほど人気のあることではないだろう」［バール『ヨーロッパの平和のために』、一七頁］。

「制約のある改革」という意味で「上からの革命」が最終的に成果をあげられるかどうか、一九八七年時のバールには非常に疑問であった。体制を改革するという試みがどこまで達成できるかは、「ソビエト指導部が、じゅうぶん能力のある活動家たちのじゅうぶんな数に支持されるかどうかにもかかっている」。「ここに、全生涯にわたって上からの指示待ちとリスク回避に慣れてきた層に対する懸念が、当然生じてくる。その都度できるだけ下層レベルの人たちの自己責任や、独自の決断が、新路線の成功の前提となるのである」［八七年四月二四日、イタリアのビルダーベルク会議におけるバールの講演］。

こうした分析に基づいて一九八七年バールが引きだした結論は、近いうちに「体制のなかの改革のために体制改革が必要とされるかどうか、の決断が下されるだろう」、というのだった。ソビエトの改革とその成功見通しの自分の分析をバールは、八七年四月ビルダーベルク会議における講演の折に、次のような四点にまとめている。

(1)　ゴルバチョフが始めた体制内部の改革が、体制そのものの革命的変化にいたるかどうかは、まだわからないと言わざるをえない。

(2)　経済の効率化や近代化に関するソビエト独自の関心は、持続するだろう。

(3)　科学的＝技術的な発展を強いられているという洞察によってモスクワは、軍事的な優越は不可能・不必要との結論にいたっている。

(4)　ワルシャワ条約機構諸国間の政治面での違いが増大するだろう。

こうした中間的結論からバールは、「ソビエトに対する西側の政治的戦術の端緒」を導きだした。「平和な世界というゴルバチョフ構想」は「西側の構想」による対応を求めている、と。

『ヨーロッパの平和のために。ゴルバチョフに対する一つの回答』というタイトルで一九八八年バールは自分の案を発表し、ゴルバチョフに対する西側の回答はどのようになるかを示した。基本の趣旨は、新しくも意外なものでもなかった。ゴルバチョフに対するバールの返答も「接近による変化」であった。西側はソビエトの改革政策が提供しているチャンスを捉えるべきだ、という。すでにその前年バールはこう言っていた。「ゴルバチョフをテストすることは、西側にとって、新たな核兵器のテストより興味深い展望を開くだろう。……西側は、ソビエトから軍事力という切り札的カードを取り除くことによって、かれらの国内の改革機運を促進してやるべきである」、と。「ペレストロイカとグラスノスチがどこに向かうかは、まだだれにもわからない。それゆえにそれらを――バリエーションをもつ果てしない歴史としてどんな方向に向かおうとも――ヨーロッパに安定と安全保障を約束する歴史的実験の一部として利用しなければならないのである」。

この点がバールにとって具体的に意味していたのは、軍備競争の終焉であった。自著のなかでバールはあらためて、自分の軍縮政策の考え方の全容をくりかえしている。中部ヨーロッパに非核地帯回廊と非化学兵器地帯を創出することから、攻撃不可能力の構造的段階的な実現を経て、ヨーロッパ全体の安全保障体制の確立にいたる、過去三〇年間のバールの考えが、『ヨーロッパの平和のために。ゴルバチョフに対する一つの回答』という著書にふたたび述べられていた。ゴルバチョフによる「共通の安全保障」構想の幅ひろい受け入れは、バールにとって自分の夢の目標にいたる一歩であった。西側がこの歴史的チャンスを逃すのではないかという思いは、バールの悪夢であった。かれの見解によると、今は「勝利する能力という古い思考カテゴリーと共通の安全保障という考えとの間のせめぎ合い」のなかにいるのだった。五〇年代以降バールは、「ソビエトが世界強国なのは軍事的な次元だけにすぎない」という立場にたっていた。経済的にも精神的・政治的にもソビエト連邦は、「体制間競争」に太刀打ちできない、という。それゆえ「東側体制と、その体制のつよい唯一の分野で競争をつづけるのは西側にとって得策ではない。もし可能なら、競争を東側が弱い分野、つまりイデオロギーと経済の分野に移すのが、西側の利益になるだろう」、という［八七年四月二四日、イタリアのビルダーベルク会議におけるバールの講演〕。

安全保障という問題分野は、バールにとって威嚇脅威の核心部分であった。今ソビエトが体制間対決を、危険のない、経済とイデオロギーの分野だけでやろうと言いだしているなら、西側はソビエトのいうことをまともに受けとるべきである。「ソビエトやその同盟諸国に発する危険は、イデオロギーやかれらの経済的な魅力に発するものではない。危険はもっぱら、あるいはいずれにしろ圧倒的にかれらの軍事的な機構の強さに基づいている。我われの脅威となっているのは、社会モデルでも生活水準でもなくて、ソビエトのミサイルと戦車なのである。この軍事的な脅威を片づける者は、ソビエトの脅威も片づけられる。……我われが欲しているのは安全保障であり、軍事的な対決の危険の排除が、我われの必要とするすべてである。そうすることでそのあと体制と信念の実証ずみの（すでにいちど結果がでている）平和的競争がやれるし、その競争は歴史的にやらねばならない。そうした対決の結末については、わたしは楽観主義者なのである」〔同上の講演から〕。

軍事的な対決を包括的な軍縮協定と安全保障政策上の協力によって減少させることは、バールからみると、西側の二重の利益になる。一つは純粋に軍事的な次元ではヨーロッパにもっと多くの安全保障がえられること、「ソビエトの脅威そのものの除去」がえられるのであった。それだからバールは、「もし西側が、ソビエトを軍備競争の負担から解放してやることなど望んでいないという印象だけを与えるとしたら」、それは「（西側の）精神的・政治的な破産宣告なのである。というのも、モスクワが強いのは唯一その軍事面のみだからである」、という。

しかしながら、この社会民主党員の考えは、軍事的な安全保障の次元だけに尽きるものでなかった。バールの緊張緩和構想は、じゅうぶんな軍事的安全保障という条件のもとで、つねに第一級の政治的性格のものであった。そしてたとえば、ゴルバチョフを試してみたいというアピールもまた、ソビエトの改革を支援したいという試みであった。というのも、「まだなお元にもどることが不可能という地点に到達していないし、ペレストロイカが解き放った諸力が新たな社会的現実のどのような状態に固まっていくのか、まだだれにも確実なことは言えない。それゆえにこそ、西側が今傍観者の役割に留まらないことが大事なのである。軍事的対決の縮小が、ゴルバチョフに対する西側の回答としてバールが求めるものであった。そうした戦術こそ、もっと多くの軍事面での安全保障が自分たちの利害にそうものであり、ソビエトの改革を支援する政治面での目的に合うものである。というのも、「そうしたソビエト内部のプロセスを肯定的な結果へといたらしめるには、外交的に平和と緊張緩和が必要なことは疑問の余地のないところであるから」。

こうした安全保障政策の最優先は、バールの構想全体にそうものであったし、くわえてソビエトの改革プロセスのリアルな評価に発するものであった。一九八七年にバールの出した結論はこうである。「ここ数年のうちに体制の危機が考えられるなら、その体制が軍事的な冒険にでる打開路に頼ることがあってはならない」。

エーゴン・バールの原則「変革には安定が必要」は、ソビエトの改革プロセスにもいえたし、この改革にこそ当てはまるものだった。バールの緊張緩和構想の立脚点は従来から、共産主義体制の変革にとって成果の展望があるのはただ、そうした変革が権力のセンターから、つまりモスクワから発する場合だけである、というのだった。一九六八年のプラハ以来初めてのことではなく、ほんらいすでに五三年六月一七日（ベルリン暴動）以来、バールの認識は的をえていた。「プラハの春」はモスクワにおいて起こらねばならないのであって、ゴルバチョフの「グラスノスチ」と「ペレストロイカ」によって、今やようやくそうした展望が生じたのである。それだけにこうした改革の道を支援する必要性はバールにとっていっそう重要であり、ゴルバチョフにドプチェク（一九二一―一九九二）と似たような運命（アレクサンドル・ドプチェクはチェコスロヴァキア共産党内の改革派を代表する人物として、一九六八／六九年党の書記長になって国のリベラル化をはかろうとするが、ソビエトの不信感を買い、ワルシャワ条約機構軍の侵攻によって改革が頓挫し、すべての指導権を奪われてしまった。いわゆる「プラハの春の挫折」）を舐めさせてはならないためにも肝要であった。必要なのは、バールからすると、改革のしっかりした安定固定化である。

かつてのボン駐在ソビエト大使、ユーリイ・クヴィチンスキー（一九三六年生まれ）が一九九三年になって次の点を強調しているのは、的をえている。バールの目標となっていたのは、「支配的立場にある共産主義政党がみずからの手で自分たちの政体の解体に取りかかるようにもっていくことであった」、と。そうした戦術のために論理的に必要なのは、改革の安定固定化だけでなく、改革者たちの立場の安定化でもあった。実行方法としてバールが期待したのは、改良的変革であって、革命的な強引な変革ではなかった。成功した場合のそうした内部改革は、内容的にとにかく革命的な性格を帯びることになるだろう。バールの「上からの革命」という言い方は、深く考えもせずに選ばれたものではなかった。ただしこの社会民主党員の考えるそうしたプロセスは、どんな時点でもコントロール可能な状態で進行するものでなければならなかった。「軍隊の動員を引き起こすような現実の不安定化は、緊張緩和プロセス全体を逆戻りさせることになってしまうだろう」。改革プロセスを視野に入れながらバールは、「そうした展開のコントロールができるだろうか」、と憂慮する問いを発していた。

不安定化に対するそうした不安、改革プロセスが逆転するかもしれないとの憂慮、それと関連した緊張緩和政策の頓挫への懸念は、当然ながらドイツ政策上にもかかわる意味をもっていた。その種の関連をバールは、CDUの政治家クルト・ビーデンコップフ（一九三〇年生まれ）に宛てた手紙で次のように述べていた。「あちらで進行しだしたことは、体制にとって非常に基礎的なものでありますから、人びとは展開をコントロールすべく全力を尽くさねばならないでしょう。今過去との対決ということになったら、それがどこで始まるかはわかりますが、どこで終わるかはわかりません。イデオロギー的な対決は、このような政体の場合、基本的な根本にまでかかわります。あちらでの改革に何が必要であるか、外からでは判断しにくいものです。もちろんモスクワにとっても、あまりに多くの諸力を同時に解き放つと制御できなくなるという世の常がいえるし、ことにゴルバチョフがいろいろな施策を打ちだすことによって、さまざまなグループが――一つの流れになるかもしれません――かれに向かって腹をたてているということもあります。……そうでなくてもソビエトの同盟諸国の間で立場の違いが増大しつつあるところで、今中部ヨーロッパにおける現状を変更しようとするのは、非常識といっていいでしょう。そしてゴルバチョフが常識をわきまえていることは確かです。わたしは、それですから平和条約をテーマにすることなど当てにしていません。それに対して〝ヨーロッパの家〟という構想は、ソビエト政策の一つの選択肢を拓く可能性があるかもしれません。それは、ソビエト内部の展開が見通せるようになれば、活発になりうるものでしょう」。

ドイツ政策家エーゴン・バールにとって、改革路線でゴルバチョフを支援する必要性こそ、ドイツ問題をアクチュアル化するあらゆる試みに当たって、とくべつ抑制的な姿勢が求められるところであった。なんのかんの言ってもソビエト党首には――一九八七年五月バールはそうみていた――「今日解決不可能なドイツ問題をもちだして、自分のやろうとする仕事や自分自身を空中分解させることに、関心はないのであった」。

「ペレストロイカ」や「グラスノスチ」は、バールからすると、ドイツ再統一のための直接的な提案を意味してはいなかった。しかしこの二つには、もちろんドイツ政策上のチャンスが含まれていて、そのチャンスは、バールのみるところ、ドイツ統一を「軍縮によるヨーロッパの安全保障の前提とはしない」場合にのみ見えるようになるのであった。バールの引きだした結論は、「ドイツ問題でヨーロッパ的なチャンスを頓挫させてはならない。ヨーロッパの安全保障が優先する」、であった。

バールの構想全体は、「ペレストロイカ」や「グラスノスチ」によっても少しも変わらなかった。その逆であって、バールはソビエトの改革プロセスを自分の考えの実現可能性の実証だと感じて、自分の緊張緩和政策上の期待を、ソビエトの改革プロセスの成果のあがる持続に賭けていたのである。

ゴルバチョフの「新路線」が提供するチャンスは、とりあえず次のような点で利用すべきであった。「非攻撃能力にほぼ近いような通常的な安定によって、軍事的な対決の時代に終わりを告げ、体制間の実証ずみの平和的政治的な競争・経済的な協力に置き換える」ために利用すべきなのであった。こうした通常的な安定が達成され、明白に機能する場合に、「NATOやワルシャワ条約機構を解体し、それに代わって全ヨーロッパ安全保障体制を構築する前提がみたされる」のだ、という。こうした集団的安全保障体制――そのなかではすべてのものが平和攪乱者に反対する義務を負う――においてだれもがだれとでも協力し合う自由をもつことになるのであった。「その場合この点には、両ドイツ国家が、望むなら、両国間の国境を廃棄する権利もまた含まれることになる。集団的安全保障体制のそうした状態というのは、ヨーロッパの平和と同義語となるであろう」、というのだった。

第2節　ドイツを思う

バールが自著『ヨーロッパの平和のために』で与えた、ゴルバチョフに対する安全保障政策上の回答は、決して目新しいものでなかった。軍縮、ブロックを超えた協力、通常の安定の創出の道をたどって達成しようとするヨーロッパ安全保障体制という目標は、バールが五〇年代以来、つねに新しいバージョンをもって言っていたことであった。またかれの次のような判断、つまり「ヨーロッパの平和」は最終的には二つの世界強国が今日同盟関係にある地域から撤退することになるであろうという判断も、一九八八年にはほとんどセンセーションとはならなかった。

それに反して世論の大きな関心を呼んだのは、バールの著書におけるドイツ政策に関するくだりであった。とりわけ、かれが議論に供した、ドイツのための二つの平和条約というアイデア（東西ドイツそれぞれが別個にかつての交戦国相手に平和条約を結び、それを通してやがてドイツ統一を果たそうとする考え）は、極端に相反する解釈を招いた。ある人たちが、一九八八年のバールの見解表明は政権党の代表者による再統一政策へのおそらくもっともひどい拒絶だと言ったのに対して、別な人びとはバールの立場に「ドイツ民族主義的なもの」があると批判した。ゲジーネ・シュヴァーンなどは、バールが「ビスマルク流にもどってまでの主権ある単独行動」「国民国家諸国のヨーロッパ」にもどることを企図していると言った。これに対してイェンス・ハッカーは、「バールの新ドイツの考えには諦念がみられる」、かれはヨーロッパの現状を不変のこととして受け入れ、全ドイツ的な統一というオプションを退けようとしている、と主張した。

この双方の見方にも、そうかなと思わせる論拠があった。それほど異なる解釈に、ほぼ同等の正当性を併存させるところが、バールの論理のもつ意図した矛盾のもう一つの証拠である。「ドイツを思う（Nachdenken über Deutschland）」のバールの場合、戦術的な裏に潜む考えと、戦略的な思考の飛躍に少なからず囚われていた。「Querdenker」（一般流とは違った考えをする人）バールは、必要と思われるなら、普通の軌道を離れて考えることも決して厭わなかった。他の人たちが矛盾しているというものを、バールは弁証法だと言ってのけた。自分の目標にいたる過程で、バールは「回り道や、ときには道を間違えて行くことも」厭わなかった。しかしバールは、「ドイツを思う、苦痛にみち、誤解されやすく、危険で誘惑の多い苦労から身を引くことは」、決してなかった。

ミヒャエル・シュトゥルマーが一九八八年、「分断された世界で満足しようとしない」バールの「創造的な心の不安」と言ったのは、的をえた批評であった。じっさいこの点が、バールのドイツ政策上のイニシアティブや思考刺激の疲れを知らぬ流れを培っていた源泉の一つであった。「たえずバールは、現状に漬かって動きが取れなくなるのを、恐れていた。自分はまるで答えのすべてを知っているかのようにみられているとしばしば口にしていたにしても、その答えの背後に疑問符がつくのをいつも意識していた」。

疑問符つきのそうした答えの一つが、二つのドイツ平和条約というバールの提案であった。著書『ヨーロッパの平和のために』のなかで初めて、「ドイツ統一への道は……二つの平和条約の道」を経るしかない、という考えを述べた。もっともこの提案は、その時点ではアクチュアルな政策のための行動の手引きなどではなく、バールははっきりとこう強調していた。「ドイツ平和条約を今望む者は、ヨーロッパの安全保障には、まずドイツの自己決定の権利を前もってきちんと決着させてから、という旧来の考えの後継者ということになるだろう」。

一九八八年バールは何故にこんな提案をしたのだろうか。このイニシアティブの背後にどんな動機があったのだろうか。この緊張緩和の政治家にこんな思い切った提案をさせたのは決して——イェンス・ハッカーの見解とは違って——諦め気分ではなく、その逆であった。この社会民主党員にとって、ソビエトにおける変化は、「世界政治的に興味深い展望をもった、ヨーロッパの歴史の新たな節目を切り拓くにいたる」、まさにチャンスなのであった。バールは諦めの気持ちになっていたのでなく、むしろ自分の最近の「ドイツを思う」気持ちを、遠い将来それでもドイツを統一する期待、当人によれば唯一残されているチャンスが拓けるという期待に結びつけていたのであった。ペーター・ブラントが一九八八年のバールのイニシアティブについて次のように評したのは、核心を突いていた。「平和条約というアイデアは、バールの関心事がもっぱら現状（Status quo）の不変なものとしての承認であったなら、非建設的なものであったろう。平和条約に関する議論になれば、必然的にドイツ政策にかかわるあらゆる問題がふたたび人の口にのぼるに違いない。この点をバールはもちろん意識していたし、あらかじめ計算に入れていた。平和条約によって両ドイツ国家が獲得できる完全な主権により、両国には最終的に自分たち相互関係のルールづくりに当たって決定する自由も与えられるのだ」。

バールのドイツ政策上の信念は——ドイツ問題をアクチュアルにしないこと——一九八八年でも維持されていた。ヨーロッパ化されたドイツ問題は、バールからみると、単独では解決不能なものだった。「全ヨーロッパ的なプロセスは、ドイツ分断の基盤のうえにたってしか合意に達することはできない。……自分たちの政策を通してチャンスを促進することは、両ドイツ国家の利益になる」。両ドイツ国家間の関係は「基本条約」によってルールづくりが行なわれており、目標は（附属の）「ドイツ統一に関する書簡」に記録されていた。このドイツ統一という目標は、平和と非暴力という利害には従属するものの、なんら修正の必要もない。八八年時のバールからみると、ヨーロッパの平和の展開が重要となるこれからの年月において、戦勝国やＤＤＲとの我われの関係で構造的な変化を求める行動の必要性はもはやないだろうし、重要な交渉の必要性すらない。「接近による変化」は、「分断されているかぎり、その国家・国民にとってのコンセプトである」のだった。

この社会民主党員にとって、ドイツ人たちが永久に自分自身で自分のことを決められない、ヨーロッパの唯一の国民でありつづけるなんて、考えられないことだった。自己決定を支持するものは、論理的に平和条約を欲しなければならないのである。しかしドイツが分断されているので、両ドイツ国家にとって二つの平和条約が問題となるのであった（ドイツが未だに完全な主権をもてない国という状態はおかしい。そこで平和条約締結の要求を出したい。その場合ドイツが分断の二国家になっているので、二つの平和条約となる）。

同等の権利獲得の努力と主権獲得の努力は、かねてよりエーゴン・バールの政治思考の重要なファクターであった。それだからこの社会民主党員は、つねに「再統一」という目標を標榜しながらそのくせ「ドイツ問題」の解決に当たって筋を通して主権を要求しない人たちを批判していた。「ドイツとベルリンにかかわるすべての問題の担当権限は、ひきつづきかつての戦勝国にある。……自国の主権という決定的な問題で主権を諦めている人は、問題の本質がわかっていない。我われにとってドイツ統一が決定的な問題でないというなら、その場合じっさい我われの主権に制限があっても、決定的なものではない。しかしもし、自己決定権が我われにとって重要なら、我われは行動の自由を本質的なものとして要求しなければならない。列強三カ国の努力には限界がある、いずれにしても成果がないのだから、なおさらである。ちょっとみただけでも次の点であらわになる、西ドイツの自己欺瞞ということを言っていいだろう。つまり、ドイツ人の自己決定の創出が、あまり重くのしかかってもいなければ、せっつかれてもいないものだから、我われにそれがないのを残念にも思わないし、苦痛に思うこともない点である。驚きなのは、こうした主権放棄の政治家たちが、かぎりなき期間にわたって、ドイツの事柄を決める権利を他人の手に委ねている人たちだと言われていないことである。なにゆえ、今ドイツのために平和条約を求める要求を出そうとしないのか、大いに問題にすべきだろう」［バール『ヨーロッパの平和のために』、九三頁以降］。

この問題にバール自身は、すぐさま答えてこう言っている。「わたしにとって、今日二つの平和条約をせっつかない唯一の理由は、もっと大事なこと、つまりヨーロッパの安全保障という問題があるからだ」。目下のところ、四つの強国の間に、「ヨーロッパの緊急の問題を、あきらかにそれほど緊急でもないドイツ問題より後回しにしたり従属させたりする、時間も力も意志もみいだせないのである」。

ヨーロッパの安全保障体制のなかで初めて、状況が質的に変化するであろう。「ヨーロッパの平和が達成される、しかも条約的な形をとって達成されたら、そのときこれは同時に、ドイツ人たちが自分たちの平和条約を達成する瞬間となるだろう。そうなればかれらの二つの国家が権利の特殊な制約状態で留まっていてはならないのである」。ヨーロッパの平和が、「その展望やその法的な条約形式において、まさに差別待遇の性格をもつ格好のドイツの特別な地位の持続を許すようなことがあってはならないのである」、という。

バール提案の構想のなかで時間的展望が――じゅうぶん注目をされていないことがよくあるが――矛盾と思われているものを解決してくれる。バールが二つの平和条約を求めるのは、今ここでというのではなく、ヨーロッパの安全保障体制のなかでのプロセスの結果としてなのである。その場合の出発点となっているのが、ブロック対決とヨーロッパ分断との克服がまたドイツの主権制限の終焉となるに違いない、という確認であった。平和条約は――バールの解釈によると――「我われの側では、国の統一の最後を飾るものと考えられていた。きっと、隣人たちは、このドイツ人たちを相手に体験したすべてに鑑みて、ドイツ人を独り立ちさせる前に、どんな類の自由とどんな国境のうちにかれらを独り立ちさせるかを知りたがっていると思いながら」考えていたものであった。条約的にしっかりと定め、機能的に信頼のおける安全保障体制なら、条約のパートナーたちは、もはやそうした留保を抱く必要はないだろう。六〇年代にバールが求めていたのは、「まず再統一、それから緊張緩和」という原則を逆転させて、ライトモティーフは「最初に緊張緩和、それから再統一」にしなければならない、ということだった。一九八八年の時点でもかれは、まったく同じような要求を掲げている。「まず分断の克服そのあとで全ドイツのための平和条約の締結」との要請から、「まず二つの平和条約、それからドイツ分断の克服」という原則に変えたのである。バールの想定では、ヨーロッパ安全保障体制の創出にいたるまでは二つのドイツ国家は存在するだろう、というのである。しかしそうした体制が確立されれば、かれの見解では、全体としてのドイツに対する連合国の留保権の継続とか、ましてやそうした権利の万一の機構制度化などにはならないだろう。遅くとも、そうした安全保障体制がつくられれば、「両ドイツ国家は、自分たち自身の用件を自分たちの手で決められないという屈辱から免れられるに違いない」。「ドイツの平和条約とともに、全ドイツにかかわるすべての問題に関する権限はドイツ人たちに返還されるだろう。ドイツ人にとって、自分たちの自己決定の権利を、自分たちの意欲や能力のかぎり、自分たちの友人たちや、またそれにもまして隣人たちを配慮しながら、発揮するのが、大事なことになるだろう」。

自己決定権のこうした主権的な認識の点で、自分がとろうとする方針についてバールはなんの疑問ももたなかった。長期的な視野でドイツ人の国家・国民的統一を果たしたいという自分の提案はどうなるのか、という質問に対して一九八八年九月バールは、「わたし個人としては、なんの問題もなく、その通りです！」と答えている。

バールがいうには、「二つの平和条約とは、次のような心地よい自己欺瞞に見切りをつけることになるだろう。つまり我われは、基本法（憲法）にしたがってドイツ人の自己決定を実行しなければならない。しかし、戦勝国の権利がその上位にくるような、憲法裁判所の手にあまる規範にしたがって、（基本法が言うように）実行する権限をドイツはもたない、という自己欺瞞である」。バールは以前から、基本法が規定しているのは「目標であって、とるべき道」のことではないと主張していた。したがって二つの平和条約というのは、昔からの目標にいたる新たな一つの道なのであった。その際、バールが一九六一年に――壁の建設の二カ月ほど前――「二つの平和条約の調印は、ドイツの分断をドイツ人が認めることになるだろう」と書いていたことも、かれを困惑させることにはならなかった。

この間に国際情勢は、劇的に変化した。そしてバールの見解では、二つの平和条約というジレンマが、「ドイツ統一という目標」にいたる唯一たどれる道となるのであった。

この社会民主党員は、以前からドイツ人たちが自分たちの運命を自分たちの手で握らねばならないという見解を主張していた。東西のパートナーたちのだれ一人として、ドイツ人たちに統一を迫り、主権をもつべきであるとせっつく者もいないし、ドイツ人たち自身も主権を断固求めるようなこともしていない、という。一九八八年時点でバールは、なお長い道のりになるだろうとして、次のように言っていた。「このようにして両国家が平和条約を手にしたら、我われのチャンスは大きくなるだろう。すなわち他のヨーロッパ諸国と同じ程度の主権がえられるだろう。わたしが確信しているのは、かつての戦勝国家が何もしなくなっている、とにかくかれらの努力でとくべつ成果があげられていないのだから、ドイツの自己決定権の問題はドイツ人自身の権限にもどされねばならない、というものだった。ヨーロッパにおける二つの同盟間の攻撃不可能力の保証が、全ヨーロッパ安全保障体制の前提となるだろう。……軍事構造の廃棄によって、両ドイツ国家にとって、一種のますます緊密になる協力関係を結び、そうしても隣国を危険に晒すことはない、という興味深い事態になれるだろう。最後には国家連合となり、そののちにそれ以上のことが生まれるかもしれない」［バールのフィリップ・ビスマルク宛ての手紙、八八年七月二二日付け］、と。

　バールの平和条約イニシアティブでもって、あらためてかれの構想の基本要請が明白になった。つまり分断は、それがもっとも苦痛に感じられているところから克服されねばならない――つまりドイツであり、もっと詳しくいうならDDRにおいてである。同時にバールのこの提案は主権という概念をはっきりさせていた。歴史家のミヒャエル・シュトゥルマーは、一九八八年一一月におけるバールのミュンヘン講演の導入部分の次のくだりを適切にも強調している。この社会民主党員にとって、「問題の対象という役割はドイツにとって」いつもあまりに小さすぎた。まさにこの点に触れているのがバールの「自国・ドイツについて語る」という講演の比較的長いくだりであり、こう詳述している。「人を使う身分になるか、それとも使われる身分になるか、などはもはやドイツの選択肢ではない。少なくとも使われる対象ではないし、問題の対象でもない。自己決定が理想であり、我われの近づこうとする目標である。他の人たちを支配することでもないし、少なくとも支配されることでもない。自分で自分について決定したいのは、平和的目標だけでなく、それがそもそも平和を通して達成できるものである」［エーゴン・バール「自国・ドイツについて語る」、八八年］、と。

　東方政策の目標は、つねに両ドイツ国家の行動余地の拡大にあった。西ドイツだけが外交上の活動余地を獲得するだけでなく、もっと重要なのはDDRが一歩一歩ソビエトの指導権から解放されることである。六〇年代以来バールの戦略は、「東ヨーロッパ（の国々）において違いのでる傾向」を視野に入れていた。ソビエト外交における「新思考」によってある一つの事柄がはっきりみえてきた。そうした事柄にバールは、六〇年代の初め以来自分の東方政策上の期待の大きな部分を賭けてきたものだった。つまり「ワルシャワ条約機構諸国はもはや一枚岩ではない」という事柄である。八〇年代の終わりに「ブレジネフ・ドクトリン」の緩みがますますほのみえてきたとき、一九八八年バールはあえてこう診断を下している。「東西紛争という一切を支配する分極化によって長い間沈黙させられてきた東側諸国の伝統的な利害がふたたび聞かれるようになるだろう」。

そうした国々による違いの表面化が、当座ソビエトの改革路線からの離反、ソビエトの内政上の変革がモスクワの同盟諸国によって控えた姿勢や不信の目、あからさまな拒否をもって迎えられたというのも、バールにとって意外なことでなかったし、こうした冷淡な態度をとくべつ問題とも思わなかった。いずれにせよバールは、こうした(ソビエトの変革に)距離を置く態度の無意味さを感ずる立場であった。「自国の人たちを西側情報からシャットアウトするどんな試みも不可能であるし、同時にまた自国民をソビエト内で起こっているセンセーショナルな精神的対決や自国の過去に関して起こっていることから遮蔽しようとするのも不可能である。今だかつて、人間の脳を動かすだけのじゅうぶん強力な政府であっても、書物の禁止措置で思考の禁止ができた政府はないのである」[バール「自国・ドイツについて語る」、八八年]。

バールのドイツ構想の立場は、ヨーロッパ安全保障のシステムがまずつくられて、そのなかでその後ドイツ人たちに統一へのチャンスがえられることになる、というのだった。バールにとってこの点が意味するのは、「軍縮のプロセスの間、西ヨーロッパの連合が試みられている間、ヨーロッパの家が構想されている間は、二つのドイツ国家は存在すること。その間にドイツ問題をもちだすのは、ヨーロッパの妨げとなること。……つまり我われが前方をみるかぎり、こうしたプロセスの終末にも二つのドイツ国家は存在すること。この点は、わきまえているだけでなく、言っておく必要、言おうとする気力の必要さえある。二つのドイツ国家のことをいうのは、我われの自由である。わたしは言わねばならないから言おうとするのだが、分断のなかにドイツのチャンスはあるが、ドイツ国家統合のチャンスはないのである」。「ヨーロッパの家」の建設には、「安定したDDR」が必要である。「というのも、不安定な相手と一緒には家は構築できないのだから」。

二つの展開は、バールの構想では理論的に考えられないし、実際的にも望ましくないものだった。バールはソビエトの崩壊も計算に入れていなかったし、それゆえＤＤＲの併合も当てにしていなかった。かれは——西ドイツの大半の政治家やほとんどすべてのジャーナリストたちとは違って——ソビエト大統領の改革能力と改革意欲により、ドイツ統一が可能になったり、東欧全体がソビエト勢力圏から「解き放たれる」まで進むとは思っていなかった。この緊張緩和の政治家は、一歩一歩実現をめざし、その際安全保障と安定とを損なうことのない、全ヨーロッパ的なプロセスが望ましいと思っていた。こうした論理でＤＤＲは、バールの思考のなかのしっかりした構成部分であった。（ドイツだけの）「孤立化した統一」というのはバールからすると、古い「再統一妄想」——ヨーロッパの協力と緊張緩和に先立ってドイツ問題の解決をという考え——の非生産的な再活性化に思えた。この状況判断は、こうして、バールがだれよりも早く、東側におけるラジカルな変化に気づいていたという事実と決して矛盾するものでなかった。逆であって、かつてのボン駐在ソビエト大使のユーリイ・クヴィチンスキーが次のように強調しているのは正しい。「ボンでは一九八七年時点ではたぶん、まだだれもＤＤＲが一九九〇年に姿を消すものと真剣に予定に入れていた人はいなかった。……しかしエーゴン・バールだけは、ほかの人たちより早く、基本的な変革が兆し始めたことをあきらかに感じとっていた。でもわたしは、当時かれの予言を信じなかった。しかしバール自身の立場も、ＤＤＲが消滅するというものではなく、二つの現存のドイツ人国家という形でのドイツと平和条約をまもなく締結し、両国家の間に新たな緊密な関係が拓けるのが望ましいとしていた」。

一九八八年初頭バールは、ドイツ問題のヨーロッパ化と、それゆえ「残念ながら単独での解決は不可能」とのかれの立場をくりかえしていた。「ソビエトにおける共産主義体制の崩壊だけがその点でなにか変化をもたらすかもしれないが、それはみえてこない」。そうした崩壊はみられないし、現実に望ましいことでもない。八九年の二月それでもバールはある手紙に書いている。「人間の改造をしようとした大きなユートピアが自己崩壊するのを目で追うのは、息を飲むような気持ちになるが、たくさんの人びとをその瓦礫の下に埋め込むような崩れ方はしないよう願っている」。

安定性という要素がバールの考えのなかでは決定的なファクター——それが色濃く刻まれたのは、とりわけ第二次世界大戦の体験であり、さらにまた一九五三年、五六年そして六八年の頓挫した蜂起の経験によるものだった――であった。ヨーロッパの家の建設の、歴史的に唯一のチャンスは、決してカオスや暴力に転落してはならなかった。それゆえバールは八九年初頭、いつの日かDDRがヨーロッパ連合への併合という道を経て、それで西ドイツに合体する、という理論的な可能性をきっぱり拒否していた。「東ヨーロッパにおいて前提となる一種の政治的崩壊を、平和と安定の点からあえて思い描くことはできやしない」。

すでに一九六四年バールは、「併合の形をとった再統一」といういかなる考えも拒否していた。そんなのは政策ではなくて、奇跡待望論であるだろう。八八年になってもかれは併合や崩壊に期待をかける戦略に警告を発していた。というのもそれは「モスクワとワルシャワ条約機構の政治的な降伏という思惑であるだろうから」。

バールの「平和条約イニシアティブ」は、一見するとかれの構想との断絶を思わせるが、こうしてみると「接近による変化」や「共通の安全保障」というカテゴリーの、かれの思考論理と一貫性のなかに位置づけられるものであった。この点はとりわけ提案のバールの理由づけを思いだしてみると、明瞭になる。バールは振りかえってこう言っている。一九八八年のミュンヘン講演は「無駄なようにみえる意識のなかでのほとんど絶望的な突破」であった。提案をする背景となったのは、西ドイツが西ヨーロッパ統合とドイツ統一との間で「ほとんど見込みのない競争」をしていたことだった。「というのも一九九二年の共通市場の完成でもって、西ヨーロッパの創出となるだろう。それは事実上基本法（憲法）の統一要請の骨抜きであり、あとにはDDRの併合しか理論的には考えられないだろう。そんなことはだれにも想定不能であったから」。

平和条約提案の基礎にあるこうした考え方にも、バールの思い切った思索の一貫性が表れている。西ヨーロッパ的な統合とドイツ統一とは――それはバールの前提の一つであったが――相互に排除し合うものだった。一九八八年七月二二日付けのフィリップ・ビスマルク宛ての手紙でバールが書いている。「一九九二年に国内市場の創出で達成されることは、不可逆的なものだと連邦首相（コール）がなんとか発言していることは、わたしにとって〝警鐘〟でありました。〃ヨーロッパ共同体と再統一〃は――ぜんぜん緊急性の高い課題でもない――相互に相容れないものです。われわれの他のヨーロッパのパートナーにこの件での留保のあることを想定してみても、それは口先だけの心情吐露でしかないでしょう。くわえてそれでは統一問題がDDRのたんなる併合の問題になってしまうだろうし、だからあきらかに不可能でありましょう」。

　統合された西ヨーロッパに西ドイツが解消されるとしたら、ドイツ統一の問題における主権要請の最終的な終焉となるだろうし、全ドイツの立憲者たちのオプションの自由にとって矛盾することになってしまうだろう。西ヨーロッパ統合とドイツの再統一との間のこうした矛盾を、バールはすでに未公刊の著書『さて、何をしたらいい？』のなかで確認しながら、「統合を進めることは、じゅうぶん困難な統一への道をさらに難しくしてしまう」、と書いていた。一九八八年かれはこの考えを再び取り上げて補足している。「西ヨーロッパ（統合）とドイツ統一の間に矛盾は少しもないという信念表明あるいは祈願の言葉が現在毎日のように聞こえてくる。しかし遅くとも（統一）国内市場がその新たな質をみせるようになったら、そんな言葉は無意味だし効果がないしむなしいものであろう。というのも経済的な結合のもつソフトだが強力な腕力というのは、軍事的な同盟の結合より、比較にならぬほど大きいものだからである」［バール「自国・ドイツについて語る」、八八年］。

　SPDの政治家が自分の分析から引きだした帰結は、次のようなものであった。政治的な同盟――これはバールからみても「我われ国民の意志にも、わが共和国の利害にも、政治的・経済的な理性にもそうものであるが」――にいたる移行過程として域内地帯が実現する場合には、他方で統一はたんなる併合としか思われないだろう、というのであった。この道をバールは、上述の理由から、想定できないものと思っていた。とくにバールは、そんなことを（西）ヨーロッパの我われのパートナーたちが望むかどうか、疑問視していたからなおさらであった。一九八九年三月にもバールはCDUの連邦議会議員カール・ラーメルスに宛てて書いている。「わたしが矛盾していると思っているのは、自分たちにより大きな独立性という展望を与えようとしながら、しかしまた期限つきでもなく、取り消しも考えない運命共同体の西ヨーロッパ統一を弁護することです。我われが一致しているのは、中立という条件下での統一は受け入れられないという点であり、ほとんどめざす努力もしておりません。しかしもし（西）ヨーロッパ共同体が誕生しても、西ドイツはじっさい解消することはないでしょう。これは、統一とはそうなるとDDRの併合しか考えられないことを、意味しています。ソビエトがDDRを放棄することなど――その場合他の東欧諸国も同じような分離権を問うたり迫ったりすることもなしに――現実にまったくありえないことだと思っています。ドイツの政策はすでに一度、DDRを抜きにして、ソビエトや東ヨーロッパとの関係を発展させようと試みたことがあります。それは成功しませんでした。その逆に、ソビエトの同盟諸国に、このリーダー国を出し抜いて、優先権を与えようとすることも、うまくいかないでしょう」。

もちろん、ドイツ統一は併合以外の方法でじっさいにいつの日にか考えられるのか、と問うのも不当なことではない。この問いにエーゴン・バールはたえず、「ヤー（Ja）」と答えてきた。かれの展望は全ヨーロッパであって、それが求めるのは、さしあたりブロック対決の克服であった。ミヒャエル・シュトルマーが一九八八年に次のように言っていたのは正しい。「エーゴン・バールにとって二つの極への硬直的分化は、決して最終的決定ではなかった」。

✻第15章✻

統一——夢が現実となる？

第1節　一九八九年——「(歴史・民族・文化的）近さによる変化」

エーゴン・バールにとって自分のドイツ政策の構想以来、確定していたのは、共産主義体制は、我われが思考と行動の自由と理解する、そうした自由には耐えられないということだった。それゆえ「接近による変化」というのが意識的に狙ったのは、「それを与えても革命的な転覆の危険など生じない程度、そうしたホメオパシー的治療の一服（少量の劇薬の服用によって体質を変える効果をねらう処方）によって人びとの暮らしを容易なものにしようとする細々とした道」なのであった。必然的に反転にいたる「コントロール不能の展開」は避ける、というバールの警告は、この社会民主党員の緊張緩和政策上のもろもろの意見表明のなかに赤い糸のように一貫して通っていた。

ゴルバチョフの「上からの革命」が国内の体制変革を導くようになったとき、DDR指導部や他の東欧諸国が、それに懐疑と反発とをもって反応してもバールには意外でなかった。結局のところソビエトの同盟諸国は自分たちも、「グラスノスチ」（情報公開）と「ペレストロイカ」（改革）によって、「モスクワで生みだされた内政上のもろもろの困難」に直接対峙させられることになった。その際、頭初からどんな改革にもとくべつ拒否的な態度を示したのはDDRであった。すでに一九八七年四月バールは次の点に注目を促している。すなわち、「一九八七年一月の中央委員会総会でゴルバチョフが閉会の辞で、〝我われはデモクラシーを呼吸のための空気のように必要としている〟と言ったくだりを、DDRの中央機関紙『ノイエス・ドイチラント』が、今日まで掲載していない」ことであった。

一九八八年SED指導部は、自分たちの反改革路線をさらに強めさえする。八八年一月一七日「ルクセンブルク／リープクネヒト」を偲ぶデモの折、市民権運動のメンバーたちは逮捕され、西側に——のちに帰国の可能性はあったにしろ——追放された。市民権運動家たちは、ローザ・ルクセンブルク（一八七〇—一九一九）の言葉の引用、「自由とはいつも、違った考え方をする人たちの自由でもある」を書いた横断幕をもって、DDRにおける言論の自由を求めるデモをしたのである。逮捕と国外追放は、それ自体特別なことではなかった。しかしこの出来事が世間的に大きな反響を呼び起こしたのは、それらが、SEDが半年ほど前にSPDと一緒に共通の「論争文書」で認めていた原則とあきらかに矛盾していたからである。ソビエトの雑誌『スプートニク』の禁止も、DDR政府が頑固にゴルバチョフの改革路線に抵抗しようとしているのを、明瞭すぎるほど示していた。

バールの見方によれば、そうした試みはわからぬことでもないが、見込みのないものであった。首相府長官ヴォルフガング・ショイブレ（一九四二年生まれ）との間でバールは、DDRとの自分の接触に関して持続的にたえず情報交換をしていたが、ショイブレとの会談ののち、メモのなかに一致した情勢分析をこう記していた。「グラスノスチ流の自由化のことなどおそらく当てにできないだろう。そんなふうに切り抜けられるという思い込みは、危険な誤謬であろう。できるだけ協力的に、この時期を乗り越えるよう試みる必要がある。私たちの見方は、〝危険な誤謬〟に関しても、一致した」、と。

「グラスノスチ」と「ペレストロイカ」は、DDRにとってとくに問題であった。これらによって国家が二重の存在危機にたたされているとみてとったからである。民主主義的な改革により終焉を迫られるのは、SEDにとって共産主義体制だけではなく、同時にDDRの国としての存在でもあった。エーゴン・バールは、DDRのこうした特別な役回りをすでに「基本条約」交渉の間にしばしば強調していた。こうした考えを一九八九年春にふたたび取り上げているが、それは「民主主義的な改革とヨーロッパの安全保障」に関する「フリードリヒ＝エーベルト財団」におけるゼミナールの折のことだった。「DDRがいつも特別なケースなのは、気の毒に思う。……DDRがほかの国や民族より困難な状況に置かれているのは、国民的なアイデンティティーをもたないし、言葉のバリアなしにわが国の電気メディアの影響に晒されているがゆえであることは、疑う余地がない。西ドイツの我われこそが特別な物差しを当てていることも、容易にわかる。というのもこのもう一つの国は我われにとって外国ではないからである。DDRの特殊な困難を理解するとは、かれらの行動について理解を盛り上げようとするのではない」。

DDRの国民的アイデンティティーの欠如というのは、バールからみると、民主主義的な改革にいたるさらに追加的な障害であった。「もしポーランドやハンガリーで体制が変わっても、ポーランドやハンガリーは残りつづける。それがDDRで体制を変えようとすると、残るのはドイツ人だけである。すなわち国家・国民的なアイデンティティーがないのである。そしてこうした基本的事実、つまりDDRの弱点は変えようがないのである」。

こうした見方は、一九八九年という変革の年にあって、バールの行動に決定的な影響を与えていた。九月の段階でもバールは、「再統一をいうのは……目下のところ、我われが口にする最悪のことだ」、と思っている。そういうのは「DDRの存在を問題にする」からである。「そしてそれこそSED指導部の木偶の坊の何人かが欲し望むところであり、そうなればかれらは、隊列をしっかり固めよう、今や我われの存在が問題になっているのだと叫ぶことができるからである。これは改革を避けるために、かれらに進呈できる最高の言い逃れなのである」。

バールが一九八九年中に一貫して自分の全体構想にそって踏みだした路線を堅持したのは、上述の立場のたえざるくりかえしによるだけでなかった。ドイツ問題の安定化と格下げ（緊急の問題としてよりも、一段下げて取り扱うこと）も、かれの政治戦略の柱でありつづけた。前述の「フリードリヒ＝エーベルト財団」のゼミナールは、八九年の三月三日から五日にわたって開かれ一八の国の代表が（そのなかにはソビエト、ポーランド、ハンガリー、ブルガリア、チェコスロヴァキアからの代表も）参加していたが、その折バールは、東欧における変化に対する西側の反応をどう思い描いているかを詳細に述べた。バールの基本的立場は、改革のプロセスは「独自の法則性」をもっており、「東ヨーロッパにおける展開」は「本質的には固有の力」に発するものだ、と言っている。「我われは安定をめざす政策をとることにより、展開を容易にする枠組みをつくったが、本質的なものは、個々人が、また社会が、個人的諸権利の遅れを取りもどそうと思う気持ちをみたそうとする、独自の体質、独自の働き、注目すべき力、そして称賛に値する勇気なのである」。それゆえ西側は、「プロテスト論理の煽り」を放棄して、その代わりひきつづき緊張緩和、協力と軍縮の国際的な枠組み条件を促進する。これらこそ改革プロセスの安定化に必要だからである。バールはくわえて「西側の独りよがり」（自分だけが正しいとすること）を避けるよう、注文をつけた。「向こう側で効果的な諸力は、こちらから操縦できるようなものより、より基本的なものであり、我われの許にあるものより、もっと叡智を示せるものである。わたしは——何かを闘い取ろうとか、あるいは苦悩している人たちへの尊敬の念からも——控えた態度と謙虚さをお勧めしたい」。

ＤＤＲはルーマニアとともに、「民主主義改革」に関するこのゼミナールに西ドイツへ公式代表者を派遣しなかったが、そのＤＤＲに目をやりながらバールは、「ＤＤＲがこの全体的な展開のなかで孤立した小島となる」のを望んでもいなければ期待もしていないと述べた。旅行往来の改善も、「引きこもろうとするメンタリティー——それはソビエトからの情報公開の産物の禁止にもみられるように——の不利を調整するには、捌け口としてたぶんじゅうぶんではないだろう」。

一方でバールは、一九八九年三月「安定化を損ねるようなものは」西側から一切しないように、とはっきり言っていた。しかし他方では、変化によって安定を達成する今ある能力に対して、伝統的なものを守ろうとする行動が覆い被さることになったら、安定も危険に晒されるだろうことを強調していた。「リスクなしに変化はありえない。だが安定の維持は、革新の前提条件である。そのことをギュラ・ホルンが言っていた。わたしもかれと同意見だし、こう補っておきたい。革新なくしては、安定もまたありえない、と。両者は相補うものである。この二つの極の間に——もちろんリスクがないわけではないが——我われは道をみいだしていかねばならない」。

民主的な改革とヨーロッパの安全保障とを結びつけたゼミナールのテーマこそ、エーゴン・バールの主要関心事であった。かれにとって、こうしたプロセスの平行進行こそ重要であった。緊張緩和の面での進展が、民主化の領域でのさらなる進展を可能にするはずなのである。しかし同時にバールには、改革における反転が緊張緩和のプロセスにおける反転につながるに違いないことも、論理的必然のように思われた。まさにヨーロッパの安全保障を視野に入れるとき、それゆえ大事なのは、なにごと「コントロール不能に」しないことである。「ヨーロッパの家を考えるものは、何人かの同居人が窓をガタガタ揺すったり、椅子を壊したりするような家には、だれも入居しようとしないことを知っていなければならない」。

一九八九年にあらためて、一九五三年六月一七日がエーゴン・バールの思考のなかでどんなに大きな位置を占めているかが示された。「自由を求めての蜂起」の流血で抑え込まれた暴動鎮圧、その結末としてウルブリヒトが支配権を安定させたことは、バールにとってじっさい一種の「Schlußerlebnis」(ものの基本的見方に大きな影響と反応を呼び起こした決定的体験）であった。当時バールは「リアス放送」の編集主幹の地位にあって、その放送局事務所には五三年六月一六日の夜、支援を求める東ベルリン建築労働者の代表団が座っていたのである。あの出来事こそ、かつての編集主幹の政治的思考にあとあとまで影を落としていたものである。それだから八九年三月、緊張緩和の政治家バールはこう強調している。「わたしは、展開のテンポはじゅうぶんなものだと思っている。外部から加速をせっつくのは間違っているし無責任だと思う。一九五三年、五六年の印象は、まだとても生々しく記憶にある。……助けることができなかった苦い気持ちは、忘れずに残っている。……上からの、つまり統治部門レベルで緊張を緩和しようとする措置への非難もわたしは聞いている。そんなレベルでの緊張緩和を狙うものは、下からの緊張緩和にとってあまりに臆病で、あまりに線が細すぎると言われよう。それでもわたしは、良心に疚しさを感じることなく、前者の方策をとりつづけていくつもりである。とりわけわたしは次のような経験をしているからでもある。すなわち、弱気と言われた政治家に向かって、下からの緊張緩和の向こうみずで世論受けのする活動の結果鉄格子のなかに消えた人たちを連れ出してくれと、頼みがもち込まれたことを知っているからだ」［エーゴン・バール「改革と安全保障」、シュナイダー／テーレン編『民主主義的改革とヨーロッパの安全保障』、ボン、一九八九年、一〇頁以下］。

こうした引用から、エーゴン・バールの考え方のもう一つの不変の要素が窺える。人的状況の改善や緊張緩和政策上の進展の協定が達成できるのは、統治者を相手にするときだけであって、野党や反体派相手ではない、というのである。こうした基本をバールは、一九八九年の前半SED支配が急速に権威失墜になっても変えようとしなかった。その逆であって、バールが固執した立場は、SEDの権力者たちを今西ドイツ側の手で、対話からはずすようなことをしてはならない、というものだった。「DDRにおける緊張は速やかに増大するし、経済状況は悪化する、そしてこれらは、ポーランド、ハンガリーやソビエトにおける展開もあって……東ベルリンをますます極度に緊張した状態にする恐れがある。それゆえSPDにとって、「DDRやSEDとの関係におけるわが党の基本ライン」のなにかを変えるきっかけなど存在しない。

一九八九年五月一〇日、バールはSPD党首ハンス＝ヨッヘン・フォーゲルのために書いた状況判断のなかで、次のような結論にいたっていた。「東欧において、とくにDDRにおいて、状況は一段と不安定なものとなるだろう。一部では、同盟への忠誠をある程度限定しながら独自の道をいく権利が、赤軍の介入による緊急ブレーキによってじっさい東欧諸国政府から奪われてしまうだろう、という噂すら駆けめぐっているのである」、と。

一九八九年五月二日、ハンガリーの国境警備隊は、オーストリアとの国境にある「鉄のカーテン」を撤去し始めた。五月七日、DDRの地方選挙であきらかに粉飾のあったことへの抗議行動が発生した。SED指導部は――ドイツ・ドイツ政党間の会話の場合とは違って――内政面ではまったく対話に無能である姿を示した。八九年五月そこから引きだされたバールの帰結は、「ホーネッカー相手にSEDやDDRの深部にまで突っ込んだ対話をしようとしても」、SPD側にとって無意味である。なぜならホーネッカーは「自分の路線の原理的な変更など」しないとあきらかに決めているからである。バールの結論では、「経済的な停滞」が「急激に不満の増大」を招くだろう。かれには、DDRにおけるこうしたドラマティックな状況を目の前にしても、「どうやったら我われが（東独の）現政体や現指導部を効果的に支援してやれるのか、ほとんどみえてこない」。さらなる国外旅行によるとか、旅行のしやすさによる抑圧軽減など期待できないだけに、なおさらであった。

バールが自分の安定化テーゼの論理に合わせて引きだした結論は、内政上の圧力が増しているとき、外交的な圧力を高めても西側の利益になりえない、であった。この関連でバールは、自党の友人のエアハルト・エプラーまでも批判する。後者は、西ドイツ連邦議会における一九五三年六月一七日を偲ぶ演説ではっきりと、ドイツ問題のアクチュアル化を口にしたのだった。そのなかでエプラーはこう言っていた。「ドイツ人は、他のすべての民族と同じように、自己決定の権利をもっている。その権利をもつ資格を失ってはいない、ドイツ人がヨーロッパに対してしでかしたことによっても、それを失ってはいない」。

こうした見解は内容的に、バールの立場と決して矛盾するものではなかった。かれのエプラー批判は、主に戦術的な視点にたって言われたものである。この演説は、「もはやだれもDDR相手に話をしないかのような印象を心理的に与えるだろう。……DDRの状況は危険であって、その地の人たちが必要としているのは支援であって、ドイツ問題についてのおしゃべりではない」。エーゴン・バールの数十年にわたるドイツ政策上の経験は、DDRは外からの圧力がくわわればくわわるほど、いっそう反応が硬化することを教えていた。内輪でバールは一九八九年六月、改革プロセスに反転が生じないようなら、中期的には国家連合という問題もでてくる、という見解を主張していた。それに反して、ソビエトにおいて反転が生じた場合、DDRは現在の形態で安定することになってしまうだろう。それだから必要なのは、ソビエトの改革を危険に晒し、ミハエル・ゴルバチョフの立場を弱めるおそれのあるものは一切しないことである。「もっとも危険なのは、不安定な状態にすることであろう」。

そうした非安定化要因を一九八九年の夏のバールは、とりわけドイツ問題のアクチュアル化にみていた。政治的に厄介だとかれが思ったのは、「再統一を前面にかかげ、〝ヨーロッパの分断の克服の点での進展なしに軍縮はありえない〟をモットーに（東独を）連結しようとする、場合によってはありうる試み」のことだった。

それでもバールは、決して受け身の待ちの姿勢を支持していたわけではない。一九八九年六月かれは、いつも「小さな歩みの政党」であったSPDは、今や「大きな歩みの時代がやってきたこと」に姿勢を合わせなければならない、と言っている。そうは言っても、安全保障政策にあいかわらず絶対的な優先順位を認めていた。しかし七月にバールは、ドイツ政策は今や「大戦終結後ほぼ四五年を経て、占領時代の時代遅れとなった処理ルールや規定、埃をかぶった差別的な権限などを除去するために、三つの世界強国相手の対話と交渉にはいる時期にきている」、と言っている。それでもひきつづき揺らぐことなく、八〇年代のかれのドイツ政策上の信条を堅持する。「統一を夢みるのでなく、共通性を発展させる。これが、次の局面の課題である」。

バールはあきらかにSPDドイツ政策の三つの基本想定に全面的に与していた。それは、党執行部の同僚ヴォルフガング・ヴィーマーが一九八九年八月一七日にメモのなかでこう記していたものだった。

(1) 再統一要請の議論上の強調は、DDRにおいて考えられる望ましい改革や、その他の変化プロセスを利するよりは困難にさせる。

(2) DDR内部の反体制派は、西側の糸で操られているという非難に晒されているが、かれらは、そうした邪推がなくとも、かなりの困難を予期しなければならない。その種の邪推は、西側から公然と肩を叩かれるだけでももたれるものである。

(3) 西側で何を口にされ考えられるにしても、窮地に陥っているDDR反体制派に対して、こちら側から有効

な支援をすることはできない。［ヴォルフガング・ヴィーマー「SPDのドイツ政策の考えに関するメモ」、八九年八月一七日］

一九八九年夏のバールの意向は、SEDとの対話を切らさないことだった。かれの主張する見解は、東ドイツにおける状況が危機的になればなるほど、西側から緊張緩和の状況が進むよう働きかける必要がある、というのである。どんなことがあっても火に油を注ぐようなことをしてはならない、という。こうした判断は、八九年の夏何千というDDR市民がブタペスト、プラハやワルシャワの西ドイツ大使館に庇護を求め、八月一九日に六〇〇〇人以上の東ドイツ人がハンガリー経由で西側に逃げだしたあとでも、変わらなかった。

こうした状況の変化に直面して、SPDにとって差し迫った問題がでてきた。大量逃亡の始まりはSEDとの自分たちの対話にどんな影響をおよぼすだろうか、という問題である。すでに一九八九年六月二六日、SPD指導部は、「SEDとその各組織ならびにDDRの機関、政党、組織、グループとの接触をとるに当たっての原則」を決めていた。そのなかでSEDとの対話の折にはDDR反体制派にいっそうつよい配慮をするようはっきり求めていた。その文書のなかでは文字通りこう言われている。「情報や批判的な対話の深化をはかるために、その種の接触に当たっては、教会グループ、異なる意見の代表者たち、個々の市民などとの対話も望ましいし、必要である」。

最初の逃亡の波とほとんど時を同じくして八月には、「ヨーロッパにおける非攻撃能力の構造的な創出のための目標設定」という文書の決議が計画されていた。この文書の作成には、エーゴン・バールとヘルマン・アクセン（SED党国際関係部部長）の主導のもとSPDとSED共同の安全保障政策上の作業グループが一九八八年七月以来かかわっていて、その文書は八九年八月二八日、共同記者会見の席上世論に発表される手筈になっていた。ところが八月二三日、記者会見はDDR側から断られてしまう。SEDは、その発表の約束が西ドイツの報道機関によって、「DDR反対のキャンペーンの続行」用に利用されるのを恐れたからであった。バールはこの拒絶を阻もうと努め、SEDとの接触の継続と「ヨーロッパにおける安全保障問題の共同作業グループの活動継続」を支持すると発言する。

しかしながら記者会見の拒絶はあらためて、SEDトップの人たちの動く気構えのなさと対話不能性をあらわにしたし、その姿勢は今では国内面だけでなく、ドイツ・ドイツ間関係にも表れてくる。SPD／SED対話は、一九八九年の夏その限界に達した。この点はじっさいにも、またとりわけSEDと国家公安省の国内状況判断にも表れていた。その時点のもろもろの報告のなかでは、完全に過去数十年のスタイルをとってこう批判されている。SPDは、「DDRの国内用件に直接介入」し、「数カ月来つづいているアンチDDRキャンペーン」の隊列に加わった。SPDの政策の狙いは、「SEDをしてその政策路線を捨てさせ、DDR社会秩序の漸次的な社会民主主義化となる〝改革〟を導入するよう仕向ける」ことにある。政治局員であったヘルマン・アクセンの文書類にみられる、一九八九年夏のSED編成の書類ではこう強調されていた。SPDが「つねに追求していた目標は、〝接近による変化〟というかれらの政策を対話という手段を通じても実効あるものにし、イデオロギー的にDDRに浸透し、DDRに社会民主主義的なモデルの意味での変化をもたらし、長期的にはDDRのBRDへの接近を可能にしようとすることである」。同じく八九年夏に書かれ、（DDR公安相）エーリヒ・ミールケのサインのある国家公安省の報告ではさらに、こう言われていた。SPDの指導部集団が「DDR向けに追求している戦略目標は、他のいくつかの社会主義諸国における相応の現象に合わせて、長い目でみて内政的な変化のプロセスを進行させ、社会主義的国家・社会秩序をブルジョア的なデモクラシーの形態や原則によって、〝民主主義的社会主義〟というかれらの構想にそって、変えようとするものである」。

エーゴン・バールにとって、記者会見の拒絶や一九八九年八月にますます目立つようになった、危機的状況へのSEDの対応力欠如、ならびにSPDに対してふたたび増えだした口頭攻撃などは、自分のテーゼ、つまりSEDは圧力がくわえられるほどますます強硬な反応をみせるというテーゼの証左であった。政治的に決定的な圧力は国内から、DDRの市民から発していた。外部からの影響力行使は、バールにはあきらかに非生産的であり危険であった。バールの姿勢の正しい評価のためには、次のようなことを思い起こす必要があろう。つまり八月に（DDR市民が西ドイツ）大使館に大量に押しかける事態やハンガリー経由での大量逃亡で始まったＤＤＲの変革局面が、きわめて大きな不確実性をみせていたこと、経過でも結果でも、今振りかえっていえるほど、決してそれほど必然性のあるものでなかったことである。エーゴン・バールはＤＤＲにおける変革を複雑な感情でみていた。たしかにバールは民主化のプロセスを歓迎している。しかし同時に危険な暴発を招きかねないＤＤＲの非安定化も恐れていた。この段階でバールは、ＤＤＲにおけるゆるやかな展開についての西ドイツの関心をたえず強調していた。かれは、東ドイツで数カ月前に中国の天安門広場であった大量虐殺（一九八九年六月四日）と似たような展開が起こることも想定に入れていた。それだから一九八九年九月バールは次のようにいう。「もしＤＤＲが我われと同じように、安定への関心をもっているなら、この点は変革と改革の能力も求められることを知らなければならない。……安定を、変化しえない状態や硬直性と同列に置くのは思想的にも政治的にも間違っている。変化はアナーキーやましてや公然たる反乱に陥ってはならない。そんな事態は、我われにとっても向こう側の人たちにとっても否定的な結果を招くであろう。どんな状態でも戦車の出動はないというのが本当なのかどうか、わたしは試したくはない。火遊びをするのはぜったいに無責任である。こちら側で安全でぬくぬくと暮らしている人たちが、そんな事態の素になるのは無責任である。というのもその点について我われははっきりとわかっている。一九五三年、あるいは一九六八年、または一九五六年を思い起こさせるなにか恐ろしいこと、あるいはそれに近いことが、いつ起こるにせよ、当時と同じことが起こるだろうことはわかっている。我われが憤激を覚える、それは正しい。我われが抗議したくなる、それもまともである。しかし我われはなにも行動に訴えることはしないだろう」。

とはいっても、安定化と抑制のきいた姿勢をめざすバールの政策は、一九八九年秋になると社会民主党内でもますます批判を受けるようになった。ＳＰＤの連邦議会議員ノルベルト・ガンゼル（一九四〇年生まれ）は八九年九月そうした批判のメガホンとなって、こう強調した。「ドイツ政策の次の段階に適用するのは〝接近による変化〟ではなく、〝距離を置くことでの変化！（Wandel durch Abstand）〟」である。ＤＤＲ指導部に対しては距離をとらねばならない。「ＳＥＤの石頭たちとの報道陣の前での写真撮影などの段取りは、DDRの内部変化にとって〝Bärendienste（相手のためを思ってしたことが、かえって害をおよぼすことになる）〟となっている。それによって内部の反体制派の士気を削いでいるのだ」。ガンゼルはSEDとの接触をすべて絶つことを支持したのではないが、そうした対話は今や違った質をもつべきだという。「そうした接触から――そして接触は公表されなければならない――DDRのなかでも多くのデモクラシーをあえて欲している人たちにとって、勇気づけと支援の効果がでるようなものでなければならない。くりかえし我われが期待し求めているのは、DDRがソビエトの模範にならって、グラスノスチとペレストロイカを思い切ってやってほしいということである。グラスノスチとペレストロイカは、政治的技術用語の概念の一つとなっている。官僚機構による上からの改革、官僚機構に対する上からの改革。事実上問題として重要なのは、単純明快に自由である――個人的、経済的、政治的次元での自由。情報の自由、言論の自由、結社の自由、選挙の自由と決断の自由である」。

こうして党内でバールに対するはっきり反対の立場が口にされた。この批判点はまた――もっぱらというのではないが――戦術的なやり方にも言われた。バールの戦術の狙いは、じつに明瞭なように、「接近による変化」であった。それでは、どうして変化が現れだしたときに、接近を放棄するのか？「フェルトのスリッパを履いた侵略攻勢（Agression auf Filzlatschen）」が成果をあげている時期に、どうして「木槌をもった侵略攻勢（Agression mit dem Holzhammer）」に移行するのだろうか。

エーゴン・バールは一九八九年九月にあらためて、SPDに自分たちの路線から離れる理由はない、と強調していた。「すなわちもう少しの間人びとのために、政権を握っている政党を相手に協定を結ぶ必要があるだろう」。対話と協力との継続を通して、改革プロセスが先へと進められようにすべきであり、そうなれば「DDRも」こうした展開から「逃れることはできなくなるだろう」。「接近による変化の政策」は決して終わりを迎えたのではない。一〇月の初め、DDR建国四〇周年の祝祭の準備のなかで、抗議を力で鎮圧する恐れがあるようにみえた。そのとくべつ危険をはらんだ一〇月初めの日々にあってもバールは、はっきりと次のような警告を口にしていた。「諸君が口にすること、諸君が外に向かって言葉にすることに気をつけよう。わたしは、物事が理性的であるのを期待しているし、向こう側の人たちが暴力では何もできないことを肝に銘じておられるのを大いに期待している」。

なるほどバールは、対話路線の素朴な継続がＳＰＤを国内政治面で厄介な状況にしかねないことはわかっていた。しかし「距離を置くことでの変化（Wandel durch Abstand）」はバールからみると、あらゆる可能性のうちで最低のものであった。変化というのは緊張緩和の政治家にとって一九八九年一〇月になってもＳＥＤを相手にしてのみできるようにみえたのである。一〇月一六日、かれはたとえば週刊誌『シュピーゲル』との対談で、「プロセス全体はＳＥＤ相手に進行せざるをえないことは、疑問の余地がない。我われはまだ現在の反体制派によるＤＤＲ掌握を目前にしているわけではない」。「リアルな政治家」バールは八九年の秋でもひきつづき、国家政党・政権政党ＳＥＤはＤＤＲの決定的な権力ファクターであり、なおしばらくの間その地位に留まるだろう、という立場にたっていた。たしかにバールは九月一五日、ふたたび「硬直しすぎて、自己変革も変遷もできないものの安定は危険に晒される」、と確認していた。しかしこうした認識も、かれの基本的立場を少しも変えるものでなく、ＳＥＤとＤＤＲが存在する間は、かれらを無視してはならない権力ファクターとみなさなければならない、という立場を堅持していた。

こうした姿勢は、当時のドイツ問題に関するバールの見解表明にも色濃くでている。「この段階では国家的統一のテーマを活性化しないように」かれは勧めている。たしかにこの社会民主党員にとって、東ヨーロッパにおける民主化とともに、それはドイツ問題にとってどんな意味になるかという問題がでてくるのは、当然のことであった。しかし今再統一問題をテーマにすることはぜったいに間違っている、とバールは思っていた。「安全保障問題」はあいかわらず「ドイツ問題」より上位にあるのだった。それと違うものはすべて、「新たな戯言」であり、「自己欺瞞の継承、偽善か新たな幻想」なのであった。ヨーロッパの平和秩序のなかで初めて、「ドイツ問題」が、もしかしたら国家的統一の問題として出されることになるだろう。民主化とドイツ問題とは、目下のところ一つに並べられない。ＤＤＲにおける「改革も、自分たちから国を奪おうとしているのではないとSED指導部が確信できる場合にのみ考えられるものとなるだろう」。

一九八九年一〇月一〇日、バールが強調していうには、自分はドイツ統一については、次のような方針にしたがう戦略をもって追求している、つまり「そのことはいつも考えている、しかしそのことを口にはしない」、である。

一九八九年という変革の年におけるバールのさまざまな発言をもういちど思い起こしてみると、それには期待と憂慮という気持ちが色濃くにじんでいる。DDRにおける「平和的な革命」のダイナミズムをその際バールは——東西の多くの人たちと同様——正しく見抜いていなかった。一部では急速な政治の展開にかれは「飲み込まれて」しまった。ティルマン・フィッシャーがその著『SPDと国民』［ベルリン／フランクフルト a. M.、一九九三年］のなかで「分断されたドイツの支配者たちの〝安定のコンセンサス〟」のことを言っている。そうした安定思考は、エーゴン・バールにとくにつよくでていたこともはっきりしている。その場合、非安定化に対する警告は、かんぜんに大きな政治的責任意識の表れであったが、そうはいっても同時にそれは、バール構想の内在的な弱点を象徴していた。じっさいエーゴン・バールが「一九八九年一一月九日を予見できなかった」と非難することはできない。そんな非難はじっさいだれもしていない。そうはいうものの、批判的に根拠を問わねばならないのは、バールの出発点が——すでに一九六六年に友人のハーロルト・フルヴィッツが注意を喚起していて、今「一九八九年の革命の秋」になってはっきりと表れた欠点、つまりバール構想には「歴史的な出来事への住民の自発的な参加」ということがほとんど完全に抜けている、という欠陥を帯びていたのかどうかという点である。

この点バールはみずから認めている。一九九〇年二月九日、週刊新聞『ツァイト』とのインタビューで、すべてを政府から期待していて、民衆からはほとんど期待していなかったのかという質問に、バールは「おっしゃる通りです。わたしは、まず安定をつくりだしたときに向こう側で社会的・政治的な変化が生じる、と考えていたのです。それとはまったく逆の経過になりました」。

壁の建設とともにベルリンで一九六一年に生じた状況について新たに考える必要性が生じて、その結果が一九六三年の「接近による変化」であった。八九年一一月九日の壁の崩壊とともに、こんどは新たに考えを変えるときとなった。一一月一六日のドイツ連邦議会でバールはそうした必要性をこう述べている。「わたしが想定していましたのは、まず安全保障と軍縮をつくりだす、そうすれば経済的な協力が非常に幅ひろく展開するだろう、そのあとその状況から民主主義的な自由が自動的に生まれるだろうということでした。今日確認できるのは、経過はまさに逆だということです」。

こうした展開に対するバールの答えは、「〝接近による変化〟のあとで、今では（歴史・民族・文化の）〝近さによる変化（Wandel durch Nähe）〟、しかも近いものの統一による変化が生まれるのである」。

第2節　統一への道——ユートピアから現実問題へ

一九八九年一一月九日の壁の開放は、すべての人にとって思いがけないことであり、内外の政治家にとってまったく予期していないことであった。ＳＥＤの政治局メンバーのギュンター・シャボウスキーが国際的記者会見の最中に、ＤＤＲ市民の西側への即座の出国可能性のことを告げたが、それはじじつ「歴史的な失言（先走った発言）」であったかどうか、不明のままである。多くのことがこの失言という解釈を裏づけている。というのも東ベルリンの、副文脈に置かれむしろついでと言った感じで出されたこうした「決定」は、モスクワにもボンにも事前連絡がなかったことは、明らかだからである。

コール首相は、ポーランドへの公式訪問の最中にこのセンセーショナルな情報に接する。かれの外交政策アドバイザーのホルスト・テルチィクはのちに、その報道を「その瞬間信じられる者はほとんどいなかった」と言っている。このアドバイザーは、「出来事に飲み込まれてしまった」のを認めていた。

こうしてボンやドイツの首相も、ワシントン、ロンドン、パリの政府首脳、さらにモスクワの首脳でさえ、事情は同じであった。ヴィリー・ブラントは一九九〇年の三月レトリック的な問い方をして「だれか、変化のテンポを予見していたと主張する人がいるだろうか」、と言っている。「広範におよぶ変化が目前に迫っている」ことは、みる意志と能力のある人ならだれでもわかっていた。しかし劇的な変革がそれほど急速に徹底して進行するとは、ブラントも「具体的には予見していなかった」。

同じことはドイツ政策のビジョン家エーゴン・バールにもいえた。「考えられないことを考える」のが六〇年代以来かれの主導理念であったが、それでも一九八九年一一月九日をリアルな短期的な展望として思い描くには、空想力が足りなかった。九二年の二月に回顧しながらバールが心中を打ち明けている。自分は「ありえることの理論的な認識はもっていたにもかかわらず……九月の時点ではまだ、壁が二カ月後に崩壊するなんて、一瞬たりとも予感も、推定も、あるいは期待もしていなかった」。エーゴン・バールは八九年一〇月一六日、週刊誌『シュピーゲル』の対談で、「そのときには壁が崩壊するだろう」と口にしていたが、それはあいかわらずもっと長いプロセスの終点に起ることであって、三週間後に現実となる出来事のことではなかった。

そのかぎりでは、一九八九年一一月九日は、六一年八月一三日と似ていた。壁の開放は壁の構築と同じように、不意打ち的なものだった。この二つは回顧してみると、相互に違った長い展開プロセスの論理的帰結のようにみえるかもしれないが。歴史的プロセスのこうした――大部分あとになってから構成される――自然の勢いというものは、政治の主役たちにはわかりにくいものである。かれらが行なうのは現在の政治の構成であって、「回顧の鏡に映る歴史」の評価ではないからである。

バールは一一月九日をほとんど予感していなかったが、壁の開放のあと、ブラントが一一月一〇日にシェーネベルクの市庁舎（西ベルリン）のバルコニーから「なにごとも、二度と同じような起こり方はしないものだ」と言ったときには、まったく同感であった。

エーゴン・バールにとって壁の開放によって生まれた状況は、自分の戦略の次の一歩を考える根拠となったが、それでもかれのドイツ政策上の全体構想の修正のきっかけを意味したわけではなかった。バールはすでに六〇年代に自由と統一とを分離しようとする試みは無意味だと言っていた。DDRにおける政治的自由の実現とドイツ統一の達成は、バールの政治思考では、相互に絡み合っていた。自由と統一とのどちらかと選択肢の意味で考えるのは、バールの理解ではかねてよりなにか「おかしなこと」という気持ちがしていた。それだからバールにとって一九八九年一一月九日は、おのずと「DDRの終わりの始まり」であった。

この日付けはバールにとってそれゆえドイツ統一への道における決定的な節目であった。もっとも、この道になおどんな躓きの石が置かれるのか、まだだれにもわからなかった。それだからブラントが一九八九年末に、我われの前に横たわる道にどれほどの不確実なものとリスクが埋め込まれているか、忘れないでほしい、と注意を喚起していたのは当然であったのだ。

考えられる躓きの石は、とりわけソビエトの改革プロセスの不安定さであり、未解決の安全保障問題であった。それだからエーゴン・バールは一九八九年一一月九日以後になっても、自分のドイツ構想の核心要素を堅持しつづけていた。ドイツ問題とヨーロッパの安全保障とのリンク、外交政策上の安定思考と、ドイツ統一の鍵はモスクワにあるとの認識は、かれの政治戦略の基本要素でありつづけた。

それゆえバールは、自分の控えた慎重な姿勢を壁の崩壊後でも捨てなかった。次の「見通せる局面」では、DDRの市民たちによるこの国の自己決定以外にドイツ政策の目標はなかった。壁の開放四日後にバールが言っている。「ここ何週間かの忘れがたい出来事からして、次の点になんの疑問もありえない。人びとも二つのドイツ国家もこの局面では、ヨーロッパの他の国家にはみられないほど互いに近づきになれることである。かれらは手本になる生活ができるだろうし、ヨーロッパの家の実際がどうなるかの先取りとなるだろう。近さによる変化——これがドイツの道でありヨーロッパの道である」。DDRにおける人たちは「ある日、自己決定権を手にして、未解決のドイツ問題に、ドイツの国家間の合意によるか、それとも一つの国家の統一によるか、の答えを出すことになるだろう」。

バールがどちらの決定を優先し、期待しているかに疑問はなかった。要請と希望とは基本法のなかにも、また「ドイツ統一に関する書簡」のなかにも記録されている。「ドイツの統一」という目標を見据えながら、バールは一九八九年一一月一四日、こう言っている。「わたしが全生涯を通して働いてきたのは他のためではないし、それを放棄することもないだろう」。同時にかれは八九年一一月にあらためて強調してこう言っている。自分の目からみると、ヨーロッパの安全保障問題が解決して初めて、ドイツ人の完全な自己決定権が活用できることになるだろう、と。そしてこのことは、「二つの軍事ブロックが存在している」かぎり、実現しないだろう、という。バールの結論はこうだった。「今日ドイツ統一を要求する者は、NATOとワルシャワ条約機構の解体を要求しなければならない。二つの同盟と、ドイツの領域に駐屯する異国の軍事力をすべて、ヨーロッパ安全保障体制のために余計なものとする、これがSPDの目標である」。

この社会民主党員はそれゆえ、さまざまなプロセスの同時進行をはっきり求めていた。「民主化のプロセスが息をのむようなスピードで進行しても、経済的な協力がそれに合わせてついていくことが全然できないし、ヨーロッパの安全保障もまだ不可逆的なものにいたっていない。……我われの肝心なことは、民主化のプロセスを経済的なバックアップにより安定させることである。第三の点の安全保障も、その際忘れてはならない。軍縮が民主化と歩調を合わせる必要があり、それで大枠が壊れないようにし、東欧におけるプロセスを不可逆的なものにする。……安全保障、経済協力と人権。これが、わたしの考える、ドイツの道であり、これがヨーロッパの道である」。バールはひきつづき、ドイツ問題をヨーロッパ全体のプロセスのなかで解決する必要性をみていた。「大事なのは孤立化した再統一ではなくて、両ドイツ国家の特別な近さをヨーロッパの発展の目前にしている節目のなかで形にすることである」。

一九八九年一一月にこういう視野にたっていたのは、エーゴン・バールだけでなかった。まったく似たようなことをコール首相も一一月二八日かれの「一〇項目プログラム」のなかで言っていた。首相はドイツ連邦議会で、こんな言い方もしていた。「ドイツ統一の再達成のプロセスを我われはつねにヨーロッパ的な関心事だと理解している。それだからプロセスは、ヨーロッパ統合との関連のなかでみなければならない。ヨーロッパ共同体はエルベ河で終わってはならず、東側に向かっても開かれていなければならない。……〝ヨーロッパ安全保障協力会議〟のプロセスは、全ヨーロッパ建築の核心部分であり……ヨーロッパの分断およびドイツ分断の克服は、軍縮と軍備管理の広範でスムーズな歩みを求めている。……こうした包括的な政策で我われはヨーロッパにおける平和的状況をめざして、その状況のなかでドイツ民族の自由な自己決定により自分たちの統一が再現できるのである。再統一、すなわちドイツの国家的統一の再達成は、西ドイツ政府の政治的目標として変わりはない。……我われはドイツ統一への道には多くの難問が横たわっていることを知っている。その難問に決定的な答えを具体的に今日出せる人はだれもいない。それにはとりわけ、ヨーロッパにおいて優先すべき安全保障構造という難しくまた決定的な問題がある。ドイツ問題と、全ヨーロッパ的な発展と東西関係とのリンケージは――わたしが一〇項目にわたって述べましたように――組織的な発展を可能にし、その組織的な発展があらゆる参加国の利害を配慮し――これが我われの目標であるが――ヨーロッパにおける平和的で自由な発展に道を拓いてくれるのである」。

一九八九年秋のドイツ政策上の状況は、変化の途方もないテンポにつよい影響を受けていた。じつにさまざまなモデルが論議され、そうしたモデルが数日後には現実の展開によってすでに追い越されていることもしばしばであった。西ドイツ政府の一〇項目プログラムも、一一月末には条約共同体という考えを取り上げて、それを踏まえてさらにこう提案していた。「国家連合的構造をドイツの両国家の間に発展させる。その目標はドイツにおける連邦、連邦国家的秩序の創出である」。

一九八九年一一月の末にはつまり次のような問題でのひろいコンセンサスができていた。問題となるのは、DDR

を西ドイツに併合する形でのドイツの即刻の再統一ではない。そうではなくて一つのプロセス――もしかしたら国家連合という中間段階を挟んで――とりあえずヨーロッパの安全保障問題が解決されねばならないプロセスである。安全保障の問題群が結局のところ切迫したものとなった。統一したドイツはどの同盟に属するのだろうか、という問題である。

それゆえエーゴン・バールは一一月三〇日にあらためて強調している。「平和の核心は、すなわち安全保障である」、と。そこからえられる洞察は、「国家連合としてさらに進められる状況をたぐり寄せられれば、そのとき初めて両ブロックの解体の要請となるのである。我われSPDが進めようとした政策は、その最後にNATOとワルシャワ条約機構の解体があり、全ヨーロッパ的な安全保障体制で置き換えられるような政治、これを当然おわかりのように、SPDは今頃言いだしたのではなかったのです」。

バールは心配しながらDDR内部の展開を目にしていた。そこでは一二月にデモクラシーへの叫び――「我われが国民だ！（Wir sind das Volk!）」がしだいに素早い統一を求める叫び――「我われは一つの国民だ！（Wir sind ein Volk!）」（前者の方は主権が国民にあるとのデモクラシーを求める叫びであり、後者は東西ドイツの人たちが一つなんだという統一を求める叫びであった）に覆われるようになっていた。「革命は同盟国によって保証されているものではない！」のである。この注意発言でバールはなんどももろもろの革命が第二局面で「たちまちひっくり返される危険」を指摘していた。「速やかな支援と国家連合への展望」とが展開をコントロール可能状態に保てる二つの要点である、という。バールの発言を支配していたのは、ひきつづきなにかコントロール不能なことが起こりはしないか、ゴルバチョフの改革路線を頓挫しかねない地滑りがありはしないかという、憂慮であった。

バールにとって、「DDRの人たちが決める、しかも国の統一に有利に決めるだろう」ことに疑いなどまったくなかった。それでも大事なのは、「できるかぎりコントロール可能なプロセスで留まるようにすることである。このプロセスは軍縮と密接なものとなるべきだが、ただ一点、我われの隣国の人たちにもはや懸念をもたれないようにしなければならない。DDRの人たちがどれくらい辛抱できるかは、かれらにじゅうぶん速やかにじゅうぶんわかる形で経済的な支援ができるかにかかっている」。

　このドイツ政策上の指針目標にそっているのが、一九八九年一二月一八〜二〇日にかけてベルリンで開催のＳＰＤの綱領＝党大会で決議された「ベルリン宣言」であった。「ヨーロッパにおけるドイツ人」というタイトルのこの宣言にはエーゴン・バールも主導的にかかわっていた。そして、党大会で宣言を代議員たちに紹介したのもバールであった。宣言には八九年一二月の時点でアクチュアルになっていた一連の考え――つまり条約共同体、国家連合――が取り上げられており、それでも目標として国の統一が強調されていた。文言をみるとこう言われていた。「我われは国家・国民の問題を基本条約の根本に据えている。ドイツ統一に関する書簡のなかで、ヨーロッパにおける平和状態をめざして、その平和のなかでドイツ民族が自由な自己決定のうちに統一を再現する、という要請と希望を維持してきた。この目標を我われは堅持するものである」。

「ベルリン宣言」は、統一のヨーロッパ的な要因を非常につよく強調していた。「ヨーロッパの統一とドイツの統一とは相互に緊密に結びついている。一方は他方を犠牲にして達成されるものではない」。くわえて宣言ではヨーロッパ安全保障協力会議（ＫＳＺＥ）のプロセスの意義に大きな価値が置かれていた。共通の全ヨーロッパ的安全保障構造という構想が文書に書き込まれた。「長い間ユートピアのように思われてきたものを、我われは今現実化し始めることができる。つまりドイツの統一と自由の実行である。……ドイツ統一のプロセスを進めようとする者は、列強とヨーロッパの隣国の利害を配慮しなければならない。こうした認識にたって我われはヘルシンキ・プロセスをつよく迫ったのである。我われの目標は軍事同盟をヨーロッパ平和秩序によって代えることである。ウィーンの軍縮交渉の進展によってコントロールできるとの信頼ある非攻撃能力の構造化が達成したら、既存の同盟は……全ヨーロッパ的な安全保障体制に取って代えることができるであろう」。

　ベルリン宣言は、以前の党大会決議を引き継いでいたし、バール構想の論理にそっていた。ドイツ問題の解決のために全ヨーロッパ的な展望もあげられていた。しかしこの宣言は、すでに一九八九年一二月段階で一種の「妥協の文言」にすぎなかった。その妥協により党内で顕著になった意見の相違や、深刻な方向性の喪失をどうにか覆い隠すことができたのである。ＳＰＤ名誉党首のヴィリー・ブラントが一一月の一〇日すでに「緊密な関係にあるものは、いまや一つになる（Jetzt wächst zusammen, was zusammengehört）」というスローガンを唱えたのに対して、次の総選挙の際の首相候補に決まっていたオスカー・ラフォンティーヌ（一九四三年生まれ）が公然と「ドイツ民族かぶれ」でナショナルなパトスだと非難する。ザールラント州首相ラフォンテーヌとかつてのベルリン市長ブラントは党内の異なる立場のシンボルとなっていた。二人はくわえて、「年配世代」と「中間世代」との間の世代間抗争の個人的代表のようでもあった。年配世代には国家・国民の一体性の体験があったし、中間世代は西ドイツに生まれて、国家・国民に特別な心情価値を結びつけていなかった。年配世代にとっては戦後四五年経っても国家・国民の統一は正常なケースであった。それに対して分断しか体験していなかったより若い世代は大部分西ドイツ的といえる思いをしていた。エーゴン・バールにとって、国家・国民問題の点をみると「党が世代間の違いにとくべつ苦労している」のが、はっきりわかるのだった。チューリンゲン生まれの男バールは、この抗争では当然ブラント側についたが、それでもザールラントの男ラフォンテーヌの情動的な異議には理解を示していた。九〇年一〇月、連邦議会選挙の六週間ほど前バールは、ある手紙のなかで、「オスカーはまともな男だと思うが、時代を間違えている。それはかれにとって悲劇でもある」と思う、と書いていた。

「ヨーロッパにおけるドイツ人」というタイトルに、党内では異なった内容が結びつけられていた。ＳＰＤ党大会でますます重要になる時間の次元に関してスピーチする任務が割り振られたのは、ブラントであった。なるほど名誉党首はこう強調した。「すべてのことが来週の午後六時に起こるわけではない。しかしドイツ人たちが、いつか全ヨーロッパの列車が駅に着くまで、退避路線で待たねばならないとは、どこにも書かれていない」、と。列強四カ国に対してブラントは国民的統一の要請をこう口にした。その言い方は――はっきりとしていて、それでいて怨念口調になることもなく――おそらくノーベル平和賞受賞者（一九七一年受賞）だけがみせられるものであったろう。「わたしには、ドイツ人たちに――世代の変化をじゅうぶん配慮することなしに――ドイツ人にかかわる事柄をかれらの頭越しに意のままにしているような印象を与えることはお勧めできません。世界の有力者たちも、我われと同様一九四五年後生まれの第二の世代とかかわっているのです。九〇年代への移行に当たって――戦争終結後四五年経って――勝者／敗者のカテゴリーはもはや役にたちません。若いドイツ人たちは、他国の若者たちと同様、平和と自由を願っています。わたしがこう付け加えますと、真顔で反論したくなる人がだれかいるでしょうか。つまりある国民のこれほど大きな罪は、際限なくつづく分断をいくらしたからといってそれでぬぐい去ることはできません、と」。

こうした姿勢は、まったくバールの路線と同じで、かれは長年にわたって、ドイツの事柄についてはドイツ人自身で決める、ドイツ人の主権を求めつづけていたのである。それでも目につくのは、バールがこの段階では友人ブラントよりはっきり抑制的な物言いをしていたことだった。この点は、二人三脚「ブラント／バール」のよくみられた役割分担とは目立った違いであった。一九六〇年ベルリンで一緒の道を歩み始めて以降、せかせかといつも新たなドイツ政策上のなんやかやの行動のきっかけとなるセリフで進展を迫り、ドイツのイニシアティブを要求し、停滞に警告を発していたのはつねに先駆的な考えの持ち主バールであった。それに反してかれの親分ブラントは、政治的に可能なものについての本能的な嗅覚を備えながら行動に移り、ほとんどがより慎重に、ときには躊躇いがちに反応して、自分の道連れのドイツ政策上の高揚した感情にブレーキを掛けることも稀ではなかった。

一九八九年一一月九日以降になると、慣れていた役割分担が逆になったようにみえた。ブラントがテンポをせっつき、バールの方は――過去にあってはドイツ統一がより多く心にかかっていたのに――忍耐と冷静さを促していた。八九年一二月一八日の党大会における演説でバールは、その間によく引き合いに出されるようになったブラントの言葉、「ドイツが一つになる（Zusammenwachsen）」を取り上げて、でもはっきりこう強調した。「緊密な関係にあるものは、いまや一つになるべきだ（Was zusammengehört, soll nun zusammenwachsen）。しかし急いで転んだり（zusammenhasten）、衝突しあったり（zusammenstoßen）、崩れ落ちたり（zusaammenfallen）してはならない」、と。「統一について言い争ったり、国家連合について交渉する前に、まず両国家の緊密な模範的な協力をつくりだす必要がある」、「西ドイツ政府は、同盟のなかで同権が創出されるように配慮すべき」だし、「軍縮が先行しなければならない」、と。

ソビエトの改革プロセスについてのバールの心配や逆転への不安が、このようにはっきりと「安定化のプロセス」を支持し、そのプロセスのなかで「ドイツ問題の孤立化した解決はありえない」としたのが、バールの主張の決定的な理由であった。これはたしかなことだった。しかしバールの抑制の原因はもっと深いところに、すなわちこの社会民主党員の政治理解にあった。ブラントがすでに一一月一六日、連邦議会で「統一は、だれにも予測できないやり方で、一般の人たちから生まれる」と言っていたが、その発言は正しいとバールは本心から思っていた。この緊張緩和政治家バールは、こうした変革のプロセスを進行させたDDR市民の評価しきれない功績に感謝すべきこともまたくりかえし口にしていた。しかしバールは原則的には、自立のこうしたプロセスには懐疑的な態度をとっていた。この点が明瞭にわかるのは、一九九〇年二月七日付けのギュンター・グラスに宛てた手紙である。手紙のなかでこの件にかかわる自分の懸念を率直にこう言っている。「民衆の運動への理解が少なすぎると非難されている一人だとわたしは思っていますが、ドイツの統一は街頭で決められるべきではないという革命家ゴルバチョフとまったく同意見だと言っても、あなたは驚かないでしょう」。ひきつづきバールは、展開のコントロールが望ましいと思っていた。「なんのかんのいっても大事なのは、世界政治的に重要な次元のことでしょう」。

とくに安全保障問題が未解決であるとの視点が、SPDの軍縮問題エキスパート（バール）のこうした態度を強めていた。それでもバールは、ブラントが他方で繊細な政治的嗅覚をもっているのをすすんで認めていた。「あいかわらずなのは、ヴィリーは自分のお尻のうしろに、たいていの人が手足など含めてすべてにもっているよりも、多くの直感的本能をもっていることだ」。

一九九〇年の初めバールは、統一された全ドイツは決してNATOのメンバーにはなれないという判断にこだわっていた。五〇年代以来の「NATOと統一とは相容れない」という自分の前提条件に修正の必要などバールは考えていなかった。NATOのなかに統一されたドイツを入れる要求が出せるのは、ゴルバチョフを打倒しようとする人だけである。ソビエトの書記長とその人の改革プロセスを邪魔しないと思う人は、「NATOのオーデル河までの拡大問題を理論的にすら出してはならないのである」。バールが九〇年の初め、統一ドイツがNATOの一員になるのを断固排除し、同時に一つの国が二つの同盟に属するのは不可能と力説したのは、かれの論理の筋に合っていたし、同盟の終焉を要求し、二つの同盟が、ヨーロッパの安全保障体制のために解体する状態を目標にしていたバールの構想の一貫性にそうものであった。

同じく一九九〇年の初めにふたたび激しい議論となった中立性の理念、もしくはドイツの中立化をバールはひきつづき「一昨昨日のレセプト（Rezept von Vorvorgestern）」としてきっぱり拒否する。「中立を考えるのは、ますます強まる協力と国家連合的な構造をめざす歴史の進行に反するのである。我われはヨーロッパ安全保障協力会議のプロセスを始めた。結局は全ヨーロッパの安全保障が誕生しなければならない。——グループからはずす、孤立化させる、あるいはドイツにとってほとんど差別的な類の特別な権利などあってはならない」。

SPDの目標は「NATOの維持ではなくて国の統一である」。しかしこの統一は全ヨーロッパ的な安全保障体制のなかで実現するものでなければならない。「孤立化した形でのドイツ問題の解決、中立化、ましてやNATOの拡大などではなくて、ドイツにおける平和のヨーロッパ化がこの一〇年が終わるまでの課題である。それがヨーロッパの家の安全な基礎なのである」。

一九九〇年二月の初めバールは、自分が望む展開に追い越されてしまったのをそれでも初めて認めた。「時の圧力のもと」に晒されており、「すべてが、我われが思い描いていたように見通しが可能でコントロール可能なもとで進むとは、もはやとっくに確実視できなくなった」。軍縮、兵力削減、構造的な非攻撃能力、軍事同盟の解体、ヨーロッパ安全保障体制の創出を経たうえでのドイツ統一構想の望ましい道を、九〇年の二月一日にもう一度メモに書いている。「もっとも見通しがきいて、もっとも正常な道は、ウィーンII（軍縮交渉）での構造的な非攻撃能力状態の達成であるだろう。これで同盟はその任務を終え、ヨーロッパの集団的な安全保障体制によって取って代わられる。……もしそのあとで両ドイツ国家が統一にいたるなら、その兵力はたぶん単純に集め合わせられて、この新たに生まれた中部ヨーロッパのファクターに不安を呼び起こすような過大な積み増しになってはならないだろう。もっとも良いのは、ヨーロッパ安全保障体制の締結とともに適切な数字を決めておいて、あらためて交渉など要しないようにしておくことだろう。くわえて、同盟解体の高揚した気分のうちに、両ドイツ国家によるいっそうの兵力削減が好意的に受け入れられることになるだろう。ドイツ側は、隣国諸国が提案するものすべてを受け入れて、懸念をもたれないようにすべきであろう。……政治的な対応意志の前提になっているのは、九二年までにウィーンIIが達成できることであろう。それが域内市場の達成と時間的な同時性のもとでできれば興味深いことであろう」。

それでもバールは今では、ドイツにおける物事の展開はいっそうスピードを増すことを否定しなかった。国家統一への展開が早まるという前提にたつと、「安全保障の問題ははるかに複雑なもの」となるだろう、という。一九九〇年の二月なかばバールにも、ヨーロッパの安全保障体制が、ドイツ内国家の統一の誕生ほど、速やかには誕生しないだろうことがわかっていた。こうした認識からバールにとって生じたのは、「たしかにまだ二つの同盟は存在するのに、他方ではすでに統一国家が存在する、という時間的に一時的な中間状態が想定されるのかどうか、という問題」であった。

一九九〇年二月一一日、ゴルバチョフがコール首相とゲンシャー外相に向かって、ソビエトにドイツの統一に対して原則的な異議はないと言明したとき、統一の方がヨーロッパ安全保障の合意より早くなることが最終的に見通せることになった。

すでにコールとゲンシャーのモスクワ訪問前に、ブラントは二月五日「統一は原理的に終わった」と強調し、その月の九日にバールは補うように、「原理的には事態は明白。方向も決まった。今や大事なのは正しいテンポだ」、と言った。

いた。「わたしは、夢が現実になり始め、統一がユートピアから現実問題になったことを喜んだ。ヨーロッパ安全保障構造については、両ドイツ国家が最後まで、二つの平和条約にいたるまで存続するとの前提にたって以前たしかに考えたことがあります。今始まったことは、わたしの以前の考え方にうまく取り入れることができます」。

統一でもって、バールにとって「夢が現実」になった。一九八九年時のかれには、統一プロセスの最終的な形や速度など、まだ想定できなかったのであったけれども。九〇年の夏にバールが、今ようやくつねに願っていた問題を手にすることになった、このことは素晴らしいし自分自身も幸せにしてくれる、と言ったのは心の底からでた言葉だった。

もっともこのSPD政治家は、統一がそんなにスピーディーに、外交的にもひろく問題なく進行するとは、思っていなかった。じじつバールは一九九〇年九月一五日のインタビューにおいても、連邦政府の――かれからみても――立派な働きに敬意を払っている。「ゴルバチョフは我われに統一のチャンスを与えてくれた。DDRの人たちはみずからの行動でことを決めた。連邦首相は勇気をもって機会をすかさず捉えたし、ゲンシャー氏も優れた外交上の働きをしてくれた。ここに歴史的な機会が利用されたのだ」。

統一が外交面でもこれほど紛糾なしに決められた主要原因は、全体となったドイツがNATOの一員になるのを受け入れるゴルバチョフ――バールはそれを不可能とみていた――の気構えにあった。西ドイツの交渉団でさえ一九九〇年の夏この大幅な譲歩に驚いた。連邦首相の外交上のアドバイザー、ホルスト・テルチィクは、これを「モスクワの奇跡」といい、次のように認めている。「ゴルバチョフのそれほど明快な同意を我われは予期していなかった。すべての予兆はたしかに肯定的であったが、でもこんな結果をだれが予言しようとしたろうか」。

バールとSPDは「この点で面目を潰された」、と思った。なるほどバールは交渉の成果を歓迎する。この成果でもってドイツ統一のための最後の外交上のハードルが乗り越えられたからである。しかし同時にこれは、ヨーロッパの安全保障体制の創出というバールの考えにとっては打撃であった。バールはドイツ統一の達成プロセスを同時に、ヨーロッパ安全保障体制の出発点にしようとの期待をもっていたからであった。「ヨーロッパの展開は今では時間的にドイツ統一に遅れをとってしまった。しかし統一は不可避のことだし、そのかぎりで、ドイツ統一がまた安全保障政策上ヨーロッパの枠内で進行し、ドイツがヨーロッパの構造のなかに組み入れられねばならない、という点に基本的になんの違いもない」。

一九九〇年時のこうした発言は、バールがヨーロッパ安全保障体制という考えをドイツ統一という目標途上の手段とみていただけでなく、独立的な政治的価値のあるものとしていたことを物語っている。それゆえバールが次のような結論を引きだしていたのも、論理的なものであったにすぎない。「東西対決の終焉は、ヨーロッパの分断を克服しようとするなら――統一のあとならますますもって――ヨーロッパ的構造を要求している」。

✽第16章✽ バールのドイツ構想の中心的観念の総括

第1節　エーゴン・バールと国家・国民（ネーション）

一九六三年エーゴン・バールが「接近による変化」という政治構想を初めて世論のスポットライトの対象にしたとき、同時にかれ自身、批判の霧のなかにたつことになった。その際興味深いのは批判の無理からぬ事情のことより、そうした批判のかねてよりアンビヴァレントな、いや矛盾にみちた矛先である。その点に関して一九八八年バールは振りかえりながらこう言っている。「数週間にわたって時折わたしは、自分が赤いナショナリスト、それともドイツへの裏切り者になろうとしているのか、徹底して調べてみました」。

バールは、キッシンジャーには「古風なドイツ・ナショナリスト」と思われ、パール・フランク（一九一八生まれ。七〇～七三年までブラント内閣時代の外務次官）には「理想主義的なナショナリスト」とみられていた。またCSUの政治家フライヘル・ツー・グッテンベルク（一九二一—一九七二）は六〇年代の終わりに「バールは恐ろしいナショナリスト」だと嘆いていた。つまり一部のバール批判は、かれの構想の背後に「落ち着きのない未熟なナショナリズム」があるとして非難したのに対して、他の部分は、ナショナルな点で頼りないという批判、あるいはかれの「正体を暴いて」「諦めの政治家」だとすら言おうとしていた。たとえばCSUの政治家リヒャルト・シュトックレン（一九一六年生まれ）は「バール文書」というかわりに「バールの降伏文書」といい、社民＝自由連立政権の東方政策の擁護者たちは、バールのことを「ラッパロ流のファナティカー」だと思った（ラッパロ条約とは、第一大戦後の一九二二年、ドイツとロシアの間で結ばれた条約で、ヴェルサイユで厳しい条件を突きつける仏英に対して、少しでも政治的行動の余地を広げておこうとするドイツと、経済的な相互理解を基礎にボルシェヴィズムのソビエト体制で資本主義世界に風穴をあけようとするロシアの間の利害にそって結ばれたもの。この協定はその後西側から、秘密外交の典型、独ソの密かな親交のシンボルのように邪推された）。そして西ドイツ・メディアの一部はバールを安定した態度に欠けると批判する。ペーター・ベーニッシュは『ビルト・ツァイトゥンク』紙にこの社会民主党員は、DDRと合意するには、「贖罪者の衣装をまとって裸足で行く、そして必要とあらば跪くこともするだろう」、との記事を寄せた。

社民＝自由連立の政治家で、東方条約政策の実施局面でエーゴン・バールほど、「個人的な誹謗」に悩まされた人はほかになかった。かれの師匠にして友人のヴィリー・ブラントがすでに五〇年代やとりわけ六〇年代において、自分の亡命時代や婚外子という生まれのことで中傷・非難されていたが、それと類似の苦痛にみちた経験をバールもしていたのである。

バール自身、批判が自分のかたわらを素通りするものでなかったことを認めている。「わたしは以前根拠のない攻撃あるいは不信の念に大いに悩まされた。しかしそれにもある程度慣れました。とくに厳しい自己精察ののちに良心に疚しさを感じることなく正しいと思えることが結果した折、慣れることができたのです」。一番傷ついたのは——バールは振りかえっている——「裏切り」の非難であった。

エーゴン・バールにとって、カルロ・シュミート（一八九六—一九七九）が回想録のなかで、ある愛国主義者の「祖国に対する責任」について書いている文章や、ディートヘア・ポッサアが一九八二年バールの（グスターフ・ハイネマン賞）受賞の際に行なった称賛のスピーチで引用した次の文章が的をえていたものだった。「かれが自分の祖国を売るのではないかとか、志操の低俗さから勝者の下僕に成り下がるのではないかと、不信の念をもたれることを、バールは自覚していたに違いない。かれは、その点を知っていたに違いないないし、そうした前提のもとでの生活に耐えられるかどうか試してみなければならなかった。それに耐えられると思ったから、冷静に仕事に取りかかったのである。それはパトスに欠けた仕事になるだろう。……何千もの侮辱をくぐり抜ける行程、手ひどい攻撃のもとで日々うめくこと。……敵味方双方の人たちの無思慮や愚かさに絶望し苦しみながらのあえぎであった」。

たしかに、バールに陰謀者との評判をもたらした東方条約交渉の秘密めいた性格は、かれの人物と政策に関してみられる誤解の排除にかならずしも適するものでなかった。そして秘密めいた接触というロマン主義的な方法への傾斜は――そう言われても不当とはいえないものだが――かれの批判者たちのやり口を容易にしていたのも確かだった。しかしバールに対する分裂気味の批判の原因はもっと深いところにあり、一部はＳＰＤ政治家の一個人を超えるものであった。バールはまた自分も決定につよい影響を与えた政策のシンボルとしても批判されたので、批判のアンビヴァレントさの原因は、批判の対象である東方政策のアンビヴァレントさにもあった。

現状の克服のためには当座その現状を認めよう、といった政治構想だったら――当然ながら「パラドックスに響く」もので、バールの思考のなかではダイナミックな弁証法を内包していたにしても――批判にぶつかるのは論理的には避けられないことだったし、そうした批判は、ときにはしないですまそうと思いながらも実直な信念から、この政策の擁護者たちに向けられることもなんどかあった。

以下の箇所で調査しようとするのは――バール構想の発展を研究対象の時代全般にわたって見渡しながら――バールが国家・国民（ネーション）に対してどんな態度をとっていたのか、かれの構想の基礎になっていたのはどんな国家・国民概念であったのか、そこからかれは「ドイツ問題」という具体的な問題のためにどんな帰結を引きだしていたかという点である。

エーゴン・バール自身は、自分を国家・国民意識のある人間であるとは思うが、ナショナリストとは思っていなかった。一九七二年時のバールによると、国家・国民（ネーション）は、「個々の人たちにとって自分のアイデンティティーを確かめる可能性を提供する」。国家・国民は不可欠のものである。自分が積極的に社会参加するに値するだけの何ものかだからである。バールは国家・国民を他に代用物のないようなものであり、感情にとってある価値をもつものだという。それだから国家・国民は長い目でみると、イデオロギーよりも強い。一九七八年かれは、「国家・国民はなお長期にわたって各民族のノーマルな秩序要素でありつづけるだろう、という見解」を強調していた。「国家・国民」は――バールの規定では――「自分の意志によって一緒にいようとする人たちのグループ」なのであった。自分の国家・国民意識についてかれはこう言っている。「わたしは、ノーマルな人間ならだれでも愛国者である、つまりその土地でアット・ホームだと感じ、そのかぎり、その国家・国民を弱点も歴史の暗い面も含めて愛するというのは、この世界でもっとも自然なことだと思っている。どの国家・国民を選ぶかなどはできない」。そしてかれが「郷土への愛」、すなわち「愛国主義」をどう捉えているかを、八七年のインタビューのなかで次のように言っていた。「郷土への愛は、宝であり、きずなの感情であり、その民族のなかの一部であるとの感情である」。その際バールは自分の愛国主義を西ドイツだけにかぎらなかった。「わたしはドイツ人として、すなわちわたしの愛国主義は、西ドイツの国境で止まるものでないと思っている」。

かれの発言の場合、高い意義をもたない抽象的な規定の彼方で、バールはつまり、国家・国民を本質的には情緒的な基点と理解していた。そこから自分の具体的なドイツ政策のために引きだした結論は、国家・国民の統一は決して歴史的に棒にふるようなことがあってはならないのであり、逆にかれは、「歴史は非常に強力なもので、ある国家・国民に属している場合ならその感情が、両ドイツ国家の今後の世代のなかで消滅することはない」、と思っていた。バールのドイツ構想にとってこの点が「ドイツ統一」の目標に固執することを意味していた。ブラントが七〇年代の初め、さまざまな国家のあり方のなかでも存続するだろう「文化ネーション」ドイツというのをますます口にするようになったのに対して、バールはつねにはっきりと自分の統一の考えの国家・国民的性格を強調していた。一九七二年バールは、国家の統一が「国家・国民それ自体が実現する自然の空間である」ことを強調している。あいかわらず国家・国民的再統一の目標に固執するかと問われて、バールは七三年一一月二六日のインタビューで次のように答えている。「もちろんですとも。そんなことを問うのがおかしいのです。ご覧のように、わたし今パリから帰ってきたところです。あそこでの国民の祝われ方をみると、国家・国民を放棄するわけにはいきません」。

バールのこうした「国家・国民的意識の姿勢」にもかかわらず、かれを「ナショナリスト」と言ったら、それはまともな評価とはいえない。バールの立場は、そうした呼称が与えるイメージよりも、複雑で錯綜したものであった。たとえばバールは、一九六六年すでに、自分にとってもちろん「国家・国民の統一は絶対的な価値の目標ではない」という確認を重視していた。平和と自由の方がより高いランクになることは明白であった。しかし同時にかれは、「ドイツの分断がつづくなかでのＤＤＲの自由」という選択肢は、自分のみるところでは、ありえないとたえず強調していた。かれは七四年、国家・国民を「ヨーロッパにおいてなおあらゆる物事の尺度だ」と言ったら、反動だと言われようと強調していた。国民国家というのは、歴史的にみると、おそらく人間の社会組織の「通過移行段階」であろう。バールによると技術的・経済的発展は、結びつきの新たなもっと大きい統一体を必要としている。そうした「いっそう大規模な秩序統一体」へと「あらゆる予見からみていっそう進行するのであった」。すでに今日――七四年時のバールによると――ヨーロッパにおいて国家・国民はもはや、すべての上位にくるファクターではない。平和の維持が第一優先となっている。つまりバールは、歴史的発展を分析してより大きな秩序統一体にいたり、そうした秩序統一を歓迎して、次のように詳述している。「国家・国民（ネーション）一般は、我われがこれを忠誠の最上の基点とは思わない場合、すなわち上位に置かれる超国家・国民的な秩序が存在するようになった場合に、そんな場合にのみ存続していけるだろう。そんな時代に国家・国民を維持するのは、他の国家・国民にとって危険を惹起するのでなく、他の国民のために豊かさを護るのである」。しかし同時にバールは、超国家・国民的なことは、ネーションというアイデンティティー的価値の代用品ではありえない、と強調している。分断された国家・国民に属するという自覚は――七四年時のバールによると――両ドイツ国家のなかでひきつづき活き活きとしている。「我われがもう一つのドイツ国家との関係の特殊性を探す際の情熱は、国家・国民への意欲の肯定的な証拠である。DDRが隔絶分離を行なう際の情熱は国民意識の否定的な証拠といえる」。

具体的なドイツ政策のためにバールはこうした分析から、次のような結論を引きだした。すなわちドイツ人はより大きな秩序統一体に向かう発展に当たって、他の国民と同じ権利をもたねばならないし、とりわけその「特別な問題」の配慮がなされねばならない。「ドイツにとっては追加的な問題がある、つまり国民が分裂して暮らしているのに、国民概念を明確にもつという余計な困難があるという、この洞察はすくなからず重要なのである」。

同じ権利というモティーフは、バールの国民概念の理解にとって、かれのドイツ構想全体の理解にとってと同様、決定的な役割をもっていた。すでに一九五七年バールは、国家・国民の名において行なわれた犯罪により、国民の概念が否定されるような方向になってはならない、と警告していた。六〇年――ちょうど新たにベルリン市政府の報道局長の職についたとき――バールは市長のブラントに、「シューマッハーのナショナルな傾向を引き継ぐよう」アドバイスしている。そうした戦術の目標は、「ナショナルなトラウマから民衆を解放する」に違いない、と。

ここにバールの「国民意識的な」姿勢のいくつかのモティーフがはっきりでている。すでに一九五七年バールはこう強調していた。SPDの優先的な目標は、ドイツ人を「国家・国民との関係の引きつった状態から抜けださせてやることである」、と。つまり、バールの「国家・国民理解」の動機となっていたのは、あきらかに党の戦術的な原因であった。六五年二月一二日付けの手紙でバールはブラントに宛てて書いている。「ノーマルな国民的な自己理解の渇望が存在するという前提のもとで、そうした渇望の抑圧かもしくは共鳴がない、抑圧されているという感情だけでもナショナリズムへの爆発にいたるに違いない。……SPDは、国内政策をいくぶんベターに、いくぶんより公正に、いくぶんより慎重に行なって、次の一〇年間の西ドイツの役割の観念をもった政党だけでない、それだけでなく、人びとが安んじて国民の運命を託せるような政党にならなければならない」。しかしバールは「国家・国民問題」にたんに社会民主党にとっての宿命的な問題をみていただけでなく、デモクラシーそれ自体の運命を左右する問題をみていたのである。六六年かれはこう書き添えている。「わが国における民主主義の発展の運命を左右する一連の基礎要因がある。そのうちの一つは、民主主義政党が、国家的統一の目標を達成できるか、あるいは少なくともそれを信頼がえられる形で追求できるかである。可能なことをゆるがせにしたという印象、民主主義諸政党が国家的統一の旗を下ろさせたという印象を与えるだけでも、その場合ほかの連中がその旗を受け取り、そのときにはそうしてナショナリズム的な政党の前提が存在するようになり、それから次の総統（Führer）がすでに誕生して活躍の場をみいだすことになるだろう」。

「国家・国民概念の引きつった様相をやわらげる」というバールの目標は、病的なナショナリズムを防ごうとするものであった。バールは、ドイツをなんども破滅に突き落としたナショナリズムと、民族のアイデンティティーに不可欠の「健康な国民意識」との区別を意識的にしようとした。否定的な評価を受けたのは国民感情ではなくて、ドイツの歴史のなかでこの国民感情が爆発的に揺れ動くように晒されてきたことにあった。エルンスト・ヴァイゼンフェルトがドイツのナショナル意識のそうした「底なしの深さ」について書いている。「歴史のなかでナショナル意識がか弱い発展しかしていないことがなんどかあって、それからふたたび諸条約の堤防だけでなく、個々の政治的な理性の堤防にも裂け目を入れる勢いで発現することがあった」［エルンスト・ヴァイゼンフェルト『どんなドイツがあるべきなのか。一九四五年以降のフランスとドイツ統一』、ミュンヘン、一九八六年、九頁］。バールの政治構想は、ドイツ人の揺れ動く国民感情にバランスをもたせることが必要との哲学を追求していたのである。その点ではヴィリー・ブラントと同意見であった。ブラントは一九六六年のドルトムントの党大会でこう言っている。「祖国に対して肯定の気持ちをもたずして、内的・外的な試練の瞬間に転ぶことなく自分の内面の平衡を失わずに、長期にわたって暮らしていける民族なんていやしない」。

バール流のネーション概念の理解の根本は、それゆえ「病的なナショナリズム」と「健康なナショナル意識」との区別にあった。それは、イスラエルのジャーナリスト、ウーリ・アヴネリーが次のように描いた区別である。「〝健康な〟ナショナル意識というのは、自分の国民性、文化、言語を意識し、したがって他の国民の尊厳と権利に畏敬の念をもつようにさせる。しかし病的なナショナリズムというのは傲慢さ、支配人種妄想や弾圧に堕落しかねない、つまり他の国民の軽蔑、ファシズムに――あらゆる人間性の向こう側で――ナチズムに転落しかねないのである。……過去の真の〝克服〟というのなら、ドイツ人が自分たちの過去、過去全体を視野に入れて、良きこと、素晴らしきことを未来のために受容し、驚愕すべきもの、残酷なことにも目をそらすことのないようにすることであろう」。こうした細かな叙述には、バールの判断と意義とのある種のパラレルがみられる。バールはすでに六五年ヴェルナー・ヘーファー（一九一三―一九九七、ジャーナリスト。ドイツ滞在の各国ジャーナリストたちを集めて行なう日曜ごとのテレビの人気番組「Internationaler Frühschoppen」の司会を三五年間（一九五二～八七）務めた。なおFrühschoppenとは軽くアルコールを飲みながら朝に開く集まりのこと）に宛てた手紙のなかで、こう確認していた。「わたしたちは、我われの過去と真摯に対決して、わが民族を我われの歴史と和解させることを怠ってきました」。

しかしながらバールの「ナショナル意識の立場」は、国家・国民に関する直接的な発言だけからのみ明瞭にできるものでなく、かれの政治理解のなかにとくに現れているのだ。一九七三年自分の特徴的なナショナル意識の出所を問われて、バールは「みんなだれもが自分のナショナルな利害を追求しているのを目にした経験からです」、と答えている。バールは「ナショナルな利害」を国家・国民的な行動の主導原理とみてとった。どんな政策も「利害の規定から」始まる。「それ以外のものはすべてあまり長つづきしないからである」。バールがかれの構想のなかで「ナショナルな利害」に高いランクを与えたのは、バールが第二次大戦後の戦勝連合国を相手にしての経験に触れた発言が証拠になっている。バールは「他国の顔色をみながら何かをするような国はなく、いつも自分の利害のために行動しているのだ」、と述べている。バールの東方政策やドイツ政策構想では、「ナショナルな利害」の配慮が決定的な要素となっていた。かれは最後の三〇年以上にわたって、さいさん西ドイツが自国の存在にかかわる問題――つまりとりわけ「ドイツ問題」にもみずから責任をもって取りかからねばならぬ必要性を強調していた。「西ドイツの同盟国はどこも」――ヘンリー・キッシンジャーがいうように――「自国の期待するものと同じ力を入れてこの件――ドイツ問題――に取り組んでくれる国はないからである」。バールはこの点を七八年にもこう言っていた。「わたしの以前からの見解は、ドイツの隣国で、ドイツの統一に関心をもっているような国はない。その反対のケースが普通である」。政策実演に当たってのバールの教訓ではこうなっていた。「東西に向けてドイツ政策のための自由の余地をつくりだそうとするのが戦後SPDの努力であったが、東に向けると政治的な敵対者から正当に評価されず、西側に宛て先をみつけると、ナショナリズムと中傷された」〔エーゴン・バール「愛国主義は平和であることに変わりはない」、『フォアヴェルツ』、八三年一〇月二〇日〕。

一連のさらなるものと並んで――社民＝自由連立の東方政策の意図は、西ドイツの外交政策上の行動余地の拡大にあった。バールはこうした政治目標の設定をすでに一九六七年ブラント用の草稿でこう述べている。「西ドイツは、みずからの利害を意識的に説得力ある仕方で主張するにじゅうぶん一人前になっている。そうした姿勢は、わが国の同盟諸国と信頼にみちた協力をする基盤となるだろう。……わが民族は再統一が長い期間を要するプロセスになるのをよくわかっている。プロセスについてはこうもいうことができる。すなわち、ヨーロッパの分断の克服も必要である。ヨーロッパの諸国民や政府に、またほかの大陸の国民や政府に、ヨーロッパが健全になりつよい平和保証のファクターとなるのが我われすべての関心であるのをはっきりとわかってもらうのも、我われの課題であるだろう。そこにはドイツの自己決定の解決も含まれる。……核の時代と国際協力の時代により国家・国民の役割は小さくなった。しかしそうした時代が国家・国民を用ずみだとすることはできない。ナショナル意識は、傲慢さなしに、ある民族が自分のために行なったことに対する誇りを求めるし、許しもする。我われのナショナルな名誉欲は、我われの今日の世界にとって価値あるかけがえのない貢献をする番となるだろう」。バールの主張する見解では、ドイツ外交の問題の原因は次の点にあるというのだ。「占領から生じた国家像の殻を決して脱ぎすてようとせず、自分の目標や自分の利害を決して素直に展開も主張もしないで、そうして無定見を極度に高めたことにあるのだ」。こうした確認から引きだされたバールの結論は、「他の国々が我われのために頭を悩ましているわけでないし、我われも再統一のことでなんの手も打とうとしていないのだから、ドイツがイニシアティブをとるのが是非とも必要である」。重荷になってきた「ハルシュタイン・ドクトリン」に代えて――一九六五年時のバールの要求は――「冷静な利害の政策」を置き代えねばならない。「外交の最高原則はドクトリンであってはならず、自分独自の利害でなければならない」、のであった。ナショナルな利害の概念にバールが与えたつよいアクセントは、他方では平等な権利の獲得努力やかれの平等感覚に根があった。この点がはっきりするのは、一九八二年時の発言の引用である。「自分たちのナショナルな利害を追求するドイツ人の権利は——平和への義務に従属させることはあるが——英国やアメリカ、ポーランドの人たちの権利とまったく同等である」。

そうはいってもバールも同じようにきっぱりと、そうした「冷静な利害政治」の限界のことにも触れている。西ドイツの「ナショナルな利害」を一方的にその隣人たちの利害に逆らって通すわけにはいかない。この点は、バールのドイツ政策にとっては次のような意味になる。「ドイツ問題の解決は、法的にも政治的にも四カ国の利害やすべての関心あるヨーロッパ諸国の利害を考慮せずに、あるいは利害に逆らって行なえる問題ではない」というのだった。自分の利害を活かすことができるのは、他国の利害をおのれの戦略のなかに組み込める政策だけである。バールにとってはっきりしていたのは、「他人の利害を考慮に入れる理性のルールだけが、人権を効果的に活かせる」のであった。

つまりバールは、一つには「ナショナルな利害」のいっそう積極的な東方政策やドイツ政策と同じ意味だった。しかし他方でははっきりと、そうした「ドイツ人のナショナルな自意識」に課せられる限界をみてとっていた。この辺の事情をブラントは次のように書いている。「ナショナルな自意識というのは、他の民族たちに対して自分の価値を思い上がってみせたり、高く評価するのとは違う。そ れは自分の力、業績、徳——そして自分の限界をしっかり判断することである」。

自覚的に「ナショナルな利害」を口にし、それでいてその限界を見失わないという政策の基本線は、一九六五年バールがヴィリー・ブラント用の状況報告書のなかで明言していた。「理性を本能や感情よりもより高く据えるのがSPDの伝統である。今世紀の残りの間には理性が勝利していなければならない。そうでなければ世界がカオスのなかで没落していくであろう。……西ドイツは、自分たちがほかの国の利害と自分たちの利害とに一致点をみいだすかぎりで、自分たちの利害の貫徹ができるだろう。ドイツの自己決定の権利は、東西の利害をそのために味方につけられた場合にのみ、実現可能となる。……ドイツの自意識の帰結は力ずくでえられるものではない。ドイツに対する恐れがない状態になって初めてドイツの自意識は他のいずれの国の自意識と同様、敬意を受けるのだ。……大事なのはわが国の利害をはっきり定め、そこから政策の展開をはかり、そのあとでこの政策を自意識も含めて主張することである」。

「ナショナルな利害の政治」はバールにとってつねにまた東方政策であり、緊張緩和政策でもあった。そして東方政策はいつもドイツ統一の再生のチャンスを探ることであった。ペーター・ブラントがこう書いているのは適切といえるだろう。エーゴン・バールが考えたすべては、「ドイツの統一に向けられていた。いろんな計画案を練ったのは、事情によって避けられないと思われた回り道であった」。

エーゴン・バール自身、振りかえりながらこう評している。「統一を欲するものは東方政策をとらなければならなかった。……ナショナルな問題にとって東方政策は本当に運命を左右するものだった」。バールにとって遅くとも五〇年代の半ば以降はそういう状況であった。かれは、同盟の誓約は無為のアリバイではないのを確かめたあとで、すでに一九五七年ドイツの戦後政策の局面の始まりは、いずれにしろ東方政策にあると予言していた。

他の多くの人たちよりもはっきりとバールは、東方政策を全ドイツ的な端緒と結びつけていた。かれが一九六三年に口にした確信、「自己決定の権利という理念は……ドイツの国境で留まるわけではない」だろうという信念は、「東方政策の建築家」をつねに新たな構想へと駆りたてた。歴史は開かれている――未決である――という感情、ベルリンとドイツとを分断している壁は「非常に非人間的で大いに不自然であって長つづきできないものだ」という、六二年にはっきり口にされた確信でもってバールは、ドイツについてたえず考えるよう鼓舞されたのであった。

けれども、ナショナルなものや国家・国民にこのように的を絞っていたにもかかわらず、バールは決して「ドイツのナショナリスト」ではなくて――アルヌルフ・バーリングがいうように――せいぜいのところ「古風なナショナル感情の男」であった。もっと適切なのは、わたし（この本の著者）の見解によれば、エーゴン・バールは国際的な責任センスをもったドイツ愛国者だ、といったヴィリー・ブラントの言葉だろう。というのもバールのネーション概念は、「ドイツ問題」と「ヨーロッパの安全保障」という分離しがたい関連につよく彩られていたし、今でもそうだからである。かれのドイツ構想のそうした基盤をもっとも明瞭に説明しているのが、一九六五年の未公刊の書の草稿である。「ドイツの過去の歴史的な償いは、ドイツが自己実現をした場合にのみ結果する。こうした課題を避けるのは、不当である。……その意味するところは外面的には、ドイツ国民の国家の再生である。しかし実際はそうした課題は、ヨーロッパの中部を健全にさせる、そして大陸に平和を保証するのと同じ意味なのである」。

第2節　エーゴン・バールとヨーロッパ

「ヨーロッパを考える者は、ドイツを避けて通れない」。この――バール自身の言葉による――「非常にシンプルな事実」は、ドイツを考える者は、ヨーロッパを避けて通れない、という同じように正当な逆の推論を含んでいる。バールはこうした事情を一九六五年の未公刊の書『さて、何をしたらいい?』の草稿のなかで詳述して、「ドイツの運命はヨーロッパの他の諸国民の運命と切り離すことはできない」、と言っていた。

バールは、ドゴールの「ドイツ問題はまさにヨーロッパの問題である」という判断をじつに適切だと思った。「ドイツ」と「ヨーロッパ」という問題領域は、バールの政治構想のなかで緊密に関連し合っていた。以下においては、バールのヨーロッパ理解、かれの国家・国民概念とヨーロッパ概念との間の相互連関、ならびに「ドイツ統一」問題を特別に配慮しながらのかれのヨーロッパ政策上の展望をみていくことにしよう。

バールのヨーロッパ理解――とりわけ六〇年代や七〇年代初期の――の特徴は、ドゴールの考えや判断との注目すべき類似性にあった。一九七二年かれは、自分は、心中では「ドゴールをいつも幸運な事例だと思っていた」、と告白している。フランスの大統領は、「かれの反統合政策や東方政策によって」ドイツのために時間的・政治的に、ドイツ問題解決構想をなお推し進める余裕、ドイツ問題の処理可能な状態を残し、実現のために何もできずにただ夢で終わらない余裕をつくってくれた、と。

ドゴールはすでに一九五九年に、再統一は「ドイツ民族のノーマルな運命」だと言っていた。といっても前提は、「再統一が東西南北いずれの方向の現在の国境も問題にしない」ことであり、「統一されたドイツがいつの日か、協力と自由や平和のために全ヨーロッパの条約に基づく組織への自分の統合を意図することである」。ドゴールの目からみると「ドイツ問題の解決はヨーロッパを介する以外にありえない、それが全ヨーロッパ的基準であるからだ」というのだ。ドイツ問題の解決にいたるまでフランスの大統領は、ドイツ人から接近の政治を求めていた。

一九五九年三月ドゴールが描いていた東方政策の基調は、バールがすでに五七年に求め、六三年にトゥッツィング演説で構想的に展開し始めたものであった。五九年三月一五日の記者会見でドゴールは、再統一にいたるドイツ人たちの政策がどのようになるかを述べている。「この理想の達成にいたるには、ドイツ民族の二つの分断部分があらゆる現実の分野で結びつきや関係を増大することだと、我われは思っている。交通関係、郵便、経済活動、芸術、学問、文学、個人交流などなどにより、ドイツ人が内面的に相互接近する特殊な措置対象をつくり、いろんなことがあっても、体制や諸条件の違いがあっても、わたしが〝ドイツのこと〟と呼びたいもののプラスとなるようにしてほしいのである」。

ドゴールのこうした要請は、バールの東方政策と重なる部分がほとんどであった。一致する部分は、方法の点だけでなく、目標の点にもあった。ドゴールが一九六六年ソビエト公式訪問の折ブレジネフに向かって、「自分が追求しているのは、ヨーロッパの現状の維持に向けられたものでなく、その克服にあるのだ」、と説明したのは、ヨーロッパの現状を長期的に克服するというバール構想に類似したものであった。

ドイツにとってもっとも重要な要素――オーデル＝ナイセ国境線の最終的な性格――の点でもドゴールは、バールと意見を同じくしていた。バールはすでに早くから、「再統一は、真剣な政策として追求していくかぎり、今日ドイツの両部分といわれている地域だけしか含むことができない」。東方条約をめぐる論議で七〇年バールは、一九三七年の国境でのドイツという要求は、再統一を阻害するもっともまずい手段である。西ドイツの目標は両ドイツ国家の統一であることにかわりはない。領土要求をもった再統一などだれも許しはしないだろう。ワルシャワ条約との関連で、このポーランドとの協定は「プロイセンの墓に対する花輪」だ、と言われるのも当たっていると思うと、バールは言っていた。

シャルル・ドゴールとエーゴン・バールとの類似点は、具体的な東方政策についての考えだけでなかった。このフランス人とドイツ人とはとりわけその国家・国民概念やヨーロッパ構想でも似かよっていた。ドゴールの「祖国のヨーロッパ」もしくは「国々のヨーロッパ」はバールの政治理解に合ったものだった。フランスの大統領にとって、フランス人のフランス、ドイツ人のドイツ、イタリア人のイタリア等々を包含しないヨーロッパなど生きた現実だとは、思えなかった。一九六二年ドゴールはこう強調していた。「祖国は人間味があって、感情に訴えるものであること、ヨーロッパが行動や権威、責任の構成要素のうえにしか成り立ちえない、というのも正しい。どんな構成要素かというと――それは国家である！　というのも国家だけがこの点での権限担当資格があり、正当性があり、何かを現実化することができるからである。わたしがすでに口にしたし、くりかえして言っていることは、現在の時点では――もちろん神話や、ファンタジー、仮象のヨーロッパを除いて――もろもろの国々のヨーロッパしか他にありえないのである」、という。ドゴールは、超国家的なヨーロッパを非現実的として拒否した。かれにとって超国家的なヨーロッパとは「心をそそる解決」であるが、「じっさいには……たんに空想の産物であり、人びとが追いかける幻影でしかない」のだった。

バールもこの点では似たような見方をしていた。一九六四年このSPDの政治家はこう強調している。「ヨーロッパ統合の最優先」というのをもちろん政府のプログラムのなかに書き込むことはできる。しかしこの件は、「統合はありえないだろうという率直な事実を無視してやっていくことにはならないのである」。その原因をバールは、とりわけヨーロッパの隣人たちの別々なヨーロッパ理解にみてとっていた。「我われのパートナーたちは、ヨーロッパ国家・国民のなかに自分たちが解消されていくのを望んでいない。ヨーロッパ同盟は、かれらにとって国家・国民（ネーション）の併存的存在なのである」。

こうした事実をバールは決して残念に思ったことはなく、はっきりと歓迎した。一九六七年バールは、新たな国際法の対象のヨーロッパがもはや五〇年代の意味で展開しないことに満足した。ドイツでとりわけ五〇年代に〝ヨーロッパ・ネーション〟というのが大いにもてはやされた。理由はこれで、「Nation」のもつ、ごく最近の過去の暗い歴史のマイナス面から心理的に解放されるだろうことを期待したからであった。そうした「ヨーロッパ・ネーション」が幻想であるとバールは思ったのである。ヨーロッパ――このなかに多くの西ドイツの人たちは、「失われたネーション的故郷の代用品」をみようとし、一見救いの港にみえるヨーロッパに逃げ込もうと欲したのである。こうした姿勢をバールは基本的に誤りだとは決めつけなかった。「祖国の代用としてのヨーロッパ」、この構想にはじつに「未来を孕む魅力」があると言っていた。科学と技術の発展はより大きな経済圏へのまとまりを必然的と思えるプロセスにするであろう。より大きな、超国家的な新たな秩序の創出は、理性的であり、個々の民族にとって長きにわたって恵みをもたらすことになるだろう［バール著『さて、何をしたらいい？』、一五五頁以降］。

ところでこうしたより大きな秩序統一体は、バールの理解では「祖国のヨーロッパ」であるべきだった。一九六五年バールがこう強調している。「ドイツ人の祖国はドイツであってヨーロッパではない。でも我われはヨーロッパが一体となることなしに（ドイツの）再統一は不可能であることはわかっている」。「ヨーロッパ・ネーション」というのは、バールの理解のなかでももはや幻影ではなかった。ヨーロッパのいたるところで「ナショナルなアイデンティティー」が価値を保持していたからである。七三年にこうした事情を次のように言っている。「しかしわたしがいたるところで目にするのは、ネーションがあいかわらず、ある民族が国家的統一体のなかにいると思い、アイデンティティーをもち、自己意識をもつ要素であるということだ。これは、国家・国民の形成やその意識が大きな目標になっている発展途上国の場合だけでなくて、ちょっと東ヨーロッパに目をやっても見てとれる。ネーションの理念が統合の坩堝のなかで姿を消していったら、ヨーロッパは貧相にならないだろうか」。バールの場合ヨーロッパ概念は、ネーション概念によって覆われていた。この東方政治家にとって、「ナショナルなアイデンティティー、東欧諸民族の期待、ドイツ民族の目標、フランスの原則などは、ヨーロッパの不幸な分断を克服する手段である」のだった。

バールのヨーロッパ概念にとって決定的なのは、概念の全ヨーロッパ的な構成要素である。もっぱら西欧だけに的を絞ったヨーロッパ概念をバールは拒否する。西ヨーロッパだけを頭に置いて、ヨーロッパを取り上げるのは、不適切な傲慢であり無視である、と思う。すでに一九五七年の党の地域支部における最初の演説でバールはもっと大きなヨーロッパを視野に入れて、こう言っていた。「ヨーロッパという言葉がなんであるかは、ヨーロッパの多くの少数国民にとっては、ポーランドやハンガリーの若者たちが、一部は知らずして、一七八九年の革命の理想に燃えて、バリケードの上に立とうとする気になったときになって、明瞭になったものだった」。この点でもドゴールとの類似点がみられる。ドゴールは六五年、「ヨーロッパ、近代文明の母は大西洋からウラル山脈まで含むものでなければならない」、と求めていた。

ヨーロッパはバールにとってつねに全ヨーロッパを意味していた。再三再四——とくに六〇年代において——東欧の諸民族を一緒に入れる政策の展開の必要性を強調していた。一九六四年時バールは、「ヨーロッパを口にするとき結局は東に目をやることも放棄してはならないのである。ソビエトにおける指導部の交代は、我われにとにかく、オーデル＝ナイセの東側の民族もヨーロッパ人だと思うように、従来よりいっそう丁寧に、より力を入れて臨むよう促している。より大きな規模のヨーロッパというビジョンを失ってはならないのである」。そして六六年にバールは自分のヨーロッパ展望をあらためてはっきりと、ブラントのために書いた演説草稿のなかでこう述べていた。「ヨーロッパは、西側同盟体制の影響が終わるところで、尽きるのではない。我われの共同体は、東欧の諸民族に脅威を感じさせるものでなく、かれらに道を開けておくものでなければならない。その際もっぱら我われの振る舞いが大事であるかのように思うのは間違いであろう。鉄のカーテンの向こう側の諸民族も、自分たちが行こうと思えば、ヨーロッパへの道は開かれていると感じられるようでなければならない」。

こうしてバールとドゴールとの見解の広範な一致が分析の結果確認できよう。両者は、ヨーロッパに超国家的な共同体モデルとは違う「祖国のヨーロッパ」を考えていた。二人のヨーロッパ構想では、西ヨーロッパを超えて、「大西洋からウラル山脈までのヨーロッパ」のビジョンが追求されていた。かれら二人は「ドイツ問題」の（単独での）孤立化した解決の可能性はないとみていた。ドゴールもバールも――一部非常に違った動機に発するものがあるが――積極的な東方政策を唱えた人たちに属していた。

ドゴールの言葉「緊張緩和、相互理解、協力（デタント、アンターント、コオオペラスィヨン）」は、バールの「接近による変化」のなかに対応するものをもっていた。ドゴールと同じようにバールもイデオロギーを少しも評価せず、ネーションという観念の生命力をいっそう高くかっていた。そこからえられた結論は――ドゴールとまったく同様――バールも東側の政治体制の解体は長い目でみると避けられないと考えていた。バールは東側のイデオロギーの耐久性を信じていなかったし、それに反してネーションの生命力を確信していたからである。

すでに一九五七年バールは、脱イデオロギー化が増えつつあるのをみてとっていた。「イデオロギー的な重荷は将来減じていくだろう。コミュニズムの弁証法的唯物論ももはや危険ではない。共産主義はドグマと現実そのものとの間の矛盾によって無力化してしまった。……イデオロギーとしての共産主義は、もう時代遅れとなっている。今となってはただ共産主義がそれをわかっていないか、あるいは信じていないかだけの話である。……ボルシェヴィズムは今ではほとんどただ、他の民族に対するロシアの支配権を根拠づける手段にすぎない。……真剣な交渉をもとうとする人は、やがてボルシェヴィキたちが信念を放棄することで、厳しい交渉を永久にしなくてすむようになるだろう。ロシアの国家利害は、激論が闘わされているうちに、ロシアのイデオロギー的な利害をいずれにせよ上まわってしまうだろう」。

ナショナルな利害がイデオロギー的な利害の上にくる、というバールの判断は、かれの東方政策やドイツ政策の中心的要素であって、ドイツ統一問題にも決定的な影響をおよぼしている。ソビエト連邦が「とりあえずロシアでありつづけている」という洞察をバールは一九七〇年のソビエト最初の訪問で実感してきた。八五年バールは、自分の構想の基本テーゼをレフ・コープレフ宛ての手紙のなかで強調している。「わたしはいつも、ソビエトとその政治はほとんど完全にロシア帝国の利害関心の継続だ――イデオロギーや共産主義といわれるもので補完があるにしても――という見解です。他面でわたしはイデオロギーが、動機づけする力の頂点をとっくにすぎてしまっている、そんなイデオロギーに今では一種の正当化や内政上の規律を保つ役割さえみてとる気にはなれません。イデオロギーはまさに帝国主義的な利害の付け足しになって東西間の対決に宗教戦争の色合いを与えています」。バールがいうように、こうしたテーゼが正しいとすれば、この点が具体的なドイツ政策にとってもつ意味は、次のようになる。つまり――イデオロギー的対立は今でも存続するが意義はなくなっている。だからイデオロギー的対立の彼方に、ドイツの再統一に関するロシアのナショナルな利害を喚起することが大事になるのであった。バールはこのことをすでに五七年に強調していた。「今ドイツとロシアの国家関係については、イデオロギー的には無風状態であるはずといえるが、それだけに必要なのは、(ドイツの) 再統一に関するロシアの利害を活気づけることである。ロシア人の満足する理想的な状態をなくしてやって、かれらが愚痴をいい、世界政治上の不満をもたせるようにしてやる。それと同時にかれらの望みが貿易に向けられるようにしてやるのである。……わたしが非常に大まかに言いたいのは、我われのために安全保障協定のどんな形態でも問題として取り上げる、あるいは東欧ブロック諸国も含めた経済的な結びつきを問題にするのです。その結びつきには (ヨーロッパ) 大陸におけるアメリカの存在やアメリカによる安全保障の保証も含める、そんなことを問題にするのです。我われは政治的にそうした結びつきを急がねばなりません。というのも、それが、鉄のカーテンの向こう側にいる諸民族に最低限の政治的な活動余地をもたらすもっとも有効な方法だからです」［エーゴン・バール「理性の勝利！」、五七年］。

両者とも「外交政策の優先」を含んでいて、ドゴールとバールの構想には、上述のような類似性があるにもかかわらず、それでもこのＳＰＤの政治家を「ドイツのゴーリスト」だといったら、基本的に間違っていることになるだろう。この概念は、いわゆる「大西洋派」と「ゴーリスト」との間の六〇年代の政治抗争によって別な意味で使われた。この抗争の根にあって、とりわけ同盟政党ＣＤＵとＣＳＵとの間で相争って行なわれたのは、西ドイツの外交政策の親フランス派の方針と親アメリカ派の方針の対立であって、それが六〇年代全体の経過のなかで外交政策論争の特徴となった。「大西洋派」がアメリカとの緊密な結びつきが西ドイツの安全保障の基礎だとはっきり強調したのに対して、ドイツの「ゴーリスト」たちは、「ヨーロッパを二つの超大国と並ぶ第三の勢力にしよう」というフランス大統領の構想を支持したのであった。「ここでは」――アルヌルフ・バーリングによると――「ゴーリズムのフランスに西ヨーロッパにおける指導的役割を認めてやり、ドイツ・フランスの二国間主義が西ヨーロッパ的ブロック形成のマグネットと称して歓迎された。その際ＣＳＵの考慮のなかではヨーロッパの核保有国が中心的な意味をもっていたのである」［アルヌルフ・バーリング『権力交替』、二〇八頁］。

「ゴーリスト」と「大西洋派」とのこうした対決にあって、バールの立場ははっきりどちらかにくわえられるものではない。この社会民主党員はたしかに一方では、「大西洋派の立場」を主張して、アメリカによる安全保障の保証と西側の防衛同盟による後ろ楯を西ドイツにとって不可欠のものだとしていた。その一方でバールは――ドゴールとまったく同様――二極化体制を打破して、多国間による国際体制に転身し、その安全保障上の枠組みを「ヨーロッパの安全保障体制」にすべきことを望んでいた。

バールはこうして――ちなみにヴィリー・ブラントとまったく同じように――この両派間のそうした構想の内側に位置していた。ブラントはこの件に関する理由をその著『回想録』のなかではっきりとこう書いている。「論争は二重の意味で現実の空まわりをしていた。ドイツの〝ゴーリストたち〟は、将軍が緊張緩和の独自の政策を新たに打ちだそうとしていること、それはドイツの東方政策にとってマイナスよりもプラスになるだろう政策であることを見逃したか、見逃そうと意図していた。ボンの〝大西洋の人たち〟は、他方でアメリカとの戦略的な特別な関係――それにはすべての前提が欠けていた――という幻影を追っかけていたのだった」［ヴィリー・ブラント『回想録』、二四七頁］。

シャルル・ドゴールとエーゴン・バールとの考えの似通った点は、東方政策にあった。フランス大統領の東方政策上の意図を「ドイツのゴーリストたち」は完全に誤解していた。この点で、バールの考えのなかで東方政策やドイツ政策がどんな中心的価値をもっているかがはっきりする。このSPDの政治家は、成果が望める推進力ならどんなものでも――それがケネディーの「平和の戦略」であれ、ドゴールの「緊張緩和、相互理解、協力」という言葉であれ――利用して、自分自身の東方政策上の考えの行程を進展させようとしたのである。その場合はっきりしているのは、バールがドゴールの「祖国のヨーロッパ」や「大西洋からウラル山脈までのヨーロッパ」という考えに与した動機は、フランスの人（ドゴール）の動機とは部分的に違った構図になっていたことだった。

バールの動機は、東方政策と「ドイツ統一」であった。かれの見解によれば、政治的に統合された西ヨーロッパは、（ドイツ）統一を阻むとはいわないまでも、難しくする。すでに一九五七年バールはこう警告していた。共通の市場は、全ドイツが脱退できるとの形式的な権利があるにもかかわらず、そこにみられる効果影響により抜けだすことも、解消することもできず、再統一にとって大きな障害になる恐れがある、と。六五年にはそれを「統合か再統一か」どちらをとるかだ、とまで言っていた。未公刊の著作のなかでかれは、「統合の継続は統一への道を閉ざしてしまう」、と強調している。それゆえかれは西ヨーロッパの政治的統合の進行に反対する。そうした進行は、「東ヨーロッパ諸民族の、もっと多くの行動の自由に関する期待を裏切るし、長い目でみると葬ってしまうからである」。六五年にバールは、自分の反統合主義的な姿勢の動機と「大西洋からウラル山脈までのヨーロッパ」支持について次のように総括している。「より大きな規模のヨーロッパを視野に入れる者、東ヨーロッパの諸民族が自分たちのナショナルな利害をふたたび視野に入れ自分たちのヨーロッパ的アイデンティティーをあらためて意識するのを促そうとする者、旧大陸の不幸な分断を克服しようとする者は、政治的統合を推し進めてはならない。なぜなら統合とともにほとんど自動的に東ヨーロッパ諸国の政治的統合が強いられるだろうから。……東ヨーロッパ諸国がいつの日にかヨーロッパ経済共同体（ＥＷＧ）に参入することも考えられる。いずれにせよこちらの方が、かれらが政治的に統合された共同体に参入する自由をもつことより、むしろ可能性がある。ドイツ問題の解決という利害からすると、結果するのは、ヨーロッパ経済共同体における高度な経済的協力の継続とさらなる発展を肯定する立場であり、政治的な統合計画の拒否である」。

もっともバールはヨーロッパの政治的統合を原則的に拒否していたのではない。その種の統一に「ドイツ統一」を優先させていたのである。かれは、「ますます緊密になる――国家的な権限を放棄してまでの――経済的な協力と、国家の主権を削減した政治的統合との間の質的な違い」に注目していた。

すでに一九五七年バールがしきりに求めていたのは、社会民主党のヨーロッパ政策はつねに、「わが国の西側の国境の実際的な排除にかまけて、ツォーネ国境の除去を忘れないよう、配慮しなければならない」ことであった。つまりかれは、より大きい規模の統合賛成の論拠も知っていたし、だいたい正しいと思っていたのであるが、統合という目標追求の選択は、ドイツ問題の解決が達成されたあとにするという見解を主張していたのだった。バールの「反統合構想」には、ちなみにヴィリー・ブラントも与しなかったし、ＳＰＤ内でも多数基盤をもたなかったが、その構想の本質は戦術的な動機づけのものだった。バールのいう順序は、まずドイツ統一、それから政治的統合であった。

この点がはっきりするのは、ドイツ統一の再現後の発言である。一九九二年バールはあるテレビ・インタビューのなかで、こう言っている。「状況はすっかり変わってしまった。わたしは、この西ヨーロッパができるだけ速やかに結びつきを深める、つまりじっさい統一すべきだと、思っている。そしてそのあとヨーロッパのこの中心のまわりにメンバーとしての展望に同意した国々の輪ができ、そのうしろに、高度な協力が始められる国々の輪が、つまりかつてのソビエト連邦の国々の輪がさらにつくられるとみている。すなわちわたしの目にみえているのは、さまざまな密度のヨーロッパである。しかし我われはもっとも密度のあるヨーロッパがさらに密度を濃くするのをゆるがせにしてはならない」。

つまり、バールのヨーロッパ構想の分析からも、このSPD政治家が「ドイツ統一」という目標ならびに――その実現にくわえて――国家主権にどんな価値を与えていたかがわかるのだった。バールはたしかに――たとえば明確に一九世紀の概念を引きずっているドゴールとは違って――「もはやビスマルク時代の古いカテゴリーで考える」ことはない、と自分に言い聞かせていた。しかし比喩的な意味ではヴィリー・ブラントが言った次のような言葉がバールにも当てはまる。――しかもそれはシャルル・ドゴールを視野に入れて言われた言葉であったが。「かれは、ヨーロッパ人として過去のことと未来のことを混同するような人ではなかった。かれとその感覚は、あまりにも性急に持続的に戦後の風土に自分を合わせようとした人たちよりも、ヨーロッパ全体のことをより身近にしていた人であった」〔ヴィリー・ブラント『回想録』、二六〇頁〕。

それだから、バールの政治的構想のなかではドイツとヨーロッパは緊密に結びついていた。この社会民主党員は一九七八年にたしかに「わたしはまずドイツ人であって、それからヨーロッパ人である」と言っている。しかしそのなかに矛盾があるとは思わなかった。かれの見解によると、「ドイツ問題の解決はヨーロッパ分断の解決なしにはもはや考えられない」からであった。

第3節　エーゴン・バールと安全保障

エーゴン・バールの構想の基本路線を特徴づける一貫性は、「ドイツ」と「安全保障」という問題領域の結びつきにもみられる。ドイツ政策と安全保障政策とはバールにとってかねてより決して異質なものでなく、核心では同じ問題を扱うものだった。かれは一九九一年そうした見解を明確にこう述べている。「ドイツ統一を欲した人は、統一後でも世界が少なくとも安心していられるようにしなければならない。ヨーロッパの安全保障は、わたしにとって（ドイツ）統一の鍵であった。それははっきりしたことで、批評家たちがわたしのことを一部ではドイツ問題のエキスパート、一部では安全保障問題のエキスパートと区分けしようとしているのをみると、内心でわたしは苦笑せざるをえなかったほどだった。事柄や個人の現実においては、これは分けることのできないメダルの両面にすぎないものであった」。

以下において調べようとするのは、バールが――本書の研究の対象時期全体を超えて――安全保障問題と「ドイツ問題」を相互にどのように結びつけていたか、かれの戦略の基礎にはどんな安全保障政策上の展望があったのか、そうした展望を自分の全体構想のなかでどう位置づけようとしていたかである。

バールとその政策に関する基本的誤解の一つは、かれの政敵たちが好んでしばしば使う型にはまった言い方で、この東方政策家が親ソビエト的で、反アメリカ的な立場をとっているというものである。バールのそうした評価はまったくの誤りで、かんたんにわかるものであろう。

バールの安全保障構想の基礎は、「アメリカによる後見人的保証」である。ドイツの安全保障はアメリカによってしかつくりだせないという一貫した見解は、このSPD政治家の公式・非公式の発言を「赤い糸」のように貫いているし、あきらかにかれの基本的原理の一つであった。すでに一九五七年「わが国の安全保障はアメリカの保証のなかにある」、と強調していた。

この基本的発言をバールはあとになっても少しも削ろうとはしなかった。緊張緩和政策はかれにとって、軍事的な安全保障の代用物では決してなく、伝統的な防衛政策の重要な補完なのであった。この点はかれが先導した部分の一翼である東方条約政策によっても変わらなかった。モスクワ条約締結の直後にバールはこう強調している。「西ドイツの本来の安全保障は同盟にある。その点は、この条約によっても少しも変わらない。ここで注意しなければならないのは、あたかも緊張緩和が同盟の代わりになるかのような幻想的選択肢で、そんなことはありえないのである。これはそのケースではない。しかし緊張緩和は、安全保障の追加的な要素ではある」。

そして一九七一年補足的にこう言っている。「ヨーロッパの安全保障の基盤は、戦術的なバランス、つまり結局のところアメリカによる保証やアメリカの潜在力への信憑性にある。だれもアメリカのこうした重みに取って代わることはできない。ヨーロッパが統一しても、その点はできないのである」。

「バランスの政治家」バールは、それゆえ威嚇抑止の哲学も強調していた。そうした哲学に未来にいたるまでのモデルをみていたわけではないのだが。すでに一九五七年にはこう口にしていた。ドイツの安全保障は、「ベルリン地帯あるいは西ドイツ地域への手だしや攻撃は、アメリカの介入、すなわち第三次大戦の誘発になるだろうというソビエトの確信」にあるのだ、と。こうした判断の点ではそれから一六年経っても少しも変わらず、トゥッツイングにおける再度の演説の折にもとくに威嚇抑止の核の要素を重視している。「一つ核爆弾を褒めてやるべきではないでしょうか。威嚇抑止のあれほど効き目のある威力がなかったとしたら、東西間の深刻な対立と利害の違いという暗礁をヨーロッパにおける全般的な紛争なしに乗り越えられるほど、じゅうぶん賢明であったかどうか、わたしにはわからない。通常兵器を使うという誘惑はもっと大きくなっていたかもしれない。そのかぎりで威嚇抑止は効果を発揮したし、その抑止力は今日も明日も効果がある」［エーゴン・バール「接近による変化。一〇年経って」。七三年七月一一日、トゥッツイング福音教会アカデミーにおける演説］。

アメリカの国家安全保障問題担当補佐官キッシンジャーに宛てた手紙でバールは強調している。たとえヨーロッパが経済的な力を増し、通常兵器による装備へのヨーロッパの参加度合いが高まり、緊張緩和政策が「攻撃の政治的危険」をやわらげたにしても、二つの要因はかわりなく保持しつづける。つまり、「(1)潜在的な攻撃者は、通常兵器でも核兵器でも、軍事的にじゅうぶん強力でありつづける。(2)そうした攻撃者の攻撃の場合に、大きすぎるリスクとなるのがあいかわらずアメリカによるものである」［七三年四月一四日付けの手紙］。

バールにとってアメリカの安全保障の保証に代わる純ヨーロッパ的な選択肢はないのだった。この点をはっきりさせているのが、ブラント首相宛ての次の書簡である。そのなかでバールは、自分の「ボス」に「ヨーロッパ安全保障協議会」に関するフランスのイニシアティブには警戒するようつよい調子で訴えている。

「前略。W・B様。もし本当にポンピドゥー（一九一一―一九七四）がヨーロッパ安全保障協議会のアイデアを出すとなると、わたしは気がかりなのです。アメリカと一緒の安全保障しかありえません。同盟に安全保障を超えた本質的機能を与えようとしたキッシンジャーの馬鹿げた考えをブロックしたあとで、我われはフランスの企図する危険を避けねばなりません。ヨーロッパの安全保障協議会などというのは同盟の分裂ウイルスとなりましょう。あっても戦略だけでして、フランス人たちは、その戦略にもどるべきです。もし、フランスが八カ国を自分の立場に引き込むのを我われが許すとしたら、それはNATOの終わりの始まりです。ヨーロッパ安全保障協議会に対するアメリカの反響は、ひどいどころか、アメリカはヨーロッパから手を引くことになるでしょう。いずれにしてもこれは、非安全保障協議会です。といいますのも、この協議会が全然発言権がないとなると、混乱を招くだろうし、ヨーロッパの無力化の新たな印となるでしょう。なぜヨーロッパは、自分の弱点の防衛のため効果もはっきりしないものに取り組むことなどやめて、自分の強みである経済と政治に力を集中しないのでしょうか」［七三年一二月一四日付けの手紙］。

アメリカの安全保障の保証の強調には、もちろんまた緊張緩和政策上の原因があった。西ドイツが東方政策を成功裏にやれるのは、西側同盟の後ろ楯を確実にしている場合だけであることは、バールにははっきりわかっていた。「ドイツ外交は、どんな方向のものであれ、決定的な同盟パートナー、アメリカの基本構想にそうものであればあるほど、それだけ効果をあげられるのである」。

しかしもっと重要であったのは、「安全保障はアメリカと一緒の場合にのみ、自分の安全保障全体構想にとって建設的でありうる」というバールの認識であった。バランスの政治家バールは、――安全保障政策上でも――全ヨーロッパ的に考えていた。こうした事実から帰結するのは、アメリカはソビエトに対する権力バランスとして欠くことのできないものであった。バールにとってたしかであったのは、ヨーロッパの分断の克服はアメリカを引き入れることなしには不可能である、しかもアメリカとソビエトだけが安全保障、グローバルな安全保障、ヨーロッパの安全保障を保証することができるからであった。バールにとってこのことは、アメリカが強力なファクターでありつづけることがドイツの国民的利害になるのだ、ということだった。というのも——バールの見解によると——アメリカがソビエトに対する権力政治的なバランスとなるようなヨーロッパ秩序においてのみ、「じっさいまた全ヨーロッパ的な安全保障体制を夢みることができる」のであり、「ドイツ問題がふたたび緊急の課題となる」ような展開が想定できるのであった。

こうした判断に基づくバールの政治的な結論は、「アメリカには、ヨーロッパにおける平和の国際的な構造のために持続的に貢献する用意がなければならない（この表現は、同盟に縛られているというものではない）」。バールがブラント首相用のメモで行なった、このカッコでくくった限定は、バールの安全保障政策構想の第二の基本的思考を窺わせるものである。「決定的なのは、組織形態ではなくて、安全保障である」。すでに一九五七年バールは、NATOが「我われの安全保障のたんなる機構にすぎない」ことを強調していて、バールの安全保障の理解ではNATOは「永遠の価値」のものでなく、同等の安全保障のもっとよい機構に取って代わられるまで、そのかぎりで存続する道具であった。NATO——それはバールにとって「アメリカによる保証のための条約上の形態」にすぎないもので、決してそれが西ドイツの「レーゾン・デタ」ではありえなかった。

敵対し合う軍事ブロックの永遠化につながってはならない、というバールの論拠として、かれが重要証人として好んでしばしば引用するのは、コンラート・アデナウアーであり、この人は一九六〇年四月ドイツ連邦議会でこう言っていた。「もし我われがいつの日か、ソビエト・ロシアとも折り合いがつくようになったら——我われはこの点の実現を多くの忍耐を払って達成するのをわたしは期待している——ワルシャワ条約機構もNATOも過去のものとなるだろう。このことを諸君には一つはっきりわかってもらいたい。これらは決して永久的な（軍事）機構ではないのです」。

バールにとって「ドイツ問題」の解決は、東西抗争の克服と同義語であった。そんなことが敵対し合う軍事同盟を維持しながら可能になるなんて、バールには想定できないことだった。一九七五年にバールはこのことを次のように言っている。「ドイツ政策の目標はNATOではない。そうではなくて、ドイツ政策の目標は東西抗争の克服であり、すなわちそれはヨーロッパ分断克服の可能性である。そのときにはもしかして、ドイツ問題の整序ができるかもしれない」。このSPD政治家にとって、「NATOを全ドイツにまで拡大せよとの要求は……再統一政策にとっての西側のイチヂクの葉なのであった」。

「バールは再統一がドイツのNATOメンバーを前提にして可能になるとは、決して信じていなかった。この点でかれは、ドイツ統一をたんなるリップサービス以上のものとしていたたいていの名のあるドイツ政策家たちと意見が一致していた。すでにヤーコプ・カイザー、トーマス・ディーラー、クルト・シューマッハー、グスターフ・ハイネマンやフリッツ・エルラーたちは、西側への統合と再統一とが一致することに疑問を呈していた」［ライナー・ツィーテルマン「緊張緩和政策の先駆者。二七年間のエーゴン・バールの諸貢献」、一九九一年一〇月四日の『南ドイツ新聞』、五三頁］。バールの安全保障上の展望にはドイツ政策的な動機づけがあった。「憲法にあるのはNATOではなくて、ドイツの統一である。我われがやはり目にすべきは、NATOはじっさい目的のための手段であって、決して最終目標ではないことである」。

しかしバールは、大西洋同盟からの西ドイツの離脱に決して賛成ではなかった。すでに一九五七年バールはこう言っていた。「NATOは、同じような安全保障のもっとましなメカニズムに取って代わられるまで、機能しなければならない。その点は、西ドイツが再統一にいたる過程の考えられるさまざまな時点において言えることであろう」。

バールの主張する見解では、ドイツ統一にいたる道は同盟を介して、また同盟をともにしてしか辿れないというのであった。したがってNATOは、全ヨーロッパ安全保障構造にいたる途上における安定性のかけがえのないファクターなのである。西側同盟のそうした意義のことはバールもたえず強調している。「東西によって全体にアーチをかける協定や構造が開発されねばならない。というのもあなたはたんなる空中に屋根をつくれないでしょう。柱となるのは両同盟なのです。この二つの同盟は、今日まさになくてはならないものです。いつの日か支えなしの屋根をもてたとしても、あいかわらず主柱はもっているだろうし、主柱を取りはずすまでは、それを考慮に入れるだろう。しかし望むらくは、いつの日か我われがその主柱を取り除くことができるようになるまでたどりつきたいものですね。……わたしは同盟にアーチをかけるための取り決めのために同盟を必要としているのです。同盟なしには何も運びませんからね」［エーゴン・バール「わたしはまずドイツ人、それからヨーロッパ人」。『シュピーゲル』第三七号におけるインタビュー、七八年九月一一日、三三頁］。

この「屋根」、あるいは「同じような安全保障のもっとましなメカニズム」とは、バールの考えでは、ドイツの再統一を含む「ヨーロッパ的な安全保障体制」なのであった。

全ヨーロッパ安全保障体制の創出というのは、もちろんエーゴン・バールのオリジナルなアイデアはなかった。むしろバールの集団的安全保障体制の提案は、五〇年代のSPDのプランを引き継ぐものであって、そのSPDプランの方は、すでに二〇年代や四〇年代において論議されたヨーロッパ安全保障システムという考えに源をもっている。集団安全保障に関する提案は、五〇年代において社会民主党員たちの手できわめてさまざまなバリエーションのうちに外交政策上の論議にもち込まれたものであった。

これらの計画の基礎にあったのは——バール構想とまったく同様——安全保障問題とドイツ問題との連結であった。ヘルガ・ハフテンドルンが指摘している。「ヨーロッパ安全保障システムは、社会民主党の再統一政策の不可欠の相補関連事項となっていた」。バールと同じように、すでにシューマッハーにとっても「安全保障政策は、ドイツ統一の再生をめざすかれのドイツ政策の機能をもっていた」、と。

エーゴン・バールはそうした安全保障政策の議論にすでに早くから独自の提案をもって参加している。一九五四年、まだSPDの党員でもなかったこのジャーナリスト（バール）はヨーロッパの安全保障に関して自分なりの提案をしている。そのころのラジオ放送の解説で、かれがそうしたシステムをどのように考えていたかがはっきりする。一九五四年一〇月九日の解説で自分の考えを簡明に次のように言っていた。「全体が当てはまるのは軍事的な点だけで、集団安全保障システムのなかのドイツは、たとえば引きつづきモンターン・ユニオン（石炭・鉄鋼同盟 ヨーロッパ共同体）のメンバーでありつづけられ、経済的・政治的には完全にフリーで、拘束のないものになれるだろう」。

一九六一年の壁の建設後とそれに関連した分断のセメント化のあとバールは、五〇年代に短期に実現しようとしたプログラムを東方政策の長期的な全体構想のなかに取り込もうとする。国際的な展開に左右されて、途上での時間的な展望や個々の手段についての考えは変化するが、しかし目標はずっと一貫していた。そして目標とは、ドイツの国家的な統一の再生であった。こうした目標の実現のためには――バールの見解では――「ヨーロッパ安全保障の体制が鍵であった」。五〇年代の協議の会議を開いてという考えは、しかし六〇年代七〇年代になると段階プランの考えに取って代わられる。未公刊の書『さて、何をしたらいい？』のなかでバールは一九六五年に初めてそうした具体的段階プランを提示して、その終わりの部分でヨーロッパ安全保障体制と再統一なったドイツとを並べようとしている。この構想はかれが外務省の政策企画局にいたときにも進められ展開されている。一九六九年一月バールは、自分の「段階プラン」をアメリカの政治学者ウォールター・ハーンに説明していた。最初の両段階にこのSPD政治家は、「DDRの事実上の承認」を置き、そして他の東欧諸国との外交関係の樹立、ならびにワルシャワ条約機構諸国との武力行使放棄協定の交換を考えていた。これがのちの東方条約政策となっていった。第三段階のあとに兵力削減と軍縮協定がつづくことになっている。第四段階は、他方でヨーロッパの安全保障体制を予定しており、そのなかでドイツが統一をふたたび達成することになっていた。

こうした「段階モデル」が、一九七三年ハーン教授によって「エーゴン・バールのグランドデザイン」というタイトルでアメリカの専門誌『オルビス』で紹介されたことは、西ドイツの政界でちょっとしたセンセーションを招いた。このアメリカ誌のなかで引用されたバール構想の考え方や、同じく七三年雑誌『クヴィック』に掲載された「ヨーロッパ安全保障」に関する秘密の計画研究を、野党の人たちはドイツ中立化のプランだとみてとった。それは、バールがたえずきわめて激しく反発した非難であり、バールのプランを詳しく分析してみれば、事実に合わない非難であった。バールの安全保障政策上の構想は、むしろ伝統的な中立の考えの逆を含むものだった。バールのあらゆるプランが考えていたシステムでは、紛争の場合主導原理となるのは中立——つまり関与しないこと——ではなくて、「支援する義務」であった。したがってバールの構想は集団的安全保障というよく使われている規定にそっている。「国家の安全保障の概念とは違って、集団的安全保障の原理は、次のような方途をめざしている。つまり、ある国によって武力不行使の侵害があった場合に、この違反攻撃者に対して他のすべての国が共同行動に結集して対処する方途である。どんな国も集団的安全保障体制のなかでは、協定違反者に対して自分の権力手段を動員する権利と義務をもっているのである」。バールはドイツの中立を拒否する。「中立はドイツがあまりに大きすぎるがゆえに、不可能なのである。……これだけの規模の人口と生産力がヨーロッパの中心において中立であるなど不可能である。中立は政治的な真空地帯を生みだすだけであり、それを埋めようとしてもろもろの勢力が流れ込むことになるだろう。わたしはつねに中立化には反対であったし、今日でも反対である。それはヨーロッパの真ん中においてナンセンスだと思うからである」[ディトマル・クラーマー『エーゴン・バールに聞く』、一〇四頁]。ドイツは、「東西の間で中立を保つには、経済的に強すぎるし、軍事的には弱すぎるし、地理的に不変でいるには不都合すぎる位置にあるのだ」[エーゴン・バール「西ドイツは中立化の途上にある？」。ボンの政策の将来の路線についての議論。『ドイチェ・ツァイトゥンク／キリスト教徒と世界』第四五号、七三年一一月九日]。すでに一九五七年バールは、経験と意志により「東西の間での日和見政策」はありえないことを指摘していた。

バールの安全保障政策上の展望を全体的にみてくると、ペーター・ブラントが「エーゴン・バールは熟考して、ドイツ問題の核心は、ヨーロッパの安全保障の問題であると受けとめた」、と強調していることに賛同できるだろう。それだからバールの東方政策やドイツ政策の構想もとりわけ「安全保障の問題」を中心にしていた。というのも、この問題が——バールの判断によると——「再統一のもっとも重要な国際的前提の一つだからである」。それゆえバールの安全保障政策上の展望は、（アメリカを含めた）全ヨーロッパ的な安全保障体制であって、その体制により参加国すべての国の安全保障が保証され、そこにブロック対決を書き込むことはないのである。こういう意味で緊張緩和は、安全保障の一要因であった。というのも——バールによれば「まさに緊張の場合にこそ終わりのみえない分断の危険がつねに存するからである。その点を大事にするのが、平和の構築なのである」。

✽第17章✽ エーゴン・バールの「内なるハシゴ」

エーゴン・バールのドイツ構想の的確な叙述をするには、かれの考えの基礎にどんな政治理解があるかを調べる必要がある。バールが足場とする「内なるハシゴ」とはどのようなものなのか。バールが一九七二年に不可欠のものだと言った、世界観と実践行動との間の相互の関係とは何をいっているのか。

著書『さて、何をしたらいい?』のなかでバールは一九六五年、「歴史的な課題の解決には……政治的な戦略が」必要だと指摘していた。「長期的な展望」が必要というのだが、「戦術だけに力を使い果たす者は、日和見主義に近いものに陥ってしまう」、と言っていた（この章では「Strategie」（戦略）と「Taktik」（戦術）」という言葉が頻出している。日本語ではとかくごっちゃに訳しがちになる言葉かもしれない。そこで、ここでのバールの使用法にそう形ではっきり区別して置きたい。「戦略」とは、上位にランクされる基本的目標実現のための長期的視点にたった大枠的な計画や処置のこと。それに対して「戦術」とは、特定の目的達成のための現況の所与条件の計画的な活用、巧みな行動の仕方、と区別しながら訳出した）。

政治は、バールにとってつねに「可能性の芸術」であった。このビスマルクの言葉の引用から印象的なベールを剥いでみると、「そこには決して目標を見失ってはいけないという戦術の勧めが潜んでいる」。この信条表明は、エーゴン・バールの政治的思考の決定的な基本原理、戦略と戦術との関連を明らかにしてくれる。かれの主張する見解では、自分の信念にデモクラシーのなかで賛同をえようとする者は、「ただ戦略と絶対的主張だけで終わってはならない」というのだ。かれの政治的な行動様式には、「大きな戦略的な問題に戦術的な取り組みをする」能力がはいっていた。かれにとって戦術は、決して「ご都合主義や弱み」と同列視すべきものでなかった。というのも「カードの出し方や新しい組み合わせにまったく問題のないセンスがあったにしても、バールは決して自分の構想目標を見失うことはなかったからである。アルヌルフ・バーリングが一九八八年に次のように言ったのは間違っていなかった。「いろんな戦術的な運用があったけれどバールの基本方針は決して変わらなかった。かれのもとで我われが目にするのは、稀にみるまとまりと息を飲むような大胆さの全体的構想であった」。

バールは戦略家にして戦術家、リアリストにしてイデアリスト、構想的な先駆者にして戦術的に定評ある実演者、「口の固い外交官」にして政治的なアジテーターであった。エーゴン・バールの二つの顔は、かねてより「他人をいろいろ考え込ませるにじゅうぶんな素材」であった。かれの「弁証法的な思考癖」は、歳月を経る間に「いろんなことをほのめかしながら」、それでもこれといった確定を避ける「二重否定のマイスター」にさせてしまった。それだから、党の友人の間でも政敵の間でも、誤解と苛立ちを引き起こさずにはいなかった。この緊張緩和の政治家が一九九二年、SPDの同僚の大部分も「わたしの弁証法をいうなれば完全には理解してくれていない」、とこぼしたのも不当とはいえなかった。

バールの政治構想は、ドイツ政策上のいくつかのお手本の間違いを避けようとする努力に彩られていた。正しいことを言っていたのに、結局はそうとは認められなかったヤーコプ・カイザーの悲劇、生涯を通してしばしば警告を発し、自分の懸念が現実になっていくのを阻止できずに目の当たりにしていたクルト・シューマッハーの悲劇、このどちらもバールは避けようとしていた。第二次大戦後のSPD最初の委員長（シューマッハー）について、一九七〇年バールはこうメモ書きしている。「自分の確信のために自分自身に対しても容赦せずに闘うがむしゃらさには、戦術的な弱点がつきまとっていたように思える面があった」。こうした欠陥に自分も自分の構想も陥らないようにしようとバールは思った。

かれは基本的確信を決して隠そうとはしなかったが、「横断幕のようにつねに前に掲げているようなこともなかった」。こういう姿勢によりかれは、一方では多くの猜疑心と中傷の対象にされてしまったし、他方では東西のパートナーたちと交渉する能力を確実なものにした。かれの口の固い性癖や秘密外交好みは、強みであると同時に弱みでもあった。六〇年代以降かれにつきまとった「黒幕（graue Eminenz）」というオーラは、かれを興味深く謎めいた存在にした。かれに向けられた「歩く秘密事項（歩く収納ロッカー）（die wandelnde Verschlußsache）」というお定まりの文句や、「かれは本当に重要な情報を自分自身にすら秘密にしておく」という評判は皮肉を込めたオーバーな表現であったが、それでもバールの政治的思考の本質的特徴の一面を表していた。この緊張緩和の政治家は、「自分で混ぜ合わせたカードを覗かれるのが」とにかく嬉しくなかった。バールが好んでしばしば引いてきたのは、モルトケ将軍の言葉、すなわち、「口にすることはすべて真実でなければならないにしても、真実であることをすべて口にする必要はない」、であった。これは政治にもいえることだった。バールに向かって、あいつは「消費に熟するまで真実を磨いていく」という非難がでるのも稀ではなかった。

エーゴン・バールは、竹馬の友のペーター・ベンダーが述べているように、現実行動家にして理想主義者であった。そして実行行動する理想主義者の考える世界で、外交政策の本質は利害の調整であった。すでに一九五七年こうした原則をバールは、「政治の本質、もっというなら外交の本質は、本来一致しない利害を相互に似通ったものにすることだ」、と言っていた。ドイツ政策の関連でいうと、「我われは我われの振る舞いでもって、ソビエトの利害が変わるようにしなければならない」、ということであった。ドイツ統一に関するソビエトの利害が実現できるようにする、これがバールの基本的目標設定の一つなのであった。

バールは外交の鍵盤を卓越した技巧で弾く術を理解していたと、のちに東西の会談相手たちが讃えている。ヘンリー・キッシンジャーは自著『外交の本質』のなかで「並外れて巧みな交渉代理人エーゴン・バール」のことに触れているし、ユーリイ・クヴィチンスキーは、バールの外交能力を高く評価していた。この元ボン駐在のソビエト大使は一九九三年こう述べている。「かれほど、非常な巧みさでいろんな外交上の活動基本を使いこなした人、つまり自国の利害の実現はまた相手側の利害のためにもなるものと当該相手に信じてもらえたドイツの外交官を、わたしはほかに知りません。ドイツ国民の統一や、ヨーロッパや世界におけるドイツの自立的な役割の確信ある擁護者として、バールは政治的な駆け引きの技術をみごとに心得ていただけでない、また戦略的に将来を見通す大きな力もみせてくれたのです」。

ところでバールは、戦略家にして戦術家であっただけでなく、なにより政治的構想をもつ政治家であった。この点がすでに、かれに関していわれたいろいろな特徴づけのいくつかを解明してくれよう。先の先を考える人、アイデア提供者、トップ思索家、インスピレーションの提供者、東方政策の建築家などといった呼び方のことである。ヴィリー・ブラントにとってバールは「構想的にもっとも有能な協力者であった」。ジャーナリストのレナーテ・マールバッハは一九六四年すでに次のような適切な特徴づけをしていた。「思考とアイデアとに戯れるが、またトリックと抜け目のなさをもてあそぶのも、かれの本質の特徴である。……かれの場合鋭い電光石火的な理解力と幻想に近いまでの空想力の天分がミックスし合っている。それにハートと、政治的な情熱も絡ませている」。

ここにもエーゴン・バールの二つの顔が現れている。一方には、政治的ユートピアの意義を強調するのも稀ではない政治のビジョン家、他面では現状（Status quo）から出発して、東方政策は「ありのままのリアリズムの感覚の原則」にしたがうべきと強調する合理主義者とリアルな政治家。政治は可能性の芸術であるというのは、バールにとってはまた「ハートと分別との間に道をみつける」ことでもあった。「空想力を膨らませる必要がある。しかしその場合でも空想力に手綱をつけ、コントロールし、検証しなければならず、そしてその場合すっかり醒めた意識にならないなら、現実に太刀打ちできるわけがない」。

一九八二年バールは、構想的な政治が実を示さねばならないたえざる緊張のことを述べていた。「現在のもろもろの困難に振りまわされる者は、現在を変える力を失う。より良い世界というビジョンに浸る者は、現実との関わりを失い、そうして現実を変える可能性も失ってしまう」。

バールの政治的思考の中心概念は「理性」という単語であった。一九五七年党の地域支部集会での最初の演説に「理性の勝利！」というタイトルを付けていた。こうした合理主義の要請が、バールの政治理解の大きな要因の一つであった。九四年かれはあらためて、「この世にあっては理性が方向指針の決定的なファクター」でなければならないと強調している。バールは六五年みずからを「懐疑的な世代」の一人だと言って、その世代は比較考量することを学び、罪もないのに罪の意識をもたされる体験や、虚脱状態の体験によりつよい影響を受けたと言っていた。またそうした経験は、「信仰や意志だけではなんの助けにもならないことを認識させてくれた」という。「それら（信仰や意志）になんに聞こえのいい、あるいは情熱的な言葉がついていたにしてもだ」。そこからバールは、何かを形成しようとする意欲には、つねにまた権力への意志がともなっていなければならないという結論を引きだした。外交政策上の構想も、かれの政治理解では理性と利害という基本の柱に基づかねばならないのだった。どんな構想の基礎もその場合「現実に在るもの」であり、もしくはその折々の創案者が「政治的現実」と思うものでなければならないのであった。「現実であるにもかかわらずその現実を処理していく」――この要請を追求するのがバールの政治理解であった。「事実であるものの規範的な力を否定しようとはしない」バールにとって、「大事なのはつねにどこに向かっていくかの想念を見失わないことであった。なぜならそうでないと、冷笑家かご都合主義者になってしまうのだ」。理性と利害というカテゴリーは、バールの政治的想念の世界で大きな価値位置をもっている。それだからこの社会民主主義者が一切のイデオロギー的なモデルを拒否したのも論理的必然であったにすぎない。アメリカの政治学者のウォールター・ハーンがバールのことを「アンチ・イデオロギーの人」と言ったことがあるが、当たっている。この特徴づけは、少なくとも硬直した社会モデルに対するバールの拒絶をいっているかぎり、たいへん適切であった。バールの主張する見解では、イデオロギーが規定のカテゴリーであってはならない。「イデオロギーはほとんどが倒錯してしまう。ジャコバン主義、スターリニズム、ナチズム。イデオロギーはまた国の相互関係を規定することもできない」。エーゴン・バールはそれゆえ、「接近による変化」を決して「イデオロギー的なコンセプト」とは思っていなかった。それでもこの緊張緩和の政治家は、理念のもつ力をじゅうぶん意識していた。さいさん構想的に行動するバールこそ、政治における理念の意義をじゅうぶん知り尽くしていたのだ。この点こそバールの場合「政治における知的なものの過大評価」を招き、「自分で考えたものを一般に妥当すると思わせるもとになった」、との批判を招く原因ともなったし、そう批判する人たちが少なからずいた。一方ではこの点がかれに、ほかの人なら尻込みする諸問題にあえて取り組む、知的で柔軟な動きを可能にさせたと言われるし、他方では――キッシンジャーのいうように――「バールはなんのかんのいっても自分独自の対応能力にたいへん自信」があって、「ドイツが以前なら独自の政治的な道をとろうとして破局を招いた落とし穴を避けて通れると、信じていたほどであった」、とされるのである［キッシンジャー『回想録一九七三―一九七四』、第二部、ミュンヘン、一九八二年刊、一七五頁］。

ジャーナリストのヴェルナー・シュテルツァーが一九六九年ある解説のなかでバールについて次のように述べているのは、的をついていた。「一人の人間の強みと弱みと言われるものは、いつも同じ根のものである。バールの場合ある人たちからみて知的な傲慢さといって不愉快にさせるものが、別なひとたちからみると、今直面する課題を解決しようとする良心的な真面目さと精神的に実直な振る舞いと映るのである」。

一九六五年バールははっきりと、「ビスマルクの手法は使えなくなった」と言ったことがある。それでも多くの政治的観察者たちがバールの外交政策上の構想とビスマルクの「力のバランス」とを比較してみるのに熱を入れているのは、意外なことではない。じっさいのところバールが六五年に次のようなことを口にしたとき、国の内外の多くの同時代人たちの耳には、古い主権観念の呪文のように響いたものだった。「ヨーロッパ中心部の最大の民族が隠者のような政治生活をするなんて幻想であることに変わりはない。しかしその民族が隠遁しながら瞑想にふけっていることはできないので、他の民族のおもちゃになりたくなかったら、この民族は自分の意志を形づくらねばならない」。

じじつエーゴン・バールは「多くの人にとって煩わしい奴」であった。バールその人にとっても、かれが一九六五年カール・シラー（一九一一―一九九四）について言った言葉が同じように当てはまるだろう。「個性的な男には、そのうえ素直で付き合いやすいという義務はないのである」。

バールの政治理解にはつよく人格主義的な歴史像が含まれていた（人格主義（Personalismus）とは人間をたんに考える存在だけでなく、行動し、価値評価し、ある立場にたち、認識過程にも参加し、そして周囲世界に影響を与え・与えられる人格として捉える哲学思考のこと）。バールが政治をなによりまず「内閣の用件」だと思っているという非難はじゅうぶん当たっている。一九八八年のことバールは次のように言ったことがある。自分はかなり前から、わけても人間主義的な教養のせいもあって、次のような認識にいたった、と。つまり「世界史のなかのどんな政体でもどんな時代でも、〝少数の者〟だけが重要になっていた。我われがアメリカの大統領の私設顧問団、ソビエトの政治局、ボンの連立グループを話題にしてみると――組織形態の名称に違いはあるにせよ、じっさいに重要な決定は一二名や一五名の人たちの間で行なわれている。――大事なのはただ、この少数の者たちがどんな資質をもっているか、そしてかれらが、民主主義的な方法で、〝多くのひとたち〟の協力と賛同をえられるかどうかである。つまりそれがえられない場合には、我われがかかわるのは、エリートたちから成るにしても独裁制であり、その独裁制から生まれるさまざまな経験ということになる」。

そうした人格主義的歴史像により、バールは個人的な接触によって政治的なプロセスに影響をおよぼす可能性をたいへんつよく信ずるようになっていた。この緊張緩和政治家の主張する見解では、政治的な問題――たとえば兵力削減のような問題も――政府首脳のレベルで合意にいたれば解決できる、というのだった。外交政策構想に当たって権力保持者に一面的に重点を置くこうしたバールの姿勢は、必然的に「既存体制への焦点の絞りこみ」とか「国家主導者中心の狭隘化」といった非難にバールを晒すことになった。

「リアルな政治家」バールの政治理解がどんなものであったかを理解するには、かれにどんな独自性が認められるか、もしくはかれ自身どんな政治的能力を不可欠といっていたかを調べるのが、有益であろう。党友たちもまた政敵たちも一致してバールの「事柄への関わりから発する自制心」を讃えている。（CDUの）ライナー・バルツェルは、とくにそうした自制心が「重要な人物という印象」をさらに強めていた、と言っている。リヒャルト・ワイツゼッカーは、エーゴン・バールを視野に入れながら、「事柄と非常に厳しく取り組む、そしてそれゆえ自分自身にも厳しく対する者は、精神的な地平と尺度を使いこなせる人」だと評したことがある。バールにとってそうした自制心というのは、政治活動の基本条件であった。「ところで権威というものは、ある種の自己制御の能力を求める。多くの人びとの運命に責任をもつ政治家にわたしが要求するのは、普通の市民に求める以上の自己コントロールである。……今あるわたしとは違った何かをいうのではなくて、困難な状況にあってこそ冷静で慎重であらねばならない、と言いたいのである。わたしは、(行動や考えに)あらかじめ予想をもってもらえる存在でなければならない。プレッシャーのかかる状況で逆上するようであってはならない」。政治的なプロセスのコントロールと安定が中心的な意味と思っていたバールは、そうしたカテゴリーを個々の人物にも当てはめた。自己コントロールは、つねにまた自己防衛の一コマでもあった。「わたしは自己制御をしなければならないことを学んだ。それは間違っているかもしれない。しかし感情をみせるなというのは、決して感情をもつなというのではない。人間には自分でいられる領域、それを外に向けてみせなくても、自分でいられる領域が存在するはずである」[『プレイボーイ』誌におけるバールのインタビュー、一九八四年九月号、三五頁]。

バールの自制力は、少なからぬ人たちに、あいつは「おどろくべき方法で、距離をとる術を心得ており、同時に知的な橋をかけるやり方も知っている」、という批評をもたせることになった。「情熱」と「距離をとる」はバールの政治理解の中心的カテゴリーであるが、しかもそれはマックス・ウェーバー(一八六四—一九二〇)が有名なエッセイ『職業としての政治』のなかで述べている意味とまったく同じものだった。「政治家にとってとくに大事なのは三つの資質だということができよう。情熱——責任感——距離をとる力(Augenmaß)(Augenmaßとは、ほんらい距離を測る目測の意味であるが、ここでは事物や人間との距離のこと(Distanz zu den Dingen)をいう、つまりそれは「現実に存在するものに太刀打ちできる力」のことを意味している)。ザッハリヒカイト(事柄に誠実に関わること)の意味での情熱。……というのも、たんなる情熱では、どれほどまともに感じられる情熱(不毛とはいえない興奮のこと)でも、なにもできはしないからである。情熱も〝事柄(Sache)〟そのものにかかわるものでないなら、政治家にはなれない。そしてまさに事柄に対する責任ある姿勢こそが、行動の決定的な実行者にしてくれる。さらにくわえて必要なのは――これこそ政治家の決定的な心理的資質であるが――距離をとる力、つまり現実的なものを精神的な集中と冷静さをもって自分に引き受ける力、距離をとる力である。つまり物事や人間に対して距離をとる力（現実に太刀打ちできる力）である。……政治は頭で行なうものであって、体のほかの部分や魂で行なうものではない。……それだから政治家はまったく通俗的な、あまりに人間臭い敵を日々毎時間自分のなかで克服しなければならない。つまり、あらゆるザッハリヒな献身や距離をとる一切の力、この場合は自分自身に距離をとる力もふくめてその敵といえるもの、つまり不倶戴天の敵であるまったく卑俗な虚栄心、それを克服しなければならないのである」［マックス・ウェーバー『職業としての政治』、モール版全集第一七巻、一二七頁以降］。

バールのドイツ構想を理論的に位置づけようと試みようとすると、「現実主義学派」との近さにぶつかるであろう（「現実主義学派」のもっとも有名な代表者は、ハンス・モーゲンソー（一九〇四―一九八〇）である。ジョージ・ケナンと並んで、権力政治問題を「リアリスティック」な、レーゾン・デタに基づいて捉える見解の代表者とみなされている）。「ナショナルな利害」の強調は、バールをこの決して一致しているとはいえない研究姿勢の信奉者のようにさせてしまう。バールの権力、政治的倫理、人権モラルの理解なども、この学派の流れに近いものがある。ワシントン駐在のかつての西ドイツ大使ベルント・シュターデンは一九八四年にこう評している。バールは――いろいろ違いはあるけれども――キッシンジャーと精神的に同じところがいくつかある、と。「それは、能力の点でも、またカードを胸にたくさん抱えている点でも似ている。そのカードの量は、わたしにいわせれば、我われの〝開かれた社会〟の要請に見合うより、もっと多くをもっている点でも似ているのだ」。バールはキッシンジャーを、理性と利害とに基づいたアメリカの新しい世界政策の流れの樹立者だと讃えていた。両者の精神的同一性や「現実主義学派」への共通の親近性はとくに人権問題の領域でみられる。自著『諸国民の理性』のなかでキッシンジャーは、外交の領域での寡黙な交渉と非公式の協定の意義をはっきり強調している。かれの見解によると、緊張緩和をめざす外交政策は、「多様な要求に晒され、かならずしも善意に基づく利害に導かれていない国々からなる世界、そして徐々に変容し、一気には成果のおぼつかない世界――要するに、たしかにもしかしたらまとまるが、しかし制御もはねつけることもできないような世界を出発点としているのだ。……そうい世界が求めるのは、第一にもはや救いの提供者のような外交政策ではなく、とにかく根気を要する外交なのである」。
この点は、エーゴン・バールの政治理解にも完全に当てはまる。それだから、この社会民主党員がかつてのアメリカの国務長官を、一九七九年——長官の『回想録』の書評のなかで——在務期間中に人権政策をないがしろにしたという非難から守ろうとしたのも、意外ではなかった。この点でバールはこう書いている。「キッシンジャーを初めはマキアヴェリの上をいく人と持ち上げておいて、そのあとかれの資質のなかにはアルベルト・シュヴァイツァー（一八七五—一九六五。人道主義者で、アフリカに病院を開設して医療活動を行い、一九五二年にノーベル平和賞を受賞）の特質が弱すぎるとケチをつけるのは、不当であろう。結果が大事なのである。……キッシンジャーが人権を軽視していたというアメリカの非難は、核の時代にあっては、他の国々の利害も考慮に入れた理性の処理ルールだけが、人権の面でも効果があがるのをわかっていない素朴な共感の持ち主たちの言い分なのである」。

一九六五年にすでにバールは、目標が手段より大事なことを強調していた。マキアヴェリ（一四六九—一五二七）流の意味でもないし、また手段や方法が自己目的に堕してしまって本来の目的を損なうようになってはならない、と強調していた。この点を人権問題に関していえば、「人権を武器として利用する」ことへの警告であった。そうでないと、我われが達成を期待したものとは逆のものを手にする危険があるだろう。「思いだしてくださるなら、人権をこれみよがしに前面に掲げるようなことをしたのでなく、緊張緩和政策や、国々の併存体制を組織する必要性について話し合ったことを、おわかりになるでしょう。こうした政策の結果が、もっと多くの人たちにもっと多くの権利となったのです。わたしが懸念しているのは、人権についての議論が、より少ない人間のためのより少ない権利をうるような不幸な結果になる第一の点になりはしないかということです。……といいますのも、もしわたしが我われの人権論議を行なったら、すなわち我われの人間像を議論の中心的テーマにしたら、結局のところわたしは相手側にかれらの政体の放棄、つまり自己放棄を求めることになってしまうからです。そんなのはまったく期待できないことです」。エーゴン・バールにとって「もっと多くの人権をめぐる闘いは、イデオロギー的対決の一部であり、その種の対決はつねにつづける必要はありますが、平和の維持とくらべるとその下位にくるものです。ほとんどこう言っていいでしょう。平和の維持というのは、我われに、次のようなチャンスを与えてくれること、すなわちイデオロギーや人権の領域における不可避の歴史的な対決をより自由によりストレートに行なえるチャンスのことです」〔ハンス＝ウルリヒ・クローゼ宛ての手紙、八六年一二月八日付け〕。

バールの政治的リアリズムの一部は、より多くの人間により多くの人権をという目標には、その件に関する議論が少ないほどそれだけいっそう近づける、という想定であった。バールが強調するのは、「自分には外面的な成果やプレステージなどが重要なのではなくて人間の支援をすることがより大事なのである。そしてそのためには相手側の国々のプレステージを尊重してやる心づもりもわたしにはある」、と。

すでに早くからバールは、（ドイツ）再統一や人権という言葉が過重な意義をもつようになってはならない、と警告していた。そうなると、これがあちこちの敵対者にとって対話の取りやめに結びつくテコになる恐れがあるからだ、という。倫理化して強調するやり方をバールは嫌った。「架橋者」バールにとって明白だったのは、共産主義体制の廃棄というのは――西側の理解での人権の実現要求とはその廃棄以外にはありえないだろう――決して交渉の対象にはなりえないし、そうした問題は極度にプレステージにかかわるものだから、おおやけの議論は関係の硬直化を導くだけだ、というのであった。一九七三年バールはこの点を次のような言葉にしていた。「他の政府を罵るのはかんたんである。その政府から何もえようとしない場合にはとくにかんたんである。しかしその政府がわたしの条約交渉や会談の相手だったら――他に代えようがないのだから――わたしが相手側にこう対応して欲しいと望むように、相手側にも対応してやるのがいいと思っている」。

ここで明瞭になっているのは、ゴットフリート＝カール・キンダーマンがモーゲンソー（一九〇四―一九八〇）の政治的リアリズムの基本想定の一つと言ったものである。つまり「外交政策上の行動領域にとってモーゲンソーがつねに強調していたのは、実際的な成果をいつも考えに入れる〝責任倫理〟の方を、まずなにより抽象的な世界観的原則にそって方向指針を決める〝心情倫理〟に対して、優先させることだった」（「心情倫理」と「責任倫理」とは、マックス・ウェーバーの『職業としての政治』のなかで詳述されている言葉。前者の「心情倫理」とは、自分の理想や目的にいつも忠実であるのを重視して行動する。たとえその行動の結果が目指すものとは違ったものになったにしても、あくまで理想や信念に忠実であることにこだわって行動する態度をいう。それに対して、「責任倫理」とは、どんなに崇高な理想や目的に基づいて行なった行動であっても、あくまで生じた結果の良し・悪しで判断評価し、責任をとろうとする行動姿勢のことをいう。）。

このことは、エーゴン・バールその人にも、またそのドイツ政策上の構想にもいえることだった。政策は倫理的な目標に規定されていたけれど、かれは決してモラリストではなかった。倫理的なリゴリズムと心情倫理をバールは退ける。この社会民主党員は、マックス・ウェーバーの要請、つまり「事柄に誠実にかかわらない態度と責任感のなさは、政治の領域では大罪である」という命題に与していた。バールは自分をウェーバーの意味でいう「責任倫理家」だとつねに思っていた。この社会学者（ウェーバー）は一九一九年、政治行動の選択肢についてこう述べた。「我われがはっきり明確にしておかねばならないのは、あらゆる倫理的行動は、相互にまったく異質の、溝の深い対立の下にたっていることである。行動の指針が心情倫理的であるか、責任倫理的であるかである。責任なき心情倫理と心情なき責任倫理が同じようなものだなどといっているのではない。そんなことを問題にしているのではもちろんない。しかし、心情倫理的尺度のもとで行動するか、それとも責任倫理的尺度のもとで行動するかでは、測り知れないほど深い違いがある。自分の行動の（予見可能な）結果を大事に思う人。……こうした責任倫理にたつ人は、人間のよくみられる弱みを計算に入れてかかる――そういう人は、フィヒテ（一七六二―一八一四）が正しくも言ったように、人間の善意や完璧性を前提にする権利などまったくない。そういう人は、自分自身の行為の結果を、予見できるかぎりでは、他人に転嫁できるとも思っていない。……心情倫理にたつ人は、この世の倫理的非合理性を我慢することができないのである」〔ウェーバー『職業としての政治』、同上、全集版第一七巻、二三七頁以降〕。

責任倫理のこうした規定は、バールの政治思考にとって中心的なものだった。時々失敗もする個々の人間に対してなんの配慮もしないリゴリズムに対してバールは、かねてより厳しい拒絶をしてきた。一九九二年にかれは回顧して、次にように言っている。「奇跡に希望をたくしたり、奇跡の到来まで人間を運命にゆだねたりするのを、拒否する人はだれでも、厳格な心情倫理の贅沢にふけることなどできやしない。素敵な演説に立派な根拠づけをしているだけなら、なにごと、どんなに気楽なことだろうに」。

リアルな政治家バールは、政治行動の責任というのをつねに意識していた。そして逆の場合、つまり、「行動しないこと（das Nicht-Handeln）」の場合にも同じように責任のあることもはっきりわかっていた。それだからバールにすると、結局は人間軽視といえる諦念に陥らないようにしたいなら、積極的な緊張緩和政策や東側の権力保持者たちとの協力が欠かせないことは、議論の余地がなかった。一九九〇年バールが作家のギュンター・グラスに書いている。「展開そのものが日々決断を強いてきます。どういう展開をするかわからない事柄においても、アドバイザーだけでなく、行為者であります。時に臨んで行動を避けようとする者でさえ、行為しないという行為者なのです」。

「責任」というカテゴリーが、バールの政治観念のなかを赤い糸のように貫いている。責任倫理的な立場に、バールの「接近による変化」というドイツ政策構想もそうものであったばかりでなく、かれの安全保障上の考えも合致していた。「原理主義的平和主義」をバールは拒否する。この主義は欲せずして、無法地帯の法則、より強いものの権利を支援することになるからである。バールの構想の目標はむしろ秩序原理の追求、つまり正義の力の追求にあった。この点はまた、なぜバールが——多くの党友たちとは反対に——ドイツ兵士の国連活動への参加に賛成したか、この点をすでにドイツ統一以前から行なっていたかの、理由でもあった。

「責任という原理」は、バールの政治思考を決める重要な要素であった。この点はまた、どうしてこの社会民主党員が八〇年代の初め哲学者ハンス・ヨナス（一九〇三—一九九三、ドイツ生まれのユダヤ系哲学者、宗教史家。亡命して、アメリカやカナダ、イスラエルの大学で活躍する。エルンスト・ブロッホの『Das Prinzip Hoffnung』（「希望の原理」）がユートピアの肯定性を説いたのに対して、『Das Prinzip Verantwortung』（「責任という原理」、一九七九年刊）を書いて、技術文明の倫理試論を展開し、未来を行動に責任があるかどうかの判定の場として捉え、どんな行為も人間・動物・環境に危険をもたらすかどうかの点で精査する必要があることを力説した）を熱心に引き合いに出したかを、解きあかしてくれる。一九七九年バールは、魅せられる思いで、ヨナスの『技術文明時代の倫理試論』を読んだ［ハンス・ヨナス『責任という原理。技術文明時代の倫理試論』、フランクフルトa．M．、一九七九年］。「責任という原理」——著書はそういうタイトルだった——に感激したバールは、すぐさまブラントとシュミットに読むよう勧めている。またみずからニューヨークに飛んで、ハンス・ヨナスに会おうとする。哲学者との対話でバールは、続きを書くよう、つまりいわば積極的な対応システムを熟考のうえ叙述するよう説き勧めた。

ハンス・ヨナスは、著書のなかで近代技術から生じた「責任の新たな次元」を分析しようとした。新たな命題を言葉にしてかれはこう言っている。「君の現在の選択に当たって、君の意欲の対象の一つとして人間の未来の不可侵性のことも考慮に入れてほしい」。ヨナスのこの命題は、我われには「未来の世代のまだ存在しない態様（das Nichtsein künftiger Generationen）を今現在のために選ぶ権利も、危険に晒す権利すらもない」、というのだった。この理解によると責任というのは、「ここ」と「いま」とを超えてさらに、子孫に対する義務も意味するのである。「そうした責任では、慎重な態度だけでなく、随伴する偶然的な事柄まで倫理的な行為の核心になる」のであった。

エーゴン・バールは「責任という原理」のなかに自分自身の基本原理の多くが実証されていると思った。ヨナスのテーゼの核心部分をバールはその後の時期にあってつよく意識するようになっていく。バールの「共通の安全保障」構想も結局のところ「責任という原理」の核心テーゼに基礎を置くものだった。すなわち、核の時代にあって安全保障というのはもはや対抗的に――威嚇手段を使って――えられるものではない。「人間の実存や存在を行動の競い合いに全面的に動員するなどあっては」決してならないからである。「自殺についての個々人の権利は話題にできても、人類の自殺の権利を話題にすることはできない」［ヨナス『責任という原理』、七六頁］。

ここからエーゴン・バールは平和に最高度の優先があるとの帰結を引きだす。「核の時代にあって責任という原理は、正義や希望という原理よりランクが上にくる。このことはなにも正義や希望のサスペンデットを意味するのでなく、我われが平和に関する責任を果たして初めて、希望も正義も生命を吹き込まれ、展開される」のだった。

こうした関連で平和とは、バールの場合つねに「戦争のない状態」と規定されていた。このつづめられた平和概念は多くの批判者のもとで激しい拒絶にあった。たとえば、政治学者のハルトムート・イェッケルは、「自国民を苦しめるような、自由に敵対する支配秩序の安定を基礎にした平和など、決して真の平和でも、安全な平和でもないだろう」、と非難した。

第二次世界大戦の経験につよく影響を受けたバールにとって、平和はなにより「戦争と暴力のない状態」のことだった。東方政策の実践演習の初めに、「武力不行使」という文句があったのも、偶然ではなかった。バールの基本的認識で、かれの構想全体の表題にしてもいいし、政治目標全体の——「ドイツ統一」という目標の——上位にくるのは、経験からえた洞察、つまり「平和なくしてすべてではない」、という認識だった。

バールのこういう定言から批判者たちは、かれの構想では政治的自由や人権の問題がなおざりにされている、と批判した。一九八二年バールがポーランドの労働組合運動「連帯」を視野に入れながら、「ポーランド人の国民的な大望といえども平和の維持という利害に従属しなければならない」と言ったとき、この発言を僭越なもの、シニカルなものとさえ感じた政治的観察者たちが少なからずいた。政治学者のゲジーネ・シュヴァーンが批判して、自由の権利や市民権のための闘いを平和攪乱だといい、ソビエトの威嚇を前に目を閉ざす者には、「西側的な自由の確保など大したことではないのだろう」、と言った。バールはポーランドをみながらこう強調していたことがあった。「我われ西側の者には、とくに我われドイツ人には、東欧の人たちにその都度大きな個人的な尽力のもとどれくらいの自由を要求したらいいものか、そんな配分権は——倫理的にも政治的にも——ないのである。わたしは、共感はいうまでもなく、と付け足しておきたい。しかしながら壁がどのようにつくられたかを経験した者は、正義や個人的犠牲の気構えが最高の判断基準となってはならない、とにかく核の時代にあってはそうなってはならないことを知っている」〔『フォアヴェルツ』八二年一月二一日〕。バールの批判者たちが、それでもこの社会民主党員が「どんな目標も戦争を正当化しない」、ドイツの統一もポーランドの自由も戦争を誘発してはならない、という断定的な制約でもって、まさにそうした配分の権利を思い上がって行使していると主張したが、これもまったく不当とはいえなかった。しかしバールにとって気になったのは、「平和か自由か」という基本問題ではなかった。八〇年代初期のポーランドの出来事のなかにかれは、平和の危険よりも、むしろ緊張緩和政策にとっての危険をみていたのだった。下からの改革の実行という、すべて失敗に終わった先行した試みの経験に基づいてバールは、「ゼネラルストライキの宣告」はまったくどうかしていると思った。「我われは〝連帯〟に弓を張りすぎないという判断力があるとは思っていなかった。今からみるとかれらを過小評価していたことがわたしもわかった。当時はほかの人たちも、ポーランドへのソビエトの侵攻があるかもしれないし、その侵攻には抗議する以外にまたしてもなんら手の打ちようがない、と思っていたのだ」。あとになってバールはこの評価の誤りを認め、「ポーランドにおける反体制派のことをじゅうぶんまともに受けとっていなかった」ことを白状した。

それでも「自由を重要視していない」という非難は、核心では当たっていない。政治的自由の実現は、エーゴン・バールの思考においてむしろ重要な価値をもっていた。そうはいっても「ホメオパーシー的治療の一服」（少量の劇物を与えて徐々に体質を変える効果をねらうこと）というよく引用される処方箋に、東ヨーロッパやソビエトを「共産主義といわれる病から解放する」自分の目標にとって唯一成果を約束する道をみていたのであった。

それゆえかれの政治の目標は、「決して平和と自由との間でどちらかを選ばねばという必要を迫る」ことではなかった。「平和かそれとも自由か」というのはバールにとって——少なくとも自国に目をやったとき——「統一か自由か」とまったく同じような疑似選択肢であった。統一は自由のなかでのみしか考えられないし、バールからみるとDDRにおける自由は自動的に統一へと導く、これとまったく同様に「ドイツの自己決定権」には、一般的にいって〝平和と自由〟のなかでと言い換えていいような状態が前提になるのであった。それだから平和と自由とは、現実になってはいないがめざすべき統一のことなのであった。「平和の確保なくして自由は不可能なのであった」。「平和的手段で自由を勇敢に冷静に粘り強く擁護するのが、緊張緩和の政治家の何人かにとってはもはや心からの関心事ではない」などと主張する批判者がいたが、それに対してバールはそれゆえこう反論する。「反自由に抵抗する自由がそこでは自己規制するムチになっている。まるで緊張緩和の擁護者が自由の保証などしないし、逆にこれまで自由を知らなかった人たちに全然自由を与えようとしないか、与えてもごくかぎられたものでしかないように解している」〔「平和への意欲が服従への気構えのように中傷されてはならない。共産主義者たちとは、かれらが共産主義者でなくなった場合に初めて話し合うとは、西ドイツ最初の二〇年間の姿勢であったが、その姿勢は維持し通せなかったし、成果があげられるというかすかな希望さえ生みださなかった」、とバールが一九八七年に言っていた〕。

「平和なくしてすべてではない」というかれの基本原則には、通例「平和がすべてではない」という文句の付言があり、この緊張緩和の政治家は、一九八四年来ハンブルク大学付属の「平和探求と安全保障政策研究所」の所長として平和研究の枠内で、社会的・経済的な要素も考慮に入れた、より包括的な平和概念を使っていた。しかしそれでもバールの構想は核心では非常につづめられた平和概念を特徴としている。そうした平和概念に向き合っているのが拡大された自由の概念である。とくに発展途上国援助省の大臣時代のバールは、自由は政治的な自由の問題にかぎることはできず、貧困からの自由も含むものでなければならないと、くりかえし指摘していた。七六年に「テオドーア＝ホイス賞」を授与された折、バールはこう言っている。「人権憲章では恐怖からの自由と貧困からの自由とが同列に置かれている。人類のかなりの部分が貧困からみずからの尊厳を実現できずにいる。貧困に対する闘いは、恐怖に対する闘いのための余力を与えてくれない。我われは恐怖と貧困からの自由のなかで暮らせる幸せに恵まれている。しかしデモクラシーはこの二つの自由があるところでしか、しっかり根づくことはないのではなかろうか？」。

エーゴン・バールの「内なるハシゴ」を理解するには、かれの政治理解の基礎にはどんな人間像があったかを具体的に思い描くことが不可欠である。バールがたえず要請していたのは、どんな政治行動の中心にも、一切の通用している規則や行動原則の彼方に、人間、個別的な人間が立っていなければならないことだった。デモクラシーは個人の権利を中心に据えることを求めている。民主主義的な政府形態は、次のような認識からその力を引きだしている。つまり、自分たちの統治形態は、「人間の弱さを変更しがたい要因として配慮し、それによって少なくともここ二〇〇〇年の見渡せる歴史から、人間はその基本的資質の点で改造不可能である」、と教える結論を引きだしてきたのである。すでに「基本条約」に関する会談のなかで当時のDDRの交渉相手のミハエル・コールに向かってバールはこう前もって言っていた。「もしわたしが今日、まるでイエス・キリストなどいなかったかのようにして、ツキディデス、ソフォクレス、プラトンやアイスキュロスのいうことをきちんと理解してみると、人間はその業績、所有、権力、愛や憎しみへの願いの点で少しも変わっていない、と思う」。ここにみられるのもまた「責任倫理の人」バールであり、人間の弱点を――自分のものも含めて――自分の構想のなかに自覚的に取り込んでいた。この点でもこの社会民主党員はマックス・ウェーバーの『職業としての政治』の規定のなかに似通った自分をみつけるのであった。「そもそも政治をやろうとする者、ましてや職業として政治をしようとする者は、かの倫理的なパラドックスのあること、またそのパラドックスのプレッシャーのもとで自分自身から生じてくるかもしれないことに対するおのれの責任を自覚してかからねばならない。かれは、くりかえして言っておくが、どんな権力行為にも潜んでいる悪魔的な諸力とかかわるのである。……おのれの魂の救いや他の人びとの魂を救済しようとする者は、政治の道でそんなものを探せはしない。……政治とは、情熱と同時に距離（現実に耐える力）をもって固い板に徐々に力づよく穴を空けていくことである。……この世が、自分の立場からみて、自分が提供しようとしているものにくらべて、あまりに愚かで卑俗すぎる場合でも、それにめげない自信、すべてに対して〝それにもかかわらず（dennoch）〟といえる自信のある者だけが、そういう人だけが政治への天職（Beruf）をもてるのである」［ウェーバー『職業としての政治』、同上、全集版第一七巻、二四七頁以降］。

バールにとって「厚い板に穴を穿つ」ということは、自分の立場に固執する手段として倫理を利用しないことであったし、また「古典的に改良主義的＝社会民主主義的な姿勢」のなかに、向こう側の政体にも変化のきざす展開を促す、唯一責任ある・結果を約束する可能性をみていることであった。「社会を変えようとし、その際人間を中心に置こうとする者は、共産主義者からすると、改良主義者であり、ドイツ語でいうと社会民主主義者（ein Sozialdemokrat）ということになる。それは長い道のりであり、ギュンター・グラスがいうように、ゆっくりとしたカタツムリの道である。わたしは目的を見極め自覚をもって、世界が非常に非常にゆっくりと――驚くほどゆっくりと変わっていく、そして人間もいっしょにさらにいっそうゆっくりと変わっていくのを、期待している。わたしには、世界改革家であって、それでいて人間蔑視の人である人のことが、目に浮かぶのだ。人間への配慮なくして世界を変える、変えようとする人の場合、それが恐ろしい独裁者になりかねないのである」［エーゴン・バール「新任の連邦大臣、自分について語る」、七三年五月一九日、「バイエルン放送局」のラジオ放送の原稿より］。

「完璧な正義公平の楽園」などバールからみると、あらゆる人間の経験に鑑みてユートピアであった。バールのデモクラシー理解では、人間像からえられる結論として、西側の統治形態がその「強みと優越さとを」えられたのは、個々人の弱みを否定しないことにあった。共産主義が挫折したのは結局のところ「人間を改造しよう」という要請にみられる傲慢さに原因があった。「人間を幸せに強引にもっていくことができるという大胆不敵な魅力も、消えてなくなってしまった」。

こうしたものの見方が五〇年代以降のバールの政治理解に色濃く反映していた。すでに一九五七年の演説「理性の勝利！」で自分の人間像を具体的に述べたバールは、そこから、共産主義的イデオロギーに対する社会民主主義的な道の優越性を根拠づけようとした。この演説にはたとえばこんなくだりがある。「人間が闘いの中心であり、社会主義は自己目的ではない。これがいつまでも、弁証法的唯物論との本質的な違いの一つでありつづけるだろう。……大事なのは人間であって、ドグマではない。……共産主義、弁証法的唯物論はもはや恐れることもない。共産主義はドグマと現実そのものとの間の矛盾によって力を失ってしまった。……力づよい社会民主主義ならとにかく共産主義者を嘲笑されるグループに追いやれるだろう。……再統一の場合にはＳＥＤの事実上の解体によって労働者階級の統一が達成されるだろう。この関係で我われが自己信頼の不足に陥る必要はない」。

バールがくりかえし求めていた「民主主義者たちのそうした自覚」は、「接近による変化」という構想の基盤であった。この社会民主主義者の固い信念となっていたのは、「デモクラシーは最良の国家形態である。なぜなら権力の分立と定期的にくりかえし求められる多数意志が、権力の乱用と横暴を抑え込むもっとも効果的な手段であるから」。こうしたデモクラシー的自己理解が自意識のある東方政策・ドイツ政策のいわば基本条件であった。バールはこの関連を次のように述べている。「我われの世界の方がベターであり、平和的な意味で自己実現するより力づよいものだと信頼しているから、自分自身や相手側を開かせる試みが考えられるようになるのだ」。それゆえＣＤＵの政治家ハイナー・ガイスラーがバールは決して「憲法愛国主義者」（五三年六月一七日、ベルリン暴動のあった日を記念して西ドイツではこの日を「ドイツ統一の日」という記念日にしていた。しかし統一の実現が難しいことがますますはっきり意識されるようになる。そこでドイツ人の「祖国」とは何かという議論がでてくる。七〇年代の半ばより、自由な憲法をもっている西ドイツの現実を特別意識して（主張の背景にはさまざまなものがあるが）、そこに西ドイツ国民の共属感情の源泉を求める考えが強調されるようになった。「基本法」という現行の西ドイツ憲法にアイデンティティーを求めて、それを「祖国」感情の核に据える考えが登場する。これを「憲法愛国主義」という）ではないと評したが、これはもっとも的外れな主張であった。統一はデモクラシーとの関連のなかでしか達成できないという洞察は、バールにとってむしろ絶対的なほど自明のことであった。すでに一九五四年に再統一のための最初の計画を練ったとき、バールはこう強調していた。「全ドイツ的な政府は本当に自由で秘密の選挙から誕生しなければならないし、また選挙の政治的な結果についてだれも疑問をもつことはできない」。

✽第18章✽ 結びの考察

一九九〇年の春SPDの連邦議会議員ハンス・ブリューヒャーが、「現実」は「バールもかれのテーゼや秘密外交」も完全に無視して進行したと言ったし、SPD党執行部の専門家ティルマン・フィヒターなどは、老練な外交政治家バールは、「リアルな政策がリアルさからそれていたこと」で頓挫した、とさえ批判していた。両者の評価とも当たっているが、それでもバールのドイツ政策に関する非難としては、歴史的な真実の核心を素通りしている。というのも二つの批評とも、歴史をもっぱら一九八九年一一月九日の背景のもとで評価しているからである。

しかしながら、バールの構想的なきっかけや提案はすべてのバージョンにわたって——つまり「接近による変化」、「新東方政策」、「共通の安全保障」、あるいは二つの平和条約のアイデアなど——東側の崩壊以前に、つまり分断とブロック対決という現実基盤のうえに練られたものだった。東方政策の目標と結果に関するアクチュアルな論争は、こうした背景を考えると、しばしば非歴史的といえるだろう。なぜならそうした論争は、時代の事情や歴史的な脈絡を無視して行なわれているからである。バールのドイツ構想が現実に近いか遠いかの問題の判定は、一九八九年後の歳月の現実をもとにもっぱらするのでなく、この政策の創案家たちがモデルを練ったときの出発点とした現実をもとにしなければならない。

ここでの作業は、もっぱら「キーマン」エーゴン・バールの意図を問題にして行なってきた。かれは自分の政策の諸前提をすでに五〇年代につくっていた。NATOとドイツ統一とは一致しがたいという原則、アメリカによる安全保障の保証の強調、西欧の統合よりもドイツ統一を優先させること、そしてまた統一の鍵はモスクワだという認識、これらはバール構想の不変の要素であった。

かれの諸前提のそうした一貫性、それでいてフレキシブルな方法手段は、バールのドイツ構想を、戦後期にこの種のテーマについて展開された多くの考えや提案のなかで、ひときわ目立ったものにしている。四〇年以上にもわたってバールがドイツ政策問題に関してみせた首尾一貫した態度と粘り強さは、なにゆえ「接近による変化」や「共通の安全保障」が決して政治的な「カゲロウ（Eintagsfliegen）」（はかないもの）ではなくて、あらゆる変化を乗り越えて西ドイツの東方政策・ドイツ政策の論議をよぶ手引きとなったかの、説明になっている。アルヌルフ・バーリングが、バールにとって「東方政策・ドイツ政策はいつでも職務上の思考のフィールドであっただけでなく、同時に人生の任務、情熱、かれのミッション」であった、と強調しているのは的をえている。

エーゴン・バールの目標は、「ドイツ統一」であり、使用する手段は東方政策であった。一九五七年「ドイツの戦後史の局面の始まり」は「東方政策」である、とかれは言っていたし、それから三五年を経て緊張緩和政策の運命に導かれた意義をはじきだしてこう書いている。「東方政策はドイツの自己決定の歴史であったが、西側に対してもそうであった。たしかに我われは東側にウェートを置いていたが、しかし西側においても重みを増したし、統一を可能にするような信頼をもてるようになった。……東方政策はドイツの自己決定であっただけでなく、東側は我われの運命でありつづけるということに慣れることでもあった」［エーゴン・バール「ドイツにとっての主権」、『ツァイト』紙、九二年一〇月二六日号、二〇頁］。

それでも東方政策は、こういう意味でたんに「ドイツ政策の運命」であっただけでなく、エーゴン・バールにとっては個人的な運命でもあった。一九九五年かれは、「ロシアとかかわろうとする者は悲劇的運命に出会うのを避けられない」、と強調している。ある種の政治的悲運を免れられなかったというのは、次のような事実、つまりバールがみずから望んでいた統一後まもなくまたしても政治的な抗争に巻き込まれたことである。この社会民主党員は、自分の夢の目標そのもので文句をつけられ、同時に一部中傷的な非難に晒されているのを感じたのであった。

「接近による変化」は、ドイツ統一再現のあともアクチュアルで論争的に取り上げられるテーマであった。議論の争点となったのは、今度は統一に関して緊張緩和政策がどの程度貢献したのかという問題であった。東方政策がそもそも統一を可能にしたのか、それとも安定化させることで東の崩壊を遅らせたのか？　一九八九年一一月九日（壁の崩壊）と九〇年一〇月三日（東西ドイツ統一）という日は、バールのドイツ構想の成功なのか？　それとも頓挫なのか？　バールはたしかに種を蒔いたのだけれども、結果を収穫しようとしなかった、という非難は当たっているのだろうか［この点の非難をブリギッテ・ゼーバッハー＝ブラント（ヴィリー・ブラントの結婚三番目の夫人）は一九九一年次のように述べた。「社会民主党員たちが種を蒔いたものを収穫したのはほかの人たちだった、と嘆かれている。社会民主党員たちが収穫などほとんど望んでいなかった点は、嘆きの対象になっていない。東方政策を引き合いに出しながら、国民国家は時代遅れ、いずれにしてもドイツ国民国家は時代遅れと言われたし、ＤＤＲの存在が、西ドイツと大きく異なっているがために維持されてきた。確信は根づよく、また東方政策のかってのパイオニアたちが確固たる二国主義者として登場したこともあってＤＤＲの強化につながったのである」。彼女の著書『左翼と統一』、ベルリン、一九九一年、四八頁］。これらの疑問に適切に答えるには、バールのドイツ構想のもろもろの前提をつねに具体的に思い浮かべ、かれの政策をそうした背景のなかで評価して初めてできることであろう。

キッシンジャーは、バールの東方政策をナショナルな目標に基づくものだといって、当初は懐疑的にみていた。そのキッシンジャーがバールについて一九九二年にはこう述べている。「かれ以上の分析能力をもっている政治家をわたしは知らない。そしてかれは、政治家に与えられる最高のお褒めにたぶん値するだろう。六〇年代の自分の夢を九〇年代に実現したとの称賛である」［キッシンジャー「六〇年代の自分の夢が九〇年代に現実となった」。ディーター・ルッツ編『考えられないことを考える。エーゴン・バール七〇歳記念論集』、バーデン・バーデン、一九九二年、一一九頁］。まったく似たような批評をしたのはかつてのドイツ大統領リヒャルト・ワイツゼッカーであり、一九九二年バールについてこう書いている。「あなたは、ここ二五年の間にドイツに関して三つのこと、つまり冷徹な醒めた思索的分析、単純で一般にもわかりやすい概念をつくる才能、わけても変化を求める政治的行為そのもの、この三つを結びつられる人をあげるとしたら、わたしが思い浮かべられる文字通り唯一の人です。あなたが歩むのがかならずしも容易に見通せない道であっても、あるいはとにかく国の内外において追求すべき選択肢が別にないようなときでも、基本方向は完全にはっきりしたものでありました。……おそらくあなたは政治的同僚たちに対していつもオープンというわけにはいかなかったのかもしれませんが、それでも状況に対しては揺らぐことなく誠実にぶつかっていったのです。この点があなたに倫理的な正当性の証しを与えてくれたし、あなたの発言に比類ない重みを与えてくれたのです」［九二年三月、バールに宛てたワイツゼッカーの手紙］。

ある政策に成果があったかどうかを評価するには、政策の意図と目標のことを問わねばならない。バールにとって国家・国民的なモチヴェーションの傑出した役割を考えてみると、次のような――キッシンジャーがあきらかにやってみせたような――勘定書となるだろう。統一は達成され、エーゴン・バールは目標を達した、と。しかしこの結論ではあまりに単純すぎるだろう。これではバールのもろもろの前提への考慮が欠けることになってしまうからである。

バールは――かれの基本前提に則してみたとき――言っていたことがどの部分で正しく、どの部分が誤っていたと言われるのだろうか。かれの前提「NATOとドイツ統一とは相容れない」は間違っていたとわかった。ドイツは統一されて、NATOのメンバーになった。もっともこれは、九〇年代の前半ではまだほんの少数の人しか、西ドイツ政府のなかですらわずかな人しか想定できない事態であった。安全保障政策の優先の強調は、バールのドイツ構想のなかで欠陥であったことがわかった。安全保障政策上の問題に一面的に焦点を絞ったことにより、とくに八〇年代には、社会政策上の問題への目配り不足を招いてしまった。バールは一九九二年自分の構想の弱点を指摘してこういった。「わたしの場合本当の誤りは、今思うに、ここ三五年間いつも次のように思っていたことだ。つまり全体の核心は安全保障であり権力問題なので、戦争などもう起きないようにしなければならない。そうなると政治やその他すべてのことが後回しになってしまった。ドイツ統一やヨーロッパにおける東西分断の克服も含めて。この点が間違っていたのだ。政治に安全保障問題が追い越されてしまったのだ」。「統一を実現するには、二つの（軍事）同盟がヨーロッパ的な安全保障体制によって取って代わらねばならないという論理的帰結」が、間違っていたことがわかったのである。ソビエト連邦やワルシャワ条約機構の崩壊をバールは計算に入れていなかった。かれの戦略は、抗争の形態（次元）を徐々に変えていくことだった。ソビエトの崩壊の想定としてバールがもっていたのは、力ずくの粉砕の形であって、静的な内部破断の姿ではなかった。ジャーナリストのマルティーン・ジュースキントが次のように述べているのは当たっている。「共産主義の崩壊があれほど無法図に、ヨーロッパにとって深刻な危機もなしに起きるなんていう想定、崩壊がいろいろな論理的な世界構想に――安定が安全保障を、安全保障が協力を、協力が平和を、平和が自由をもたらすことになる――まるでかかわろうとしない」などという想定は、バールの思考のなかで予見されていなかったのである。

そうはいっても、かつてのソビエト連邦の領域における無数の軍事的紛争や、かつてのユーゴースラヴィアにおける戦争を前にして、我われはほんとうに平和的な崩壊の証人といえるだろうか。こうした疑問は出さねばならないだろう。一九九〇年やそれにつづく年月のバールの発言はいずれにしても、全ヨーロッパ安全保障体制というアイデアがドイツ統一実現のたんなる道具以上のものであったことを明瞭に示している。集団安全保障というのはむしろバールの思考では、独立した政治的目標であって、それゆえ九〇年以降のかれの政治活動の重心も、その体制実現に置かれていたのだった。「時代の転換以前にめざされていたヨーロッパの平和秩序は、今こそ遅れを取りもどして実現しなければならない。……歴史の終末についてあれこれ考えをめぐらす代わりに、ヨーロッパの多くの国にとって――ブロックの規制縛りがなくなってしまったあとで――かれらの歴史の再出発、歴史の始まりですらあるのだから」。

それでもドイツ政策の他の前提ではバールはまったく正しかった。ドイツ統一の鍵はモスクワにあって、それは実質的には、赤軍の兵舎の扉の鍵にあった。ゴルバチョフがブレジネフ・ドクトリンを適用しなくなったとき、ドイツ統一は原則的には決まっていた。こうした展開に緊張緩和政策がどういう貢献をしていたかという問題は、結局のところだれが、また何がゴルバチョフを可能にしたかの問題である。グラスノスチやペレストロイカ、ソビエト外交の新思考、そして「共通の家ヨーロッパ」という理念は、レーガン政権下のアメリカの軍備増強の結果であったのか、それとも七〇年代の緊張緩和政策の継続なのであったのだろうか？　原理的にはこの双方とも当たっている。軍備スパイラルの推進はソビエトの経済的な可能性を疲弊させたし、戦略防衛構想（ＳＤＩ）（レーガン政権が一九八三年に打ちだした構想で、ミサイル衛星や早期警戒衛星などを衛星軌道上に配備しておいて、地上の迎撃態勢と連動して敵国の大陸間弾道弾を飛翔段階で迎撃・撃墜し、アメリカ本土への被害を最小限にくい止めようとする戦術）によって超大国の軍拡競争の新たなラウンドの脅威が迫っていた。こんな点がソビエトの外交・内政面での政策変更を余儀なくさせたのであった。

しかしながらこうした変化の形態は決して必然的なものでなかった。ソビエト連邦において改革の道が選ばれたこと、国家の指導がゴルバチョフのような人物に託されたこと、その男は「共通の安全保障」というアイデアをほとんど全面的に受け入れ、西側への接近に、ソビエト社会の改革のための成果約束の戦略をみていたことなど、こうした点の大部分は緊張緩和政策の功績であった。歴史は、歴史的な合法則性にしたがって進行するものではない。たとえその種の不可避的な流れは振りかえってみれば容易に再構成できるにしても。一九八五年改革者ゴルバチョフの代わりに、ソビエトの軍人将軍でもクレムリンの権力を握ることだってありえたろう。ハト派とタカ派との間、協力行動と対決姿勢との間の綱引きで最終的に協力姿勢のオプションが勝利したことが、七〇年代の緊張緩和政策が成果をあげる対話の提供によって果たした事実の一つの証拠でもあった。五〇年代、六〇年代の敵の像であった社会民主主義がいわば八〇年代のコンセプトになり、そこからソビエトの内政・外交政策やワルシャワ条約機構の同盟政策の帰結のすべてを引きだすことになったのである。一九九三年エーゴン・バールはこうした展開を次のように総括している。「あるソビエト人が、ゴルバチョフがソビエト大統領であった時代に、ベルンシュタイン（一八五〇―一九三二、修正マルクス主義の代表者。革命による社会主義の実現でなく、議会主義の政治によって漸進的な社会変革を遂げる社会主義をめざした）がレーニン（一八七〇―一九二四）に勝ったのだということもできる、と言ったことがある。……モスクワの思考に影響を与えたのは、東方政策の第二局面の決定的なファクターも、条約政策の鍵はモスクワにあるという第一局面の認識とまったく同じであった。なんのかんのいってもモスクワの思考の変化が民主化、複数主義、市場経済という質を身につけたのであるが、そんなことはＤＤＲの指導部によっては自分たちの存在を危険に晒すことなしには一緒にできなかった、というのは当たっている。社会民主党の東方政策上の戦略の結果のこうした経過は、その都度の反体制側より、より本質的な効き目があった、とわたしは信じている。その反体制側には、結局のところ緊張緩和政策によって初めて活動の余地がつくられ、その余地のなかでしだいに勇気と高いリスクを冒しながら自己展開することができたのだから」［エーゴン・バール「戦後のSPDのドイツ政策」、九三年］。

訳者あとがき

西ドイツの建国は一九四九年なのに、外交の主権が回復するのは少し遅れて一九五一年のことだった。そのとき「das Auswärtige Amt」(これが外務省の正式名称)というビスマルク時代以来の呼び方を引き継いで「外務省」の設立となった。いくら由緒ある名称とはいえ、首相府の一部局といった感じがするのも否めない。そして首相のアデナウアーが外相も兼務して活動を始めたのである。

それから一九九〇年ドイツ統一までの四〇年間、西ドイツ外交の流れを大まかにいうなら、六〇年の半ば頃までは、——一九五五年のアデナウアー首相のモスクワ訪問という例外はあるが——、西側に目を向ける姿勢ばかりが目立っていた。いわば西方外交が主役の時代であった。それに対して六〇年代の半ばから九〇年の統一までのほぼ二〇数年間の外交は、東に目を向ける東方外交が主役となっていた。ソビエト初め東欧諸国との関係改善を図りながら、ドイツ分断という現状の克服をめざす外交の時代である。それは、西ドイツ外交がもっとも活気にみち、広く世界の注目を浴びた時代であった。そしてこの外交方針はブラント内閣から、シュミット内閣、コール内閣と大筋で継承され(後者二つの内閣で外務大臣を務めたディートリヒ・ゲンシャーの役割も大きい)、悲願のドイツ統一となったのである。

そうした時代に活躍した主役たちが、かつてのドイツの東部・北部地方の出身者であったというのも、興味をそそることかもしれない。リューベック出身のヴィリー・ブラント、ハレ出身のディートリヒ・ゲンシャー、ドレスデン出身のヘルベルト・ヴェーナー（ＳＰＤ議員団長）、ブレスラウ出身のハインリヒ・アルベルツ（ベルリン市長）、それにチューリンゲン地方出身のエーゴン・バール、ダンチッヒ出身のホルスト・エームケ（ブラント内閣で首相府長官）。これに対して西ドイツ外交の初期を担ったアデナウアー首相はケルンの出、ブレンターノ外相はフランクフルト近郊の出身であった。西側に目を向けて活躍した人たちと東側をとくに気にかけた人たちとでは、出身地からして違っていた。

本書は、この東側に目を向けていた人たち、なかでもとくにエーゴン・バールという人物を中心に据えて西ドイツ外交の歴史を追っている。ブラント内閣の東方外交、シュミット首相の軍縮・安全保障政策、ゴルバチョフの登場からドイツ統一達成の瞬間まで、ひろく「ドイツ問題」の解決にいたる過程とバールとの関わりを詳述している。著者のアンドレアス・フォークトマイヤーは、フリードリヒ＝エーベルト財団に託された「エーゴン・バール」寄贈文庫の学問的な整理を依頼された人物でもある。したがって、未公開の資料も十分利用できる立場にあって、バール本人と直接会い質問や確認も交えながら、纏めたのが本書である。西ドイツの外交から政治にいたるまで、これほど踏み込んで分析叙述しているのもあまり例がないであろう。平板になりがちな通史や概論などに比べて、興味をそそる個性的な面をたくさんもっている研究書である。

ところで東方外交というとヴィリー・ブラントの名が突出していて、エーゴン・バールという人物は、日本ではあまり知られていない。しかしヴィリー・ブラントの『回想録』を読んでも、アメリカのキッシンジャー、ソビエトのヴァレンテン・ファーリン（対独外交の精通者）などの回顧録のなかでも、またワイツゼッカー元大統領によっても、西ドイツ外交におけるエーゴン・バールの功績は、高く称賛されている。称賛のもとはどこにあるのだろうか？　考えてみると、東方外交、つまりソ連、東ドイツなどを相手に行なった外交でみせたバール独特の構想力、巧みな企画力、粘り強い交渉力、かずかずの成果を挙げた実行力にあったといえるだろう。

「考えられないことを考える」(das Undenkbare zu denken)／「未来を考えようとする者は、考えられないことでも考えられるようでなければならない」(Wer die Zukunft denken will, muß auch das Undenkbare denken können)。これがバールのモットーであった。こうした姿勢に基づく外交上の難関突破のいろいろなアイデアは、耳にした瞬間そんなのあり?!と思わせるところがありながらも、確実に局面打開の推進力となっていく。しかもバールは、企画立案者であると同時に交渉担当者となって東欧各国との関係正常化に奮闘する。一時体調をこわすほど消耗する尽力であった。くわえてブラント内閣の文書局長として首相のコメントや政府声明の下地、草案を練っている。ブラントの発言にアイデアを提供し、路線のおおまかな筋書きを書いていたのである。社民=自由連立政権の最初の政府声明(一九六九年一〇月)が端緒となった「新東方政策」、両ドイツ間の問題解決に向けて大きな一歩となった東ドイツとの「基本条約」(一九七二年)も、エーゴン・バールの存在抜きにしては考えられない。慎重に構想を練ったうえ、みずから交渉の先頭にたって、「ドイツ問題」解決の前提を整え、ひいてはドイツ統一につながる道を切り拓いていったのである。力強い構想力や明確なビジョンと、粘り強い実行力とを兼ね備えたドイツでも稀有な存在の政治家にして外交家であった。

エーゴン・バールは、一九二二年、戦後東ドイツ地区になったトゥレフルト(ヴェラ川河畔)に生まれ/トルガウ(エルベ河河畔)で幼少期を過ごす、チューリンゲン地方の出身。軍隊に召集されるが、バール家にユダヤ系の血が流れているのを理由に兵役を解かれた経験の持ち主であった。戦後はフリーのジャーナリストとして新聞/ラジオで活躍し、西ベルリンのアメリカ占領地区にあった「リアス・ラジオ放送」の報道記者時代に「ベルリン暴動」(一九五三年)、「ハンガリー動乱」(一九五六年)、ベルリンのブラント市長の報道局長時代に「ベルリンの壁」の建設(一九六一年)に遭遇する。これらの事件の際のソビエトの軍事介入、それに対する西側、とりわけアメリカの控えた反応、さらに後には「プラハの春」の弾圧(一九六八年)、これらがエーゴン・バールの考え方に決定的な影響を与えることになった。

大連立政権でヴィリー・ブラントが外務大臣となった折(一九六六年)、エーゴン・バールは外務省の企画立案局の局長に抜擢される。そのとき職員に指示したのが「考えられないことを考えてみよう」であった。どこにも打開の糸口がないような状況にあっても、どこかに状況を動かす手がかり・きっかけを見いだすよう粘り強く考えぬこうとする。この基本姿勢はすでに一九六三年、「トゥッツイング演説」のなかに思わぬアイデアとなって現れていた。いわゆる「接近による変化」という東ドイツ政策である。造られてしまったベルリンの壁は力で排除しようとしても無理である。嫌でも東独の権力者たちを相手に交渉しなければ、ラチが開かない。この国を国際法的に承認することはしない、しかし現に存在していることは認めて、この政権相手に交渉しながら、非人間的な存在の壁を少しでも「通過しやすいものにしよう」、というのである。東側にいる同胞、西ベルリンに住む人たちの生活状況の改善に繋がる方途をなんとか見いだそうとする策であった。従来のような大言壮語の政策ではなんの結果も得られない。小さな一歩を積み重ねて少しずつ改善を図っていくしかない、との考えであった。

これは、当時の西ドイツの政治気象のなかでは、大きなセンセーション／物議をかもす大胆な提案であった。今まで無視してきた東ドイツという国の為政者相手に交渉しようというのだから、無理もなかった。当時は、かつてのソビエト占領地区に誕生した東ドイツ国家をどう呼ぶか、その呼称にさえ強いわだかまりがあって、「ツォーネ」という蔑称気味の言い方以外の呼び方は避けようとする雰囲気で、「DDR」という略称を使うだけでも「東独の存在を認めるつもりか?!」とケチをつけられる始末であった。東ドイツとの関係を管轄する「ドイツ内関係省」にあっても（六〇年代半ば当時）、「DDRにおける政治的・経済的な変化を元の姿にもどし、SED政体の妥協なき排除」をめざすのが基本方針となっていた。まるで「力を使っての巻き返し」を狙うものであり、「共産主義者たちとは、かれらが共産主義者でなくなった場合に初めて話し合おう」といった硬直した姿勢が支配的であった。のちに「ドイツ内関係相」になって――元共産主義者から社会民主主義に転じた経歴の持ち主で共産主義政権のやり口に精通し――東独との関係改善に独自のルートで努力するヘルベルト・ヴェーナーでさえ、エーゴン・バールの「接近による変化」の考えを耳にしたとき、「Ba(h)rer Unsinn」(barとBahrとをかけて、「まったくの馬鹿げた考え」と「バールの馬鹿げた考え」とをもじった皮肉)、と嘲笑を浴びせたほどだった。

しかし「接近による変化」つまり、接近を図りながら変化を模索していく、現状を認めながら現状を変えていく、このパラドキシカルで弁証法的ともいえる発想の手法が、西ドイツの議会や世論で激しい論争を巻き起こしながら、それでもその後の西ドイツ外交の基本的な流れとなっていった。壁の建設のあと東西ベルリンの人たちの相互訪問を可能にした「通行証協定」、「トランジット協定」、「モスクワ条約」、「ワルシャワ条約」、そしてついに東独との「基本条約」、つぎつぎとこうした難問の解決となって実を結んだのである。

ところで、ベルリンの壁が建設されようとしていたとき、ベルリン管理に責任のある西側三国や自国西ドイツ政府の反応がたいへん鈍く、ほとんど何もしてくれないことに、ベルリンのヴィリー・ブラント初め、周囲の人たちは憤慨する。ブラントは一市長の身でありながらアメリカのケネディー大統領に直接手紙を書き、ベルリンで起こっている事態への対応を訴える。大統領は返事をくれたが、中身はありきたりの対応処置を越えるものでなかった。「幕を明けてみたら舞台は空っぽだった」、とブラントは回想録のなかで大統領の手紙を評している。ケネディー大統領のベルリン状況の判断は当時次のようなものだったといわれる。「壁の建設は西側の頓挫ではなくて、ソビエトの敗北なのである。壁を造ったというのは、フルシチョフの屈伏を意味する。もし今でもかれがベルリン全体を占拠したい意図をもっているなら、こんな壁など造らなかったことだろう」。

スターリンの「ベルリン封鎖」、フルシチョフの「ベルリン最後通牒」、そしてウルブリヒトの「ベルリンの壁」、いろんな形で次々とゆすられるベルリンの存在、そこで起こっている事態が世界の政治のなかで軽視され／疎んじられることのないよう、ブラント周囲のベルリン市政府の人たちは必死に努めるのであった。つまりドイツ政策で積極的に打ってでようとするのは、西ベルリンのブラント市長とその側近たちであったが、その場合キリスト教同盟が率いるボンの連邦政府の了解、西側三国、とりわけアメリカの事前了解をとりつけながら進めねばならなかった。そんな面倒な政治環境のなかで、一市長とその側近たちが有効な打開策を編みだし、西ドイツの政治に風穴を開け、世界の状況を動かしていったというのも、世界史のうえで稀なことではなかろうか。

さらにその後ヴィリー・ブラントが大連立内閣の外務大臣、小連立政権政府の首相として、新東方外交を進めていく。東欧諸国との関係の正常化が当面の課題であったが、その裏では遠い地平線の彼方に分断されているドイツ民族の統一を夢みるものでもあった。その際バールの炯眼がまたも状況の核心を見抜いていた。「ドイツ再統一の諸前提がえられるのはソビエトを相手にする場合のみであって、東ベルリンでそれが得られるものでもないし、ソビエトに抗しても、ソビエト抜きでも、得られないのである」。

とにかくバールの問題の捉え方や解決の手がかりの求め方には、驚嘆させられる。たとえば「接近による変化」を提唱して、「現状を肯定しながら現状を変えていく」といい、米ソの中距離核兵器の開発競争に関連して、「核兵器のミニチュア化には、威嚇のミニチュア化という危険が孕まれている。核（使用）の敷居が低くなるというのは、大きなカタストローフを恐れることなく核の利用に期待をかける、そうした流れを技術的に政治的に強めることになりかねない」、という。また「共通の安全保障」という考えでは、「わたしが安全なのはもはやわたしの敵に対してではなく、今となっては敵とともにである。安全はもはや相対してではなくて、一緒になってしかないのである」。そして「プラハの春」がワルシャワ条約機構軍の戦車に押しつぶされた直後、西ドイツの東方政策についてバールはこう考えた。「ソビエトのヨーロッパ政策の主要目標は、現状（Status quo）の保障と法的な確認にある。ドイツの政策がめざすのは、現状の変更である。これは利害の深刻な対立であろう。ソビエトの立場の強みは、現状の変更に肩入れする国家グループがいないことである。わが国の同盟国も中立諸国も、あるいはヨーロッパ内の諸国も現状の変更に力を入れようとはしない。はっきりと現状の変更を意図するような政策は、自動的にソビエト・ブロックの連帯強化につながるし、西ドイツの孤立の危険をともなう。現状の変更を望んでいるのは、我われであって、ソビエトではないのだから、ソビエトとわが国の関係において政治的な動きがないのは、あるいは関係を切断しようとするのは、現状の強化につながるものだ。西ドイツはもし現状をさらに固定化するための時間を与えたりあるいは現状に対する抗議を強めてソビエトにその堡塁のかすがいをさらに強化する口実を与えることになったら、結局のところはモスクワの利害

――さらにまたウルブリヒトの利害にもそうことになってしまうだろう。現状の克服という我われの要求は、我われの意図に反して――現状を固定化する選択肢を生みだしてしまう。そこから得られる結論は、現状を克服しようとする我われの利害の貫徹のためには現状のいくつかの要素を受け入れるのがもっとも有効なのではないのか、という熟慮である。この考えを支持するのは、歴史において現状の固定化は一度として現状の維持に繋がらなかった、という経験かもしれない」。

この所見は、バールが物事をどのように分析し、どう策を練るかを典型的に示しているように思う。相手の強み・弱み、自分たちの強み・弱みをとことん考えたうえで、相互の利害・主張をぶつけ合う。外交の本質は、利害の調整、つまり本来一致しない利害を相互に似通ったものにすることである。こうした考えに立って交渉にあたる。交渉の場面では、自国の国益の実現はまた相手側の利益のためにもなることを相手に信じて貰えるような進め方をする。こうした外交の本質のリアルな見極めと交渉の進め方が、政治家外交官エーゴン・バールの本領であった。

しかしながら、バールの考え方ではどうしても相手側の権力保持者との交渉が中心になってしまう。その反面その国の国民・民衆に対しては、早まった行動にでて為政者の不安、ひいてはソビエト戦車の介入を招くことのないような、自制ある動きを求める。こうした姿勢が目立っていたが、「改革には安定が必要」というのがバールの変革哲学であった。この点は、ポーランドの体制変革を求める労働者たちの運動、ゴルバチョフ登場後のソビエトの自己改革の動きをみながら抱いたバールの絶えざる懸念、ベルリンの壁崩壊後の東独の民衆の動きにみせたかれの反応に顕著に表れていた。労働者や民衆の動きがコントロール不能になって、改革の進展が暗転しないか・逆転しないか、とつねに懸念するバールの姿である。とくに八九年一一月ベルリンの壁が崩壊して、東ドイツに変革の波が到来したとき、最後までバールは、事態がコントロール不能になって、軍事介入がありはしないか、せっかくの改革前進が一気に暗転することはないかと憂慮する。東独の変革が平和的な進行をたどり、逆転不可能な状態になったようにみえたあとでも、暗転・逆転を気にしていた。

これは、一九五三年のベルリン暴動、その後のハンガリー動乱やプラハの春の弾圧などがトラウマのようにバールの頭に深く染みついていて、状況判断をしばり・制約していた構図といえよう。東ドイツの動きの想定以上の急激な展開がほぼ成功しかけている状況になってもバールの姿勢や発言は慎重で、ある意味では「保守的」（？）になっていた。これはバールが時代の動きに飲み込まれ・追い越されてしまった姿といってもいいだろう。あれほど、先の先を考える人、思考のパイオニア、ビジョン豊富にしてリアルな実践家と讃えられたバールが、一転して時代の流れに足をすくわれたようにみえた。こうした姿に、バールが主役となって推進してきた東方政策がそもそもドイツ統一を可能にした源なのか、それとも既存の政権を安定化させることで東の崩壊を遅らせたのか？という論争を引き起こす、一つの要因があったように思えてくる。ベルリンが、ドイツ問題が、いつまでも「紛争のカマド」、世界政治の喫緊の問題であることから抜けだそうと生涯身を粉にして働いたバールに対して、統一の夢が実現した瞬間、こんな議論が沸き起こるなんて、実に皮肉なことであったとしか言いようがないのである。

しかしそれでも、パラドックスめいた発想／矛盾を孕んだ思考を交えながらも現実をリアルに捉える洞察力。中傷・誹謗をあびながらも、やがて何時の日かドイツ統一を達成しようとする粘り強い努力。ドイツ統一、そしてベルリンを含んだ主権の完全な回復まで四五年間も要した国際政治の険しい空模様のなか、ソビエトを初め東欧諸国、東ドイツ相手にいくつもの難所を巧みに乗り越えて、一見不可能にも思えた目標の実現にこぎ着けた交渉戦術と実行力、これらエーゴン・バールの力量にはあらためて敬服せざるをえない。ドイツにこんな政治家／外交家がいたのかと、正直驚いてしまう。日本の昨今の政治風潮のなかで、かつての後藤田正晴さんや野中広務さんの政治感覚を懐かしむ人に時折出会うが、そういう人たちがこのエーゴン・バールのことを知ったら、どんな感想をもたれるか、訳者は興味深く思っている。

最後に余話というか／こぼれ話めいたものをいくつか紹介しておこう。まずヴィリー・ブラントが西ベルリン市長をしていた時代（一九五七～一九六六）、東ベルリン市長であったのは、フリードリヒ・エーベルト（一八九四－一九七九）である。これはSPD出身のヴァイマル共和国初代大統領のフリードリヒ・エーベルト（一八七一―一九二五）の息子であり、一九四八年から六七年にかけて市長を務め、SED中央委員会の政治局員を初め、東独でかずかずの要職についていたのである。SPD（ドイツ社会民主党）とKPD（ドイツ共産党）との歴史上長年にわたる確執を思うと、なんとも皮肉な取り合わせであった。

次は例のブラント首相が辞任に追い込まれたギョーム・スパイ事件に関連した話。事件そのものは東独の秘密諜報機関が仕掛けたものであったのは周知のことであるが、それ以前にブラントにはこんなことがあった。一九五〇年当時ブラントは、ズザンネ・ジーヴァースという三〇歳になる女性とボンで知り合い親密な仲となる。この女性が一九五二年DDRで諜報活動のかどで逮捕され有罪判決を受け四年の刑務所暮らしを強いられる。その折彼女はブラントに支援を頼むが、この彼女との関係を知られるのはブラントにとってきわめてまずかった。すでにブラントはベルリン市議会の議長になっていたからである。冷たい対応に幻滅した彼女はブラントに復讐しようとし、ブラントから貰った手紙などの公表を企む。この経緯を知っていた東ドイツの諜報機関が、仕返しにギョームをブラントの元に送り込んだのかどうか、そのあたりの真相はわからないが、なかなか興味深い話にはちがいない。

三つ目はテレビ受像機の話である。テレビ放映の像をつくるには、ヨーロッパでは西ドイツのテレビ製造会社が開発した「パル方式」と、フランスの会社開発の「セカム方式」とがある。後者は主に東欧諸国で採用された。時の為政者たちが西ドイツのテレビ放送の受像を妨げようと意図した選択であったのかもしれない。ところが「パル方式」の西ドイツ・テレビ放送が、東ドイツ市民の「セカム方式」の受像機でも映ることが――カラー放送が白黒でしか映らない制約はあるが――あとになってわかる。これは東独の為政者たちにとっても大きな誤算であったに違いない。バールが関係したことのある西ベルリンの「リアス放送」の受信といい――比較的冷静で客観的な解説をするので東ドイツで一番聴かれていたという――こうしたテレビ視聴といい、いくら文字情報のシャット・アウトを画策しても、電波による情報の「隔絶分離」はできない相談であった。いずれにせよ、東ドイツの奥深く陸の孤島のようであった西ベルリンの存在がドイツ統一に果たした役割はいろんな意味で、計り知れないものがあったといえるだろう。

訳者は昨春ヘルマン・ヴェントカーの『東ドイツ外交史』を日本語にして出版した。これと対となる意味で西ドイツの外交史も日本語にして紹介したかった。この領域では、グレゴーア・ショレゲンの『西ドイツ外交――初期から現代まで』(一九九九年刊、改定増補版二〇〇四年、ベック出版社)が定評ある著書のようなので、その紹介を考えていた。しかし通史として紹介する価値があるにしても、なにか叙述に深みと幅が欠けるように思われた。そこで本書の訳を選んだのである。しかし、この書には詳細に過ぎるところが何カ所かあった。とりわけ安全保障政策や軍縮・緊張緩和の段階的な実施プランに関する部分などは、読まれる人にとっても、味気なくて閉口する箇所かもしれない。正直そのあたりが訳者自身にとっても一番苦労した部分であった。とにかく訳者にとって外交史領域はまったくの専門外、ドイツ語の読解力だけを頼りに押し切ってしまった感じである。その点で思わぬ誤解が生じているかもしれない。お気づきの方は遠慮なくご指摘くださるようお願いしておきたい。

この書の出版に当たっても、三元社の石田社長、編集を担当し、原書にない人名索引まで造ってくださった上山さん、装丁にアイデアを振るってくださった山野さんにはたいへんお世話になった。また、いろんな点で情報検索をしてくれた早稲田大学政治学研究科博士課程在学中の佐和賢太郎君のご苦労にもここで感謝しておきたい。

二〇一四年六月　梅雨の季節のさなかに

西ドイツ外交とエーゴン・バール

発行日　二〇一四年八月一五日　初版第一刷発行
著　者　アンドレアス・フォークトマイヤー
訳　者　岡田浩平
発行所　株式会社 三元社
〒一一三-〇〇三三
東京都文京区本郷一-二八-三六　鳳明ビル
電話／〇三-三八一四-一八六七
ファクス／〇三-三八一四-〇九七九
印　刷　モリモト印刷株式会社
製　本　モリモト印刷株式会社

ISBN978-4-88303-360-7
http://www.sangensha.co.jp

訳者紹介

アンドレアス・フォークトマイヤー［Andreas Vogtmeier］

アンドレアス・フォークトマイヤーは1965年の生まれ。ベルリン自由大学で政治学、歴史、ジャーナリズムの分野を専攻した。その後さまざまな新聞、ラジオ・テレビでジャーナリスティックな活動をする。1991／92年にかけて、「フリードリヒ＝エーベルト財団」の「社会的な民主主義」アルヒーフの職員として、エーゴン・バール寄贈文庫の学問的な整理を委嘱され、担当した。

訳者紹介

岡田浩平［おかだ・こうへい］

1937年生まれ。

1967年早稲田大学大学院文学研究科博士課程修了。

1969年早稲田大学専任講師、1972年助教授、1978年教授。

2008年停年退職。現在早稲田大学名誉教授。

専攻は1933～1945年の間のドイツ亡命文学。

主要論文：「亡命ドイツ・ペンクラブのこと」、「ドイツ亡命文学の初期作品のなかから」、「亡命女性作家二人の作品について」、「亡命作家クラウス・マンの作品『火山』について」など。

訳書：B・ジーグラー『いま、なぜネオナチか？』（共訳）、P・レッシェ／F・ヴァルター『ドイツ社会民主党の戦後史』、ヴェルナー・ベルクマン他編著『「負の遺産」との取り組み――オーストリア・東西ドイツの戦後比較』、クラウス・ハープレヒト『トーマス・マン物語――その1　少年時代からノーベル賞受賞まで』『トーマス・マン物語――その2　亡命時代のトーマス・マン』『トーマス・マン物語――その3　晩年のトーマス・マン』、ヘルマン・ヴェントカー『東ドイツ外交史　1949–1989』など、他に責任編集『考えるとは乗り越えることである――好村冨士彦遺稿・追悼集』。

事項索引

この事項索引は、項目の記載のある箇所すべてを網羅するのでなく、その事項に関して一番詳しい叙述か説明のある箇所だけを拾いあげている。

ア

カ

サ

タ

ナ

ハ

マ

ヤ

ラ

ワ

人名索引

ア

カ

サ

タ

ナ

ハ

マ

ヤ

ラ

ワ

引用参考文献

1　未公刊の資料

1.1 Archiv der sozialen Demokratie der Friedrich-Ebert-Stiftung (AdsD)
Depositum Egon Bahr (Dep. E.B.)

1.2 Siftung Archiv der Parteien und
Massenorganisationen der DDR im Bundesarchiv
Zentrales Parteiarchiv der SED (ZPA)

2　公刊の資料

2.1　公文書類

– Bulletin des Presse- und Informationsamtes der Bundesregierung
– Stenographische Berichte der Verhandlungen des Deutschen Bundestages
– Kommentarübersicht des Presse- und Informationsamtes der Bundesregierung

2.2　議事録集

– Dokumente zur Deutschlandpolitik
– Texte zur Deutschlandpolitik
– Meißner, Boris (Hrsg.) Die Deutsche Ostpolitik
–Europa-Archiv (Dokumentationsteil)
– Dokumentation zur Deutschlandfrage
– Dokumente des geteilten Deutschland

3　エーゴン・バール論文・その他（時代順）

Kein Platz für Kommunisten. In: Der Tagesspiegel, Nr. 1414(6.5.50), S. 2.

St. Georgs Kleinkunst. In: Der Tagesspiegel, Nr. 1422(10.6.50), S. 1.

Gesamtdeutsche Aspekte. (RIAS-Kommentar vom 12.1.53) In: Presse- und Funkbericht. Überblick über die Öffentliche Meinung in Presse und Rundfunk für die Abgeordneten des Deutschen Bundestages, für Bundes- und Landesbehörden und für die Wirtschaft, Nr. 7 (13.1.53).

Bekenner der Freiheit. (RIAS-Kommentar vom 16.6.53) In: Der Aufstand der Arbeiterschaft im Ostsektor von Berlin und in der sowjetischen Besatzungszone Deutschlands. (Tätigkeitsbericht der Hauptabteilung Politik des RIAS vom 16.-23.6.53).

Zugunsten der deutschen Einheit. (RIAS-Kommentar vom 6.10.54) In: Presse- und Funkbericht. Überblick über die Öffentliche Meinung in Presse und Rundfunk für die Abgeordneten des Deutschen Bundestages, für Bundes- und Landesbehörden und für die Wirtschaft, Nr. 188 (7.10.54).

Wo steht die Opposition?. (RIAS-Kommentar vom 8.10.54) In: Presse- und Funkbericht. Überblick über die Öffentliche Meinung in Presse und Rundfunk für die Abgeordneten des Deutschen Bundestages, für Bundes- und Landesbehörden und für die Wirtschaft, Nr. 190 (9.10.54).

Die Äußerung Chruschtschows, (RIAS-Kommentar vom 6.6.56) In: Presse- und Funkbericht. Überblick über die Öffentliche Meinung in Presse und Rundfunk für die Abgeordneten des Deutschen Bundestages, für Bundes- und Landesbehörden und für die Wirtschaft, Nr. 102 (7.6.56).

Entwicklungshilfe – zu wessen Nutzen? In: Schwarzes Afrika. Geistige Begegnung (Sonderpublikation des Politischen Clubs der Evangelischen Akademie Tutzing 1961), Göttingen 1961, S. 9–25.

Mit Willy Brandt durch Afrika. In: Blickpunkt, Nr. 126 (Feb. 1964), S. 6–7.

Die SPD und die Ostpolitik. Grundgedanken zur Deutschland-Frage. In: Christ und Welt/Deutsche Wochenzeitung, Nr. 10 (5.3.65), S.10.

Emigration – ein Makel? Das geistige Gift der Hitler-Jahre wirkt noch immer nach. In: Die ZEIT, Nr. 44 (29.10.65), S. 3.

Eine negative Gemeinsamkeit. Nach den Reden von Barzel und Strauß, In: Vorwärts, Nr. 26 (22.6.66), S. 1.

Nach der Absage. Eine Analyse der Möglichkeiten. In: Berliner Stimme, Nr. 34 (20.8.66), S. 4.

Zum Drängen verdammt. In: Christ und Welt/Deutsche Wochenzeitung, Nr. 41 (14.10.66), S. 4.

Barometer Berlin. Interview in: Vorwärts, Nr. 5 (29.1.70), S. 18.

Streiflichter aus der Sowjetunion. In Stuttgarter Zeitung (31.12.70).

Die Unterschrift kam zur rechten Zeit. Die bisherigen Wirkungen des Moskauer Vertrags vom 12. August 1970. In: Süddeutsche Zeitung, Nr. 191 (11.8.71), S. 7.

Moskau bewies, daß es Entspannung will. Interview in: Der SPIEGEL, Nr. 36 (30.8.71), S. 30–34.

Die Einheit war nie das erste Ziel. (Über Erich Kosthorst: "Jakob Kaiser") In: Der SPIEGEL, Nr. 18 (24.4.72), S. 158 –163.

"Darauf wagt Egon Bahr jede Wette". Interview in: Flensburger Tageblatt (26.10.72).

Aspekte des Grundvertrags. Interview (mit dem NDR vom 30.12.72) in: BULLETIN, Nr. 1 (3.1.73), S. 4–6.

Bemühungen um Normalisierung zwischen beiden deutschen Staaten. Interview (mit dem SFB vom 12.1.73) in BULLETIN, Nr. 4 (15.1.73), S. 32–34.

Chancen der Deutschlandpolitik. Interview (mit dem DLF vom 25.2.73) in: BULLETIN, Nr. 24 (27.2.73), S. 210–212.

Der Gewaltverzicht und die Allianzen. In: Außenpolitik. Zeitschrift für internationale Fragen, Nr. 3/1973, S. 243–254.

Beitrag zur Verständigung zwischen Ost und West in Europa. Interview (mit der Tokioter Zeitung "Yomiuri Simbum" vom 13.3.73) in: BULLETIN, Nr. 30 (15.3.73), S. 263–264.

Die Flitterwochen sind vorbei. Interview in: Die ZEIT, Nr. 12 (16.3.73), S. 4.

"Den Ärger möglichst klein halten". Interview in: Der SPIEGEL, Nr. 20 (14.5.73), S. 57–58.

"Respektieren, aber auch einmischen". Interview in: Deutsches Allgemeines Sonntagsblatt, Nr. 23 (10.6.73), S. 13–14.

Wandel durch Annäherung. Egon Bahr in Tutzing 1963 und 1973. (Dokumentation). In: Deutschland Archiv. Zeitschrift für Fragen der DDR und der Deutschlandpolitik, Heft 8/1973, S. 862–873.

"Ist die Bundesrepublik auf dem Weg in den Neutralismus?" Diskussion über den künftigen Kurs der Bonner Politik. In Deutsche Zeitung/Christ und Welt, Nr. 45 (9.11.73), S. 4.

Aktuelle Probleme der Deutschlandpolitik. Interview (mit dem NDR vom 9.11.73) in: BULLETIN, Nr. 144 (10.11.73), S. 1430–1433.

"Das Kind muß jetzt selber laufen lernen". Zwanzig Antworten zur Ostpolitik der Bundesregierung. Interview in: Vorwärts, Nr. 46 (15.11.73), S. 7.

Vier Jahre Bonner Ostpolitik. Die Koalition hat geschafft, was sie sich vorgenommen hatte. In: Die ZEIT, Nr. 51 (14.12.73), S. 3.

Konsequente Fortsetzung der Entspannungspolitik in Europa. Interview (mit dem SDR vom 9.2.74) in: BULLETIN, Nr.18 (12.2.74), S. 166–167.

260 Silben in der Minute. Interview in: STERN, Nr. 14 (28.3.74), S. 180–186.

Alltag der Ostpolitik. In: Westfälische Nachrichten (22.6.74).

Der Alltag der Ostpolitik beginnt. Interview in: Stuttgarter Zeitung, Nr. 141 (22.6.74), S. 2.

Entwicklungshilfe als Partnerschaft und weltweite Solidarität. (Rede vom 6.10.74.) In: BULLETIN, Nr. 117 (9.10.74), S. 1185–1187.

Gemeinsame Verantwortung von Politik und Wissenschaft. (Rede vor dem Club of Rome am 17.10.74) In: BULLETIN, Nr. 122 (18.10.74), S, 1242–1243.

Ein Beitrag zur Diskussion über die Ntaion. In: Appel, Reinhard/ Egon Bahr/ Klaus von Bismarck/ u.a.: Nationalbewußtsein heute, Köln 1974, S. 66–71.

Grundsatzfragen der Entwicklungspolitik. Interview (mit der Monatsschrift "Evangelische Kommentare vom 3.3.75) in: BULLETIN, Nr.31 (7.3.75), S. 306–310.

Politik der Zusammenarbeit mit den Entwicklungsländern. (Erklärung vom 10.6.75.) In: BULLETIN, Nr. 75 (12.6.75), S. 697–699.

Aufgabe und Bedeutung der Medien in den Entwicklungsländern. (Rede vom 1.9.75 in Köln.) In: BULLETIN, Nr. 108 (4.9.75), S. 1064–1065.

Wie mir Amerika gefallen hat. In: STERN, Nr. 46 (6.11.75), S. 147–153.

Die Entwicklung des Verhältnisses zur Sowjetunion. (Vortrag vom 30.10.75.) In: BULLETIN, Nr. 129 (7.11.75), S. 1285–1289.

Die Schwierigkeiten mit Berlin. Einseitige Rechtsauffassungen führen nicht zu praktischen Ergebnissen. In: Vorwärts, Nr. 46 (13.11.75), S. 2.

Von Moskau über Helsinki nach Wien. In: Deutschland Archiv. Zeitschrift für Fragen der DDR und der Deutschlandpolitik, Heft 12/1975, S. 1334–1340.

Zur außenpolitischen Bilanz der Ostpolitik und ihres Stellenwertes für die Europapolitik. In: Seeliger, Rolf (Hrsg.): Was alles auf dem Spiel steht. SPD – Bilanz und Ausblick, München 1975, S. 77–85.

Demokratie und die Freiheit von Not. Bemerkungen bei der Veleihung des Theodor-Heuss-Preises. In: Süddeutsche Zeitung, Nr. 30 (6.2.76), S. 9.

Neue Dimensionen in der Entwicklungspolitik. (Referat vom 12.2.76.) In: BULLETIN,

Nr. 19 (17.2.76), S. 192–195.
Die Entspannung hat erst begonnen. In: Die ZEIT, Nr. 14 (26.3.76), S. 9–10.
Das Vertrauen steht auf dünnem Eis. Interview in: Der SPIEGEL, Nr. 26 (21.6.76), S. 45–46.
Sternmärsche helfen nicht weiter. Interview in: Stuttgarter Zeitung (14.8.76).
Jetzt kommt die Nagelprobe der Entspannungspolitik. Interview in: Lübecker Nachrichten (1.9.76).
Durch die Verträge kann Bonn jetzt Druck auf die DDR ausüben. In: Westfälische Rundschau (18.9.76).
"Stichwort: Entspannung". In: Zoll, Ralf/ Ekkehard Lippert/ Tjarck Rössler (Hrsg.): Bundeswehr und Gesellschaft. Ein Wörterbuch, Opladen 1977, S. 86–90.
Mit der CDU ist kein Staat zu machen. In: Vorwärts, Nr. 11 (17.3.77), S. 3.
Ist die Menschheit dabei, verrückt zu werden? Die Neutronenbombe ist ein Symbol der Perversion des Denkens. In: Vorwärts, Nr. 29 (21.7.77), S. 4.
Es geht um die Skala unserer Werte. Die Einwände haben mich nicht überzeugt. In: Vorwärts, Nr. 30 (28.7.77), S. 9.
Neutronenwaffe und Entspannug. In: Flensburger Tageblatt (4.2.78), S. 3.
"Ich sage: Die Koalition ist nicht gefährdet". Interview in: Der SPIEGEL, Nr. 9 (27.2.78), S.25–28.
Carter hat nichts preisgegeben. Interview in: Die ZEIT, Nr. 17 (21.4.78), S. 5–6.
Ich bin erst Deutscher, dann Europäer. Interview in: Der SPIEGEL, Nr.37 (11.9.78), S.28–34.
Entspannung setzt Abschreckung voraus. In: Deutsche Zeitung/Christ und Welt, Nr. 39 (22.9.78), S.4.
Europa als selbständige dritte Kraft ist Illusion. In: Frankfurter Rundschau, Nr. 272 (5.12.78), S. 14.
In einer Katastrophe sind wir vereint. Interview in: Der SPIEGEL, Nr. 42 (15.10.79), S. 30–34.
Weg zum sicheren Frieden ist lang. Gefahren durch neue Entwicklungen. In: Das Parlament, Nr. 43 (27.10.79), S. 1–2.
Ein Hochseilakt mit Netz, das Gegenteil von Abenteurertum. (Egon Bahr über Henry Kissingers Memoiren, Band I). In: Deutsches Allgemeines Sonntagsblatt, Nr. 47 (25.11.79), S.3.
Zur Lage der besonderen Interessen. Interview in: Vorwärts, Nr. 13 (20.3.80), S. 3.
ders, (Hrsg.): SPD. Porträt einer Partei, München 1980.

Auf Verhandlungen drängen! Wozu brauchen wir den NATO-Doppelbeschluß. In: Vorwärts, Nr. 7 (5.2.81), S.4.
Zu wenig Zeit für die Themen der Zukunft. Interview in: Der SPIEGEL, Nr. 8 (16.2.81), S. 20–23.
Fixiert auf die Erfolge des Gegners. (Über das amerikanisch-sowjetische Verhältnis). In: Vorwärts, Nr. 12 (12.3.81), S. 2.
Wenn Moskau ernsthaft will...(Über mögliche Ost-Westverhandlungen). In: Vorwärts, Nr. 13 (19.3.81), S. 2.
Unser Ziel ist, möglichst keine Mittelstreckenraketen. Interview in: Stuttgarter Nachrichten (21.3.81).
Für uns ist das die Existenz. (Über den Streit um die Nachrüstung). Interview in: Deutsches Allgemeines Sonntagsblatt, Nr. 20 (17.5.81), S. 4.
Wir können nicht weglaufen. (Zur Friedensbewegung in der Bundesrepublik). Interview in: Deutsches Allgemeines Sonntagsblatt, Nr. 21. (24.5.81), S. 15.
Ronald Reagans Atomkurs verschärft die Lage. In: Vorwärts, Nr. 34. (13.8.81), S. 4.
Geringer Abschreckungswert. Unruhe über die Neutronenwaffe. Interview in: Die ZEIT, Nr. 34 (14.8.81), S. 4.
Reagans Beschluß – eine Chance für Null-Lösung? In: Vorwärts, Nr. 35 (20.8.81), S. 3.
Europa in der Globalität. In: Merkur. Deutsche Zeitschrift für europäisches Denken, Nr. 8/1981, S. 765–771.
Fürchtet Euch nicht, mes chers amis français. In: Vorwärts, Nr. 47 (12.11.81), S. 12.
Wie einfach, Freiheit für die Polen zu fordern. In der Debatte über Polen werden viele politische Rechnungen ohne die Zwänge der Realität gemacht. In: Vorwärts, Nr. 4 (21.1.82), S.3.
Gemeinsamkeit, die wir meinen. Im Bündnis geistern die Kündigungsformeln. In: Vorwärts, Nr. 6 (4.2.82), S. 15.
Der Vorrang militärischen Denkens schwächt die NATO. Militärische Stärke durch politische Stärke ersetzen. In: Vorwärts, Nr. 11 (11.3.82), S. 3.
Eine erste Diagnose: Der Krieg wird vorbereitet. Militärische Gemeinsamkeiten in Moskau und Washington. In: Vorwärts, Nr. 12 (18.3.82), S. 11.
Rede auf dem Münchner Parteitag der SPD am 20.4.82. In: Vorstand der SPD (Hrsg.): Parteitag der SPD. Band I. Protokoll der Verhandlungen, Bonn 1982, S. 305–315.
Die Strategie-Diskussion lohnt. Zu den Überlegungen, auf den Ersteinsatz von Atomwaffen zu verzichten. In: Vorwärts, Nr. 17. (22.4.82), S. 14.
Neuer Ansatz der gemeinsamen Sicherheit. (Rede vom 23.5.82) In: Die Neue Gesell-

schaft/Frankfurter Hefte, Nr. 7/1982, S. 659–668.
Ein Experiment mit kalkuliertem Risiko. In: Der SPIEGEL, Nr. 22 (31.5.82), S. 34–36.
NATO-Gipfel setzt neue Fragezeichen. Ohne glaubwürdige Perspektive. In: Vorwärts, Nr. 25 (17.6.82), S. 1.
Gemeinsame Sicherheit. Gedanken zur Entschärfung der nuklearen Konfrontation in Europa. In: Europa-Archiv, Folge 14/1982, S. 421–430.
Sicherheitspartnerschaft. (Vortrag im Rahmen der Reihe "Neokonservatismus" der FES). In: Die Neue Gesellschaft/Frankfurter Hefte, Nr. 11/1982, S. 1041–1045.
Was wird aus den Deutschen? Fragen und Antworten, Reinbek bei Hamburg 1982.
Gemeinsame Sicherheit – Perspektiven europäischer Sicherheitspolitik. In: DGFK-Jahrbuch 1982/83, S. 567–574.
Andropow hat die Lage zum Positiven verändert. Moskaus Kompromiß-Vorschlag für die Genfer Gespräche. In: Vorwärts, Nr.1/2 (6.1.83), S. 12.
Gemeinsame Sicherheit. In: Sozialistische Tribüne, Nr. 2/1983, S. 20–25.
Sozialdemokratische Sicherheitspolitik. In: Die Neue Gesellschaft/Frankfurter Hefte, Nr. 2/1983, S. 105–110.
Die fabelhafte Vision, im Untergang vereint zu sein. Interview in: Stuttgarter Zeitung, Nr. 146 (29.6.83), S. 5.
Das Warten auf Wunder ist keine Politik. "Wandel durch Annäherung" – Von duetschem Boden eine Botschaft der Hoffnung? In: Vorwärts, Nr. 27 (30.6.83), Dokumentation S. IV.
Die Priorität bleibt der Friede. In: Vorwärts, Nr.43 (20.10.83), S.14–15.
Die Nato nicht in Frage stellen. Wichtig ist, daß das Bündnis die richtige Politik macht: Sicherheitspartnerschaft. In: Vorwärts, Nr. 47 (17.11.83), S. 6.
Entspannung ist unsere einzige Chance. In: Albrecht, Ulrich/ Jürgen Graalfs/ Detlef Lehnert/ Rudolf Steinke (Hrsg.): Deutsche Fragen – Europäische Antworten, Berlin 1983, S. 76–84.
Bericht der Arbeitsgruppe "Neue Strategien" beim SPD-Parteivorstand vom Juli 1983. In: Brauch, Hans Günter (Hrsg.): Sicherheitspolitik am Ende? Eine Bestandsaufnahme. Perspektiven und neue Ansätze, Gerlingen 1984, S. 275–290.
Gemeinsame Sicherheit – Voraussetzung für kollektive Sicherheit. In: S+F, Nr. 1/1984, S. 40–43.
Atomare Klassenunterschiede. In: Der SPIEGEL, Nr. 7 (13.2.84), S. 36–37.
Der Schnitt des Chirurgen traf sehr genau. Aber Henry Kissingers Überlegungen setzen ein Europa voraus, das es in dieser Form nicht gibt. In: Vorwärts, Nr. 11 (8.3.84), S.

11.
Keine Abkehr vom Westkurs. Aber es geht um eine neue Strategie größerer Sicherheit. In: Die ZEIT, Nr. 15 (6.4.84), S. 12.

Rüsten statt verhandeln. Waschington setzt weiter auf eine Politik der Stärke. In: Vorwärts, Nr. 16 (12.4.84), S. 22.

Partnerschaft statt Konfrontation. In: Probleme des Friedens und des Sozialismus, Nr. 7/1984, S. 979–983.

Das Innere des Äußeren. (Gespräch mit Hans Magnus Enzensberger). In: Kursbuch 77 (Sept. 1984), S. 97–110.

Deutschland und die Atomwaffen. In: Bahr, Egon/ Rainer Barzel/ Dettmar Cramer u.a.: Mut zur Einheit. Festschrift für Johann Baptist Gradl, Köln 1984, S. 39–47.

Interessen geltend machen. In: Vorwärts, Nr. 3. (12.1.85), S. 4.

Hat Europa Kraft für eine eigene Antwort? In: Vorwärts, Nr. 8 (16.2.85), S. 4.

Genf – das ist die Möglichkeit zur Sicherheitspartnerschaft. (Referat auf Wehrkundetagung in München). In: Frankfurter Rundschau, Nr. 47 (25.2.85), S. 14.

Verknüpfung notwendig. In: Vorwärts, Nr. 11 (9.3.85), S. 4.

Gorbatschows Test. In: Vorwärts, Nr. 16 (13.4.85), S. 10.

Europa – 40 Jahre nach Beendigung des Zweiten Weltkrieges. In: Blätter für deutsche und internationale Politk, Nr. 5/1985, S. 578–586.

Betrug. In: Vorwärts, Nr. 19 (4.5.85), S. 4.

Glükwunsch. In: Vorwärts, Nr. 20 (11.5.85), S. 4.

Die Bonner Entscheidung zu SDI muß nein heißen. In: Vorwärts, Nr. 21 (18.5.85), S. 13.

Europas Antwort auf SDI. In: Der SPIEGEL, Nr. 21 (20.5.85), S. 126–127.

Ich gewinne gern. In: ZEIT-Magazin, Nr. 24 (7.6.85), S. 8.

Bravo, Mr. President. In: Vorwärts, Nr. 25 (15.6.85), S .4.

Bleibt Bonn berechenbar. In: Vorwärts, Nr. 27 (29.6.85), S. 4.

Militärblöcke überwinden. Mit fremden Truppen keine staatliche Einheit. Kein sicherheitspolitisches Denkverbot. In: Vorwärts, Nr. 38 (14.9.85), S. 6–7.

Chancen für eine neue Phase der deutsch-deutschen Beziehungen. In: Vorwärts, Nr. 40 (28.9.85), S. 3.

Ziel muß sein, die Dinger wegzukriegen. Interview in: Der SPIEGEL, Nr. 42 (14.10.85), S. 104–112.

Kanzler Kohls gesammeltes Schweigen. In: Vorwärts, Nr. 44 (26.10.85), S. 4.

Weltweite und europäische Interessen. In: Lutz, Dieter S. (Hrsg.): Wolf Graf von Baudissin. Im Dienst für Frieden und Sicherheit. Festschrift, Baden-Baden 1985, S.

195–201.

Zwangsvereinigung – Zur Erinnerung an den April 1946 und die Gründung der SED, In: Die Neue Gesellschaft/Frankfurter Hefte, Nr. 1/1986, S. 9–25.

Ohne Beteiligung der deutschen Staaten waren die vier Mächte nicht mehr handlungsfähig. In: Spandauer Volksblatt (5.3.86).

“Atomwaffenfreier Korridor: Ein Plan im Sinne Olof Palmes”. In: Politik. Informationsdienst der SPD, Nr. 19 (Nov. 1986), S. 2–3.

ders./ Dieter S.Lutz (Hrsg.): Gemeinsame Sicherheit – Idee und Konzept. Bd.I: Zu den Ausgangsüberlegungen, Grundlagen und Strukturmerkmalen Gemeinsamer Sicherheit, Baden-Baden 1986.

ders./ Dieter S.Lutz (Hrsg.): Gemeinsame Sicherheit – Dimensionen und Disziplinen. Bd.II: Zu rechtlichen, ökonomischen, psychologischen und militärischen Aspekten Gemeinsamer Sicherheit, Baden-Baden 1987.

Macht und Ohnmacht Europas in den Perspektiven der Allianz. Arbeitsteilung zwischen den USA und Westeuropa. In: Die Neue Gesellschaft/Frankfurter Hefte, Nr. 3/1987, S. 221–227.

Die Chance besteht. In: Die Neue Gesellschaft/Frankfurter Hefte, Nr. 3/1987, S. 412.

Glasnost – Chance für die ganze Welt. In: Der Gewerkschafter, Nr. 4/1987, S. 4–5.

Willy Brandt hat den Weg gewiesen. In: SM-Magazin, Heft 6/1987, S. 8–10.

“Brandt: Ein Mann, der nicht treten wollte”. In: Abendzeitung (13.6.87).

Wie gefährlich ist Michail Gorbatschow? In: Vorwärts, Nr. 24 (13.6.87), S. 8–39.

Chancen und Gefahren – unsere Zeit als Januskopf. Eine Antwort zur Analyse des gemeinsamen Dokuments von SPD und SED. In: Frankfurter Allgemeine Zeitung, Nr. 228 (2.10.87), S. 11.

Der Frieden muß gesichert werden. Interview in: Südkurier (27.11.87).

Uneingelöste Menschenrechte. In: Brandt, Willy/ Helmut Gollwitzer/ Johann Friedrich Henschel (Hrsg.): Ein Richter, ein Bürger, ein Christ. Festschrift für Helmut Simon, Baden-Baden 1987, S. 865–871.

Zum europäischen Frieden. Eine Antwort auf Gorbatschow, Berlin 1988.

ders./ Dieter S.Lutz (Hrsg.): Gemeinsame Sicherheit – Konventionelle Stabilität. Bd.III: Zu den militärischen Aspekten Struktureller Nichtangriffsfähigkeit im Rahmen Gemeinsamer Sicherheit, Baden-Baden 1988.

Jetzt darf es keine Pause geben. Interview in: Der SPIEGEL, Nr. 4 (25.1.88), S. 52–61.

Ich werde Gorbatschow mein Buch mit Widmung schicken. Interview in: Flensburger Tageblatt (16.2.88).

60 Millionen wiegen schwerer. Warum Botschafter Burt unrecht hat. In: Der SPIEGEL, Nr. 9 (29.2.88), S. 30.

Kürlauf auf zu dünnem Eis? Interview in: Die ZEIT, Nr. 36 (2.9.88), S. 6.

Dokumente eines gescheiterten Patrioten. (Über ein Buch mit Reden und Aufsätzen Jakob Kaisers). In: Frankfurter Allgemeine Zeitung, Nr. 256 (2.11.88), S. 8.

Die ausgestreckte Hand des Ostens ergreifen. Bei den Wiener Verhandlungen muß Gleichgewicht auf niedrigem Niveau und dann Nichtangriffsfähigkeit verwirklicht werden. In: Süddeutsche Zeitung, Nr. 63 (16.3.89), S. 15.

Wir sind das erste Schlachtfeld. Interview in: Der SPIEGEL, Nr. 19 (8.5.89), S. 22–26.

Gefährlich wäre eine Destabilisierung. Interview in: Flensburger Tageblatt (15.6.89).

Laßt uns Krieg unmöglich machen. Interview in: Augsburger Allgemeine (15.6.89).

Nicht über Einheit träumen, sondern Gemeinsamkeiten entwickeln. In: STERN, Nr. 29 (13.7.89), S. 102–103.

Wir lassen uns nicht verrückt machen – ich schon gar nicht. Interview in: Flensburger Tageblatt (25.9.89).

Kommunistische Parteien im historischen Prozeß. Interview in: Augsburger Allgemeine (10.10.89).

Durchbruch zu neuen Ufern. Interview in: Lübecker Nachrichten (13.10.89).

Dann wird die Mauer fallen. Interview in: Der SPIEGEL, Nr. 42 (16.10.89), S. 29–30.

Damals kannte ja niemand von uns Gorbatschow. Interview in: Flensburger Tageblatt (14.11.89).

Jetzt kommt der "Wandel durch Nähe". Interview in: Kieler Nachrichten (18.11.89).

Rede zur Begründung der Berliner Erklärung auf dem Programm-Parteitag der SPD in Berlin am 18.12.89. In: Vorstand der SPD (Hrsg.): Protokoll vom Programm-Parteitag in Berlin (18. -20.12.89), Bonn 1989, S. 143–146.

Der deutsche Blick. In: Hamm-Brücher, Hildegard/ Norbert Schreiber (Hrsg.): Die aufgeklärte Republik. Eine kritische Bilanz, München 1989, S. 175–182.

Ausweitung der NATO darf nicht einmal theoretische Frage sein. In: Parlamentarisch-Politischer Pressedienst, Nr. 14 (19.1.90), S. 2.

NATO und WP könnten bis 1995 aufgelöst werden. In: Parlamentarisch-Politischer Pressedienst, Nr. 23 (1.2.90), S. 2.

Bei einer Ausweitung der Nato gibt es keine Einheit. Interview in: Stuttgarter Nachrichten (2.2.90).

Die Idee der Neutralität geht gegen den Zug der Geschichte. Interview in: General-Anzeiger, Bonn (3.2.90).

Ich weiß gar nicht, wieviel Zeit wir haben. Interview in: Die ZEIT, Nr. 7 (9.2.90), S. 9–10.

Ich habe es eilig, deshalb muß ich langsam gehen, damit ich nicht stolpere. Interview in: Junge Welt (13.2.90).

Heuchelei. Leserbrief in: Flensburger Tageblatt (4.4.90).

Großmächte sollten Partner eines europäischen Sicherheitssystems sein. In: Nordwest-Zeitung (5.5.90).

Berlin muß von Berlin regiert werden. In: STERN, Nr. 22 (23.5.90), S.216–217.

Sagt uns doch bitte, wie stark wir denn sein sollen! Interview in: Die Weltwoche (14.6.90).

Sicherheit durch Annäherung. Eine europäische Sicherheitsgemeinschaft in Zentraleuropa: Modell für den alten Kontinent. In: Die ZEIT, Nr. 27 (29.6.90), S. 6.

Souveränität, die aus Weisheit erwächst. Interview in: horizont International, Nr. 27/1990, S. 8–13.

Einheitliche Streitkräfte im vereinigten Deutschland müssen unser Zeit sein. Interview in: Bremer Nachrichten (17.7.90).

Anfang vom Ende der NATO. Interview in: Frankfurter Rundschau, Nr. 164 (18.7.90), S. 4.

Vor 30 Jahren hätte ich Sie einen Spinner genannt. Interview in: Spandauer Volksblatt, Nr. 13406 (29.7.90), S.6.

Einheit in der Seele vollziehen. Interview in: Der Morgen (30.7.90).

Deutschland braucht keine fremden Streitkräfte auf seinem Boden. Interview in: Neues Deutschland, Nr. 185 (10.8.90), S. 10.

Der Moskauer Vertrag hat die Einheit ermöglicht. Interview in: Parlamentarisch-Politischer Pressedienst, Nr. 152 (10.8.90), S. 5–6.

Der Kanzler hat mit Mut gehandelt. Interview in: Stuttgarter Nachrichten (15.9.90).

Spätere Liebe nicht ausgeschlossen. Die Deutschen in Ost und West müssen einander erst kennenlernen. In: Die ZEIT, Nr. 51 (14.12.90), S. 4.

Keine Teilung in der Einheit. Bundesbürger erster und zweiter Klasse darf es nicht geben. In: Die ZEIT, Nr. 52 (21.12.90), S. 10.

Das geheimnisvolle ES – das Leben. In: Pörtner, Rudolf (Hrsg.): Mein Elternhaus. Ein deutsches Familienalbum, München 1990, S. 238–244.

Das geteilte Denken begann schon in der Nachkriegszeit. Seine Überwindung ist die Hauptaufgabe der Nation. In: Der Tagesspiegel (3.4.91).

Wandel durch Aussöhnung. In: Constructiv (6.6.91), S. 14–15.

Verantwortung heißt, notfalls auch nein zu sagen. Deutsche Interessen – national und europäisch. In Frankfurter Rundschau, Nr. 150 (2.7.91), S. 14.

Der Friede ist unzerbrechlich. In: Deutsches Allgemeines Sonntagsblatt, Nr. 35 (30.8.91), S. 4.

Ohne Opposition läuft hier gar nichts. Gespräch mit Rainer Barzel. In: SZ-Magazin, Nr. 39 (27.9.91), S. 12–19.

Aussöhnung statt Recht. Interview in: Freitag, Nr. 50 (6.12.91), S. 5.

Sicherheit für und vor Deutschland. Vom Wandel durch Annäherung zur Europäischen Sicherheitsgemeinschaft, München/Wien 1991.

Bei einer Zeitenwende kann niemand sagen: weiter wie bisher. Interview in: Neues Deutschland, Nr. 15 (18./19.1.92), S. 9.

Mit eiem "weiter wie bisher" verpassen wir die Einheit. Über den schwierigen Abschied von einer Mentalität, die vieles in Mark und Pfennig zu rechnen gelernt hat. In: Berliner Zeitung, Nr, 57 (7./8.3.92), S. 35.

Indem ich durch diese Hölle gegangen bin. Interview in: Die ZEIT, Nr. 12 (13.3.92), S. 58.

Mit dem Fall der Mauer endete die Ostpolitik. Zu Klaus Moseleits Analyse der zweiten Phase der Entspannungspolitik. In: Sozialdemokratischer Pressedienst, Nr. 95 (19.5.92), S. 1–3.

Stärkt das Recht wider das Recht des Stärkeren. Europa muß eine eigene Friedensordnung entwickeln. In: Deutsches Allgemeines Sonntagsblatt, Nr. 30 (24.7.92), S. 3.

Friedensforschung am Ende? Interview in: Berliner Zeitung, Nr. 218 (17.9.92), S. 22.

Für Willy Brandt. In: S+F, Nr. 3/1992, S. 122–124.

Souverän für Deutschland. In: Die ZEIT, Nr. 43 (16.10.92), S. 20.

Es kann einen gerechten Zufall geben, zufällige Gerechtigkeit wäre schlimm. In: S+F, Nr.1/1993, S. 26–32.

Vierzig Jahre Deutschlandpolitik – Stationen und Entwicklungen. In: SPD-Bundestagsfraktion (Hrsg.): Rück-Sicht auf Deutschland. Beiträge zur Geschichte der DDR und zur Deutschlandpolitik, Bonn 1993, S. 3–9.

Einen Königsweg gibt es nicht. Paul Kennedy verbindet Mut zur Prognose mit der Vorsicht des erfahrenen Historikers. In: Die ZEIT, Nr. 14 (2.4.93), S. 17.

Wendehälse oder Die Großmächte als Täuscher. In: Neue ZEIT (3.6.93).

Diktatur des Mehrwertes. In: Die ZEIT, Nr. 24 (11.6.93), S. 17.

Bewegung ging von Ostdeutschland aus. Interview in: Berliner Zeitung, Nr. 138 (16.6.93), S. 5.

Deutschland läßt ihn nicht los. Peter Bender zum 70. Geburtstag. In: Sozialdemokratischer Pressedienst, Nr. 112. (16.6.93), S. 3–4.

Nicht mehr erpreßbar. In: Die Woche, Nr. 35 (26.8.93).

Die Deutschlandpolitik der SPD nach dem Kriege. In: Dowe, Dieter (Hrsg.): Die Ost- und Deutschlandpolitik der SPD in der Opposition 1982–1989. Papiere eines Kongresses der Friedrich-Ebert-Stiftung am 14. und 15. September 1993 in Bonn (=Forschungsinstitut der FES. Gesprächskreis Geschichte, Heft 4), Bonn 1993.

Die SPD und die Nation. In: Sozialdemokratischer Pressedienst, Nr. 178 (17.9.93), S. 4–6.

Ohne Frieden ist alles nichts. In: Die ZEIT, Nr. 42. (15.10.93), S. 15.

Für eine europäische Friedensordnung. Über die Chance, Europa ohne Krieg zu einigen. In: Zukunft, Nr. 11/1993, S. 29–35.

Trommler und Händler. Ein Gespräch mit Timothy Garton Ash über die SPD und die Entspannungspolitik. In: Wochenpost (5.1.94).

Wer hat hier wen durchdrungen? In: Rheinischer Merkur/Christ und Welt, Nr. 8 (25.2.94).

Wir waren schließlich keine Träumer. Interview in: Der SPIEGEL, Nr. 5 (30.1.95), S. 23–25.

4　単項論文・回想録、その他

Abrassimow, Pjotr A.: 300 Meter vom Brandenburger Tor. Erinnerungen eines Botschafters, Berlin 1985.

Adenauer, Konrad: Erinnerungen 1945–1953, Stuttgart/Hamburg 1965.

Aichinger, Gerhard: Egon Bahr. Mission in Prag. In: Rheinischer Merkur, Nr. 31 (4.8.67), S. 4.

Albertz, Heinrich: Wird aus Berlin ein zweites Algerien? Interview in: Der SPIEGEL, Nr. 36 (5.9.62), S.22–27.

Albertz, Heinrich: Blumen für Stukenbrock. Biographisches, Stuttgard 1981.

Albrecht, Willy (Hrsg.): Kurt Schumacher. Reden – Schriften – Korrespondenzen 1945–1952, Berlin/Bonn 1985.

Alemann, Ulrich von/ Erhard Forndran: Methodik der Politikwissenschaft. Eine Einführung in Arbeitstechnik und Forschungspraxis, Stuttgard/Berlin/Köln/Mainz 1974.

Allardt, Helmut: Moskauer Tagebuch. Beobachtungen, Notizen, Erlebnisse, Düsseldorf/Wien 1974.

Allardt Helmut: Politik vor und hinter den Kulissen. Erfahrungen eines Diplomaten zwischen Ost und West, Frankfurt a.M./Berlin/Wien 1983.

Allemann, Fritz René: Egon Bahr – Bonns Graue Eminenz. In: Die Weltwoche (6.2.70).

Ammer, Thomas: Politische Kontakte Bundesrepublik-DDR im ersten Halbjhar 1989. In: Deutschland Archiv. Zeitschrift für Fragen der DDR und der Deutschlandpolitik, Heft

9/1989, S. 1019–1027.
Amrehn, Franz: Gefährlicher Richtungswechsel. In: Politisch-soziale Korrespondenz, Nr. 15 (1.8.63), S. 5–8.
Andert, Reinhold/ Wolfgang Herzberg: Der Sturz. Erich Honecker im Kreuzverhör, Berlin/Weimar 1991.
Apel, Hans: Der Abstieg. Politisches Tagebuch eines Jahrzehnts 1978–1988, Stuttgard 1990.
Appel, Reinhard: "Für Deutschland Visionen ohne Illusion. Egon Bahr: Freund des Kanzlers und Brandts Mann des Jahres". In: Süddeutsche Zeitug, Nr. 313 (Silvester 1971/ Neujahr 1972), S.3.
Appel, Reinhard: Berater und Vertrauter Willy Brandts. Egon Bahr als Sonderbotschafter in Prag. In: Stuttgarter Zeitung (21.7.67).
Appel, Reinhard: Der Theoretiker geht an die diplomatische Front. Egon Bahr hat die neue Deutschland- und Ostpolitik konzipiert. In: Stuttgarter Zeitung (28.1.70).
Appel, Reinhard: Man schlägt den Sack und meint den Esel. In: Süddeutsche Zeitung (30.7.71).
Arndt, Claus: Die Verträge von Moskau und Warschau. Politische, verfassungsrechtliche und völkerrechtliche Aspekte, Bonn 1982.
Ash, Timothy Garton: Was bedeuten die Willy-Brandt-Papiere? In: Frankfurter Allgemeine Zeitung, Nr. 21 (26.1.94), S. 29.
Ash, Timothy Garton: Ein Jahrhundert wird abgewählt. Aus den Zentren Mitteleuropas 1980–1990, München/Wien 1990.
Ash, Timothy Garton: Im Namen Europas. Deutschland und der geteilte Kontinent, München/Wien 1993.
Ashkenasi, Abraham: Reformpartei und Außenpolitik. Die Außenpolitik der SPD Berlin-Bonn, Köln/Opladen 1968.
Auswärtiges Amt (Hrsg.): Sicherheit und Zusammenarbeit in Europa. Dokumentation zum KSZE-Prozeß, Bonn 1990.
Avnery, Uri: Wiederholung der Gescichte? In: Der SPIEGEL, Nr. 49 (30.11.92), S. 30–32.
Axen, Hermann: Zur Entwicklung der sozialistischen Nation in der DDR, Berlin 1973.
Baring, Arnulf (in Zuzammenarbeit mit Manfred Görtemaker): Machtwechsel. Die Ära Brandt-Scheel, Stuttgart 1983.
Baring, Arnulf (in Zusammenarbeit mit Volker Zastrow): Unser neuer Größenwahn. Deutschland zwischen Ost und West, Stuttgart 1988.
Baring, Arnulf: Der 17. Juni 1953. Mit einem Vorwort von Richard Löwenthal, Stuttgart

1983.

Baring, Arnulf: Im Anfang war Adenauer. Die Entstehung der Kanzlerdemokratie, München 1982.

Baring, Arnulf: Schmidt als Begründer von Brandts Ostpolitik. Hans Georg Lehmanns problematische "Öffnung nach Osten". In: Frankfurter Rundschau (Wochenend-Beilage "Zeit und Bild"), Nr. 92 (20.4.85), S. 4.

Barth, Heinz: Halbgefrorenes à la Egon Bahr. Der Stil der deutschen Außenpolitik ist amorph und gefühlsverschwommen. In: Die WELT(Beilage "Die geistige Welt"), Nr. 7 (9.1.71), S. I–II.

Barzel, Rainer: Auf dem Drahtseil, München/Zürich 1978.

Barzel, Rainer: Im Streit und umstritten. Anmerkungen zu Konrad Adenauer, Ludwig Erhard und den Ostverträgen, Frankfurt a.M./Berlin 1986.

Bauschmid, Elisabeth: Die Teilung als Chance. Egon Bahrs Rede über das eigene Land. In: Süddeutsche Zeitung, Nr. 274 (28.11.88), S. 11.

Becker, Josef: Die Deutsche Frage als Problem des internationalen Staatensystems. In: Politische Studien. Zweimonatsschrift für Zeitgeschehen und Politik. Sonderdruck aus Heft 252, Juli/Aug. 1980.

Behrendt, Wolfgang: Die innerparteiliche Auseinandersetzung um die Ostpolitik in der SPD 1960–1969 (Diplomarbeit). Otto-Suhr-Institut an der Freien Universität Berlin, Berlin 1972 (Unveröffentlichtes Manuskript).

Behrens, Henning/ Paul Noack: Theorien der Internationalen Politik, München 1984.

Belezki, V.N.: Die Politik der Sowjetunion in den deutschen Angelegenheiten in der Nachkriegszeit 1945–1976, Berlin 1977.

Bender, Peter: Adenauer, Erhard, Kiesinger und die DDR. In: Die ZEIT, Nr. 24 (11.6.93), S. 36.

Bender, Peter: Annäherung nur durch Wandel. In: Vorwärts, Nr. 29 (16.7.88), S. 21.

Bender, Peter: Das Ende des ideologischen Zeitalters. Die Europäisierung Europas, Berlin 1981.

Bender, Peter: Das erste Loch in der Mauer. In: Die ZEIT, Nr. 41 (8.10.93), S .27.

Bender, Peter: Deutsche Parallelen. Anmerkungen zu einer gemeinsamem Geschichte zweier getrennter Staaten, Berlin 1989.

Bender, Peter: Die Ostpolitik Willy Brandts oder Die Kunst des Selbstverständlichen, Reinbek bei Hamburg 1972.

Bender, Peter: Neue Ostpolitik. Vom Mauerbau bis zum Moskauer Vertrag, München 1986.

Bender, Peter: Offensive Entspannung. Möglichkeit für Deutschland, Köln/Berlin 1964.

Bender, Peter: Was war die DDR – was bleibt von ihr?, Hamburg/Zürich 1992.

Bender, Peter: Zehn Gründe für die Anerkennung der DDR, Frankfurt a.M./Hamburg 1968.

Bender, Peter: Zuspruch aus Vilshofen. In: Liberal. Beiträge zur Entwicklung einer freiheitlichen Ordnung, Nr. 3/1970, S. 230–231.

Bender, Peter: Zwei neurotische Riesen. Am Beginn der großen Weltkrise? In: Merkur. Deutsche Zeitschrift für europäisches Denken, Nr. 6/1980, S. 529–541.

Benz, Wolfgang/ Günter Plum/ Werner Röder: Einheit der Nation. Diskussionen und Konzeptionen zur Deutschlandpolitik der großen Parteien seit 1945, Stuttgart-Bad Cannstatt 1978.

Bergdoll, Udo: Rückkehr zu einer stillen Liebe. Egon Bahr soll den Einfluß der SPD auf die Außenpolitik sichern. In: Süddeutsche Zeitung, Nr. 156 (10.7.74), S. 3.

Bernecker, Walther L./ Volker Dotterweich (Hrsg.): Persönlichkeit und Politik in der Bundesrepublik. Politische Porträts, Band 1, Göttingen 1982.

Bernstorf, Martin: Nation statt NATO. Die politische Ideenwelt von Egon Bahr. In: Die politische Meinung. Zweimonatshefte für Fragen der Zeit. 27. Jg., 1982, Heft 202, S. 32–38.

Besson, Waldemar: Die Außenpolitik der Bundesrepublik. Erfahrungen und Maßstäbe, München 1970.

Bigler, Rolf R.: Im Falle eines Falles, klebt an Egon wirklich alles. In: Playboy, Nr. 6/1973, S. 82–84 und S. 187–188.

Bigler, Rolf R.: Sein erster Arbeitgeber war die Rote Armee. In: Wirtschaftswoche (25.5.73).

Binder, David: The Other German. Willy Brandt's Life and Times, Washington D.C. 1976.

Birkenmaier, Werner: Später Triumph für Brandts Schatten. In: Stuttgarter Zeitung (18.3.87).

Birrenbach, Kurt: Meine Sondermissionen. Rückblick auf zwei Jahrzehnte bundesdeutscher Außenpolitik, Düsseldorf/Wien 1984.

Böge, Volker/ Peter Wilke: Sicherheitspolitische Alternativen. Bestandsaufnahme und Vorschläge zur Diskussion, Baden-Baden 1984.

Böhme, Erich/ Klaus Wirtgen (Hrsg.): Willy Brandt: Die SPIEGEL-Gespräche 1959–1992. Vorwort von Rudolf Augstein, Stuttgart 1993.

Bölling, Klaus: Bonn von außen betrachtet. Briefe an einen alten Freund, Stuttgart 1986.

Bölling, Klaus: Die fernen Nachbarn. Erfahrungen in der DDR, Hamburg 1983.

Bölling, Klaus: Die letzten 30 Tage des Kanzlers Helmut Schmidt. Ein Tagebuch, Reinbek bei Hamburg 1982.

Bondy, François: Kissinger und die Kritiker. Die "Memoiren I" und ihr Echo. In: Merkur. Deutsche Zeitschrift für europäisches Denken, Nr. 34/1980, S. 288–294.

Borowsky, Peter: Detuschland 1963–1969, Hannover 1983.

Borowsky, Peter: Detuschland 1970–1976, Hannover 1980.

Bouvier, Beatrix W.: Zwischen Godesberg und Großer Koalition. Der Weg der SPD in die Regierungsverantwortung. Außen-, sicherheits- und deutschlandpolitische Umorientierung und gesellschaftliche Öffnung der SPD 1960–1966, Bonn 1990.

Bracher, Karl Dietrich/ Theodor Eschenburg/ Joachim C. Fest/ Eberhard Jäckel (Hrsg.): Geschichte der Bundesrepublik Deutschland in fünf Bänden, Band 5/1 : Bracher, Karl Dietrich/ Wolfgang Jäger/ Werner Link: Republik im Wandel 1969–1974. Die Ära Brandt, Stuttgart/Mannheim 1986.

Bracher, Karl Dietrich/ Theodor Eschenburg/ Joachim C. Fest/ Eberhard Jäckel (Hrsg.): Geschichte der Bundesrepublik Deutschland in fünf Bänden, Band 5/11: Jäger, Wolfgang/Werner Link: Republik im Wandel 1974–1982. Die Ära Schmidt, Stuttgart 1987.

Brandstetter, Karl J.:Allianz des Mißtrauens. Sicherheitspolitik und deutsch-amerikanische Beziehungen in der Nachkriegszeit. Mit einem Nachwort von Helmut Ridder, Köln 1989.

Brandt, Ahasver von: Werkzeug des Historikers. Eine Einführung in die Historischen Hilfswissenschaften, Stuttgart/Berlin/Köln/Mainz 1973.

Brandt, Peter/ Ammon, Herbert (Hrsg.): Die Linke und die nationale Frage. Dokumente zur deutschen Einheit seit 1945, Reinbek bei Hamburg 1981.

Brandt, Willy: "…was zusammengehört". Reden zu Deutschland, Bonn 1990.

Brandt, Willy: "Ich gebe zu bedenken…" In: Der SPIEGEL, Nr. 45 (7.11.88), S. 38–46.

Brandt, Willy: Begegnungen und Einsichten. Die Jahre 1960–1975, Hamburg 1976.

Brandt, Willy: Deutscher Patriotismus. In: Der SPIEGEL, Nr. 5 (1.2.82), S. 42–43.

Brandt, Willy: Die Abschiedsrede, Berlin 1987.

Brandt, Willy: Erinnerungen, Berlin/Frankufurt, a.M. 1989.

Brandt, Willy: Friedenspolitik in Erropa. Frankfurt a.M 1968.

Brandt, Willy: Plädoyer für die Zukunft. Beiträge zur deutschen Politik. Mit einem Vorwort von Herbert Wehner, Frankfurt a.M. 1972.

Brandt, Willy: Über den Tag hinaus. Eine Zwischenbilanz, Hamburg 1974.

Bredow, Wilfried/ Rundolf Horst Brocke: Das deutschlandpolitische Konzept der SPD.

Darstellung, Hintergründe und problembereiche der Deutschlandpolitik der SPD Mitte der achtziger Jahre, Erlangen 1986.

Brinkel, Wolfgang/ Jo Rodejohann (Hrsg.): Das SPD/SED-Papier. Der Streit der Ideologien und die gemeinsame Sicherheit. Das Originaldokument mit Beiträgen von Erhasd Eppler u.a., Freiburg im Breisgau 1988.

Brodmann, Roman: Egon Bahr – die rosarote Eminenz. In: Die Weltwoche (25.8.67).

Brügge, Bernd: "Der lange Marsch des Egon Bahr". In: Lübecker Nachrichten (18.3.87).

Bruns, Wilhelm: Von der Deutschland-Politik zur DDR-Politik? Prämissen – Probleme – Perspektiven, Opladen 1989.

Buchheim, Christoph: Wirtschaftliche Hintergründe des Arbeiteraufstandes vom 17. Juni 1953 in der DDR. In: Vierteljahrshefte für Zeitgeschichte, Heft 3/1990, S. 415–433.

Bundesministerium für gesamtdeutsche Fragen (Hrsg.): Der Volksaufstand vom 17. Juni 1953. Denkschrift über den Juni-Aufstand in der sowjetischen Besatzungszone und in Ost-Brlin, Bonn 1953.

Bundesministerium für gesamtdeutsche Fragen (Hrsg.): Die Bemühungen der Bundesrepublik um die Wiederherstellung der Einheit Deutschlands, Bonn 1953.

Bundy, McGeorge/ George F. Kennan/ Robert S. McNamara/ Gerard Smith: Kernwaffen und das Atlantische Bündnis. In: Europa-Archiv, Folge 7/1982, S. 183–198.

Conrad, Bernt: "Kohl: Moskauer Vertrag schuf für Wandel in Europa die Voraussetzung". In: Die WELT, Nr. 186 (11.8.90), S. 5.

Conze, Werner: Jakob Kaiser. Politiker zwischen Ost und West 1945–1949, Stuttgart/ Berlin/Köln/Mainz 1969.

Cramer, Dettmar: "gefragt: Egon Bahr", Bornheim 1975.

Cramer, Dettmar: Deutschland nach dem Grundvertrag, Sttugart 1973.

Cramer, Dettmar: Egon und die Ostpolitik. Staatssekretär Bahr über das deutsch-sowjetische Verhältnis. In: Frankfurter Allgemeine Zeitung, Nr. 195 (25.8.70), S. 2.

Cramer, Dettmar: Einheitspartei und Nation. In: Deutschland Archiv. Zeitschrift für Fragen der DDR und der Deutschlandpolitik, Heft 5/1972, S. 457–464.

Czempiel, Ernst-Otto (Hrsg.): Die Lehre von den Internationalen Beziehungen, Darmstadt 1969.

Czempiel, Ernst-Otto: Internationale Politik. Ein Konfliktmodell, Paderborn u.a. 1981.

Czempiel, Ernst-Otto: Nachrüstung und Systemwandel. Ein Beitrag zur Diskussion um den Doppelbeschluß der NATO. In: Aus Politik und Zeitgeschichte. Beilage zur Wochenzeitung Das Parlament, Nr. 5(6.2.82), S. 22–46.

Czerwick, Edwin: Oppositionstheorien und Außenpolitik. Eine Analyse sozialdemokrati-

scher Deutshlandpolitik 1955 bis 1966, Königstein/Ts. 1981.
Der Palme-Bericht. Bericht der Unabhängigen Kommission für Abrüstung und Sicherheit "Common Security", Berlin 1982.
Ditfurth, Christian von: Angst vor den Akten. Archive enthüllen den Umgang von SPD-mit SED-Politikern. In: Der SPIEGEL, Nr. 35 (24.8.92), S. 50–63.
Dittgen, Herbert: Deutsch-amerikanische Sicherheitsbeziehungen in der Ära Helmut Schmidt. Vorgeschichte und Folgen des NATO-Doppelbeschlusses, München 1991.
Doherr, Annamarie: Der Mann neben Willy Brandt. Egon Bahr ist der Prügelknabe für alle, die sich nicht an den Kanzler heranwagen. In: Frankfurter Rundschau, Nr. 197 (27.8.71), S. 3.
Dohnanyi, Klaus von: Brief an die Deutschen Demokratischen Revolutionäre, München 1990.
Dohnanyi, Klaus von: Das Deutsche Wagnis, München 1990.
Dönhoff, Marion Gräfin: Der richtige Weg: Schritt um Schritt. Erst die Entspannungspolitik hat den Aufstand der Völker ermöglicht. In: Die ZEIT, Nr. 9 (21.2.92), S. 3.
Dowe, Dieter (Hrsg.): Die Ost- und Deutschlandpolitik der SPD in der Opposition 1982–1989. Papiere eines Kongresses der Friedrich-Ebert-Stiftung am 14. und 15. September 1993 in Bonn (= Forschungsinstitut der FES. Gesprächskreis Geschichte. Heft 4), Bonn 1993.
Dowe, Dieter (Hrsg.): Sozialdemokratie und Nation in Geschichte und Gegenwart, Bonn 1990.
Dowe, Dieter/ Kurt Klotzbach (Hrsg.): Programmatische Dokumente der deutschen Sozialdemokratie, Berlin/Bonn-Bad Godesberg 1990.
Duve, Freimut (Hrsg.): Die Nachrüstungsdebatte im Deutschen Bundestag. Protokoll einer historischen Entscheidung, Reinbek bei Hamburg 1984.
Ehmke, Horst: Eine Politik der Selbstbehauptung Europas. Überlegungen angesichts der Entfremdung zwischen Alter und Neuer Welt. In: Europa-Archiv, Folge 7/1984, S. 195–204.
Ehmke, Horst: Mittendrin. Von der Großen Koalition zur Deutschen Einheit, Berlin 1994.
Eisenmann, Peter: Einheit der Nation – mit der SPD? Deutsche Nation 1978 – Torso oder Fiktion. In: Die politische Meinung, Nr. 179 (Juli/August 1978), S. 15–22.
Enders, Thomas: Die SPD und die äußere Sicherheit. Zum Wandel der sicherheitspolitischen Konzeption der Partei in der Zeit der Regierungsverantwortung (1966–1982), Melle 1987.
Engert, Jürgen: Bahrs inneres Geländer. In: Deutsche Zeitung/Christ und Welt, Nr. 11

(17.3.72), S. 5.
Engert, Jürgen: Willy Brandts getreuer Ekkehart. Senatspressechef Egon Bahr will Politik machen. In: Christ und Welt/Deutsche Wochenzeitung, Nr. 51(18.12.64), S.4.
Eppler, Erhard: Das Schwerste ist Glaubwürdigkeit. Gespräche über ein Politikerleben mit Freimut Duve, Reinbek bei Hambrug 1978.
Eppler, Erhard: Die Geschichte im Rückspiegel. Erst der Dialog mit der Diktatur ermöglichte den Wandel im Osten. In: Die ZEIT, Nr. 10 (28.2.92), S. 6.
Eppler, Erhard: Glotz, Zwerenz und die SPD. In: Der SPIEGEL, Nr. 6 (8.2.88), S. 52–53.
Eppler, Erhard: Wege aus der Gefahr, Reinbeck bei Hamburg 1985.
Falin, Valentin: Die Straße wird regieren. Interview in: Die ZEIT, Nr. 12 (13.9.92), S. 17–20.
Falin, Valentin: Für militärische Neutralität. Interview in Der SPIEGEL, Nr. 8. (19.2.90), S. 168–172.
Falin, Valentin: Politische Erinnerungen, München 1993.
Fichter, Tilman: Die SPD und die Nation. Vier sozialdemokratische Generationen zwischen nationaler Selbstbestimmung und Zweistaatlichkeit, Berlin/Frankfurt a.M. 1993.
Flach, Karl-Hermann: "Deutsches Armutszeugnis". In: Frankfurter Rundschau (27.7.63).
Frank, Paul: Entschlüsselte Botschaft. Ein Diplomat macht Inventur, Stuttgart 1982.
Frei, Daniel (Hrsg.): Theorien der internationalen Beziehungen, München 1973.
Freudenhammer, Alfred/ Karlheinz Vater: Herbert Wehner. Ein Leben mit der Deutschen Frage, München 1978.
Friedrich-Ebert-Stiftung (Hrsg.): Die deutsche Nation – von der Geschichte überholt oder geschichtlicher Auftrag? Die nationale Frage und die beiden deutschen Staaten, Bonn-Bad Godesberg 1974.
Friedrich-Naumann-Stiftung (Hrsg.): Lösung der deutschen Frage – wie, wann, mit wem? Dokumentation des Experten-Disputes der Friedrich-Naumann-Stiftung am 19. Oktober 1984 in Königswinter/Margaretenhof, Februar 1985.
Fritsch-Bournazel, Renata: Europa und die deutsche Einheit, Stuttgart 1990.
Füser, Hans-Dieter: Deutscher, Europäer und Weltbürger. In: Mannheimer Morgen (18.3.87).
Fukuyama, Francis: Das Ende der Geschichte. Wo stehen wir?, München 1992.
Gabbe, Jörg: Parteien und Nation. Zur Rolle des Nationalbewußtseins für die politischen Grundorientierungen der Parteien in der Anfangsphase der Bundesrepublik, Meisenheim 1976.

Gall, Lothar: Machen Männer die Geschichte? Probleme der historischen Biographie. In: Das Parlament, Nr. 36 (11.9.82), S. 1 und 5.

Gansel, Norbert: Wenn alle gehen wollen, weil die Falschen bleiben. In: Frankfurter Rundschau, Nr. 212 (13.9.89), S. 10.

Garthoff, Raymond L.: Détente and Confrontation. American-Soviet Relations from Nixon to Reagan, Waschington D.C. 1985.

Gasteyger, Curt: Die beiden deutschen Staaten in der Weltpolitik, München 1976.

Gaulle, Charles de: Memoiren der Hoffnung. Die Wiedergeburt 1958–1962, Wien/ München /Zürich 1971.

Gaus, Günter: Deutschland und die Nato. Drei Reden, Reinbek bei Hamburg 1984.

Gaus, Günter: Die Welt der Westdeutschen. Kritische Betrachtungen, Köln 1986.

Gaus, Günter: Staatserhaltende Opposition oder Hat die SPD kapituliert? Gespräche mit Herbert Wehner, Reinbek bei Hamburg 1966.

Gaus, Günter: Texte zur deutschen Frage, Darmstadt 1981.

Gaus, Günter: Paul Sethe und die deutsche Ostpolitik. In: Süddeutsche Zeitung, Nr. 114 (12./13.5.62), S. 73–74.

Geißler, Heiner: Im Gespräch mit Gunter Hofmann und Werner A. Perger, Fankfurt a.M. 1993.

Genrich, Claus: Vor der Wirklichkeit der Sicherheitslage legen sich Schleier. Bahrs Einfluß auf die Linie der SPD bei der Umsetzung des NATO-Doppelbeschlusses. In: Fankfurter Allgemeine Zeitung, Nr. 40 (17.2.81), S.5.

Genscher, Hans-Dietrich: Deutsche Außenpolitik,Stuttgart 1977.

Glaeßner, Gert-Joachim: Der schwierige Weg zur Demokratie. Vom Ende der DDR zur deutschen Einheit, Opladen 1991.

Glaeßner, Gert-Joachim: Sozialistische Systeme. Einführung in die Kommunismus- und DDR-Forschung, Opladen 1982.

Glaeßner, Gert-Joachim/ Jürgen Holz/ Thomas Schlüter (Hrsg.): Die Bundesrepublik in den siebziger Jahren. Versuch einer Bilanz, Opladen 1984.

Glotz, Peter: Die Linke nach dem Sieg des Westens, Stuttgart 1992.

Glotz, Peter: Egon Bahr – ein Mann, der Linie hielt. In: General-Anzeiger, Bonn (18.3.92).

Gorbatschow, Michail: Das gemeinsame Haus Europa und die Zukunft der Perestroika. Mit Beiträgen sowjetischer Wissenschaftler und Politiker, Düsseldorf/Wien/New York 1990.

Gorbatschow, Michail: Erinnerungen, Berlin 1995.

Gorbatschow, Michail: Gipfelgespräche. Geheime Protokolle aus meiner Amtszeit, Berlin 1993.

Gorbatschow, Michail: Perestroika. Die zweite russische Revolution. Eine neue Politik für Europa und die Welt, München 1987.

Görtemaker, Manfred: Die unheilige Allianz. Die Geschichte der Entspannungspolitik 1943–1979, München 1979.

Graml, Hermann: Die Legende der verpaßten Gelegenheiten. Zur sowjetischen Notenkampagne des Jahres 1952. In: Vierteljahrshefte für Zeitgeschichte, Heft 3/1981, S. 307–341.

Grewe, Wilhelm G.: Rückblenden. Aufzeichnungen eines Augenzeugen deutscher Außenpolitik von Adenauer bis Schmidt, Frankfurt a.M./Berlin/Wien 1979.

Griffith, William E.: Die Ostpolitik der Bendesrepublik Deutschland, Stuttgart 1981.

Groh, Dieter/ Peter Brandt: Vaterlandslose Gesellen. Sozialdemokratie und Nation 1860–1990, München 1992.

Grosser, Alfred: Das Bündnis. Die westeuropäischen Länder und die USA seit dem Krieg, München/Wien 1978.

Grosser, Alfred: Das Deutschland im Westen. Eine Bilanz nach 40 Jahren, München/Wien 1985.

Grosser, Alfred: Politik erklären. Unter welchen Voraussetzungen? Mit welchen Mitteln? Zu welchen Ergebnissen? München 1973.

Gruner, Wolf D.: Die deutsche Frage. Ein Problem der europäischen Geschichte seit 1800, München 1985.

Guha, Anton-Andreas: Die Neutronenbombe, oder: Die Perversion menschlichen Denkens, Frankfurt a.M. 1977.

Guttenberg, Karl Theodor Freiherr zu: Die neue Ostpolitik. Wege und Irrwege, Osnabrück 1971.

Guttenberg, Karl Theodor Freiherr zu: Fußnoten, Frankfurt a.M./Berlin/Wien 1973.

Haack, Dieter/ Hans-Günter Hoppe/ Eduard Lintner/ Wolfgang Seiffert (Hrsg.): Das Wiedervereinigungsgebot des Grundgesetzes, Köln 1989.

Haack, Dieter: Kritische Anmerkungen zum "Ideologie-Papier". Aber: Der Dialog ist unverzichtbar. In: Deutschland Archiv. Zeitschrift für Fragen der DDR und der Deutschlandpolitik, Heft 1/1988, S. 40–47.

Habel, Fritz Peter. Helmut Kistler: Entscheidungen in Deutschland 1949–1955. Die Kontroversen um die außen-, deutschland- und wirtschaftspolitische Orientierung der Bundesrepublik Deutschland, Bonn 1987.

Hacke, Christian: Die Ära Nixon-Kissinger 1969–1974. Konservative Reform der Weltpolitik, Stuttgart 1983.

Hacke, Christian: Die Ost- und Deutschlandpolitik der CDU/CSU. Wege und Irrwege der Opposition seit 1969, Köln 1975.

Hacke, Christian: Drift nach Osten. Der Nachrüstungsbeschluß und Anti-Amerikanismustendenzen in der SPD. In: Die politische Meinung, Nr. 196, 1981, S. 22–37.

Hacke, Christian: Henry Kissinger und das deutsche Problem. In: Deutschland Archiv. Zeitschrift für Fragen der DDR und der Deutschlandpolitik, Heft 9/1975, S. 973–987.

Hacke, Christian: Weltmacht wider Willen. Die Außenpolitik der Bundesrepublik Deutschland, Stuttgart 1988.

Hacker, Jens: Der Abschied der SPD von Deutschland. Abkehr der Partei von zentralen Prinzipien und Zielen. In: Frankfurter Allgemeine Zeitung, Nr. 57 (8.3.89), S. 11–12.

Hacker, Jens: Deutsche Irrtümer. Schönfärber und Helfershelfer der SED-Diktatur im Westen, Berlin/Frankfurt a.M. 1992.

Hacker, Jens: Neutralität, Neutralismus und Blockfreiheit. In: Aus Politik und Zeitgeschichte. Beilage zur Wochenzeitung Das Parlament, Nr. 18 (7.5.83), S. 3–20.

Haftendorn, Helga (Hrsg.): Theorie der Internationalen Politik. Gegenstand und Methoden der Internationalen Beziehungen, Hamburg 1975.

Haftendorn, Helga/ Jakob Schissler (Hrsg.): Rekonstruktion amerikanischer Stärke. Sicherheits- und Rüstungskontrollpolitik der USA während der Reagan-Administration, Berlin/New York 1988.

Haftendorn, Helga/ Lothar Wilker/ Claudia Wörmann: Die Außenpolitik der Bundesrepublik Deutschland, Berlin 1982.

Haftendorn, Helga: Das doppelte Mißverständnis. Zur Vorgeschichte des NATO-Doppelbeschlusses von 1979. In: Vierteljahrshefte für Zeitgeschichte, Heft 2/1985, S. 244–287.

Haftendorn, Helga: Entstehung und Bedeutung des Harmel-Berichtes der NATO von 1967. In: Vierteljahrshefte für Zeitgeschichte, Heft 2/1992, S. 169–221.

Haftendorn, Helga: Sicherheit und Entspannung. Zur Außenpolitik der Bundesrepublik Deutschland 1955–1982, Baden-Baden 1986.

Haftendorn, Helga: Sicherheit und Stabilität. Außenbeziehungen der Bundesrepublik zwischen Ölkrise und NATO-Doppelbeschluß, München 1986.

Hahn, Walter F.: West Germany's Ostpolitik. The Grand Design of Egon Bahr. In: Orbis. A Quarterly Journal of World Affairs, Volume XVI, Winter 1973, Number 4. S. 859–880.

Hanrieder, Wolfram F.: Deutschland, Europa, Amerika. Die Außenpolitik der Bundesrepu-

blik Deutschland 1949–1989, Paderborn/München/Wien/Zürich 1991.
Hanrieder, Wolfram F.: Die stabile Krise. Ziele und Entscheidungen der bundesrepublikanischen Außenpolitik 1949–1969, Düsseldorf 1971.
Hanrieder, Wolfram F.: Fragmente der Macht. Die Außenpolitik der Bundesrepublik, München 1981.
Harpprecht, Klaus: Willy Brandt. Porträt und Selbstporträt, München/Zürich 1971.
Hartung, Klaus: Die Legende von der Einheitspolitik. In: Die ZEIT, Nr. 46 (12.11.93), S. 5.
Hartung, Klaus: Die Nation gehört nicht der Rechten. In: Die ZEIT, Nr. 43. (22.10.93), S. 11.
Heep, Barbara D.: Helmut Schmidt und Amerika. Eine schwierige Partnerschaft, Bonn 1990.
Heidelmeyer, Wolfgang/ Günter Hindrichs (Hrsg.): Die Berlin-Frage. Politische Dokumentation 1944–1965, Frankfurt a.M./Hamburg 1965.
Heinlein, Stefan A.: Gemeinsame Sicherheit. Egon Bahrs sicherheitspolitische Konzeption und die Kontinuität sozialdemokratischer Entspannungsvorstellungen, Münster/ New York 1993.
Heisenberg, Wolfgang/ Dieter S. Lutz (Hrsg.): Sicherheitspolitik kontrovers, Bd. I : Frieden und Sicherheit. Status quo in Westeuropa und Wandel in Osteuropa, Bonn 1990.
Heisenberg, Wolfgang/ Dieter S. Lutz (Hrsg.): Sicherheitspolitik kontrovers, Bd. II : Neue Waffentechnologien. Politische und militärische Modelle der Sicherheit, Bonn 1990.
Heisenberg, Wolfgang/ Dieter S. Lutz (Hrsg.): Sicherheitspolitik kontrovers, Bd. III: Konventionelle Militärpotentiale NATO/WP 1949–1986 aus offenen Quellen, Bonn 1990.
Henkels, Walter: "Egon und die Detektive. Bonner Köpfe: Staatssekretär Egon Bahr". In: Frankfurter Allgemeine Zeitung, Nr. 24 (29.1.70), S. 2.
Herbst, Ludolf: Option für den Westen. Vom Marshallplan bis zum deutsch-französischen Vertrag, München 1989.
Heß, Hans-Jürgen: Innerparteiliche Gruppenbildung. Macht- und Demokratieverlust einer politischen Partei am Beispiel der Berliner SPD in den Jahren von 1963 bis 1981, Bonn 1984.
Heß, Jürgen C.: Die Bundesrepublik Deutschland auf dem Weg zur Nation? In: Neue Politische Literatur. Berichte über das internationale Schrifttum Nr. 3/1981, S. 292–324.
Heyen, Rolf (Hrsg.): Die Entkrampfung Berlins oder Eine Stadt geht zur Tagesordnung über, Reinbek bei Hamburg 1972.

Heym, Stefan: Einmischung. Gespräche – Reden – Essays. Mit einem Vorwort von Egon Bahr, Gütersloh 1990.

Hildebrandt, Rainer: Der 17. Juni, Berlin 1983.

Hillenbrand, Martin J. (Hrsg.): Die Zukunft Berlins, Frankfurt a.M./Berlin/Wien 1981.

Hillgruber, Andreas: Deutsche Geschichte 1945–1982. Die "deutsche Frage" in der Weltpolitik, Frankfurt a.M./Berlin/Wien 1974.

Hinze, Albrecht: SPD und SED für chemiewaffenfreie Zone. In: Süddeutsche Zeitung, Nr. 132 (11.6.85), S. 5.

Hirsch, Helga: Der falsche Weg: Politik von oben. Die westliche "Realpolitik" hat den Umbruch im Osten verzögert. In: Die ZEIT, Nr. 9 (21.2.92), S. 3.

Hoffmann, Wolfgang: Nur noch ein Hauch Ideologie. In: Die ZEIT, Nr. 6 (31.1.75), S. 29.

Hofmann, Gunter: Angeklagt, aber unzerknirscht. In: Die ZEIT, Nr. 39 (24.8.93), S. 6.

Hofmann, Gunter: Das Denken ist seine Lust. Der Abrüstungsexperte der Sozialdemokraten will mit neuen Ideen die Sicherheit in Europa stärken. In: Die ZEIT, Nr. 22 (28.5.82), S. 9–10.

Hofmann, Gunter: Die große Koalition der Außenseiter. Bonner Rauchzeichen. Stimmungen und Spekulationen In: Die ZEIT, Nr. 17 (20.4.84), S.3.

Hofmann, Gunter: Mach's nicht noch mal, Deutschland! In: Die ZEIT, Nr. 44 (29.10.93), S. 6.

Hofmann, Gunter: Willy Brandt – Porträt eines Aufklärers aus Deutschland, Reinbek bei Hamburg 1988.

Hofmann, Gunter: Willy, 80. In: ZEIT-Magazin, Nr. 51 (17.12.93), S. 24–34.

Hofmann, Klaus: Entspannung als Motiv der Existenzsicherung. In: Die Rheinpfalz (18.3.87).

Hurwitz, Harold: Zwangsvereinigung und Widerstand der Sozialdemokraten in der Sowjetischen Besatzungszone und Berlin, Köln 1990.

Hütter, Joachim: Die SPD und nationale Sicherheit. Internationale und innenpolitische Determinanten des Wandels der sozialdemokratischen Sicherheitspolitik 1959–1961, Meisenheim 1975.

Jäckel, Hartmut: Der Gegner als Partner. Egon Bahr und das Dilemma einer überzeugenden Friedensstrategie. In: Die ZEIT, Nr. 21 (21.5.82), S. 15.

Jacobsen, Hans-Adolf/ Otto Stenzl (Hrsg.): Deutschland und die Welt. Zur Außenpolitik der Bundesrepublik 1949–1963, München 1964.

Jahn, Egbert/ Volker Rittberger (Hrsg.): Die Ostpolitik der BRD. Triebkräfte, Widerstände, Konsequenzen, Opladen 1974.

Jahn, Gerhard (Hrsg.): Herbert Wehner. Beiträge zu einer Biographie. (Unter Mitwirkung von Reinhard Appel, Sven Backlund, Klaus Bölling und Günter Gaus), Köln 1976.

Jaspers, Karl: Wohin treibt die Bundesrepublik? Tatsachen – Gefahren – Chancen, München 1966.

Jaspers, Karl: Freiheit und Wiedervereinigung. Über Aufgaben deutscher Politik. Vorwort von Willy Brandt, München 1990.

Jeismann, Karl-Ernst (Hrsg.): Einheit – Freiheit – Selbstbestimmung. Die Deutsche Frage im historischpolitischen Bewußtsein, Bonn 1987.

Jens, Walter (alias Momos): "Die Sprache des Staatssekretärs". In: Die ZEIT, Nr. 23 (9.6.72), S. 24.

Jensen, Grete: Altes Dokument liefert Zündstoff. 20 Jahre danach: Wer war der Autor des "Briefes zur deutschen Einheit" ? In: Flensburger Tageblatt (24.3.90).

Jesse, Eckhard: Zeit der Revolutionen. (Über Timothy Garton Ash und sein neues Deutschland-Buch). In: Der SPIEGEL, Nr. 35 (30.8.93), S. 56–61.

Jonas, Hans: Das Prinzip Verantwortung. Versuch einer Ethik für die technologische Zivilisation, Frankfurt a.M. 1979.

Kaiser, Carl Christian: Behutsamkeit heißt die Parole. Was Bundesgeschäftsführer Egon Bahr erreicht hat: Die sozialdemokratische Partei taumelt nicht mehr. In: Die ZEIT, Nr. 47 (11.11.77), S. 3–4.

Kaiser, Carl Christian: Egon Bahr in heikler Mission. Der neue Geschäftsführer der Sozialdemokraten: der Falsche Mann auf dem falschen Platz. In: Die ZEIT, Nr. 48 (19.11.76), S. 4.

Kaiser, Karl/ Georg Leber/ Alois Mertes/ Franz-Joseph Schulze: Kernwaffen und die Erhaltung des Friedens. Stellungnahme zu einem amerikanischen Vorschlag über den Verzicht auf Ersteinsatz von Kernwaffen. In: Europa-Archiv, Folge 12/1982, S. 357–368.

Kaiser, Karl: Deutschlands Vereinigung. Die internationalen Aspekte. Mit wichtigen Dokumenten. (Bearbeitet von Klaus Becher), Bergisch Gladbach 1991.

Kaiser, Karl: National im anti-nuklearen Gewande. Egon Bahr und die Rückkehr zur sicherheitspolitischen Nationalstaatsidee. In: Die ZEIT, Nr. 14 (30.3.84), S. 68.

Kaiser, Karl: Prioritäten sozialdemokratischer Außen- und Sicherheitspolitik. In: Maruhn, Jürgen/ Manfred Wilke (Hrsg.): Wohin trebt die SPD? Wende oder Kontinuität sozialdemokratischer Sicherheitspolitik, München 1984, S. 9–27.

Kepper, Hans: Brillianter Drehbuchschreiber, aber schlechter Darsteller. In: Frankfurter Rundschau, Nr. 114 (17.5.74), S. 3.

Keworkow, Wjatscheslaw: Der geheime Kanal. Moskau, der KGB und die Bonner Ostpolitik. Mit einem Nachwort von Egon Bahr, Berlin 1995.

Kindermann, Gottfried-Karl (Hrsg.): Grundelemente der Weltpolitik, München 1981.

Kissinger, Henry A.: Die deutsche Frage als Problem der europäischen und der internationalen Sicherheit. In: Europa-Archiv, Folge 23/1966, S. 831–838.

Kissinger, Henry A.: Die Vernunft der Nationen. Über das Wesen der Außenpolitik, Berlin 1994.

Kissinger, Henry A.: Memoiren 1968–1973, Bnd 1, München 1979.

Kissinger, Henry A.: Memoiren 1973–1974, Bnd 2, München 1982.

Kissinger, Henry A.: Was wird aus der westlichen Allianz?, Düsseldorf 1965.

Kistler, Helmut: Die Ostpolitik der Bundesrepublik Deutschland 1966–1973, Bonn 1982.

Kleßmann, Christoph: Die doppelte Staatsgründung. Deutsche Geschichte 1945–1955, Bonn 1984.

Kleßmann, Christoph: Zwei Staaten, eine Nation. Deutsche Geschichte 1955–1970, Bonn 1988.

Klozbach, Kurt: Der Weg zur Staatspartei. Programmatik, praktische Politik und Organisation der deutschen Sozialdemokratie 1945 bis 1965, Berlin/Bonn 1982.

Koch, Peter: ”Mit dem Kanzler unter einer Decke“. In: Stern, Nr. 1/2 (3.1.71), S. 28–33 und 116.

Koch, Peter: Willy Brandt. Eine politische Biographie, Berlin/Frankfurt a.M. 1988.

Koch, Thilo: “Im Kern glashart: Egon Bahr – der Architekt der Bonner Ostpolitik”. In: Neue Ruhr Zeitung (10.6.72).

Koenen, Reiner: Nation und Nationalbewußtsein aus der Sicht der Sozialistischen Einheitspartei Deutschlands, Bochum 1975.

Krell, Gert: Die Ostpolitik der Bundesrepubulik Deutschland und die deutsche Frage. In: Aus Politik und Zeitgeschichte. Beilage zur Wochenzeitung Das Parlament, Nr. 29 (13.7.90), S. 24–34.

Kriele, Martin: Universalitätsansprüche darf man nicht aufgeben. In: Deutschland Archiv. Zeitschrift für Fragen der DDR und der Deutschlandpolitik, Heft 1/1988, S. 51–52.

Krockow, Christian Graf von: Die Deutschen in ihrem Jahrhundert 1890–1990, Reinbek bei Hamburg 1990.

Krzeminski, Adam: Handwerker, nicht Missionare. Die westlichen Entspannungspolitiker hatten im Osten nur das Mögliche möglich zu machen. In: Die ZEIT, Nr. 11 (6.3.92), S. 10.

Kuby, Erich: Deutsche Schattenspiele. Dazu Interviews zur nationalen Frage mit: Rudolf

Augstein, Egon Bahr, Willy Brandt u.a., München 1988.

Kwizinskij, Julij A.: Vor dem Sturm. Erinnerungen eines Diplomaten, Berlin 1993.

Lafontaine, Oskar: Angst vor den Freunden. Die Atomwaffen-Strategie der Supermächte zerstört die Bündnisse, Reinbek bei Hamburg 1983.

Lafontaine, Oskar: Deutsche Wahrheiten. Die nationale und die soziale Frage, Hamburg 1990.

Langguth, Gerd: Die deutsche Frage und die Europäische Gemeinschaft. In: Aus Politik und Zeitgeschichte. Beilage zur Wochenzeitung Das Parlament, Nr. 29 (13.7.90), S. 13–23.

Lehmann, Hans Georg: Öffnung nach Osten. Die Ostreisen Helmut Schmidts und die Entstehung der Ost- und Entspannungspolitik, Bonn 1984.

Lehmbruch, Gerhard: Einführung in die Politikwissenschaft, Stuttgart/Berlin/Köln/Mainz 1971.

Leicht, Robert: Trübungen auf der Netzhaut. Weshalb die im Prinzip richtige Ostpolitik am Ende zu partieller Betriebsblindheit führte. In: Die ZEIT, Nr. 13 (20.3.92), S. 11.

Leinemann, Jürgen: Ein grübelnder Patriot. (Über Willy Brandt und die Deutschen) In: Der SPIEGEL, Nr. 42 (12.10.92), S. 16–26.

Longerich, Michael: Die SPD als "Friedenspartei" – mehr als nur Wahltaktik? Auswirkungen sozialdemokratischer Traditionen auf die friedenspolitischen Diskussionen 1959–1983, Frankfurt a.M./Bern/New York/Paris 1990.

Loth, Wilfried: Stalins ungeliebtes Kind. Warum Moskau die DDR nicht wollte, Berlin 1994.

Loth, Wilfried: Stalin, die deutsche Frage und die DDR. In: Deutschland Archiv. Zeitschrift für das vereinigte Deutschland, Heft 3/1995, S. 290–298.

Lösche, Peter/ Franz Walter: Die SPD: Klassenpartei – Volkspartei – Quotenpartei. Zur Entwicklung der Sozialdemokratie in Weimar bis zur deutschen Vereinigung, Darmstadt 1992.

Löwenthal, Richard/ Schwarz, Hans-Peter (Hrsg.): Die zweite Republik. 25 Jahre Bundesrepublik Deutschland – eine Bilanz, Stuttgart 1974.

Löwenthal, Richard: Weltpolitische Betrachtungen. Essays aus zwei Jahrzehnten, Göttingen 1983.

Ludz, Peter Christian: Zum Begriff der "Nation" in der Sicht der SED. Wandlungen und politische Bedeutung. In: Deutschland Archiv. Zeitschrift für Fragen der DDR und der Deutschlandpolitik, Heft 1/1972, S. 17–27.

Lutz, Dieter S. (Hrsg.): Das Undenkbare denken. Festschrift für Egon Bahr zum siebzigs-

ten Geburtstag, Baden-Baden 1992.
Maier, Gerhard: Die Wende in der DDR, Bonn 1991.
Marbach, Renate: Brandts agiler Pressechef. Egon Bahr scheut auch Grenzpfade der Wahrheit nicht. In: Saarbrücker Zeitung (4.3.64).
Marbach, Renate: Egon Bahr – Regierender Pressechef in Berlin. In: Civis 11. Magazin für Kultur und Politik (November 1964), S. 12–13.
Marßolek, Inge/ Heinrich Potthoff (Hrsg.): Deutschbruch zum modernen Deutschland? Die Sozialdemokratie in der Regierungsverantwortung 1966–1982, Essen 1995.
Mathiopoulos, Margarita: Das Ende der Bonner Republik. Beobachtungen einer Europäerin, Stuttgart 1993.
Mattheé, Volker: Die Neutronenwaffe zwischen Bündnis- und Innenpolitik. Eine Studie über die Verknüpfung nationaler und allianzinterner Willensbildungsprozesse, Bonn/ Herford 1985.
Mayer, Tilmann (Hrsg.): Jakob Kaiser. Gewerkschafter und Patriot. Ein Werkauswahl, Köln 1988.
Mayer, Tilmann: Prinzip Nation. Dimensionen der nationalen Frage, Opladen 1987.
Mehnert, Klaus: Der Moskauer Vertrag. In: Osteuropa. Zeitschrift für Gegenwartsfragen des Ostens, Heft 20/1970, S. 809–830.
Meinecke, Friedrich: Die deutsche Katastrophe. Betrachtungen und Erinnerungen, Wiesbaden 1946.
Meissner, Boris (Hrsg.): Die deutsche Ostpolitik 1961–1970. Kontinuität und Wandel. Dokumentation, Köln 1970.
Meissner, Boris (Hrsg.): Moskau Bonn.Die Beziehungen zwischen der Sowjetunion und der Bundesrepublik Deutschland 1955–1973. Dokumentation, 2 Bände, Köln 1975.
Merseburger, Peter: Politik des kalten Herzens. (Über Tilman Fichters Thesen zum Nationalbewußtsein der Sozialdemokraten). In: Der SPIEGEL, Nr. 31 (2.8.93). S. 39–40.
Meyer, Thomas: Dokument der Hoffnung, nicht Garantie des Gelingens. Erläuterungen und Argumente zum gemeinsamen Papier von SPD und SED. In: Deutschland Archiv. Zeitschrift für Fragen der DDR und der Deutschlandpolitik, Heft 1/1988, S. 38–39.
Meyer, Thomas: Was bleibt vom Sozialismus?, Reinbek bei Hamburg 1991.
Meysels, Lucian O.: Bonns rote Eminenz. In: Wochenpresse (11.8.71).
Mickel, Wolfgang W. (Hrsg.): Handlexikon zur Politikwissenschaft, Bonn 1986.
Miller, Leroy Louis: Theorie und Praxis außenpolitischer Entscheidungsprozesse – untersucht am Beispiel der deutsch-sowjetischen Beziehungen in der Zeit der Regierung Brandt/Scheel bis zum Abschluß des Moskauer Vertrages am 12.8.1970 (Diss. Bonn),

Bonn 1980.

Miller, Susanne/ Heinrich Potthoff: Kleine Geschichte der SPD. Darstellung und Dokumentation 1848–1990, Bonn 1991.

Mitter, Armin/ Stefan Wolle: Untergang auf Raten. Unbekannte Kapitel der DDR-Geschichte, München 1995.

Moersch, Karl: Kurs-Revision. Deutsche Politik nach Adenauer, Frankfurt a.M. 1978.

Momper, Walter: Grenzfall. Berlin im Brennpunkt deutscher Geschichte, München 1991.

Morgenthau, Hans J.: Macht und Frieden, Gütersloh 1963.

Morsey, Rudolf: Die Vorbereitung der Großen Koalition von 1966. Unionspolitik im Zusammenspiel mit Herbert Wehner seit 1962. In: Kocka, Jürgen/ Hans-Jürgen Puhle/ Klaus Tenfelde (Hrsg.): Von der Arbeiterbewegung zum modernen Sozialstaat. Festschrift für Gerhard A. Ritter zum 65. Geburtstag, München/New Providence/London/ Paris 1994, S. 462–478.

Moseleit, Klaus: Die "Zweite" Phase der Entspannungspolitik der SPD, 1983–1989. Eine Analyse ihrer Entstehungsgeschichte, Entwicklung und der konzeptionellen Ansätze. Mit einem Vorwort von Willy Brandt, Frankfurt a.M. 1991.

Müller, Liselotte: "Egon Bahr: Politiker aus Leidenschaft". In: Hannoversche Allgemeine (6.12.68).

Müller, Liselotte: Politik als Lebenselixier. Egon Bahr – ein ungewöhnlicher Taktiker. In: Frankfurter Allgemeine Zeitung (29.1.70).

Mutz, Reinhard: Konventionelle Abrüstung in Europa. Die BRD und MBFR, Baden-Baden 1984.

Nawrocki, Joachim: Die Beziehungen zwischen den beiden Staaten in Deutschland. Entwicklungen, Möglichkeiten und Grenzen, Berlin 1986.

Nawrocki, Joachim: Egon Bahr auf Geschäftsreise. Worüber der Sonderminister im Kreml verhandelt hat. In: Die ZEIT, Nr. 13 (22.3.74), S. 35.

Niclauß, Karlheinz: Kanzlerdemokratie. Bonner Regierungspraxis von Konrad Adenauer bis Helmut Kohl, Stuttgart/Berlin/Köln/Mainz 1988.

Nicolson, Harold: Die Kunst der Biographie und andere Essays, Berlin/Frankfurt a.M. 1958.

Nixon, Richard M.: Memoiren, Frankfurt a.M. 1981.

Noack, Paul: Die Legende der vertanen Chance. Stalins Note vom 10. März 1952 über die Wiedervereinigung. In: Süddeutsche Zeitung, Nr. 16 (21.1.86), S.9.

Nolte, Ernst: Deutschland und der Kalte Krieg. München/Zürich 1974.

Notz, Anton: Die SPD und der NATO-Doppelbeschluß. Abkehr von einer Sicherheitspo-

litik der Vernunft, Baden-Baden 1990.

Oberndörfer, Dieter (Hrsg.): Wissenschaftliche Politik. Eine Einführung in Grundfragen und Traditionen ihrer Theorie, Freiburg/Br. 1962.

Opgenoorth, Ernst: Einführung in das Studium der Neueren Geschichte, Braunschweig 1969.

Peckert, Joachim: Zeitwende zum Frieden. Ostpolitik miterlebt und mitgestaltet, Herford 1990.

Petersen, Nikolaj: Das Scandilux-Experiment. Auf dem Wege zu einer transnationalen sozialdemokratischen Sicherheitsperspektive. In: Europa-Archiv, Folge 16/1984, S. 493-500.

Philipps, Peter: Doppelte Sicherheit. In: Die WELT, Nr. 102 (4.5.87), S. 2.

Pincus, Walter: Neutron Killer Warhead Buried in ERDA Budget. In: The Washington Post (6.7.77).

Portisch, Hugo: Die deutsche Konfrontation. Gegenwart und Zukunft der beiden deutschen Staaten. Wien/München/Zürich 1974.

Potthoff, Heinrich: Die "Koalition der Vernunft". Deutschlandpolitik in den 80er Jahren, München 1995.

Prell, Uwe/ Lothar Wilker (Hrsg.): Berlin-Blockade und Luftbrücke 1948/49. Analyse und Dokumentation, Berlin 1987.

Presse- und Informationsamt der Bundesregierung (Hrsg.): Der Vertrag vom 12. August 1970 zwischen der Bundesrepublik Deutschland und der Union der Sozialistischen Sowjetrepubliken, Bonn 1970.

Presse- und Informationsamt der Bundesregierung (Hrsg.): Dokumentation zur Deutschlandpolitik der Bundesregierung. Verträge und Vereinbarungen mit der DDR, Bonn 1986.

Presse- und Informationsamt der Bundesregierung (Hrsg.): Dokumentation zu den innerdeutschen Beziehungen. Abmachungen und Erklärungen, Bonn 1989.

Prittie, Terence: Willy Brandt. Biographie, Frankfurt a.M. 1973.

Prowe, Diethelm: Der Brief Kennedys an Brandt vom 18. August 1961. Eine zentrale Quelle zur Berliner Mauer und der Entstehung der Brandtschen Ostpolitik. In: Vierteljahrshefte für Zeitgeschichte, Heft 2/1985, S. 373–383.

Prowe, Diethelm: Die Anfänge der Brandtschen Ostpolitik 1961–1963. Eine Untersuchung zur Endphase des Kalten Krieges. In: Benz, Wolfgang/ Hermann Graml (Hrsg.): Aspekte deutscher Außenpolitik im 20. Jahrhundert. Aufsätze. Hans Rothfels zum Gedächtnis, Stuttgart 1977, S. 249–286.

Przybylski, Peter: Tatort Politbüro. Die Akte Honecker, Berlin 1991.

Purwin, Hilde: Generalstäbler der Politik. In: Neue Rhein-Ruhr-Zeitung (2.8.67).

Reinhardt, Helmut: Er erfand den Wandel durch Annäherung. Botschafter Egon Bahr – der Mann, der auch am Rhein für Diskussionsstoff sorgt. In: Allgemeine Sonntagszeitung (22.10.67).

Reißmüller, Johann Georg: Der Berater. In: Frankfurter Allgemeine Zeitung, Nr. 44 (22.2.83), S. 10.

Richert, Fritz: An Deutschlands staatliche Einheit glauben. Porträt des Staatssekretärs und Berlin-Bevollmächtigten Egon Bahr. In: Stuttgarter Zeitung (12.8.71).

Richter, Wolf: Neutronenwaffe – "Perversion des Denkens?" Zur Kontroverse um atomare Gefechtsfeldwaffen und ihre Bedeutung für die NATO-Strategie, München 1982.

Riedmiller, Josef: Er wollte Burgfrieden, es kam zum Vertrag. In: Süddeutsche Zeitung, Nr. 73 (28.3.72), S. 3.

Risse-Kappen, Thomas: Null-Lösung. Entscheidungsprozesse zu den Mittelstreckenraketen 1970-1987, Frankfurt a.M. 1988.

Risse-Kappen, Thomas: Die Krise der Sicherheitspolitik – Neuorientierungen und Entscheidungsprozesse im politischen System der Bundesrepublik Deutschland 1977–1984, Mainz 1988.

Roth, Margit: Zwei Staaten in Deutschland. Die sozialliberale Deutschlandpolitik und ihre Auswirkungen 1969–1978, Opladen 1981.

Roth, Reinhold: Außenpoltische Innovation und politische Herrschaftssicherung. Eine Analyse von Struktur und Systemfunktion des außenpolitischen Entscheidungsprozesses am Beispiel der sozialliberalen Koalition 1969 bis 1973, Meisenheim am Glan 1976.

Roth, Wolfgang: "Bahr: Gerede über 'offene' deutsche Frage schädlich". In: Süddeutsche Zeitung, Nr. 137 (18.6.85), S. 6.

Rothe, Karl-Heinz: Seit wann ist das Denken verboten? In: Berliner Stimme, Nr. 30 (27.7.63), S. 1–2.

Rudolph, Hermann: "Kein Biedenkopf der SPD: Egon Bahr". In: Frankfurter Allgemeine Zeitung, Nr. 264 (23.11.76), S. 12.

Rudolph, Hermann: Ein alter Zankapfel wird wieder herumgereicht. In: Der Tagesspiegel, Nr. 14726 (3.11.93), S. 1.

Scharow, W.: Irrungen des Herrn Egon Bahr. In: Neues Deutschland (9.4.74).

Sarcinelli, Ulrich: Das Staatsverständnis der SPD. Ein Beitrag zur Analyse des sozialdemokratischen Staatsverständnisses auf der Grundlage der SPD-Programm- und

Grundsatzdiskussion in den Jahren 1969 bis 1975, Meisenheim 1979.
Scharping, Rudolf: So soll es wieder sein. In: Die ZEIT, Nr. 51 (17.12.93), S. 48.
Scheer, Hermann: "...gleichzeitig war er ein meisterhafter politischer Agitator". In: Sozialdemokratischer Pressedienst (15.11.90).
Schickling, Willi: Das Abgründige in Egon Bahr. Sprachrohr beider Supermächte. In: Rheinischer Merkur, Nr. 34 (23.8.74), S. 18.
Schirmer, André: Die Deutschlandpolitik der SPD in der Phase des Übergangs vom Kalten Krieg zur Entspannungspolitik 1955-1970, Münster 1988.
Schmalz, Peter: Wächst die Verantwortung erst aus der Teilung? In: Die WELT, Nr. 278 (28.11.88), S. 15.
Schmid, Günter: Entscheidung in Bonn. Die Entstehung der Ost- und Deutschlandpolitik 1969/1970, Köln 1979.
Schmid, Günther: Henry Kissinger und die deutsche Ostpolitik. Kritische Anmerkungen zum ost- und deutschlandpolitischen Teil der Kissinger-Memoiren. In: Aus Politik und Zeitgeschichte. Beilage zur Wochenzeitung Das Parlament, Nr. 8 (23.2.80), S. 10–20.
Schmid, Günther: Politik des Ausverkaufs? Die Deutschlandpolitik der Regierung Brandt/Scheel, München 1975.
Schmid, Günther: Sicherheitspolitik und Friedensbewegung. Der Konflikt um die "Nachrüstung", München 1982.
Schmidt, Helmut: Das jahr der Entscheidung, Berlin 1994.
Schmidt, Helmut: Menschen und Mächte, Berlin 1987.
Schmidt, Helmut: Die Deutschen und ihre Nachbarn. Menschen und Mächte II, Berlin 1990.
Schmidt, Helmut: Eine Strategie für den Westen, Berlin 1986.
Schmidt, Helmut: Es gibt unlösbare Problem in der Politik. Gespräch mit Peter Glotz in: Die Neue Gesellschaft/Frankfurter Hefte, Nr. 1/1994, S. 4–13.
Schmidt, Helmut: Strategie des Gleichgewichts. Deutsche Friedenspolitik und die Weltmächte, Stuttgart 1969.
Schmidt, Helmut: Verteidigung oder Vergeltung. Ein deutscher Beitrag zum strategischen Problem der NATO, Stuttgart 1965.
Schmidt, Helmut: Wider die Legende von Verrat und Königsmord. In: Die ZEIT, Nr. 5 (28.1.94), S. 3–6.
Schmude, Jürgen: Wir würden es wieder tun. (Über Kritik an der sozial-liberalen Deutschlandpolitik) In: Der SPIEGEL, Nr. 6 (3.2.92), S. 46–47.

Schnappertz, Jürgen: Dialog als unendliche Geschichte oder als Lernprozeß? Über die Ambivalenzen des SED-SPD-Papiers. In: Deutschland Archiv. Zeitschrift für Fragen der DDR und der Deutschlandpolitik, Heft 1/1988, S. 47–51.

Schneider, Peter/ Peter Thelen (Hrsg.): Demokratische Reformen und Europäische Sicherheit. Dokumentation des internationalen Seminars der Friedrich-Ebert-Stiftung vom 3. -5. März 1989 in Bonn, Bonn 1989.

Schneider, Rolf: Die deutsche Nation als Gefühl. In: Der SPIEGEL, Nr. 49 (5.12.88), S. 30–31.

Schoenthal, Klaus (Hrsg.): Der neue Kurs. Amerikas Außenpolitik unter Kennedy 1961–1963, München 1964.

Schreiber, Hermann: "Er denkt zuviel – die Leute sind gefährlich". In: Der SPIEGEL, Nr. 53 (25.12.72), S. 26–27.

Schröder, Karsten: Egon Bahr, Rastatt 1988.

Schulte, Manfred (Hrsg.): Herbert Wehner. Bundestagsreden. Mit einem Vorwort von Willy Brandt, Bonn 1970.

Schulz, Eberhard/ Peter Danglow: Bewegung in der deutschen Fragen? Die ausländischen Besorgnisse über die Entwicklung in den beiden deutschen Staaten, Bonn 1984.

Schulz, Eberhard: Die deutsche Nation in Europa. Internationale und historische Dimensionen, Bonn 1982.

Schulze, Hagen: Gibt es überhaupt eine deutsche Geschichte? Berlin 1989.

Schulz-Vobach, Klaus-Dieter: Mittelmacht als Dolmetscher. Die Entspannungspolitik der Bundesrepublik Deutschland an der Schwelle der 80er Jahre, Frankfurt a.M./Bern/ New York/Paris 1989.

Schumacher, Hans: Gesine Schwan und die Raketen. In: Die Neue Gesellschaft/Frankfurter Hefte, Nr. 10/1983, S. 935–941.

Schütz, Hans Peter: Die Lust an der Analyse treibt ihn um. In: Stuttgarter Nachrichten (18.3.87).

Schütz, Wilhelm Worfgang (Hrsg.): Zur deutschen Frage. Eine Dokumentation des Kuratoriums Unteilbares Deutschland. Beiträge und Ergebnisse der Jahrestagung der Arbeitskreise Gesellschaft und Politik 24./25. Novemver 1972 in Berlin, Bonn 1972.

Schwan, Gesine: Die SPD und die westliche Freiheit. In: Die Neue Gesellschaft/Frankfurter Hefte, Nr. 10/1983, S. 929–934.

Schwan, Gesine: Souveräner Alleingang zurück zu Bismarck. Das Deutsch-Nationale in der SPD: Auseinandersetzung mit Egon Bahrs sicherheits- und deutschlandpolitischem Konzept. In: Rheinischer Merkur/Christ und Welt, Nr. 19 (6.5.88), S.5.

Schweigler, Gebhard: Nationalbewußtsein in der BRD und der DDR, Düsseldorf 1974.

Schweigler, Gebhard: Von Kissinger zu Carter. Entspannung im Wiederstreit von Innen- und Außenpolitik 1969-1981, München 1981.

Schweisfurth, Theodor: Die Sozialdemokratische Partei Deutschlands darf auf die Einheit Deutschlands nicht verzichten. Zur Kritik des Deutschland-Abschnitts im Irseer Programmentwurf. In: Deutschland Archiv. Zeitschrift für Fragen der DDR und der Deutschlandpolitik, Heft 6/1988, S. 592–598.

Schweisfurth, Theodor: Disengagementpläne und Versuche der deutschen Wiedervereinigung in den fünfziger Jahren – Realpolitische Möglichkeiten der Anknüpfung heute? In: Albrecht, Ulrich/ Jürgen Graalfs/ Detlev Lehnert/ Rudolf Steinke (Hrsg.): Deutsche Fragen – Europäische Antworten, Berlin 1983, S. 50–66.

Schweitzer, Carl Christoph: Die deutsche Nation. Aussagen von Bismarck bis Honecker. Dokumentation, Köln 1976.

Seebacher-Brandt, Brigitte: Die Linke und die Einheit, Berlin 1991.

Seebacher-Brandt, Brigitte: Die Linke und die Einheit. Unwägbarkeiten der deutschen Geschichte. In: Frankfurter Allgemeine Zeitung, Nr. 271 (21.11.89), S. 33.

Seidelmann, Reimund (Hrsg.): Auf dem Weg zu einer westeuropäischen Sicherheitspolitik, Baden-Baden 1989.

Seidelmann, Reimund (Hrsg.): Der Demokratische Sozialismus als Friedensbewegung, Essen 1982.

Seidelmann, Reimund: Zwischen Wissenschaft und antiaufklärerischem Denken. Sicherheitspolitische Veröffentlichungen der jüngsten Zeit. In: Michalka, Wolfgang (Hrsg.): Ost-West-Konflikt und Friedensforschung, Wiesbaden/Stuttgart 1985, S. 119–130.

Seidler, Franz W.: Friedenssicherung, Bonn 1983.

Seiffert, Wolfgang: Die Deutschen und Gorbatschow. Chancen für einen Interessenausgleich, Erlangen 1989.

Seliger, Kurt: Die nationale Frage im Spiegel des SED-Marxismus. In: Deutschland Archiv. Zeitschrift für Fragen der DDR und der Deutschlandpolitik, Heft 6/1974, S. 576-581.

Sethe, Paul: “Stalins jähe Wendung”. In Frankfurter Allgemeine Zeitung (12.3.52).

Sethe, Paul: Haben die Deutschen das Recht auf Einheit verwirkt? In: Die ZEIT, Nr. 41 (7.10.60), S. 3.

Sethe, Paul: Zwischen Bonn und Moskau, Frankfurt a.M. 1956.

Seydoux, François: Botschafter in Deutschland. Meine zweite Mission 1965 bis 1970, Frankfurt a.M. 1978.

Siebenmorgen, Peter: Gezeitenwechsel. Aufbruch zur Entspannungspolitik, Bonn 1990.
Soell, Hartmut: Der junge Wehner. Zwischen revolutionärem Mythos und praktischer Vernunft, Stuttgart 1991.
Soell, Hartmut: Fritz Erler – Eine politische Biographie, 2 Bände, Berlin/Bonn-Bad Godesberg 1976.
Sommer, Theo: "Starrheit ist nicht gleich Stabilität. ZEIT-Gespräch mit Egon Bahr, der unter Brandt die 'neue Ostpolitik' entwarf". In: Die ZEIT, Nr. 36 (1.9.89), S. 6.
Sommer, Theo: "Zur besonderen Verwendung. Egon Bahr – der Mann neben Außenminister Brandt". In: Die ZEIT, Nr. 10 (10.3.67), S. 2.
Sommer, Theo: Grobes Geschütz. Bahr unter SED-Beschluß. In: Die ZEIT, Nr. 17 (19.4.74), S. 1.
Sommer, Theo: Zu früh für ein Requiem. In: Die ZEIT, Nr. 46 (12.11.93), S. 11.
Sorensen, Theodore C.: Kennedy, München 1966.
Spittmann, Ilse/ Karl Wilhelm Fricke (Hrsg.): Der 17. Juni 1953. Arbeiteraufstand in der DDR, Köln 1982.
Staack, Michael: Die Außenpolitik der Bundesrepublik auf dem Weg in ein neues Europa. Westintegration und Ostpolitik unter veränderten Bedingungen. In: Aus Politik und Zeitgeschichte. Beilage zur Wochenzeitung Das Parlament, Nr. 4/5 (19.1.90), S. 20–30.
Staadt, Jochen: Die geheime Westpolitik der SED 1960–1970. Von der gesamtdeutschen Orientierung zur sozialistischen Nation, Berlin 1993.
Staffa, Rangmar: Egon Bahr. Die geheime Diener, Landshut 1974.
Staritz, Dietrich: Die Gründung der DDR. Von der sowjetischen Besatzungsherrschaft zum sozialistischen Staat, München 1995.
Steffens, Meggy: Die deutsche Ostpolitik im Spiegel publizistischer Stellungnahmen in den USA 1969–1973, Frankfurt a.M. 1989.
Stehle, Hansjakob: Nachbarn im Osten. Herausforderung zu einer neuen Politik, Frankfurt a.M. 1971.
Steingart, Gabor: Sauber vorbereitet. Die Sozialdemokraten haben ihren Ostpolitiker Bahr sufs Abstellgleis geschoben. Nach vorn drängt Norbert Gansel. In: Wirtschaftswoche (2.3.90).
Steininger, Rolf: Eine vertane Chance. Die Stalin-Note vom 10. März 1952 und die Wiedervereinigung. Eine Studie auf der Grundlage unveröffentlichter britischer und amerikanischer Akten, Berlin/Bonn 1985.
Stephan, Gerd-Rüdiger (Hrsg.): "Vorwärts immer, rückwärts nimmer!" Interne Dokumen-

te zum Zerfall von SED und DDR 1988/89, Berlin 1994.
Stercken, Hans (Hrsg.): Vive la France – Vive l'Europe! Aus den Reden Charles de Gaulles 1958–1968, München 1969.
Stern, Carola: Willy Brandt mit Selbstzeugnissen und Bilddokumenten, Reinbek bei Hamburg 1975.
Stiege, Rudolf: Egon Bahr im Scheinwerferkegel. In: Berliner Morgenpost, Nr. 111 (14./15.5.89), S. 58.
Stücklen, Richard: Rapallo-Fanatiker Brandt und Wehner. Union ist die stärkste kraft in Deutschland. In: Bayernkurier, Nr. 27 (4.7.70), S. 1.
Süskind, Martin E.: Ein Deutscher – endlich doch am Ziel. Der SPD-Politiker Egon Bahr wird 70 Jahre alt. In: Süddeutsche Zeitung, Nr. 65 (18.3.92), S. 6.
Süskind, Martin E.: Nach Westen kritisch, gen Osten gesprächsbereit, Europa fest im Blick. Die Außenpolitik der SPD. In: Süddeutsche Zeitung, Nr. 125 (1./2.6.85), S. 9.
Talbott, Strobe: Raketenschach, München/Zürich 1984.
Teltschik, Horst: 329 Tage. Innenansichten der Einigung, Berlin 1991.
Templin, Wolfgang: Das schlechte Vorbild der Anpassung. Die Realpolitik des Westens vernachlässigte früher die Opposition – und behindert heute die innere Einigung. In: Die ZEIT, Nr. 12 (13.3.92), S. 15.
Teyssen, Georg: Deutschlandtheorien auf der Grundlage der Ostvertragspolitik, Frankfurt a.M./Bern/New York 1987.
Thatcher, Margaret: Downing Street No. 10. Die Erinnerungen, Düsseldorf/Wien/New York/Moskau 1993.
Thränhardt, Dietrich: Geschichte der Bundesrepublik Deutschland, Frankfurt a.M. 1986.
Timmermann, Heinz: Im Vorfeld der neuen Ostpolitik. Der Dialog zwischen italienischen Kommunisten und deutschen Sozialdemokraten 1967/68. In: Osteuropa. Zeitschrift für Gegenwartsfragen des Ostens, Heft 6/1971, S. 388–399.
Tönshoff, Lothar: Wer ist Egon Bahr? Tatnatur zwischen Feuer der Parteien. In: Bremer Nachrichten (29.1.70).
Trampe, Gustav: Dem Frieden eine Chanse. Neue Wege in der Sicherheitspolitik: Der Abrüstungsvertrag der Supermächte in der Diskussion. Eine dokumentarische Darstellung, Bergisch Gladbach 1988.
Trenkner, Joachim: "Der Diplomat, der in die Kälte kam. Willy Brandts Henry Kissinger: Egon Bahr". In: Aufbau (13.3.70).
Tuschhoff, Christian: Der Genfer "Waldspaziergang" 1982. Paul Nitzes Initiative in den amerikanisch-sowjetischen Abrüstungsgesprächen. In: Vierteljahrshefte für Zeitge-

schichte, Heft 2/1990, S. 289–328.
Uschner, Manfred: Die Ostpolitik der SPD. Sieg und Niederlage einer Strategie, Berlin 1991.
Vogelsang, Thilo: Das geteilte Deutschland, München 1969.
Voigt, Karsten D.: Schrittweiser Ausstieg aus dem Rüstungswettlauf. Nach dem Berliner Parteitag der SPD. In: Die Neue Gsellschaft/Frankfurter Hefte, Nr. 1/1980. S. 47-51.
Völker, Hans Erich: Vom Journalist zum Botschafter. Egon Bahrs steile Karriere scheint noch nicht zu Ende zu sein. In: Ost-West-Kurier (12.8.67).
Vorstand der SPD (Hrsg.): Acht Jahre sozialdemokratischer Kampf um Einheit, Frieden und Freiheit. Ein dokumentarischer Nachweis der gesamtdeutschen Haltung der Sozialdemokratie und ihrer Initiativen, Bonn 1953.
Wagner, Helmut: Die Europäisierung der Deutschen Frage. In: Timmermann, Heiner (Hrsg.): Deutschland und Europa nach dem 2.Weltkrieg. Entwicklungen, Verflechtungen, Konflikte, Saarbrücken 1990, S. 17–37.
Wagner, Helmut: Fernziele bundesrepublikanischer Außenpolitik. Kontinuität oder Diskontinuität? (Text eines Referats, gehalten auf dem "Wissenschaftlichen Kolloquium für Politikwissenschaftler aus der Bundesrepublik Deutschland und der Volksrepublik Polen" vom 23.-27.6.1986 in der Europäischen Akademie Otzenhausen. Saarland), Juni 1986.
Walther, Rudolf: Die Erfindung der Vergangenheit durch die Gegenwart. In: Die ZEIT, Nr. 3 (14.1.94), S. 48.
Weber, Hermann. DDR. Grundriß der Geschichte 1945–1981, Hannover 1982.
Weber, Hermann: Geschichte der DDR, München 1985.
Weber, Max: Politik als Beruf (Oktober 1919). In: Weber, Max: Gesammelte Politische Schriften. Mit einem Geleitwort von Theodor Heuss, Tübingen 1958, S. 493–548.
Wechmar, Rüdiger von: Eine Formulierung von Egon Bahr (Leserbrief). In: Süddeutsche Zeitung (Beilage "SZ am Wochenende"), Nr. 86 (11./12.4.92), S. 7.
Wehler, Hans-Ulrich: Aus der Geschichte lernen? Essays, München 1988.
Wehner, Herbert: Wandel und Bewährung. Ausgewählte Reden und Schriften 1930–1975, Frankfurt a.M./Berlin/Hannover 1976.
Weidenfeld, Werner/ Hartmut Zimmermann (Hrsg.): Deutschland-Handbuch. Eine doppelte Bilanz 1949–1989, Bonn 1989.
Weidenfeld, Werner/ Karl-Rudolf Korte (Hrsg.): Handwörterbuch zur deutschen Einheit, Bonn 1991.
Weidenfeld, Werner: Die Frage nach der Einheit der deutschen Nation, München/Wien

1981.

Weisenfeld, Ernst: Charles de Gaulle. Der Magier im Elysee, München 1990.

Weisenfeld, Ernst: Welches Deutschland soll es sein? Frankreich und die deutsche Einheit seit 1945, München 1986.

Weizsäcker, Richard von: Im Gespräch mit Gunter Hofmann und Werner A. Perger, Frankfurt a.M. 1992.

Wettig, Gerhard: Die beginnende Umorientierung der sowjetischen Deutschland-Politik im Frühjahr und Sommer 1953. In: Deutschland Archiv. Zeitschrift für das vereinigte Deutschland, Heft 5/1995, S. 495–507.

Wettig, Gerhard: Die KPD als Instrument der sowjetischen Deutschland-Politik. Festlegungen 1949 und Impletierungen 1952. In: Deutschland Archiv. Zeitschrift für das vereinigte Deutschland, Heft 8/1994, S. 816–829.

Wettig, Gerhard: Die Sowjetunion, die DDR und die Deutschland-Frage 1965–1976. Einvernehmen und Konflikt im sozialistischen Lager, Stuttgart 1976.

Wettig, Gerhard: Zum Stand der Forschung über Berijas Detuschland-Politik im Frühjahr 1953. In: Deutschland Archiv. In: Deutschland Archiv. Zeitschrift für das vereinigte Deutschland, Heft 6/1993, S. 674-682.

Wiedemann, Charlotte: "Ich würde es wieder so machen". (Artikel anläßlich des 70. Geburtstags Egon Bahrs.) In: STERN, Nr. 12 (12.3.92), S. 44–48.

Wiegrefe, Klaus/ Carsten Tessmer: Deutschlandpolitik in der Krise. Herbert Wehners Busuch in der DDR 1973. In: Deutschland Archiv. Zeitschrift für das vereinigte Deutschland, Heft 6/1994, S. 600–627.

Winkler, Heinrich August: Die Mauer wegdenken. Was die Bundesrepublik für die Demokratisierung der DDR tun kann. In: Die ZEIT, Nr. 33 (11.8.89), S. 5.

Winkler, Heinrich August: Für den Westen – ohne Vorbehalt. In: Die ZEIT, Nr. 47 (19.11.93), S. 10.

Winkler, Heinrich August: Nationalismus, Nationalstaat und nationale Frage. In: Aus Politik und Zeitgeschichte. Beilage zur Wochenzeitung Das Palrament, Nr. 40 (27.9.91), S. 12–24.

Winkler, Heinrich August: Wohin treibt die SPD? In: Maruhn, Jürgen/ Manfred Wilke (Hrsg.): Wohin treibt die SPD? Wende oder Kontinuität sozialdemokratischer Sicherheitspolitik, München 1984, S. 28–37.

Witte, Barthold: Die deutsche Nation nach dem Grundvertrag. In: Europa-Archiv, Folge 7/1973, S. 227–234.

Witter, Ben: Spaziergänge mit Prominenten. "Egon Bahr: Und dann, ja, dann möchte ich

leben…". In: Die ZEIT, Nr. 9 (23.2.79), S. 72.

Wördehoff, Bernhard: Geschaute Vergangenheit. "Geschichte ist Erzählung" – das ist ein Schlüsselwort für das gesamte Werk Golo Manns. In: Die ZEIT, Nr. 52 (18.12.92), S. 17.

Woyke, Wichard (Hrsg.): Hnadwörterbuch Internationale Politik, Bonn 1986.

Zanetti, Benno: Der Weg zur deutschen Einheit. 9. November 1989 – 3. Oktober 1990. Mit den wichtigsten Reden, München 1991.

Zastrow, Volker: Ein widersprüchlicher Kanzler. Gedanken über Helmut Schmidt. In: Frankfurter Allgemeine Zeitug (FAZ-Magazin), Nr. 104 (6.5.89).

Zieger, Gottfried: Die Haltung von SED und DDR zur Einheit Deutschlands 1949–1987, Köln 1988.

Zieger, Gottfried: Die offene deutsche Frage und die Beschlüsse des westlichen Bündnisses, Bonn 1985.

Zitelmann, Rainer: Adenauers Gegner. Streiter für die Einheit, Erlangen/Bonn/Wien 1991.

Zitelmann, Rainer: Vordenker der Entspannungspolitik. Beiträge von Egon Bahr aus 27 Jahren. In: Süddeutsche Zeitung, nr. 229 (4.10.91), S. 53.

Zündolf, Benno: Die Ostverträge. Die Verträge von Moskau, Warschau, Prag, das Berlin-Abkommen und die Verträge mit der DDR, München 1979.